实用对外汉语教学丛书

# 实用对外汉语教学语法

陆庆和　著

北京大学出版社

PEKING UNIVERSITY PRESS

**图书在版编目(CIP)数据**

实用对外汉语教学语法/陆庆和著. —北京:北京大学出版社,2006.2
(实用对外汉语教学丛书)
ISBN 978-7-301-07964-5

Ⅰ.实…　Ⅱ.陆…　Ⅲ.汉语－语法－对外汉语教学－教材　Ⅳ.H195.4

中国版本图书馆 CIP 数据核字(2005)第 137182 号

书　　　名:实用对外汉语教学语法
著作责任者:陆庆和　著
责 任 编 辑:欧慧英
标 准 书 号:ISBN 978-7-301-07964-5/H·1222
出 版 发 行:北京大学出版社
地　　　址:北京市海淀区成府路 205 号　100871
网　　　址:http://www.pup.cn
电 子 邮 箱:zpup@pup.pku.edu.cn
电　　　话:邮购部 62752015　发行部 62750672
　　　　　　编辑部 62752028　出版部 62754962
印 刷 者:北京虎彩文化传播有限公司
经 销 者:新华书店
　　　　　　787 毫米×1092 毫米　16 开本　32.25 印张　790 千字
　　　　　　2006 年 2 月第 1 版　2021 年 6 月第 6 次印刷
定　　　价:78.00 元

# 目　录

## 第三编　汉语句子成分的教学

# 序

发展对外汉语教学,根本问题是确保教学质量和学习效率的不断提高。要达此目的,根本条件有如下四条:

一、要有一支汉语、外语基础好,熟悉并掌握第二语言教学特点和教学规律,素质高的对外汉语教师队伍。

二、要有体现汉语和汉字特点,适应性强,灵活多样并行之有效的语言教学法。

三、要有依循汉语语言特点及文字特色,符合语言学习规律和教学规律,学习者喜闻乐学的满足各类学习者需求的对外汉语教材。

四、要有学习汉语愿望强烈,学习动力强大的学习者。

四者固然缺一不可。然而观察视角不同,客观情况各异,在特定的时期,特定的环境下,上述四条中的某条,有时会显得格外突出。

目前,创新对外汉语教材的呼声依然不绝于耳,渴望产生基于汉语语言特点的对外汉语教学法的心情仍然十分迫切,汉语热正在升温,颇不乏学习者,截至 2003 年的不完全统计,全球学习汉语的人数已逾三千万人,学习者的热情不可谓不高。那么,轮到对外汉语教师队伍又如何呢?回答是:供不应求。数量不足以满足需要,质量也有待于提高。对外汉语教学事业的急速发展,因缘际会,大量的各类教师汇入对外汉语师资队伍。现而今,兼职教师队伍庞大,人员复杂;专职教师队伍未经严格训练,仓促上阵,已成普遍存在的现象。面对如此现实,对外汉语教师的专业化发展与终生学习便显得十分重要。因为这是保证教学质量,提高学习效率,使对外汉语教学可持续发展的前提与保障。

恰逢此时。国家汉办抛出《实用对外汉语教学丛书》的研究课题。于是,三位对外汉语教学的资深教授,思考再三,在本已承担繁重教学任务的同时,接下了这项课题。毅然决定为对外汉语教师编写一套比较详细而实用的教学参考书。为的是,能在教学中给教师以指点;为的是,提高对外汉语教师的整体素质;为的是,尽快提高对外汉语教学质量。

燕子去了,又飞回,杨柳枯了,再返青,几个寒暑交替,三部书稿盈尺,现在厚重地摆在我的面前。令人无限感佩,令人惊叹不已。这之中,凝聚了作者多少汗水,浸透了作者多少心血。个中甘苦,唯过来人方解其中味。在众读者得见正式出版的这三本书之前,我已先见到了书稿。它们是:

《实用对外汉语教学语法》(陆庆和)

《实用对外汉语难点词语教学词典》(朱丽云)

《实用对外汉语教学法》(徐子亮、吴仁甫)

阅毕书稿,总体看来,虽说,桃花红,李花白,却有共同的鲜艳之处:

一、三书选取汉语本体与汉语教学作为切入点。这是因为书是写给教师看的,故对学习者的学习研究,暂不论及。实际上论说的是"教什么"和"怎样教"。这正是对外汉语教师跨进教学门槛所面临的首要问题。

二、三书均冠以"实用"。实用者,有实际使用价值也。三书回避了理论探讨,把前贤时彦的研究成果,融会贯通,选取教学中可能遇到的问题,画龙点睛,指点迷津。目的无非是方便读者,在遇到难以解释的问题时,可得到急需的帮助。

三、三书作者从事对外汉语教学工作,几十年下来,像一个行医多年的老大夫,见多识广,经验丰富,对教学中的问题,了如指掌,蕴蓄于胸,一旦述之于文,则见从教学中来,又反馈于教学之中的特点。

倘分论之,三书又各具特色:

陆书定位于教师教学语法参考书。在对外汉语教学中,不管采用何种教学法路子,语法总占有相当重要的位置,这是大家公认的。语法部分已成为教学的重要内容,成为教学的不可或缺的组成部分。陆书既称教学语法,其特色则表现在:1)凡是教学过程中可能遇到的问题,特别是教学重点和难点就成为该书重点讨论的地方。因而一般语法书几句就讲完,甚至不讲的东西,该书往往却要花费较大的篇幅去说明。2)凡是对中国人来说"不言自明"而对外国人来说"不言就不明"的,书中都详尽加以说明。3)凡是外国学习者在学习中常遇到的问题,常出现的偏误,书中几乎搜罗殆尽,尽可能罗列于书中,予以诠释。在我看来,与其他语法书最大的不同之处在于一个"细"字。第一个"细",细在词汇用法教学,注重细节描写,在细微处下工夫仔细辨析。第二个"细",细在句法中的难点,书中结合学习者偏误,归纳语法细则,并提出教学建议。可谓"细微之处见精神"。老子云:"天下难事,必做于易;天下大事,必做于细。"这本语法参考书的作者力劬心细,正体现了细作的特点。

朱书旨在为对外汉语教师在词汇教学方面提供解决问题的思路。这是基于汉语特点而考虑的。汉语语法重在解决组词造句规则问题,而词语用法却不是几条规则所能管得住的。特别是初学者,是一个词语一个词语地学习。对词语的用法,也是一个词语一个词语地理解、接受、掌握和使用的。即便如此,在使用过程中,依然是错句难免,不当迭出。究其原因,是因为学习者没有掌握词语使用时的要求和条件,即不了解每个词语的语用选择和语境要求。

有鉴于此,朱书从 HSK 词语大纲中,选取七百多组,共 1500 多个词语,突出两个"较难"来选取词语:一是对外汉语教师在上课时较难讲述的词语,一是外国人在学习后较难应用的词语。

书中对这些词语从分析外国人偏误入手,讲明使用条件,并进行近义辨析,比如:"本来、原来""常常、时常、经常、往往""认为、以为""详细、详尽"等等。每条均有提示,尽可能为教师提供一个教学思路,提供一种解决办法。

在"提示"部分集中体现了作者对词语使用条件的理解与认识,内中多有创新之处,不仅对教学有参考价值,对汉语研究和语法研究也提供了一种新的思考,或许由此辟出一条新路,也未可知。

解决了"教什么"的问题以后,"怎么教"就摆在面前。

徐书是一本探讨对外汉语教学法的专著。书中简要地介绍了目前流行的各种教学法。就其理论基础及应用中的实际情况进行了演绎和阐述,并以讨论的方式表明了作者的评价。书中重在探讨课堂教学,对课堂教学的过程、原则、内容和对象以及课堂教学基本方法,都从汉语特点及汉语教学实际出发,予以阐明。在宏观认识下,对阅读、口语、听力和写作四种语言技能,就其理论基础、教学要点、操作方法和教学步骤,以精彩的实例加以阐释,令人如身临教学实境,颇多启迪。

关于对外汉语教学法的探讨，是随着对外汉语教学事业的发展而逐步深入的。任何一种语言教学法，在理论上必有其语言学基础、心理认知基础和教育学基础。世界上不存在一种最佳教学法，也不存在一种"放之四海而皆准"的万能教学法。任何一种教学法都有其针对性。教学方法应该根据教学对象、教学环境、教学阶段、教学内容等可变因素的改变而灵活变通。

当我们研究教学时，应该把教学原则、教学思想、教学方法和教学技巧区别开来，它们是不同层面的概念。教学方法是技法层面的东西，技法是可学的，关键在于创新。我们完全同意并赞赏该书作者在后记中的表述："没有一种教学方法在任何时候都能适用于所有的学习者。因而我们恳切希望读到此书的教师和其他读者，在借鉴或参考的同时，不要机械地照搬书中的方法，而要根据自己以及学习者的特点，去创造性地使用本书所列的各种教学方法，以具有个性特色的教学策略，提高教学质量和教学效果……"

这正如学习绘画，绘画技法也许并不难学，难在形成个人风格，画出韵味来，所谓"在似与不似之间"见出高下。这就得仔细揣摩，不断创新，不能一味模仿。教学法更是如此。戏法人人会变，各有巧妙不同。正是"运用之妙，存乎一心"。教学法亦应作如是观。

三书已杀青，即将付梓。我深信"天道酬勤"之理。作者边教学，边积累，边研究，边写作，几年辛苦，终成巨制。三书不仅为对外汉语教师在教学中提供了开启难题之钥匙，也为对外汉语教学学科建设作出贡献。诚然，"探龙颌而遗骊珠"，容或有之。相信读者会在使用中慧眼识之，匡其不逮。

是为序。

赵金铭

2004.7.22

# 前　　言

当前,随着我国的国际地位的提高、综合国力的增强,来华留学和在国外各类学校、教学机构学习汉语及自学汉语的学习者越来越多了。随之而来的是,国内外从事对外汉语教学的教师的人数也在成倍地增加,大批新手进入了这一教学领域。为了使这些教师能够迅速提高教学水平,对汉语的语音、文字、词汇和语法的特点与规则有较深的了解,使作为第二语言教学的汉语教学更加科学、有效,我们编写了这套丛书。

本丛书的读者对象主要为国内外现在正在从事或将来打算从事对外汉语教学或研究的教师、学习者和其他社会人士。这包括对外汉语专业的本科生、硕士生、博士生以及正在为获得对外汉语教师资格努力进修的人们。具有中等以上汉语水平的外国学习者也可以从中获益,对中外文专业的师生也有参考价值。

本丛书由《实用对外汉语教学语法》、《实用对外汉语难点词语教学词典》和《实用对外汉语教学法》组成。"实用"是本丛书编写时的着眼点。凡是汉语语音、文字、词汇、语法教学过程中经常遇到的问题,特别是教学的重点和难点,在本丛书中都作了比较详细的分析与说明。凡是对外汉语教学可能涉及的各类课型,本丛书都介绍了很多教学方法与技巧。编者力求三册书中诸多方面的分析说明,都比较"实在"和"有用",既便于对外汉语教学的教师在教学或研究时进行参考,也可供汉语水平达到相当水平的外国学习者在自学汉语时解惑答疑,还可为其他从事汉语研究与教学者提供一些新的视角。

本丛书的编写者对对外汉语教学形成了一些共识,并在编写中加以贯彻。在此,我们将其提出,希望读者特别加以注意:

(一)作为一名合格的对外汉语教师,应该对整个对外汉语教学的语法、词汇和功能大纲做到胸中有数。只有胸中有大纲,教学中才能做到纲举目张,将所教的语法点、词汇,根据其在实际语言中的地位(使用频率高低、重要性)、学习者的水平、所处的学习阶段、学习的难易度等进行科学的定位。对那些并非一次讲授就能掌握的难点与重点,也能够注意在不同的学习层次中螺旋式地复现,温故知新,举一反三。胸中有了大纲,不管教何种课型,都能注意教学的阶段与层次,在对学习者进行具体的某项技能的训练时,做到因材施教,循序渐进。

正是出于这一指导原则,语法册的内容主要是外国学习者汉语水平达到 HSK 8 级左右应该掌握的汉语的语音、文字、词汇及语法的基本要点。其中语法重点和难点是综合参考《汉语水平等级标准大纲与语法等级大纲》、《对外汉语教学语法大纲》、《高等学校外国留学生汉语教学大纲》(长期进修)中的初级语法点主要内容和部分中级语法点加以确定的。本丛书的第二册的内容是从《汉语水平等级标准大纲》的初、中级词汇大纲中,筛选出其中使用频率高、有一定难度的 1500 多个词语,集中分析说明,并对其中一些容易混淆的词语进行了较为细致的辨析。

(二)汉语是一个语言系统。汉语的某个语法点或某个词语本身不是孤立地存在的,因此,教学讲解时也不应该将其孤立起来。问题在于,外国学习者在最初学习汉语某一句型、某一短语或词语时,却往往是单独地、一个个地学习的,因而在使用过程中,往往会把它们看成一个个孤立的单位。于是就会出现各种各样的偏误。这些偏误除了一部分是受到母语的干扰之外(可参见丛书中相关的偏误分析),另一部分与汉语本体有关。主要表现为两方面的问题,一是对该句型或该词所表示的语义(显性或隐性的)不能比较准确地理解与把握,二是对使用该句型或该词语组合成句时所受到的句子内部与外部规则缺乏全面的认识。所谓内部规则,是指某一句型或词语成句时,句子内部各种成分间的相互制约(与哪类词语是相容的、可以搭配的,同时需要哪些相关的成分与之共现或呼应,对哪些成分或哪类词语是排斥的等等)。所谓句子的外部规则,是指在什么样的语境下应该或不能使用某个句型或某个词语等等。前者主要是语义和语法问题,后者更多的是语用问题。吕叔湘先生曾指出:“一个语法形式可以从两方面进行研究。可以研究它在语句结构里的地位……另一方面,也可以研究它出现的条件:什么情况之下能用或非用不可? 什么情况之下不能用? 必得用在某一别的成分之前或之后? 等等。前者是理论研究,后者是用法研究……”。赵金铭先生指出,“当外国人要通过学习语法来掌握一种语言时,几条最一般的规律就不够用了。这时候的语法就要深化和细化,一般规则下还得有细则。”本丛书的编写者认为,比较实用的对外汉语教学语法与词汇的讲解,重点应该放在用法的说明与分析上。这类分析要做到深化与细化,就必须从语义、语法、语用三方面,结合学习者常出现的问题,全面地、有针对性地进行诠释。凡是对中国人来说“不言自明”而对外国人来说“不言就不明”的,就应该加以说明。本丛书对不少语法点或词语的说明比一般的对外汉语教学语法或教材更详细些,就是出于这一考虑。

(三) 本丛书中在有关部分列出了学习者学习中常见的一些偏误。列出偏误的目的在于:

1. 学习者学习中出现的偏误,往往能反映出他们在学习汉语过程中的认知规律,对这类规律的归纳与分析,可以使我们的教学更加科学有效。清楚学习者会产生哪些偏误,教师在备课时可做到心中有数,为了减少或避免这类偏误,教学中可以预先做哪些必要的说明,教后可设计哪些练习加以巩固等等。丛书中有关教学建议或提示,往往是由此而来的,其中有不少是编写者与其他教师多年教学经验和教学研究的总结。所谓“建议”、“提示”,就是供教师们参考,当与不当,需要教师们在实践中进一步加以验证,期待有更多的发现与创新。

2. 针对学习者的偏误,可将某个语法点或词语的用法进一步规则化、细化。本丛书中关于某个语法点或词语增加了一些目前对外汉语教材未曾提到的规则或说明,有些就是由学习者的偏误归纳出来的。

3. 学习汉语的外国学习者经常会问的问题就是:“某某形式或某词语与其他形式或词语有什么不同?”偏误中有相当一部分是形近或义近的混淆,即学习者将语义、语法形式或语用相近的一些句型、短语或词语的用法混淆起来了。因此,如何辨析异同,是摆在对外汉语教师面前一个个的难题。说同容易,说异难。本丛书的编写者在这方面做了较大的努力。编写者对形近、义近的语言单位的辨析重在用法的区别上,得出的一些结论可供教师与学习者参考。但肯定还有不尽如人意之处,这类偏误的列出,也为教师与学者提出了进一步研究的课题。

(四) 本丛书的语法册、词语册都在介绍具体的语法内容或词语教学中谈到了一些教学方法。《实用对外汉语教学法》则是专门介绍对外汉语教学法的。书中搜集和罗列了一系列教学方法,供教师们选择应用,以期收到明显的教学成效。尤其是对于刚加入或转入对外汉语教学这支队伍的年轻教师和新教师,可凭借本书所提供的理论和方法,比较快地步入对外汉语教学之门,掌握教学的主动权,不断提高教学的水平和效率。

对外汉语教学不同于本国语文教学。对外汉语教学应属于第二语言教学的范畴。因而不仅国外外语教学流派的理论和方法值得借鉴和吸取;同时也必须充分考虑汉语的语音、文字、词汇、句法等的特点以及由这些特点所产生的学习和认知的规律。本丛书在这方面下了较大的功夫,作了较多的探索。

(五)教学方法的选择和使用,不仅仅是"形式"上的模仿,更为重要的是"实质"上的应用。所谓"实质",是指任何方法的选用,都应根据学习者的实际和课文语料的实际来考虑和安排。作为某种教学方法,它是死的、呆板的,而作为具体的教学实施,它是活的、变化的。因而我们选择一种教学方法,首先要考虑的是:如何在最大程度上充分发挥这种教法的作用;怎样更好地贯彻"以学习者为中心,以教师为主导"的原则,以便更有利于学习者对所学语言知识的消化和吸收。本书所推荐和介绍的教学方法有的能提高语料的可懂度,易于学习者理解和掌握新的知识;有的可再现或复现语言点,易于学习者记忆和巩固所学的知识;有的重在技能训练,易于学习者掌握;有的营造多种情境,以便学习者把所学知识应用到不同的场合等。书中所罗列的方法只是对以往对外汉语教学界所积累的教学方法的总结。方法的研究和探索是无止境的。

教学方法的选择和使用必须贯彻执教者的教学意图,而明确的教学意图又是从哪里来的呢?这里就有个理论性和目的性问题。掌握教育学、心理学的基本理论和常识,了解教学对象的学习程度和学习情况,把握课型特点和课文语料,三者相互作用,才能形成正确而清晰的教学意图。教学法册前几章安排了有关教学法的基础理论、国外外语教育及其流派的理论与方法,以及课前的准备和如何备课等内容,其用意就在于此。因此建议教师们在选择和使用本书所推荐、介绍的种种实用的教学方法之前,耐心地读一读前面几个章节,相信会有所收益的。

教学法册后面几个章节,按课程类型集中推荐和介绍有关的教学方法,尽可能根据课型特点,对其教学理论和实施原则进行简明扼要的阐述,并详细说明各种教法的操作程序,附以具体事例,以便教师举一反三地应用。

(六)对外汉语教学是一门新兴学科,尚未形成自己的教学模式。目前课堂上运用得比较多的仍然是讲授法。这是一种传统的教法,有其一定的合理性和可行性。不过,一般只适用于精读课型,至于听力、会话、写作等课型,讲授法已明显地暴露出它的弱点和弊病。第三册在听力、会话、写作等课型中所罗列的教学方法,已经大大突破讲授法的框框,向着合作学习法、团体教学法等教学模式迈进了一大步,但总体来说还比较零散,这是我们今后尚需加倍努力去探索的课题。

本丛书是由三位教师负责编写的。第一册《实用对外汉语教学语法》由苏州大学的陆庆和负责,第二册《实用对外汉语难点词语教学词典》由浙江大学的朱丽云负责,第三册《实用对外汉语教学法》由华东师范大学的徐子亮负责。这套丛书在编写过程中,编者们既总结了自己多年的研究心得与教学构思,又参考了大量中外第二语言教学理论和教学方法、汉语教学与研究者的一些科研成果,力求将一些比较实用,对教学有指导意义的结论、观点、方法收进本书,以供读者参考和使用。但由于时间和编者的水平有限,有些研究成果还未能收录其中,这也是本丛书的不足和缺憾。

　　本丛书在编写过程中得到国家对外汉语教学办公室领导的大力支持和经费资助,赵金铭教授为本丛书写序,出版过程得到北京大学出版社的有力支持,在此一并谨致谢意。

编者

2004 年 8 月

# 第一编

# 汉语语音、汉字与词汇教学

# 第一章　汉语语音教学

汉语的语音教学是对外汉语教学中非常重要的一个阶段。对一个外国人来说,学好了汉语语音,能说一口比较标准的普通话,那会使他受益匪浅。反之,如果语音阶段基础没有打好,外国学生说的话,中国人听不懂或因发音错误造成了误解,就会给他们与中国人的交际带来很大的麻烦。因此,语音教学的重要性是不容忽视的。

## 第一节　语音的要素和语音单位

### 一、语音的物理属性

说到语音教学和汉语语音的特点,必须要了解语音的物理属性。语音具有音高、音强、音长、音色四要素。

音高:音高指的是声音的高低,它决定于发音体振动的快慢。

音强:音强指的是声音的强弱,它与发音体振动幅度的大小有关。

音长:音长指的是声音的长短,它决定于发音体振动的时间的久暂。

音色:音色又叫"音质",指的是声音的特色。音色的差别主要决定于物体振动所形成的音波波纹的曲折形式不同。

语音都是音高、音强、音长、音色的统一体。但是在不同的语言中,这四个要素被利用的情况并不相同。在汉语中,除音色外,音高的作用十分重要,声调主要是由音高构成的。声调的高低能区别意义。音强和音长在语调和轻声里也起重要的作用。

### 二、语音单位

语音单位一般有以下几种:

1. 音素

音素是最小的语音单位。它是从音色的角度划分出来的。音素可以分为辅音和元音两大类。气流在口腔咽头受阻碍而形成的音叫辅音,又叫子音,如 b、m、f、d、k、zh、s 等。气流振动声带,在口腔、咽头不受阻碍而形成的音叫元音,又叫母音,如 ɑ、o、e、i、u 等。

2. 音节

音节是语音结构的基本单位,也是自然感到的最小的语音片断。

3. 声母、韵母、声调

声母指音节中元音前头那部分,大多数是音节开头的辅音,如在"大"(dà)这个音节里,辅音 d 就是它的声母。有的音节不以辅音开头,元音前的那部分是零,我们称之为零声母,如"为"[uei]开头没有辅音,就是零声母音节。

声母和辅音、元音和韵母不是一个概念。虽然有的声母由辅音充当,但也有的辅音不作声母,只作韵尾,如"líng"(铃)中的-ng[ŋ]。而鼻辅音n[n]在音节开头就是声母,在音节末尾就是韵尾,如 nán(男)中的 n[n]声母和后面的-n[n]韵尾。

韵母指音节中声母后面的部分。如"男"的-an就是它的韵母,"为"的韵母是-uei。韵母大多由元音充当,但也有如 an、ing 这样由元音与辅音组成的韵母。

4. 音位

音位是一个语音系统中能够区别意义的最小的语音单位,也就是按语音的辨义作用归纳出的音类。如汉语的不送气音和送气音有区别意义的作用,可在有的语言里并没有区别意义的作用。[1]

汉语的语音,主要由声母、韵母、声调和语调几部分构成。下面对这几部分的教学分别加以说明。

# 第二节　声　母

## 一、汉语声母的发音方法

b[p]发音时双唇紧闭,然后突然放开,较弱的气流冲破双唇的阻碍,迸裂而出,爆发成声。声带不颤动。

p[p']发音时双唇紧闭,蓄积气流,然后突然放开,让强气流冲破双唇的阻碍,迸裂而出,爆发成声。声带不颤动。

m[m]发音时双唇紧闭,软腭下垂,鼻腔畅通。气流振动声带,从鼻腔通过形成鼻音;阻碍解除时,余气冲破双唇的阻碍,发出轻微的塞音。

f[f]发音时上门齿轻轻接触下唇,软腭上升,堵塞鼻腔通路,声带不颤动,气流从齿缝间挤出,摩擦成声。

d[t]舌尖顶住上齿龈,软腭上升,堵塞鼻腔通路,舌尖突然放开,较弱的气流冲破舌的阻碍,迸裂而出,爆发成声。声带不颤动。

t[t']舌尖顶住上齿龈,软腭上升,堵塞鼻腔通路,蓄积气流,然后舌尖突然放开,让强气流冲出。声带不颤动。

n[n]舌尖顶住上齿龈,软腭下垂,鼻腔畅通。气流振动声带,从鼻腔通过发音;阻碍解除时,气流冲破舌的阻碍,发出轻微的塞音。

l[l]发音时,舌尖顶住上齿龈,软腭上升,堵塞鼻腔通路,气流振动声带,从舌前部两边出气发音。

g[k]发音时,舌根抵住软腭,软腭后部上升,堵塞鼻腔通路,声带不颤动,较弱的气流冲破阻碍,爆发成声。声带不颤动。

k[k']发音时,舌根抵住软腭,软腭后部上升,堵塞鼻腔通路,蓄积气流,然后让强气流冲破阻碍,爆发成声。声带不颤动。

h[x]发音时,舌根接近软腭,中间留出窄缝,软腭上升,堵塞鼻腔通路,声带不颤动。气流从舌根和软腭形成的窄缝中挤出,摩擦成声。

j[tɕ]发音时,舌面向前向上,抵住硬腭前部,舌尖下垂,软腭上升,堵塞鼻腔通路,声带不

---

[1]　本节主要内容均引自黄伯荣、廖序东(2000)。

颤动,较弱的气流把舌面冲开一道窄缝,并从中挤出,摩擦成声。

q[tɕ']发音时,舌面向前向上,抵住硬腭前部,舌尖下垂,软腭上升,堵塞鼻腔通路,蓄积气流,然后让强气流冲破阻碍,爆发成声。声带不颤动。

x[ɕ]舌面向前向上,和硬腭前部接近留出窄缝,软腭上升,堵塞鼻腔通路,声带不颤动,气流从舌面前部和硬腭前部形成的窄缝中挤出,摩擦成声。

zh[tʂ]舌尖翘起,顶住上牙床后面硬腭的前端,然后突然把舌尖放松一点儿,让气流很微弱地由窄缝中透出,气流激动阻碍点,口腔发生共鸣而成声。这时,上下齿之间稍稍离开,如果对镜观察,可以看得见翘起的舌尖的底面。声带不颤动。

ch[tʂ']舌尖翘起,顶住上牙床后面硬腭的前端,蓄积气流,然后突然把舌尖放松一点儿,让强气流由窄缝中冲出,其他均与 zh 相同,声带不颤动。

sh[ʂ]舌尖翘起,和上牙床后面的硬腭前端接近,中间留一道窄缝,让气流挤出来,气流激动阻碍点,口腔发生共鸣而成声。上下齿的距离和 zh、ch 相同。声带不颤动。

r[ʐ]舌尖翘起,上下齿的距离以及气流由窄缝挤出的情况和 sh 相同,但是要颤动声带,加上气流激动阻碍点,口腔发生共鸣而成声。

z[ts]舌尖向前平伸,顶住上门齿背后,然后突然把舌尖放松一点儿,气流很微弱地由窄缝中透出来,气流激动阻碍点,口腔发生共鸣而成声。

c[ts']舌尖向前平伸,顶住上门齿背后,蓄积气流,然后突然把舌尖放松一点儿,让强气流由窄缝中冲出,气流激动阻碍点,口腔发生共鸣而成声。声带不颤动。

s[s]舌尖向前平伸,和上门齿背后接近,中间留一道窄缝,让气流挤出来,气流激动阻碍点,口腔发生共鸣而成声。声带不颤动。[①]

## 二、汉语声母的主要特点

汉语的声母与外语相比较有以下特点:

1. 浊声母较少。英语的浊声母不少在汉语中读清声母,如 b、d、g、z。在日语中,使用相同的罗马字表示的 b、d、g、z 等声母也读浊声母。

2. 有送气与不送气的区别,如:b—p、d—t、g—k、j—q、z—c、zh—ch。

3. 有平翘舌的区别,如:舌尖前音 z、c、s 与舌尖后音 zh、ch、sh。

4. 有舌面音而没有舌叶音,而英语有舌叶音[ʧ]、[ʧ']、[ʃ]等。

## 三、外国学生在学习汉语声母方面常见的偏误(以下皆简称为"常见偏误")

### (一) 发不好 z、c、s 和 zh、ch、sh、r

很多国家学生的母语(如英语、日语、韩语、泰语等)没有与这两组声母相对应的声母,学生在学习这类声母时,往往找不到感觉。以英语为母语的学生,有的将舌尖后音 zh、ch、sh 读成英语的舌叶音,或误将舌尖后元音-i 读成单元音 i(衣),听起来成了舌面音 j、q、x。不少日本学生不能将 j、q、x、zi、ci、si 与 zhi、chi、shi 的区别发清楚。韩语只有一组舌叶塞擦音声母,但汉语有 z 组、zh 组、j 组区别明显的三组声母。韩语的舌叶塞擦音,是介于 z 和 j 之间的,舌的位置比汉语的 z 组靠后,比汉语的 j 组靠前。所以韩国学生在发 zh 组音时,很容

---

① 声母发音方法主要参考徐世荣(1980),其中送气音声母略作修改。韵母的发音方法也多参考徐世荣(1980)写成。

易把它们跟 z、c、s 和 j、q、x 混在一起。z、c、s、zh、ch、sh、r、j、q、x 中除了 s 以外,其余 9 个韩语都没有。因此韩国学生往往既发不好 z 组声母,也发不好 j 组声母(金明淑、陆庆和,2002)。

**(二)分不清送气与不送气声母的区别**

日语中,声母的送气与否没有区别意义的作用,所以日本学生初学汉语时,往往会将送气与不送气声母混淆起来。如把"肚子饱了"说成"兔子跑了",把"他"发成"搭"。有的学生即使有意识地发送气音,送气也往往不足。

有些母语是法语、英语的学生,虽然发送气音并不感觉困难,但是在他们的语言中,送气和不送气音并没有区别意义的作用,学生在发音时,缺乏音位对立意识,因此在这方面就会经常出现偏误。母语为法语的学生最主要的难点是 b-p、d-t、g-k、j-q(齐冲,2003)。母语为英语的学生在发音时,可以分清 b-p、d-t、g-k 等几组不送气和送气音,但往往分不清 z-c 和 zh-ch。

**(三)因罗马字写法相同而产生的混淆**

汉语拼音是用罗马字标注的,不少国家的学生在看到汉语标音的罗马字时,会发成使用相同符号的母语的辅音声母。如英语国家的学生和日本学生会把汉语是清声母的 b、d、g、z 及 j、c、zh 发成浊声母。英语国家的学生见到 can(参)读成英语发音[kæn]。见到 x 会发成英语的[ks],见到 q 会发成英语的[kw]等(何薇、林齐倩,2002)。有的日本学生会将 ch、sh、r 发成日语的チ、シ、リ,这是受到了日语的罗马字标音的影响。

**(四)因母语或方音等原因产生的偏误**

日语和韩语都没有唇齿音 f,所以有些日本学生在发声母 f 时,上齿不接触下唇。有的韩国学生会把声母 f 发成 b 或 p。有些学生能发唇齿音 f,但由于动程太小太快,f 的擦音较轻,不够清晰。因为韩国南方方言有尖音,所以不少韩国南方的学生说汉语时,尖音(z、c、s 与 i、ü 等相拼)很重。

**四、教学建议**

1. 教汉语拼音之初,应该强调汉语拼音的作用是标志普通话的发音法,它的罗马字母即使与学生母语使用的字母相同,但表示的音并不相同(教元音时也同样要强调这一点)。

2. 不同母语的学生在初学汉语语音时,因受母语的影响,难点不大会是相同的。因此,在教授使用某种母语的学生时,最好能对他们的母语语音系统有所了解。这样可以将汉语的声母系统与学生母语的声母系统进行对比。在有条件的情况下,最好在学生中做一些语音难点(包括韵母)的调查,找出难点与重点,可以使教学更有针对性。如汉语声母系统与英语声母系统对比,有以下异同:

(1) 汉语声母 b、p、f、m 的发音部位跟英语的唇音一样。声母 t、d、l、n 的舌尖放在上齿后、齿龈之间,发音部位比英语的 t、d、l、n 稍靠前一点。声母 g、k、h 跟英语的舌根音一样,不过汉语的 h 的摩擦更大一些。只是汉语的 b、d、g 是清声母,英语的 b、d、g 是浊声母。因此上述声母对母语是英语的学生来说并不难。

(2) 与上面这些声母相对的是,汉语声母 j、q、x、z、c、s、zh、ch、sh、r 在英语中没有与之十分接近的声母,因此应该作为语音教学的重点。如果能够让学生将这三组声母发音发到位,区别清楚,就是抓住了对英语为母语的学生的语音教学的关键。

有人为了让以英语为母语的学生在学习汉语声母时容易找到参照点,将汉语的声母与英语的音节进行了如下的系联(见下"—"号前后①)。这类系联的好处是学生学起来比较快,但是汉语的声母和英语的音节毕竟是有区别的。因此,在系联的过程中进行比较性说明也是很重要的。否则学生的发音会近似英语而汉语的发音又不够到位。下面括号内是笔者所作的说明②:

　　j—jeep 的 j(汉语的 j 是清声母,声带不振动。发音时舌面贴近硬腭,稍微比英语的 j 发音部位靠前一点。英语的 j 是浊声母,声带是振动的。清浊声母的差别下同)

　　q—cheese 的 ch(汉语的 q 的舌面贴近硬腭,稍微比英语的 ch 发音部位靠前一点)

　　x—sheep 的 sh(汉语的 x 的舌面贴近硬腭,比英语的 sh 发音部位要靠前)

　　z—bags 的 gs(汉语的 z 是清声母,英语 gs 是浊声母)

　　c—cats 的 ts(汉语的 c 是送气音,比英语 ts 送出的气流略强些)

　　s—sun 的 s

　　zh—drum 的 dr(汉语的 zh 是清声母,英语的 dr 是浊声母,zh 的发音部位比 dr 略靠后)

　　ch—chain 的 ch(汉语的 ch 发音部位比英语的 ch 要靠后)

　　sh—shell 的 sh(汉语的 sh 发音部位比英语的 sh 要靠后)

　　r—river 的 r

　　上述 j、q、x、z、c、s、zh、ch、sh、r 三组声母同样也是日本和韩国学生的语音学习重点。对这两个国家的学生来说,还有其他发音难点需要强调(详见前)。

　　有些日本和韩国的汉语教材中,也有类似上面从母语某些声母与汉语声母的相似点入手的发音说明,教师在使用这样的教材时,同样应该提醒学生注意区别其细微的差异。

　　3. 学生母语中没有的声母一般是比较难学的。可以采用各种直观或简便的方法,说明具体的发音部位和发音方法,增加学生的感性认识。如在教 zh、ch、sh、r 这组声母时,可以把手指放在齿间,让学生体会翘舌的感觉。

　　在用简明的舌位图对 j、q、x、z、c、s、zh、ch、sh 三组声母的区别加以说明时,可以用手掌演示舌头的位置与前后,即四个手指自然平伸表示 j 组,略微向前、上抬表示 z 组,将手指上翘向后表示 zh 组。

　　在教送气与不送气的声母时,应特别强调它们在区别意义上的作用,强调发好这些声母的重要性。为了让学生找到发送气声母时的感觉,可以用一张薄纸,放在嘴唇前,用力发送气音,让学生看自己面前的纸的抖动,体会发送气声母时强气流如何从口中冲出。还可通过反复进行送气与不送气声母的对比发音练习,让学生从口耳两方面体会二者的对立。

# 第三节　韵　母

## 一、汉语韵母的特点

### (一)单韵母

1. 区分元音发音特点主要从发音器官的四个方面来看

(1)舌的高低

---

　　① 详见邱岭、莫逢娟、潘黛美、李斌(2004)。
　　② 说明参考了〔美〕米凯乐(1990)文中的观点。

（2）舌的前后

（3）嘴唇的圆展

（4）发音时发音器官、肌肉的紧张程度（松紧）

教授汉语单元音韵母时，也应强调这几方面。汉语的单韵母有：

7个舌面元音：ɑ[A]、o[o]、e[ə]、ê[ɛ]、i[i]、u[u]、ü[y]

3个舌尖元音：-i[ɿ]、-i[ʅ]、er[ɚ]

2. 单韵母的发音方法

ɑ[A]——发音时声带颤动，口形自然张大，可见上下齿，舌面中部（偏后隆起），舌位在单韵母中最低。

o[o]——发音时声带颤动，开口度比 ɑ 小，上齿或可见齿尖，下齿看不见。两唇收敛，略呈圆形，舌向后缩，舌面后部隆起，舌位比 ɑ 高，比 e 略低。

e[ə]——发音时声带颤动，口半开，嘴角自然向两边拉，可见上下门齿，但上下齿是稍稍离开的，不圆唇。舌位大致同 o，比 o 略高。

ê[ɛ]——发音时声带颤动，口半开，嘴角向两边拉，可见上下门齿，但上下齿距离较 e 大，不圆唇。舌尖抵住下齿背，舌面前隆起，舌位比 e 低，比 o 高。

i[i]——发音时声带颤动，口形最小，嘴角尽量向两边拉，唇形平展，上下门齿接近，舌尖自然放在下齿背后，舌面前部隆起，舌位最高。

u[u]——发音时声带颤动，双唇尽力收成圆形，双唇向前突出，舌面隆起点在后，舌位最高。

ü[y]——发音时声带颤动，舌位和 i 相同，双唇紧缩成圆形，向前突出。口形比 u 小，比 u 还要向前突出。

特殊元音

舌尖前元音 -i[ɿ]——即"资、此、思"等音节中的元音。发音时声带颤动，舌尖前伸，对着上门齿背，但与齿背有一定距离，不产生摩擦。

舌尖后元音 -i[ʅ]——即"知、吃、师、日"等音节中的元音。发音时声带颤动，舌尖翘起，对着硬腭前部，但与硬腭有一定距离，不产生摩擦。

卷舌元音 er[ɚ]——发音时声带颤动，口腔在半开半闭之间，舌面放平，中央部分微微隆起，发 e 音（舌位不在后面，在中央[ə]），同时轻巧地把舌尖一卷，舌尖接近硬腭，但马上放下来，这时发出 er。发这个音时，口微开，由前面看得见舌头卷起时的背面。

3. 通过元音间的比较看单韵母的特点

（1）元音发音时的松紧度

除了 e[ə] 以外，都是紧元音。松元音一般在轻声音节中。

舌位图

（2）元音发音时开口度的大小

ɑ → o → e → i → u → ü（开口度从大到小）

（3）舌位的前后高低（参看舌位图）

舌位靠前的元音有 i 和 ü，这两个元音舌位最高，其次 e[ə]，ɑ 最低。

舌位靠后的元音有 u 和 o。u 的舌位最高，o 比 u 低。er[ɚ]是央元音。

（4）圆唇与不圆唇

不圆唇元音有 ɑ、e、i。发这些元音时，口形自然而舒展。

圆唇元音有 o、u、ü。发这三个元音时,要有意识地圆唇。口形越来越小,唇越来越向前突出。圆唇与不圆唇元音有两组是对立的:i 和 ü 舌位的前后高低相同,区别只在于是否圆唇。圆展对比强烈。e 和 o 舌位的前后高低相同,区别也在于是否圆唇。圆展对比没有i、ü强烈。

### (二) 儿韵和儿化

汉语中以 er 独立成音节的不多(只有"儿、二、耳"等),普通话的韵母除了这几个独立的儿韵音节外,全部可以儿化。儿化的卷舌作用从韵腹开始,直到韵尾,韵头并不受其影响。

关于儿化韵的发音变化规律,徐世荣(1980)和林焘、王理嘉(1992)都有说明。现将两家说法归纳如下:

儿化韵的发音变化规律最基本的特点是变得多还是变得少,完全看这个韵母是不是便于卷舌。卷舌便利的,原韵母就不变,只加上-r。原韵母能卷舌,但不太便利,就稍变,迁就卷舌动作;不能卷舌的,大变,甚至去掉韵尾,增添音素,使其有卷舌动作。变与不变的主要有以下几种:

(1) 韵母不变,后加-r。当音节末尾是 a、o、e、u 的,发音时原来的韵母不变,加-r,如"花儿、草儿、数儿、盒儿"。

(2) 韵母后加 er。韵母为 i[i]、ü[y] 的,不变,加 er。i[i]、ü[y] 实际上由韵腹变成了韵头。如"小鸡儿 xiǎojīr[tɕiər]"、"小鱼儿 xiǎoyúr[yər]"。韵母为 ê、-i[ɿ]、-i[ʅ],后加[ər],[ɿ]、[ʅ] 不再发音,如"词儿 cír[ts'ər]"、"汁儿 zhīr[tʂər]"。

(3) 儿化时丢掉韵尾。当韵母为 ai、ei、an、en 的,丢掉韵尾,加-r。因 i、n 不便卷舌,所以儿化时不再发音,只前面的韵腹产生卷舌作用。如"小孩儿 xiǎoháir[xar]"、"门儿 ménr[mər]"、"味儿 wèir[uər]"、"魂儿 húnr[huər]"。韵母为 in、ün 的,丢掉韵尾 n,加 er。如"音儿 yīnr[iər]"、"群儿 qúnr[tɕ'yər]"。

(4) 儿化时变为鼻化音。当音节末尾是 ng 的,丢掉这个鼻韵尾,使前面的元音"鼻化"并卷舌,即鼻韵尾减弱,加-r。如"小虫儿 xiǎochóngr[tʂ'ũr]"。如果韵腹是[i]、[y],因丢掉 ng 后,前面的[i]、[y],仍不能卷舌,所以要加 e,再使 e"鼻化"。如"影儿 yǐngr[iə̃r]"、"小熊儿 xiǎoxióngr[ɕyə̃r]"。

注意:"儿化韵"的写法,只在音节末尾加一个 r,韵母的变化不用在拼写上表示出来。

### (三) 复韵母

汉语复韵母的发音要点:

(1) 复韵母发音时,一般是从前面的元音向后面的元音滑动。即由几个元音音素的舌位连续移动而形成的。舌位的移动过程,叫做"动程"。对外国人来说,复韵母的发音并不容易,它包括口形的变化和舌位的变化,要求有一定的动程。

(2) 由两个元音组成的"二合元音"韵母分前响和后响两类。ai、ei、ao、ou、ao 前面的 a、e、o 要发得响亮而稍长,后面的 i、u、o 是尾音,相对要轻而短,甚至模糊些。ia、ie、ua、uo、üe 五个是后响的,发音时,前面的 i、u、ü 要发得短些、紧张些,后面的 a、o、e 发得要响亮些、长些。受后面元音舌位的影响,前面元音的舌位也会随之向前移或向后移。ao 发音时舌位靠后,因为 o 的舌位靠后;ai 的 a 舌位靠前,因为 i 的舌位靠前(拼音的罗马字只起标音作用,并不像国际音标的符号那样,是标注发音部位的)。

(3) 在三个元音组成的复韵母中,i、u、ü 是介音。

(4) 复韵母的发音并不是几个元音平均使用力量,每个复韵母都有一个主要的强元音。

强元音主要有三个：a、o、e。如在 iao 这个复韵母中，a 为强元音。

**（四）鼻韵母**

汉语鼻韵母的最大特点是有前鼻音与后鼻音的区别。这两类鼻音的发音要点是：

前鼻音：韵腹发音时舌位前移，发到最后，舌尖前推至上齿龈。

后鼻音：韵腹发音时舌根后移、抬起，与软腭构成阻碍。

发音方法的不同，也影响到韵腹的前后。如 an 的韵腹 a 是前 a，发音时，舌尖接触下齿背。ang 的韵腹 a 是后 a，发音时，舌尖不接触下齿背。发 in(ien)时，发 i 便直接将舌位前移，舌尖前推至上齿龈，e 音不明显。发 ing(ieng)时，发 i 并在舌根后移的同时，往往要连带发出 e，才可以把 ing 真正发到位。

根据实验发现，汉语"an"和"ang"中的元音是不自由的，有着各自独立的调音位置，区别"an"和"ang"主要是靠元音部分的舌形（朱春跃等，2003）。

从口形看，前鼻音口形较小，后鼻音由于要抬高舌位，口形自然要大。

## 二、拼写规则

汉语拼音在拼写方面有几项规定，都与韵母直接发生关系，简单归纳如下：

（1）j、q、x 后的 ü 上两点一般省去不写，但仍发 ü，不发 u。

（2）当音节为 iou、uei、uen 时，中间的 o、e 省去不写。

（3）音节以 i、u、ü 打头的，均改换作 y、w、yu。音节为独立的 i、u、in、ing 的，保留 i、u，分别在 i、u 前加 y、w。

（4）音节开头为 a、o、e 的，要加隔音符号。

上面规定的前两项，如果不对学生进行省写不省音的反复说明，学生的发音会产生一些偏误（详见下）。

## 三、常见偏误

**（一）单韵母方面的偏误**

1. 单韵母发音不到位。英语国家的学生常把汉语的紧元音发成松元音，肌肉紧张程度不够，舌位不够靠前或靠后，发音部位趋中。有的学生单韵母发过头，把单元音发成复韵母。

2. 不少外国学生发圆唇元音（o、u、ü）时常常不够到位（动程过小、音长偏短）。比如日语中用相同的罗马字标注的 o、u，发音时不圆唇，唇的动作较为自然，不像汉语 o、u 那样必须将唇紧张地作出圆形动作。所以日本学生在初学时往往发不好圆唇元音。

对外国学生来说，最难发的单元音是 ü。ü 是舌位前、高、圆唇元音，要求发音者将唇向前突出，作出最小的圆形，难度较大。不仅日韩学生发不好这一元音[①]，而且许多欧美学生也发不好这个元音，因为在许多学生的母语中没有这一元音。不少外国学生在发 ü 时，或者因圆唇不够而发成近似 i 的元音；或因注意圆唇而使他们不自觉的将舌位后移，发成类似 u 或 i＋u 的音。有些韩国学生还会把 ü 发成 u＋i，如把"月饼"读成"卫兵"等。

---

① 韩语中有[y]这个圆唇元音，但音长比汉语的 ü 要短。它不是像汉语的 ü 那样作为单元音独立出现的，而是复合元音"wi"[ui]的变体，即韩语的复合元音"wi"有时可以发成单元音[y]。因而有一部分韩国学生可以发好 ü 元音，但是韩国南方的学生在发 ü 元音时感觉比较吃力（详见金明淑、陆庆和，2002）。

另外,当ü或带ü的复元音与j、q、x相拼时,由于ü上两点被省去,字形上与u无异,许多学生会将它误发成u而不是ü。

因为j、q、x、z、c、s、zh、ch、sh后都用相同的罗马字i标音,学生常会把舌尖前元音[ɿ]与舌尖后元音[ʅ]读成单元音i。这两个单元音在不少学生的母语中是没有的。

**(二)儿韵和儿化方面的偏误**

有些学生在发儿韵时,舌头卷不起来,很僵硬。发儿化音时,往往将每个汉字的音节非常到位地一个个地发出来。将儿化音发成两个音节,如"小孩儿"会发成"xiǎo hái ér"、"一下儿"念成了"yí xià ér"。

**(三)复韵母方面的偏误**

1. 开口度不够 这是很多外国学生在初学汉语时常出现的问题。这跟学生的母语元音的发音特点有很大关系。如日语、韩语元音的发音口形整体上说都比汉语小,日韩学生在最初说汉语时,口形往往都不够大。很多学生因母语中元音的开口度没有汉语大而影响到他们发汉语复韵母时的开口度。不少人会把一些开口度较大的复韵母如ai、ao发成类似ei、ou的音。

2. 发音动程不够 即发音时口的开合、舌头的动作幅度不够大。造成这类偏误,一方面有上面第1点的原因,另一方面也跟学生的母语中有些元音的标音形式与汉语复韵母拼写形式相似有关。如英语由两个字母表示的复元音如[ai]、[ei]只是一个元音,发音短促,而汉语中的复韵母ai、ei在发音时,都有从前一个元音向后一个元音滑动的动程,发音动程较大,发音时间较长。很多学生没有注意到汉语复韵母的这一特点,韵母发得过快、过短,动程往往不够。

3. 主要元音响度不够 有些学生在发复韵母时,对复韵母中元音的响度不加区分,平均用力,听不出强元音。

4. 发三元音复韵母时中间的元音容易丢失 特别是复元音iu和ui,因书写时省略了o和e,许多学生发音时往往会忘了发中间这个元音。

5. 因拼音符号相似而误读 ou和uo所用罗马字相同而构成不同,有些学生常会混淆两个音节的读法。韩语中有复韵母,但韩语复韵母发音时,动程小,速度快,一般是从某个元音很快变到另一个元音,快到使人感到几乎没有什么变化。像韩国南方人在发这类音时,动作更接近单元音。因此,有些韩国学生在发ou和uo时,听起来跟o差不多。

**(四)鼻韵母方面的偏误**

很多外国学生发不好汉语的鼻韵母。最大的问题是在发前、后鼻音时,区别不明显。

以英语为母语的学生虽然可以发出前、后鼻音,但是在发音时,缺乏前后鼻音的对立意识,即并没有认识到它们有区别意义的作用,因而在发两种不同的鼻音时区别不够明显。

日语中的鼻辅音ん(鼻音音拍-N)舌位居中,不前不后。通过MRI动画分析发现,日语的鼻辅音其声学特征介乎"an"和"ang"之间。日语的a-N与汉语的ang更为接近(朱春跃等,2003)。但是日语用a-N标注的汉字,在汉语中又都是读前鼻音的。由于这些原因,日本学生往往会将前、后鼻音发成差不多是同一个鼻音(跟日语鼻辅音ん比较相似)。

韩国学生在发en音时,不少人发成鼻化音,鼻音过重。

## 四、教学建议

1. 学习单元音时,让学生大声发音,一边发音,一边注意舌位的高低、前后,口形的圆展,是否向前突出等。

2. 单韵母对比发音,让学生体会韵母之间的差别:

依次发 ɑ、o、e、i、u、ü,让学生注意口形越来越小。

把三个圆唇元音按照 o、u、ü 的次序发音,在黑板上画出三个依次变小的圆形,提醒学生注意这三个元音发音时,圆唇口形越来越小,嘴唇越来越突出。

将罗马字相同,次序不同的音节对比发音。如 ou 和 uo,ai 和 ia,让学生体会口形从大到小,从小到大的动程。在对比发 iu 和 ui 时,应提醒学生不要忘了发省略不写的 o、e 的音,这两个音节实际上并不是一组发音动程逆向的音节。

将相同元音的前、后鼻音对比发音,让学生体会不同的口形、舌的不同位置和动作、鼻音的轻重等。

3. 单韵母的学习注意从易到难,从已知到未知(从母语有的到母语没有的)。ü、e 很多语言中没有。教这两个元音时,可先发学生比较容易发出的 i,然后保持舌位不动,慢慢圆唇就能发出 ü(因为 i、ü 的舌位一样高,只是不圆唇与圆唇的区别)。e 也比较难发,可先发 o,然后把唇向两边平拉,即唇向后缩,就能发出 e。

4. 通过发汉语轻声叠音词,让学生体会、辨别元音的松紧。

5. 教复韵母要向学生强调动程。教师演示时可以放慢速度,发音时带点儿夸张。让学生能够通过观察口形的开合过程体会复韵母从一个元音向另一个元音滑动的整个过程。

6. 注意与学生母语的韵母作比较。

# 第四节　声　调

## 一、汉语声调的特点

汉语的声调教学主要包括以下几方面内容:

**(一) 四声**

世界上很多语言的发音有音高的区别,但很少有像汉语这样四声区别如此明显,抑扬顿挫,通过音高的高低升降表现出声音上的音乐美的。对外国学生来说,汉语声调的学习可以说是汉语语音教学的一大难点。

普通话四声的调值分别为:阴平 55、阳平 35、上声 214、去声 51。

**(二) 轻声**

轻声的发音特点是轻而短。普通话的轻声和词义、语法成分有密切的关系。语法成分应该读轻声的有以下几种:

1. 语气词"吧、吗、呢、啊"等。

2. 后缀"们、子、头、么"等。

3. 助词"的、地、得"、"着、了、过"。

4. 方位词"上、里"等。

5. 重叠动词的第二个音节。

6. 趋向补语(动词后的成分),如"想/起来、走/出去"。

汉语中还有很多双音节词的第二个音节要读轻声,如"东西、清楚、舒服、知道"等。在教授这些词时应向学生强调其轻声的特点。

### （三）连调

林焘、王理嘉先生（1992）指出："普通话两去声音节连读,前一个去声听起来很像变读成高降调[53]。例如'注意、现在、再见、放假'等等。实际上普通话两音节连读时,前一音节的调域往往比后一音节高一些、窄一些,各声调都是如此。两个阴平音节连读,例如'今天、新书',听起来就往往是前一个音节显得略高一些……严格地讲,普通话去声和阴平、阳平一样,并不存在明显的连续变调现象。"

### （四）变调

汉语的变调主要指有的音节或声调在语流中因前后音节的声调不同,必须相应发生变化。变调主要有以下几种：

1. "一"、"不"的变调

（1）"一"、"不"在去声前读成阳平[35]。如：一块儿、不去。

（2）"一"在阴平、阳平、上声前读成去声[51]。如：一张、一同、一起。

（3）"不"在阴平、阳平、上声前仍读去声[51]。如：不通、不行、不写。

2. 上声变调

上声的变调主要出现在以下几方面：

（1）上声处在阴平、阳平和去声之前读成[21]（一般称之为半上）。

（2）两个上声相连,前一个上声变阳平[35]。如：水果、雨伞、理想。只有在强调或对比两者的分别时才有可能把上声变调读得略低一些。如"两[24]手"和"凉[35]手"。就一般情况看,两者的调值应该说是完全一样的。

普通话三音节、四音节甚至更多音节连读时,如果其中有上声音节的一般都按两音节上声变调规律变调。如：

普通话[21][55][51]　　　　　吸引人[55][21][35]

美国人[21][35][35]　　　　　滑雪衫[35][21][55]

辅导员[35][21][35]　　　　　副馆长[51][35][214]

晚自习[21][51][35]　　　　　感谢信[21][51][51]

兴高采烈[51][55][21][51]　　手舞足蹈[35][21][35][214]

如果连读的三个音节都是上声,变调情况复杂些。当连读的三个上声音节是一个词时,一般前两个上声都变调读成阳平[35],如：

展览馆[35][35][214]　　　　　表演者[35][35][214]

当三音节词的第三个音节是轻声时,只有第一个音节变为阳平,如：

小伙子[35][21][0]　　　　　老伙计[35][21][0]

如果连读的三个音节中第一个音节是词时,不变为阳平,而读半上,第二个音节变为阳平。如：

我很好[21][35][214]　　　　　买手表[21][35][214]

四个或四个以上的音节如果都是上声,最简单的变调是除最后一个音节外,其余的都变读成[35]（林焘、王理嘉,1992）。但这种情况比较少见,对外国学生来说,连续发出一串阳平的音节也是很困难的。语流较长的话,变调常需要根据语音停顿、语义重点、语法结构以及语调的变化进行调整。所以,在教外国学生遇到长语流的上声变调时,最好按句子的表达单位分节变调（见下"或"后标调）,如：

岂有此理[35][35][35][214]或[35][21][35][214]

我´很想´写小说[21][35][35][35][21][55]或[21][35][21][35][21][55]

我买´五把´小´雨伞[35][35][35][35][35][35][214]或[35][21][35][21][21][35][214]

在原为上声改读成轻声的字音前,有的上声字读阳平[35],如"等等(动词重叠)、想起"。有的读半上声[21],如"奶奶、姥姥"。

(3)"七"、"八"的变调:"七"、"八"在去声前读阳平,也可以不变调。

## 二、常见偏误

学生学完声调后,声调偏误往往会出现在读单音节词、双音节或双音节以上的词语以及读句子时(语流中)。下面从三方面分别加以说明:

**(一) 读单音节词常见的偏误**

1. 平调出现过多。

2. 上声错误最多,上声常被学生发成调值为24、34或224、334,或发成高调或上升调。

3. 阳平调域不稳定,常发成224、223或34、23或发成别的声调。

4. 去声降不下来。

**(二) 读双音节或双音节以上的词语常见的声调偏误**

1. 常模仿母语的常规语调来读汉语双音节词的声调。如美国学生在读声调前后有变化的双音节词时,常趋向变成一个调值而不顾原来的不同,例如升调连着升调,降调连着降调(桂明超,2000)。

2. 受到前一音节的影响,把第二个音节的声调读成与前一音节相同或读成其他声调,或两个音节声调都读错,特别是与阳平或上声音节相连的词语或短语(见下三)。

**(三) 读句子与语段(语流中)的声调偏误**

以上单、双音节的读音偏误,在语流中均有反映。有些音节,学生在读单个的词语不太会发生声调错误,由于说话人的紧张或受到语流中前后音节的影响,也常会出错。下面是我们根据两次语音记录整理的外国学生语流偏误的各种类型及例词。这两个记录分别是:(1)苏州大学2005年6月的两次演讲比赛(初级和中级)中各国学生在语流中的偏误记录;(2)同月在苏州大学召开的一次国际汉学研讨会的会上五位外国博士生发言的语音记录(以母语为英语的学生居多)。为节约篇幅,表中举例仅以词语或短语的形式出现。声调记录则参照林焘先生的观点(详见下第五节三)以1、2、3、4分别记录高调(阴平)、升调(阳平)、低调(上声)和降调(去声)。由于外国学生的发音调值往往不够到位,所以数字所记仅取近似的调。表中标明学生的母语代码分别为:Y英语、R日语、H韩语、T泰语、M马来语、F菲律宾语、D德语、RD瑞典语。

**外国学生语流中的词语声调偏误类型**

| 应读声调 | 误读声调 | | 学生母语背景 |
|---|---|---|---|
| 1+1 | 类型 | 1+2 | H 冬天 |
| | | 2+1 | H 苏州 |
| | | 2+4 | H 机会 |
| | | 3+1 | Y 天仙 R 今天 H 稍微 |
| | | 4+1 | Y 教书 H 丢失 拉开 |

续表

| | | | | |
|---|---|---|---|---|
| 1+2 | 类型 | 1+1 | 例词 | R 孤独 T 中华 |
| | | 1+3 | | R 中国 |
| | | 2+3 | | R 中国 |
| | | 1+4 | | R 生活(中) H 周围 |
| | | 3+1 | | Y 关于 |
| | | 3+2 | | Y 真实 R 刚才 |
| | | 4+2 | | R 失传 |
| | | 4+3 | | H 一无(所知) |
| | | 4+4 | | H 生活 |
| 1+3 | 类型 | 1+2 | 例词 | R 吸引 歌曲 开朗 H 缺点 根本 (一)边走 D 经理 |
| | | 2+2 | | H 拥挤 |
| | | 2+3 | | H(浑身)发抖 (跟他)相比 |
| | | 4+3 | | Y 充满 H(老师)帮我 |
| 1+3+4+4 | | 1+1+1+1 | | H 发展速度 |
| 1+4 | 类型 | 1+1 | 例词 | Y 三块(钱)(所到)之处 R 相信<br>H 干净 车站 希望 发自 因为 |
| | | 1+2 | | D 翻译(星)期六 |
| | | 2+4 | | R 知道 因为 机会 |
| | | 3+1 | | H 超市 |
| | | 3+4 | | Y 当地 都是 接近 机会 三部 经济 淹没 R 方便 工作<br>H 三个 教汉(语) |
| | | 4+1 | | R 帮助 |
| | | 4+4 | | Y 机会 R 帮助 H 相信 失望 真厉害 三个 深刻 |
| 1+0 | 类型 | 1+1 | 例词 | H 他们 |
| | | 1+2 | | H 哥哥 |
| 2+1 | 类型 | 1+1 | 例词 | R 时间 |
| | | 1+2 | | R 国家 H 曾经 |
| | | 2+4 | | H 明星 |
| | | 3+1 | | Y 年轻(人)研究 结婚 F 阳光 H 同班 学生 成功 十分 |
| | | 4+1 | | H 来中(国) |
| 2+2 | 类型 | 1+1 | 例词 | H 民俗 韩国 |
| | | 1+2 | | Y 如何 同时 其实 文明 R 同学 Y 行为 残疾<br>H 学习 行人 同学 M 同学(们) |
| | | 2+1 | | R 无疑 学习 H 同学 韩国 |
| | | 1+3 | | Y 调情 |
| | | 2+3 | | R 凉鞋 |
| | | 2+4 | | R 其实 尤其 |
| | | 3+1 | | Y 言情 文学 题材 然而 |
| | | 3+2 | | R 男孩 H 年龄 韩国 |
| | | 3+3 | | R 常常 |
| | | 3+4 | | Y 如何 |
| | | 4+2 | | R 延长 |

| | | | | |
|---|---|---|---|---|
| 2+3 | 类型 | 1+3 | 例词 | Y 给我 男女 还有 R 没有 陪我 H 甜美（极了）还想（跑） |
| | | 2+1 | | Y 完美 陪你 如此 H 朝鲜 |
| | | 2+2 | | H 传统 平坦 |
| | | 2+4 | | H 游泳 |
| | | 3+1 | | R 滑雪 |
| | | 3+2 | | R 游泳 |
| | | 3+3 | | H 没想（到） |
| | | 3+4 | | Y 吉卜（赛）H 提醒 |
| 2+4 | 类型 | 1+4 | 例词 | Y 回到 R 时候 |
| | | 1+4+2 | | H 题目是 |
| | | 1+1+1+2 | | Y 无线电台 |
| | | 2+1 | | H 游遍 来到 时候 不是 |
| | | 2+2+2 | | H 中国菜 |
| | | 2+3 | | H 然后 |
| | | 3+1 | | Y 还是 RD 流利 |
| | | 3+4 | | Y 还是 人物 条件 决不 重庆 结束 H 难过 十六 玩具 <br> H 全世（界）仇恨 无价（之宝）决定 一切 |
| | | 4+4 | | H 习惯 |
| 2+0 | 类型 | 1+1 | 例词 | R 觉得 M 朋友 |
| | | 1+2 | | H 朋友 |
| | | 1+3 | | R 爷爷 |
| | | 2+1 | | H 明白 |
| | | 2+2 | | H 石头 |
| | | 3+1 | | RD 觉得 |
| | | 3+2 | | Y 觉得 H 觉得 |
| 3+1 | 类型 | 1+1 | 例词 | Y 已经 简单 R 很多 两棵 M 每天 |
| | | 1+1+4 | | R 很辛苦 很高兴 |
| | | 1+2 | | R 很方（便） |
| | | 1+3 | | H 好机（会） |
| | | 1+1+4 | | H 好消息 |
| | | 2+1 | | D 起飞 |
| | | 2+2 | | R 每天 H 首先 T 首都 |
| | | 2+1+3 | | R 很辛苦 H 有心人 也都有（孩子） |
| | | 3+2 | | R 少些 D 打的 |
| | | 3+3 | | H 小偷 |
| | | 3+4 | | R 喜欢 |
| | | 3+1+1 | | R 很伤心 |
| 3+2 | 类型 | 1+1 | 例词 | H 以前 |
| | | 1+2 | | Y 眼前 只能 R 我能 很难 理由 H 很难 女孩（子）友情 <br> M 懒虫 |
| | | 2+2 | | R 感情 H 我还 找回 很疼 旅行 偶然 |
| | | 3+1 | | Y 旅行 女神 主人 使得 女人 表明 可能 <br> R 每年 以前 表达 H 以前 表情 有时 |
| | | 3+4 | | Y 九年 海峡 H 舞台 |
| | | 3+1+1 | | F 有什么 |

续表

| | | | | |
|---|---|---|---|---|
| 3+3 | 类型 | 1+1 | 例词 | R 演讲 H 演讲 |
| | | 1+2 | | R 演讲 H 主角 |
| | | 1+3 | | R 所以 九点 五点 |
| | | 2+1 | | Y 所有 手法 女子 R 理解 H 理想 演讲 很早 |
| | | 2+2 | | R 演讲 |
| | | 2+4 | | R 友好 |
| | | 3+1 | | R 脑海(里) H 总统 Y 只有 |
| | | 3+2 | | R(一)起走 有两(个)H(下)午好 D 左右 感谢 |
| | | 3+4 | | R 饱满 很想 H 尽管 |
| | | 4+3 | | R 五点(半) |
| 3+4 | 类型 | 1+1 | 例词 | M 晚上 |
| | | 1+3 | | Y 所谓 H 有意(见) |
| | | 1+4 | | R 好像 改变 |
| | | 2+4 | | R 以后 有意(思)H 法律 改变 跑上 罕见(的)D 早上 |
| | | 3+1 | | H 我叫 |
| | | 3+2 | | H 感谢 |
| | | 4+4 | | Y 找到 主要 H 伟大 T 伟大 |
| 3+0 | 类型 | 1+1 | 例词 | R 喜欢 M 讲讲 喜欢 |
| | | 1+2 | | Y 老爷 小姐 |
| | | 1+3 | | H 等等 |
| | | 2+0 | | H 抢着 |
| | | 3+4 | | H 讲讲 |
| | | 3+0+2 | | D 等一等 |
| 4+1 | 类型 | 1+1 | 例词 | R 大家 H 大家 |
| | | 2+1 | | H 会英(语) |
| | | 1+3 | | R 认真 |
| | | 3+1 | | Y 认真 陌生 作家 这些 R 大家 H 大家 菜单 |
| | | 4+4 | | H 下车 去偷 |
| 4+2 | 类型 | 1+1 | 例词 | Y 剧情 顺从 |
| | | 1+2 | | Y 特别 并存 R 帽檐 大学 |
| | | 1+2+1 | | Y 复杂性 难民 四十 |
| | | 2+2 | | R 要来 |
| | | 3+2 | | R 少年 |
| | | 4+1 | | H(说个)不停 外国 爱情 |
| | | 4+2 | | H 特别 |
| | | 4+4 | | R 作为 H 那时 后来 要来 |
| 4+3 | 类型 | 1+2 | 例词 | Y 或者 R 一百 下午 |
| | | 1+3 | | R 用语 H 更喜(欢) |
| | | 2+2 | | R 信仰 |
| | | 2+3 | | H 汉语 |
| | | 4+1 | | Y 太好(了)竖起 H 父母 那种 月底 |
| | | 4+2 | | H 不远 (提心)吊胆 D 上海 |
| | | 4+4 | | R 自己 正好 H 自己 |

续表

| | | | |
|---|---|---|---|
| 4+4 | 类型 | 1+1 | 例词 Y艺术 抗战 第二(天) H但是 害怕 预报 创意 各位 |
| | | 1+2 | Y并存 上面 |
| | | 1+2+1 | H坐汽车 |
| | | 1+4 | Y创作 确定 重要 段落 但是 恋爱 放弃 R重要 那样 H介绍 错过 |
| | | 3+4 | Y抑郁 H二月 运动 |
| | | 4+1 | Y大量 H现代 |
| | | 4+3 | H汉字 |
| 4+0 | 类型 | 3+4 | 例词 H照顾 |
| | | 1+1 | Y太太 父亲 H谢谢 |
| | | 1+3 | RD样子 |
| | | 1+0 | R靠的 |
| | | 4+2 | H热闹 漂亮 |
| "一、不"变调 | | | |
| 4+1 | 类型 | 1+1 | 例词 F一般 |
| | | 1+3+1 | H一边跳 |
| 4+2 | | 1+2 | H一年的 |
| 4+2+0 | | 4+1+4 | H试一试 问一问 |
| 4+3 | | 1+3 | R一点 |
| 2+4 | | 1+4 | R一样 一次 |
| | | 3+4 | R一位 |
| 2+4 | 类型 | 4+4 | 例词 R不太 |
| | | 3+4 | H不要 F不问 |
| 4+2 | | 2+4 | R不值(钱) |
| 4+3 | | 1+2 | M不很(胖) |

　　通过对很多学生语流中词语声调偏误的记录，我们发现了以下一些规律：

　　1. 有些音节，比如表中所举的"1＋4"、"2＋2"、"2＋4"、"3＋2"、"3＋3"等音节，很多国家的、不同母语背景的学生都会读错。说明这类音节在语流中较难读准，应作为语流教学的重点。

　　2. 有的初级班的学生在同一演讲时，某一相同的音节，前后读的声调都会不一样。比如有一位初级班的学生在演讲中，"很多"在前面读成"1＋1"，后面则读成"2＋1"。这说明汉语初学者对语流中的词语的声调往往把握不准。

　　3. 记录说明，某些中、高级班的学生在发某类音节时，往往会发成同一偏误类型的音节，比如有位英国博士生，在他的发言中，有6个"1＋4"调的音节全都发成了"3＋4"调。这说明他在语流中这一音节的发音偏误已经固化，变得有规律了。

## 三、教学建议

### (一) 声调偏误成因分析

据何薇、林齐倩(2002)调查，外国学生在声调方面出现偏误的比率高低依次为：

双音节以上的词语(出现偏误的比率最高)＞句子＞单音节

据笔者的调查发现，有的学生在单独读有些双音节词语时，声调是正确的，但是在语流

中却会读错。语流中对双音节以上音节的声调把握是一大难点。造成上述情况的原因是:

1. 语音教学过程中一般重视单音节声调的发音训练。进入课文时则以句子的训练为主。学生在学习过程中,单音节的声调和句子的语调输入都远远大于双音节连读声调的输入。

2. 从教师的正音频率看,单音节的正音频率最高,其次是在学习生词时,对双音节词的正音。但是对学生在读句子或语段表达时语流中的声调偏误,教师则往往很少纠正或不纠正。

3. 语流中各个音节的调值往往会发生一些变化,即音节的四个声调的调值都与它的规定调值有一定差异。如在语流中阴平可能只有44,上声只有211,降低了发音的难度。因此即使学生发不到规定调值,只要听着像高调或降调,略不到位也不易为听者所察觉。而双音节以上的词语则是两个音节或两个以上音节在一起,前后相互影响,但又要求朗读者读出它们的差异,发音稍有不足就很容易被听出来。如"周末"一词,为阴平和去声相连,外国学生在读"周"时看到"末"是由高到低的降调,为了追求"末"的起音高,会有意识地将正在拉长的"周"的阴平上扬,成了一个类似阳平的音。从上面语流声调偏误记录可以看出,有不少偏误是受到前后音节的影响而致误,也有是未变调致误或变调不当而致误的。

4. 很多学生的母语是语调语言,其语调调型是有限的,如英语的语调类型就很有限。但汉语的每一种声调都能与其他声调组合,从而产生更多的声调类型(桂明超,2000)。这种复杂性对初学者来说确实是比较难掌握的。

对不同母语的学生来说,不同的语音单位的声调错误也不尽相同。如欧美学生在发单音节时,偏误率较高的是阳平,上声错误率较低;日韩学生在发单音节时,偏误率较高的是阳平和上声,如很多韩国学生在语流中往往在变调时把上声发成近似阴平的高平调。有些学生,在有文字参照的情况下,读到这类上声变调的词语时,特别小心,放慢速度一字一字地尽量发清楚,所以偏误率较小。但在自由谈话时,由于语速较快,又没有文字参照,上声方面的偏误出现的频率明显比读课文要高。语流中阳平的偏误位居第二,有时去声也有偏误,阴平偏误较少。

学生在发双音节以上词语时,上声连读变调偏误率往往是最高的。这是因为阳平与上声本身就比较难发,两个上声中连读变调,一般要变为阳平与上声,学生往往会顾此失彼,弄得两个音节的声调都发错了。有些韩国学生往往把上声发成阴平,变调时,也会把应变为阳平的上声音节发成阴平。

**(二)声调教学建议**

鉴于上述声调偏误成因的分析,我们建议在声调教学方面应注意以下几点:

1. 加强双音节或双音节以上词语或短语的声调训练。

2. 学生语音学习阶段结束后,仍应经常复习变调的规则,并结合常用词和常用短语加大练习量。如"有意思、有时候、有想法、很伤心"这几个短语,都是上声单音节词与其他不同声调的词语连读,可让学生反复练习这类短语,让他们熟悉并掌握上声音节的连读规律,不仅耳熟能详,而且能做到出口不错。

3. 汉语课应加强课文的领读、范读。口语课应加强句子的整体输入与输出,最好能让学生背诵一些常用句子,尽量注意语流中声调的正确。

4. 不同国家的学生在声调方面的偏误往往是不同的,可以针对不同的教学对象在声调方面的弱项,加强练习。

5. 针对很多国家学生在语流中都不易把握的音节的难点,加强双音节以上短语的读音训练,并结合句子的朗读多加训练。不管是初级班的学生还是中、高级班的学生,语流中出现的偏误同样应该及时加以纠正。(另参见下第五节三)

# 第五节　语　调

根据《汉语水平等级标准大纲》的规定,学生口头表达汉语的能力应达到"满足生活、学习、各种社会交际活动和一般性工作的需要"。要求学生在进行口头交际中"语音语调基本正确,语速正常,语句连贯,用词基本恰当,语言表达基本得体"(刘英林,1996)。

要达到"汉语语音语调基本正确"这一要求,汉语的语音教学就不能只注意学生在读汉语音节时是否正确,还要注意加强语调语流的教学,而这方面的教学往往是在基础语音教学结束之后,仍需要长期加以坚持的。

林焘、王理嘉先生(1992)指出:"语调主要由超音质成分,即音高、音强和音长组成。普通话'Tā chī jī'是全由阴平声组成的一句非常简单的话,如果三个音节的音高基本相同,就是叙述的语气'他吃鸡';如果三个音节的音高逐步上升,就变成了疑问的语气'他吃鸡?';如果重音放在'吃',就是强调的语气,表示他并不是不吃鸡;如果'他'读得比较长,后面又有停顿,就带有一种沉吟考虑的语气'他,吃鸡'或'他——吃鸡'。以上这些变化并没有影响到这三个音节的音节结构和音节所代表的意义,但由于语调不同,全句所表达的实际意义产生了很大的差异。"

## 一、汉语语调语流教学的主要内容

### (一) 轻重音

汉语的句子都有意群重音。如:

在"主语＋动词"的谓语句,动词重读;"是"字句中,"是"后边的词重读;形容词作谓语时,一般重读。

用疑问代词提问时,疑问代词一般重读,回答时与疑问代词相应的词语也重读。句中有两个宾语时,后一个宾语要重读。

状语一般要重读。动词后的宾语一般也重读。定语一般重读。

除了上述重音,句子的其他成分一般轻读。当说话者有意要强调句中的某个词语的时候,那个词语往往要重读,即重音可以起强调某个词语的作用。

### (二) 句调

陈述句一般为低句调,句尾下降,如:"教室里有很多人。"

用"吗"的疑问句一般为高句调,句尾上升,如:"这是汉语书吗?"

用疑问代词的疑问句起句稍高,句尾较平或稍降,如:"你要买什么?"

表示赞叹的起句较高,句尾较平或稍降,如:"太好了!"

话题严肃,表示同情、悲哀等特别感情的语句一般用低音调,如:"这种情况不能再发生了。"话题轻松、重复问话时,一般用高音调,如:"去散散步吧!""你刚才说什么来着?"

### (三) 停顿

一个句子特别是比较长的句子,往往要有停顿。停顿首先不应该把一个表示完整意义的词分开,但也不应该在每个词后面都停。应该选在大的成分之间,如主语和谓语之间等。如果每个成分还比较长,就应在短语或固定结构切分之处停顿,即停顿不应该将意义相对比

较完整的短语或结构拆分开来。如果停顿拆开了词、短语或固定结构,就叫读破句。如:

正确的停顿:人们'往往将吸烟'和健康'联系在一起。

错误的停顿:人们往往将'吸烟'和'健康联系在'一起。

**(四) 语流及语流音变教学**

我们用语言进行交际的时候,总是一个音接着一个音说的,各个音连续不断,形成了长短不等的一段段语流。语流内的一连串音紧密连接,发音部位和发音方法不断改变,有时难免互相影响,产生明显的变化。这种语音变化就称之为"语流音变"(林焘、王理嘉,1992)。

语流音变可分为两种类型:一种是不自由的,只要音变条件出现,音变现象就必然产生。另一种是自由的,音变条件虽然出现,但是音变现象并不一定产生。对外汉语语流教学关注的是前者。普通话的语流音变主要有连读变调(详见前声调下的"变调")和语气词"啊"受前面音节韵母或韵尾的影响产生的种种不同的语流音变。当前面音节韵母是[-a]、[-i]、[-y]时,"啊"音变为"呀",当前面音节韵母是[-n]时,"啊"音变为"哪",当前面音节韵母是[u]时,"啊"音变为"哇"。

二、常见偏误

朗读时句子的重读、句调和句中的正确停顿是建立在对句子意义的正确理解基础上的。这一点对外国学生来说也是一大难点。不少学生不能在读准音的同时理解句意。他们在朗读句子时常把注意力放在每一个词语的读音上,而不能把它们作为一个整体来考虑,读出轻重音来。听起来,虽然单个字音都较准,但整个句子听起来仍是洋腔洋调。具体表现有:

**(一) 轻重音不当**

读或说一个句子十分平淡,没有抑扬顿挫,无轻重之分,重音读错。如在读"真是太好了!"一句时,不少学生将重音落在了"好"上,而"太"的音较轻,构成了"22+55(太好)"这样奇怪的洋腔洋调。有人则将句末轻声语气词"吧"、"吗"重读。

**(二) 句调掌握不准**

欧美学生受母语影响,无论陈述句还是疑问句都喜欢用升调,尤其在段落中,只要不到最后的句号,前面的分句一律采用升调。对外国学生来说,陈述、疑问、祈使、感叹等语气一般掌握的还可以,但反问句语气、猜测的疑问、怀疑、请求等语气掌握得不够好,经常出现"该升不升、该降不降"的情况(何薇、林齐倩,2002)。

**(三) 在不应停顿的地方停顿,读破句(见下例标'号处,仅为举例性的)**

1. 在数词和量词之间误停:

大家互相认识一'下吧。

2. 在数量短语和后面的名词之间误停:

今天他买了三十元'钱的水果。

3. 在名词和方位词之间误停:

阳光照在教室里的桌子'上。

4. 称呼语与主语之间应停而未停:

老师你'去哪儿?

**(四) 语流中对四个声调把握不稳**

在外国学生自由谈话的语流中,阴平偏误率最低。阳平、去声的偏误率都较阴平要高,但低于上声。语流中偏误率最高的是上声,这是因为在语流中,上声的实际调值往往要发生变化,比较复杂,对外国学生来说是比较难掌握的。

### 三、声调与语调教学建议

1. 将标准调值(五度制)与四分区别特征相结合

林焘先生主张,在教四声时,最好用"高、低、升、降"四个字来说明,并结合赵元任先生创立的五度制(阴平 55、阳平 35、上声 214、去声 51)来解释。

外国学生在发音的初学阶段,有些声母发不准也不要过分苛求。一个声母读不准,还不太容易被人察觉,但声调不准立刻就会被人听出来。可见,在学习汉语语音基本结构阶段,声调教学比声母和韵母教学更为重要一些,但是确实也更难一些。普通话的四个声调的标准调值是阴平 55,阳平 35,上声 214,去声 51。从现代语音学实验分析的结果看,在同一个调域里单说是这四个调类,但并不总是这四种调值。如阴平可以是 44,上声也可以是 212 或 312,去声也可以是 41。变化最多的是阳平,既可以读成 25、24,也可以读成 325、425,和上声的调型非常相似。因此,学习声调主要应该是学会分清调类,至于调值,并不一定要和标准调值说得完全一致。

如按近年流行的区别特征理论,把普通话阴平的特征定为高,阳平定为升,上声定为低,去声定为降,在声调教学中可以只用四个特征分辨四个调类。首先分辨阴平的高和上声的低,确定了调域,然后先易后难,先学去声的降,后学阳平的升,这样就可以把普通话的四个声调分辨清楚。上声 214 向来是学习声调的难点,改为只用低特征来表现,自然容易学一些,实际上 214 只处于语音停顿之前,出现的次数比处在话语中间的 211 少得多,211 正充分反映上声低特征的特点,掌握住低特征,就能够相当准确地读出上声最常见的调值,再学停顿之前的 214 就可能不再那么困难了。

2. 加强词语轻重音的训练

林焘先生认为,要纠正洋腔洋调,在语音教学中,除声调外,还应重视对汉语轻重音的教学。近年来国内外的研究都已经证明,所谓轻重音,并不只是声音强弱的分别,而是音长、音高和音强三方面因素在起作用。哪一种因素起主导作用,不同的语言各不相同。汉语普通话两音节组合在一起时,分为中重型(或称重重型)和重轻型两种,根据近年来国内一些研究成果来看,主要都不是靠音强来分别轻重,而是靠音高和音长。中重型的双音节词语如"学校、客厅、木料、儿童"等,主要是后音节比前音节长,而且音高略低,调域也宽一些,形成前短后长、前高后低、前窄后宽的双音节模式。这是普通话双音节组合的主要模式。普通话也有不少重轻型的双音节词语,如"学生、客气、木头、儿子、窗户、衣服"等,这些词语的后音节比前音节短得多,调域也窄,听起来也显得很轻,即一般所说的轻音音节。但其他语言轻重的性质并不一定和汉语相同。英国语音学家 Dennis Fry 50 年代一次实验表明,英语重音(stress)起主导作用的也不是音强,而是音高,也就是说,英语重音音节的频率明显增加,声音变高。′subject 和 sub′ject 的分别主要在于,前一个词的第一个音节频率明显增加,后一个词的第二个音节频率增加。因此,在讲授汉语轻重音时,对以英语为母语的学生,如果只强调重音强、轻音弱,学生很可能用英语式的重音,声音虽然加重了,但却读成了另外一个声调,形成了洋腔洋调。

在汉语双音节词中,中重型是主要的;英语的双音节词中除前缀型的如 re′peat,con′firm,dis′miss 等以外,则是以重音在前的居多,和汉语重轻型模式比较相近。但是,汉语音译英语双音词时,一般都不用语音模式和英语相近的重轻型,而是把重音移后,改为中重型,如′coffee－咖′啡,′sofa－沙′发,′radar－雷′达,甚至英语塞音尾的单音节词音译时也往往改为汉语中的双音节词,如jeep－吉′普,watt－瓦′特,tank－坦′克。最为明显的是音译双音节的人名:′Mary－玛′丽、′David－大′卫、′Newton－牛′顿、′Lincoln－林′肯、Ford－福′特、Bush－布′什。这些例子说明英语和汉语双音节词语的常见重音模式是相反的,说英语的人学汉语的双音节词语,最容易在重音上受到母语的干扰,而汉语中占绝大多数的恰恰正是双音节词语,其中又以两个语素构成的中重型合成词最多,例如"书′桌、家′庭、理′想、工′作"等等都是。英语也有大量的复合词(compound word)结构和汉语合成词相同,但是重音多数在前一个成分,如′midnight,′snowball,′appletree,′keyhole,′dining-room 等。如果用英语复合词的常见语音模式读汉语的合成词,不但重音错放在前一个语素,由于加重,还可能会把这个语素原有的调值频率提高,"国′家"读起来像是"′郭家"或是"′过家","北′京"读起来像是"′碑京"或是"′被京"(林焘,1996)。因此,在语音教学以及平时的朗读中,应该反复强调汉语双音节词语的中重型特点,加强双音节词语连读和轻重音的训练。[①]

3. 加强语调语流的训练

汉语语音教学不应该只停留在音节层面上,而应该扩大到句子和语段的层面。

在语音教学阶段结束后,教师在课文的朗读、纠正学生发音方面的偏误过程中,有意识地强调语调语流的重要。语调语流的教学与训练,不仅初级教学阶段应该重视,中、高级教学阶段同样不能忽视。这包括加强句子、语段的示范朗读,在朗读中,教会学生如何连读变调、确定轻重音,如何对长句进行正确的停顿、切分等。

应针对不同国别学生的不同特点,加强语流中的声调练习与训练,努力克服洋腔洋调。课堂上除了教师经常领读、范读,使学生多接触正确的语音语调之外,也可以让学生在别人朗读时,注意发现其发音不正确的地方。应结合成段表达,对学生语调语流中的偏误加以及时的纠正。鼓励学生多听标准的汉语录音与电视节目、电台播音员正确的句调、语调,边听边模仿;鼓励学生在课下多用汉语与中国人交流,在平时的交流中,逐步掌握正确的语音语调。在有条件的情况下,可以开设汉语语音语调的选修课,对学生进行专门的语音训练。

**参考文献**

桂明超著,杨吉春译(2000)美国英语语调对美国学生学习汉语普通话声调的干扰,《世界汉语教学》第 1 期。

何 薇、林齐倩(2002)初级班口语教学中的语音问题及对策——对欧美学生发音调查给我们的启示,《苏州大学学报》专辑。

黄伯荣、廖序东主编(2000)《现代汉语》(增订版),高等教育出版社。

金明淑、陆庆和(2002)关于韩国学生学习汉语语音情况的调查与分析,《苏州大学学报》专辑。

林 焘(1996)语音研究和对外汉语教学,《世界汉语教学》第 3 期,《第五届国际汉语教学讨论会论文选》,北京大学出版社。

林 焘、王理嘉(1992)《语音学教程》,北京大学出版社。

刘英林(1996)《汉语水平等级标准大纲与语法等级大纲》,高等教育出版社。

米凯乐(1990)怎样教英语为母语的学生学会汉语的辅音,《世界汉语教学》第 4 期。

齐 冲(2003)法国成人学习汉语声母发音的难点分析,《第七届世界华语文教学研讨会论文集》(第二册),台北,世界华语文教育学会编。

---

① 第 1、2 节内容大多引自林焘先生的论文(1996)。

邱　岭、莫逢娟、潘黛美、李斌编(2004)《*The Key to Learning Chinese*》(学习中文的钥匙),(美国中文教学研究学会),世纪出版集团上海教育出版社。

王秀珍(1996)韩国人学汉语的语音难点和偏误分析,《世界汉语教学》第 4 期。

徐世荣(1980)《普通话语音知识》,文字改革出版社。

朱春跃、本多清志、高野佐代子(2003)汉语鼻韵母/-n//-ng/-N 与日语鼻音音拍/-N/的 MRI 动画分析研究,《第七届世界华语文教学研讨会论文集》(第二册),台北,世界华语文教育学会编。

# 第二章　基础汉字教学

汉字是外国人学习汉语的主要难点之一,是对外汉语教学的重要组成部分。

## 第一节　汉字的性质与特点

汉字是语素音节文字,它既不是表音文字,也不是表意文字。它具有不同于拼音文字的特点。许多拼音文字的字母只记录语言中的音素,靠音素的拼合来达到记录语言的目的。学习拼音文字,不涉及语义与语用问题,而学习汉字永远离不开同时学习汉语的问题。一个汉字记录语言中的一个语素,认识这个汉字就要了解它所代表的语音和语义以及它们在语言中的使用问题。认识一个汉字实质上是学习了汉语中的一个语素或一个词。汉字教学实质上把汉语教学的诸多内容放到文字中来了(李行健,1997)。因而在初级阶段,汉字教学的难度要比拼音文字难得多。

汉字号称六七万,但实际上其中绝大多数字对我们来说都是死字,根本不用去学它们。国家语委和国家教委发布的《现代汉语常用字表》包括 3500 个汉字,认识其中 2500 个汉字,阅读现代的书刊,识字率达 97.97%,掌握 3500 个汉字,识字率达 99.48%。也就是说,阅读写作一般不会再有什么问题了。

汉字尽管不是拼音文字,但是它在表义的同时,又有表音的功能,能够激发人们对语义和语音的联想。所以,一旦学生掌握了汉字这个特点,认识了一定的汉字,就有助于他迅速掌握更多的汉语词汇,提高阅读能力。这是汉字优于拼音文字的地方。

## 第二节　汉字结构特点与认知

### 一、汉字结构的特点

1. 汉字是由笔画与部件构成的。

2. 从汉字结构是否可分来看,汉字可以分为独体字与合体字两大类。

独体字是不可分的,如"日、水、山、木、口、大、人"等。合体字是可分的,如"尖、唱、林、冰、晴"等。追溯汉字结构的来源,独体字中有些是从象形字演变而来的,如"日、水、山、木、口、大、人"等;有的是从指事字来的,如"上、下、天、寸、夫、立"等。

3. 汉字的部件中,有表意的部件(一般称作意符),也有表音的部件(一般称作声符)。

由两个或两个以上的表示意义的部件合成表示新的意义的字,称之为会意字,如"从、北、步、采、察、祝"等。由意符与声符组成的汉字,称之为形声字。形声字在汉字中占的比率相当大。据对对外汉语教学用的 2905 个汉字的语音状况的分析,其中有 1920 个形声字,占 2905 个汉字的 66.1%(冯丽萍,1998)。

## 二、形声字的类型

形声字按照其表音的程度,可以分为三种(举例以 HSK 词汇考试大纲的甲级汉字为主,兼及乙级汉字):

第一种是规则形声字。这是指声旁与形声字读音一致,即声韵相同者,声调不同的也包括在内。

第二种是半规则形声字。这是指声旁与形声字读音部分一致者,或声母相同,或韵母相同,声调亦不计。如:

| 声符 | 规则形声字 | 半规则形声字 |
|---|---|---|
| 巴 | 吧 把 爸 | 爬 |
| 包 | 抱 饱 | 跑 炮 泡 |
| 少 | | 抄 吵 秒 |
| 马 | 吗 妈 骂 | |
| 方 | 房 访 放 防 仿 纺 | 旁 |
| 及 | 极 级 圾 | |
| 己 | 记 纪 | |
| 交 | 饺 较 | 校 效 |
| 门 | 们 | 问 闻 |
| 青 | 清 晴 情 请 | 睛 精 静 |
| 元 | 园 远 | 完 玩 |
| 由 | 油 邮 | |
| 中 | 钟 种 | |

第三种是不规则形声字。这类字古代曾经是形声字,因为音变、字形变化等原因,现在这些形声字的读音与其声旁的读音好像看不出有什么联系了。如:

他 你 送 爱 胖 边 播 玻 错 到 次 动 道 地 排 怪
国 咳 刻 路 时 确 扩 务 细 思 诉 所 袜 谢 需 盐

在初级阶段所学汉字中,不规则形声字占了一定的比例。

## 三、汉字结构与汉字认知的关系

关于汉字的认知,目前以下研究成果对对外汉字教学较有参考价值。

### (一) 汉字形体的认知特征

实践表明:人们在阅读认字的时候,是把整个汉字图像作为一个整体,一眼看去,就可基本辨识,而无需把每一个笔画都数过才认识一个字。只有当遇到相似的字或比较模糊难以分辨的情况,才多看上一眼,把不确定之处加以确定。也就是说,人认识汉字是利用汉字图像的整体信息识别过程。

在汉字认知过程中,一般都要经过"整体——部分——整体"的加工过程,即先认整个汉字,然后将它分解成若干部件,再分析每个部件的构成笔画,最后再合成一体(陈传锋、董小玉,2003)。

万业馨(2003)指出,汉字形体特征的认知有以下几个特征:

(1) 特征分析是汉字识别的必经阶段。

(2) 对汉字字形的视觉信息检测存在着整体优先性,即从大范围的整体到局部的过程。

（3）汉字的轮廓框架传递了较多的信息，保留框架有利于汉字识别。

（4）汉字的结构方式对识别是有影响的。以眼动为指标的研究发现，高频的独体字反应时比双部件字显著快。

（5）汉字的结构方式对识别读音反应是有影响的。对于高频汉字读音反应时的顺序（由快到慢）是：规则形声字→象形字→会意字→不规则形声字。

（6）汉字部件的变异与简化对汉字的识别同样有影响。

形声字确实为汉字读音认知提供了便利，声旁的表音功能对语音激活有影响。因此，形声字的表音作用是人在汉字识别、汉字读音加工过程中所需要的。

冯丽萍（2002）指出，形声字的识别存在着以下几个效应：

（1）一致性效应，即声旁字与形声字读音一致的（即上面的规则形声字）识别速度快。

（2）声旁独立效应，即声旁独立成字的形声字识别速度快于声旁不独立的字。

（3）位置效应。形声字的声旁的位置可以分为在左、在右、在上、在下和其他 5 项。形声字识别正确率按声旁的位置依次为：在上→在下→在右→其他→在左。

**（二）学生的汉字正字法意识的发展是一个渐进的过程**

正字法是使文字的拼写合于标准的方法。任何一种文字都有自己的正字法规（orthographic regularity）。研究表明，人们在学习过程中逐渐形成的正字法意识在字词识别、词语习得和阅读中起着重要作用。调查研究发现，母语为拼音文字的成人，其汉字正字法意识的发展是一个渐进的过程。从初识汉字到正字法意识的萌发需要 2 年左右的时间。

有人曾经把汉语作为第二语言学习者的正字法意识的发展分为三个阶段：

（1）储备阶段，学习者还不能把汉字分解为有意义的组成部分。

（2）迁移阶段，学习者有意识地运用正字法系统结构知识来区别汉字的声音和意义。

（3）成分加工阶段，其特点是学习者能运用系统的策略，根据汉字的声音和意义的构成来猜测生字的意义和发音。

因此，正字法的萌发是发展的转折点，同时也是一个需要花费很长时间的阶段（鹿士义，2002）。

# 第三节　学生汉字偏误的主要形式与分析

## 一、外国学生在汉字书写方面的常见偏误（左边是正确的汉字，右边是错字）

**（一）笔画方面的偏误**

1. 缺少笔画

脸—脸　至—全　的—的　锻—锻　子—了　察—察　鸟—乌

通—通　传—传　穿—穿　愿—愿　宠—宠　发—发　低—低

聊—聊　预—预　充—充　参—参

2. 增加笔画

邮—邮　爱—爱　慢—慢　已—已　辆—辆　旁—旁　展—展　东—乐

的—的　少—少　觉—觉　长—长　傲—傲　迎—迎　烧—烧　酒—酒

3. 笔画错误

是—是　喜—喜　卡—卡　劳—芳　饭—饭　东—车　末—未

以上三类笔画偏误以初学汉语的学生较为多见。汉字基础未打好的学生到了中级阶段也会出现类似的偏误。

**（二）用无声符关系的同音或音近字替代△**

再—在　已—以　夏—下　候—后　参—叁　近—经　近—进
寞—默　篇—片　流—留　励—历　厉—历　厉—利　率—帅
以—一　般—班　般—版　般—伴　般—半　公—工　查—察
首—手　意—义　合—和　利—理　阔—扩　午—舞　截—接
只—致　名—明　辛—幸　劝—权　需—须　家—假　为—味
迷—弥　原—缘　事—实　曼—漫　象—响　做—作　运—晕

同音替代的偏误是外国学生汉字偏误中比较常见的现象。虽然母语为拼音文字的学生在写汉字时常出现这类错误,但母语中部分使用汉字的日本和韩国学生也同样会出现这类偏误,特别是到了中级阶段,学生接触的汉字多了,更容易产生同音替代。

**（三）部件方面的偏误**

1. 部件位置错误

鞋—鞯　烛—蚖　随—遀

2. 非声符和形符的部件误

刮—刮　锻—锻　怎—怎　复—夏　贵—贵　然—然　游—潊　总—兑
戚—戚　整—整　信—佳　觉—贷　惯—惯　意—意　扫—挡　缘—缘
师—帅　耐—耐　困—因　餐—餐　喝—喝　霉—毒　异—导　虎—虚
索—素　比—此　体—休　变—恋　受—妥　聘—聘　整—整　涉—涉
疾—疾　况—识　欢—观　舒—舒

3. 声符误

踢—踼　场—塌　绍—给　剧—刷　换—挽　冷—冷　毕—华　练—练
俊—俊　婚—媚　妹—妹　越—越　般—船　暂—皙　牺—牺　欢—观
弥—张　弥—弥　踏—跑

4. 因声符相同而致误△

洲—州　谁—佳　址—止　价—介　玩—元　说—兑　极—及　读—卖
该—亥　认—人　汽—气　咖—加　啡—非　锻—段　理—里　愿—原
护—户　份—分　谢—射　寞—莫　掉—卓　张—长　凝—疑　相—想
向—响　境—竟　两—辆　种—中　到—倒　采—彩　乞—吃　尤—优
般—搬　成—城　成—诚　增—曾　星—醒　徘—非　徊—回　吧—巴
包—抱　式—试　具—俱　里—理　象—像　知—智　评—平

5. 形符误△

（1）被—被　裕—裕　裤—裤　种—种　鼓—敱　操—樑　嘹—暸
　　　说—浼　话—活　冷—泠　贺—贺　欧—欧　改—改　残—戋

（2）植—值　该—刻　昨—作　低—底　菜—彩　担—但　担—胆
　　　位—泣　清—情　假—暇　坦—担　徘—排　恋—变　择—泽　择—译
　　　静—净　找—伐　祖—租　把—吧　犹—扰　俄—饿　沙—砂　讶—呀
　　　讥—机　拖—施　请—清　偶—遇　偷—愉　顿—沌　顿—吨　低—抵
　　　蜜—密　脑—恼　纪—记　虑—虚　功—攻　邀—激　蜡—腊　概—慨

性—姓　篇—遍　伐—找　份—扮　颗—棵　逃—挑　拆—诉　进—讲
证—征　校—效　稍—销　慢—漫　富—福　练—炼
（3）炼—铼　慢—慢　第—第　答—荅　静—静　辆—柄　耀—爥　股—殷

6. 误增形符

水—冰　表—俵　真—滇　亏—吺　晕—潬

部件方面第1、2两类偏误在初学汉语的学生中较为多见。中级阶段的学生也有类似问题。这反映了学生在汉字识记方面整体轮廓记忆的特点（详见下二2）。与形声字相关的第3—6类偏误是中级阶段的学生主要的偏误形式，而且随着所学汉字量的增加，这四类偏误在高级阶段的学生中也常能见到。第5类偏误说明，学生不仅会混淆形旁十分相似的汉字（（1）组），而且更容易混淆同一声旁的汉字（见（2）组）。有时还会因部件相似而写错，甚至自造与正确的汉字相近的形声字（见（3）组）。

7. 照搬母语中汉字

带—帯　迟—遅　凉—涼　缺—欠　冰—氷　步—歩　藏—蔵　乘—乗
恼—悩　从—従　单—単　耻—恥　处—処　对—対　发—発　挂—掛
欢—歓　卖—売　脑—脳　险—険　画—画　边—辺　气—気　应—応
灾—災　杂—雑　举—挙　围—囲　药—薬　写—写　德—徳　收—収
团—団　拜—拝　效—効　译—訳　稳—穏

这类偏误一般出现在日本学生中。

## 二、对外国学生汉字常见偏误的分析

对外汉语汉字教学的任务是如何让外国学生尽快地掌握汉字的特点，减少错误。因此有必要对产生上述偏误的原因作进一步的分析。

1. 将汉字单纯作为记录语音的符号

上面带△记号的偏误说明，外国学生往往将汉字单纯作为记录语音的符号。万业馨（2000）对外国留学生的错字作过统计，这类错误占整个错字的70%。在对仅学过两个半月汉语的外国学生的汉字调查中发现，母语的迁移使这部分学生对声旁有一种下意识的敏感。这类偏误不仅在母语为拼音字母的学生中较为多见，而且在那些有汉字背景的日本和韩国学生的汉字偏误中也占了相当的比例。如陈绂（2001）所收集的日本学生的汉字偏误中，由于声同或声近而造成的讹误有112例，占别字总数的72%还多。

这类偏误主要是由于学生不了解他们的文字体系与汉语汉字的文字体系不同（详见下2分析），不明白汉字造字理据，对汉字的结构特点缺乏全面的认识而造成的。

2. 汉字的整体形状知觉与形似部件的混淆

语言心理学家在字母识别的实验中发现，与字母 c 最容易发生混淆的是字母 e 和 o，这表明在许多情形下，被试来不及分析刺激的局部特征，只要看到圆圆的外形就作出反应。在某种意义上可以说，人们对刺激的整体形状的知觉快于对其组成成分的知觉（彭聃龄，1991）。这一特点，同样反映在外国学生的汉字偏误中。如学生常常发生混淆的部件往往是整体轮廓相似的，如将"扌"误作"犭"、"衤"误作"礻"，"贝"误作"见"、"兄"误作"只"、"令"误作"今"、"龙"误作"尤"、"（夕）"误作"夕"、"毋"误作"毌"、"立"误作"大"、"戈"误作"成"、"已"误作"巳"等等。重视字形轮廓而忽视局部差异，必然影响字形的准确提取。至于那些增减笔画的错字也基本上是由于整体轮廓相似而产生的。

无论是对中国人还是对外国人汉字书写错误的研究结论说明,汉字中形似现象对汉字的识别常起干扰作用。有人对日本学生的汉字错误进行统计,发现用日本汉字代替中国汉字占 27.8%,其中中日笔画差异小的汉字占 55.3%(杜君燕,1994)。

据调查,在学习汉字的最初阶段,学生首要的识记弱成分是笔画。在识记了一定数量的汉字后(特别是不同部件的增多),其识记弱成分则向部件倾斜。部件识记的困难,不在于整体形状的把握而在局部特征的辨别,即局部是由哪些笔画构成的。根据笔者与许多研究者的调查发现,混淆形似部件的这类偏误是中、高级阶段学生错别字的主体部分,其中欧美国家的留学生尤为显著。正如梁彦民(2004)指出的,导致这种情况的内在原因在于拼音文字体系与汉字体系的根本差异,前者选择语音为记词的基本手段,后者选择意义为记词的基本手段。外国学生由于对汉字以形别义的区别方式不敏感或不习惯而忽视了一些细微的形体区别要素,从而导致了此类错别字的产生。

3. 学生类别与汉字的偏误率

作为汉字基础的笔画,欧美学生的错误率最高,特别是那些已经在本国学过一两年汉语的学生,问题相当多。经调查,有些学生在最初学习汉字时,由于教师没有对他们进行过汉字笔画与笔顺方面的教学与严格训练,致使学生缺乏这方面的概念。有的从下往上写,有的把撇写成竖,把提写成撇,把点写成撇,随意增减笔画……由于学生一开始学习汉字时,就不注意汉字的书写规则,所以很容易在后来的学习中产生偏误。

4. 汉字教学不够系统全面与有效

汉字中形声字占了较大的比例。但是一般的对外汉语的汉字教学,往往不能向学生系统而且有效地介绍这一特点。受到母语的影响,很多学生将汉字当作纯粹记音符号,或者忽略了不同汉字符号的不同意义,或者将不同形符所表示的不同类义忽略了。有些教师虽然注意对学生进行汉字教学,但教学中常把着眼点放在常用意符,而或多或少地忽视了音符(万业馨,1999),致使不少学生仍不能有效地利用声符记忆汉字。

# 第四节　汉字教学的主要内容、顺序与方法

## 一、汉字教学的主要内容

汉字是由笔画与部件构成的,写汉字必须按照一定的笔顺。所以汉字教学首先应从以下三方面入手。

**(一) 笔画教学**

汉字的笔画分基本笔画和派生笔画两种。

基本笔画有横、竖、撇、捺、点、提、折、钩等。

派生笔画有横钩、横折、竖弯钩、斜钩、竖弯、横撇、横折弯钩等。

**(二) 部件教学**

汉字的部件,包括不可从表音或表意的角度进行分析的部件与可分析部件两大类。前者如组成"凤"的"几"与"乂",组成"齐"的"文"与"刀",组成"具"的"且"与"八",组成"只"的"口"与"八"等;后者如会意字"步"(由表示脚的"止"正反组成)、"鲜"(由"鱼"与"羊"组成,表示味鲜)以及大量的形声字(由表意和表音的部件——意符和声符组成)。

### （三）笔顺教学

笔顺教学包括两方面：

1. 笔画的走向

横笔：从左到右；

竖笔：从上到下；

提笔：从左下到右上；

点笔：一般从右上到左下，四点水第一点从右上到左下。

2. 笔画与笔画的书写顺序

（1）先横后竖，如：十。

（2）先撇后捺，如：人。

（3）从上到下，如：三。

（4）从左到右，如：门。

（5）先外后里，如：问（包括笔画从中间穿过的：中、串等）。

（6）笔画可以左、中、右三分的，先中间后两边，如：水、业。

（7）以横起笔，重心在右边的，先右上后左下，如：寸、才、丈。

　　注意以点起笔，即使字的重心在右边，也应该从左到右，从上到下，如：为。

（8）包围结构从外到里，最后封口的，如：国、困、因。

（9）右上角的点最后写，如：求、犬。

### （四）笔画形变的规律介绍

当学生掌握了一定量的汉字后，可以就汉字笔画形变的规律作一下介绍，让学生写得更规范、美观。如一个汉字单独写时，最后一笔是横，当它作为部件处于整个汉字的左边或左右排列的三个部件中间时，一般最后一笔横变提（笔画变短）。如：理、辆、渐。如一个汉字单独写时最后一笔是捺，当它作为部件处于整个汉字的左边或左右排列的中间，或者在包围结构与半包围结构中间时，捺变点。如：机、戏、树、困、闲、达、奏。上述汉字作为部件处于汉字的右边或上边时，不发生形变，如：查、连。

这一部分内容，视学生的接受能力和恰当的时机进行教学，也可以结合书法课进行讲授。

## 二、汉字教学的顺序与方法

### （一）打好笔画基础，树立笔画区别意识

应该让学生在学习汉字的最初阶段，就打下良好的笔画基础。在最初的识字阶段，可以要求外国学生举起右手，边唱笔画边用手指比划，并且向他们说明不同的笔画，可以构成意义完全不同的汉字。在适当的时候，可以用他们已经学过的汉字如"十千千干、日目、白自、厂广、子了"等，说明不同的笔画构成的汉字的差异，加强学生的笔画区别意识，尽量让初学汉字的学生减少笔画错误（详见第三节一、（一）1）。

### （二）将笔画教学尽快地与部件教学结合起来

根据 HSK 考试大纲，甲级汉字是 800 个，乙级汉字是 804 个，丙级汉字 601 个，丁级汉字 700 个，一共是 2905 个。换句话说，汉语水平达到中级 8 级的话，需要掌握 2905 个汉字。如果把这 2905 个汉字分成一个个的笔画组合，记忆量就会超过万数。从笔画记忆，容易发生上述各种各样的偏误。

近年来对外汉字教学的研究表明，对外国学生的汉字教学，不应该从笔画直接过渡到整

字教学,而应该突出部件教学。所谓部件教学,应定位为字符教学,即注意形符教学的同时,加强声符的教学(万业馨,1999)。通过调查,发现"学习汉字的部件"要比"学习笔画更有效"(赵果、江新2002)。因此,在汉字初级教学阶段,在基本笔画教完之后,就应该尽快转入部件教学。

部件教学中应该特别强调其结构特征(提醒学生不要增减笔画或将笔画变形),如有的学生会将"具"中的两横少写一横,将"只"下两点写成"儿"等。还有些字,在造字之初是可以分析说明的,比如"求"与"表",前者是裘衣的象形字,后者是将裘衣反穿的象形字,由于形体变化过大,现代汉语中这些汉字的常用意义与造字之初的意义相距甚远,因此在讲这类字时,最好不要追本溯源地向初学汉字的学生加以说明,而主要应该强调其构形特征,如"求"上不要忘记点,"表"下的撇或点不要忘了等。

**(三)注意贯彻汉字理据性教学的原则**

不明白汉字造字理据而写错汉字,不仅是欧美学生同时也是有汉字背景的日韩学生的汉字偏误产生的主要原因(详见第三节二1),因此对外汉字教学应贯彻汉字理据性教学的原则。"汉字构形的最大特点是它要根据所表达的意义来构形,因此,汉字的形体总是携带着可供分析的意义信息"(王宁,1997)。正确掌握汉字的形体必须从构形和构意两个角度去理解,从这两个维度去把握,汉字的识别与书写才能真正实现理性化(梁彦民,2004)。

对于可分析说明其结构的形与声的形声字(主要是规则形声字和半规则形声字),应该尽量利用它们的结构特点加以说明,帮助学生利用这些规律巧记汉字。

如初级阶段甲级汉字"饭",是很早就要出现的汉字。教"饭"字时,可以分为两个部件教给学生:"饣"和"反"。因为"饣"是个常用的形符,在教"饣"这个部件时,一方面说明其所表的意义与食有关,另一方面,在说明"饣"的写法时,可以把基本笔画和派生笔画(撇、横折、竖钩)与笔顺(从左到右、从上到下)三方面结合起来。到学习"板"时,可以再把这两个字联系起来,加深学生对形声字结构的认识。

在学生学了"喝、唱、吧、吗、呢、啊"等字后,可以把它们集中到一起,说明这些汉字主要可分为两大类,一类是与口有关的动作,如"吃、喝、唱";另一类则是语气词。

又如"青、清、晴、情、请"与"睛、精、静"都是甲级汉字,在学过之后,可把它们编成相同声符的形声字联想词语练习,即由字组词或短语。教师可以结合这些字说明"青"是表示声音的部件,每个字又因为要表示不同的意义,而采用了不同的表意部件。"清"本来是表示水清,表意部件用"氵";"晴"是表示天晴,出太阳,表意部件用"日";"情"表示内心的感情,表意部件用"忄";"请"一般要用语言,所以表意部件用"讠"。这几个字与"青"的声母与韵母相同,只是声调不同,属于比较规则的形声字。"睛、精、静"则与"青"声母不同,属于半规则形声字,在说明这几个汉字的结构与"青"的关系之后,可以向学生说明,有些汉字的表音的部件不能完全准确地记录其读音。这是汉字与拼音文字有一定区别的地方。

笔者在中级班的精读课上,结合生词的记忆向中级班学生介绍了有关汉字结构的一些知识,编写了类似上面说明的练习,学生反映这样的练习对帮助他们记忆和区分汉字很有效,并主张在初级班就应该有这样的练习和训练。

甲级汉字中,由于象形字、指事字、会意字和不规则形声字占了相当的比例,可以用来说明汉字形声结构特点的并不多。但是像第二节二中表格列举的一些汉字还是可以利用的。

可以用来说明汉字形符作用的字更多一些。如下面的形声字大多是初级和中级阶段会学到的(包括少数可以通过经常作形符的部件来说明的会意字):

亻：你、他、们、代、亿、仇、仍、仅、伏、仗、仔、倍、但、倒、低、傅、何、化、假、件、健、伙、借、位、俩、任、什、使、停、伟、传、像、信、例、便、伍、优、供、佳、伴、保、侣、债、佩、倔、做、偶、偿、偷、停、偏、傅、傍

冫：冷、凉、冰、冻、冲、凄、凝、凛、凌

刂：别、到、刚、划、列、利、刻、创、剩、刊、刨、刘、剔、剥

氵：法、海、汗、汉、河、湖、活、济、江、渴、流、满、没、派、漂、汽、浅、深、清、汤、油、温、消、淡、酒、治、洗、游、泳、澡

讠：计、认、讥、词、读、访、该、记、讲、课、请、让、谈、议、论、评、讨、说、话、试、谁、语、设、订、识、误、谢、许、谅、谊、译、调、证、诉、训、诗、诚、询（问）、详（细）、诱（惑）、诵（背诵）、谋、谎、谓、谚、谜、谦、谨

口：啊、吧、吃、喝、唱、喊、叫、啦、嘛、哪、呢、咖、啡、嗯、哈、啤、咳、嗽、听、味、喂、响、咱、问、吐、吹、响、哆嗦、咬、吻、哄、哼、哨、唤、哭、喷、咽喉、吩咐、叮咛、嘱咐、唠叨、呻吟、哮喘

扌：打、扔、扣、托、扬、扰、找、摆、搬、扮、把、抱、拉、拍、批、扯、抄、折、抓、扫、挂、提、握、指、播、擦、操、担、挑、护、报、抹、拐、拖、拆、拥、拦、拌、搅、拧、扭、招、拂、择、挡、拾、持、抽、掉、搞、换、挤、技、接、排、抬、挺、推、拨、拔、抢、抑、执、扶、扎、栋、捡、描、捐、掐、托、拼、挖、披、捞、捎、捉、挨、按、挤、挪、排、换、掏、控、探、掘、揍、揭、插、搁、援、搂、握、揉、搞、摇、摊、摔、指挥、挣扎、抵抗、抚摸

彳：很、街、得、往、行、徐、待、徒、征、彻、循、彼、径、徘徊

艹：草、菜、茶、花、节、苦、蓝、苹、劳、药、蕉、艺、英、艺、芽、芬、芯、苗、范、荤、茉莉、芬芳、芒、若、茂

土：地、址、场、城、坏、坚、块、墙、增、坐、坟、墓、均、坑、垃圾、型、堂、塘、尘、坛、坂

广：床、庄、庆、库、应、序、庙、店、度、府、底、废、席、座、廊、麻、庭、腐

辶：边、遍、道、过、还、连、近、适、送、通、退、迎、遇、远、运、进、违、返、迎、这、迟、迫、选、逃、迹、迷、递、逗、追、逐、逝、辽、达、迈、迅、速、逢、逛、述、造、透、递、逸、遗、遭、遵

走：赶、起、越、超、趁、趋、赴、趣

宀：安、定、家、客、容、它、字、完、室、官、宾、宿、密、实、宣、宫、宜、宴、寒、富、害、宽、灾、宁、守、宅、宝、宗、寄、审、宠、宰、寂、寞、塞、寓、寝、赛、察、宪、宏、牢、宇、宙

穴：穿、窗、空、突、究、穷、窃、窄、容、帘、窜、窝、窟、窿、窖

纟：给、级、绩、纪、结、累、红、组、练、绿、绍、继、续、织、纠、约、纯、纱、纲、纷、纸、纹、纺、织、纽、线、细、终、经、绑、绕、幽、统、绣、绪、绳、丝绸、缠、缩、绢、络绎、绝

忄：忙、怀、忧、懂、惯、慢、忙、情、愉、快、悦、惊、忆、恼、恨、悟、悄、悔、憾、怙、惯、愧、惨、愤、慌、惰、懦、愣、慷、慨、憧、憬

心：忘、感、忽、急、想、念、虑、您、息、思、愿、意、怎、总、怒、恐、恶、虑、恩、恳、患、悉、慈、惠、悲、感、愁、慈、慧、慰、恋、志、忍、态、忠、必、忘、忑

犭：猫、狗、狼、猪、狂、狐、狮、独、狼、猜、猎、猴、猿

力：动、努、劲、助、务、办、劝、功、加、幼、劣、男、势、勇、勤、勉、励

巾：帮、带、帽、币、布、帅、市、师、吊、帆、帐、希、帖、帕、帛、帘、帝、常、幅、幕、幢

马：驾、驶、骑、驴、驰、骋、闯、驱、驮、骂、骄、骆、驼、验、骏、骗

欠：欢、歌、次、欧、软、欣、炊、欲、款、欺、歇、歉

口：图、团、围、园、圆、囚、四、因、回、困、国、固、圈

见：观、览、规、觅、视、觉、舰、靓

文：放、改、敢、政、收、攻、败、故、致、敌、效、教、救、敏、散、敬、敝、敦、数、整

女：姑、好、姐、妈、妹、奶、娘、始、她、姓、姨、婶、嫂、婆、婿、奴、奸、如、妆、妇、妻、妃、妾、妙、妖、妥、妨、妒、委、姆、娃、姥、要、威、耍、婚、姻、媒、娇、姚、姿、姜、娱、娶、嫁、婴、嫩、嫦、娥、赢

木：板、杯、床、村、材、概、根、机、构、极、集、检、棵、楼、桥、树、样、桌、椅、橘、桔、梨、梅、杏、李、杨、松、枫、柳、桃、桂、柏、梧、桐、林、枕、标、枪、枯、朴、朵、权、杆、杠、杖、枝、栏、杉、柜、杭、栋、栅、梢、柱、框、档、株、格、桩、校、梳、梯、桶、棒、棋、植、森、椒、集、棉、棚、棕、棺、楷、楚、榜、榕、横、槽、橡、橱、橙、相、果、查、某、杰、枚、析、采、桨、枣、栗、柴、染、架、柔、亲、荣、束、栽、本、未、末、术、朱、杀、杂、条

灬：然、热、熟、杰、点、烈、蒸、照、煎、熏、燕

车：辅、输、轻、轨、军、轩、转、轮、软、载、晕、轿、较、辆、辈

日：暖、晴、景、时、晚、旦、旧、早、旬、旱、旺、昆、昌、明、昏、易、春、是、星、昨、晒、晓、晕、晨、替、暑、量、晾、普、曾、暗、暴

王：理、玩、球、玻、璃、现、弄、环、皇、珍、玲、莹、珠、班、望、琴、琵、琶、玉、主、全

饣：饱、饥、饿、饼、饭、馆、饺、饮、馅、馋、馄、饨

礻：福、祝、祖、神、社、视、礼、祸、祥

衤：被、补、初、裙、裤、袜、衬、衫、袄、袖、袍、裕、褐

手：掌、举、拿、拳、拜

火：灯、烦、炼、烧、灾、灵、炖、炒、炊、炎、炉、炭、炸、烤、炮、烟、烫、煤、燥、爆、灭、灰

月：服、脸、胖、膀、臂、背、肥、脚、胜、腿、脱、脏、期、肝、肚、肠、肤、肺、肢、肯、肾、肿、朋、有、胀、股、育、服、胡、胧、胆、胃、胞、脉、朝、腹、腥、朦、胧

石：磁、碰、破、确、碗、研、岩、矿、码、砖、砍、砸、碎、硬、砂

目：盯、看、眼、睛、盲、相、省、盼、睡、眠、瞌、睁、眯、瞄、睫、瞅、瞎、瞥、瞧、瞪、瞩、瞒

禾：和、种、秋、科、称、租、利、私、稍、稼、稻、秒、税、稿、秤

钅：错、锻、铅、钱、银、钟、针、钉、钓、钝、钞(票)、铁、铜、铃、铲、锈、铺

贝：贵、负、责、费、赚、赔、贿、赂、贡、贩、账、购、贱、赐、赛、赠、贷、资

矢：矮、短、知、矫

牛：特、物、牧、牺、牲

耳：闻、取、聪、耻、耽、职、聋、联、聘

疒：病、疼、痛、瘦、疙、瘩、疯、疤、痢、疲

竹：笔、答、等、第、简、篮、篇、算、笑、筒、筐、简、筷、管、箭、筑

页：顶、顿、颗、领、题、颜、预、项、顺、颂、颁、颈

足：践、跑、踢、路、跑、跳、跌、踏、踩、路、踹、跷、距、踊、跃

邑：部、都、邮

雨：零、需、雪、雷、霜、露

阜：除、附、阳、阴、阶

皿：益、盈

在汉字教学中，部件教学应该持之以恒，即引导学生从部件着眼观察和记忆汉字。通过

反复的分析、归类整理,总结规律等方式,逐渐培养学生见到汉字,就能迅速拆分为两个或者两个以上的部件,以部件为单位组合来记忆汉字。这样一来,就可以大大减少记忆量,同时也可以帮助外国学生尽快认识汉字的基本特点,减少上述因只记笔画而出现的多种偏误。

**(四) 将汉语音节与声符教学结合起来**

汉字是语素音节文字,汉字在形声字产生之初,是典型的以书写符号标记音节单位的文字。汉语的声符,从一开始就不是标记音位,而是标记音节的。汉语又是同音、音近字十分丰富的语言。在这些同音或音近的字中,由声符相同而构成的形近字族与形体完全不同的异形字形成了鲜明的对立。在对外汉语和汉字的教学过程中,只有抓住了这一特征,才能达到事半功倍的效果。

从汉字本身讲,占现代汉字绝大多数的形声字,形旁表意义范畴,声旁提示读音并辅助区别意义,就书写汉语而言,是一种具有自己优势的文字。据统计,《现代汉语通用字表》中的形声字与其声旁的读音声、韵、调全部相同的,占 37.51%;声韵调全同与声韵同仅调不同的,合计占 55.6%(侧记,1997)。如果通过教学,让学生认识到声符的提示声音的作用的话,自然就会打通学生识记汉字声音通道,降低识记的难度。上面偏误分析部分所提到的学生把汉字当作纯粹表音符号的现象,一方面说明汉字本身是带音的,另一方面也说明出现这类偏误的学生,还不知道面对形声字,应该如何从音、意两方面来把握。

语言心理学认为,对语言的感知包括语音感知与字词识别两部分。语音知觉是指人们通过听觉器官接受言语的声音刺激,并在知觉系统中分析语音的各种特征,达到语音识别。字词识别是指人们通过视觉器官接受书面语言的刺激,并在知觉系统中分析字词的特性,达到对字词意义的把握。对汉语的感知也同样如此。

目前的对外汉字教学,一般在语音基础阶段结束之后,就开始句法教学了。随着语句的出现,句法、词汇、汉字的识记又成了新的难点。在这个阶段,外国学生实际上还不能较为准确地识别汉语的语音。他们对汉语音节的感知,常常会受到他们母语语音经验的影响,四声、前后鼻音、送气与不送气、舌尖前音与舌尖后音等语音区别经常发生混淆(详见第一章语音教学)。在语音教学结束、学生学习了一些汉字后,课后练习中应逐步出现汉语音节同汉字的声旁对应的练习(到中级阶段也可以有这方面的内容)。比如:

前后鼻音音节与汉字的对应(声调略)

| | | |
|---|---|---|
| 前鼻音 in | jin 斤 | jin 近　xin 新 |
| 后鼻音 ing | ting 听（可作例外特别记） | |
| 后鼻音 eng | sheng 生 | xing 姓、性、星、醒 |
| 后鼻音 ing | qing 青 | qing 清、请、晴、情 |
| 前鼻音 an | yuan 元 | yuan 圆、远、院 |
| 后鼻音 ang | yang 羊 | yang 洋、养、样 |
| 前鼻音 an | wan 完 | wan 玩 |
| 后鼻音 ang | wang 王 | wang 往、望 |

在上述练习做了一段时间之后,可以做在句中根据拼音填写汉字的练习,即在句子中,将某字掏空,标出读音,让学生填写汉字,复习巩固上面的内容。通过这类练习,可使学生在复习巩固汉语音节的同时,逐步把汉语的音节与汉字的部件(主要是声符)联系起来。在做练习的过程中,教师可结合例字适当讲解声符与意符的基本知识以及形声字结构的特点。

前后鼻音的区分,对不少学生来说是难点。可循序渐进地将下面汉字与相应的音节编成练习：一般读后鼻音的是带"生、青、丁、京、成、方、冈、共、工、令、中、正、东"等声符的字；一般读前鼻音的是带"干、反、分、扁、占、门、元、申、免"等声符的字。

声母的送气与不送气、平舌与翘舌的区别对学生来说也是难点。可将学过的同一声符的汉字按声母的不同对比列出，如"包、抱"与"跑"，"站、粘"与"钻"等。还可将比较规则的与平翘舌声母系联的相同声符的汉字整理出来，如"出、础；十、什；只、识；知、智；少、沙；成、城、诚；是、匙；次、资；才、材；采、彩、菜；子、字；早、草"等。这类练习都是为了让学生在熟悉汉语声母、音节的同时，巧记汉字。

对初学汉语的学生来说，课后增加韵文的练习，也可以加强学生对汉语音节的感知，进而将音节同汉字形体联系起来。

以上练习的好处是能把汉语的听觉符号与视觉符号联系起来，通过反复的训练，提高学生对汉语语音和汉字的识别能力，提高听到汉语的音节联想汉字符号的能力。

如果观察一下初、中级阶段的留学生在听写汉字时的情况，就可以知道上述训练是十分必要的。初级阶段学生在听写汉字时，往往出现下面的现象：欧美学生常先用拼音记录，然后再改成汉字。这说明他们对语音的罗马字符号联想能力较强。日本学生则常用他们所熟悉的片假名来记录，这是他们母语所培养出来的语音与文字符号的联想力，但这种记录准确率低，事后常常回想不出准确的汉字。中级阶段的学生，在记录语言时，有相当一部分人能够用同音汉字代替。从记音符号（罗马字或片假名）记录到以同音汉字记录，这应该是一个质的飞跃。我们上面提到的同一声符汉字的联想组词练习就是训练学生在听到一个汉语音节后，能迅速联想到相应的同音汉字，并且根据意思，准确地在所联想到的一组汉字中选择出正确的汉字。

将语音（有声可依）与汉字（有形可依）有机结合的练习有以下几个好处：

（1）由于不断出现音节内容，可提高语音识别能力。

（2）语音与汉字形体相联系，可利用视觉与听觉两个通道，双管齐下，增强记忆。

（3）可运用汉字的声符来标示外国学生难以区分的音节。

（4）把语音与汉字的识别放到具体的语义与语境中，能以区别的方式提高两项识别的准确性。

同音字误记，是外国学生汉字偏误中一个较为突出的问题（详见本章第三节二 1）。解决这一问题的最好方法，不是孤立地一个汉字一个汉字地记，而是将这些易错的字放在具体的语境中，让学生利用语境对不同结构的形声字加以辨析。通过这种练习，无形中提高了那些标示汉语音节的字符在各类语境中的复现率。这样就可以促使学生的短时记忆向长时记忆转化。这种复现可根据学生的水平，按照声符部件、声符加形符、所表意义、语法功能等，循序渐进地、难易交替地加以编排。每一次的练习量要少，重点要突出。

**（五）汉字形体特征区别教学应该贯穿始终**

《汉字信息字典》分析了 7785 个正体字的部件，其中形状相似的有 162 个（汪惠迪，1995），而形似部件的混淆是外国学生汉字偏误的主要形式（详见本章第三节二 2）。

对外汉语教学的对象主要是成人，成人的识别能力较强，所以应针对这一特点，在学写新字时，就要结合学生已经学过的汉字，加强相似部件的对比教学，如"只—兄、贝—见、欠—见、口—日、日—目、才—木、禾—木、礻—衤"等。在纠正学生的错别字时，也可采用对比的方法，如"发"有点，"烧"无点；"低"有点，"纸"无点等等。

学习者对汉字复杂构形以及形体的近似部分的认知需要一个较长的适应过程。它的形成得益于学习者的识字经验。大量的语料输入是必需的,只有这些输入被学习者加以"内化",才能从中归纳出一定的规则(鹿士义,2002)。

### 三、汉字教学的阶段性和相应对策

1. 初级阶段主要采用分解的方式。这包括两方面:打好笔画基础;掌握高频部件。在汉字教学中,有的专家指出,部件教学是卓有成效的(冯志伟,1996)。在学习整体形式相似的部件时,应通过比较,让学生明确其局部形体的笔画差异。

2. 中级阶段主要采用综合的方式,即从一般的部件分析向形声部件分析过渡,由以形系联和以声系联向语素系联过渡。这种系联,一方面是充分利用形声的特点,从语音和形体两个方面向外扩展,增加识字量。另一方面,充分利用语素文字的规律,增加词汇量。对中级以上的学生的汉字教学,重点应放在帮助学生了解现代汉字的性质,把握汉字形音意的系统知识,树立正确的汉字观。

要注意的是,上面谈到的分析与综合,并不是绝对地以阶段区分的。通过对甲级800个汉字结构的分析发现,其中有38.2%是形声字。对那些高频声符,即使是由两个以上的部件构成的,在初级阶段,也应在学生掌握了它的构成之后,在后来的练习中以整体的形式出现。也就是说,初级阶段虽以分解为主,但也不排斥综合。哪些字分解教授,哪些字综合说明,应视汉字的本身规律与学生的接受能力而定。有些学者认为对外汉语的汉字教学,不要多讲字源。根据我们的经验,在学习形符时,适当地讲一下字源,对揭示汉字规律,提高学生兴趣,增强他们的记忆,有百利而无一害。据统计,在800个甲级汉字中出现的意符有49个,其中有46个原是象形字或从象形字演变而来的,如"亻、日、月、水(氵)、木、手(扌)、目、口、彳"等。在讲这些形符时,如果能以图画的形式对它们以形表意的特征略作说明,一方面可以使学生很快明了所表示的意类,另一方面也能引起他们对汉字的兴趣。

3. 由于初级汉语课本身要讲授大量的语法知识,往往没有充分的时间讲授汉字的特点。因此,根据学生的不同水平,还可以单独开设不同的汉字选修课,如针对初学者开设"汉字基础"课,按照汉字的笔画、部件、结构、形符、声符的顺序,系统地讲授汉字的基础知识,边讲边练。施正宇编著的《新编汉字津梁》(2005)就是为这类选修课编写的、颇受好评的教材。针对已学过一年半汉语以上的学生开设"汉字速成"类的课。这类课首先要给汉语水平初步达到中级的学生补上汉字基础知识,然后抓住汉字以形声字结构为主的特点,吸收国内小学形声字系联、集中识字的教学方法,将形声偏旁与部件教学结合起来,让学生巧记汉字;并以字为单位,系联成词,达到字词并记的效果。

4. 也有人主张"先集中识字,后读书",如张朋朋让学生在阅读课上学习他所编写的《现代千字文》,然后再过渡到短文教学,据说这一教学模式效果很好,受到了学生的欢迎(张朋朋,1995)。

5. 为了便于学生复习巩固,辨析异同,减少错误,汉语教材中除了应有的词汇总表外,最好附上课本中高频的同一意符、声符的形声字表、同音字表、形近易错字的对比表等。在针对日韩学生的教材中,最好附上中日、中韩汉字的异同对比表等。

**参考文献**

中国国家对外汉语教学领导小组办公室学术交流部(1997)汉字与汉字教学研讨会侧记,《世界汉语教学》
　　第 4 期。

陈传锋、董小玉(2003)汉字的结构对称特点及其识别加工机制,《语言教学与研究》第 4 期。

陈　绂(2001)日本学生书写汉语汉字的讹误及其产生的原因,《世界汉语教学》第 4 期。

杜君燕(1994)日本汉语教学中的汉字问题,《世界汉语教学》第 3 期。

冯丽萍(1998)对外汉语教学用 2905 汉字的语音状况分析,《北京师范大学学报》第 6 期。

冯丽萍(2002)非汉字背景留学生汉字形音识别的影响因素,《汉字文化》第 3 期。

冯志伟(1996)汉字结构的框架描写,《世界汉语教学》第 2 期。

李行健(1997)《汉字教学的规律和方法》序,《汉语学习》第 2 期。

梁彦民(2004)汉字部件区别特征与对外汉语教学,《语言教学与研究》第 1 期。

鹿士义(2002)母语为拼音文字的学习者汉字正字法意识发展的研究,《语言教学与研究》第 3 期。

彭聃龄主编,谭力海副主编(1991)《语言心理学》,北京师范大学出版社。

施正宇(2005)《新编汉字津梁》(上:第一册、第二册;下:第一册、第二册),北京大学出版社。

万业馨(1999)汉字字符分工与部件教学,《语言教学与研究》第 4 期。

万业馨(2000)略论形声字声旁与对外汉语汉字教学,《世界汉语教学》第 1 期。

万业馨(2003)从汉字识别谈汉字与汉字认知的综合研究,《语言教学与研究》第 2 期。

汪惠迪(1995)语文闲谈,李晋荃主编《修辞文汇》,江苏教育出版社。

王　宁(1997)汉字构形理据与现代汉字部件拆分,《语文建设》第 3 期。

张朋朋(1996)《现代千字文》,北京大学出版社。

赵　果、江　新(2002)什么样的汉字学习策略最有效?《语言文字应用》第 2 期。

# 第三章　词汇基本知识及在教学中的运用

## 第一节　汉语词汇的基本特点

### 一、词的构成

词是语音、语义相结合,可以用来造句的最小的语言单位。

汉语词汇的构词单位是语素。语素是最小的语音语义结合体。汉语的语素多数是单音节的,即一个汉字。有的语素就是一个词,即单音节词,如"书"、"笔"等。但有的语素就不是单音节的,如"葡萄"是一个语素,但是双音节的。汉语的词汇以双音节词居多,但是也有三音节、四音节的,如汉语的成语、熟语(惯用语)等。语素不仅是构成双音节词的基础,也是构成多音节词的基础。

判断双音节以上的语言单位到底是几个语素,可以使用"替代法",即用已知语素进行双向替代。如"春天":

春天　　　　　春天

春节　　　　　夏天

春季　　　　　秋天

春耕　　　　　冬天

通过上面的替代可以知道"春天"是两个语素。像"犹豫、葡萄、玻璃"等不能用这种方法替代的,就可以判定它们是一个语素的词。

### 二、词的结构分类

#### (一) 单纯词

由一个语素构成的词叫单纯词。多数单纯词是单音节的,如:水、看、高、你、又、跟、在、吗等;也有些是双音节甚至多音节的,如:玻璃、仿佛、麻烦、窟窿、沙发、雪碧、犹豫、垃圾、喇叭、糊涂、慷慨、徘徊、拷贝、寂寞、白兰地、麦当劳、可口可乐等。

#### (二) 合成词(又叫复合词)

由两个或两个以上的语素构成的词叫合成词。合成词一定是双音节或多音节的。汉语绝大部分是合成词,其中双音节词比较多。

合成词根据构成词的语素之间的关系可以分为以下几种:

1. 联合式,构成词的语素之间是并列关系,它们的意义往往是相同、相近、相对或相反的:

朋友　练习　游泳　集合　禁止　考试　凉快　暖和　困难

父母　反正　始终　呼吸　东西　买卖　开关　利害　巧妙

2. 偏正式,构成词的语素之间是修饰关系,即前一语素修饰后一语素:

　　　汉字　钢笔　绿茶　黑板　日记　口语　快餐　冷饮　暖气　好吃

　　　后悔　难怪　雪白　火热　难听　时兴　礼貌　俗气　下流　真心

　3. 补充式,构成词的语素之间是补充关系,即第二个语素是补充说明第一个语素的:

　　　提前　推迟　降低　提高　减轻　加重　抓紧　放松　改正　打动

　4. 动宾式,构成词的语素之间是动宾关系:

　　　好奇　滑冰　进口　惊人　耐心　请教　任性　失眠　伤心　过瘾　入迷

　　　有名　用心　有趣　知名　无敌　走运　知足　卖力　吃亏　过火　过量

　5. 主谓式,构成词的语素之间是主谓关系:

　　　人为　面熟　民主　头痛　心细　胆小　心慌　手软　嘴快

　　　年轻　眼红　性急　地震　人造　民用　眼红　心酸　口吃

　6. 缀加式

前缀＋语素:

　　　老王　小李　第一　阿姨　老板　老乡　初三

语素＋后缀:

　　　桌子　馒头　数学　记者　现代化　创造性

重叠式:

　　　妈妈　渐渐　悄悄　刚刚　笑嘻嘻　黑糊糊　绿油油

## 三、怎样区别词和短语

合成词是由语素构成的,短语(又叫词组)是由词构成的。如何区分词和短语呢?

　1. 从表达的概念看

词所表达的概念一般是比较单纯、固定的,它不是所构成语素的简单相加。例如,作为词的"红茶"不等于"红的茶",而作为短语的"红花"却等于"红的花"。又如"买卖"不等于"买和卖","输赢"却等于"输和赢"。

　2. 从结合的松紧看

合成词结合得较紧密,不能拆开来,中间也不能插入什么成分,如上所举"红茶"、"买卖"。

　3. 从构成的音节看

如果是两个合成词结合在一起,一般是短语,如:学习计划、锻炼身体、帮助别人。

如果是一个双音节词和一个单音节词结合在一起,又不是两个词义的简单相加,那就是词,如:大哥大、蛋白质、维生素等,否则就是短语,如:办公室、代表团。

如果是两个单音节词结合在一起,意义是两个词意义的相加,中间可以插入其他成分,那就是短语,如"我家、红旗"中间可以插入"的","输赢、冷暖"中间可以插入"和","上山、回信"中间可以插入"了"等。

汉语中有一类词叫"离合词",如"睡觉、散步、结婚、洗澡、游泳"等。从意义上说,它们中的不少词的意义并不是两个词意义的简单相加。但在用法上,有时像词,有时又像短语。它们有时是以一个词的形式出现的,如"小王想洗澡","孩子睡觉了"。但是当要表示动作曾经发生过,表示动作发生过的次数或持续过的时间时,助词"过"和表示动量、时量的成分必须插在这类词的中间,如"还没睡过觉呢","散了一个小时步","结过一次婚"。由于这类词在用法上很像动宾结构的短语,有人主张把它们看作短语。有人建议称之为"短语词"(吕文华,1999)。

### 四、同音词

在现代汉语中,有些词意义完全不同,但读音完全相同,这样的词叫做同音词。如:

下$_1$:名词,位置在低处的,如:往下看。(其他义项略,下同)

下$_2$:动词,由高处到低处,如:下楼。

下$_3$:量词,用于动作的次数,如:打了他一下。

怪$_1$:形容词,奇怪,如:怪人。

怪$_2$:副词,很,非常,如:怪冷的。

怪$_3$:动词,责备,怨,如:这事都怪我。

## 第二节　学生在词汇的使用和合成词构造方面常见的偏误

外国学生在学习汉语时,在词汇方面出现的问题是相当多的,主要表现在两大方面。

### 一、词义的理解和使用方面的偏误

孟柱亿(2004)对韩国人汉语词语偏误类型作了比较详细的分析。参考他的分析和我们所收集的外国学生在汉语词汇方面的大量偏误,将属于词语的理解与使用方面的偏误作以下简单的分类介绍,以供参考。

**(一)来自语际干扰因素的偏误**

根据母语的迁移又可分为两小类:

1. 误代

(1)直接误代

这类偏误是学习者误用母语中的汉字词或与母语中固有词大致对应的汉语词语来代替正确的汉语词语。这类偏误以日韩学生较为多见。如(有下划线的词语为偏误):

＊前面的建物是公寓。(应为"建筑",孟柱亿例,下简称孟例)

＊我们都是新入生。(应为"新生",孟例)

＊由于食中毒很多同学没有来。(应为"食物中毒",孟例)

(笔者注:根据我们的分类,像"新入生"和"食中毒"应归入下面"二、词汇构造方面的偏误"。)

＊他控制不了他的欲求。(应用"欲望","欲求"是日语汉字词。)

＊妈妈喜欢做料理。(此处应用"菜","料理"是日语汉字名词。)

(2)间接误代

间接误代是学生翻译时没有考虑到两语之间的非对称性而随意把母语固有词译成汉语词的结果。导致偏误的是母语的一个词跟汉语的两个以上的词相对应的情况。学习者因为词汇量有限,只好在已掌握的词语范围里找出对应词。这种偏误多属搭配不当。如:

＊鸟在树上哭。(应用"叫",孟例)

＊我有事要看。(应用"做",孟例)

2. 误用

与误代相同的是,同样是使用母语的汉字词,但这类词在汉语中是存在的,只是意义不同。所以这类偏误往往会引起误解。这类偏误可分为以下三小类:

(1) 词性相同、意义不同而误用

　　＊爸爸在看<u>新闻</u>。(应为"报",孟例。日本学生也常将"新闻"当作"报"来使用。)

　　＊王老师的<u>讲义</u>很有意思。(应为"课",孟例)

　　＊他故意大声说话,怎么<u>注意</u>他,他也不听。(应为"提醒"。日语的"注意"有"告诫、劝告、警告"之义,汉语的"注意"没有这个意思。)

(2) 意义相近而误当作其他词类来用

　　＊这本书至今被<u>爱读</u>作为优秀书。(应为"读者"。"爱读"是日语汉字词,本是动词。这里误用作名词。)

(3) 因词性、意义相同语法功能不同而误用

　　＊我今天下午<u>见面</u>老师。

　　改:我今天下午跟老师见面。

这一偏误是很常见的。这是因为学生母语中与"见面"对应的动词是可以带宾语的。

**(二) 来自语内干扰因素的偏误**

这往往是由于学生不了解汉语词语与母语词语的不同对应关系、语义分类及搭配关系而产生的偏误。可分为以下几类:

1. 在同一范畴的一组汉语词中选错了词语

　　＊我不<u>知道</u>路,你带我去吧。(应为"认识",孟例)

　　＊她跟我一样高,可是她比我<u>薄</u>。(应为"瘦")

　　＊今天已经看了三个小时电视,我不<u>要</u>再看下去了。(应为"想")

　　＊任何情况,他都会冷静的判断。

　　改:在任何情况下,他都能冷静地作出判断。

这是一个日本学生的偏误,汉语的助动词"会"和"能"在日语中的表现形式是一个,像这种母语不分而汉语要分的词语,对学生来说是最难的。(另参见第二编第五章助动词第三节)

2. 混淆了形近或义近的词语

　　＊今天我的<u>口味</u>不好,不想吃饭。(应为"胃口",孟例)

　　＊我们看见了<u>一个</u>马。(应为"匹",孟例)

　　＊老师<u>特地</u>照顾那个学生。(应为"特别")

　　＊看他那么<u>坚强</u>的态度,我也无可奈何。(应为"坚决")

3. 将词语的搭配或语法规则错误地类推

　　＊我们先把老房拆了,然后<u>装</u>新房子。

　　改:我们先把老房拆了,然后盖新房子。("拆机器"的反义短语是"装机器",但"拆房子"的反义短语是"盖房子"。)

　　＊电影快开演了,现在去恐怕<u>晚点</u>。

　　改:电影快开演了,现在去恐怕已经晚了。("晚点"只能用于作为公共交通的、按规定时间到达的汽车、火车和飞机等,不能用于人的行动。)

　　＊你们<u>安安静静</u>地说吧,已经过了十二点了。

　　改:你们说话小声一点儿,已经过了十二点了。("安静"可以重叠,但不能在祈使句中修饰"说"。)

### (三) 综合性偏误

有时,学生的词语偏误致误的原因或偏误涉及的方面不止一个,这样的偏误应属于综合性的偏误。我们在第二编的常见偏误部分称之为"杂糅"。大致有以下几类:

1. 语义、语法和语用方面的偏误杂糅在一起

　　＊孩子向他妈妈<u>宣布</u>了他这个学期更加用功。

　　改:孩子向他妈妈保证他这个学期会更加用功的。

"宣布"是用于正式场合的一个动词,所带的宾语(即"宣布"的内容)应是很严肃、郑重的事,如命令、消息、结果等。像"更加用功"之类的是不能作"宣布"的宾语的。

　　＊我想见面他<u>快快</u>地。

　　改₁:我想早一点跟他见面。/改₂:我希望能很快跟他见面。

这一偏误一是误将"快快"作了补语(即使作状语也不行),二是语序有误,三是"见面"误带宾语。这类往往是由于学生在学习词语的语法特征时记忆有误或错误地类推而造成的。汉语的形容词可以重叠,但是有很多限制,有很多不对称现象,有的学生以为凡是形容词都可重叠,重叠的形容词可以充当任何成分,于是就产生了很多偏误。(详见第二编第六章形容词)

2. 语际干扰因素和语内干扰因素杂糅在一起

　　＊他快结婚了的<u>事</u>,朋友<u>之间</u>已经流传了。

　　改:他快结婚的消息,在朋友中间已经流传开来了。

这是一个日本学生的偏误,前面的"事",是按照日语的用法直接翻译过来的,这属于语际干扰因素致误中的"直接误代"。"之间"和"中间"则是属于由于语内干扰因素而致误的。

　　＊对我来说,全部我<u>凭</u>看词典学习。

　　改:我全靠查词典学习汉语。

这是一个韩国学生的偏误,在韩语中,"凭"和"靠"是用一个词语对译的,所以他把"凭"和"靠"混淆了。应用"查词典"而不是"看词典",误用"对我来说",又将"全部"误当作"全"来用,语序亦有误。

外国学生在词汇使用方面的偏误是比较复杂的。因为第二编各章词类下还有很多词汇偏误及分析可以参看,所以在此就不再赘述了。

## 二、词汇构造方面的偏误

学生在使用汉语的过程中,有时会造出汉语没有的词语,一般是合成词。下面是留学生在合成词构造方面经常出现的偏误类型。[①]

1. 新造词(括号内为正确的词语)

(1) 语素相关对应词(指偏误合成词在汉语中有对应的词)

　　兵人(士兵)　　未妻子(未婚妻)　　未丈夫(未婚夫)　　伴人(同伴)

(2) 无对应词(指偏误合成词在汉语中没有对应的词)

　　破丑(破旧和丑陋)　　家统(家庭传统)　　大求(远大的追求)

---

　　① 由于这方面的研究材料比较少,据笔者所见,最近发表的邢红兵《留学生偏误合成词的统计分析》一文是目前材料比较新、分析比较全面的论文。本节内容主要根据此文归纳而成,稍稍做了一点补充。不过,删去了文中"重叠形式偏误"一项,因为这不属于合成词结构方面的偏误(另请见第二编第四章、第六章有关重叠偏误的内容)。另外,照搬母语中的汉字词(参见下名词偏误部分),也不列在此处。

(3) 类比造词(根据汉语中已有的构词模式或相关的语素造词方式类比新造的)

　　似气非气(类比"似懂非懂")　　慢语慢言(类比"快言快语")

　　品饮(类比"品尝")

(4) 语素无关对应词(指偏误合成词在汉语中有对应的词,但是新造词和对应的词之间没有相同或相关的语素)

　　认出卡(身份证)　　部队员(军人、士兵)　　洗澡房(浴室)

　　回打(还手)　　　　工作人(同事)

(5) 多词混合(指偏误合成词的出现可能受到汉语中已有的两个词语的影响)

　　乐极忘形(受到"乐极生悲"和"得意忘形"的影响)

　　儿童年(可能将"儿童"和"童年"合在一起)

(6) 增加词缀(指偏误合成词跟汉语中对应的词相比增加了词缀)

　　碗子(可能受到"筷子"的影响)

　　词子(可能受到"句子"的影响)

　　猫子(可能受到"耗子"的影响)

　　兴趣感　　物质品

2. 语义相关语素替代

(1) 单纯语素替代单纯语素(指偏误合成词使用的语素和对应词的语素是同义、反义或语义相关,并结构相同)

　　鸡羽(鸡毛)　　中边(中间)　　爸母(父母)　　小买部(小卖部)

(2) 复合语素替代单纯语素

　　祝贺词(贺词)　　跳舞会(舞会)　　表演员(演员)

(3) 单纯语素替代复合语素

　　生日会(生日聚会)　　车刻表(列车时刻表)　　羊串(羊肉串)

(4) 同词语素替代(指偏误合成词使用的语素和汉语对应词的对应语素是另外一个相同词中的语素)

　　冬游(冬泳)　　反且(反而)　　品道(品德)

3. 语素错误

(1) 错用语素(和汉语对应词相比,偏误合成词包含一个与对应词的语素毫无意义关系的错误语素)

　　演开(盛开)　　得点(特点)

(2) 语素多余

　　大多部分(大部分)　　清一早(清早)　　口嘴(嘴)

　　恋爱的感情(恋情)　　观光地点(观光地)

(3) 缺少语素

　　气败坏(气急败坏)　　百闻不见(百闻不如一见)　　助于(有助于)

4. 语素顺序错误

　　乡家(家乡)　　续继(继续)　　非懂似懂(似懂非懂)

5. 其他错误

(1) 无法归类

　　文术　　压口

（2）缩略错误

　　二便（大小便）　　　上下去（上去下去）

# 第三节　如何利用词汇知识进行词汇教学

## 一、充分利用词的构成知识,帮助学生理解与记忆词汇

　　冯丽萍（2003）在对中级汉语水平留学生的词汇结构意识进行研究后发现,合成词的词汇结构是影响词素提取方式的一个重要因素。因此她主张,构词意识的培养应该从基础阶段开始。关于这方面,她提出了以下建议:

　　（1）词素在形音水平上表现为字,而汉字是一种音义文字,因此在阅读中要充分利用形旁和声旁所提供的信息来理解词义。

　　（2）词素是一个构词单位,同一个词素可与不同的词素结合形成一个词汇家族,在阅读中要充分利用该家族中其他成员的意义来帮助理解所要识别的新词。

　　（3）汉语是一种词序严格的孤立语,词素与词素的组合也与词素的语义关系和语法功能有关。例如一个名词性词素和一个动词性词素的组合,如果是动词性词素在名词性词素之前,所形成的一般是动宾式合成词,而如果是名词性词素在动词性词素之前,形成的则可能是主谓结构。

　　（4）帮助学生区分词素的不同意义。

　　笔者曾在中级班学生中开设过几次汉语词汇选修课,在课程结束所作的调查中,学生反映这类词汇知识"很有用"。不少学生说,他们以前不知道汉语词汇结构的特点,所以学习和记忆词汇比较盲目,学习效率不高。有些学生建议应在初级阶段把这类词汇知识"一点点地"灌输给学生,因为这类知识有助于他们理解、记忆和使用词汇。下面是一些具体建议:

　　1. 初级阶段,可以将已学过的语素相同的词语归纳到一起,让学生去发现汉语词汇在结构上的特点,如:

　　　　学:学习　学生　学校
　　　　电:电灯　电话　电车　电影　电脑
　　　　天:今天　明天　昨天　前天　后天　春天　夏天　秋天　冬天

　　通过这样的归纳,让学生从感性上了解汉语的语素是构成词的基础。提醒他们在今后的词汇学习中,充分注意所学词语在结构上的特点,并经常通过结构上的联系去记忆和联想词语。

　　2. 汉语中联合式和偏正式的合成词,初级阶段就出现了,特别是偏正式的合成词。在学生学过了"定语修饰中心语"的语法知识之后,就可以逐步结合复习旧词、学习新词时讲授合成词中的偏正结构方式,并进行联想性系联,如"学生"是偏正关系,通过启发学生联想,可以串联列出下面一些词,如:

　　　　学生——学校——校长
　　　　学生——医生——男生——女生——先生

　　这样的串联联想学习法在初级第二阶段就可以实行。如果有些词的某个语素意义比较古老,需要作些适当的说明,如"学习"是联合关系,"习"古代是说鸟反复练习飞的意思,与之相关的词有"练习、复习"等。

偏正关系的词语中,状中结构的比较少,讲授应该晚于定中结构的偏正式。如:

　　同学——同事——同窗——同伴

　　好吃——好喝——好看——好听——好玩儿

　　3. 补充式、动宾式和主谓式的词语大多要到中级阶段才出现,所以要到中级阶段再介绍这类结构的词语。因为这一阶段的学生已经掌握了一定量的词汇和语法知识,可以多利用相关和相反的联想进行补充扩展。补充式的词语并不多,而且反义词也往往是补充式,可以在讲新词时就补充反义词,如:

　　提前——推迟　　提高——降低　　延长——缩短　　扩大——缩小

动宾式可以充分利用相同语素进行串联联想。如:

　　放心——安心——关心——伤心——费心

　　放心——放假——放学

　　4. 到了中级阶段,汉语合成词的所有结构方式可能学生都接触到了。可以结合学生所学词语系统地介绍一下合成词的七种结构方式,一方面将已学过的词语作一下整理,使学生对汉语词汇结构有一个理性认识,另一方面也可以启发学生利用这类词汇知识指导自己的词汇学习,使之更加自觉和科学。

　　5. 在有条件的情况下,可以为中级班以上的学生开设专门的汉语词汇知识及学习方法的选修课。

## 二、教会学生怎样区别词和短语

　　对于传统称之为"离合词"的词语,如"跑步、散步、睡觉、洗澡、帮忙、结婚、离婚"等,在教授之初最好告诉学生,它们在使用过程中,很像短语,中间可以插入其他成分。在学习了状态补语、"着"、"了"、"过"、数量定语、数量补语等成分之后,可以将已经学过的这类短语加以归纳总结,说明其语法特点。这种归纳应该反复进行,到中级阶段更应该反复操练,使学生达到耳熟能详的程度。

## 三、加强同音词与多音词的教学

　　同音词的特点是音同形同意义不同,有的词性也不同(参见本章第一节四)。多音词的特点是形同但音与义都不同。如果学生对这两类词的上述区别不加注意,就容易出现偏误。因此,教师应结合具体的句子、不同的语境,经常加以区分讲解。如"得"有三个读音,读 de(轻声),是助词;读 dé,是动词,"得到"之义;读 děi,是助动词,表示"必须、应该"之义。再如"挨"有两个读音,一个读 āi,是动词,表示"靠近",后面可以带助词"着"再带名词或代词,如"我挨着他坐下了";还有一个读音是 ái,表示"遭受",后常带动词(表示不如意的动作),如"挨打、挨骂、挨饿、挨批评"等。关于同音词的讲解可参考本章第一节四。

## 四、注意同义、近义词的辨析

　　近义词的辨析,对学生来说是一大难点。学生学习了意义相近的词语之后,很容易混淆它们的意义与用法。笔者曾在外国学生中进行过一次词汇学习难点的调查,并让他们排序。有 85% 的学生把"近义词的辨析"排在"第一难"或"第二难"。在本书第二编的各章词汇下搜集到的学生偏误中,都能看到很多是属于混淆近义词用法的偏误。

　　近义词从形式上可以分为两大类,一类是义近而形不同的,如"能"和"会","了解"和"明白"等。另一类是义近形亦近的,比如那些有相同语素的双音节词语(如"坚强、坚定、坚决、坚固"等)或单、双音节词语(如"学、学习;谈、谈话"等)。在学习新词时,教师可以结合复习与新词意义相近的旧词,加以适当的辨析。到了中级阶段,有不少学生也会主动提问,问某一词和另外一词有什么不同。教师最好能结合学生的问题和作业中的偏误进行适当的辨析。

**参考文献**

冯丽萍(2003)中级汉语水平留学生的词汇结构意识与阅读能力的培养,《世界汉语教学》第2期。

胡明扬(1997)对外汉语教学中语汇教学的若干问题,《语言文字应用》第1期。

吕文华(1999)《对外汉语教学语法体系研究》,北京语言文化大学出版社。

吕文华(2000)建立语素教学的构想,《第六届国际汉语教学讨论会论文选》,北京大学出版社。

孟柱亿(2004)韩国人汉语词语偏误分析,《第七届国际汉语教学讨论会论文选》,北京大学出版社。

邢红兵(2003)留学生偏误合成词的统计分析,《世界汉语教学》第4期。

# 第二编

# 汉语词类教学

# 第一章 名　词

## 第一节　名词的分类

表示人或事物名称的词叫名词。名词可以进行以下几种分类。

**（一）专用名词与一般名词**

专用名词，如：中国、上海、北京大学、长江、毛泽东。

一般名词，如：国家、城市、大学、河流、领袖。

**（二）个体名词与集体名词**

个体名词，如：学生、房间、笔、车。

集体名词，如：人民、房屋、车辆、树木、花草。

**（三）具体名词与抽象名词**

具体名词，如：椅子、窗户、书、小孩。

抽象名词，如：性格、精神、道德、理想。

**（四）时间名词**

表示时间的名词，如：昨天、今年、星期一、夏天、下午、以前、刚才。

**（五）方位名词**

表示方位的名词，如：上、里、外、左、前面、下边、中间、北方。

**（六）处所名词**

表示处所的名词，主要有以下两类：

1. 地名，如：欧洲、韩国、巴黎、东京、南京路、丁家村。

2. 可以看成是地方的机构或场所，如：公司、学校、银行、图书馆、车站、商店。

## 第二节　名词的语法特征

名词的语法特征主要有以下几点：

1. 名词（时间名词和方位名词除外）可以受数量词修饰。数词一般不直接修饰表示事物的名词，要带相应的量词。数词在修饰表示人的名词时，大多要带量词，特别是在口语中。但在书面语中，有时可以不带量词，如：一人、一中年妇女、一男子。

集体名词有的不能受数量词修饰，如：车辆、花草。有的可以不带量词，如：十三亿人民。有的要带集合量词，如：一排排树木。

2. 可以受指示代词修饰，指示代词后常带量词。当数词是"一"时，有时也可以不带量词。如：那个人——那人、这件事——这事。

3. 可以受形容词修饰，如：好事、汉语词典、漂亮的衣服、认真的学生。

4. 可以受动词修饰，如：旅行计划、毕业典礼。

5. 一般不受副词修饰,但名词或名词短语在句中充当谓语或对举时,可受副词修饰,如:

　　已经六点了。

　　小房间就小房间,总比没房间强。

　　他刚四岁,就认识了很多汉字。

　　屋里就小刘一个人。

6. 汉语名词没有数的语法范畴,单数名词和复数名词形式上完全一样,如:

　　这件衣服是新的,那些衣服是旧的。

　　我们班的同学都喜欢唱歌。

从名词的形式看不出它们是单数还是复数。但我们有时可以通过名词的修饰语来判断。上第一例修饰语"这件"表示衣服是单数,修饰语"那些"表示衣服是复数。有时可以通过句中其他成分来判断,如上第二例中的"都"表示"同学"是复数。

表示人的名词,有时可以用后缀"们"表示复数,如:

　　学生们一个个走进了教室。

当名词作主语(包括主谓短语中的主语),又是复数时,常带"们":

　　工人们正在打扫厂房。

　　市民们异口同声地称赞这位市长。

当充当主语(包括兼语和作宾语的小句主语)的名词表示的是一类人,谓语表示的情况带有普遍的意义,这样的名词后通常不带"们":

　　学生应该按时上课。

　　天一冷,孩子和老人最容易感冒。

　　我知道现在的大学生喜欢上网聊天。

在宾语位置上的名词很少加"们"。外国学生往往喜欢加"们",如:

　　? 我在这里学到了很多东西,我很感谢我的老师们和同学们。

　　改:我在这里学到了很多东西,我很感谢我的老师和同学们。①

名词后带了"们",一般前面不能再加表示复数意义的数量词或其他修饰语,如:

　　＊三个老师们　＊很多孩子们　＊少数学生们

7. 汉语名词没有性的语法范畴。要明确表示人的名词的性别,就在名词前加"男"、"女",如"男运动员"、"女学生";要明确动物的性别,就用修饰语,一般家畜用"公"、"母"修饰,如"公鸡"、"母牛";家畜以外的动物,书面语用"雌"、"雄",如"雄狮"、"雌虎";口语也可以用"公"、"母",如"公兔子"、"母老虎"。

# 第三节　名词的句法功能

名词最主要的句法功能是作主语和宾语(动词宾语和介词宾语),其次是作定语。少数名词在特定的句子中可以作谓语。时间名词经常可以作状语,处所名词在特定的句子中可

① 根据笔者对北京大学语言学研究所现代汉语语料库的调查,表示人的复数"们"大都出现在充当主语的、表示人的名词之后,很少出现在宾语的位置,特别是并列名词短语充当宾语时。如语料库中表示复数的宾语以"老师和同学"的形式出现了 3 次,以"老师和同学们"的形式只出现了 1 次。在《人民日报》网络版 1946 年至 2002 年的正文中,"老师们和同学们"只出现了 2 次,全是充当主语。

以单独作状语。其他可以单独作状语的名词比较少。

1. 名词可作主语。如：

   学校在医院的南边。

   朋友送给我一个礼物。

2. 可以作动词或介词的宾语。如：

   我买杂志。

   请把窗户打开。

3. 可以作定语，主要修饰名词，但也可以修饰作主语、宾语的动词或形容词。如：

   学校的图书馆很大。

   汉语水平的提高需要付出很大的努力。

   王芳的热情给我留下了深刻的印象。

4. 只有很少的名词或名词短语可以作谓语，一般是表示日期、天气、籍贯等的名词。如：

   今天星期日。

   他北京人。

   明天晴天。

5. 少数名词可以作状语，如：

   她长时间地望着窗外，什么话也没说。

   他们高质量地完成了那个工程。

名词或者名词短语作状语，一般出现在书面语中，说明动作进行时的状态或者动作完成后的状态，后面一般要带"地"。当作状语的名词是表示动作的具体方式时，后面可不带"地"。如：

   请大声读课文。

名词和数量词结合后可以作状语，经常表示动作的方式，后面也不用带"地"。如：

   我一个人住在外面。

   那个人两拳就把老刘打倒了。

   他一句话就把我点醒了。

## 第四节　时间词、方位词和处所词及其语法功用

### 一、时间词

表示时间的名词叫时间词。时间词经常与其他词组成时间短语。它最常见的语法功能是作状语，如：

   我明天出差。

   昨天晚上大家都去参加联欢会了。

### 二、方位名词

单纯方位词是指那些最基本的方位词，如：东、南、西、北、上、下、左、右、前、后、里、外、中、间、旁等。单纯方位词很少单独作句子成分，一般只在以下几种场合才可以单独使用。

1. 在成语与固定的俗语和说法中,经常以对举的形式出现。如:

　　东跑西颠　南来北往　上传下达　上行下效

　　上有天堂,下有苏杭。

　　上有老,下有小,

　　南甜北咸,西辣东酸。

2. 在书面语中。如:

　　大运河南起杭州,北至开封。

　　这个村庄东是一片草原;西是起伏的群山。

　　门口有一块牌子,上写:"非本单位工作人员不得入内。"

## 三、处所词

表示处所的名词叫处所词。处所词的主要语法功能有以下几种:

1. 作主语

　　剧场里非常热闹。(形容词谓语句)

　　村子南面是一条河。(用"是"的存在句)

　　教室里有很多学生。(用"有"的存在句)

　　街道两旁种着很多树。(用"动词＋着"的存现句)

　　山上下着雪呢。(用"动词＋着"表示某处某个动作处于持续状态)

　　远处传来一阵阵歌声。(表示出现的存现句)

　　楼上住人,楼下是客厅和厨房。(表示处所的不同用途)

2. 作动词或介词的宾语

　　他最近要去上海。

　　小刘到图书馆借书去了。

　　你在办公室先坐一会儿。

　　船往大连开。

　　小李从家里走到了车站。

3. 作定语

　　教室里的灯很亮。

　　山上的风景真漂亮。

　　旅馆里的服务员对人都很亲切。

4. 作状语

　　操场上,一群男孩子正在踢足球。(强调在某处,某些人正在做某个动作)

　　校园里,学生们在三三两两地散步。(同上)

# 第五节　名词的重叠

汉语可以重叠的名词是比较有限的。

1. 少数名词可以 AA 式重叠,表示"每一、逐一"的周遍意义。如:

　　赢了球,人人都兴高采烈的。

　　他事事都亲自动手。

老李是"路路通",跟他出去,路上就不用担心。

还有些名词可以借用为量词,如"家、天、月、年、步"等,它们也可以重叠。这类重叠用法,我们放在量词重叠部分讨论。

2. 少数名词可以 AABB 式重叠,表示"每一、逐一"意义,有强调之意。多用于书面语。

他口口声声说为了大家,其实是为他自己。

我们两国人民要世世代代友好下去。

类似的还有:朝朝暮暮、年年月月、山山水水、子子孙孙、日日夜夜等。

## 第六节 学生在名词方面常见的偏误

### 一、缺漏

*这种癌的治疗还没有找到,许多的感染者不得不死掉了。

改₁:这种癌的治疗方法还没有找到,只能眼睁睁看着许多患者死去。

改₂:还没有找到治疗这种癌的有效方法,只能眼睁睁看着许多患者死去。

*我大概一年半以前开始学习汉语了。我到现在还不标准。

改:我大概一年半以前开始学习汉语。可是我的发音到现在还不标准。

*我们刚吃完饭休息,不料小李进来了。

改:我们刚吃完饭休息时,不料小李进来了。

*他说到了家就给我们来信,但是我们还没看到他的来信。

改:他说到了家就给我们来信,但是我们到现在还没看到他的来信。

*上车以后,我们要在那个车坐一个多小时。

改:上车以后,我们要在那个车里坐一个多小时。

### 二、误加

*我走以后你要注意安全,任何人不要让他进屋里。

改:我走以后你要注意安全,任何人不要让他进屋。

### 三、误用

1. 误用近义或形近名词

*他的病情从来没好过。

改:他的病从来没好过。

*他的病情已经没有希望,不得不中断了治疗。

改:他的病已经没有希望了,不得不中断了治疗。

*我对小张的感受很深。

改₁:我对小张的感情很深。/改₂:我对这件事的感受很深。

*找对象总得把性格放在第一名。

改:找对象总得把性格放在第一位。

*四月了,外面充满了"江南之春"的风味。

改:四月了,外面到处都能看到"江南之春"的风光。

*他写的大字我感觉到有势力,不过失去平衡。

改:他写的大字我觉得很有力,不过不够端正。

*这两件衬衫看来没有什么差,好像一样大。

改:这两件衬衫看来没有什么差别,好像一样大。

*那个旅行以后,和小李一直没见。

改₁:那个旅行结束后,我和小李一直没见过面。

改₂:自那次旅行之后,我和小李一直没见过面。

*姐姐换衣服后,就出去了。

改:姐姐换了衣服之后,就出去了。

分析:"后"、"之后"、"以后"三个词语表示时间虽然有相近之处,但是用法不同。如果双音节的动词或动词短语是表示某个动作完成、结束或开始之义的,那么这三个词语都可以用于其后。如:

结婚后/之后/以后　　毕业后/之后/以后

下课后/之后/以后　　上班后/之后/以后

如果动词短语是双音节以上的,一般后面不能直接带"后",而常用"之后"或"以后",如"换了衣服之后"。如果动词本身不能表示某个动作完成、结束或开始之义,如"旅游",就不能直接带"后、以后",可以带"之后",如上改₂。

2. 误用其他名词

*他心里很着急,可是假装出从容的表情。

改:他心里很着急,可是装出很从容的样子。

*摄影师正在把这精彩的镜头拍摄下来。

改:摄影师正在把这精彩的场面拍下来。

*拉萨人喝的水都是从地面里挖出来的。

改:拉萨人喝的水都是从地底下挖出来的。

*那个电影没有特别好看,不过电影上的音乐很好听。

改:那个电影没有什么意思,不过电影里的音乐很好听。

3. 作插入语的名词短语有误

*她看起来很年轻,事实上,她是三十岁了。

改:她看起来很年轻,而实际上,她已经三十岁了。

4. 应用名词而误用动词

*你看,他是如此有信任的。

改:你看,他是如此有信誉的人。

*听说,那个记者的尸体上有无数死伤。

改:听说,那个记者的遗体上有无数伤口。

5.直接用母语中的汉字名词误代

*新造的建物也很多。

改:新建的建筑物也很多。

*妈妈喜欢做料理。

改:妈妈喜欢做菜。

*一年级和二年级的前期我一直非常认真地学习。

改:一年级和二年级的上半学期,我一直非常认真地学习。

＊他控制不了自己的欲求。

改：他无法控制自己的欲望。

分析："建物"是日语和韩语的汉字词语，"料理"、"前期"、"欲求"是日语汉字词语。

## 四、错序

＊以前到中国去，我先念了三年英文。（任长慧例，下简称任）

改：到中国去以前，我先念了三年英文。

＊我以后跑步喝很多水，以前跑步不吃东西，因为对肚子不好。（任）

改：我跑步以后喝很多水，跑步以前不吃东西，因为对身体不好。

## 五、杂糅

＊考上大学，我随即买了一台笔记本电脑。

改：考上大学以后，我就买了一台笔记本电脑。

＊她碰到别人狼狈的样子，一定帮助他。

改：她看到别人狼狈的时候，一定帮助他。

＊我打了半年工，挣了飞机费来中国。

改：我打了半年工，挣出了机票钱才来中国。

＊听说北京烤鸭很好吃，于是我们就走了烤鸭食堂。

改：听说北京烤鸭很好吃，于是我们就去了烤鸭店。

分析：后两例学生自造了汉语中没有的名词或名词短语。

# 第七节 教学建议

对外国学生来说，名词的习得相对容易一些，因此偏误不多。名词教学可注意以下几方面：

1. 结合词语在语法与语用方面的特征加强对具有相同语素，意义比较接近的词语的辨析。（参见第六节三1下偏误）

2. 时间名词经常要和表示时间的副词共现（即同时出现在一个句子中，参见第六节一、缺漏下偏误与本编第七章副词有关内容），当学生出现缺漏偏误时应该对此加以强调。

3. 表示时间的"后"、"之后"、"以后"、"时"、"时候"等使用时，在与什么词语、短语的结合方面都有一些细微的差别，应该向学生作明确的说明（参见第六节三1下偏误）。这类词语（包括"以前"）的修饰语都应该放在它们的前面，这一语序规则也应该强调。

4. 汉语方位名词的使用是比较严格的（在有些句式中不可缺少，有的又不能乱加，也不可与其他方位词语随意互换等，参见上第六节二与三2下有关偏误），在学习中凡是遇到这类情况，应该提醒学生特别加以注意。

**参考文献**

刘月华（2001）《实用现代汉语语法》（增订本），商务印书馆。

卢福波（2000）《对外汉语常用词语对比例释》，北京语言文化大学出版社。

任长慧（2001）《汉语教学中的偏误分析》，武汉大学出版社。

王　还主编（1995）《对外汉语教学语法大纲》，北京语言学院出版社。

# 第二章 代 词

汉语的代词是具有代替和指示作用的词。代词所代替的一般是名词。代词所指示的可以是名词,也可以是动词或形容词及这些词组成的短语所表示的比较复杂的内容。汉语的代词没有性、数、格的区别,也没有人称代词和物主代词的区别,只有人称代词和指示代词的区别。从意义和功能上看,汉语的代词可以分为人称代词、指示代词、疑问代词三种。

## 第一节 人称代词

### 一、人称代词的分类

人称代词是代替人、人以外的生物或事物的词。一般分为以下三类:

第一类:我 你 您 他 她 它 (用于替代单数的人、动物或事物)

第二类:我们 你们 他们 她们 它们 咱们 (用于替代复数的人、动物或事物)

第三类:自己 别人 人家 大家

(一)"我、你、您、他、她"一般用于代替人。"您"是"你"的尊称,北方人用的比较多。"你"、"她"等在采用拟人手法时,可以用来代替像"祖国"类的名词。一般见于书面语。如:

祖国,我的母亲,是你给了我生命,给了我智慧!

黄河是我们的母亲河,是她哺育了中华民族。

"它"用来代替人以外的生物和事物。如:

这是我家最好的奶牛,它产的奶又多又好。

这座桥不知道什么年间建造的。它给来往的行人提供了方便。

"它"有时可以指代动作或事件。如:

对于这个年龄的青年来说,这种过早的男女之间的交往并不可取,它无疑会影响到男女双方的正常生活。

(二)"我们、你们、他们、她们、它们"是第一类代词的复数形式(一般很少说"您们")。"咱们"和"我们"有一定的区别,"我们"常指说话人一方,可与第二人称的"你、你们"对举,但"我们"有时也可以包括听话人在内;"咱们"是一定包括听话人在内的。如:

我们的意见跟你们的不一样。(不包括听话人在内)

我们/咱们一起唱吧!(包括听话人在内)

(三)第三类是自称、他称和统称代词

1. 用于自称的"自己"和"本人"

不管是第一人称、第二人称、第三人称的单数还是复数,都用"自己"指某人或一些人自身。可以单用,也可以跟表示人的名词或代词一起用,做复指成分。如:

她总关心别人,很少想到自己。

旅客们，请注意保管好自己的东西。

他自己还管不了自己。哪能管别人？

"自己"有时也可以用于指称事物自身。如：

任何事物都有自己的特点。

大自然不管人世间的喜怒哀乐，总是按它自己的规律循序渐进地变换着一年四季。

"本人"也有"自己"的意思，不过使用范围比"自己"要小，频率也低得多。"本人"多用于书面语和比较正式的场合。可以单用，也可以跟表示人的名词或代词一起用，做复指成分。后者常用于叙述、说明的场合。如：

这个病传染性很大，除了患者本人要隔离外，他的家属和接触过他的人都要隔离。

他一想到小丽本人，心里就由不得感到有些伤心。这么好的姑娘，却得了绝症。

这个包不是这个学生本人的。

本人的隐私，他人无权过问。

本人一再声明，这件事跟本人无关。

同样是用于自称，"自己"主要侧重于"内指"，即将"内"（自己）与"外"（别人）区别开来，动作方向是向内的——求诸己。在实际语言运用中，经常与"别人"对举。"本人"主要侧重于"外别"，即从外部将某一个具体的人与其他人区别开来。有时与"他人"对举（详见上例加点的例）。上述几例中的"本人"，都是强调区别于他人的"某人本身"，所以都不能换成"自己"。因此，当句子表示自我反省的意思时，一般用"自己"而不用"本人"：

我觉得自己也有做得不对的地方。

你好好想想，自己是不是一点儿问题也没有？

"自己"、"本人"有时都可以用于泛指，所用的场合不同，同样体现了"内指"——求诸己和"外别"——有别于他人的特点。如：

从小要培养孩子，自己的事情自己做。（内指）

每个人都应在各方面严格要求自己。（内指）

只要本人素质好，我们就会录用他的。（外别）

买机票，必须要凭本人的身份证。（外别）

当"本人"不是用于外部的区别而只用于指某人本身时（一般做表示人的名词或代词的复指成分），可以换成"自己"，如：

听说老王本人（自己）愿意干这个工作。

我看见他本人（自己）也很苦恼，就不好再说什么了。

2. 用于他称的"别人"和"人家"

同样用于他称，"别人"一般用来泛指除说话者、听话者或被叙述者之外的其他人。一般不确指某人或某些人。"人家"主要用于指前面已经提到过的某人或某些人。一般是有定的、确指的。如：

我相信在技术上咱们一点也不比别人差。

他从来不肯听别人的意见。

小孙给你打过好多次电话了，你怎么也得给人家回个电话啊！

既然人家这么诚心诚意地请你，那你就去吧！

有时，即使前文没有出现"人家"所指的到底为何人，但从句子的意义可以推断那人是确定的存在。如：

这件活说好明早上人家来取,不加班不行。

你怎么借那么多钱呢? 那么多钱以后怎么还给人家?

"人家"后常出现复指成分,更加强其实指性。如:

人家李芳好心给你买了这衣服,你应该谢谢人家!

你怎么打得过人家三个人?

听说人家王青两口子对你十分满意!

"人家"常用于表示赞赏、佩服等意义的感叹句中。如:

小刘的性格很开朗,一看就知道人家是见过大世面的人!

看看人家张平,多能干!

上述句中的"人家"都不能换成"别人"。句中使用"人家",往往带有一定的主观感情色彩或感情倾向。这种主观的感情色彩一般是"他、他们"与"别人"所没有的。

不过,当句子的内容既适用于确指的情况,又适用于普遍的情况时,"人家"可换成"别人",但有确指与泛指的差异(详见下)。这类可替换的情况并不多。如:

怎能不经本人同意,就把人家(别人)住了几辈子的房子给拆了?

你只有尊重人家(别人),人家(别人)才会尊重你。

当"别人"是指排除说话者或被叙述者之外的人时,一般不能用"人家"替换。如:

我估计别人都走了以后,才从教室里出来。

老孙站在讲台上,手里拿着讲稿,也不看别人,只顾往下念。

"别人"也常和"自己"对举使用。下面的"别人"都是泛指,并不确指某人或某些人,所以都不能换作"人家"。如:

他总是自己亲自使唤这头牛。他怕别人不爱惜,让牛劳累过度。

他口袋里装着烟,只是自己很少抽,大部分给别人抽了。

像下面句中的"别人"主要用于泛指,也不宜用"人家"替换:

他抽的烟叶也像王刚一样向别人要,只不过王刚只问他哥要,而他向全村人要。

下面句中的"别人"虽然可以换作"人家",但有细微的差别,用"别人"可以是泛指,也可以是有所指(但说话者不想指明),用"人家"一定是有所指。如:

你不让别人(人家)走后门,可自己却走后门!

你只顾自己享受,不管别人(人家)死活。

上面两句中第一句的"人家"是实指说话者与听话者都知道的某人或某些人。第二句的"人家"可以确指某人或某些人,也可以是指说话者自己。因此,"人家"有时可以活用,指说话人自己。如:

你怎么这么晚才回来,你知道人家有多担心!

人家这么忙,这么累,你一点儿也不关心。

"人家"还有名词用法,如指人的住家(如"山上好像有人家")或家庭(如"这家人家从来不跟别人家来往")。这类名词用法和上述充当代词的"人家"的用法是不同的。

3. 表示统称的"大家"和"大伙儿"

这两个代词总括某一范围内所有的人。有时包括说话人和听话人;有时不包括说话人;有时不包括说话人和听话人,而指第三方。如:

这是大家的事情,你怎么一个人就决定了?(包括说话人和听话人)

请大家安静一下,我有几句话要跟大家说。(不包括说话人)

你看,咱们的提议大伙儿都赞成。(不包括说话人和听话人)

"大家"、"大伙儿"可用在"我们"、"你们"、"他们"等复数代词后做复指成分,强调全体。如:

这是我们大家的一点儿心意,请您收下。

到时候,你们大伙儿可得帮我说几句话啊。

就是他们大家都动手,也不是他的对手。

"大伙儿"一般用于口语,意义和用法跟"大家"基本相同。上面最后一例用"大家"是客观叙述同属第三方的个人与全体的对立(一般不说"他们大伙儿")。在叙述的场合,常用"大家"与"他(她)"对举,表示类似的意义。如:

他坐在那儿,大家看着他,他也看着大家。

她不明白,大家为什么会这么讨厌她。

## 二、人称代词的语法特征与句法功能

人称代词不能作谓语、状语和补语,经常可以作主语、(动词或介词的)宾语和定语,如:

我家的狗长着一身乌黑的毛。我给它起了名字:小黑。它和我总在一起,我非常喜欢它。

他抬出一袋粮食,我帮着把它放在车上,就准备一起回家了。

我们不知道他们现在在哪儿。如果你想知道,可以打他们的手机问一问。

另可以参见上面各类人称代词的例句。

## 三、人称代词的活用

人称代词在一定场合下可以活用。主要有以下几种形式:

1. 用第二人称代替第一人称

我劝了他多少次,可人家就是不听你的,你有什么办法?

我是看透他了,你对他再好,他也不会感谢你。

这种用法一般出现在对话中,前面一般先出现第一人称,由此可以判断"你"指的是谁。

2. 用单数人称代替复数人称

我公司一贯是讲信用的。

这是我校全体师生的一点儿心意,请收下。

这类用单数人称"我"代替复数人称"我们"的用法,常见于书面语和比较正式的场合。

3. 人称代词用于虚指

咱们也来他两瓶啤酒,怎么样?

要我发言,给他个一言不发。

你走你的,管他呢!

唉,去他的!

上面的"他"不指代任何人,读轻声。

## 第二节 指示代词

### 一、指示代词的分类、语法特征与句法功能

指示代词是指既有指示又有替代作用的词。有的指示代词经常作主语和定语,有的经常作状语或定语。类别不同,用法也不太一样。指示代词主要分近指与远指两大类。

近指指示代词:这、这里、这儿、这会儿、这么、这样、这么着

远指指示代词:那、那里、那儿、那会儿、那么、那样、那么着

下面分小类加以说明。

**(一) 这、那**

"这"、"那"一般单独指代单数的人、物或情况。经常作主语和定语。

1. "这"一般指代前面刚出现过的人、事物或事件,即离说话人距离较近的人、事物或近时(与下文"那"的"远时"相对)信息。在对话中,"这"可以直接指眼前的人、事物或者正在谈论的人或事物。如:

> 这是谁的书?
>
> 一个外国人汉语竟说得这么好,这使我非常吃惊。
>
> 他脸上是一副同情他哥的神色。这同情是真诚的。
>
> 我不认识这个人。
>
> 这个问题以后再讨论吧。

2. "那"一般用于指称离说话人(包括听话人)距离较远的人及事物,或指称远时信息。如:

> 谁在最困难的情况下坚持到最后,那才是真正的英雄。▲
>
> 她每天都穿得很时髦,那完全是工作的需要。▲
>
> 那个穿红毛衣的女同学叫什么?
>
> 一下课,学生们就向南面那个食堂涌去。
>
> 那天我在车站看见你了。
>
> 漫长的冬天看来就要过去,但那真正温暖的春天还不会马上到来。

3. "那"有时用于指示从物理距离来说并不远,但从心理距离来说比较远的事物。"这"则指心理距离比较近的事物。如上标▲的句中的"那"也可以换成"这":"谁在最困难的情况下坚持到最后,这才是真正的英雄","她每天都穿得很时髦,这完全是工作的需要"。换用了"这",则表示说话人觉得从心理上离所指示的人或事物比较近。

有时"这"与"那"同时用在一个句子里,"那"则带有特别强调的含义。如:

> 我看她还是原来的老样子,就只好把这件事背后的**"那种意思"**挑明了!
>
> 他的身体焕发出他这种年龄所特有的**那种**青春光彩。

4. "这"和"那"作定语修饰名词时,"这"和"那"后常要带量词或数量词。如:

> 他们常爱到这条街道上来溜达。
>
> 那张桌的周围摆着几把椅子。
>
> 我不知道为什么要受这份洋罪。

但"这"和"那"所修饰的充当主语(包括小句主语)的名词,前文已出现过,且曾带过数量

词定语,或者是并列的几个主语时,也可以不带数量词。如:

他指着一个小个子男孩说:"这孩子脑子反应很快。"

小林现在还养成了一种看课外书的习惯。这习惯还是在上小学时养成的。

我想看看这本书到底是怎么回事。小李说这书是他姐姐的。

这山,这庙,这枣林,再加上这河虽然小,但来历不凡。

当所修饰的名词前还有其他修饰语时,"这"和"那"后则要带数量词。

这两个亲爱的小东西是她最喜欢的。

有些名词和"这"可以直接结合,多为表示范围的名词及时间词,如"这世界、这社会、这时、这时候、这年头、这期间、这星期",但是不能说"这时间、这天、这年",得说"这(一)段时间、这一天、这一年"。有时,"这"实际上是表示"这时"。如:

他们聊了一会,他问:"你找我有什么事?"她这才想起,她是来还书的。

她跟我解释了半天,我这才明白她的意思。

5."这"、"那"的复数形式是"这些"、"那些"。如:

一到星期天,那些家在本地的学生就都纷纷回家了。

你把桌子上的这些旧报纸都捆起来。

把那些红枣呀,瓜子呀,核桃呀,挑最好的留下来。

不过,当"这"、"那"后面带的量词本身具有复数意义,就可以不用"些"。如:

从车站前这一片黑压压的人群看来,他们大部分都来自农村。

我劝了半天,那伙人终于走了。

"这"或"那"有时放在有些名词前后做复指成分,后面也要带数量词(见下黑体字)。如:

你看,我**这个**老乡真是太不像话了!

李老把社会**这本**书念精通了!

你的男朋友是不是**那个**李小龙?

他不愿意当她的面说出**那个**"不"字来。

6."这"、"那"常与数量词、名词、形容词或动词等一起充当名词的修饰语,应注意"这"、"那"所处的位置。下面分别说明:

(1)当另一修饰语是数量词时,"这"、"那"一般放在数量词的前面。如:

你那双皮手套放在哪儿了?

这个玻璃镜框多少钱?

(2)当另一修饰语是方位名词时,"这"、"那"一般放在方位名词后、数量词前。如:

门口的这辆车是你的吗?

她指了指旁边的那盒点心说:"这是老刘送的。"

你把书架最上面的那几本书拿来。

(3)当另一修饰语是形容词时,"这"、"那"一般常带量词,放在形容词的前面。如:

通过这一件小小的事,使他对书更加爱惜了。

她拉住我的手,泪水从那双漂亮的大眼睛里涌出来了。

我紧张地打开那个神秘的红皮日记本。

(4)当另一修饰语是动词短语或是形容词短语(必带"的"),又要强调这类词语所表示的区别性时,"这"、"那"一般在这类修饰语之后,离中心语比较近。不强调区别性时,"这"、"那"在这类修饰语之前,离中心语比较远。如:

强调区别性：

穿红衬衫的那个人是我的同学。穿白衬衫的不是。

我喜欢颜色淡一点的那条裙子,深颜色的不喜欢。

不强调区别性：

他站在这个穿戴漂亮的女同学面前,觉得非常紧张。

她买了那条颜色淡一点儿的裙子。

(5) 当另一修饰语是主谓短语时,"这"、"那"一般放在主谓短语的后面。因为主谓短语作修饰语一般都带有很强的区别、限定意义。如：

这时候,大火已经烧到了小张住的那个屋子。

等你比赛的那天,我一定去给你加油。

### (二)"这儿"、"这里"和"那儿"、"那里"

"这儿"、"这里"和"那儿"、"那里"分别指代较近和较远的处所。口语中多用"这儿"、"那儿"。这几个指示代词常作主语、宾语、定语。如：

这里有很多新书。　　　　　　那里经常有演出。

放在这里的雨伞怎么不见了?　　他就住这儿。

对面有个水果店,那儿的水果很便宜。

"这儿"在对话中,有时可以充当有些动词的状语。"这儿"、"那儿"在多数情况下前面要有"在"、"到"等词语。如：

就这儿坐吧。　　　　　　小林,(到)这儿来。

你在这儿写吧。　　　　　我们到那儿去吧。

表示人的代词或名词不能直接表示处所,后面必须带"这儿"或"那儿"才能表示处所。如：

你的词典在我这儿。　　　　我在老师那儿看到一本新杂志。

她去她姐姐那儿了。　　　　你们有空来我这儿坐坐。

### (三) 这会儿、那会儿

"这会儿"、"那会儿"一般指代时间。"这会儿"常指"现在",也可以指"过去"和"将来"。"那会儿"不能指"现在",可以指"过去"和"将来"。两词可以作主语、定语、状语等。如：

她是上午 10 点的车,这会儿该到家了。(指"现在")

去年这会儿,咱们还在考试呢!(指"过去"与说话时相同的时间段)

明天这会儿,比赛就开始了。(指"将来"与说话时相同的时间段)

上课那会儿,我还看见他在教室呢!(指"过去",距离说话时比较远的时候)

到你工作那会儿,他已经退休了。(指"将来",距离说话时比较远的时候)

注意:"这会儿"在表示"过去"和"将来"时,一般要放在表示具体的时间词的后面。"那会儿"在表示"过去"和"将来"时,一般不放在这类时间词后,常接在主谓短语或动词短语的后面。单独使用时,"这会儿"往往指"现在","那会儿"指"过去"。如：

这会儿,你猜他在干什么?

那会儿,我还是个什么都不懂的孩子呢。

### (四) 这么、那么

"这么"、"那么"主要是修饰动词或形容词。

1. 放在动词前作状语强调动作的方式。如：

申请应该这么写。

这么说好不好?

你那么做可能大家都不会同意的。

别老那么看着他,很不礼貌的。

2. 放在形容词前作状语强调其程度。如:

没想到你对他居然那么耐心。

你这么认真,肯定会取得好成绩的。

3. "这么"、"那么"修饰形容词后作定语。如:

人家给咱送了这么重的礼,咱给人家送什么呢?

那么远的地方你也走着去?

4. 与"这么"、"那么"相关的否定形式:

(1) 否定词用于"这么"、"那么"之前强调方式。常用于假设句。如:

不这么做,怎么能解决问题呢?

要是不那么说,恐怕他是不会相信的。

(2) "这么"、"那么"用于"否定词+动词/形容词"前,强调程度。如:

你怎么这么不讲理!

这孩子那么不听话,你都不管。

没想到条件这么不好。

(3) "动补结构的否定形式+这么/那么+形容词"

你把这包纸都拿去吧! ——我用不了那么多!

八点才开会,用不着这么早去。

注意:(2)、(3)用于形容词前的"这么"、"那么",本身有强调程度的作用,因而不能再受"很"等程度副词修饰(参见第七章副词第三节偏误2)。

5. "这么"、"那么"也可以作定语,修饰名词或者数量词。修饰名词时,一般要带数量词。"这么"、"那么"只修饰数量词时,则强调的是数量。带了数量词再修饰名词时,有时是强调名词的数量,有时则提醒听者或读者注意所指代的意义,这些意义有的在上下文有交代,有的则要靠听者或读者的推测和揣摩。如:

客人不会都吃完,最后总要剩那么一两碗。(强调量"少")

就那么两天,他就把论文写出来了。(同上)

你这么点儿钱,能干什么?(同上)

这么几口人,父亲和哥哥两个工作,生活是应该能够维持的。(同上)

我看他坐在那么一个角落里,心里就更明白了。(强调"角落"的特别)

6. "这么"、"那么"可以作谓语,后面常要带"着"。常用于作出决定时,如:

就这么着吧,明天早上9点开始比赛。

有时用于指代某种恒常的状态,后面一般有后续说明状态的句子。如:

她总是这么着,做事情不慌不忙的。

7. "这么"、"那么"可以作主语。使用范围比较有限,常用于动作演示时的说明,如:

这么(做动作)表示犯规,那么(做另外一个动作)表示暂停。

这么(做动作)是表示友好,那么(做另外一个动作)表示不友好。

"这么"、"那么"用于泛指。谓语一般是"行"、"可以"。如:

这么行,那么也行。

8. 当假设复句的前一分句的谓语是形容词或动词,如要表示某种状态或动作方式的继续的话,一般要用"这么"加以强调。如:

天再这么热下去,真要热死人了。

你再这么粗心,工作肯定要出问题的。

他俩再这么吵下去,非打起来不可。

你要是照现在这么研究下去,肯定会成功的。

**(五) 这样、那样**

1. 指代性质、状态、情况

可以作定语和宾语。"这样"的使用频率比"那样"高。如:

有这样一个学生,他……(下面是具体的介绍)

这样的大好人,我还第一次遇到。

狗一看见陌生人,就会发出那样的叫声。

我不知道他怎么会变成这样。

我希望你能像大卫那样,多说汉语。

可以作主语或谓语,指代前面出现过的情况、状态,或者后有说明状态的句子。如:

她早上起来,就觉得头昏,最近常这样。

我忙起来就忘了吃饭,经常这样。

不该对父母那样,他们都是为你好。

不和任何人商量就决定了? 那样可不行。

我和你一起去,这样总可以了吧。

小李像往常那样,一到办公室就打开了电脑。

2. 指代程度或者动作的方式

(1) 放在动词前,强调动作的方式,作状语。如:

他每天这样锻炼身体,所以很少生病。

话也不能那样说!

老师教我这样写的。

"这样"、"那样"后面还可以有其他状语。如:

他就这样无所事事地闲待下去吗?

你这样拼命地干,可别累垮了!

(2) 放在形容词前,强调其程度。常作状语,或以整个偏正短语作定语。如:

问题真的这样严重吗?

事情要是那样简单就好了。

在这样优越的条件下,为什么不好好学习!

那样困难的日子都过来了,我们还有什么可担心的?

# 第三节 疑问代词

## 一、疑问代词及其疑问用法

用于表示疑问的代词叫做疑问代词。根据其所问内容的不同可以分为以下几类。

### （一）谁、什么

"谁"用来问人，"什么"用来问事物。两个代词都可以作主语、宾语、定语。如：

| | |
|---|---|
| 谁去过北京？ | 什么最好吃？ |
| 你想找谁？ | 她在做什么？ |
| 这是谁的词典？ | 什么东西丢了？ |

"谁"作定语要带"的"，"什么"作定语不用带"的"。[①] "什么"和"时候"一起，可以用来问时间。常作状语，也可以作宾语或定语。如：

| | |
|---|---|
| 老李是什么时候走的？ | 明天出发定在什么时候？ |
| 什么时候开学？ | 你打算坐什么时候的火车？ |

"什么"和"地方"一起，可以用来问地方。常作状语，也可以作宾语或定语。如：

你是从什么地方来的？

什么地方产的苹果最好吃？

他出差去什么地方？

### （二）哪

疑问句中，用于指别的代词是"哪"，它常跟量词一起，用来问人或者事物，可以作主语、宾语和定语。回答常要用表示确指的指示代词"这"、"那"或专用名词等。如：

哪位是王老师？ ——这位是王老师。

你的汽车是哪一辆？ ——那一辆就是。

他在哪个公司工作？ ——他在新星公司工作。

"哪"跟"年、天"等一起，可以用来问具体的年、日。问"月"时，要带量词"个"。如：

你哪年毕业的？

她哪天比赛？

我们出发是哪天？

他们哪个月比较忙？

### （三）哪里、哪儿

"哪里"、"哪儿"主要用于问处所，可以作主语、宾语和定语。口语中多用"哪儿"。如：

哪儿有这种动物？

你在哪儿看见他的？

她是从哪里来的？

大家的行李都放到哪里去了？

### （四）怎么、怎么样、怎样

1. "怎么"、"怎样"、"怎么样"都可以用来问动作的方式，作状语。口语中用"怎么"更多

---

[①] 刘月华先生指出："什么"表示领属关系时要用"的"（刘月华，2001）。据我们调查，不用也可以。

一些。"怎样"又比"怎么样"更多地作状语。如：

> 去天安门怎么走？
>
> 这个房间应该怎么/怎样布置？
>
> 给他的信应该怎么/怎样/怎么样写才好呢？

2. "怎么"、"怎样"、"怎么样"都可以用来问性质和状态，作谓语。在这方面，"怎么样"使用频率最高，常用于一般的询问。"怎么"在作谓语时，一般要带"了"，常用于比较奇怪、惊讶的场合。如：

> 你现在的身体怎么样/怎样？
>
> 那里的天气怎么样/怎样？
>
> 孩子怎么了？为什么要送医院？
>
> 她怎么了？满脸都是汗。

"怎么样"常用于征求别人对某个决定的意见，"怎样"有时也可以这样用。"怎么"一般不这样用。如：

> 我们一起去喝杯咖啡，怎么样？
>
> 你就住在这儿，怎么样？

当询问对方对某个问题的看法时，"怎么样"和"怎么"的用法不一样。如：

> 她写的论文，你认为怎么样？
>
> 对她写的论文，你怎么看？

3. 用来问性质和状态的"怎么"、"怎样"和"怎么样"都可以作定语，所修饰的名词有相同的，也有不同的（句首带？的是作定语不合适的）。如：

> 他是怎样/怎么样的一个人？
>
> 他是怎么一个人？
>
> 你想一想，当时是怎样/怎么样的一种情况？
>
> 你想一想，当时是怎么一种情况？
>
> 那是怎样/怎么样的一个地方？
>
> 这是怎么（一）回事？（已成为固定形式）
>
> ？我不知道那是怎么一个地方。
>
> ？谁也不知道这是怎样/怎么样的一回事。

从上面的例句可知，"怎样"、"怎么样"在修饰名词时，一般要带"的"，并且要有量词"一"。"怎么"在修饰名词时，不要带"的"，但多带量词"一"。

"怎样"、"怎么样"还可以修饰一些作宾语的动词，在修饰这类动词时，不用带"一"，常表示对可能出现的状态的揣测。"怎么"没有这种用法。如：

> 这样做，会遭到群众怎样（？怎么样）的反对，你考虑过没有？
>
> 你说，这件事情会产生怎样（怎么样）的影响？

在这类句子中，"怎样"使用的频率比"怎么样"要高。

4. "怎样"、"怎么样"还可以作状态补语（"怎么"不行），常用于询问以下三方面：

（1）询问动作进行到何种程度，后面要带"了"。如：

> 研究进行得怎么样了？（还在进行）
>
> 房间打扫得怎么样了？（还在打扫）

（2）询问动作完成后的状况，后面不要带"了"。如：

房间打扫得怎么样?(动作已经完成,问动作完成后的状态)

昨天考试考得怎么样?(同上)

(3)询问某个动作的常态,后面不要带"了"。如:

他的作文写得怎么样?

她在学校表现得怎么样?

5."怎么"可以用来询问原因。"怎么样"和"怎样"不行。如:

她今天怎么没来?

你怎么这么高兴?

这类"怎么"可以用于主语前。如:

怎么他先走了?(问话人认为他不应该先走)

怎么这个店不开门呢?(问话人认为这个店应该开门)

6."怎么"和"为什么"的辨析

二者都可以用于询问原因。5.下四个例句中的"怎么"都可以用"为什么"替换,用"为什么"重点在深究原因,用"怎么"除了问原因外,还带有奇怪、惊讶的含义。两词在语法上还有以下区别:

(1)"为什么"可以作谓语,"怎么"不能。如:

她说要来,可到现在也不来,这是为什么?

昨天没解决,推到今天;今天来了,可又说要等一等,这又是为什么?

(2)"为什么"常出现在作宾语的小句中,"怎么"不能。如:

他不明白自己为什么还在想着她。

﹡他不明白自己怎么还在想着她。

我知道他为什么生气了。

? 我知道他怎么生气了。(这一句的"怎么"有歧义,一般不这样说)

(3)"为什么"可以出现在充当定语的小句中,"怎么"不能。如;

请你说明一下今年冬天为什么这么冷的原因。

? 请你说明一下今年冬天怎么这么冷的原因。

有时"怎么"在句中只是表示奇怪。"为什么"不能仅表奇怪。如:

怎么,你还没有吃饭?

怎么,出事了?

7."怎么"和"怎么样"的辨析

"怎么"和"怎么样"都可以和"不"一起构成否定形式。

"不怎么"常修饰动词或形容词,表示程度不高。作谓语或补语。如:

我不怎么喜欢吃甜的东西。

她长得不怎么漂亮。

他不怎么了解我。

"不怎么样"常表示说话人的不太满意的主观看法或评价,作谓语、补语或者定语。如:

这件衣服的质量不怎么样,别买了。

她菜做得不怎么样。

那篇不怎么样的论文却被评为优秀论文。

8."怎么样"和"什么样"的辨析

"怎么样"虽然可以作定语,问性质和状态,但是可以修饰的名词比"什么样"的要少。凡是询问事物的具体的式样、质地、形状等,一般用"什么样"而不用"怎么样"。"什么样"还可以构成"什么样的"名词结构。如:

她的汽车是什么样的?

你要租什么样的房子?

老师穿了一件什么样的衣服?

上面几例中的"什么样"都不能换用"怎么样"。

### (五) 几、多少

这两个疑问词都用来询问数量。

1."几"用来问估计回答是"十"以下的数字;"多少"用来问估计回答是"十"以上或者不清楚到底有多少的数字。如:

这个小孩几岁了?

你家有几口人?

那个房间有几扇门?

今天开会来了多少人?

2."几"一般要带量词后才能修饰名词;"多少"修饰名词时,量词可以有,也可以不带。以不带更为常见。"多少"可以单独作宾语,"几"不能(必须要带量词)。如:

她一个月的工资是多少?

苹果是有的,要多少?

3.当询问动量的次数时,"几"和"多少"一般都要带动量词。如:

她去国外旅行过几次?

你心跳每分钟多少下?

过年时钟声应该敲多少下?

4."多少"只能用在"亿"、"万"和"个"三个位数前,"几"可以用在所有位数前。"多少"在"亿"前还可以插入"个"。如:

今天来了几十个外国学生。

每月有几百甚至几千人到这里参观。

这个地方每年的工业产值有多少个亿?

5."几"前可以用疑问代词"哪","多少"不能。如:

你学过哪几门外语?

哪几个学生想学习太极拳?

6."几"和"多少"都可以表示不确定的量。"几"常作定语,"多少"常作状语。如:

到中国以后,他旅游也去过几个地方。

我对他多少有些了解。

## 二、疑问代词的非疑问用法

### (一) 表示反问

反问句是无疑而问。反问句本身如果是肯定句,表达的则是否定的意义;如果是否定句,表达的则是肯定的意思。如:

　　谁说我不想干了？（意思是：我想干。）

　　谁不想过幸福的生活呢？（意思是：谁都想过幸福的生活。）

　　世界上哪儿有这样的好事？（意思是：世界上哪儿也没有这样的好事。）

　　他什么时候关心过咱们？（意思是：他任何时候也没有关心过咱们。）

　　我哪能把你忘了呢？（意思是：我不会把你忘了的。）

有时反问句用了"哪儿"、"哪里"，但并不表示处所。如：

　　我哪儿会唱歌啊？

　　他哪里说过这种话？

**（二）表示任指**

句中的疑问代词指不确定的某个人、某件事、某种方式等。

　　1. 句子中单独用一个疑问代词表示任指（指任何人、事物、地方、时间等）。句中常有"都"或者"也"与之呼应。如：

　　这个问题谁也回答不了。

　　这个孩子对什么都感兴趣。

　　来中国一年了，我还哪儿都没去过呢！

　　我们什么地方都找过了，没找到。

常用于使用"无论"、"不管"等连词的表示任指的复句中。如：

　　无论有什么困难，我们都能克服。

　　无论你怎么劝他，他就是不听。

　　不管对谁，老张都是这样热情。

　　不管怎么样，他还是为我们做了很多事情的。

　　2. 句子前后用同一疑问代词，两个疑问代词可以充当相同的句子成分，也可以充当不同的成分，指代的是相同的人、事物、地点、方式等。如：

　　谁工作认真我就选谁。

　　他喜欢去哪儿就去哪儿。

　　你想怎么做就怎么做。

　　老人要吃什么我就给他买什么。

　　3. 句子前后用同一疑问代词，两个疑问代词一般充当不同的句子成分（主语和宾语），指代不同的人、事物、地点、方式等。常用于说明两方面的相互对待的关系。如：

　　他们关系不好，谁也不理谁。

　　我们两个足球队，谁也不服谁。

　　小李和小王虽然是邻居，可是谁也不了解谁。

注意：这类句子的谓语一般是否定形式，肯定形式一般不能成立（见本章第五节三2）。

# 第四节　几个特殊的代词

特殊的代词主要有以下三个：

## 一、每

1."每"不能单独使用，一般要带了量词后才能修饰普通的名词。"每"可以直接修饰表示时间的名词,如"分、秒、小时、日、月、年",因为这些词也是表示时间的量词。这类词语和"每"一起经常在句中充当状语。如:

　　　　他每天都起得很早。

　　　　每年都有很多人到这里来旅游。

　　2. 如果要强调按照一定时间间隔的重复动作情况都一样,没有例外时,谓语前一般要有"都"与之共现(即出现在同一个句中,见上例,另参见本编第八章副词)。如果并不强调"没有例外",可以不用"都"。如:

　　　　我现在每天跟中国朋友聊天,汉语水平有了很大的提高。

　　　　他每年春节回家乡看望父母。

　　3. "每+时间名词"与时间名词重叠形式的意义和用法差不多。但是"每+量词"修饰名词时,其意义和用法与量词的重叠是有区别的。[①] "每+量词"主要通过单个的个体、单个的次数来概括反映整体的情况。因此它在描写状态时,可以单独出现(量词重叠不能单独出现,详见本编第三章第二节)。如:

　　　　每个运动员都很精神。

　　　　每个同学都十分紧张和激动。

　　　　每个产品都经过了严格的检验。

　　"每+量词"也经常用于分指每一个个体。因此,"每+量词+(名词)"可以用于陈述规律、说明道理、发出命令,还可以表示事物的分配及商品的价格等,这些也是量词重叠所没有的用法。如:

　　　　每一种生物,都有自己的生长规律。

　　　　每个公民都应该为国家尽义务。

　　　　一定要把这个消息告诉每一个学生。

　　　　每本书十块钱。

　　4. "每+名量词"一般作定语;而"每+时间词/动量词"一般作状语。当要强调这类状语时,就放在主语前;否则就放在主语后,谓语前。如:

　　　　我每次去公司找他,看见他都忙得不得了。

　　　　每次吃饭,他都要喝酒。

　　　　每次上公共汽车前都要准备好零钱。

　　5. "每+量词"短语不能重叠。下面是学生的偏误:

　　　　＊她每天每天都很努力学习。

　　　　＊我每次每次考试都很紧张。

　　6. "每"还可直接修饰一些动词,一般是用于表示时间或条件的复句的前一分句中。后一分句如要表示情况无一例外(总的看全如此),一般谓语前要用"都"。如果要表示在前一句的时间或条件下,一定会发生某种情况,一般谓语前要用"就"。如:

　　　　我们每逢比较长的假日,都要出去旅行。

　　　　每到要考试,他都会开夜车。

　　　　每到三月初,这里的梅花就会盛开。

---

　　① 朱德熙先生认为重叠式量词"包含'每'的意思,'个个'就是'每一个','张张'就是每一张"(朱德熙《语法讲义》)。最近的研究已经对此观点提出了修正的意见(详见杨雪梅,2002;杨凯荣,2003;另参见本编第三章第三节五2)。

7. 用"每"的句子所表示的动作一般是经常发生或有规律重复的,所以动词后或句尾都不要用"了"。下面是学生的偏误:

＊爷爷去年每天早上锻炼身体了。

＊高中的时候,我每星期去辅导班上课了。

## 二、各

"各"与"每"不同,它主要用于强调其后修饰的名词的不同点。"各"可以单独使用,但是使用的范围比较有限。当前面出现了表示带有总体、复数意义的人、事物或状况的成分或句子时,"各"可以用于分指前面出现的人或事物。最常见的形式是"各＋动＋各＋的……"。如:

坐在屋子里的几个人各有各的想法。

今天吃饭,咱们 AA 制,各付各的。

告诉大家,各就各位。

这台机器上的几个按钮,各有什么用处?

这几位作家,各有自己的风格。

"各"可以直接修饰名词。如果名词是单音节的,"各"后不用带量词。如果名词是双音节的,又是表示组织、机构的名词,一般不用带量词。这类用法多见于书面语、比较正式的文章中。如:

各单位在这次救灾活动中,必须服从命令听指挥。

各小组要在今天下午五点以前把你们的工作计划交上来。

如果"各"修饰的双音节名词不是表示组织、机构而是指具体的事物、方式等,一般要带量词。如:

这里的各台机器都有专人负责。

我想尽了各种办法帮助他。

## 三、某

"某"可以直接修饰名词。主要有两种用法。

1. 用于实指。指代不便说出、不必说出或所指不太明确的人或事物。如:

这个事件据说跟某个名人有关。

在南方的某个城市,住着一对年轻夫妇。

我可不像某些人,说一套,做一套。

我不知道现在他在哪儿,肯定在某个地方。

2. 不实指。一般在表示普遍情况时,指不确定的人或事物,常用于举例的时候。如:

如果发生了某种意外的情况,就打这个电话。

当某个消费者的利益受到损害,他有权利投诉。

# 第五节　学生在代词方面常见的偏误

## 一、人称代词方面的偏误（另参见第三编主语和宾语、第五编复句下的常见偏误）

### （一）缺漏

＊不大跟中国人接触，所以口语水平没有什么提高。

改：我不大跟中国人接触，所以口语水平没有什么提高。

＊他一面学中文，一面学英文，很佩服他。

改：他一面学中文一面学英文，我很佩服他。

＊他分明说过老师是北京人。可是老师没去过北京。又骗了我。

改：他分明说过老师是北京人，可是老师没去过北京，他又骗了我。

＊她总是那么温和，我从来没见过发脾气。

改：她总是那么温和，我从来没见她发过脾气。

＊今天我朋友从英国回来了，我去机场接。

改：今天我朋友从英国回来了，我去机场接他。

＊我想去他那儿安慰安慰。

改：我想去他那儿安慰安慰他。

＊这场事故不是你故意造成的，我们不能责怪。

改：这场事故不是你故意造成的，我们不能责怪你。

＊他看了一眼，随即就给我一个任务。

改：他看了我一眼，随即就给我一个任务。

＊小李病了，起不来床，请你帮助一下。

改：小李病了，起不来床，请你去帮他一下。

### （二）误加

＊我哥哥的英语水平不太高，不见得被这个大公司聘用他。

改：我哥哥的英语水平不太高，不见得能被这个大公司录用。

分析：后一个结果分句是"被"字句，受事在前面已经出现，后面不能再出现。动词后要带"他"的话，就得改成主动句"这个大公司不见得会聘用他"。

＊你正当身体虚弱的时候，你应该多休息。

改：你现在正是身体虚弱的时候，应该多休息。

＊他就凭着这些救治的方法，他把那个人救活了。

改：凭着这些救治的方法，他把那个人救活了。

分析：在上述带表示时间或方法、工具的介词短语的句中，只要一个主语就行了。

＊我喜欢有钱的朋友，而更喜欢经常能自己来请客的朋友。

改：我喜欢有钱的朋友，更喜欢经常能主动请客的朋友。

＊他提出的意见谁也不赞成他。

改：他提出的意见谁也不赞成。

分析："不赞成"的是"意见"，所以"他"不该用。

**（三）误用**

1. 误用代词

＊凭给他中药,他把那个人救活了。

改:他就是靠那些中药,把那个人救活了。

分析:这一偏误用了两个"他",所指的人不是同一个,产生了语义不明的结果。

＊任她是谁,我不会告诉。

改:任他是谁,我都不会告诉他的。

分析:泛指时要用"他"而不用"她"。

＊这篇文章虽然不长,他的大意倒很有意义。

改:这篇文章虽然不长,它的内容倒很有意思。

分析:指代事物用"它"不用"他"。

＊把工厂当成我的家里。

改:我把工厂当成自己的家。

分析:在表示主观的比拟看法(并非是客观事实)时,表示比拟的名词前一般用自称代词"自己",或与第一、二、三人称一起作修饰语。不用"自己"的话,很不自然。如下句首带? 的例子:

王老师对我非常热情,到了他的家就像到了自己的家一样。

王老师对我非常热情,到了他家就像到了我自己家一样。

? 王老师对我非常热情,到了他的家就像到了我的家一样。

＊你代我布置你的房间,好吗?

改₁:你代我布置房间,好吗? /改₂:我代你布置你的房间,好吗?

分析:这个偏误弄错了动词"代"的施事和受事关系,因而用错了人称代词。

2. 该用人称代词而用名词

? 长城是中国最有名的古迹之一,我们应该保护名胜古迹。

改:长城是中国最有名的古迹之一,我们应该保护它。

? 小王到底去哪儿了? 你尽快找一下小王。

改:小王到底去哪儿了? 你赶快去把他找来。

分析:人称代词一个重要的功能是代替前面已经出现过的名词,并且通过这种替代,起到照应衔接的作用。上面两例的每个单句应该说没有什么大问题,但是要是从语句衔接的角度看,用代词才可以使前后两个句子联系得更为紧密。

**（四）错序**

＊其实你家并不贫穷,何必你退学呢?

改:其实你家并不贫穷,你何必退学呢?

＊如果你要去旅行,趁早你出发。

改:如果你要去旅行,你就早点儿出发吧。

＊今天我得到了这月份的工资,什么东西也我给你买。

改:今天我拿到了这个月的工资,你要什么东西我也给你买。

＊代我你去吧。

改:我代你去吧。

分析:这类偏误多出现在主语和副词一起使用的时候(另参见第七章副词第三节)。

## 二、指示代词方面常见的偏误

**(一) 缺漏**

1. 缺少起衔接作用的指示代词

　　＊我从小就想当空中小姐,跟我妈有很大关系。

　　改:我从小就想当空中小姐,这跟我妈有很大关系。

　　＊这次,我来中国以前,决定了一件事,就是要多和中国人交往。

　　改:这次,我来中国以前,决定了一件事,那就是要多和中国人交往。

　　＊很多留学生愿意去洋洋饺子馆吃饭,是最有名的饺子馆之一。

　　改:很多留学生愿意去洋洋饺子馆吃饭,那是最有名的饺子馆之一。

　　分析:语篇中的句子和句子之间、语段和语段之间的衔接,经常要通过指示代词的复指起作用。这几例后一分句都因缺少指示代词而使前后衔接产生了问题。

2. 直接用表示人的名词表示处所,缺少相应的指示代词

　　×我从老师借了一本书。

　　改:我从老师那儿借了一本书。

　　＊我没有事的时候,就去姐姐玩儿。

　　改:我没有事的时候,就去姐姐那儿玩儿。

3. 缺少指示处所的代词

　　＊李老师来到门口一看,他的爱人坐着等他。

　　改:李老师来到门口一看,他的爱人正坐在那儿等他呢。

4. 在表示状态持续发展的让步句形容词分句中缺少指示代词

　　＊你再马虎,就会出事的。

　　改:你再这么马虎,是会出事的。

**(二) 误加**

　　＊这的两种大哥大非常小,非常轻,很容易带走。（王硕例,下简称王）

　　改:这两种大哥大非常小,非常轻,便于携带。

　　＊我觉得这篇课文不算那么难。

　　改₁:我觉得这篇课文不算难。

　　改₂:我觉得这篇课文不像我想像的那么难。

　　分析:如果在形容词前用"那么",一般都是有所指的(说话人或听话人预想或曾经说到过的)。如改₂,原偏误已有的"不算"本身隐含着"预想"义,所以不能再加"那么"。

**(三) 误用**

1. 指示代词和副词用法混淆

　　＊在一个人口多么稀少的国家难道车辆太多?

　　改:没想到在一个人口这么稀少的国家里,汽车却是这么多。

　　＊无论压力这么大,我们应该坚持下去。

　　改:无论压力有多大,我们都应该坚持下去。

　　分析:当复句前一分句的谓语是形容词或心理动词时,形容词谓语前有时用"这么"、"那么",有时用"多么"、"多"。如:

　　尽管他身体这么不好,但他还是赶来参加我们的活动。

不管天气多么冷,他都坚持早上出去跑步。

不管天气有多冷,他都坚持早上出去跑步。

客人来时,无论你心里有多么不高兴,但是都得笑脸相迎。

从上面的例子可知,形容词或心理动词如在表示无条件的分句中一般用"多么"、"多"作修饰语,表示对任何程度的强调(不能用"这么"、"那么");在非无条件的、表示事实的句子中,就要用"这么"、"那么",强调某一种具体状态的程度。

*有人一直要闯红灯,这件事对我的印象那么大。

改<sub>1</sub>:有人总是闯红灯,这给我的印象很深。

改<sub>2</sub>:有人总是闯红灯,这给我的印象那么深,以至到现在还常常想起。

分析:上例误用了"那么"。只有当句中有表示比较基准的短语,如"没有我想像的",或后续补充说明程度的句子,如"以至到现在还常常想起",才可用"那么"修饰形容词,即句中必须有具体说明"那么"所指的成分或句子。如果没有这类成分或句子,一般是不能用"那么"的。

2. 指示代词和人称代词用法混淆

*听说他刚刚失去了亲人,我想安慰那个人一下。

改:听说他刚刚失去了亲人,我想去安慰他一下。

分析:前一句用"他",说明"他"对说话者来说是比较熟悉的人。而后面用"那个人"来指示,就又显得陌生和疏远了。

3. 误用其他指示代词

*"大邱女人多吃苹果,多有美人",这么说话也有。

改:"大邱女人因为多吃苹果,有很多美人",这样的说法也有。

分析:"这么说话"是指说话的方式。这里指的是内容,应该用"这样"(可以修饰名词)。

*"谁为父母养老?"这样情况不仅是中国的问题。(王硕例,下简称王)

改:"谁为父母养老?"这种情况不仅是中国的问题。

*听说很多人利用那样旅馆。(王)

改:听说很多人去住那种旅馆。

4. 指示代词所修饰的成分不当

*今天下午来顾客,怪不得这么清扫了。

改:今天下午要来顾客,怪不得这么拼命地打扫。

分析:"清扫"是动词,"这么"修饰动词,是说明动作的方式(亦见上例)。要强调状态则要用表示状态的形容词。

**(四) 错序**

*我不明白他为什么做那样。

改:我不明白他为什么那样做。

*这么事重要,你为什么一直不跟我说?(王)

改:这么重要的事,你为什么一直不跟我说?

*有时候我也想"我比别人差",可是我想这样的时候,我做什么都失败。(王)

改:有时候我也想"我比别人差",当我这样想的时候,做什么都失败。

*有一天他的单位质量考核,那他的班组不合格的人很多。(王)

改:有一天他的单位质量考核,他那个班组不合格的人很多。

**（五）杂糅**

　　＊我在旅行路途中写了一点的书，今年一定要着手那本书。

　　改：上次跟您说的书，我在旅行途中写了一点儿，这本书今年一定要着手写起来。

分析：此例是说话者对听话人说双方都知道的一本书。如果后面的句子要用指示代词复指照应前面刚出现的内容，一般应该用近指代词"这"，而且最好放在话题的位置。

## 三、疑问代词方面常见的偏误

**（一）误用**

1. 误用相近的疑问代词

　　＊你要买怎么样的皮鞋？

　　改：你要买什么样的皮鞋？

　　＊反复考虑到底什么样最合适，最后才作出了这个决定。

　　改：我反复考虑到底怎么样做最合适，最后才作出了这个决定。

分析：上两例都是混淆了"怎么样"和"什么样"的用法。第二例还将"什么样"误作小句主语。其实，"什么样"和"怎么样"都不能单独作主语。

2. 疑问代词充当成分有误

　　＊你今天有 HSK 分班考试了，怎么样？

　　改：今天 HSK 辅导班分班考试，你考得怎么样？

分析：如果问已经完成的动作的情况如何，"怎么样"应该作补语（见第三节（四）4）。

　　＊小王正在谁生气呢？

　　改₁：小王正在生谁的气呢？／改₂：小王正在跟谁生气呢？

3. 疑问代词任指用法方面的偏误

　　＊他们俩谁也帮助谁。

　　改：他们俩互相帮助。

　　＊我们谁都关心谁。

　　改：我们俩互相关心。

　　＊这件事很重要，谁也不要告诉谁。

　　改：这件事很重要，你谁也不要告诉。

分析：上面前两例都是因为将指前后主语宾语的"谁……谁"误用于肯定句而致误。第三例误用了"谁……谁"格式。要表示任指，只需一个"谁"就可以了。作为确指的主语"你"不能省。

**（二）错序**

　　＊谁要去就你跟谁去。

　　改：你想跟谁去就跟谁去吧。

　　＊你买了这件衣服在哪儿？

　　改：这件衣服你在哪儿买的？

　　＊你得告诉我你出去什么时候。

　　改：你得告诉我你什么时候出去。

　　＊你总对他为什么那么凶啊？

　　改：你为什么对他总那么凶啊？

**（三）杂糅**

　　＊对不起,刚才什么说?

　　改:对不起,你刚才说什么来着?

　　＊无论有了道理,什么战争都不应该做。

　　改:不管有什么道理,最好都不要打仗。

　　＊他本来每次很努力什么事,最近看起来他增长了社会知识。

　　改:他现在做什么事都很努力,看来他最近有了很大的长进。

## 四、特殊代词方面常见的偏误

### （一）缺漏

"每"后缺少量词

　　＊每她来我家看我的房间,她不满意于乱七八糟的我房间。

　　改:每次她来我家,看见我的房间乱七八糟的就很不满意。

### （二）误加

　　＊每年我和我的朋友都在北京见面了。

　　改:每年我和我的朋友都在北京见一次面。

分析:用"每"是表示有规律地发生的动作,动词后不用"了"(参见本编第十章助词第五节)。

### （三）误用

误将"每+量词"重叠:

　　＊他这次期中考试的成绩不好,所以考试的以后每天每天预习和复习。

　　改:他这次期中考试的成绩不好,所以现在每天都要预习和复习。

　　＊我们是老朋友,因此我们每天每天都一起。

　　改:我们是老朋友,因此我们每天都在一起。

### （四）错序

　　＊每个开始学期我会付钱一个学期费,但是我没有钱,所以我得打工。

　　改:每个学期开始我都要付一个学期的学费,但是我没有钱,所以我得打工。

### （五）杂糅

　　＊我来中国一次两年。

　　改:我每两年来一次中国。

　　＊我爸爸的爱好是打高尔夫球,假日的时候每次去打高尔夫球。

　　改:我爸爸的爱好是打高尔夫球,每逢假日都去打高尔夫球。

分析:这一偏误有几个问题:一是不知道该用"每逢",二是语序问题,三是缺少共现的副词"都"(这类偏误很常见,详见本编第七章第三节)。

# 第六节　教学建议

## 一、人称代词方面

　　1. 对于指代第一、二、三人称的"我、你、他",学生还是比较容易掌握的。不过,有些学生对"它"的指代事物及其用法,可能就不太注意(参见第五节一),因此需要结合课文和学生的偏误加以强调。到了中高级阶段,对"他"用于泛称和活用,应在出现时适当作些说明。

2. 代词偏误中比较多见的是不该省略的省了,该省略的没有省(见上第五节)。应该结合学生的偏误,归纳讲授代词不能省略以及应该省略的规则,反复强调。到了中高级阶段,还可以结合课文中篇章的照应说明人称代词的衔接作用。

## 二、指示代词方面

1. 指示代词"这"、"那"的用法不应该只停留在单句教学中。因为它们的一个重要功能是通过复指前文的先行词或内容起到衔接句子与句子、段落与段落的作用。因此,可以充分利用课文中这类"这"、"那"的用法,加以具体分析说明,并可在写作训练中有意识地指导他们正确地使用指示代词。

2. 应结合学生的偏误说明"这么、那么"的使用条件,特别是在有些复句中的用法。如在假设复句、转折复句前一分句中,如要强调形容词、心理动词谓语的程度,这类指示代词是不可或缺的(详见本章第二节四8、第五节二(三))。

3. 对于中高级班的学生,可结合学生的偏误,对"多么"和"这么"在单句和复句中用法的区别进行适当的辨析(详见本章第五节二)。

## 三、疑问代词方面

1. "谁、什么、哪儿"等疑问代词的一般用法,对学生来说并不难。初级阶段的学生在学了疑问代词之后,语序方面容易出现问题,因此在初学时,就应强调使用疑问代词的疑问句的语序和陈述句的语序是一致的。

2. 在学习了"怎么样"、"什么样"等疑问代词后,要结合课文或学生的偏误对这两个词语进行适当的辨析。对"怎么样"等疑问代词在作不同成分时所询问的不同内容也应作比较详细的说明(详见第三节(四))。

3. 对中级阶段的学生来说,疑问代词的任指用法是比较难的,特别是主语和宾语使用同一疑问代词指代双方的用法。当任指的三种不同用法都学了以后,可结合它们不同的语义和语法结构的特点进行对比性说明,以免混淆。

## 四、特殊的代词方面

"每"是初级阶段学生就要学习并且经常使用的一个高频代词,使用的规则实际上是很多的,但目前教学一般都不讲,这也是学生出现偏误较多的一个原因。因此,在教这一代词时,应结合出现的句型向学生逐个交代它的使用细则,并可结合偏误加以强调。

**参考文献**

陈　平(1987)释汉语中与名词成分相关的四组概念,《中国语文》第 2 期。

刘月华(2001)《实用现代汉语语法》(增订本),商务印书馆。

王　硕(1999)从日本学生的偏误谈汉语的指示代词,张起旺、王顺洪主编《汉外语言对比与偏误分析论文集》,北京大学出版社。

杨凯荣(2003)"量词重叠＋都＋VP"的句式语义及其动因,《世界汉语教学》第 4 期。

杨凯荣(2003)"量词重叠＋都＋VP"与"每＋量词＋名词＋(都)＋VP"的差异,《日本中国语学会 53 回全国大会预稿集》。

杨雪梅(2002)"个个"、"每个"和"一个个"的语法语义分析,《汉语学习》第 4 期。

朱德熙(1999)语法讲义,《朱德熙文集》(第一卷),商务印书馆。

# 第三章　数词和量词

## 第一节　数　词

### 一、数词分类

汉语的数词包括系数词、位数词和概数词。

**(一) 系数词**

零、一、二、三、四、五、六、七、八、九、十、两

**(二) 位数词**

个、十、百、千、万、亿

**(三) 概数词**

来、多、左右、好几

### 二、基数词和序数词

数词又分为基数词和序数词。基数词是表示数量多少的数词;序数词是表示次序先后的数词。

**(一) 基数词**

汉语的基数词分系数词和位数词。"十"以下的数目只要用系数词来表示就可以了。"十"以上的数目要用系数词和位数词一起来表示。如:

四十、三百、六千、九万、七亿

**(二) 序数词**

"第"加在系数词之前或者系位结构前,就构成了序数词。如:

第一、第二、第三……第二百八十五

**(三) 基数包括整数、分数、小数和倍数**

1. 整数的读法要点

(1) 基数为 10—19 的可以直接读作"十、十一……十九";基数为"一"和"百、千、万、亿"组成的结构时,前面的"一"要读出来。如果后面的"十"的系数也是"一"的话,通常也要将"一"读出来,如:

118　读作　一百一十八　　　1114　读作　一千一百一十四

(2) 数目在"万"以上时,以"万"为单位,"万"位照读,"万"以上的位数跟"万"以下的位数一样,仍读作"十"、"百"、"千"。如:

12567000　读作　一千二百五十六万七千

"亿"以上的数目,称数法和"万"相同。

(3) 零在末尾时不读出。如：

110　读作　一百一十(一般不读成"一百十")　　3650　读作　三千六百五十

百位以上,中间的零要读出,但连续几个零,只读一个。如：

207　读作　二百零七　　　　100080　读作　十万零八十

3007　读作　三千零七(一般不读作三千零零七,除非特别强调,如 2005 年,读作二零零五年。)

2. 分数的读法是:分母基数＋分之＋分子基数

五分之二　　十分之一

3. 小数的读法是:整数基数＋点＋小数后系数

514.9　读作　五百一十四点九

4. 倍数的读法是:数词＋倍

倍数一般用于某数比所比之数大的时候。注意以下两种说法的不同：

A 是 B 的 C 倍,即 A＝B×C 如：二十四是八的三倍

A 比 B 增加了 C 倍,即(A－B)÷B＝ C 如：二十四比八增加了两倍

## 三、概数词

汉语概数表示法有以下几种：

(一) 两个相邻数字连用:两三个　　五六天　　七八本

(二) 数词后加上表示概数的词语。主要有"多、来、好几"。

1. "多"的用法

(1) "多"在表示时间、重量或长度的概数时,有两个位置：

当它前面的数词只是个位的整数时,"多"一般要放在量词或"天"、"年"、"点"、"岁"之后。如：

量　　词：一个多小时　　五个多月

度量词：三公斤多　　一公里多　　八米多

其　　他：四岁多　　两天多　　六年多　　七点多

当"多"前为"十、百、千、万、亿"等整数时,"多"要放在这些数字之后,然后再跟量词、时间单位词或者重量单位词。如：

三十多个小时　　二百多天　　六十多岁　　一百六十多克　　七千多公里

十万多(是比十万多,不到十一万,往往还不到十万五千)

十多万(可能是十二三万)

当数字为十以上的位数加上个位数时,不能用"多"。下面是学生的偏误：

＊我今年25岁多。

＊妈妈买了十二多公斤米。

(2) 如"多"表示的是非时间、重量或长度的概数时,"多"一般放在"十、百、千、万、亿"等整数之后(不能放在量词之后),而且大多要带量词后才能修饰名词。如：

十多辆车　　五百多(个)人　　七十多间屋子

2. "来"的用法

(1) "来"在表示概数时,表示与"来"前数目相接近,即略微多或者略微少于该数目。

"来"表示概数时,一般接"十、百、千、万"等位数词(数字超过十万,一般不在"万"、"亿"

后用"来")。"数字＋来"常带量词一起修饰名词。名词如前面出现过,可省略。

二百来公里 四千来米 五十来公斤 十来年 二十天来

十来个(人) 三十来个(国家) 一百四十来头(牛) 七万来只(鸡)

注意:"来"放在"天"、"年"之后,不表示概数,而表示"以来",如:两天来、一年来。

(2)"小时"、"月"和"来"表示概数,要带"个"("年、月"则不可)。有两种表示法:

数字为十以下整数:三个来小时 六个来月 ＊四个来年 ＊七个来天

数字为"十"等位数:十来个小时 ＊十来个年

(3)"来"在表示重量、长度的概数时,当前面的数词是个位整数,一般在带了重量、长度单位的词语后,还必须带所说明的名词。"多"则可有两种不同说法。如:

五斤来肉 ＊五斤来

一米来布 ＊一米来

五斤多肉

肉有五斤多。 ＊肉有五斤来。

"里"可带"来","公里"一般不带。少数常用来临时度量的事物名词可带"来"。如:

一里来路 ＊一公里来路

一扁担来长 一胳膊来深

3.  "把"的用法

"把"在表示概数时,意义与"来"相近。但"把"只能用在"百、千、万"这样的位数词和少数量词之后,而且位数词或量词前不能用系数词,所表示的即是"一"。如:

百把棵树＝一百来棵树 千把条船＝一千来条船

"把"与"来"的区别是,"把"可放在"个"之后再修饰名词,前面不用带"一",表示概数的同时带有"数量少"之义。如:

个把人(即:一两个人。不说"个来人")

个把星期(即:一个来星期)

个把小时(即:一个来小时)

用"来",前面要带"一",而且只表示概数,没有"数量少"之义。

4.  左右

"左右"在表示概数时,与"来"意义相近,即略微多或者略微少于"左右"前的数目。一般放在数量词之后。如:

两天左右 四公斤左右 九千人左右

"左右"可用于各种数量词(包括可借作量词的名词)之后,但是不能用在"数量词＋名词"之后。也不能像"来"那样,后面常接名词。

5.  上下

"上下"在表示概数时,与"左右"意义相近。但是多用于估计成年人的年龄。如:

三十岁上下 六十五上下

下面虽也是"数字＋上下",但表示的不是静态的概数,而是数量在某个时段内或在某一数量范围内上下的浮动。如:

他经常锻炼,所以他的体重常在七十公斤上下。

几年来,这里水稻的平均亩产都在一千斤上下。

**6. 前后**

"前后"表示的概数是一个确定的时点的前后,它前面的时间名词一般是十分明确或者特定的时点。如:

　　　国庆节前后　　五一前后　　二十号前后

"前后"不能用于表示时段的时间词后;"左右"可以。如:

　　　＊三个星期前后　　　三个星期左右

　　　＊六个月前后　　　　六个月左右

## 四、比较"二"和"两"

汉语数词中"二"和"两"有区别:

(1) 在数数或表示序数时,都用"二"。基数的个位数、分数和小数,也都用"二"。

(2) 当数词后带了量词时,要用"两"。如:

　　　两把椅子　　两斤苹果　　两件事

(3) 在度量词前可以用"二",也可以用"两"。如"二尺/两尺、二里/两里"(普通话如此,北京话只说二尺、二里)。当度量词是"两"时,只能用"二"。如"二两饭"。

(4) "二"和"两"都可以充当系数。在"百、千、万、亿"前边用哪个都可以;在"十"前边必须用"二"。

(5) 在"倍"前,用"二"和"两"都可以;在"半"前用"两",如"分成两半"。

# 第二节　量　词

汉语的量词分名量词和动量词两类。

## 一、名量词

名量词可以分为以下几种:

**(一) 专用量词**

**1. 个体量词**

汉语表示个体事物的名词前,一般都要使用一个与之相匹配的量词。汉语的量词很丰富,也很复杂,不同的名词往往要用不同的量词,而且有很多场合是必须用的。下面是初级阶段常用的个体量词:

　　　个、本、件、条、张、间、块、片、篇

**2. 集合量词**

用于称说由两个以上的个体组成的事物的量词叫集合量词。如:

　　　一双 袜子/鞋/手套

　　　一副 对联/手套

　　　一套 西装/家具/茶具

　　　一群 人/学生/蜜蜂

　　　一帮 人/学生/流氓

　　　一伙 人/土匪/强盗

　　　一批 客人/学生/产品/货物

3. 度量词

即用于度量衡的计算单位。如：

重量：钱、(市)两、(市)斤,克、公斤、吨

长度：(市)分、(市)寸、(市)尺、丈、(华)里,厘米(公分)、米(公尺)、公里、海里(旧作"浬")

面积：分、亩、顷、平方寸、平方尺、平方米,公顷

体积：立方寸、立方尺、立方米、立升、加仑、品脱

容量：合(gě)、升、斗、石(dàn)、公升

4. 不定量词

表示不定数量的量词有"些"和"点儿"。这两个不定量词前只能用数词"一"。

(1)"(一)些"的用法

"(一)些"可以修饰名词,表示不定量。如：

他在图书馆借了一些资料。

把那些旧报纸卖了吧。

我们给他提了一些建议。

这样的"些"前如果加上"好",就表示数量多。如：

妈妈给我买了好些吃的东西。

他过生日的时候,收到了好些礼物。

"(一)些"可以放在形容词和部分表示心理活动或认知类的动词后,表示程度有所增高或降低。多用于以下几种句型：

① 用于祈使句。如：

把空调开大些。

你要再细心些。

放松些,不要紧张。

房间要打扫得干净些。

或者用在"形容词＋动作动词"的偏正结构后。如：

外边很冷,要多穿些衣服。

② 用于陈述性的比较句。如：

这儿的夏天比北京凉快些。

他写的比说的要好些。

那个孩子比以前懂事些了。

有些句中虽然没有"比"字,但是同样含有比较的意义。如：

奶奶的身体好些了。（跟以前相比）

他的发音好些了。（同上）

③ 用于作主语或宾语的主谓短语或动宾短语中。如：

少写些也没关系。

希望你多干些。

(2)"(一)点"的用法

"(一)点"可以修饰名词或指代名词的指示代词,表示不定量。如：

我买了点水果。

你想吃点什么？——随便吃点什么吧。

"(一)点儿"可以放在形容词、部分动作动词、表示心理活动或认知类的动词后，表示程度略有增高或降低，带有比较义。多用于祈使句或表示意愿的句子：

把声音调小点儿。

走路当心点儿。

严肃点儿，别笑了。

行李要捆得紧一点儿。

希望大家抓紧点儿。

或者用在"形容词＋动作动词"的偏正结构后。如：

路上要好几天呢，要多准备点儿吃的。

"(一)点儿"还常用于陈述性的比较句：

哥哥比弟弟高一点儿。

你的能力比他强一点儿。

下面句中虽然没有"比"字，但是同样含有比较的意义。如：

天气暖和点儿了。（跟以前相比）

他好像聪明点儿了。（跟以前相比）

当形容词所表状态稍微超出了预想或要求时，形容词带"了"后再带"一点儿"。如：

这个菜咸了一点儿。

那条裤子长了一点儿。

(3)"(一)些"和"(一)点"的辨析

① 口语中，"(一)点"用得更多一些。

② 在表示不定量方面，"(一)些"比"(一)点"的量要大一些。

③ 两词都可以受指示代词"这么"、"那么"修饰，"这么点儿"、"那么点儿"强调数量少。"这么些"、"那么些"强调数量多。

④ "好些"也表示数量多，"点"不能跟"好"组成表示数量的短语结构。

附："有(一)点儿"的用法

"有点儿"是副词，因为形似，学生常常容易混淆，这里略作说明。

当在带有比较意义的句中要表示程度略有增高或降低时，一般在形容词或状态动词后用"(一)点儿"。当句子不表示比较，而是表示主观评价、估计或人的某种感觉时，则用"有点儿"修饰形容词或状态动词。如：

这件衣服有点儿大。

屋子里好像有点儿热。

今天讲得有点儿多了。

他好像有点儿醉了。

我有点儿饿了。

注意："有点儿"后面不能带表示积极意义的形容词或状态动词，如"高兴、认真"等（详见本丛书朱丽云主编《实用对外汉语难点词语教学词典》中"一点儿"与"有点儿"的辨析）。

5. 准量词

准量词是指一些可以直接和数词一起用，语法功能跟量词基本相同的名词。主要有：

a. 天、年、秒、分钟、国

b. 星期、月、小时、县、市、省

上面 a 组准量词和数词之间不能再插入其他量词,而 b 组准量词和数词之间可以插入"个"。如可以说"一个星期、五个小时、四个县、三个省"等,但是不能说"一个年、两个国",只能说"一年、两国"。准量词和数词构成的短语,也可以作定语。

**(二) 借用量词**

指那些可以借用作量词的名词(多为表示容器的)。如:

a. 杯、碗、盒、壶、盆、车、桌、箱

b. 身、桌子、屋子、肚子、手、头、口

上面 a 组借用量词的使用频率比 b 组要高,它们具备与专用个体量词相似的性质与功能。如:

你要几箱苹果? ——两箱。

今天进了几车货? ——三车。

你们要订几桌(菜)? ——五桌。

这类借用量词可以重叠,也可以受"每"、"这"、"那"的修饰。既可以与不同数词(整数)结合构成数量短语作定语,也可以单用。

b 组借用量词的使用比较受限制,它们不具备专用个体量词的性质与功能,一般用于描写量词所修饰的名词的状态——量很多,多到"满是"的状态。如:

我帮他修车,弄了一手的油。

汽车开过,溅了他一身泥。

奶奶现在虽已是一头白发,但是身体却硬朗得很。

开学报名的时候,挤了一屋子的人。

在这类句子中,数词只能用"一","一桌子"、"一身"等数量短语不能脱离后面的名词独立使用。"一手"、"一身"、"一头"和"一屋子"中的"一",都可以换成"满"。

## 二、动量词

**(一) 专用动量词**

专门用于表示动量的量词主要有"次、下、回、遍、顿、场、趟、阵、番"等。

1. 次

表示某个完整动作的次数,是最常用的动量词。多用于动词之后充当动量补语,也可以在序数词之后,或者用于分述句的句首。如:

这个学校我们访问过三次。

她看过两次中国电影。一次是在读小学的时候,一次就是上个星期四看的。

他是第一次到国外留学。

他们找了好几次了。

2. 下

(1) 可以专门用于敲击性动作动词后,表示具体的次数。如:

过年时,寺庙要敲 108 下钟。

海关大楼的钟"当、当、当"地敲了十二下。

敲了两下门,没有人来开门。

(2) 最常见是表示动作的次数,一般用于短时间或者量小的动作。如:

　　　　他摸了一下孩子的头。

　　　　你等一下,我一会儿就来。

　　　　他试了一下开关,很好用。

　　动词后使用"一下",可以使句子的语气委婉、有礼貌,因此,有时是出于语用的目的使用"一下",特别是在祈使句中。下面句中的"一下"都不表示具体的动作的次数。

　　　　你能给我解释一下原因吗?

　　　　请她有空来一下我的办公室。

　　3.回

　　(1)表示动作的次数。多用于口语。如:

　　　　他爬过两回黄山。

　　　　我到医院看了他两回。

　　(2)件。用于事情。前面的数词只限于"一、两"。一般用于虚指、特指或指别(区别不同的事情)。如:

　　　　别把它不当一回事。(虚指)

　　　　他跟你说的是两回事,不是一回事。(指别)

　　　　我真不明白这是怎么回事。(特指)

　　　　闹了半天,原来是这么回事。(同上)

　　注意:"回"在比较正式的动词后使用的次数比较少。在表示将来的动作的次数时,一般用"次"不用"回"。如:

　　　　这个问题准备讨论三次。(不用"回")

　　　　我想找他谈一次。(不用"回")

　　4.顿

　　表示动作的次数,用于"吃饭"类动词后只表示具体的次数。数词可以不限于"一"。如:

　　　　他请我吃过两顿饭。

　　　　咱们到哪儿去撮一顿?("撮"在此是"吃"的意思)

　　用在"打骂、训斥"等动词后,表示动作的量较大、较重。数词一般只用"一"。如:

　　　　我被老师批评了一顿。

　　　　非得好好教训他一顿不可。

　　5.场

　　(1)读阳平。事情经过一次为一场。如:

　　A.用于风雨、病、灾害、农事活动等。

　　　　已经下了两场雨(雪、雹子)了。

　　　　下午刮了一场大风,把树都刮倒了。

　　　　听说他最近得了一场大病。

　　B.只适用于某些动作行为,后面不能接名词。如:

　　　　比赛输了以后,她气得大哭了一场。

　　　　我们决心大干一场,把产量翻一番。

　　　　等了半天,那个歌星也没来,让我们空欢喜一场。

　　注意:"场"主要用于一段时间内完整的动作或活动,除了农事活动外,其他动作相对程度是比较重的。因此,"得过一场病"、"闹过一场"比"得过一次病"、"闹过一次"的程度要重。

（2）读上声。表演艺术、演说、体育运动等完整地进行一次为一场,这类活动都是在限定的时段内进行的动作或活动。如:

下午我跟朋友去看了一场电影。

甲班和乙班进行了两场比赛。

那位作家作过三场报告。

6.趟

表示动作的次数,去了某处再回到原出发点,这样一个来回叫一趟。如:

我想去一趟西安。

她去了两趟法国了。

7.遍

表示一个或者一套动作从开始到结束的全过程的动量词。如:

我学习太极拳的时候,每天都要练习两三遍。

请再说一遍,我没听懂。

生词记不住,就要多读几遍。

8.番

一般用于表示动作的态度比较认真,动作要花较长时间和精力。动词一般是双音节动词或是带有惯用意义的动词短语(如"动脑筋、下工夫"),以书面语词居多。"番"前面的数词只能用"一"。如:

为了搞好这个设计,他很是下了一番工夫。

这个问题很复杂,必须认真研究一番。

**(二)借用动量词**

有些表示动作凭借的工具、人体器官及四肢等名词,可以借用为动量词。如:

她狠狠地瞪了我一眼。

强盗向警察开了两枪。

我踢了他一脚。

类似的借用量词还有"刀、斧子、巴掌、口、拳"等。

# 第三节　数量短语的语法功能

## 一、数词和量词的单独使用

数词很少单独使用。数词单独作主语和宾语时,一般是把数字作为陈述对象,如"二乘二等于四","十是五的两倍"。在表示年龄、日期的句子中,数词可以作谓语,如"爸爸五十五了","明天十一了(即国庆节)",但不能说"明天九一了","明天二了"。这说明可作谓语的、表示日期的数词应是表示特殊日期或日期为"初～"的双音节词语,如"明天初二了"。在表示数量分配的句子中,上述双音节数词也可以单独作谓语,如"一百块钱五个人分,每人二十"。

除了在"我喝了杯茶"这样省略数词"一"的情况下,量词一般不单独使用。量词一般要和数词一起构成数量短语后作句子的成分。

## 二、量词使用的强制性与位置的固定性

无论在静态句还是在动态句中,汉语的名量词、动量词及其量词短语同名词、动词的组合都具有一定的强制性,在有些学生的母语中不必用量词的,在汉语中则必须用(金珍我,2002),而且这些必须用的名量词和动量词在句中的位置一般也是固定的。

## 三、"数词+名量词"短语的功用

1. 作定语修饰名词

> 妈妈买了一件漂亮的毛衣。
>
> 这个贵重的礼物送给谁?

如果名词前还有说明名词性质、特点的定语的话,一般数量短语得放在这类定语的前边,离作中心语的名词稍微远一点,如上面的两个例句中的"一件"和"个"都不能放在"漂亮的"和"贵重的"后面。

如果定语是主谓短语或者动词短语的话,数量短语一般放在这类定语的后面。如:

> 你昨天写好的那篇关于中国经济的文章能给我看看吗?
>
> 打碎的那两块玻璃装好了吗?

2. 作主语或宾语

数量短语很少作主语或宾语,一般是数量短语所修饰的名词在前文已经出现,后面的句子往往就前面的名词进行分述,或者部分陈述。如:

> 你去找他,结果有两个,一个他接受你的要求,另一个是拒绝。
>
> 哥哥有三个好朋友,一个在北京,一个在天津,还有一个在上海。
>
> 我原来有四本辞典,一本丢了,还剩三本。
>
> 听说你借了好几本好看的杂志,借我一本吧。

3. 作谓语

> 我二十三岁了。
>
> 明天二十五。
>
> 面包不多,每人一个。

4. 序数词构成的数量短语常作状语

> 这是他第一次到国外旅行。
>
> 到我们第二次见面,大家就很熟了。

5. "数词+准量词(表示时间)"常作时量补语

> 他看了一个小时电视。
>
> 我学了两年汉语。

## 四、"数词+动量词"短语的功用

1. 作动量补语

> 我去过两次上海。
>
> 他把学校的情况简单地介绍了一下。

2. 作状语

> 他一脚把球踢得老远。

　　　　这个运动员两次犯规了。

　　3. 作定语

　　　　这次旅行真没意思。

　　　　哪回比赛我们输过？

　　　　那场报告听的人可多呢！

　　　　这趟差出得我好苦啊！

　　注意：动量词作定语所修饰的中心语往往是动词、动名词或者是动词短语。"番"也有名量词的用法，因此可以修饰名词。如：

　　　　谢谢你的一番好意。

　　　　要想学好一门语言，非下一番苦功夫不可。

## 五、数量词重叠的功用

　　1. 数词的重叠

　　数词"一"可以重叠，表示"逐一"之义，常作状语。如：

　　　　他一一问候了受伤的战士。

　　　　市长和得奖的运动员们一一握手。

　　2. 量词的重叠

　　（1）重叠的名量词作主语或复指主语

　　根据所表示的语义和功用的不同，名量词重叠大致可以分为三类：

　　A. 表示由逐个的事物或者人的个体组成的全体。多用于对整体状态进行描述的陈述句。一般充当主语或复指主语，前面要有表示量词所指事物或人"整体"意义的词语或句子。如：

　　　　学生们人人都睁大了眼睛看着我。

　　　　运动员们来到了比赛现场，个个摩拳擦掌，准备大干一场。

　　　　我这儿的鱼，条条新鲜。

　　　　他挑的演员，个个漂亮。

　　B. 重叠的名量词作定语。一般用于对动态的描写，在不同的句子中还附带有随动作"逐一"出现的事物"众多、复杂、多彩"的含义。如：

　　　　湖面上不时有汽艇开过，蓝色的水面上绽开着朵朵浪花。（浪花的样子是多彩的）

　　　　他睡不着，外面种种声音都钻进耳朵里。（种种声音是不同的、多样的）

　　C. "天"、"月"、"年"等准量词的重叠作状语，多用于表示在重复的时间单位里动作行为或动作结果相同。如：

　　　　她工作认真，年年被评为先进。

　　　　这个车间月月都超额完成生产任务。

　　　　他天天锻炼，所以身体很好。

　　（2）动量词的重叠

　　动量词重叠作主语，表示"动量的重复"，常用于陈述某个动作或情况在多次重复的动量中状态总是不变的，"毫无例外"。如：

　　　　食堂顿顿都是这么几个菜，我都吃腻了。

　　　　他考试回回都在 90 分以上。

（3）数量短语的重叠

数量短语重叠一般前面的数量词是"一"。

1）数词＋重叠的名量词

表示"逐个（展示、观察）"或者"依次（推进）"，使句子带有一定的描写性。

A. 重叠的数量短语作定语。与这类数量短语所修饰的名词相关的谓语，是表示动作完成后的静止状态的。使用重叠的数量短语加强了句子的描写性。如：

> 展览厅里陈列着一幅幅世界名画。
>
> 桌子上摆放着一个个精致的工艺品。
>
> 这是一片新住宅区，一幢幢崭新漂亮的小楼很整齐地排列着。
>
> 他看着医院里躺着的一个个伤员，心情很沉重。

上面的例句隐含着例中的事物或人经过了"逐一观察"。

B. 谓语是动态的。数量短语的重叠表示动态的推进——（量词所指的）事物或人随着动作依次成为受事或施事。

① 作定语：

> 看到这张照片，使我回想起（一）件件往事。
>
> 他抓起一条条活鱼，扔进筐里。
>
> 他十分用功，大学毕业才几年，便发表了一篇篇论文。

② 作主语或复指主语，前面要有交代量词所指事物或人的词语或句子。如：

> 他给我们三人提了个很难的问题，一个个问过来。
>
> 会议开始后，代表们一个个抢着发言。

③ 作状语：

> 她把点心一个个放在盒子里。
>
> 李老师把学生一个个叫进去谈话。

数量短语的重叠，有少数前面的"一"可以省略（见上面带括号的例句）。但多数情况下是不能省略的（见上不带括号的例句）。这类重叠形式要求所修饰的名词的量要比较大，附带"很多"之义，但这不是这类形式的语义重点。突出"逐一展示、观察"、"（动作的）依次推进"的描写性，才是这类形式的重点。

如果将上面的重叠形式改用"很多"来表示，就失去了这种描写性。试比较：

> 这是一片新住宅区，一幢幢崭新漂亮的小楼很整齐地排列着。
>
> ？这是一片新住宅区，很多崭新漂亮的小楼很整齐地排列着。（此句缺少上一句"逐一观察——环视周围，都是……"的含义）
>
> 他看着医院里躺着的一个个伤员，心情很沉重。
>
> 他看着医院里躺着的很多伤员，心情很沉重。（此句缺少上一句"（他）逐一观察"的含义）
>
> 李老师把学生一个个叫进去谈话。
>
> 李老师把很多学生叫进去谈话。（此句意思不同于上一句，不仅缺少了对"依次进行"动作方式的描写，而且可以表示"叫进去谈话"是一次性的，不一定是"依次"）

当不强调上述"逐一、依次"意思，也不进行动态描写时（详见上 2（1）B），仅仅表示动作涉及的名词的"量多"时，就不能用这类重叠形式。下面是学生的偏误：

> ＊我喜欢漫画，我家里有一本本漫画。（应改为：有很多漫画书。）

2）数词＋重叠的动量词

表示动作的多次重复。常作定语或状语。

　　一次次的努力，换来了最后的成功。

　　他一趟趟地跑来找我，要我给他介绍工作。

（4）量词重叠和代词"每"的区别

　　量词重叠和代词"每＋名量词/动量词"都可以表示"无一例外"的周遍意义，所以在有些句子中是可以互换的。比较常见的是表示时间的准量词、动量词的重叠或者重叠的量词作主语的修饰语时，可以替换为"每＋准量词/动量词"。如：

　　他天天锻炼，所以身体很好。

　　他每天锻炼，所以身体很好。

　　这个孩子考试次次都很紧张。

　　这个孩子考试每次都很紧张。

　　家里的样样事情都要我操心。

　　家里的每样事情都要我操心。

　　这里家家都有汽车。

　　这里每家都有汽车。

但是，二者在语义和语法方面还是有一些区别的：

A．"每＋量词"的着眼点与量词重叠不同。

　　量词重叠主要通过多个"逐个"、"逐次"的累积来描写整体的状态，因此当它充当主语时，不能脱离表示整体意义的大语境，这类量词重叠主要用于状态的描写（详见上 2（1）A 例）。

　　"每＋量词"主要通过单个的个体、单个的次数来概括反映整体的情况，因此它在描写状态时，可以单独出现，不必依赖表示整体意义的大语境。量词重叠则不行。如：

　　每个女孩子都打扮得非常漂亮。

　　？个个女孩子都打扮得非常漂亮。

　　每个男人都红光满面，神采奕奕。

　　？个个男人都红光满面，神采奕奕。

如在量词重叠前面加上表示整体的词语或句子就可以，如：

　　台上站着很多女孩，个个都打扮得非常漂亮。

　　男人们个个都红光满面，神采奕奕。

B．正是由于 A 点的区别，"每＋量词"可以也经常用于分指每一个个体，量词的重叠则不能。因此，"每＋量词"可以用于陈述规律、说明道理、发出命令，还可以表示事物的分配及商品的价格等。这些都是作主语的量词重叠所不能的。如：

　　人是不应该知道太多的，每一个秘密都是一份负担。（陈述规律）

　　每一个个体，都会把自己的精华，储存到蛋里。（陈述规律）

　　每个公民都应该为国家尽义务。（说明道理）

　　今天每个人都得唱一首歌。（祈使句，发出命令）

　　十个橘子五个人分，每人两个。（事物分配）

　　苹果每公斤 10 元。（商品的价格）

有人说"每＋量词"作主语可以表示已然的动作，量词重叠则不能（杨凯荣，2003）。其

实,只要有表示整体的大语境,量词重叠也可以表示已然的动作。如:

参加救火的每一个消防队员都受了伤。

参加救火的消防队员一共有 10 人,个个都受了伤。

派到贫困地区每一个干部都圆满完成了任务。

派到贫困地区的干部,个个都圆满完成了任务。

　　C. 量词重叠作宾语的定语时,常用于对动态的描写,它所附带表示的随动作"逐一"出现的事物的"复杂、多样"的意义,是"每＋量词"所不能表示的。如:

湖面上不时有汽艇开过,蓝色的水面上绽开着朵朵浪花。

＊湖面上不时有汽艇开过,蓝色的水面上绽开着每一朵浪花。

他睡不着,外面种种声音都钻进耳朵里。(并不表示"周遍"义,仅表示多样)

? 他睡不着,外面每种声音都钻进耳朵里。(表示"周遍"义,但是不这么说)

　　D. 数量词重叠(包括那些可以省去"一"的重叠的数量短语)作宾语的定语或作状语时,一般不宜换为"每＋名量词/动量词"(或者替换后意义发生了变化),即"每＋量词"不能表示"逐一展示、观察"或"依次的动态推进",也不能表示动作的多次重复。如:

＊展览厅里陈列着每一幅世界名画。

展览厅里陈列着一幅幅世界名画。

＊会议开始后,代表们每一个抢着发言。

会议开始后,代表们一个个抢着发言。

或:会议开始后,每一个代表都抢着发言。

(此句说明所有代表无一例外地"抢着发言",没有"依次"意义)

＊她把点心每一个放在盒子里。

她把点心一个个放在盒子里。

或:她把每一个点心都放在盒子里。

(此句说明所有点心无一例外地"放在了盒子里",没有"依次"意义)

＊他每一趟地跑来找我,要我帮他介绍工作。

他一趟趟地跑来找我,要我帮他介绍工作。

　　E. 只有数量短语重叠可以表示"逐一"或"一次",可以作状语。而表示分配的数量短语不能作状语。下面是学生的偏误:

＊一般会席菜漂亮地被摆放在没有脚的,但有黑色或红色的盘里,一人一份地送出来。

改:一般会席菜都漂亮地摆放在没有脚的,黑色或红色的盘子里,一盘盘地端出来。

一人一份/每人一份。

　　3. "形容词＋量词"的重叠形式

　　形容词"大",经常和名量词结合后重叠,用于状态的描写。也同样带有"逐一"展示、动作"依次"推进的意义。如:

瓜地里开着大朵大朵的金黄色的花。

听了他的话,我的眼泪大股大股地流了出来。

　　4. 量词式结构

　　所谓量词式结构,是指那些表面上采用的是量词短语的形式,但是实际上其中的量词并不具备个体专用量词的性质,只是用这种量词式结构对情状加以描摹。如:

他虽然是外国人,却说得一口流利的普通话。

姐姐做得一手好菜。

几年的锻炼,他练得一身硬功夫。

上述句子中的量词式结构与一般量词短语有明显的不同:

(1) 量词式结构与其所修饰名词并不对应("话"的计量单位是"句"而不是"口","菜"的计量单位是"个"而不是"手")。

(2) 量词式结构都不能重叠。

(3) 量词式结构前面的数词只能是"一",不能用其他数词。

(4) 量词式结构不能像一般量词可以受"每"、"这"、"那"的修饰。

因此量词式结构实际上是一种形式量词,它的功用主要不用于计量而是描写。上面所举的例子是描写性的,所以往往可以有其他表达方式表达与之相类似的意义。如:

他虽然是外国人,普通话却说得跟中国人一样流利。

姐姐菜做得特别好。

他经过几年的锻炼,练成了打遍天下无敌手的硬功夫。

比较一下,上述表达方式不如使用量词式结构的句子简洁、生动、明快。

# 第四节 学生在数量词方面常见的偏误

## 一、数词方面的偏误

1. 该用或者该读"两"的,误用"二"或误读"二"。

2. 用"多"表示概数时,位置有误或者在十以上数字的个位数后误加"多"。如:

＊我来北京已经一个多年了。

＊他今年二十一岁多了。

分析:"多"在表示一些相同事物的概数时,有两个位置,"多"前是个位数时,在量词后使用"多",但当数字在十以上,个位数后的量词一般就不能用"多"了。

## 二、名量词方面的偏误

1. 缺漏

＊一个国家的文化是脱离不了那国的教育的。

改:一个国家的文化是脱离不了那个国家的教育的。

＊上面介绍了很多,这都是和韩国婚礼有差异。

改:上面介绍了很多,这些都是中国和韩国在婚礼方面不同的地方。

分析:汉语大多数名词不能直接受指示代词修饰,一般在指示代词和名词之间要带量词(即汉语量词使用的强制性),特别是用于复指前面出现过的名词的时候。当前面出现的名词是单数的时候,用个体量词;如果是复数名词时,要用"些"。

2. 误加

＊我们又不得不把帐篷拆掉往西边逃,重新开始一个新的生活。

改:我们又不得不把帐篷拆掉往西边逃,重新开始新的生活。

分析:汉语不是所有名词前都要加量词,像"生活"这样不可数名词前就不要加量词。

3. 误用

(1) 名量词和名词的搭配有误

＊两年前他刚来中国时一位人也不认识。

改：两年前他刚来中国时一个人也不认识。

分析："位"一般用于表示尊敬的人的名词前,不能修饰"人"和带贬义的名词。

＊她穿着一条西装。

改：她穿着一套西装。

＊在这所书店你买过书吗?

改：在这个书店你买过书吗?

＊这场电影她演得很好。

改：这个电影她演得很好。

分析：量词"场"用于观众观看的、有时间限定的电影。这句话是说"她"这个女演员在这个电影中的表演演得很好,因此不能用"场",只能用"个"。

（2）名量词修饰的名词中心语有误

＊对这首诗句,我有点感受。

改：对这首诗,我有点感受。

（3）该用序数词而误用方位词

＊到了下天,他回来了。

改：到了第二天,他回来了。

（4）量词重叠有误

＊个个人拥有所有权利,谁也不轻视谁。

改：这些权利是人人都应该拥有的,谁都不应该受到歧视。

分析：量词重叠作主语时,前面要有交代量词所指事物或人的词语或句子(详见本章第三节五 2(3)),而且主要用于描写,而不用于说理。

＊老师谢谢你对我说的一一句,我很放心。

改：老师,感谢你对我说的每一句话,听了你的话,我就放心了。

分析：这一偏误有两方面的问题:一是将量词重叠误作数词重叠;二是不应该用量词重叠。这句话是强调对整体的每一个个体的分指,只能用"每＋量词"(详见本章第三节五(4))。

（5）"(一)点儿"使用有误

＊今天的考试一点儿难。

改：今天的考试有点儿难。

＊我觉得苏州菜甜一点儿,不辣也不酸。

改：我觉得苏州菜甜了一点儿,但是不辣也不酸。

分析：当形容词表示的状态稍微超出了预想或要求,表示委婉的批评时,形容词后要带"了"。

＊我很高兴一点儿。

改₁：我很高兴。／改₂：我有点儿高兴。

分析："很"表示程度高,与"一点儿"意义上有矛盾。

＊希望快回家。

改：我希望快点儿回家。

＊他说一个月早点儿回国来没关系。

改₁:他说早点儿回国没关系。/改₂:他说早一个月回国没关系。

分析:表示提前的时段词不能放在"早＋一点儿"的前面。

　＊跟平常不一样,从容点儿。

改:今天他跟平常不一样,从容一点儿了。

分析:表示稍微有些变化,"一点儿"后要带"了"。

　＊请您在这儿等一点儿,我过去问问。

改:请您在这儿等一会儿,我过去问问。

4.错序

(1)"(数词)＋名量词"作定语时位置有误

　＊我们星期六买了特快两张票。

改:我们星期六买了两张特快票。

分析:被修饰的名词前有几个定语时,说明名词的性质或特点的定语离中心语最近,数量短语则要放在这类定语的前面,离中心语远一些。(另参见第三编第三章第二节)

(2)表示时间的数量短语作补语位置有误(另参见第三编第五章第六节四)

　＊他已经学习汉语三年,但是不会说汉语。

改:他已经学了三年汉语,但是还不会说汉语。

　＊我一整天睡觉了。

改:我睡了一整天觉。

(3)"些"的位置有误

　＊你房间里有什么些?

改:你房间里都有些什么?

　＊我买衣服的时候常常会看花眼,觉得需要一些讲究。

改:我买衣服的时候常常会看花眼,买的衣服质量都不太好,今后得讲究些。

分析:如果说今后要在"讲究"方面再进一步,"(一)些"就得放在"讲究"的后面。

5.杂糅

　＊他吃了一个饭他不喜欢的。(任长慧例,下简称任)

改:他吃了一顿他不喜欢吃的饭。

　＊很要紧会说一个外国话。(任)

改:会说一种外国话很要紧。

　＊那的事情是不是恋爱,他自己也不知道。(王硕例)

改:那种情况是不是恋爱,他自己也不知道。

## 三、动量词方面的偏误

1.误用

　＊为了买一双合适的鞋,把百货店团团转整整三次。

改:为了买一双合适的鞋,我在百货商店里整整转了三圈。

2.错序

(1)单句中动量词位置有误(另参见第三编第五章第六节四)

　＊我打了电话给我妈妈很多次。

改:我给我妈妈打了很多次电话。

＊近一个月，我三次丢了我的自行车。

改₁：最近一个月，我丢了三次自行车。

改₂：最近一个月，我的自行车丢了三次。

以上这类偏误是初学汉语的学生常出现的偏误。上面的偏误还涉及动作受事是通指还是定指的问题。当受事的名词是通指时（如改₁的"自行车"，表示一类事物），可以充当宾语，动量词则放在这类宾语前。当受事的名词是定指时（如改₂的"我的自行车"，表示确定的事物），它只能在句子前面充当话题主语而不能在动词后充当宾语。

（2）连动句中动量词位置有误

＊每个暑假，我家人就去一次海边游泳。

改：每个暑假，我和家人都去海边游一次泳。

连动句如果带动量词，应该放在第二个动词的后面。如果第二个动词是离合词，则放在拆开的词的中间。

# 第五节　教学建议

**（一）数词方面**

1. 初学汉语数词，应该加强系数词 1 到 10，然后是 1 到 20 的机械记忆。并且教会学生如何读比较大的数字，超过万以上的数字到了中、高级阶段出现的可能性比较大，到那时再复习万以上数字的读法。

2. 学了量词之后，应强调"二"和"两"的区别。因为很多学生的母语中没有这样的区别。为了便于学生记忆，一开始学习各种量词时，应有意识地多用"两"。当该用"两"而学生误用"二"时，应及时加以纠正。

3. 在学习"多"表示概数时，一开始就应该向学生讲清楚，"多"的不同位置和它前面数词的关系，如何根据数词的特点决定"多"的位置，什么样的数字后面不能用"多"等，并可结合学生的偏误，反复加以说明。

**（二）量词方面**

1. 由于汉语的量词比较多，和名词的搭配也是有比较严格的规则的。这对外国学生来说是比较难的。因此，在学习了一定的量词和名词之后，应该经常让学生做一些将名词和量词搭配使用的练习，通过多次重复达到巩固的目的。朱德熙（1999）曾指出："名词跟它相配的个体量词之间有时候在意义上有某种联系。"到初级阶段的后期，可以把共同使用同一量词的很多名词罗列出来，然后和学生一起分析讨论这些名词有什么特点，找出使用某个量词的理据。量词常与它修饰的名词所表示的事物的特点、装载的工具、持有时动作的特点等因素有关。比如，量词"张"常修饰的"纸、画、地图、床、桌子"，都具有"有四个直角的展开的平面"的特点。量词"把"修饰的"椅子、扇子、刀"与这些事物往往都是用手抓握的动作有关。通过这样的分析，可以加强学生在理解基础上的记忆。

2. 强调指示代词在修饰名词时，大多数情况下是要带量词的。

3. 有的名词可以受不同的量词特别是集合量词的修饰，在意义上往往是有区别的。这样的量词，往往是在学习的不同阶段出现的，教师可以在新量词出现时或者学生有疑问时，结合已经学过的量词，加以适当的辨析。如集合量词"群"、"帮"、"伙"、"批"都可以修饰表示人的名词（见第二节一、2 集合量词例）。"群"和"批"是中性的，"帮"、"伙"略带小集团义或贬义。"批"一般用于在时间上不同的、带有动态变化的集合体。

4. 有些动量词学习之后,需要进行一些辨析,如"次"与"遍"、"趟"的区别,"顿"与"番"的区别等。(详见第三编第五章第六节三)

5. 当动词后带了宾语,又要有动量词时,根据宾语是代词还是名词,动量词有两个不同的位置。对此,应该反复强调,加深学生的印象。

6. 到了中级阶段,学生会接触到一些比较抽象的、难以从形体等方面把握的量词,如常修饰"香味"、"劲儿"、"风"的"股"。这些名词除了可以受"股"修饰外,还可以受其他量词修饰。有时使用不同的量词是因为语境或者语义的不同。如:

大家再使把劲儿。(用于祈使句,要求动作者再稍微加点油)

不知从哪儿来的一股劲儿。(用于陈述句,表示实实在在的力量,要比"把"所修饰的"劲儿"的量要大,维持的时间要长)

他总跟大家别(biè)着一股劲儿。(用于陈述句,表示难以言状的一种感觉)

**参考文献**

金珍我(2002)汉语和韩语量词比较,《世界汉语教学》第 2 期。

任长慧(2001)《汉语教学中的偏误分析》,武汉大学出版社。

王　硕(1999)从日本学生的偏误谈汉语的指示代词,张起旺、王顺洪主编《汉外语言对比与偏误分析论文集》,北京大学出版社。

杨凯荣(2003)"量词重叠＋都＋VP"的句式语义及其动因,《世界汉语教学》第 4 期。

杨雪梅(2002)"个个"、"每个"和"一个个"的语法语义分析,《汉语学习》第 4 期。

朱德熙(1999)语法讲义,《朱德熙文集》(第一卷),商务印书馆。

# 第四章 动 词

## 第一节 动词的语法特征

一般说来,汉语的动词具有以下语法特征:

1. 动词在句子中主要作谓语。

2. 一部分动词可以作主语、定语或宾语。

3. 部分表示结果意义的动词可以作结果补语,部分表示趋向意义的动词可以作趋向补语,还有些动词可以与其他成分一起作情态补语。

4. 动词一般都可以用"不"来否定。除了部分动词外,很多动词还可以用"没"来否定。

5. 多数动词可以带宾语。

## 第二节 动词的分类及其各自的功能

根据动词不同的语法功能可以对动词进行不同的分类。

### 一、及物动词和不及物动词

这是根据动词与宾语的关系进行的分类。在汉语中,可以带名词、代词作宾语的动词,称之为及物动词;不能带普通名词、代词作宾语的动词,称之为不及物动词。

汉语的及物动词数量相当多。可以作及物动词宾语的最常见的是受事宾语(动作的接受者),如"吃(饭)、喝(酒)、买(东西)"等(括号内的词语均为宾语,下同)。有些是结果宾语(动作产生的结果),如"画(画)、写(字)、做(饭)"等。有些是对象宾语,如"服务(社会)、宣传(群众)"等,但是这类宾语很有限。还有的是使动宾语,如"丰富(生活)(使生活变得丰富)、去(皮)(使皮去掉)"等。

汉语动词中凡是不能带上述宾语的动词,称之为不及物动词。与及物动词相比,不及物动词数量较少。

及物动词和不及物动词还可以进一步进行内部分类。

**(一) 不及物动词的内部分类**

1. 不能带宾语的不及物动词

汉语中有些不及物动词后面不能带任何宾语。如下面的几组动词:

    A. 毕业、散步、旅行、出发、启程

    B. 谈话、聊天、见面、结婚、相同、相反、照相、着想、送行

    C. 休息、病

A组动词一般通过介词与地点名词发生关系。这类地点名词不能直接作 A 组动词的宾语,即不能说"毕业大学、散步公园",而要说"从大学毕业、在公园散步"。

B组动词一般通过介词与表示对象的名词发生关系。这类名词不能直接作B组动词的宾语，即不能说"＊见面朋友"、"＊结婚她"，而必须用介词"跟、和"或者"给、为"等引进作状语，即"跟老师谈话/聊天"、"跟他见面/结婚/离婚"、"给他照相、为你着想"等。

C组动词在一般情况下都不带名词宾语。除非是像下面这种特殊情况：

> 这次旅行病倒了好几个人。（"病"带了结果补语之后才能再带宾语）

2. 有条件能带某些宾语的不及物动词

有些不及物动词可以带非受事宾语，如：

> A. 来、去、走、跑、飞
>
> B. 坐、站、立、躺、睡

A组有的动词可以带处所宾语（表示运动的目标），如"来学校"、"去商场"、"走路"、"飞上海"。在存现句如"家里来了客人"、"天上飞来一只鸟"中，可以带施事宾语。在惯用的动宾结构中，如"跑了第一"（宾语表示动作结果）、"马走日字"、"象飞田字"、"走江湖"中，可以带特定的宾语。

B组有的动词只有在带上某些结果补语时，可以带使动宾语，如"立直了身子"、"睡疼了腰"。在惯用的动宾结构或特定的句式中（如选择疑问句及其回答），可以带特定的宾语（多为表示动作行为所凭借的工具），如"站梅花桩"、"睡硬板床"、"你睡床还是睡沙发?"、"你坐椅子还是坐沙发?"等。

**（二）及物动词的内部分类**

及物动词都可以带宾语，但是不同的动词可以带的宾语并不一样。按动词可带宾语的类型又分为以下几类：

1. 只能带体词宾语（名词、代词、数量词）的动词

这类动词是及物动词中量最大的。如：

> 吃、喝、玩、看、写、画、买、卖、打、擦、踢、放、挂、贴、洗、穿、脱、做、学、说、参观……

这类动词的特点是：

（1）如果所带的宾语可以受名量词或形容词修饰的话，在表示一次性动作完成时，这类动词后常带"了$_1$"，不过后面的宾语前一般要有上述修饰语。如：

> 我喝了一杯咖啡。
>
> 弟弟画了很多画。

或者后面带动量词充当的补语。如：

> 我今天洗了三回手。
>
> 他参观了一次故宫。

（2）这类动词后可以带"过"再带宾语，表示曾经有过某种经历。如：

> 他穿过这种鞋。
>
> 我卖过水果。

（3）这类动词中的不少动词在单句中不能只带"着"成句。如：

> ＊我们买着东西。
>
> ＊同学们在操场踢着球。（另详见下二(三)2丙）

（4）这类动词大多可受副词"正在"、"在"、"正"修饰，表示动作正在进行。如：

> 代表们正在参观。
>
> 我正写字呢。

她在洗衣服。

(5) 这类动词大多可以带结果补语,有不少也可以带趋向补语。如:

学完第三课再考试。

饭做好了。

他脱下了外衣,把它放在床上。

2. 常带谓词宾语(动词、形容词)的动词

  A. 作、进行、加以、给予、给以

  B. 开始、继续、结束

  C. 值得、敢于、勇于、乐于

  D. 装作、打算、企图

  E. 喜欢、讨厌

以下对 A—E 五类动词分别加以讨论。

**A 组(作、进行、加以、给予、给以)动词一般称之为形式动词**

甲、形式动词的特点

(1) 它一般只带双音节词的宾语(以动词居多,详见下),多用于书面语及比较正式的场合。

(2) 朱德熙先生(1999)将这类动词称为虚化动词。由于这些动词原来的词汇意义已经明显地弱化了,因此在某些句子里把它们去掉并不影响原句的意思。

我们正在进行辩论。＝我们正在辩论。

对环境问题必须加以重视。＝对环境问题必须重视。

需要指出的是,像上面这样可以替换的句子一般是结构比较简单的句子。在有些结构比较复杂的句子里,使用形式动词的句子是不宜换成没有形式动词的句子的(详见下丙部分)。

(3) 形式动词的动词宾语不能再带名词宾语。这类作宾语的动词所涉及的对象或者作话题主语,或者用介词引进,构成介词短语放在形式动词前作状语。如:

＊必须重新进行详细调查你说的这些情况。

你说的这些情况必须重新进行详细调查。(对象作话题主语)

＊认真进行讨论这些问题。

对这些问题进行认真讨论。(对象用介词"对"引进,作状语)

乙、形式动词之间的比较

为了比较详细地说明这类形式动词经常带的宾语的情况,特列表如下:

| 可搭配使用的词语 | 作 | 进行 | 加以 | 予以 | 给予 | 给以 |
|---|---|---|---|---|---|---|
| | | 斗争　交涉　汇报 | | | | |
| | | 实践　改革　改进　改变　改造　改良　完善<br>部署　整治　规范　借鉴　冻结　纪念　贯彻 | | | 服务 | |
| | | 研究　比较　统计　改进　调查 | | | | |
| | | 观察　实验　设计　交流　测试 | | | 校正 | |
| | | 分析　安排　解释　加工　说明　指导　解答　回答　答复　总结<br>指导　修改　介绍　宣传　报道　评论　登记　调整　研究　评价 | | | | |
| | 准备　记录<br>检讨　指示<br>交代　补充<br>回答　报告<br>讲话　讲座<br>决定　贡献<br>发言<br>(稍作)思索<br>(作)陪<br>(作出)处理<br>(作出)反应<br>回应 | 奖励　鼓励　表扬　表彰　嘉奖　支持　扶持　帮助　协助　援助　补助<br>补贴　补偿　赔偿　照顾　安慰　恢复　考虑　证实　合作　培训　改造<br>平反　保护　保证　保障　解决　明确　监督　清理　处分　处理　处罚<br>批评　教育　制裁　惩罚　没收　曝光　限制　抵制　制止　罚款　惩处<br>查处　打击　抨击　反击　还击　批驳　驳斥　纠正　限制　控制 | | | | |
| | | 惩戒　预防　改良 | | 惩戒 | | |
| | | 管制　讽刺　减免　创新　落实　调整　推荐　执行 | | | | |
| | | 服务　训练　学习<br>组织　比赛　选举<br>投票　访问　抢救<br>退换　审视　思考<br>斗争　查询　指挥 | | 开除　撤销<br>撤职　撤除 | | |
| | | | | 拒绝　关注　肯定　信任　重视　关心<br>关怀　理解　谅解　发表　尊重 | | |
| | | 抗议　剥削　破坏 | | 警告　重奖　优惠 | | |
| | 欺骗　诈骗　敲诈　勒索 | | | 否认 | 指点　退换 | |
| | 交涉　谈判　会谈　商谈<br>交谈……工作/活动 | | | 回应　采纳 | 同情 | 建议 |

从上表可以看出，形式动词可以带的宾语大多是谓词宾语——双音节的动词、名动词（见第四节动词与名词的兼类问题）和少数形容词（如"优惠"）。"进行、加以"等形式动词可以带的宾语有些是相同的，有些是不同的。不过仔细考察一下各自带宾语的情况，还是可以发现它们在语法、语义和语用上的一些差异的。

第一、几个形式动词在语法上的差异

（1）可以带的附加成分与适用范围不同

"作"在带与"进行"和"加以"相同的双音节宾语时，"作"后常带"一下"、"一些"等成分，用于祈使句，语气比较婉转，也可以用于陈述句。"进行"也可以带"一下"、"一些"等成分，但是一般用于陈述句而不用于祈使句。"加以"不能带"一下"、"一些"。如：

　　关于这个学校的历史，请给我们作一下简单的介绍。（祈使句）

　　关于这个学校的历史，他只进行了一下简单的介绍。（陈述句）

　　他这篇文章得作一些修改。（祈使句）

　　李老师经常对学生进行一些学习方法上的指导。（陈述句）

　　我们已经对设备作了一些改进。（陈述句）

"作"后可以带"出"这样的结果补语，"进行"和"加以"则不能。如：

　　你必须对这件事作出解释。（祈使语气比较强）

"进行"、"加以"常用于"要求某人按照规定做某个动作"的祈使句中，命令的语气比较强。如：

必须对所有报到的人都进行登记。

对这些资料要加以统一管理。

"予以"、"给予"可以用于各类祈使句中,但常带的双音节宾语与"作、进行、加以"有所不同,后面一般不带"一下"、"一些"等成分。如:

请予以解释。(祈使句)

＊请予以一下解释。

对违反法律规定的单位和个人必须依法予以处理。

"予以"有获得准许之义,"请予以批准、登记"是要求得到对方的准许而批准、登记。"予以"或"给予"还常用于要求对方能施惠于己的祈使句中。

这次文化交流,希望贵方能予以(给予)合作。(祈使句)

这类"要求准许"或"施惠于己"的祈使句一般都不用"作、进行"。

"加以"一般不用于上述几类祈使句,但可以用于上对下的指导、建设性的祈使句中。

各部门都应对本年度的工作加以(进行)认真总结。(一般不用"予以、给予")

(2) 能否带助词"着"、"了"和"过"

"作"和"进行"在表示动作完成,突出其结果性时,后面要带"了";表示曾经有过的动作(远时过去)时,后面要带"过"。有时,这两个动词也可以带"着",表示动作的持续。这类用法一般用于陈述句。如:

对此我已经作过解释(了),不想再重复了。

他运用生物学的理论对这种现象进行/作了解释。

两国在经济文化等领域进行了多方面的合作。

对事故的原因我们进行/作过多次调查。

考试正在紧张地进行着。

他们正在和罪犯进行着不懈的斗争。

"予以"、"给予"即使在表示已经完成的动作时,多数情况下不带"了",少数情况下可以带"了"(也可不带)。如:

政府已对犯错误的干部给予(了)严厉的处分。

他对上述事实都予以否认。

报上今天对抽查中不合格的产品予以曝光。

专家对这项研究成果予以/给予(了)高度评价。

"予以"、"给予"一般不带"着"和"过";"加以"则不带"着"、"了"和"过"。

(3) 能否用于表示正在进行的动作,能否带表示时间和地点的状语

"作"和"进行"带动词或动词短语宾语后,常用于正在进行的动作。有时还可以带时间和地点状语。如:

对出现的新的情况,我们正在进行分析。

去年,双方代表曾在这个楼里进行过长达一个星期的谈判。

他正在家里作出发前的准备。

现在,专家正在教室作专题讲座。

场上正在进行激烈的比赛。

"加以"、"予以"、"给予"和"给以"一般不和副词"正在"一起使用,也不带表示时间和地点的状语。这几个形式动词一般用于过去已经完成的动作或将来要做的动作,而且以后者

的用法更为多见。

（4）"进行"常带一些双向的、动作性较强的动词作宾语，如"谈判"、"会谈"、"交涉"、"商谈"等。这些动词都不能成为"作"、"予以"、"给予"、"给以"的宾语。

从上述"作"和"进行"的 4 个特点和它们所带的动词宾语来看，这两个形式动词更多地用于表示具体的动作，像"关注、关心、关怀、重视、理解、谅解"等动作性不强的动词是不能作"作"和"进行"的宾语的。[①] 这说明"作"和"进行"的动作性较"加以"、"予以"、"给予"和"给以"等要强些。当这两个动词能带与其他几个形式动词相同的宾语时，它们的特点也主要表现为动作性较强。

第二、从所带宾语的不同看各自的语义与语用重点

（1）"加以"常用于表示命令、指令的句中。由于这一原因，"加以"常带对某人或某事物能产生指导性、实质性影响的动词宾语。如：

政府对国办文化单位应加以扶持。

对医疗用品的生产经营要加以规范。

为防止传染病的传播，各地卫生部门要采取多项措施加以预防。

国家和国家之间的问题应该通过和平的手段加以解决。

妈妈听说孩子情绪出现异常，马上赶到学校想加以安抚。

从上面的例句可知，"加以"的施事（包括隐含的）多为掌握某种行政职权的部门或人，与受事多为上下级关系。有时施事与受事虽不是上下级关系，但"加以"的施事往往是从某种责

---

① 下面三个表是笔者在北京大学语言学研究中心语料库和《人民日报》网络版（1946—2002）正文中查到的"进行、加以、予以、给予、给以"与一些动词搭配的频率（黑体数字为在《人民日报》正文中出现的次数），供对形式动词进行内部辨析时参考。

表一

|  | 支持 | 扶持 | 照顾 | 表彰 | 奖励 | 嘉奖 | 帮助 | 处理 |
|---|---|---|---|---|---|---|---|---|
| 进行 | 1 | 4 | 2 | 25 | **255** | **14** | **646** | 69 |
| 加以 | 6 | 16 | 1 | 2 | **21** | **0** | 105 | 19 |
| 予以 | 62 | 28 | 4 | 27 | **321** | **34** | 193 | 23 |
| 给予 | 128 | 35 | 22 | 33 | **1032** | **25** | 619 | 3 |
| 给以 | 3 | 3 | 2 | 1 | **0** | **1** | 2 | 0 |

表二

|  | 制裁 | 打击 | 处罚 | 警告 | 处分 | 拒绝 | 规范 | 落实 | 执行 | 贯彻 |
|---|---|---|---|---|---|---|---|---|---|---|
| 进行 | 379 | 498 | 21 | 0 | 0 | **0** | 38 | 38 | 15 | 64 |
| 加以 | 71 | 98 | 2 | 0 | 0 | **384** | 29 | 186 | 110 | 335 |
| 予以 | 175 | 227 | 45 | 11 | 4 | **271** | 6 | 65 | 73 | 44 |
| 给予 | 48 | 64 | 32 | 38 | 21 | **6** | 0 | 5 | 0 | 0 |
| 给以 | 17 | 46 | 0 | 2 | 1 | **2** | 0 | 1 | 0 | 0 |

注：在北大语料库中"加以"与"处分"、"警告"的搭配频率为零，但它们实际上还是可以构成搭配关系的。

表三

|  | 关注 | 关心 | 重视 | 肯定 | 借鉴 |  |  |
|---|---|---|---|---|---|---|---|
| 进行 | 1 | **0** | **0** | 1 | 5 | 请/请求进行 1 | "请进行"为"邀请"义 0 |
| 加以 | **23** | **11** | **412** | **336** | 38 | 请/请求加以 0 | 请……加以 3 |
| 予以 | 116 | 45 | 392 | 249 | 3 | 请/请求予以 46 | 请/请求……予以 35 |
| 给予 | 95 | 113 | 131 | 314 | 0 | 请/请求给予 15 | 请/请求……给予 30 |
| 给以 | **10** | **26** | 24 | 47 | 0 | 请给以 3 | 请……给以 0 |

任出发而实行某一动作的。如：

她认识到自己已经长大了，对母亲和妹妹要加以照顾，不能再像过去那样依赖母亲了。

只要报纸杂志确认这种批评基本上是正确的，就应当负责加以发表。

"加以"本身带有"有意施加"或"有意实行"的主观性。它常带"落实、执行、贯彻"等动词宾语，往往表示要求下级对上级的命令、政策或指示等采取回应性行动。在这方面，"加以"的使用频率明显高于其他形式动词。① 如：

军令如山，各地要高度重视，突出重点，不折不扣地加以落实。

希望你们对这一指示坚决加以贯彻。

"加以"也可带其他一些动词，表示对受事进行施加性动作。如：

关于这个事件，好几家报纸都从不同的角度加以报道和评论。

对于大众文化的创作、生产、消费要用行政的和经济的手段加以规范。

由于上述原因，"加以"可以用于"把"（或"将"）字句而其他形式动词则不能。如：

他们不得不把这批来源和性质都不相同的资料加以整理。（朱德熙例，下简称朱例）

将中国文化放在全世界范围内加以比较研究。

在积极建设国际金融中心的过程中，首先应把上海的定位加以明确……

在制定全局经济社会政策时应把扩大再就业作为重要因素加以考虑。

（2）"予以"常用于法律条文及性质相近的规定类的正式文体中。因此，"予以"的施事大多是有执法权的政府机构、领导等。他们往往从执法、执行规定、行使权利或依照法律等角度实施某个动作。如：

我们已提请地方执法部门对他予以刑事拘留处分。

市长表示，他本人和市政府对此项工程将予以合作和支持。

如果您认为这篇小说还可以的话，请予以发表。

广告的经营者发布虚假广告的，消费者可以依法请求主管部门予以惩处。

（3）"加以"与"予以"可以带很多相同的宾语，两个形式动词的主要区别是，"予以"含有希望得到某个掌握权力的部门、机构或个人的允许实施某一动作。所以，"请予以"和"请求予以"之类的使用频率很高，"加以"使用的频率比较低。②

（4）"加以"、"予以"、"给予"、"给以"都可以带"施惠"类和"奖励"类的动词宾语。在带这类宾语时，"给予"的使用频率最高，"予以"次之，"加以"再次之，"给以"最低。③ 如：

省检查组对该市的卫生工作给予了充分的肯定。

对学习认真、成绩优秀者学校将给以奖励。

本服务中心给您生活带来方便，也请您给予我们支持。

（5）"给予"、"给以"与"予以"、"加以"主要不同是，"给予"和"给以"较多用法是根据受事的需要或要求给予各种各样的好处。因此，像"借鉴"这样带有"从他人处获取"义的动词是不能作"给予"和"给以"的宾语的。同样是带"落实"这一宾语，"加以、予以"和宾语一起表示的是对"方针、政策、规定"等的落实，使用频率很高；而"给予"与宾语一起表示的是对"（某人提出的）要求"的落实，"给以"要求落实的是"冤假错案"，使用频率很低。④

（6）"予以"和"给予"都常带表示惩罚类的动词宾语。当宾语的语义比较重时，多用"予以"；宾语的语义较轻时，"给予"的使用频率更高些。⑤这些动作的施动者（或隐含的施动

①②③④⑤　均见上页注①。

者),与受动者的关系一般都是上级对下级的关系,施动者大多都是具有执法权力或可以使用某种权利的上级领导机关或领导者。如:

　　　　公安部发布禁令:严禁违反枪支管理使用规定,违者予以纪律处分;造成严重后果的,予以辞退或者开除。

　　　　对于违反国家政策、情节较轻者,给予批评教育;情节较重的,给予警告处分。

　　(7)"给以"经常用于向顾客、读者等作出某种承诺的广告文中。"予以"、"给予"这样的用法比较少见。如:

　　　　因为产品质量问题必须退换而给您造成的损失,我们生产厂家给以赔偿。

　　　　您的资料我们将给以严格的保密。

　　　　对于您提出的要求,我们将给以详细的回复。

　　(8)"作＋动词宾语"可以作定语,其他形式动词很少有这样的用法。如:

　　　　这是一个很难作简短回答的问题。

　　(9)形式动词在带相同宾语时,除了语用意义有所不同外,有时语法意义或语义也有所不同。如"作"和"进行"可以带相同的兼类词,如"监督、指挥、裁判"等,当这些词作"作"的宾语时,表示的是名词义;作"进行"的宾语时,表示的是动词义。"进行、加以、予以"带"处理"作宾语时都可以表示"处罚",但"进行处理"还可以表示"加工处理",如"这些资料用电脑进行处理"。

　　丙、形式动词句在表达上的作用

　　什么时候应该选择使用这类形式动词呢? 或者说,选择这类形式动词在表达上有什么作用呢? 朱德熙先生认为:"所以采用虚化动词,显然跟说话人想要让表示名动词受事的名词性成分在动词前边出现这件事有关。""虚化动词的作用就在于使介词结构后边的名动词复杂化。"(朱德熙,1999)根据我们的观察,形式动词的使用有以下特点:

　　(1)使用了形式动词,就把处于一般的动宾结构动词后的宾语放到话题主语的位置,或用"对"等介词移至谓语前,使之话题化或准话题化,可使动作的对象十分明确,语气十分郑重。因此,形式动词一般出现在比较正式的书面语中。如:

　　　　这次成功的经验应该好好地加以总结。

　　　　对这场比赛,我们将进行网上直播。

　　由于形式动词的使用可以将不同的受事放到十分明显的位置,因此很容易构成像下面这样的对比句,如:

　　　　对严格遵守纪律者要予以大力表扬,对经常违反纪律者应予以严肃批评。

　　(2)使用了形式动词,可以在一句话中,一气呵成地说出并列的一串受事宾语或动词短语。像下面这样有并列性结构的句子一般很难转换成不用形式动词的句子,有的即使勉强可以转换,其表达效果,远不如使用形式动词的句子来得简洁而明确。如:

　　　　作家有权对社会生活,对当今时代,对某一事件,对某一事情作自己的思考和发言。

　　　　＊作家有权自己思考和发言社会生活,当今时代,某一事件,某一事情。("发言"不能带宾语,"思考"虽可带宾语,但也无法带上述这样一串宾语)

　　　　对检察人员利用职权进行违法办案、越权办案……进行查处……

　　　　本公司可以负责进行产品的研发、设计、生产、销售。

　　朱德熙先生(1999)认为,跟在这类动词后的动词与一般的动词不一样,带着明显的名词性,比如其中有些动词可以受数量词或者名词的修饰(如"进行一项科学研究、进行经济合

作")。但是近年来,形式动词的使用频率有所增加,范围有所扩大,很多宾语带着明显的动词性。(详见上表)

**B 组动词(开始、继续、结束)**

B 组动词我们称之为阶段性动词,阶段性动词有以下特点:

(1) 所带的宾语一般是可持续动作动词(详见下二(三))。所带动词都有开始、继续、结束等阶段。在这些动词前加上了"开始、继续、结束"后,即表示动作处于某个阶段。如"开始学习",即"学习"进入了开始的阶段;"继续学习",即"学习已开始,还在继续";"结束学习",就表示"学习"这个动作的结束。"开始、继续"所带的动词宾语后还可以再带名词宾语(与形式动词不同)。动词宾语前,也可以带状语。如:

今天开始学习第二课。

我们继续讨论下一个问题。

他现在终于开始认真考虑自己的将来了。

(2) B 组动词所带的动词宾语前可以带定语,这时宾语便具有了名词的特征。如:

我开始了对他的调查。

我们是否继续刚才的谈判?

**C 组动词(值得、敢于、勇于、乐于)**

C 组动词的特点:

(1) "值得、敢于、勇于、乐于"这类动词本身带有主观评价义或感情色彩。一般带动作动词及其短语作宾语。如:

这个展览值得一看。

他勇于探索,敢于创新。

小刘是个乐于助人的学生。

(2) 这类动词后面一般不能带动态助词"着"、"了"、"过"。(详见本章第五节)

**D 组动词(装作、准备、打算、企图)**

D 组动词的特点:

(1) "装作、准备、打算、企图"等常带动词和动词短语(动宾短语)所作的宾语。如:

她装作不知道。

你准备什么时候出发?

我打算去国外留学。

他企图搞破坏活动。

"准备、打算"还可以带兼语结构充当的宾语。如:

爸爸准备让哥哥接替他的工作。

我打算派他去北京出差。

这些动词中只有"准备"可以带名词性宾语,其他几个动词不行。

她在准备讨论的材料。

(2) 这类动词在带动词宾语时,后面一般不带动态助词"着"、"了"、"过"。下面是学生的偏误:

＊我们准备了明天比赛。

＊他装作了不认识我。

**E 组动词(喜欢、讨厌)**

E 组动词的特点:

(1)"喜欢、讨厌"既可带动词和动词短语所作的宾语,也可以带体词性宾语。如:

我喜欢/讨厌写文章。

他喜欢/讨厌你。

(2)"喜欢、讨厌"还可以带兼语。如:

她喜欢你老实。

我讨厌他这么做。

3. 常带主谓短语(即小句)宾语的动词

这类动词主要有以下几个小类:

A. 说、看、看见、听见、发现、发觉、相信、怀疑、忘、忘记、记住、爱、怕、欢迎、考虑、讨论、允许、认识、赞成、反对、同意、通知、决定

B. 知道、记得、指出、想、听说、记着、需要、担心、注意、建议

C. 希望、盼望、主张、以为、认为、觉得、感到

这类动词的特点:

(1) A、B、C 三类动词都可以带主谓短语作的宾语。其中"希望、盼望、忘、忘记、记住、爱、怕、欢迎、考虑、讨论、允许、赞成、反对、同意、决定"还常带动词短语作的宾语。如:

小张听见隔壁有人说话。

你别忘了我们明天下午开会。

我记得她那天没来学校。

她希望能考上名牌大学。

我盼望着早点儿毕业。

我同意跟你合作。

注意:这三类动词中除了"忘"以外,在带主谓短语或动词短语充当的宾语时,即使是动作已经完成,动词后也不能带"了"。下面是学生的偏误:

＊我发现了同学们都回家了。

＊小林看见了你在商店买东西。

＊我们决定了坐飞机去北京。

(2) A 组动词中"看见、听见、发现、相信、忘、讨论、同意"也可带体词性宾语,表示动作完成时,动词后要带"$了_1$"。这几个动词及"怀疑"等在表示变化时,句尾要带"$了_2$"。如:

我发现了他的秘密。

他竟然相信了你这个骗子。

他可能听见了什么风声。

他看见咱们了。

警察怀疑你了。

(3) B 组动词带体词性宾语后,即使动作完成,动词后也不带"$了_1$"。"知道、想、听说、需要、注意"带了体词性宾语,在表示变化时,句尾要带"$了_2$"。如:

我听说他的事情了。 ？我听说了他的事情。(后面还要有后续句)

现在你需要我了？ ＊现在你需要了我？

警察已经注意他了。 ＊警察已经注意了他。

(4) C 组动词只有"感到"有时可带体词性宾语,动词后可带"$了_1$";其他动词一般最常见的是带主谓短语充当的宾语,动词后不能带"$了_1$"。

4. 可以带双宾语的动词

这类动词有以下几个小类：

　　A. 教、问、给、请教、还

　　B. 告诉、求、托、赏

　　C. 借、拿、送、租、分、买、花、费

　　D. 称、叫、称呼

　　E. 交、寄、卖、传、递、输、留（后面必须带"给"后才能带间接宾语）

上述动词都可带两个宾语。宾语₁一般是动作影响或施加的对象（一般称为间接宾语），宾语₂一般是动作涉及的事物（一般称为直接宾语）。如：

　　A 类例：李老师教我们汉语。（李老师教我们。/李老师教汉语。）

　　B 类例：他告诉了我他家的地址。（他告诉了我。/ ＊他告诉了他家的地址。）

　　C 类例：我借了她一点儿钱。（＊我借了他。/我借了一点儿钱。）

　　D 类例：我们都叫他老张。

　　E 类例：妈妈寄给我一个包裹。（？妈妈寄给我。/妈妈寄一个包裹。）

根据后面双宾语出现的情况，上面 5 类动词有以下几种情况（具体宾语出现的情况，另见第三编第二章）：

　　（1）A 类光有宾语₁或者光有宾语₂都可以。

　　（2）B 类光有宾语₁可以，光有宾语₂不行。

　　（3）C、E 类光有宾语₁不行，光有宾语₂可以（"送"虽然可以说"我送他"，但是跟"我送他一件礼物"的"送"不是同一个意思）。

　　（4）D 类必须两个宾语都要有（以上说明参考了吕叔湘，1999，32 页）。

　　（5）上述 5 组动词中，E 类必须带"给"后，才能带双宾语。其他 4 组动词除了"还、托、赏、借、拿、租、分"后面可以带"给"（也可以不带）再带双宾语外，其他动词是不能带"给"的。下面是外国学生经常出现的偏误：

　　＊王老师教给我们汉语。

　　＊他告诉给我一个秘密。（另参见本编第八章第三节三下"给"部分）

## 二、关系动词、状态动词和动作动词

根据动词语义的主要特征和与之相关的语法特征，我们可以把动词分为关系动词、状态动词和动作动词。

### （一）关系动词

关系动词是表示人与人、人与物、物与物的某种关系的动词，主要有：是、叫（称谓义）、姓、当作、成为、像、等于、属于等。这类动词的语法特征是：

（1）除了"叫、姓"有时可以带"过、着"外，一般都不能带"着、了、过"。

（2）除了"叫、姓、成为、当作"有时可以用"没"否定外，一般用"不"否定。

（3）除了"叫、姓"有时可以重叠外，一般不重叠。

（4）除了"像"以外，一般不能受程度副词修饰。

（5）除了"叫、姓"有时后面可以带表示动量、时段的词语外，其他的动词都不行。

（6）除了"叫、姓"外，都不可以用于祈使句。

（7）除了"当作"可以用于"把"字句外，其他动词都不行。

### (二) 状态动词

状态动词是表示生理(如下 A 类)、认知或心理状态(如下 B—E 类)的动词。如：

    A. 病、饿、聋、瞎、醉、醒、困

    B. 知道、明白、懂、放心

    C. 认识、熟悉、了解、误解、相信、忽视、轻视

    D. 喜欢、讨厌、爱、恨、想(念)、气、吓、怀疑、认得、重视、爱护

    E. 希望、记得、担心、操心

这类动词的语法特征是：

(1) A 类除了"聋、瞎"外，其他动词可以带"着"。B—E 类动词中除了"爱、恨、想、气"外，都不能带"着"。

(2) A—E 类动词除了"知道、认识、认得、爱护、希望、记得"不能带"过"外，其他动词都能带"过"表示曾经有过的状态。

(3) A、B、C 类动词的施事或受事位于动词前，则后面可以带"了(了$_1$＋了$_2$)"，表示新的情况——变化，即变到动词所表示的状态，并且延续。如：

    爷爷的眼睛瞎了。

    这件事情我知道了。

    这一带他已经熟悉了。

C 类动词中只有"相信"可以带"了$_1$＋简单宾语"成句。如：

    听了他的话，我们就相信了他。

C 类中其他动词后只带"了$_1$＋简单宾语"不能成句，宾语前一般还要受数量词修饰。如：

    他在火车上认识了一个中国朋友。

    我了解了一下那个学校的情况。

D 类动词中有的动词后面必须要带宾语之后才可带"了$_2$"，表示某种变化。如：

    我有点儿想家了。

    孩子讨厌去幼儿园了。

有的动词，在表示动作完成或强调程度时，要带补语，然后才可带"了$_1$"或"了$_2$"。如：

    小伙子爱上了那个姑娘。

    他恨死你了。

    我吓了一跳。

E 类动词一般不能带"了$_1$"或"了$_2$"。下面是学生的偏误：

    ＊我希望了去国外留学。

    ＊他走以后，我们担心了。

(4) 状态动词除了"醒、认识、了解、熟悉、重视、爱护"外，一般不用重叠形式。

(5) 这类动词除了"病"不能用"不"否定外(假设句除外)，在充当谓语时，一般用"不"否定。除了"知道、记得、认识、认得"不能用"没"否定外[1]，其他动词可以用"没"否定。(另参见第八章常用副词中"不"和"没有"的辨析部分)

(6) 除了"病、醒、醉、记得、知道、认识、认得"之外，都可以受程度副词修饰。

(7) 除了"相信、醒、认识、了解、熟悉、重视、爱护"外，一般都不用于祈使句。

---

[1] "没认识"不能作谓语，但可以作定语，如"在没认识他之前，我在这儿一个朋友也没有"。

（8）除了"了解"可用于"把"字句，"困、饿、恨、爱"等可以用于致使性、带有熟语性的"把"字句外，其他动词都不能用于"把"字句。（详见第四编第二章第十二节"把"字句）

### （三）动作动词

动作动词是表示动作行为的动词。在动词中所占数量是最大的。

动作动词根据它们是否能够持续，可以分为持续动词与非持续动词。持续动词所表示的是可以持续的动作；非持续动词表示的是不能持续的、往往是瞬间完成的动作，因此也有将这类动词称为瞬间动词的。下面分别加以说明。

1. 非持续动词

这类动词数量不多，主要有以下这些：

> 死、丢、到、来、去、回、走（离开义）、离开、完、没、跑（逃跑义）、断、塌、垮、
> 散（会，解散义）、溜（走）、掉、熄、灭、败、胜、失败、迟到、出发、出现、发现、
> 爆发、发生、毕业、结婚、离婚、分手、分别、告别、启程、提拔、批准、开始、结束

这类动词的特征是：

（1）除了"发生"可带"着"（如"这里正发生着翻天覆地的变化"）外，其他动词都不能带动态助词"着"。

（2）动词后可以带"了"，表示动作完成，完成后的状态仍保持。如：

> 爷爷死了。
> 钱包丢了。
> 房子塌了。

"动词＋了$_1$"后常带时量补语，表示动作完成，时量补语表示动作完成后状态持续的时间。句尾再带"了$_2$"，一般表示这类完成后的状态一直持续到说话时。如：

> 她来了三天。
> 钱包丢了一个星期。
> 会议结束了两天了。
> 我毕业了一年多了。

注意："胜、败"一般不带这类时量补语。

（3）除了"毕业、走、开始、结束"外，都可以带"过"，表示动作或情况曾经发生过。如：

> 小李来过。
> 这种情况以前发生过。

（4）除了"提拔"外，都不用重叠形式。

（5）都能用"没"加以否定。在单句中，除了"丢、到、完、发现、爆发、开始"外，都可以用"不"加以否定。"丢、到、完、发现、爆发、开始"在条件、假设复句的前一分句中，可以用"不"加以否定。如：

> 不到夏天，就想不起喝冷饮。
> 如果战争不爆发，人们就会一直过着安居乐业的日子。
> 会议要是现在还不开始，到七点就结束不了。

（另见本编第七章第二节五否定副词）

2. 持续动词

持续动词可以分为三类：强持续动词、次强持续动词和弱持续动词。

甲、强持续动词

这类动词主要有以下这些:

　　A. 笑、哭、当、忍、握、追、跟、跟随、哆嗦

　　B. 站、坐、躺、睡、蹲、跪

　　C. 抱、举、背、拿、带、端、抬

　　D. 逼、催、凑合、挽、盯、扶、跟、拉、搂、陪、望、指

　　E. 等、歇、重复、担任、兼、记、打量、养(饲养)、养活、张罗、琢磨、管、坚持、玩、攒、叨唠、流行、用、占

　　F. 保持、保留、保存、惦、惦记、躲、避、惯(孩子)、盼、折磨、照顾、注意、关心

这类动词的特征是:

(1) 经常带动态助词"着",表示动作状态的持续。如:

　　他坐着,我站着。

　　你歇着吧,我来干。

(2) A、B、C、D类动词带了"着"后,后面还常带第二个动词,表示以前一种动作的状态做后一个动作(另参见本编第十章第三节)。如:

　　小刘忍着疼站了起来。

　　他躺着看书。

　　姐姐端着菜走了进来。

　　他逼着我给你打电话。

(3) B类是不及物动词,常用于存现句。C类是及物动词,带"着"常以主谓谓语句的形式出现。如:

　　门外站着很多人。

　　那人手上举着一面旗。

　　你身上带着钱没有?

(4) F类动词在带"着"时,常和副词"一直、始终、总、老"等一起用。如:

　　别总惯着孩子!

　　他一直保存着老朋友给他的信件。

(5) "笑、哭、睡"可单独带"了、过"成句。"当、担任、兼(职)"可以以"动+了/过+宾语"的形式成句,表示动作的完成以及完成后状态的持续或动作曾经发生过。其他动词不能单独带"了、过"成句,一般要带时量补语(见(6))。如:

　　孩子睡了。　　　　　＊弟弟站了。

　　老王当了科长。

　　她哭过。　　　　　　＊病人躺过。

　　他兼过大学的校长。

(6) 这类强持续动词后常带"了₁",再带时量补语,时量补语一般表示动作持续的时间。如果句尾再带"了₂",时量补语表示动作从开始一直持续到说话时的时间长度,而且动作或者状态到说话时还在持续。注意动词带不同宾语时(下面带▲句),时量补语的不同位置。(另参见第三编第五章第六节时量补语)

　　病人躺了一会儿。

　　我歇了一个小时。

　　那人等了20分钟了。(现在还在等)

　　那间屋子她占了三个月了。（现在还占着）

　　他担任了三年校长了。▲（现在还在担任）

　　老人打量了你一会了。▲（现在还在打量）

　　（7）强持续动词后可带"过"，表示动作曾发生过。后面也可以带时量补语，表示动作曾经持续过的时间。如：

　　他坐过飞机。

　　以前流行过这种发型。

　　我睡过三个小时。

　　（8）强持续动词都可以用"不"否定。除了"忍"以外，也都能用"没"加以否定。

　　（9）强持续动词除了"养活、流行"外，都可以重叠。

　　乙、次强持续动词

　　这类动词主要有以下这些：

　　A. 关、开、锁

　　B. 挂、放、搁、插、摆、装、捆、藏、镶、停

　　C. 写、画、贴、栽、种、盛、铺、拿、存、刻、扣、夹

　　D. 穿、戴、披、涂、抹、系、扎、梳、染、镶（牙）

　　这类动词的特征是：

　　（1）A 类动词常带动态助词"着"，出现在受事主语句中，表示动作完成后，事物所呈现的状态的持续（静态的持续）。（另参见本编第十章第三节）

　　门关着。

　　窗户开着。

　　（2）B、C 类动词常带动态助词"着"，用于存现句，表示动作完成后，在某处某事物所呈现的状态的持续（静态的持续）。如：

　　墙上挂着全家的照片。

　　黑板上写着几行字。

　　有时，这类句型中的动词后带"了"也可以表示相同的意义。如：

　　桌子上放了几本书。

　　碗里盛了两条鱼。

　　（3）A、B、C、D 四类动词中除少数动词（"搁、戴、披"等）外，都可以受副词"正"的修饰，表示动作正在进行中。如：

　　妈妈正插花呢。

　　他们正贴着广告呢。

　　她正梳着头呢。

　　（4）除了"放（放置义）、搁、装、藏、停"外，其他动词均可在受事主语句中单独带"了"和"过"成句，表示动作完成或曾经发生。如：

　　门我锁了。

　　通知他贴了。

　　信我写过。

　　这件衣服她穿过。

　　（5）在上述受事话题句中，A、B、C、D 类动词（"写、画、盛、铺、刻、扣、夹、拿、插、装、捆、

扎、梳"除外)后可带"了"再带时量补语,表示动作完成后,受事所呈现的状态持续的时间。句尾经常带"了",表示动作完成的状态一直持续到说话时。如:

> 门关了一天了。
>
> 牙镶了一年了。
>
> 广告贴了一个星期了。

(6)"写、画、插、装、捆、扎、梳、染、夹、扣、种"后带"了$_1$"再带时量补语,表示动作持续的时间。句尾再带"了$_2$",表示动作一直持续到说话时的时间长度。如:

> 要寄的行李我捆了一天。
>
> 他们摆了一天花儿了。

(7)C类动词中"贴、栽、种、盛、铺、刻"后带"了"再带时量补语,有时有歧义。要根据前后文才能确定所表示的意义。有时表示动作持续的时间;有时表示动作完成后,状态持续的时间。如:

> 广告贴了两天(了),还没有贴完。(表示动作持续的时间)
>
> 大家种了两天树了。(同上)
>
> 广告贴了两天(了),你怎么还没看见?(表示动作完成后,状态持续的时间)
>
> 树种了一个星期了,该浇水了。(同上)

(8)D类动词常带动态助词"着",用于主谓谓语句,表示动作完成后状态的持续,常与人的穿着打扮或与肢体的动作状态有关。如:

> 她身上穿着一件红毛衣。
>
> 那人头上戴着一顶运动帽。
>
> 他胳膊底下夹着一本书。

(9)次强持续动词都可以带"过",表示曾经发生过的动作。如:

> 他种过花儿。
>
> 哥哥画过几年画。

(10)B、C类动词中除了"捆、拿、存、扣、夹"之外的动词及"关",后面带了"过",在处所词作主语的句子中可以表示某处曾经以某种状态存在过某种事物或人。如:

> 这里关过犯人。
>
> 那间屋子放过几年粮食。

(11)这些次强持续动词都可以用"不"和"没"加以否定。

(12)这些次强持续动词中除"藏"外,其他动词都可以重叠。

丙、弱持续动词

动作动词除了上面提到的强持续动词和次强持续动词外,其他都是弱持续动词。因为这类动词数量比较大,下面仅是列举性的,常见的有:

A. 安排、安慰、搬、办、比、表演、表扬、裁、擦、查、唱、吃、抽、吹(气)、吵(吵架义)、答、打、打扫、点、掉(头)、动、读、锻炼、对、发、发展、翻、翻译、分、分析、复习、改、改变、干、搞、告诉、给、够、刮、广播、喊、喝、还、换、回答、讲、介绍、看、考、烤(面包)、领导、卖、念、敲、商量、收、收拾、刷、扫、上(课)、烧、拾、说、送、踢、讨论、听、跳、推、问、洗、研究、演、摘、走(路)……

B. 买、剪、浇、理(发)、吃、喝、学、教、修……

这类动词的特征是:

　　(1) 除了"学、听、看"可以带"着"用于祈使句外(不能用于陈述句),其他动词一般都不能只带"着"成句。如:

　　　　学着点儿!(祈使句,必须后面带"点儿"。"看"也可用于此类句)

　　　　好好听着!(祈使句)

　　　　你看着我!(祈使句)

　　　　＊他学着汉语。(陈述句)

　　　　＊我听着录音。(陈述句)

　　　　＊他吃着饭。 (陈述句)

　　(2) 这类动词可以受副词"正"修饰,动词后带"着",句尾一般要带"呢",表示动作正处于进行的状态中。如:

　　　　爸爸正喝着酒呢。

　　　　我去找他的时候,他正听着音乐呢。

　　(3) "看、说、聊、讲、听、干、跳、唱、吵、闹、走(路)"常用于"动₁着动₂着……"表示在做前一动作的过程中,不知不觉出现了后面的动作、结果或变化。这类句中的前后动词可以是同一个动词。如:

　　　　她说着说着眼圈红了。

　　　　她躺在床上听录音,听着听着就睡着了。

　　　　我们跳着唱着,几个小时很快就过去了。

　　(4) "商量、讨论、研究"等动词可以带"着"(也可以不带),后面再带表示相关内容的动词短语。如:

　　　　我们正商量着去哪儿玩呢。

　　　　干部们正研究怎么防洪呢。

　　(5) 弱持续动词一般不以"动＋了＋简单宾语"的形式单独成句(详见本编第十章第三节动态助词)。A、B类动词后经常带时量补语,表示动作持续的时间。句尾再带"了₂",则表示动作一直持续到说话时。如:

　　　　她学了三年汉语。　　　　　　　＊她学了汉语

　　　　我洗了一个小时衣服。　　　　　＊我洗了衣服。

　　　　他们上了一个星期课了。　　　　＊他们上了课。

　　注意:有时,B类动词带"了"后面再带时量补语时,不是表示动作持续的时间,而是表示从动作完成到说话时的时间。后面常要有后续句。如:

　　　　苹果买了一个星期了,不新鲜了。

　　　　饭刚吃了一个小时,你怎么又吃起蛋糕来了?

　　　　电视机刚修了一天,又坏了。

　　这类句子一般都是受事主语句。句中时量补语前的"了"是不能缺少的。

　　(6) 在受事充当主语的句中,动词可以只带"了"成句。如:

　　　　饭他已经吃了。　　　　　　　　＊他吃了饭。

　　这类句中,动词后也可以用时量补语表示动作持续的时间。如:

　　　　房间打扫了两天。

　　　　这件事讨论了几天了。

　　　　电视机买了好多年了。

（7）持续动词后都可以带"过"，表示某个动作曾经发生过。后面可以带时量补语，表示从事某个动作所持续的时间。如：

> 我踢过足球。

> 哥哥演过几年戏。

（8）持续动词都可以用"不"和"没"加以否定。

（9）持续动词都可以重叠。

注意：上述动词与"着"、"了"、"过"的用法另参见本编第十章助词。

### 三、自主动词与非自主动词

如果从动作行为是有意识的还是无意识的角度看，动词可以分为自主动词与非自主动词。

自主动词从语义上说是能表示有意识的或有心的动作行为的动词，即动作行为是能由动作发出者做主、主观决定、自由支配的动作行为。非自主动词表示无意识的、无心的动作行为，即动作行为发出者不能自由支配的动作行为，也表示变化和属性，总言之，是表示变化或属性的，因为无心的动作行为也可以看作变化或属性。变化是动态的，属性是静态的，无论是动态的还是静态的，都不受施事者或主体的左右（马庆株，1992）。

自主动词有的可以用于表示请求、劝告或命令的祈使句中，有的可以表示说话人的计划、打算。凡是至少能用于上面一种用法的动词就是自主动词，不能用于上述用法的动词是非自主动词。

自主动词和非自主动词在语法方面有以下几点不同：

（1）自主动词很多可以重叠，非自主动词一般不能重叠（另参见前（二）动词分类中各个动词小类的说明）。

（2）自主动词既能用"不"否定，又能用"没"否定。非自主动词大致分三种情况：有的用"不"否定，有的用"没"否定（详见下面小类动词后的注明），有的可以受"不"与"没"两个否定词否定（即下面小类动词后不加注者）。

（3）自主动词中大部分动词可以用于"把"字句，只有一小部分动词不能。非自主动词中大部分动词不用于"把"字句，只有少量动词可以（详见下）。

下面按是否经常用于"把"字句将自主动词和非自主动词再分为两类。考虑到教学需要和本章内容的连贯性，在下面的动词小类旁再将前（二）中各动词小类名称、及物与不及物等做一下标注。

1. 一般不用于"把"字句的动词（下面的黑体词语均为离合词，又称短语词）

非自主动词

甲、关系动词及存在动词

（及物）：是、成为、像、等于、属于（用"不"否定）；不如、关系（没有否定形式）

（及物）：有（用"没"否定）、在（用"不"否定）

（不及物）：相同、相反（用"不"否定）

乙、状态动词

（及物）：记得、明白、懂、知道、感到、认识、认得、放心、忽视、轻视、爱护（一般都用"不"否定。当特别强调事实时，"懂、感到、忽视、轻视"可以用"没"否定）

（不及物）：聋、瞎、着想

丙、动作动词中非持续动词

（及物）：出现、发现、爆发、发生、成

（不及物）：毕业（只用"没"否定）、胜、败、失败、完、迟到、走（离开）、离开、住（停止）、出

自主动词

甲、关系动词

（及物）：姓

乙、状态动词

（及物）：讨厌、相信、怀疑、希望、爱护

丙、动作动词

（1）非持续动词

（及物）：开始、批准、结束

（不及物）：到、来、去、回、走、飞、**结婚、离婚、分手**、分别、回、出发、启程、动身

（2）强持续动词

（及物）：忍、当（面）、哆嗦、陪、担任、兼、养活、躲、避、指、凑合、上（学）、注意、盼、记、惦、惦记、就（着）、关心、依赖

（不及物）：立、活

（3）弱持续动词

（及物）：见、帮、帮助、比赛、表示（感谢等）、表示（抽象意义）、表现（意义）、表现（自己）、参观、参加、反对、同意、访问、丰富、服务、负责、感谢、工作、欢迎、麻烦、实践、使用、学习、演出、要求、影响、过（日子）

（不及物）：**谈话、考试、聊天、见面、照相、散步、游泳、洗澡、睡觉、帮忙**、劳动、旅行、送行、休息、生活

2. 常用或可以用于"把"字句的动词

非自主动词

乙、状态动词

（及物）：想（念）、气、吓、担心、重视、了解、熟悉

（不及物）：病（常用"没"否定，假设句可用"不"）、困、饿、醉

丙、动作动词中弱持续动词

（及物）：（风）吹、（日）晒

（不及物）：冻（用"没"否定）、冰、吵、闹（喧闹义）

自主动词

甲、关系动词

（及物）：叫（称谓义）、当（作）

乙、状态动词

（及物）：喜欢、爱、恨、重视

丙、动作动词

（1）非持续动词

（不及物）：跑（逃跑义）、变、死、结束、灭、丢、生

（2）强持续动词

（及物）：握、追、抱、举、背、拿、带、端、抬、逼、催、搂、盯、挽、扶、拉、跟、重复、打量、养（饲养）、张罗、照顾、琢磨、惯（孩子）、管、坚持、玩、攒、保持、保留、保存、用、占、折磨、叨唠、望

（不及物）：等、站、坐、躺、睡、蹲、歇、笑、哭

（3）次强持续动词

（及物）：关、开、锁、停、挂、放、插、摆、贴、种、盛、装、铺、捆、栽、写、画、搁、存、藏、刻、镶、扣、穿、戴、披、涂、插、抹、系、扎、梳、染、拿、夹、镶

（4）弱持续动词

（及物）：安排、安慰、搬、办、比、表演、表扬、裁、擦、查、唱、吃、抽、吹（气）、吵（吵架义）、答、打、打扫、点、掉（头）、动、读、锻炼、对、发、发展、翻、翻译、分、分析、复习、改、改变、干、搞、告诉、给、攻、够、刮、广播、喊、喝、还、换、回答、浇、剪、教、讲、介绍、看、考、烤（面包）、拉、领导、买、卖、念、敲、商量、收拾、刷、踢、扫、上（课）、烧、拾、说、送、讨论、听、跳、推、问、学、修、洗、研究、演、摘

　　上面所说的"不用于'把'字句"仅是从比较常见的用法来说的，那些由于特殊语用的需要，例外的用法不考虑在内。从上面所列的动词看，关系动词、状态动词多为非自主动词，而非自主动词可以用于"把"字句的比较少。动作动词中自主动词比较多，其中单音节动词用于"把"字句的明显比双音节动词多。另外，作为离合词的动词一般是不及物动词（见黑体标明的词语），也不用于"把"字句。动作动词中次强持续动词用法最为一致：都是自主动词，都能用于"把"字句（关于"把"字句详见第四编第二章第十二节）。

　　此外，动词还可以构成动补短语。由非自主动词组成的动补短语也是非自主的。

　　非自主的动补短语有：

　　（1）可能式动补短语都是非自主的，如"写不完、赶得上、吃不下、看不得"。

　　（2）动结式短语：表示达到目的的"上"形成的动结短语，如"考上（大学）"；表示得到义的"到"构成的动结短语，如"找到（钱包）"；"着（·zhao）"作补语的动结短语，如"遇着"；"错、坏、乱、丢、病、糟、腻、麻、拧、岔"等作补语的动结短语，如"写错、听腻"等。

　　自主动词组成的动补短语比较复杂。常见的自主动补短语有：

　　（1）自主动词加上到达义的"到"构成的"动＋到"，如：

　　　　送到　搬到　拿到　做到　等到　说到　翻到　看到

　　（2）自主动词后加上表示空间趋向的补语，如：

　　　　打开　推开　拉开　走开　穿上　写上　关上　贴上　放下　脱下　拆下　拿起　抬起　端上来　拿下去　搬进来　拉出去　递过来　传过去　还回来　带回去

　　（3）自主动词加上"住、倒（dǎo）、掉"等补语，如：

　　　　记住　站住　挡住　控制住　打倒　推倒　搬倒　驳倒　扔掉　搬掉　换掉

　　（4）自主动词加上表示时间延续的"下去"，如：

　　　　说下去　听下去　等下去　写下去　住下去　学下去　坚持下去

（详见马庆株，1992）

## 第三节　动词的重叠

　　汉语的动词可以重叠使用。汉语动词重叠后带有一些意义，在语用上有一定的功能。

一、动词重叠的形式与限制

**（一）汉语动词的重叠形式**

分以下几种：

（1）单音节动词重叠形式为 AA 式，如：走走、看看、说说、念念。重叠的音节读轻声。

（2）双音节动词重叠形式为 ABAB 式，如：学习学习、介绍介绍、休息休息。动词的第二个音节读轻声。

（3）双音节离合动词的重叠形式是 AAB 式，如：散散步、洗洗澡。重叠的音节读轻声。

**（二）汉语动词重叠所受的限制**

1. 不是所有的动词都可以重叠

正如第二节"二、关系动词、状态动词和动作动词"部分所指出的，关系动词和状态动词不能重叠（除了"醒"以外）。动作动词中，非持续动词不能重叠（除了"提拔"以外）。强持续动词除了"跟、养活、惯、流行"以外都可以重叠。次强持续动词中除"藏"外，都可以重叠。弱持续动词都可以重叠。非自主动词大多不能重叠，少数非自主动词只有在下面两类句中可以重叠。

（1）祈使句中。如：

小张，快醒醒，要迟到了！

出去晒晒太阳，别老呆在家里。

（2）"让"字兼语句或条件句中。如：

湿衣服晾在外面让风吹吹。

有点儿感冒多睡睡就会好的。

形容词兼动词、带有使动意义的动词在这类句中一般也要重叠。如：

快点把这个消息告诉他，让他高兴高兴。

打开空调，让大家暖和暖和。

2. 可重叠的动词不都是可以自由地用于任何句类的

有的动词的重叠形式对所使用的场合是有限制的。下面是学生的偏误：

＊我在军队里的时候经常想想以前和朋友在一起过的日子。

改：我在军队里的时候经常回想起以前和朋友在一起的日子。

分析："想想"在表示"回想、回忆"意义时，一般用于祈使句。如："你好好想想，那天是几点到家的？"叙述句只能用"回想"。

二、动词重叠后所表示的语义

动词重叠后，有的表示短暂义，有的表示尝试的意义，有的表示经常性的动作或动作的反复进行。动词重叠所表示的动作因动作实现时间的不同，意义有比较大的区别。

1. 表示已然动作的动词重叠，多出现在叙述性句中，一般表示动作的短暂、轻微。如：

她不好意思地笑笑，眨眨眼睛，红了脸。

他朝我点了点头。

姐姐看了看我，无可奈何地摇摇头，叹了口气。

这类动词的重叠形式，具有描写作用，常通过短暂的动作来描写人物的表情、心理活动、对事物的态度等。一般要用"动＋了＋动"的形式，如果几个动作连续发生，只要最后的动词

用了这一重叠形式,前面动词如果重叠的话,动词间的"了"可以省去。关于这个用法,还需要强调以下几点:

(1) 如要强调已经发生的动作的轻微、随便,特别是句中有"只是"、"随便"、"稍微"这样的修饰语时,一般要用动词的重叠式。下面是学生的偏误:

＊那本书我稍微翻,没仔细看。

改:那本书我稍微翻了翻,没仔细看。

＊我只是随便说的,何必这么认真呢?

改:我只是随便说说的,何必这么认真呢?

注意:"只是"后面的重叠动词中间可不用"了"。

(2) 动词重叠一般不用于过去认真地、重复多次才完成了的动作,下面是学生的偏误:

＊我的自行车在外边停着呢,可是我们吃完了以后看外边,我自行车不在那儿。我找找很多次,但是找不到。

改:我的自行车放在外边。可是等我们吃完饭往外边一看,发现我的自行车不见了。我到处找都没找到。

＊今天是我爸爸的生日,我和妈妈想了想为爸爸送什么礼物好。

改:今天是我爸爸的生日,我和妈妈想了半天,该送给爸爸什么礼物好。

2. 表示未然动作的动词重叠,多见于对话,主要的作用是缓和语气,是委婉地表达主观愿望的一种方式。这类重叠形式如果是单音节动词,中间常常插"一"(也可以不加)。如:

A式:休息休息吧。(动作者是第二人称)

东西太重了,帮忙抬一抬。

B式:让我看(一)看。(动作者是第一人称)

我来试(一)试。

C式:叫他等一等。(动作者是第三人称)

这个菜给她尝(一)尝。

D式:她真希望老师能跟她谈谈。

妈妈很想去北京看看。

上述动词的重叠,在对话中,以 A、B 两种祈使句形式最为常见,这部分例句中的动词重叠形式主要的作用都是缓和语气,使本来语气较强、较硬的命令句和愿望句变得委婉、柔和,即客气地、有礼貌地表示命令、请求或愿望。因此,当要向对方委婉地提出某个请求时,一般应使用动词重叠(或带"一下")。下面是学生的偏误:

＊你昨天买的这本英文书,我怎么看也看不懂,帮我教看英文,好吗?

改:你昨天买的这本英文书,我怎么看也看不懂,教教我怎么看英文书,好吗?

分析:"帮我教"是要求别人替自己做"教"这一动作,而不是请求"教教我"的意思。

3. 有些动词重叠,表示经常性的、反复主动进行的动作,可以是已然的,也可以是未然的。这些动作在说话者看来,都很平常、轻松。如:

我星期天在家,常常是看看电视,听听音乐,休息休息。

下班到家,洗洗衣服,做做饭,一会儿几个小时就过去了。

上述例子是表示经常性的动作。这类句子常常是几个动词重叠连用。一般不能只用一个动词重叠的形式。下面的例句是表示反复进行的动作:

照几张照片纪念纪念。

在中国,到处走走看看,觉得很有意思。

这第 3 类动词的重叠,都带有轻松随便的意味。

4. "多"、"好好"、"非……不可"等词语和结构常与动词重叠式一起用,表示命令或主观愿望。这类动作都是尚未发生的,要求或者希望在将来认真、反复地实行的。如:

孩子该让他多锻炼锻炼。

他总干坏事,非得好好教训教训他不可!

你为什么总是出错,好好检查检查!

这间屋子有一年多没有住人了,得好好打扫打扫!

## 三、动词重叠的句法特点

1. 不能用于正在进行的动作。下面是学生的偏误:

＊我和我的朋友正在等一等白晓华。

改:我和我的朋友正在等白晓华。

2. 不能用于同时进行的两个或两个以上的动作。下面是学生的偏误:

＊女儿一面吃,一面聊聊,爸爸生气来了。

改:女儿一边吃饭,一边说话,爸爸生气了。

3. 重叠的动词一般作谓语,有时也可以作主语或宾语,但不作状语和补语。如:

多活动活动对身体有好处。

写写算算对他来说,小事一桩。

这孩子从小喜欢涂涂画画的。

教授、言说类动词重叠后还可以带动词短语或主谓短语充当的宾语。如:

介绍介绍你是怎么搞发明的。

教教我拉二胡,好吗?

4. 单独一个动词重叠式不能作定语。下面是学生的偏误:

＊我在街上逛逛的时候,被自行车撞了。

改:我在街上逛的时候,被自行车撞了。

只有下述情况下动词重叠式才能作定语:

(1) 动词重叠式是表示交替进行的、两个或两个以上的动作。如:

他退休了,过着看看电视,下下棋,养养花的生活。

(2) 动词重叠式是连谓短语或兼语短语的后一部分。如:

现在不少人都有到国外去看看的愿望。

你给我们找一个能叫大家乐一乐的地方。

5. 在表示叙述已经完成的动作的承接复句中,一般不能夹用非描写性的动词重叠式。下面是学生的偏误:

＊昨天下了课,我和朋友玩玩,然后才回家。

改:昨天下了课,我和朋友玩了一会儿,然后才回家。

说明:在表示几个动作连续发生的承接句中,可以用的动词的重叠形式一般都是带有描写性的(详见上二)。"玩玩"是记叙性而非描写性的。

6. 重叠的动词很少用否定词否定。否定的用法多见于以下情况:

(1) 用于表示假设、条件的紧缩句或复句中。

　　黄瓜不洗洗就吃，要拉肚子的。

　　不亲口尝尝，就不知道这菜这么好吃。

（2）用于疑问句、反问句中，或后接疑问句或反问句。

　　那本书你不再找找了？

　　你不查查账，少的钱自己会跑出来吗？

　　你也不打听打听，我是什么人？

　　你不问问他，他到底想干什么？

# 第四节　动词与名词的兼类

一、汉语有些动词还兼作名词。可以分为以下几小类：

（一）有的动词不表示原有的动作意义而指称事物时，就兼作名词了。下面这些词在表示名词意义时，常可以带量词、形容词等定语。[①] 如：

A. 伴 暴动 比喻 编制 变迁 标志 猜想 倡议 称呼 出身 雕刻 雕塑 花费 绘画 教导 简称 命 劝告 现代化 笑话 祝贺 祝愿

B. 爱好 安排 保证 保障 报道 报告 比赛 变化 变动 变革 辩论 表示 表现 表演 剥削 补贴 补助 裁决 采访 传说 尝试 测试 处罚 处理 创新 刺激 调查 答复 负担 计划 决心 干扰 感觉 革新 顾虑 工作 幻想 汇报 建议 检讨 鉴定 建筑 奖励 教训 交流 解释 借口 警告 决算 决战 抗议 考验 考察 梦想 迷信 命令 判断 偏向 批示 批注 企图 邀请 请求 倾向 区别 伤 设计 设想 声明 说明 实验 收获 收入 通知 统计 投入 危害 武装 限制 享受 行动 宣传 选举 选择 意识 演出 赢利 盈利 影响 研究 预言 障碍 折磨 证明 指示 指导 主张 注解 装备 装置 装饰 注释 准备 组织 作用

上面 B 组的词语常常可以作"有、作、进行、加以、予以、给予、给以"中一个或数个动词的宾语，可以受名词的直接修饰，我们把它们称作名动词。

（二）下面这些词可以表示动作，但有时则表示承担某一动作、职务的人，是名词。

　　保管 编辑 裁判 参谋 代办 陪同 统帅 指挥 主编 主演

（三）下面的词语可以表示动作，也可以指称事物。

　　仇恨 解放 航海 启发 起源 锈 依靠 疑心 怨 针灸 把握 包装 保障 报复 暴动 沉淀 出入 反击 飞跃 计 记忆 讲究 间隔 见识 教养 考古 空想 尿 剩余 妄想 指望 阻碍

二、汉语有些名词也可以兼作动词。如：

　　病 铲 处分 春耕 代表 导演 导游 感冒 感受 关系 规范 害

# 第五节　学生在动词方面常见的偏误

1. 缺漏

（1）缺少动词

　　＊我姐姐在小学老师。

　　改：我姐姐在小学当老师。

---

①　本节词表主要参考了《汉语水平词汇与汉字等级大纲》（2001）。

＊朋友对我说,这次考试他很充分,从而取得了优异成绩。

改:朋友对我说,这次考试他准备得很充分,从而取得了优异成绩。

＊老师叫我报名这样的奖学金。

改:老师叫我报名申请这样的奖学金。

＊那个小伙子对她故意沉默,因为他打算拒绝她。

改:那个小伙子对她故意保持沉默,因为他打算拒绝她。

（2）重叠动词之间缺少"了"

＊我去过商店看看自行车,可是没买。

改:我去过商店,看了看那儿的自行车,可是没买。

分析:该偏误表示的是过去稍微做了一下并已完成的动作,重叠动词之间应该加"了"。

2. 误加

＊明天我有上课。

改:明天我有课。

＊爸爸每天做工作,很辛苦。

改:爸爸每天工作,很辛苦。

分析:日本和韩国学生容易出现这类偏误,可能受到了他们母语表现的影响。

＊我们一起去到饭店吃晚饭。

改:我们一起去饭店吃晚饭。

＊上个周末,我的中国朋友过来苏州看我。

改:上个周末,我的中国朋友来苏州看我。

＊我打算跨骑自行车去上海。

改:我打算骑自行车去上海。

＊我的妈妈得了生病,我不得不提前回日本看望她。

改:我的妈妈得了重病,我不得不提前回日本去看望她。

3. 误用

（1）不及物动词与及物动词用法相混

＊玛丽结婚了杰克。

改:玛丽跟杰克结婚了。

＊我想见面很多中国人。所以我想提高汉语的说。

改:我想跟很多中国人接触。所以我要提高汉语的口语能力。

＊1958年我毕业了东京大学,我以此自豪。

改:1958年我从东京大学毕业了,我以此为自豪。

分析:上面的偏误是将需带介宾形式的不及物动词,当作及物动词来用了。对这类动词的用法应该特别加以强调。

＊如果你不帮忙我拿上来这些东西,我不能回家。

改:如果你不帮我拿这些东西,我就回不了家了。

（2）近义词用法混淆

＊我想这里的夏天很热。

改:我觉得这里的夏天很热。

＊我看的于老师,对于自己的国家带有了相当的自信心和优越感。

　　改：我觉得于老师对自己的国家有相当的自信心和优越感。

　　分析："想"、"觉得"、"看"都可带小句宾语。区别是："想"常表示人的思考、回忆或估计、预测，不能表示身体的感觉。"看"表示比较肯定的估计和评价。"觉得"既可以表示身体的感觉，又可以表示推测、估计和评价，语气没有"看"那么肯定。

　　\* 我把这个消息传达他。

　　改：我把这个消息告诉他。

　　分析："传达"一般用于正式的、由上到下的命令、指示的传递。

　　\* 请招呼他，今天的会延期了。

　　改：请告诉他，今天的会延期了。

　　分析："招呼"不能用于信息的传达。

　　\* 我妈妈不让我马上回国，她以为我一定后悔等我到日本的时候。

　　改：我妈妈不让我马上回国，她认为等我回到日本的时候一定会后悔的。

　　分析："以为"用于事后证明观点、想法、估计并不正确、并不符合实际的场合。"认为"只表示主观看法，不管是否正确（详见本丛书朱丽云主编《实用对外汉语难点词语教学词典》"认为"、"以为"条）。

　　\* 我妈妈不喜欢我中途回国。

　　改：我妈妈不希望我中途回国。

　　分析："喜欢"可以带兼语，后面的谓语一般是表示特性或经常性习惯的，如："我喜欢他老实，但我不喜欢他抽烟。"但是不能带像上面这样的表示一次性行动的小句宾语。"希望"可以带各类小句宾语，表示对某人的某个动作或某个事件的态度。

　　\* 我也怕中国人对我的态度冷淡。

　　改：我也担心中国人会对我很冷淡。

　　\* 我们跟她约会好了，可是她没来，好像她忘了。

　　改：我们跟她约好了，可是她没来，她可能忘了。

　　分析：在汉语中，有时同一个动作，可以由两个动词来表示，一个是单音节动词，一个是双音节动词，如"约"和"约会"，"学"和"学习"等。它们的用法有时是有区别的。当动词需要带结果补语时，一般应用单音节的动词。这一例就因为要带表示结果的"好"，所以得用"约"。再如，"服"在表示"服从"时，一般要带兼语，如"他就服你管"；而"服从"则可直接带名词、代词或动词宾语。下面的偏误就是不了解这一区别而致误的：

　　\* 她总是表面上服了我们的指导，其实她的心里上不愿意的。

　　改：她总是表面上服从我们的领导，但她的心里并不愿意这样做。

　　下面这例则是因为音节和谐的需要换成双音节：

　　他与客户谈态度总是很从容。

　　改₁：他与客户谈判时的态度总是很从容。

　　改₂：他与客户谈话时的态度总是很从容。

　　\* 今学期七月才完了。

　　改：这个学期七月才结束。

　　\* 现在学生要有学生证入苏州大学。

　　改：学生要有学生证才能进苏州大学。

　　分析："入"和"进"的误用是因不明语体的差别而造成的。

（3）动词的使用和搭配有误

　　＊冬天终于走了。

　　改：冬天终于过去了。

　　＊大家常常说他的名字。

　　改：大家常常提起他的名字。

　　＊我遇到任何困难也不要逃走。

　　改：我遇到任何困难也不能退缩。

　　＊虽然我们失败了，可是我们不是白搭了时间。

　　改：虽然我们失败了，可是我们并不是白费时间。

　　＊他是个通情达理的人，值得我们欣赏。

　　改：他很通情达理，我们很欣赏他这一点。

　　＊这个人常常拆人家的和气。

　　改：这个人常常破坏人家的关系。

　　＊房子被大风摔倒了。

　　改：房子被大风刮倒了。

　　＊在日本养狗负应该被检验病的义务。

　　改：在日本，养狗必须定期带狗去检查。

分析："摔"用于人，而不用于物。"检验"的宾语一般是产品、真理等，不能是"人"或"动物"。

　　＊日本的地铁总是塞满了人。

　　改：日本的地铁总是挤满了人。

分析：动词"塞"的宾语是东西，不能用于人。

　　＊他每天讲究穿衣服，可别人看有点儿奇怪。

　　改：他很讲究穿着，可在别人看来却有点儿奇怪。

　　＊公共地方需要讲究规律。

　　改：在公共场所应该遵守公共秩序。

　　＊我一向讲究实在经验。

　　改：我一向重视实际经验。

分析："重视"是认为重要而认真对待，可以带的宾语比"讲究"要多，有些比较抽象、概括的词语，如"经验、友谊、团结、合作、学习、锻炼、教育"等都可以作"重视"的宾语而不能作"讲究"的宾语。"讲究"是认为重要而努力按较高的标准和要求去实现它，所带的宾语一般都比较具体、与日常生活的关系结合得比较紧密，如"吃穿、穿着、衣着、穿戴、卫生、质量、营养、形式、款式"等，宾语不能是像"穿衣服"这样的动宾短语。

　　＊无论我怎么样恳求他，他都不肯原谅我，从此我们失去了关系。

　　改：无论我怎么恳求他，他都不肯原谅我，从此我们中断了关系。

　　＊我把钱包放在公共汽车，倒霉透了。

　　改：我把钱包忘在公共汽车上了。

　　＊我来到中国，从此我的改变了。

　　改：我来到中国以后，就开始变了。

分析："失去"是非自主动词，但是从句子的意思看，是动作者主动"中断"的（自主动词）。"放"是自主的动词，而句子要表示的是无意的动作，应该用"忘"。"改变"是有意识的行动，而句子表示的是在无意识之中发生的变化。

　　＊从那以后,我渐渐对中国有兴趣了。

　　改:从那以后,我渐渐对中国产生了兴趣。

分析:在"对"引出对象宾语的句子中,用"有"的很有限,一般是静态句。如:

　　他对自己的家乡很有感情。

　　她对这个老师很有看法。

原偏误中有"渐渐"这样的修饰语,说明动作是渐进的、动态的,应用"产生"。

　　＊所以我对实在的中国人的生活和他们的思想感情等的经验没有。

　　改:所以我对现在中国人的生活和他们的思想感情等并不了解。

(4)照搬母语的汉语词而致误

　　＊我保证你一定会满足于这个餐厅。

　　改:我保证你一定会对这个餐厅感到满意的。

　　＊在日本停车违反的罚钱太贵了。

　　改:在日本违章停车罚金很高。

分析:这两例是日本学生照搬日语的"满足"、"停车违反"而造成的偏误。

(5)动词重叠方面的偏误

　　＊在这个城市里随便看,随便走,都能发现很多有趣的事情。

　　改:在这个城市里随便走一走,看一看,都能发现很多有趣的事情。

分析:这一例是列举几个轻松随便的动作,应用动词重叠形式。

　　＊他常常丢丢东西。

　　改₁:他常常丢东西。("丢"为"丢失"义)/改₂:他常常随便乱扔东西。

分析:"丢"是瞬间完成的、非持续动词,不能重叠(详见上第三节一(二)1)。

　　＊爷爷常常出去散步散步。

　　改:爷爷常常出去散步。

　　＊他从小就喜欢拆拆机器了。

　　改:他从小就喜欢拆机器。

分析:表示经常性多次重复的一个动作时,不用动词重叠式。只有建议(将来的动作)或列举经常重复的、轻松随便的几个动作时,常用动词重叠式。如:"咱们去散散步吧。""他早上锻炼,总是散散步,打打拳什么的。"(详见上第三节二3)

　　＊我始终想一想,但是还不明白意思。

　　改:我想了半天,但还是不明白是什么意思。

分析:当表示过去认真地、用较长的时间完成的动作时,不该用动词重叠形式。(详见上第三节二1)

　　＊我正在休息休息,朋友来了。(李大忠例,下简称李)

　　改:我正在休息,朋友来了。

　　＊我们俩在院子里的树下聊天聊天。(李)

　　改:我们俩在院子里的树下聊了会儿天。

分析:表示单个的正在进行、持续的动作,不用动词重叠形式。

　　＊我要讲讲的故事是在美国发生的。(李)

　　改:我要讲的故事是在美国发生的。

＊他们谈谈的时候,一个瑶族老人来了。(李)

改:他们谈话的时候,一个瑶族老人来了。

分析:单个动词作定语不用重叠式(参见上第三节三4)

＊每天吃完晚饭,我和妈妈谈谈话,然后再做作业。

改:每天吃完晚饭,我先和妈妈聊会儿天,然后再做作业。

分析:在表示两个前后相接的、经常性的动作的承接复句中,前一分句动词不宜用重叠形式。要表示"轻松"义,可以用表示时间短的补语(如改正句)。

＊我觉得很多谈谈是好的方法学习汉语。

改:我觉得多跟中国人谈话是学习汉语的好方法。

分析:"多谈谈"一般用于建议某人与另一人多进行谈话活动,是还没有实行的动作。而原偏误不是表示建议而是表示一个普遍的规律,所以不能用重叠形式。

＊这件事我不过从她听一听,不太清楚。

改:这件事我只不过从她那儿听到一点儿,不太清楚。

分析:"听一听"一般用于未发生时的祈使句或假设句中,而原偏误是已完成的动作。

4. 错序

＊他对我很不好,从此开始我反抗他。

改:他对我很不好,从此我开始反抗他。

＊他在苏州住跟一个韩国朋友。

改:他在苏州跟一个韩国朋友一起住。

＊学生们在运动场里分散了,老师叫的声音听到然后凑起来。

改:学生们在运动场上解散了,听到老师的叫声又集中到一起。

5. 动词和其他成分方面的偏误(例略,详见第二编第十章第五节与第三编第五章下各类补语的偏误)

## 第六节 教学建议

1. 在教单个动词时,可以通过动作演示、举例和说明具体的搭配词语等方法把动词使用的范围讲得尽可能具体一些。例如,当学生在学了"拿、带、提、抱、端、捧、举"一组动词之后,可以通过动作演示和所带的宾语说明它们之间的细微差别。

某个动词使用范围的说明不要太宽泛。比如在讲解"讲究"的时候,有人举出"讲究吃喝"、"讲究享受"、"讲究穿戴"、"讲究穿着打扮"的例子,于是下结论说"这个动词经常带动词或动词短语充当的宾语"。由于说明的范围过大,学生就造出这样的偏误:"＊她很讲究穿衣服"。实际上,"讲究"可以带的动词性宾语只有以上相对固定的几个,像"穿衣服"之类的动宾短语是不能作"讲究"的宾语的。

2. 学生初学动词时往往不知道哪些动词能带宾语,哪些不能,因而常出现不及物动词带宾语的偏误。因此,在最初教诸如"见面、毕业、结婚、约会、迟到"等不及物动词时,就应该明确告诉学生这些词语不能带宾语。

3. 对汉语学习到了初级阶段后期和中级阶段以上的学生,应经常联系学生已经学习过的一些常用动词进行近义、反义词关联性讲解(可作适当补充)。常用近义词可以进行一些简单的辨析,并且结合学生的偏误,说明某个动词在语义、语法和语用方面的限制。

讲授近义动词的辨析时,应突出重点,抓紧它们最主要的区别。辨析的角度有动作方式、搭配关系(包括能不能带宾语,能带什么样的宾语等)、语义轻重、使用场合(包括语体)等很多方面。

有时,一个动词可以带很多宾语,但是这一动词因宾语的不同,反义的动词会有所不同。如动词"拆":把信拆开←封好、拆←装机器、拆←盖房子、拆←缝包裹。通过这样的分类举例,说明汉语对不同的宾语往往要使用不同的动词,这样可以防止学生因过度类推而造成偏误(见第五节3)。

4. 上面第五节缺漏、误用偏误中有些是属于初级阶段学生常出现的问题,有的则是中级阶段的学生出现的偏误。究其原因,大多是因为学生不知道某个动词该和什么相关词语(宾语、谓语、修饰语等)的搭配有关。因此,在教授一个新的动词时,有必要作一些这方面的补充。如教"穿"可以让学生说可以带哪些宾语,介绍反义词为"脱"。教"戴",除了课文中出现的"帽子"之外,也可以补充学生生活中常见的"手表、眼镜、首饰",顺便补充反义词"摘",并且可以结合宾语的不同说明这两组动词区别特征在哪里。这样经过多次对比重复,可以减少或避免" * 脱手表"这样的偏误。

5. 动词重叠是动词中的一个难点。在讲授动词重叠的形式表示的不同语义时,要注意分阶段进行。对于初级阶段的学生来说,只需随文释义,在课文中出现哪类动词重叠,就讲哪类。到了中级阶段,可将上述几种不同的意义全面介绍一下,不要让学生产生误解,以为动词重叠形式只表示短暂和尝试义。在一开始讲授动词重叠时,就应向学生说明,并不是所有动词都可以重叠。到了中级阶段,可以介绍其规则。学生容易出现的偏误可以"分而治之"。如在讲动词作定语时,说明动词重叠一般不单独作定语。讲离合词时特别强调其特别的重叠形式等。

6. 在本章第二节我们已经介绍了汉语动词因类别(包括小类)的不同往往带有不同的语法特征。在教一些与动词密切相关用法,如"着"、"了"、"没"、"不"、动词的重叠、"把"字句等时,应该告诉学生有些用法并不是什么动词都可以用的,举一些他们已经学过的动词,说明它们所受的限制等。到了中级和高级阶段,可以将学生学习过的动词归纳成小类,边复习边说明它们的用法。对于那些在上述用法方面受限制的动词小类,有必要反复加以强调,这样可以提高学生从整体规则上把握动词的能力。

**参考文献**

国家汉语水平考试委员会办公室考试中心制定(2001)《汉语水平词汇与汉字等级大纲》,经济科学出版社。

李大忠(1996)《外国人学习汉语语法偏误分析》,北京语言文化大学出版社。

李临定(1986)《现代汉语句型》,商务印书馆。

李临定(1987)《句型和动词》,语文出版社。

吕叔湘(1999)现代汉语语法要点,《现代汉语八百词》(增订本),商务印书馆。

马庆株(1992)《汉语动词和动词性结构》,北京语言学院出版社。

任长慧(2001)《汉语教学中的偏误分析》,武汉大学出版社。

朱德熙(1999)现代书面汉语里的虚化动词和名动词,《朱德熙文集》(第三卷),商务印书馆。

# 第五章　助动词

## 第一节　助动词的类别和语法特征

### 一、助动词的类别

助动词从语义上可以分为以下几类：

1. 表示意愿：要、想、愿意、肯
2. 表示对情理、事理的判断：应该、应当、应、该、得(děi)、必须、要
3. 表示对主客观条件的判断：能、可以、能够
4. 表示准许、允许：能、可以
5. 表示可能：可能、能、会、要、得(děi)

从以上所列词可知，汉语的助动词有不少是身兼几种用法的，这也是汉语助动词比较难的地方。

### 二、助动词的语法特征

1. 助动词常与其他动词一起作谓语，表示各种辅助意义。

2. 助动词都能受否定副词"不"修饰。"能、会、可能、想、愿意"等经常可以受"很"等副词修饰。如：

　　　　我很想去国外旅行。

　　　　他很愿意帮助别人。

　　　　下午很可能下雨。

"想、要、能、能够、会、得(děi)"常可受"一定"等副词修饰。如：

　　　　你一定要用汉语唱这首歌。

　　　　只要活动搞得有意思，大家一定愿意参加的。

　　　　我们这次一定能赢。

"应该、应当、该"在反问句中可以受"一定"等副词修饰。

　　　　老师就一定应该什么都知道吗？

3. 除了"要、应、得(děi)"，绝大多数助动词能单独作谓语。多在答话中。

　　　　你会游泳吗？——会。

　　　　你们想看这个电影吗？——想。

　　　　作为学生应该不应该按时上课？——应该。

　　　　我可以进去吗？——可以。

4. 能用肯定、否定并列的方式表示疑问。如：

　　　　这里可以不可以抽烟？

　　　　你能不能帮我拿一下行李？

你们要不要先去换钱？

5. 助动词后面不能跟动态助词"着、了、过"。

6. 助动词原则上可以用于过去、现在和将来。但是在实际运用中，有的助动词跟它后面动词所表示的动作发生的时间还是有一定的关系的。（参见下第二节二（二）2（9））

7. 除了"必须"、"可以"有时可以用于主语之前外（详见第二节二、三），助动词的位置一般不能在主语之前。助动词也不能直接带宾语，即使语义要指向某人，也不能直接将助动词放在表示人的代词或名词前面，后面必须用动词。如：

可能是小李把你的车骑走了吧。

这件事应该怪你。

8. 助动词不能单独作定语。

9. 有些助动词可以连用，有些不能。

# 第二节　助动词的意义和用法

## 一、表示意愿的助动词

### （一）各个助动词的意义与用法

1. 要

（1）表示做某事的意志。如：

我要学跳舞。

他要买皮鞋。

否定不是用"不要"，而是用"不想"或"不愿意"。如：

我不想去旅行了。

他不愿意见你。

（2）用于动词前，表示从道理上讲必须实行后面的动作。多用于命令、提醒、劝说、叮嘱等。语气比"应该"强，比"必须"弱（参见下二（二））。

你们要注意身体。

你是学生，要好好学习。

考试的时候要认真检查。

"要"前面还可以加"应该、必须、得（děi）"等。如：

爬山时，必须要注意安全。

你的病还没有好，应该要经常去医院检查。

否定用"不要"。多用于禁止或劝阻。如：

公共场合不要大声说话。

这件事可不要说出去。

不要睡得太晚了。

开会不要迟到。

不要违反交通规则。

上面的"不要"可以换成"别"。

（3）表示可能，对将来可能出现的不利情况的估计。句末常加"的"。一般不用于对有利情况的估计,语气比"会"要强。

> 你穿这么少,要感冒的。

> 车开这么快,要出事的。

（4）将要。前面常用"快"、"就"修饰。如：

> 看样子,天要下雨了。

> 车就要开了,快上车吧。

> 我们快要放假了。

（5）用在比较句中,表示估计。可以用在"比……"前,也可以用于暗含比较的句中,常放在表示程度的形容词前面。其作用在于提示听话者注意说话者的意见倾向,有的可以起到影响听者选择的作用。

> 飞机要比火车快得多。

> 她的汉语比我要好得多。

> 如果是晴天,远处看得要清楚一些。

> 山上要凉快一点儿。

（6）表示带规律性的动作。常与"每"、"往常"、"往往"等词语呼应使用,"要"前常要受"都"、"总"等副词修饰。如：

> 他每次从外地回来,总要来我家玩。

> 我每年都要去中学看望我的老师。

> 一到星期天,他往往都要去打网球,可是今天实在太忙了,抽不出时间来。

"要"有时前面还可以加"想、打算"等,这样的"要"表示"将要"之义。如：

> 她想要干什么？

> 朋友打算要去中国留学。

有时,"想"前面也可以加"要",但是这类"要"是连词"要是"之义,不是助动词。因为"要想……"不能像"想要"那样出现在单句中,而且这类"要"可以换成"要是"、"如果"。如：

> 要想学好汉语,非下苦工夫不可。

> 要是/如果想学好汉语,非下苦工夫不可。

2. 想

（1）希望,打算。后面可以直接带动词短语,也可以带连动结构或兼语结构等。如：

> 他想借一本词典。

> 我们想坐船去南方。

> 他想回家去把家里人都接来。

> 我想叫你帮我搬家。

否定句用"不想"。

> 他不想参加这个晚会。

（2）估计,料想。如：

> 我想他一定能赢。

> 你想他会同意我们的意见吗？

否定是在"想"后面的小句谓语前用否定词。如：

> 我想他不会来了。

> 他想她大概已经不生气了。

3. 肯

表示经过思考、比较后所选择的意愿。"肯"后面跟的动词一般是表示动作者需要付出或失去某些利益、放弃原有的打算等意义的动词。

(1) 喜欢、愿意做某一动作。常受"很"修饰,动作一般需要动作者付出精力、财力、努力等。如:

他很肯帮助人。

对技术,弟弟很肯下工夫钻研。

只要你肯下工夫,就一定能取得好成绩。

(2) 表示针对某个人建议、要求或客观需要,经过思考、比较后的主观意向。如:

我跟他谈过了,他肯去外地工作了。

我们让他早点回家,他就是不肯。

这次募捐,你们肯出多少钱?

尽管我们很需要他的帮助,可是他就是不肯帮忙。

"肯"的否定式一般是"不肯",常用于表示动作者坚持不做某一动作。这类动作通常有以下几类:

① 认为是违反动作者平时做人的一贯原则或做法而坚持不做。如:

对工作,他从来不肯马虎。

对于钱,他向来不肯放松一个。

那人始终不肯抢别人的买卖。

谁也不肯白吃别人的,所以都出了礼钱。

他为人十分老实,不肯说假话,不肯发脾气。

② 考虑到动作会带来不利影响而不做。如:

他不肯跟她出去,因为觉得跟她在一起很丢人。

她不肯离开家,因为舍不得自己的孩子。

他不肯得罪老板。

③ 固执地坚持某一动作而不改变,包括不听别人的劝告,一味地坚持。如:

孩子已经很困了,但是还不肯去睡。

他虽然发着高烧,却不肯回去休息。

他已经觉得身体不如年轻人了,但嘴上却不肯服输。

双方都坚持自己的意见而不肯让步。

注意:当强调动作者在说话时之前或过去某个时点前坚持未作某个动作,也可以用"没"否定。如:

尽管大家都叫他回家休息,可他也没肯回去。

（另参见本编第七章副词"没"和"不"部分）

4. 愿意

表示发自内心的、积极主动的意愿。"愿意"后面的动作是动作者认为值得而乐意去做的。可分为以下几类:

(1) 主动为某人、某事物付出较多以至作出牺牲。语气较强,多用于肯定句,常用于表示决心的场合。如:

为了祖国,我愿意献出自己的一切。

我愿意为你做任何事情。

她愿意照顾你一辈子。

(2) 乐意做某个动作。用于疑问句时,常用于征求意见。否定句用"不"。如:

你愿意参加这次活动吗?

我不愿意跟他合作。

他不愿意到离家比较远的地方工作。

**(二) 本组助动词的内部辨析**

1. "要"与"想"的辨析

(1) 与"要"相比,"想"的语气轻一些。因此,"想"可以受"很"、"非常"、"特别"等程度副词修饰。如:

我特别想去国外旅游。

他很想跟中国人聊天。

妹妹非常想学跳舞。

(2) 在具体交际中,"想"比"要"要委婉、客气。当表示意志坚决或决心、计划已定时,一般用"要"。如下面句中的"要"表达的是一种强烈的主观意志,不能换成"想"。

不管你说什么,我都要去那儿旅行。

我们一定要赢他们。

孩子哭着要跟妈妈一起出去。

再苦,也要让孩子上学。

不过,当"要"前加了"想"或"打算",语气就不那么强了。

他想要借留学的机会在中国到处看一看,走一走。

你打算要在这里住多长时间?

"想"一般不用在"打算"的后面。

(3) "想"和动词短语一起可以作有些动词的宾语,也可以放在"别"的后面。"要"一般不这样用。如:

看见他那个怪样子,我忍不住想笑。

她太熟悉他了,什么事也别想瞒他。

2. "肯"与"愿意"的辨析

"肯"与"愿意"都可以表示乐意做某个动作。"肯"后面的动词,一般是表示需要动作者付出努力、精力、财力等的动作(在某种意义上是受损的);"愿意"则只表示动作者的意愿,而不问动作是付出还是索取。两词有以下细微的差异:

(1) "肯"一般不用于单独表示第一人称意愿的句子,"愿意"则不受这一限制。如:

我不愿意(? 肯)闲着,我喜欢工作。

我愿意(? 肯)跟你一起工作。

(2) 动作需要付出的,既可以用"肯",也可以用"愿意"。动作无所谓付出或者可以获益的,一般用"愿意"而不用"肯"。如:

你肯(愿意)教我英语吗?(动作需要付出)

这次活动,他肯(愿意)出多少钱?(动作需要付出)

你愿意(? 肯)参加学校的圣诞晚会吗?(动作无所谓付出)

她愿意(＊肯)找一个收入高又轻松的工作。(动作可获益)

（3）可以用于"肯"后的有些动词具有一定的自律性或熟语性，如"努力、卖力、吃苦、吃亏、花时间、下工夫、动脑筋"等。在肯定句中，"愿意"一般不用于这类动词前；在否定句中，"愿意"可以用于其中部分动词前。如：

  小李工作认真，又肯（＊愿意）吃苦，所以领导很信任他。

  只要你肯（＊愿意）努力，我相信你一定能取得好成绩。

  他觉得，自己肯（＊愿意）卖力挣钱，生活是不成问题的。

  这孩子做什么事情都不愿意动脑筋，懒得很。

（4）在"愿意"和"肯"前后分用的复句或句群中，往往两词前后不能互换。用"愿意"只表示当时动作者的主观想法。用"肯"则带有强调动作者对某一动作（包括否定的动作）的坚持。在肯定句中，"愿意"后面可以带动作者或说话者所希望的情况（多为有益的情况），"肯"则不行。如：

  舞厅里太闹了，他不肯进去，他愿意找一个清静的地方坐一会儿。

  他不愿意再干了，但又不肯收工。

"肯"在否定句中，后面经常带动作者或说话者认为较有益的情况。如：

  爸爸虽然上了年纪，但是工作时从不肯挑轻松的活干。

  你已经这么累了，怎么还不肯休息休息？

## 二、表示对情理、事理判断的助动词

所谓情理和事理是指社会规约（包括法律、各类规章制度、伦理道德、风俗习惯）和自然规约（实际情况的约束和限定、自然发展规律等）。这组助动词中有的助动词使用的范围比较广（如"应该"），有的比较窄（如"必须"）。

### （一）各个助动词的意义与用法

1. 应该（应当）

（1）表示从道理上讲需要做某个动作。可以单独回答问题，否定用"不应该"。如：

  我们应该热爱祖国、保卫祖国。

  你妈妈身体不好，你应该多关心她。

  学生应该好好学习。

  我觉得自己不应该在困难面前低头。

（2）用于事理上的推论或推测，理应如此。如：

  他坐的这趟火车，应该3点钟到。

  你是北方人，不应该怕冷。

  已经五月了，天应该暖和了。

上面三例都是根据事实或自然规律作出的推断。

2. 该

"该"意义同"应该"。用"应该"的句子，绝大多数可以换用"该"。常用于口语。如：

  天不早了，我该走了。

  他这么晚还没来，该不会出什么问题吧。

3. 应

"应"常用于书面语，使用频率比"应该"要低得多。有的熟语结构只能用"应"。如：

  这个计划应重新加以考虑。

此事应如何处理呢?

理应如此。(熟语结构,不宜用"应该"、"应当"、"该",但可以用"当"。)

类似的熟语结构还有"罪有应得"。

4. 得(děi)

表示情理与实际的双重需要。用"得"往往带有不以人的意志为转移(不想做也得做)的含义。不能单独回答问题,用于口语,语气比"应该"重。如:

我没有钱,我得打工。

他上班的地方很远,每天很早就得起来。

既然是研究,总得搞得认真一点儿吧。

咱们十多年没见了,这次你说什么也得多住几天。(如用"应该"没有"得"语气恳切)

否定一般用"不用、用不着、甭",不用"不得"。如:

买这辆车得花很多钱吧?——不用多少钱。

今天晚上得加班吧?——大家抓紧点儿,就用不着加班了。

5. 必须

用于动词前,表示从情理与事实两方面看,一定得做某个动作。用于命令句,语气比较强。如:

论文明天必须交。

你必须把你知道的情况都告诉我。

表示否定用"不必"或"无须"(后者一般用于书面语)。如:

这个会议你不必参加。

事故的原因已经很清楚,你无须解释了。

"必须"在强调动作非由某个施事实行不可的时候,可以用于主语前。如:

这个手续必须你自己去办。

丢失的东西必须本人去领。

(注:《现代汉语八百词》把"必须"看作副词,《汉语水平词汇与汉字等级大纲》修订本看作助动词,此处按助动词处理。)

**(二) 本组助动词的内部与外部辨析**

1. "应该"、"应"与"该"的辨析

(1)"应该"、"该"可以单独回答问题,"应"不能。"应"多用于书面语,"该"多用于口语。

(2)"该"可以用于假设句的后一分句,表示根据情理和事理所作推测或感叹。

你要是回家太晚,你爸爸又该说你了。(根据常规情况作出的推断)

如果王老师能再教我们,该有多好啊!

"应该"和"应"不能用于这类假设复句的后一分句,所以也就不能受表示规律性重复义的副词"又"的修饰,也不能用于表示感叹的"有多+形"结构前。

2. "应该(1)"与"要(2)"、"得(děi)"、"必须"的辨析

这几个助动词一般用于地位上是上对下或者平等的人之间。当说话人对听话人来说是下对上的关系,一般是不宜用这些助动词的。这几个助动词意义有相近之处,但使用的范围和侧重点有所不同。

(1)在对话中,用于肯定句的"应该"主要用于讲道理、提建议(对方可以不照着办);"要"、"得"、"必须"主要用于提出要求,要求对方照着办。"要"、"得"可以用于劝说或命令

句,"必须"一般用于比较强硬的命令句,对方一定要照办,不得更改,不容商量。因此,从语气上说,"必须"最强,"得""要"次之,"应该"相对弱一些。请看下面的例子:

　　要想学好汉语,应该多读、多写、多听、多说。(一般建议)

　　要想学好汉语,要/得多读、多写、多听、多说。(指导性建议)

　　要想学好汉语,必须多读、多写、多听、多说。(命令性口气)

　　你身体不好,应该多休息。(建议)

　　你身体不好,要/得多休息。(劝说)

　　你身体不好,必须多休息。(命令)

　　正因为如此,"应该""要""得"常用于建议、劝说句,也常用于语气比较婉转的动词重叠式或"动+一下"之前,"必须"则很少这样用。如:

　　你应该/要/得好好想想。

　　做完题目,应该/要/得认真检查一下。

　　"必须"可以用于带有命令意义的兼语句中。如:

　　领导指示,让外出的干部一月七日必须赶回来,八号要开紧急会议。

　　他叫我们必须把屋里的东西搬干净。

　　"应该""要"不能用于这类兼语句。用"得"要作适当的调整,有的也不行。如:

　　领导指示,外出的干部得在一月七日前赶回来,八号要开紧急会议。

　　? 他叫我们得把屋里的东西搬干净。

　　(2)"要""得"可以受"一定""可"修饰。"应该"不能受"一定""可"的修饰,但可以受"真""是""当然""也许""至少"之类语气副词修饰,因为这类副词常用于主观推断("要""得"也可以),但"必须"前面不能用上述副词。

　　(3)"应该"常用于逻辑性很强的推断。当从事理上进行主观性推断(可以与事实不相符合)或根据自然规律进行推断时,往往用"应该"。下面句中的"应该"都不宜换成"要""得""必须"。

　　按理说,人的本性应该是善良的。

　　已经是冬天了,天不应该这么暖和。

　　(4)"应该"可以以肯定的形式用于反问句或疑问句,一般用于说理、辩驳。如:

　　为什么她应该服从你呢?(不能用"要",但可换用"得""必须")

　　你以为一个人应该把自己的快乐建立在别人的痛苦之上吗?(不能用"要""得"和"必须")

　　"得"只能以否定的形式出现在表示推论的反问句中,表示说话人对结论毫不怀疑(亦参见上 4. 得(2))。如:

　　这事要是让他去办,还不得办砸了?

　　(5)根据法律、规定等明确职责或追究责任时,一般用"应该",不用"要"。如:

　　这个工作应该由他负责。(可换用"必须",语气比"应该"强)

　　你是警察,有人犯罪,难道不应该管管吗?(不能用"要"和"必须")

　　(6)根据客观事实进行推论,得出的结论带有普遍的规律性(一般符合事实)时,往往用"得":

　　他慢慢懂得,人活着,就得随时准备经受磨难。(可以用"必须")

　　干什么都得下苦工夫。(同上)

（7）当谓语是"觉得"、"认为"等，"应该"、"得"、"必须"都可以用于其后所带的表示主观想法的小句中，"要"不能，这可能跟"要"本身就表示主观意愿有关。如：

我觉得自己应该坚强起来。（可换用"必须"、"得"，语气更强）

他认为你得提前一个小时出发。（可换用"必须"、"应该"）

（8）根据规章制度，提出要求，一般用"要"。强调非这样做不可时，可以用"得"、"必须"。如：

要先交了书费，才能领书。

住宿要登记。

（9）用于否定句的"应该"主要用于针对已经发生或存在的事实加以评判，"要"主要用于对尚未发生的动作的禁止、劝阻、提醒、叮嘱等。如：

考试时，你不应该这么马虎。（针对动作不当之处事后进行批评）

考试时，你不要这么马虎。（事前的提醒）

公共场合不应该大声说话。（针对已出现的情况讲道理）

公共场合不要大声说话。（当场劝阻或事前的提醒）

这件事不应该说出去。（针对动作不当之处事后进行批评）

这件事可不要说出去。（事前的叮嘱）

（10）"应该"有时可以否定形式作谓语。谓语一般受"真"、"太"等副词修饰。如：

你这样做真不应该。

这样处理太不应该了。

"应该"也常用于下面的句中。如：

这些都是我应该做的，你不用谢我。

"得"、"要"、"必须"则没有上述用法。另外，"得"、"要"也可以作动词，直接带数量宾语，"应该"、"必须"不行。

买这辆汽车，大概得十万元。

抬这台机器，至少要四个人。

## 三、表示能力、可能、判断、允许等意义的助动词

### （一）各个助动词的意义和用法

1. 能(能够)

（1）表示有能力做某事。如：

我能看中文杂志。

他虽然是外国人，但是能写很多汉字。

"能"可以表示能力达到某一具体的水平或原有的能力的恢复。如：

她能用汉语写信了。

弟弟的伤好了，能走路了。

我一个小时能打两千多字。

可以受"很"、"特别"、"真"等副词修饰，表示动作的能力达到了相当的量。如：

这个人很能吃，一顿吃了几个人的饭。

他可真能说，已经说了几个小时了。

（2）表示客观条件具备后的可能性。如：

> 下星期我有空，能去旅行。
>
> 前面在修路，汽车不能过去。

（3）表示事物本身具备的可能性。如：

> 这个小船只能坐五个人。
>
> 那个箱子能装多少本书？
>
> 这种野菜不能吃。

（4）表示许可。多用于疑问句和否定句。如：

> 考试能用英语回答吗？——不能。
>
> 现在我能回家吗？
>
> 阅览室里不能唱歌。
>
> 中学生不能吸烟。

（5）表示估计和预测。如：

> 他的病能好吗？
>
> 我想她大概不能按时到。
>
> 这次试验肯定能成功。

（6）表示自然存在的、带有一定规律的可能性。一般是肯定句，多用于客观描写。如：

> 在这片树林里，总能看到野兔出没，也能听到小鸟的鸣叫声。
>
> 每天早上你总能看见他在跑步。

上述用法的"能"的否定形式一般是"不能"。不过，当强调说话前或者过去某个时点前某个动作因为某个条件不具备，未能完成（见上（2）），可以用"没"否定。如：

> 那天因为太忙，没能去参加你的生日晚会，真对不起。

（另参见本编第七章第二节五否定副词）

2. 可以

（1）表示有能力做某事。如：

> 你放心，他可以自己站起来。
>
> 他一小时可以打一千多字。

（2）表示客观条件具备后的可能性。如：

> 坐这趟车一小时就可以到。
>
> 现在凉快了，可以看书了。
>
> 你可以帮我一个忙吗？

否定句一般用"不能"。如：

> 奶奶脚疼，不能走很多路。
>
> 明天我有事，不能帮你照看孩子了。
>
> 他病了，不能上课了。

（3）表示情理上许可。如：

> 这些东西可以收起来了。
>
> 时间不早了，你可以回家了。

（4）表示准许，多用于疑问句。否定句用"不能"，不用"不可以"。如：

> 可以问个问题吗？——可以。

　　　　这里可以停车吗？——不能。

　　（5）表示值得。常用于推荐或建议。如：

　　　　那个展览办得不错，可以去看看。

　　　　这里的风景很美，可以多拍几张照片。

　　3. 会

　　（1）表示经过后天习得，掌握了某个动作的技能技巧，懂得怎样做某个动作。如：

　　　　他会打网球。

　　　　王老师会说三门外语。

　　否定形式用"不会"。

　　　　我不会游泳。

　　　　这孩子还不会走。

　　这类"会"可以受"很"、"特别"、"真"等副词的修饰，表示擅长做某个动作。重在强调动作者懂得动作技巧。如：

　　　　她很会买东西。买的东西又好又便宜。

　　　　妈妈很会做菜，普通的蔬菜经她一做，特别好吃。

　　　　李老师真会安慰人，一会儿小明就高兴起来了。

　　（2）"会"经常用在表示主观估计、预料和推测的肯定或否定句中。主要表示有没有可能发生某个动作或出现某种情况。句末常用语气词"的"。如：

　　　　明天不会下雨。

　　　　我想他会很高兴的。

　　　　一边算账，一边说话，会算错的。

　　（3）用于根据人或事物带有规律的客观特性所作的推断。这类特性可以是一般人、动植物或事物的属性或特征，也可以是个别的人或事物的特性[①]。如：

　　　　人都会死的。

　　　　鸟都会飞，鱼都会游。

　　　　这里一到梅雨季节就会下雨。

　　　　他每天早上都会去操场跑步。

　　4. 可能

　　表示估计、推测。语气不太肯定。"可能"常用在谓语前，有时也可以用在主语（包括小句主语）前。在后面接"会"时，仅表示语气。可以受"很"修饰。如：

　　　　如果他来处理这件事，可能情况会好些？

　　　　吃了这种药，病不但不会好，很可能还会起副作用。

　　　　我想可能我们还会有做得不周到的地方。

　　否定是"不可能"。如：

　　　　要在这么短的时间里完成这个任务，是根本不可能做到的。

　　　　谁也不可能记住这么多人的名字。

---

　　① 鲁晓琨是用"表示现实存在的某种必然性"来解释这类意义（详见鲁晓琨，2003）。笔者认为，用"必然性"说明这一意义，过于绝对了。"必然"应是确定不变的，但是用"会"所表示的这类推断，尽管大多数是必然会发生的情况，但是不能排除变化，即反常情况的出现。如："他每天早上都会在这里锻炼，为什么今天没有来呢？"

"可能"可以作谓语,多以否定形式出现。如:

　　这本书是她写的? 绝对不可能。

　　现在要在 3 点钟到火车站已经不可能了。

　　小王在这次比赛中打破世界纪录是很可能的。

(注:《现代汉语八百词》把上述用法的"可能"看作副词,《汉语水平词汇与汉字等级大纲》(修订本)看作助动词,此处按照助动词处理。)

　　5. 得(děi)

表示估计,必然如此,比"会"语气更肯定,带有毫无疑问的口气。不能单独回答问题,一般没有否定形式,用于口语。

　　你又没做作业,老师准得说你了。

　　这场比赛又输了,大家又得笑话咱们了。

注意:"不得"可以用于反问句,表示的是肯定的意义。如:

　　等出了问题,还不得我去处理?(还得我去处理,第(1)种用法)

　　要是让他知道了,还不得吵翻天了?(必然会吵翻天,第(2)种用法)

**(二) 本组助动词的内部和外部辨析**

1. "能"与"可以"的辨析

在表示能力方面,两词的区别是:

(1)"能"可以表示善于做某事(强调动作完成的量大),前面常带"很"。"可以"没有这样的用法。如:

　　他很能( * 可以)说,一说就说一个小时。

　　十八岁,正是能( * 可以)吃能( * 可以)睡的年龄。

(2)"能"可以表示经过后天学习而获得的能力,"可以"这样的用法较少。如:

　　我学过汉语,这篇文章我能(可以)看懂。

　　听说你还能( * 可以)给人看病。

在表示可能性方面,两词的区别是:

(1) 如要表示主要根据客观情况、条件推导出的可能性时,一般用"能",不用"可以"。

A. 常用于疑问句,表示对可能性的怀疑,或用于表示希望、估计的动词之后。如:

　　他还能( * 可以)给我写信吗?

　　过一会儿,雨大概能( * 可以)停。

　　他希望将来能( * 可以)当一名医生。

　　我觉得他的病能( * 可以)好。

B. "能"常受限制范围或表示程度低的"只、刚、才"以及表示频率的"总"等副词修饰,"可以"一般不行。如:

　　没有汽车了,我只能(? 可以)走回家了。

　　这个小孩刚能( * 可以)走。

　　我一个小时才能(? 可以)打 300 字。

C. 根据规律性的客观情况对可能性作出估计,一般用"能",不用"可以"。如:

　　他非常注意锻炼身体,每天早上你总能( * 可以)看见他在跑步。

(2) 如所表示的可能性必须有主观情理、意志参与,即根据客观事实对可能性作出判断、推理或对动作进行主观选择等,肯定句一般用"可以"(很少用"能"),否定句一般用"不能"。

A. 根据客观事实作出比较有把握的推测或判断。如：

从现在掌握的情况可以断定,他就是我们要找的人。

从她的表情可以看出,她好像不太愿意。

光看这场比赛还不能肯定谁能最后得到冠军。

根据大量事实,我这时已经完全能断定这封信是谁写的了。

B. 有条件可允许避免做某一动作时,一般用"可以不"。如：

明天正好要出差,这样就可以不去见他了。

孩子说他肚子疼,这样就可以不做功课了。

C. 动作者具有选择退一步动作的可能性。肯定式一般用"可以",否定式用"不能"。如：

他不在不要紧,我可以( * 能)等他。

你可以( * 能)原谅我,但我却不能原谅自己。

D. 动作允许有几种选择的可能性,这类句子也只用"可以"。如：

我去学校,可以坐车,也可以骑车。

这个工作你可以一个人干,也可以叫几个人来一起干。

可以他来,也可以你去。

明天聚会,来我家也可以,去你家也可以。

在以上几例中,"可以"能作谓语,也能放在主语前,这些功能都是"能"所没有的。

(3)"能"常用于反问句。有时表示许可,有时表示可能。如：

你怎么能(? 可以)把护照丢了呢?(表示许可)

他这么努力,学习成绩还能( * 可以)不好吗?(表示可能)

这事她能( * 可以)不知道吗?(表示可能)

"可以"很少用于反问句。可用于质问动作方式的反问句,只表示许可。如：

你是父亲,就可以(能)这么做吗?(表示许可)

(4)"可以"、"能"还可以表示许可。它们经常以疑问句的形式征求对方意见或向对方提出某种要求,语气比较客气。在答句中,"能"多用于否定句,肯定句一般用"可以"。如：

A:老师,我现在可以(能)回家吗?

B:可以。

A:考试可以(能)用铅笔吗?

B:不能。

注意:在实际会话中,否定回答也不常用"不能",一般多用"不行、不成"。

我们将以上的种种区别,用下面的表来表示(＋表示可以,—表示不可,下同)：

| "能"和"可以"的异同 | | | |
|---|---|---|---|
| 1. 表示生来具有的某种能力或这类能力的恢复 | | 能 | 可以 |
| | | 肯定:能 否定:不能 | 肯定:可以 否定:不能 |
| | 一般能力 | ＋ | ＋ |
| | 后天习得 | ＋ | — |
| | 善做某事 | ＋ | — |

续表

| | | 能 | 可以 |
|---|---|---|---|
| | | 肯定:能 否定:不能 | 肯定:可以 否定:不能 |
| 2. 表示客观条件具备或限定下的可能性 | 一般可能性 | + | + |
| | 规律性可能 | + | － |
| | 希望、估计的可能性 | + | － |
| | 受副词"只、刚、才"等修饰 | + | － |
| | 用于反问句 | + | － |
| 3. 表示的可能性必须要有主观情理或意志的参与 | 根据客观事实作出比较有把握的推测或判断 | 很少用 | + |
| | 有条件可允许避免做某一动作 | － | + |
| | 对动作作出一种或多种选择的可能性 | － | + |
| | | 肯定:能 否定:不能 | 肯定:可以 否定:不能 |
| 4. 许可 | | + 多用于否定 | + 多用于肯定 |

2. "会"与"能"的辨析

在表示"有能力"语义方面,两词有以下区别:

(1)"会"只表示一种能力,即后天习得的技能。"能"可以表示多种"能力",其中有不少是因某种条件具备后才有的能力(详见下)。只有在很少的句中,两词可以互换。如:

　　她会(能)说汉语。

在不少场合,"能"有表示多种"能力"语义的可能,即可能产生歧义,常需要上下文确定其义;而"会"的意义是单一而确定的。因此,用单句表示某人具有某种技能时,一般用"会"。如:

　　小王会踢足球。(具有踢足球的技能)

　　小王能踢足球。{ 小王中学是校队的,能踢足球。(具有踢足球的技能)
　　　　　　　　　　 小王体力好,能踢足球。(具有踢足球所需要的体力条件)

　　这孩子会走路了。(学会了走路的技能)

　　这孩子能走路了。{ 这孩子经过练习,已经能走路了。(学会了走路的技能)
　　　　　　　　　　　 这孩子的腿治好了,能走路了。(失去的能力的再次恢复)

"能"还可以表示经过锻炼、磨炼而生成的某种能力、承受力和控制力;"会"则不能。下面例句中的"能"都不能换成"会"。

　　再大的困难,我都能克服。

　　以前有过许多比这更严重的打击,他都能承受。

　　老张能在任何场合都保持镇定。

(2)"会"与"能"都可以表示善于做某事,它们常受"很、真、最"副词修饰。但是两词所侧重的方面不同。如:

　　他很会吃。/她真会说。/姐姐最会买东西。(强调"会"后动作有较高的技巧性)

　　他很能吃。/她真能说。/姐姐最能买东西。(强调"能"后动作的量很大)

因此,当谓语动词所表示的动作无法用量来衡量时,就不能用"能"。如:

你真会过日子。　　　　＊你真能过日子。

她很会安慰人。　　　　＊她很能安慰人。

他很会待人接物。　　　＊他很能待人接物。

类似的动词还有"照顾、分析、总结、概括、处世、察言观色"等。

(3) 两词在表示能力的量化方面有所不同。

当表示某种能力具体能达到的总量时,用"会"和"能"表示的意义是相同的。如:

我会(能)说两门外语。

四岁的孩子会(能)写三千个汉字。

但当句中有表示时量或动量的状语,一般用"能"表示能力。这类句中的"能"即使勉强换成"会",也不表示能力。如:

? 小李二十分钟会打扫两个房间。("会"表示有可能,不表示能力)

小李二十分钟能打扫两个房间。("能"表示能力所达到的效率)

? 爸爸一顿会喝一斤白酒。("会"表示有可能,不表示能力)

爸爸一顿能喝一斤白酒。("能"表示能力所达到的限量)

据此可以说,"能"可以表示某一动作的效率或限量,"会"不能。

(4) 在表示动作的方式与结果时,两词也有区别。

当谓语动词或短语带有结果义,前面用"会"和"能",所表示的意义是不一样的。如:

我会说服他(的)。("会"表示有可能)

我能说服他。("能"表示有能力)

你一定会找到他。(表示有可能)

你一定能找到他。(表示有能力)

我们一定会把东西搬走的。(表示有可能)

我们一定能把东西搬走。(表示有能力)

表示"有可能"义时,"会"与"能"有同有异。

在表示"有可能"这个意义时,"会"与"能"只有在以下情况下是可以互换的:

A. 疑问句

明天会(能)下雨吗?

这事换了你,你会(能)答应吗?

B. 条件句或因果句

只有看到孩子平安回来,家长才会(能)放心。

下这么大的雨,明天的运动会大概不会(能)开了。

同样表示"有可能","会"和"能"有以下区别:

(1) 在结构和词语完全相同的句中,语义或语气方面有时略有不同。如:

这一回甲队会赢。≠这一回甲队能赢。

你的病会好的。≠你的病能好。

上面两句中,"能"比"会"的语气更加肯定一些。用"能"暗示说话人的推论是根据一定的客观条件得出的,因而这种推测较为可靠。用"会"的推测,主观随意性较大,有时是根据事实,有时则仅仅凭借猜想或感情。如:

警察告诉一位母亲,她的儿子杀了人。面对事实,母亲接受不了,她会说:"不会,不会的,我的孩子不会杀人的。"

有时用"会"是根据一般常规或常识加以推断。如：

山上这么冷，你不能停下来，停下来会冻坏的。

你穿得这么土，人家会看不起你的。

（2）"会"在表示可能时，既可以表示积极的，也可以表示消极的，"能"只能用于表示积极的可能。因此下面这两句中的"会"都不能换成"能"：

没想到他也会病。　　　　　　　＊没想到他也能病。

不注意安全生产，会出事故的。　＊不注意安全生产，能出事故的。

表示积极的可能性，两词都可以用：

没想到他也会（能）取得这么好的成绩。

我相信你会（能）改正错误。

上面两句中的"能"是有歧义的，有时可以表示"可能"，有时也可以表示"能力"。

（3）"会"可以在心理动词充当谓语的陈述句中表示"可能"，"能"不行。这类陈述句如改成疑问句，就可以用"能"表示"可能"。如：

大家都会（＊能）喜欢她的。（大家能喜欢她吗？）

领导会（＊能）信任你的。（领导能信任你吗？）

我不会（＊能）后悔的。

（4）"会"在表示"实现、完成、结果"义时，是没有歧义的，均表示"可能"。因此，在表示对动作结果的推测中，以用"会"为常。而"能"在类似句中，可以表示"有能力"，有时也可以表示"有可能"，有时，没有一定的上下文会产生歧义。如：

没想到过了这么多年还会（能）见到你。（可能）

我知道你会（＊能）夸他的。

代表团会参观工厂的。（可能）

代表团能参观工厂。（允许）

小明会打开箱子的。（可能）

小明能打开箱子的。（有能力）

他会把电影票都退了。（可能）

他能把电影票都退了。（有歧义，可以表示有可能，也可以表示有能力）

我们将上面的辨析归纳为下表：

| "会"和"能"的异同 | | | | | |
|---|---|---|---|---|---|
| 1. 表示有能力 | 会 | 能 | 2. 表示有可能 | 会 | 能 |
| 通过后天习得的能力 | ＋ | ＋ | 语义侧重：主观臆测 | ＋ | － |
| 先天具备的条件而有的能力 | － | ＋ | 语义侧重：客观分析 | － | ＋ |
| 客观条件具备后才有的 | － | ＋ | 可用于疑问句 | ＋ | ＋ |
| 经磨炼后具有的某种承受力 | － | ＋ | 可用于条件句（包括因果复句） | ＋ | ＋ |
| 某种原有能力的恢复 | － | ＋ | 谓词表积极意义 | ＋ | ＋ |
| 能力的效率或限量 | － | ＋ | 谓词表消极意义 | ＋ | － |
| 懂得某一动作的技巧或门道 | ＋ | － | 谓词为心理动词 | ＋ | － |
| 懂得如何进行某一动作（方式） | ＋ | － | | | |
| 进行某一动作可达到相当的量 | － | ＋ | 表示动作完成、实现的结果 | ＋ | 很少 |
| 有能力完成或实现某一动作（结果） | － | ＋ | | | |

3. "应该"、"该"、"得"、"会"、"可能"、"能"与"要"的辨析

上述助动词虽然都可以表示估计、推测,但是这几个词的用法并不一样。

(1) 表示的动作的时态不同。在一般的动词谓语前,"可能"和"应该"、"该"既可以用于已经发生的动作,也可以用于尚未发生的动作。"得"和"会"、"能"只能用于尚未发生的动作(另详见各词条下例)。

> 他们可能/应该已经出发了。

> ＊他们能/会/得已经出发了。

"会"、"能"只有在主谓短语作宾语时,可以用于已发生的动作。如:

> 我没想到他会这么生气。

> 大家都没想到老师会(能)来。

> 我就知道你一定能行。

(2) "可能"所表示的语气是很不肯定的,推测可以有一定的根据,也可以没有什么根据。"应该"和"该"是根据一般的情理作出的推测,有一定的根据,语气相对肯定一些。如:

> 现在十点了,他应该(该)来了。(根据常规、惯例或约定作出的推测)

> 现在十点了,他可能来了。(仅是主观推测)

(3) "应该"、"该"、"能"一般不用于估计出现某种消极情况或某种原因。"会"、"可能"不受此限制。如:

> 他比较马虎,可能(＊应该/该)以前也出过错。

> 老师没来参加咱们的活动,可能(＊应该/该)是因为忙。

> 她跟咱们在同一个班学习过,你应该(该/可能)见过她。

> 你学过几年英语,这个说明书应该(该/可能)看得懂。

> 孩子穿这么少,会(＊能)感冒的。

> 我想你这次会/能成功。

(4) "可能"语气很不肯定,所以可以受"很"等副词修饰。"应该"、"该"、"会"、"要"则都不能受"很"等副词修饰。如:

> 据小李的推测,她现在很可能住在她姐姐家里。

> 办这个手续,很可能还要交钱。

(5) 同样表示"可能"义,"要"和"会"的语气要比"可能"肯定。用于表示未然的动作时,"要"多用于消极方面,说话人的主观推断的语气比"会"强,因此常用于警告式的提醒。无论估计的情况是积极的还是消极的都可以用"会",因此"会"既可用于提醒,也可以用于鼓励。"应该"不能用于"相信、坚信、肯定"等表示确信无疑的动词后的小句宾语中,也不能用于对将来可能出现的消极方面的推测,但可以用于对已经发生的情况的评价(理应如此,不是"推测"义)。如:

> 你不遵守交通规则,总有一天要(会)出事的。(不能用"应该")

> 他老干坏事,肯定要(会)受到惩罚的。(推测将来可能发生的情况)

> 他老干坏事,应该受到惩罚。(对已发生的情况发表看法)

> 只要下苦工夫,你一定会有大的进步的。(鼓励,不能用"要")

> 只要下苦工夫,你应该会有进步的。(加了"应该",鼓励的语气不如上一句强)

> 我相信他将来会有出息的。(不能用"应该、要")

"能"表示估计时,多出现在疑问句中。一般表示对某一情况出现的可能性的怀疑。

他能准时到吗？

小孩子怎么能一个人做这么多事呢？

（6）"得"在表示估计时，一般也只用于消极方面，用于语气十分肯定的推断。常与"准"、"非……不可"等表示强调意义的词语或结构一起用。如：

你把爸爸心爱的瓷器打碎了，非得挨骂不可。

他现在还不出门，准得迟到。

这类用法一般不用其他助动词。

（7）"可能"可以出现在表示估计的"要"、"会"的前面。这时"可能"的作用主要是使整个句子的语气委婉一些。"要"、"会"有提示动作是未然的作用。如：

吃了这种药，你很可能胃里会觉得不太舒服。

这件事如果解决得不好，他们可能要来找你的。

"可能"有名词用法，常作"有"的宾语，后接动词短语。"有"前可以受"很"、"极"等副词修饰。如：

这次比赛，我们很有可能赢他们。

如果办公司缺钱的话，他极有可能把房子卖了。

"可能"前也可以带上动词短语所作的定语，一起作"有"的宾语。如：

大家要是不努力，这个工作就有完不成的可能。

"可能"也可以作有些动词的宾语。如：

他一连串的许多举措远远超过了实际可能。

# 第三节　学生在助动词方面常见的偏误

1. 缺漏

（1）缺少助动词

＊上公共汽车时，先把一块钱塞进投币箱里。

改：上公共汽车时，先要把一块钱塞进投币箱里。

＊沿着这条路一直往北走，就到邮局。

改：沿着这条路一直往北走，就能到邮局。

＊我始终相信他的成功。

改：我始终相信他会成功。

＊据说这种药治愈这种严重疾病。

改：据说这种药能治这种疑难病症。

＊据说这种药吃一个月后效果显出来。

改：据说这种药吃了一个月之后，就会有效果。

＊我觉得帮助她。

改：我觉得应该帮助她。

＊大家都知道，在这样的情况下，是非分明。

改：大家都知道，在这样的情况下，必须是非分明。

分析：上面后两个偏误都是表示从情理、道理上考虑需要做某个动作。这类情况必须用"应该"、"必须"等助动词。

（2）缺少助动词和相关的副词

　　＊你来中国旅行，如果不会说汉语，你处处觉得很困难。

　　改：你来中国旅行，如果不会说汉语，你处处都会觉得很困难。

　　＊到什么时候天气好？

　　改：到什么时候天气才会好？

分析：在表示估计将来可能出现某个情况的句中，一般要用"会"。

2. 误加

　　＊我希望不是只要了解中国文化，同时也必须了解别的国家的文化。

　　改：我希望不仅了解中国文化，同时也了解别的国家的文化。

　　＊我到了一个新的班，尽管不知道我们能上到什么时候，我还是有信心能把这个月的课念完。

　　改：我到了一个新的班，尽管不知道我们能上到什么时候，我还是有信心把这个月的课上完。

分析："有信心"是表示比较强的主观意愿的说法，和表示客观可能性的"能"放在一起意义上有些矛盾。

　　＊我 20 岁了，可以能喝酒了。（陈绂例，下简称陈）

　　改：我 20 岁了，可以喝酒了。

分析："可以"和"能"这两个助动词不能连用。

3. 误用

（1）"会"、"能"及可能补语用法的混淆

　　＊我今天必须把这本书看完，哪怕不会睡觉。

　　改：我今天必须把这本书看完，哪怕不能睡觉。

分析："能"可以表示客观条件允许与否，"会"没有这个用法。

　　＊根据我的经验来说，学生要打工。打工会挣钱，而且会学习很多事情。

　　改：根据我的经验，学生应该打工。打工能挣到钱，而且能学到很多东西。

　　＊她每天睡觉的地方不一样。她在沙发上、床上、椅子上都会睡觉。她想反正在哪里我会睡觉，何必要讲究呢？

　　改：她每天睡觉的地方不一样。她在沙发上、床上、椅子上都能睡着。她想反正在哪里都能睡着，何必讲究呢？

　　＊有一个朋友做事特别精细，又有好记性，给她多少任务都会完成。

　　改：我有一个朋友做事特别精细，记性又好，给她多少任务都能完成。

　　＊我们学过的生词不会用到会话里，就不能算掌握。

　　改：我们学过的生词不能用到会话里，就不能算掌握。

　　＊我今天下午有事，不会去见你。

　　改：我今天下午有事，不能去见你。

　　＊他不能游泳，以前没有学过。

　　改：他不会游泳，以前没有学过。

分析：在汉语中，"会"和"能"在意义和用法上有不少区别（详见上三（二）），但是在许多语言中，却没有这样的区别。如"会"和"能"英语都用"can"，日语都可以用できる、れる、られる（即动词的可能态）表示。韩语也是用同一种语言形式表示。因此，外国学生最常见的

偏误是将"会"与"能"的用法混淆起来。

　　*有些问题看起来很容易解决,事实上,谁也不会解决。

　　改:有些问题看起来很容易解决,但是实际上,谁也解决不了。

　　*这件数学问题真的难,别说学生不能做,即使老师也不能做。

　　改:这道数学题真的很难,别说学生做不出来,即使老师也做不出来。

分析:表示能力的"会"不能用于表示完成、结果意义的动词和动补结构的前面;"能"可以,但是一般用于肯定句,如"能做出来"。当要表示没有能力实现某个动作时,一般使用可能补语的否定形式。

（2）"要"与"想"的混淆

　　*他们不要伤害走路的人。（陈）

　　改:他们不想伤害过路人。

分析:"不要"用于自主动词前,表示禁止义(如"不要说话!"),用在非自主动词前,可以表示提醒(如"注意不要摔倒了!")。如要表示否定的意愿时,只能用"不想",而不能用"不要"。

　　*今年九月开始上课的时候,我不想去二班,我一定想去三班。

　　改:今年九月开学后,我不想去二班,我一定要去三班。

分析:"一定想"一般用于对别人行动的估计,而不用于第一人称。

（3）"要"与"能"的混淆

　　*我遇到任何困难也不要逃走。

　　改:我遇到任何困难也不能逃避。

　　*现在女孩子大都希望结婚以后也要工作。

　　改:现在女孩子大都希望结婚以后还能工作。

　　*我希望他始终要陪伴我。

　　改:我希望他始终能陪伴我。

分析:表示意愿的"要"不能用于表示意愿的动词"希望"之后。这两个和上面2.误加下的"我希望不是只要了解中国文化……"(用"希望"又用"要")的偏误分别出自日本、韩国和德国三个国家学生之手,说明这是带共性的问题。

　　*阿里写作业时非常认真,不能轻易干扰他。

　　改:阿里写作业时非常认真,不要轻易打搅他。

（4）其他助动词之间的混用

　　*如果不了解,结婚后应该发生矛盾。（陈）

　　改:如果互相不了解,结婚后就可能发生矛盾。

分析:"应该"不能用于推测将来可能出现的消极的情况(详见上第二节(二)3辨析)。

　　*每个开始学期我会付钱一个学期费,但是我没有钱。

　　改:每个学期开学时,我得付一个学期的学费,但是我没有钱。

分析:"会"可用于表示将来可能做某个动作。但此句是说不得不做的动作,应该用"得"。

（5）与其他词类用法相混

A. 与形似或义近词语相混淆

　　*我知道,中国有很多善良的、肯定帮助别人的人。

改:我知道,中国有很多善良的、愿意帮助别人的人。

　＊我愿望在中国的贸易公司工作。(陈)

改:我愿意在中国的贸易公司工作。

　＊日本公司现在要外国人打工。(陈)

改:日本公司现在需要外国人打工。

　＊这个会议凭证明书好让你参加。

改:这个会议凭介绍信你就可以参加。

　　分析:"好"常用于目的句之前,表示做了前面的动作,"以便于"达到后面的目的。但是这句本身是具备了某个条件后才允许做某事,因此应该用"可以"。

　＊在很多人的地方,需要讲究规则。

改:在公共场所,应该遵守秩序。

　＊我的一个朋友想去苏州,他愿意我一起去苏州。

改:我的一个朋友想去苏州,他希望我跟他一起去苏州。

　　分析:"愿意"是助动词,不能带小句宾语。

　B. 与其他语法形式相混淆

　＊天气冷,所以,那穿得多一点的衣服。

改:天气冷,所以,得多穿一点衣服。

　　分析:这是将助词"得"与助动词"得"的用法混淆了。

4. 错序

　＊我愿意跟随姥爷不一起玩。(陈)

改:我不愿意跟随姥爷一起玩。

　＊要我喝可乐。(陈)

改:我要喝可乐。

　＊为了健康,应该我运动。(陈)

改:为了健康,我应该运动。

5. 杂糅

　＊对父母来说,讲究教育孩子是应该的。

改:作为父母,应该重视对孩子的教育。

　＊人生不算长,所以人生中的时间就是最珍惜的。

改:人生不算长,所以时间是最应珍惜的。

　＊我应该对韩国人的都知道这样餐厅。

改:我觉得韩国人都应该知道这个餐厅。

　＊合同上,我应该我错了。

改:根据合同,应该是我理解错了。

　＊住在北京能够的期间是两个月多。

改:在北京能住两个多月。

　　分析:在表示对将来可能出现的情况的估计时,一般用"会"或者"能"。用"会"表示的估计主观性强些,用"能"表示的估计一般是有一定客观根据的,客观性要强一些。

## 第四节　教学建议

### 一、助动词的教学应区分难易度，分层次地、逐步地教给学生

汉语的助动词很多，大部分助动词是多义词，不少助动词还兼有其他词类的作用（如"可能"还可以作名词，"会"、"想"、"要"都还可以作动词等）。有些助动词在表达功能上具有相同点，又有不同点（详见上第二节各组（二）辨析）。汉语分得较细的用法，在有些学生的母语中是不分的（如表示能力的有"会"、"能"和"可能补语"）。这些都会使学生在学习助动词时感到困难，容易产生混淆。

按照现在的对外汉语教学大纲，助动词教学一般都集中在初级阶段，往往把多个多义助动词的多种用法一下子全教给学生，而在之后的课文中，各种用法出现的频率并不平衡，这样，学生对每个助动词掌握的程度也会出现不平衡，甚至会混淆几种不同的用法。比如助动词"要"，学生因为接触表示意愿和禁止（"不要"）的比较多，因此对这两种用法印象很深，而对"要"表示"须要"、"将来"和"估计"的用法就比较生疏，以至于在表示否定的意愿时，也会误用"不要"，而不用正确的"不想"（参见第四节 4），但是在表示"须要"、"将来"和"估计"时却又往往不用。

本章第四节列出的偏误，大多数出自中级汉语水平的学生，其中用法混淆占了很大的比例。这说明助动词的教学，只在初级阶段集中教一次是不够的。最好把助动词的用法根据使用频率和难易分出层次。像表示意愿的"想"和"要"属于比较容易的，在初级阶段教过后，不必多说。那些比较难的、学生容易出现偏误的助动词，到中级阶段应该在更高一个层次进行复现。比如助动词的语用条件和使用规则，近义助动词的辨析等，都应该放在中级阶段讲，并且配合这些内容做一些相关的练习，加以巩固。

### 二、中级阶段应从讲、练两方面加强近义助动词的辨析

初级阶段特别是第一阶段，对像"会、能、可以"这样的助动词只进行一次辨析是很难讲清楚的。[①] 因为受到这个阶段汉语水平的限制，学生一般很难从理性上分清它们究竟有什么不同（详见上三（二））。而到了中级阶段，一方面学生已经对所辨析的助动词有了初步的接触和了解，另一方面掌握的词语和语法点有助于他们对不同之点的分析和理解，练习的编写也能够比较充分地展开，因此应该在这一阶段加强对近义助动词的讲解与练习。

### 三、讲解还应说明语用条件，归纳出使用细则

从上面学生常见偏误看，学生对什么时候应该用什么助动词，什么时候不能用助动词，并不很清楚。而目前的汉语教材往往只从语义上进行分析，很少具体说明助动词的语用条件和使用规则。因此，应该针对学生的偏误和难点，从语义、语法和语用等方面归纳出更为

---

① 2002 年出版的国家汉办编的《高等学校外国留学生汉语教学大纲》（长期进修）（附件）"初等阶段语法项目"（一）出现的助动词的语法点有："能、会、要、想、可能、可以、应该、愿意"和"比较：'能'、'会'和'可以'"（见该大纲 149 页）。"初等阶段语法项目"（二）出现的助动词语法点是："得（děi）、肯、能够、应、该、应当"，没有要辨析的内容（见该大纲 159 页）。中级阶段和高级阶段没有任何关于助动词的语法点。

细致的使用规则(本章的辨析部分已经有所涉及)。下面是我们根据本章的辨析和第四节中的一些偏误进一步归纳出的一些规则:

**(一) 助动词使用的语用条件**

1. 按照规章制度一定要做某个动作时,这个谓语动词前应该用"要"、"必须"之类的助动词。如:

> 上公共汽车时,先要把一块钱塞进投币箱里。

> 报到时必须/要先交学费再领书。

2. 如果估计某事物可能产生某个效果,语气不很肯定时,一般在谓语动词前要用助动词"能",如:

> 据说这种药能治这种疑难病症。

3. 如果估计某人自主性动作将来可能会有的结果(积极或中性义)时,一般在谓语动词前要用助动词"能"(有一定客观根据)或"会"(不需要有什么根据)。如:

> 沿着这条路一直往北走,就能到邮局。

> 只要你不断努力,肯定能/会取得好成绩。

4. 如果对将来非自主性动作或结果的出现(积极或中性义)作预测,一般要用"会"。如:

> 我始终相信他会成功。

> 她的病据医生说马上就会好的。

5. 如果对非自主性结果(消极意义)作预测,语气比较肯定的用"要",不太肯定用"会"。如:

> 你不遵守交通规则,要/会出事故的。

6. 根据法律、道义、义务、情理或道理说明要做某个动作时,一般用"应该"等。如:

> 父母应该抚养孩子。

> 我觉得应该帮助她。

> 他一时想不起该对父母说什么。

> 人生不算长,所以时间是最应珍惜的。

7. 具备某个条件、达到某个要求或标准时某个动作才可实现,在谓语动词前要用"能"或"可以"。如:

> 现在要凭学生证才能/可以进学校。

> 考试及格才能/可以毕业。

> 成绩都在85分以上才能参加评奖学金。

**(二) 助动词使用所受的限制**

1. "希望、盼望"等表示主观愿望的动词一般不能和表示主观意愿的助动词"要"或"想"同时出现在一个单句中。这类动词后面可以用"能"等助动词。(参见第三节偏误1)

2. 表示意志较强的动词短语(如"有决心"、"有信心")一般不能跟助动词"能"同时出现在一个单句中。表示估计意义的动词"觉得"、"认为"、"想"后面可以用"能"(参见第四节偏误1)。

3. 助动词"可以"和"能"不能连用。(参见第三节偏误1)

4. 在表示估计时,"应该"和"能"一般不用于消极方面。

**参考文献**

陈　绂(2002) 浅析日本学生学习助动词的难点与误区,《语言文字应用》(对外汉语教学与研究专辑)。

国家对外汉语教学领导办公室编(2002)《高等学校外国留学生汉语教学大纲》(长期进修)(附件),北京语言文化大学出版社。

国家汉语水平考试委员会办公室考试中心(2001)《汉语水平词汇与汉字等级大纲》(修订本),经济科学出版社。

黄郁纯(1999) 汉语能愿动词之语义研究,台湾师范大学华语文教学研究所硕士论文。

陆庆和(1995) "会"与"能"辨析,《语言研究集刊》(第四辑),江苏教育出版社。

鲁晓琨(2001) 助动词"能"的语义构成及其肯否不对称现象,《现代中国语研究》(总 3 期),(日本)朋友书店。

鲁晓琨(2003) 助动词"会"和"能"的隐喻对比,赵金铭主编、崔希亮、张旺熹副主编《对外汉语研究的跨学科探索》,北京语言大学出版社。

吕叔湘(1999)《现代汉语八百词》(增订本),商务印书馆。

陶　炼(2002) 表示"必要"的助动词"应该""必须""要""得"之差异研究,陈光磊主编《语法研究与对外汉语语法教学》,山西人民出版社。

朱立元主编(2002)《新世纪　新视野——华东地区对外汉语教学研究论文集》,山西人民出版社。

# 第六章　形容词

## 第一节　形容词的构成与类别

### 一、形容词的构成

形容词的构成可以分为以下几类：

（1）单音节形容词。如：

 大　小　多　少　高　低　黑　白　长　短　真　假　对　错

（2）由形容词语素与形容词语素或者形容词语素与名词语素构成的复合形容词，即一般的双音节形容词。如：

 热情　严肃　和气　仔细　粗心　庄严　重要　平静

 清楚　明亮　干净　伟大　美丽　安静　紧张　轻松

（3）由一个名词语素或动词语素与一个形容词语素构成的复合形容词。如：

 雪白　冰凉　漆黑　喷香　通红　笔直

（4）带词缀的形容词。如：

　A．形＋重叠后缀：黑糊糊　绿油油　红彤彤

　B．形＋不同音节后缀：黑不拉叽　灰不溜秋

　C．前缀＋形：稀巴烂　滴溜圆

### 二、形容词的分类

**（一）按照形式的简单与复杂分类**

朱德熙先生把形容词分为简单式和复杂式两种（1999）。

1．简单式

即形容词的基本形式，包括单音节形容词和一般的双音节形容词。从意念上看，这类形容词表示的是单纯的属性、性质。单音形容词跟双音形容词有很大的区别：

（1）单音形容词加上"的"，成为体词性结构。如：

　　那顶帽子是黑的。

　　我的字典是新的。

但是绝大部分双音形容词加上"的"之后不能转化为体词性结构。

（2）由双音形容词充任的定语是描写性的。双音形容词可以修饰专名或人称代词，如：

　　伟大的毛泽东　　细心的她

一般单音节形容词不能修饰专名或人称代词。只有在"真的李逵"这样的场合才可以。

2．复杂式

即形容词以下面的形式出现的：

(1) 重叠式

单音节形容词重叠形式为 AA 式：

　　　　大大　　　红红　　　细细

双音节形容词重叠形式为 AABB 式或 A 里 AB 式：

　　　　清清楚楚　　　安安静静(完全重叠)

　　　　啰里啰唆　　　糊里糊涂(不完全重叠)

(2) 带重叠的后缀

　　　　黑糊糊　　　绿油油　　　臭烘烘

(3) "雪白"类形容词的重叠式

"雪白、冰凉、漆黑、喷香、通红、笔直"这类形容词虽然数量不多,但是重叠形式却有两种:

　　　　ABAB 式:雪白雪白　冰凉冰凉　通红通红　漆黑漆黑　笔直笔直

　　　　BAA 式:黑漆漆　香喷喷　红彤彤　凉冰冰

注意:上面两种不同的重叠形式意义、用法和频率是不太一样的[①]。

(4) 以形容词为中心构成的短语

　　　　A. 很高　挺难　非常漂亮　那么努力　多么美丽

　　　　B. 又高又大　又聪明又可爱

从意念上看,这类形容词的复杂形式所表示的属性都跟一种量的观念或是说话的人对于这种属性的主观估价作用发生联系(详见下)。

**(二) 按照语法功能分类**

1. 一般形容词

一般形容词是指既能作谓语又能作定语的形容词。大多数形容词都属于一般形容词(这类形容词的语法功能详见下)。

2. 非谓形容词

非谓形容词是指不能作谓语、状语和补语,只能修饰名词作定语的形容词(又有称作"区别词"的)。非谓形容词数量不多,主要有以下一些:

　　　　男　女　金　银　正　副　主要　次要　长期　短期　根本　基本　个别

这类非谓形容词有以下特点:

(1) 只能作定语,修饰名词时一般后面不用加"的"。如:

　　　　男人　主要问题　长期生　基本工作

(2) 不能作谓语、状语和补语。

(3) 用"非"而不是用"不"来否定。

(4) 除了"个别"、"主要"、"次要"等,大多不能用"很"修饰。

**(三) 按照表达功能分类**

1. 性质形容词

用来表示事物或人的性质的形容词叫做性质形容词。这类形容词包括单音节形容词和

---

①　笔者查了北京大学语言学研究中心的语料库,"喷香喷香"只有一例(形容烤熟的肉),"香喷喷"有 81 例,除了可形容吃的、喝的东西以外,还可以形容干草香、香水香等,后者一般不用"喷香喷香"。"漆黑漆黑"只有两例,形容马驹和叶子的颜色特别黑。"黑漆漆"有 51 例,多形容夜色黑暗,没有亮光。也有少数是用来形容社会黑暗的。

一般的双音节形容词。

2. 状态形容词

用来表示描写事物或人的状态的形容词叫做状态形容词。这类形容词包括：

(1) 单音节形容词的重叠式：轻轻、暖暖、圆圆。

(2) 双音节形容词的重叠式：安安静静、认认真真、仔仔细细、糊里糊涂。

(3) "雪白、冰凉、漆黑、喷香、通红、笔直"等及其重叠式。

(4) 带后缀的形容词，包括 ABB 式：黑糊糊、绿油油；A 里 BC 式：稀里哗啦；A 不 BC 式：灰不溜秋。

(5) 程度副词"很"等＋形容词＋的：挺难、很新、非常甜。

**(四) 结合语义与功能分类**

1. 根据语义与功能划分的小类

(1) 积极意义和消极意义形容词

我们把"好、对、积极、美、容易、聪明、漂亮、认真、仔细、细心、细致、努力、清楚、高兴、满意、严肃、严格"等称为积极意义形容词，把"坏、烂、烫、差、糟、难、消极、丑、难看、笨、马虎、粗心、困难、懒、模糊、糊涂、痛苦、悲伤"等称为消极意义形容词。

(2) 量高和量低类形容词①

有些形容词是可以表示事物的量的（物理的度量、能使人感觉到的事物或心理的强弱，如光的"亮"与"暗"，心情的"激动"与"平静"）。我们把表示事物比较高的量或程度较强的形容词称之为量高类形容词，这类形容词有：大、长、高、胖、粗、快、熟、亮、热闹、激动、兴奋等。把与量高类形容词大致能构成反义关系的形容词，即表示事物较低的量或程度较弱的形容词称之为量低类形容词，这类形容词有：小、短、矮、低、瘦、细、慢、生、暗、黑（指光线暗）、静、安静、冷静、平静等。

(3) 常变量形容词

我们把"冷、热、凉快、暖和"等称为常变量形容词。

(4) 绝对性质形容词

我们把"真、假、错、横、竖、紫、温"等称为绝对性质形容词。

2. 不同小类的形容词的不同语法功能

上面四个不同类的形容词在语法功能上是有区别的：

(1) 绝对的性质形容词不受程度副词修饰，即不能说"很错、很温"。其他类形容词则可以。

(2) "很不"、"不大"一般可以修饰积极意义的形容词，但是不能修饰消极意义形容词、量高量低类形容词（"平静"、"冷静"除外）和常变量形容词。副词"有点儿"正好与"很不"相反，它不能修饰积极意义的形容词，但常修饰消极意义形容词、量高量低类形容词和常变量形容词。（另参见本编第七章副词）

他好像很不高兴。 ＊ 他好像有点儿高兴。

小刘长得不大漂亮。 ＊ 小刘长得有点儿漂亮。

---

① 这两类形容词及下面常变量形容词的命名主要受沈家煊（1999）下述观点的启发。他指出："通常总是问有'多长'、'多深'、'多高'，一般不会问有'多短'、'多浅'、'多低'；通常的回答也是'三寸长'、'五尺深'、'一丈高'，而不会是'三寸短'、'五尺浅'、'一丈低'……从语义上分析，'长—深—高'有［具有度量］的语义成分，'短—浅—低'有［缺乏度量］的语义成分。"因此，从量上对这些形容词做一下分类，对于帮助外国学生掌握这几类形容词的语法规则是十分必要的。

　　＊她很不马虎。　　　　　她有点儿马虎。

　　＊这张照片不大模糊。　　这张照片有点儿模糊。

　　外面有点儿/不太冷。

　　（3）常变量形容词、量高类形容词都可以带"起来"作补语，表示状态开始发生变化。积极和消极意义的形容词中除了"细致、努力、满意、美、坏、丑、笨、难、容易"外，也可以带"起来"作补语，表示同样的意义。（另参见第三编第五章第四节趋向补语）

　　（4）所有常变量形容词、部分消极意义形容词（如"消极、笨、马虎、懒、糊涂"）、部分量高和量低类形容词（如"胖、小、烂、瘦、差"）以及"错"在让步复句前一分句或表示警告的祈使句中常带"下去"作补语①。如：

　　　　再这么冷下去，该穿毛衣了。

　　　　再这么胖下去，要走不动路了。

　　　　你可不能再这么错下去了！

　　　　你再这么消极下去，则将一事无成。

　　意义相反的形容词后接"起来"、"下去"可以构成意义对举的句子：

　　　　孩子一天天胖了起来，母亲却一天天瘦了下去。

　　（5）大多数量低类形容词如"低、瘦、慢、暗、黑（指光线暗）、静、安静、冷静、平静"和"凉快"可以带"下来"作补语，一般表示状态由强变弱。（详见第三编第五章第四节趋向补语）

　　（6）在使用"没有"的比较句中，形容词谓语通常用积极意义的、量高类的形容词以及常变量形容词。一般不用消极意义和量低类形容词。如：

　　　　我的成绩没有他好。　　＊我的成绩没有他差。

　　　　爸爸的血压没有妈妈高。＊爸爸的血压没有妈妈低。

　　　　上海的夏天没有大连凉快。

　　　　楼下没有楼上热。

　　但是，当形容词前加上"这么"或"那么"之后，消极意义和量低类形容词就可以用于"没有"的比较句了。如：

　　　　他的身体没有你说的这么差。

　　　　哥哥的个子没有弟弟那么矮。

　　（7）"……比以前＋形容词＋了＋一点"的比较句中，使用的形容词一般是积极意义的、量高和量低类以及常变量形容词。如：

　　　　他说的汉语比以前流利了一点儿。

　　　　树上的苹果比以前大了一点儿。

　　　　老师好像比以前瘦了一点儿。

　　　　这里的冬天比以前暖和了一点儿。

　　消极意义的形容词要表示类似带比较意义的状态的变化时，则不要带"一点儿"。如：

　　　　爷爷的身体比以前差了。

　　　　公司的经济情况比以前更糟了。

　　（（6）、（7）另可参见第四编第二章第十四节"比较句"）

---

　　①　只有"努力"这样少数的积极意义的形容词后面才可以带"下去"，如"你只要照现在这样努力下去，是一定会获得成功的"。人们常说"希望我们能继续好下去"。此句中的"好"不是"好坏"的"好"，而是"友好"（动词)的"好"。

## 第二节　形容词的语法特征和句法功能

### 一、形容词的语法特征

1. 除了绝对性质形容词和大部分非谓形容词(详见第一节二(二)2、(四)1(4))外,简单式的形容词,即一般单音节和双音节的形容词大多都可以受程度副词的修饰。复杂式的形容词(详见第一节二(一))一般不能再受程度副词的修饰。下面是学生的偏误:

　　*他是个很马马虎虎的人。

2. 除了少数可以带使动意义的兼类形容词外(详见下),大多数形容词不能带宾语。下面是学生的偏误:

　　*要不是你告诉我,我几乎错了办法。

3. 形容词即使是表示过去的状态,也不带"了"(只有部分形容词在表示变化时,可以带"了"。详见本编第十章助词部分)。但是在很多学生的母语中,形容词谓语是有过去形态的,因此,学生在这方面的偏误比较多。如:

　　*火车是二层,很长了。

　　*他们爬上了长城,很高兴了。(另见本章第五节)

4. 单音节形容词和部分双音节形容词(即第一节一、"形容词构成"下的(1)、(2)、(3)类形容词)是可以重叠的。但是,也有一些双音节形容词是不能重叠的,如"新鲜、伟大、好看、好听、痛苦、悲伤、激动、兴奋"等。下面是学生的偏误:

　　*这个商店的肉总是新新鲜鲜的。

### 二、形容词的句法功能

#### (一) 形容词作定语

简单式:红毛衣　新书　认真的人　快乐的节日

复杂式:厚厚的大衣　软软的沙发　高高的个子　非常痛苦的表情

　　　　黑糊糊的墙　雪白的桌布　鲜红的围巾

1. 单音节形容词可以直接修饰名词,不用带"的",如"新车"、"旧书"、"红毛衣"。当说话者特别强调其区别特征时,才带"的"。如:

　　我要那条黑的裙子,不是这条蓝的。

　　你不应该把那本旧的词典送给她,要送就该送新的。

2. 双音节形容词作定语,除了非谓形容词外,大部分后面要带"的"。只有一些经常使用、近似固定的定中短语中的双音节形容词后,可以不带"的"。如"老实人、客气话、麻烦事、关键问题(人物、场合)、重要内容(问题、人物、场合)、新鲜空气(肉、水果)"等,这些形容词后面的中心词如果换成其他名词,往往就要带"的"。如"老实的学生、客气的态度、麻烦的工作、关键的比赛、重要的中药"等。

3. 单纯表示数量的形容词"多"和"少"不能直接修饰名词。下面是学生的偏误:

　　*那里有多美人。(改:那里有很多美人。)

　　*我只有少钱。(改:我只有很少的钱。)

"很多、不少"可以直接修饰名词,不要带"的"。如:

很多学生出去玩儿了。

他把不少书都送了人。

4. 形容词的简单式作定语,如果中心语之前有数量词的话,数量词应该在形容词之前。如"一件白衬衫"、"一个认真的人"。形容词的复杂式作定语,如果中心语之前有数量词的话,数量词有两个位置。如:

(1) 数量词位于形容词之前,用于一般的描述。如:

他穿着一件雪白的衬衫。

刘老师是一个很认真的人。

(2) 形容词位于数量词之前,常用于突出强调形容词所表示的状态,句子往往带转折义。如:

雪白的一件衬衫上却溅上了墨汁。

没想到这么认真的一个人工作上也会出错。

5. 形容词与所修饰的名词之间有互相选择的关系,即搭配是有限制的。这种搭配主要表现在意义方面,学生经常容易出现偏误(详见第五节)。另外,形容词在作修饰语时,也有音节方面的限制。下面是学生的偏误:

＊难问题他都能回答。(改:很难的问题他都能回答。)

＊宽路两边有很多商店。(改:宽宽的马路两边有很多商店。)

**(二) 形容词作谓语**

1. 在单句里,形容词一般要以复杂形式作谓语,或者带程度副词修饰,或者以"重叠形式＋的"形式出现。如:

天气很热。

那个人十分热情。

他总是匆匆忙忙的。

院子里干干净净的。

在表示对比的句子里,形容词谓语可以是简单式。如:

哥哥个子高,妹妹个子矮。

小李细心,小张粗心。

2. 在学习了"的"字短语和形容词的重叠形式之后,应该向学生强调以下几点:

(1) 形容词简单式后的"的"有体词化的作用,复杂式之后的"的"没有这种作用。如形容词简单式之前可以加数量词或指示词,"一个大的","那件新的"。不能说"一个大大的","那件新新的"。

(2) 形容词"简单式＋的"作谓语时,前面必须有"是"。复杂式可以不带"是",即后者可以直接作谓语。两种谓语的语用有些不同。如:

她的脸是圆的。(此句用于说明,表示说话人的主观认识)

院子里是干净的。(同上)

她的脸圆圆的。(此句用于描写,带有说话人主观的感情)

院子里干干净净的。(同上)

(3) 形容词"简单式＋的"一般不受程度副词以外的副词修饰("简单式＋的"加了"很"、"挺"等就变成了复杂式,不受此限制)。"复杂式＋的"常受副词修饰(指"复杂式＋的"本身所含程度副词以外的副词)。如:

她脸上永远红扑扑的。　　　　　　＊她脸上永远红的。

天已经黑糊糊的了。　　　　　　＊天已经黑的了。

他一直忙忙碌碌的。　　　　　　＊他一直碌碌的。

学生都挺认真的。　　　　　　　＊学生都认真的。

(4)"形容词简单式＋的"不作补语。"复杂式＋的"却经常充当补语。如：

眼睛瞪得大大的。　　　　　　　＊眼睛瞪得大的。

土豆切得细细的。　　　　　　　＊土豆切得细的。

屋子里收拾得整整齐齐的。　　　＊屋子里收拾得整齐的。

(5)形容词简单式不能修饰动词。复杂式修饰动词,后面一般要带"地"。如：

那人重重地打了他一巴掌。　　　＊那人重打了他一巴掌。

我们美美地吃了一顿。　　　　　＊我们美吃了一顿。

注意:可以说"美餐了一顿"(书面语中近似固定的用法)。

有些学生因为不了解可以用"是＋形容词＋的"对事物的性质或状态进行说明,所以会出现以下偏误:

＊他头发有黄的颜色。

改:他的头发是黄的/黄色的。

＊那条河是最丽亮,有蓝色,是很干净。

改:那条河是最漂亮的,蓝蓝的,又很干净。

形容词的复杂形式(包括一些固定结构,如带有形容词性质的成语等)所修饰的对象是有一定限制的。如：

＊他讲的内容一塌糊涂的,叫人莫名其妙。

改:他讲的内容乱七八糟的,叫人莫名其妙。

**(三) 形容词作状语**

1. 单纯的形容词作状语,有以下几点要注意:

(1) 有的单音节形容词只能形容单音节动词,即作单个动词的状语(形容词后面不用带"地")。这种情况多见于书面语。如：

高喊　高举　低吟　快走　慢跑　轻放　远望　近看　静养

重罚　怪叫　臭骂　直说　歪戴　斜躺　横写　竖放　紧握

上述单音节的形容词所修饰的单音节动词,一般也是受限制的。如可以说"高喊口号";但不能说"高叫口号";可以说"一个声音高叫着",但却不能说"一个声音高喊着";可以说"远望"、"远看",但不能说"远站";可以说"慢跑",但不能说"慢爬"(详见下(3))。

另外,反义的形容词,只有少数可以修饰同一动词。如"慢跑"、"快跑";"远看"、"近看";"横写"、"竖写"等。但有些反义形容词就不能修饰同一动词。如可以说"远望"但不能说"近望",因为"望"这个动词就只用于"向远处看";可以说"快干(gàn)"(用于祈使句),但是不能说"慢干"。上面其他单音节形容词与它的反义词也大多是不能修饰同一个动词的,即没有相对的反义短语。如可以说"高举",但不能说"低举";可以说"直说",但是不能说"曲说";可以说"歪戴",但是不能说"正戴";可以说"紧握",但是不能说"松握"。

(2) 有的单音节形容词既可以修饰单音节动词,又可以修饰双音节动词,如：

多说　多锻炼　少吃　少说话　好说　好商量　穷吃　穷讲究

这类既能修饰单音节动词,又能修饰双音节动词的单音节形容词并不多,类似的还有"少、早、真、假、全、好、晚、穷、乱"等。要注意的是,有的形容词可以修饰的动词较多,如

"多"、"少"、"好"等。有的形容词修饰的动词很有限,如可以说"穷讲究",但不能说"穷休息"。"晚"作状语,"晚走、晚来"是比较常见的,其他常见的状中短语除了像"晚婚晚育"这样用法比较固定的①外,大多是与"早～"构成的并列结构,如"早来晚走"、"晚睡早起"等。

(3) 有少数单音节形容词既可以修饰单音节动词,也可以修饰其重叠等形式。如:

> 细想　细想想　细算算　粗算　粗算算　粗算一下

单音节形容词可以作状语的一般限于(1)(2)(3)中提到的形容词。

(4) 还有少数单音节形容词,只能修饰固定的动词短语,如:

> 长叹了一口气
>
> 秘密深藏在心里

(5) 单音节形容词变成复杂的形式(加以重叠或采用其他方法),可以修饰的动词及其短语的范围就会扩大一些,包括一些原本不能被单音节简单形式修饰的动词。如:

> 她远远地站在那里看。　　　*她远站在那里看。
>
> 他慢慢地往前爬着。　　　*他慢往前爬着。

上面的形容词重叠形式是形容动作的状态。下面的重叠形式则是形容动作的结果:

> 我热热地喝了一碗汤。　　　*我热喝了一碗汤。
>
> 他圆圆地画了一个圈。　　　*他圆画了一个圈。
>
> 她浓浓地沏了一杯茶。　　　*她浓沏了一杯茶。

2. 双音节形容词作状语有以下几点要注意:

(1) 表示人在做某个动作时的态度、神情、速度、频率以及动作过程所处的状态或姿势等的双音节形容词经常作状语。如:

A 组(既可作状语也可作补语,作状语可不带"地")

> 认真　仔细　随便　严厉　严格　细心　细致　努力　干脆　勉强　耐心　一般
>
> 深刻　镇静　积极　消极　直接　突然　偶然　特别　老实　热情

B 组(常作状语,一般不作补语或极少作补语,作状语可不带"地")

> 经常　间接　公开　正式　大量　大批　广泛　普遍　秘密　聪明

C 组(既可作状语也可作补语,作状语要加"地")

> 清楚　客气　高兴　伤心　悲痛　勇敢　大胆　轻松　爽快　端正　大方　委屈
>
> 紧张　冷静　激动　兴奋　模糊　痛苦　悲伤　愉快　整齐　方便
>
> 漂亮(指动作姿势、过程)

D 组(一般不作补语,可以作状语)

> 生气　着急(作状语要加"地")　　完全(作状语不用加"地")

E 组(不作状语,可作补语)

> 马虎　粗心　流利　辛苦

上面 A、B 组双音节形容词作状语时,后面可以不带"地",也可以带"地"。C 组双音节形容词作状语时,一般要带"地"。D 组则有的要带"地"有的不用。如:

> A 组:认真学习　仔细检查　随便坐　迅速作出决定

---

① 根据我们对北京大学语言学研究中心语料库的调查,"晚"单独作状语的用例很少见。频率最高的是"晚婚"(46例),其中"晚婚晚育"有 20 例;"晚走、来、去＋时量补语或动量补语"的有 15 例;与"早＋动词"对举并列的(如本节中所举)有 24 例。

　　　　B组:经常发言　公开声明　正式通知　广泛收集

　　　　C组:清楚地记得　客气地让了座　勇敢地冲了上去

　　　　D组:生气地说　完全了解

　　E组形容词虽然同样是表示态度或过程的,但一般不作状语,但是可以作补语。"马虎、辛苦"重叠后可以作状语。如:

　　　　他马马虎虎地检查了一遍,就把作业交了。

　　　　我辛辛苦苦地把你养大,你却这样对待我!

　　(2)不能说明动作进行时的状态的、只表示人或事物呈现的某种静止状态或性质的双音节形容词,一般不作或极少作状语。如:

　　　　干净　笨　不错　好吃　好看　难看　好听　暖和　便宜

　　上面这组形容词可以用来说明、评价动作完成后,动作所涉及的事物的状态或性质,常作补语。如:

　　　　衣服洗得很干净。

　　　　玛丽的汉字写得不错。

　　　　水果卖得很便宜。

　　　　菜烧得真好吃。

**(四) 形容词作补语**

　　形容词可以作两类补语:一类是状态补语,一类是结果补语。

　　1. 可以作状态补语的形容词比较多。如:

　　　　他的汉语说得很好。

　　　　屋子里收拾得很整齐。

　　注意:在陈述句中,作状态补语的形容词往往是复杂形式。简单式的形容词作状态补语一般用于以下两种情况:

　　(1)用于表示称赞、赞叹的感叹句中。如:

　　　　干得好!

　　　　手术做得漂亮!

　　(2)用于对举的句中,如:

　　　　哥哥长得高,弟弟长得矮。

　　需要说明的是,不是所有的形容词都可以作状态补语。双音节形容词可以作补语的详见上(三)中的说明。单音节形容词可以作状态补语的有:

　　好　多　少　饱　对　烂　烫　糟　大　小　长　短　高　低　矮　细　粗　快　慢
熟　生　硬　软　凉　热　冷　宽　窄　破　黑　红　白　近　远　紧　松　满　深
酸　甜　苦　辣　咸　脏　差　胖　瘦　贵　丑　笨

　　上面的单音节形容词除了"笨、矮、生"只能作状态补语外,其他形容词既可作状态补语也可以作结果补语。有些单音节形容词如"坏、错、新、旧、强、弱、难、浅"等,不能作状态补语但可以作结果补语,像"饿"这样的形容词则不能作状态补语也不能作结果补语。

　　2. 可以作结果补语的形容词相对少一些。单音节形容词可以作结果补语的见上。双音节形容词经常作结果补语的主要有以下几个:

　　　　干净　整齐　清楚　明白　端正

# 第三节　形容词的重叠

## 一、形容词重叠后在语法上的特点

1. 重叠后的形容词本身就表示程度的加深,所以不能再受程度副词的修饰。

2. 重叠后的形容词可以做以下成分:

(1) 作定语,一般后面要带"的"。如:

她穿着厚厚的毛衣。

蓝蓝的天上飘着几朵白云。

(2) 作谓语,重叠的形容词后一般要带"的"。如:

孩子的脸红红的。

展览馆里冷冷清清的,没有几个人。

(3) 作状语,后面一般要带"地",这是形容词重叠使用频率最高的用法。如:

医生轻轻地推开了门。

爸爸匆匆忙忙地上班去了。

(4) 作补语,一般是形容动作完成后的结果的。如:

屋子打扫得干干净净的。

我要把你打扮得漂漂亮亮的。

(5) 少数形容词重叠后可以作有些动词的宾语,后面要带"的"。如:

他总显得慌慌张张的。

## 二、形容词重叠式和"程度副词＋形容词"的区别

形容词的重叠对外国学生来说是个难点,因为形容词重叠并不是很自由的。我们可以说:"你慢慢说,别急。"但是不能说"你晚晚来"、"你短短剪"、"你早早起"。

另外,形容词重叠式有时看起来跟副词修饰形容词好像用法差不多。如:

　　a. 他非常恭敬地站在我们面前。

　　b. 他恭恭敬敬地站在我们面前。

于是学生便产生了下面的困惑:"那些可以重叠的形容词在什么情况下不能重叠呢? 使用副词(＋形容词)和使用形容词重叠来修饰动词究竟在表达意义上有什么不同?"(郭春贵,2002)下面我们分别从语法形式、语义和语用等几方面对这一问题加以说明。

**(一) 不同的形容词在"程度副词＋形容词"和形容词重叠两种形式中的不同表现**

甲类、这类形容词无论作谓语还是作修饰语,有重叠式而没有或极少用"副词＋形容词"。如:

　　AA 式:我隐隐听见了远处的狗叫声。(没有"很隐"的说法)

　　　　　喝了酒以后,她的脸微微有点儿红。(没有"很微"的说法)

　　AABB 式:那里的山重重叠叠,一眼望不到边。(没有"很重叠"的说法)

　　　　　　重重叠叠的庄稼挡住了我的视线。

　　　　　　她递给我一块叠得方方正正的手绢。(没有"很方正"的说法)

类似的形容词还有"缓、隐约、鬼祟、浩荡、弯曲、坦荡、恍惚、迷瞪、和美、安生、零落、斑

驳、悲切"等。这类形容词有的不重叠可以单独作状语,如"隐约、恍惚"等,有的可作谓语,如"浩荡、斑驳、悲切"等,但都没有或极少用"副词+形容词"形式。

有的形容词只有重叠形式,没有非重叠和"副词+形容词"式,如"断断续续、密密麻麻、稀稀拉拉、歪歪扭扭、拉拉杂杂、慢慢腾腾(慢慢吞吞)、慢慢悠悠、空空荡荡、晕晕乎乎"等。在讨论形容词的重叠式与"副词+形容词"的区别时无须涉及这些形容词。

乙类、重叠式与"副词+形容词"式都比较常见。有些形容词的这两种形式在意义和语法功能上是有区别的,有些形容词的这两种形式在某些语法功能上是一样的,但在语法意义或语用上还是有些细微的差别的(详见表二至表四)。下面表一是一些形容词的两种形式充当语法成分的情况:

表一

| | 形容词重叠式 | 程度副词+形容词 |
|---|---|---|
| 常作谓语 | A 认真 仔细 爽快 干脆 恭敬 客气 大方 安静 安全 快乐 端正 慌张 干净 短 整齐 清楚 工整 高兴 满 凉 圆 厚 宽 窄 胖 瘦 高 矮 浓 淡 粗 细 软 硬 怪 马虎 踏实 怪 | |
| | B 匆忙 | C 远 辛苦 静 急 深 冷 热 暖 紧 松 慢 快 轻 重 长 淡 甜 舒服 早 从容 慌张 漂亮 |
| 常作状语 | A 端正 从容 慌张 清楚 工整 高兴 认真 仔细 爽快 干脆 恭敬 客气 大方 安静 快乐 | |
| | B 远 辛苦 静 急 深 冷 热 暖 紧 松 慢 快 轻 重 长 淡 甜 凉 圆 满 硬 早 马虎 漂亮 踏实 真切 确实 实在 切实 深 足 整 | |
| 常作补语 | A 凉 圆 远 清楚 端正 舒服 干净 工整 高兴 漂亮 | |
| | B 真切 确实 实在 | C 匆忙 认真 仔细 马虎 |
| 常作定语 | A 认真 仔细 爽快 干脆 干净 工整 高兴 漂亮 踏实 硬 | |
| | B 真切 确实 实在 切实 地道 | |
| 常作宾语 | A 慌张 匆忙(作"显得"的宾语) | |
| | | C 干净 漂亮 |

从上表看,只有 A 类形容词的两种形式经常充当某些相同的语法成分(在语用上有一定的区别,详见下(三))。B 类形容词的重叠式一般充当状语;C 类形容词受程度副词修饰后,常充当谓语。

**(二) 从主观性看形容词重叠式与"副词+形容词"**

1. 可重叠形容词的分类

沈家煊(1999)指出,形容词重叠形式带有较明显的主观感情色彩。根据语言的主观性、形容词表示的"量的有无变化"和"可感知性"[①],我们对可以重叠的形容词作了以下的分类:

---

[①] 根据沈家煊(2001)的介绍,语言的主观性主要反映在以下三个方面:

(1) 说话人的视角(perspective)

(2) 说话人的情感(affect)(包括感情、情绪、意向、态度等)

(3) 说话人的认识(epistemic modality)

朱景松根据形容词表示的"量的有无变化"和"可感知性"(可以看见、听见、触摸或可以作形象性的想像)对能否重叠的形容词作了比较详细的分析(2003)。本节分类受到沈、朱两位先生观点的启发。有些形容词,如"漂亮、干净、精神"等是带有一定主观性的,我们目前归入第二类,但如强调这些形容词表示的性质状态属于某一特定社会的主观性,也可以归入第三类。"整、足"从基本式字面看应归入第二类,但重叠式主要表示的是一种主观强调的语气,因此归入第三类。

第一类、可用度量来衡量的、表示物理量的形容词。如：

长　短　大　小　多　轻　重　圆　方　尖　平　薄　松　紧　厚　宽　窄　快
慢　早　白　黑　红　黄　青　蓝　紫　灰　冷　暖　热　凉　干　潮　满　空
光　浅　深　扁　胖　瘦　高　矮　低　浓　淡　粗　细　稳　静　密　稀　稠
弯　软　硬　歪　斜　直　暗　亮

第二类、表示人通过眼、耳、鼻、舌、身、四肢等感官所感知的感觉、状态或精神上某种感觉的形容词。如：

香　臭　痒　晕　甜　酸　苦　辣　美　缓　急　嫩　滑　脆　油　肥　腻　干
狠　死　牢　活　昏　懒　饱　清　烂　蔫　粘　浑　麻　闷　紧　松　舒服
别扭　痛快　紧张　忙碌　轻松　快活　自在　高兴　快乐　亲热　亲切　清楚
明白　愉快　从容　慌张　慌忙　惊慌　小心　漂亮　干净　清爽　邋遢　整洁
安静　吵闹　热闹　冷清　荒凉　精神　疲沓　悠扬　欢快　悲切　素雅　富丽
结巴　浩荡　苍茫　渺茫　平静　弯曲　破烂　零星　零散　零碎　稳当　粗壮
蓬松　高大　亮堂　厚实　干瘪　歪斜　模糊　朦胧　恍惚　迷糊　迷瞪　疑惑
勉强　真切　奇怪　委屈　结实

第三类、表示人根据某个社会的各种评判标准（社会规约、行动准则、生活常识和道德习俗等）或个人观点对某个状态进行主观评判的形容词。如：

笨　傻　痴　乖　呆　木　乱　好　迟　草　足　整　愣　严　怪　老实　规矩
端正　恭敬　大方　认真　仔细　妖冶　马虎　工整　平安　安稳　安顿　太平
安生　和气　和美　和睦　白净　圆润　活泼　死板　客气　踏实　空洞　牢靠
确实　实在　切实　真切　朴实　犹豫　迟疑　干脆　爽快　利索　黏糊　自然
诚恳　恩爱　妥帖　服帖　地道　婉转　郑重　勤恳　辛勤　殷勤　辛苦　清白
简单　斯文　文静　硬朗　坚强　严实　普通　平常　曲折　顺利　顺当　坦荡
含糊　单纯　拖拉　拖沓　磨蹭　絮叨　正规　正经　随便　冒失　莽撞　窝囊
稳重　伶俐　疯（常与"傻"一起重叠使用）

上面的三类形容词，若从所表示的语义的主客观度的大小看，可做以下排列：

客观程度：第1类＞第2类＞第3类

主观程度：第1类＜第2类＜第3类

由于这些形容词本身在单独使用时的基本义和主客观度有所不同，因此，它们在重叠后所表示的语法意义和所附带的主观性与其基本形式是有一定联系的。

2. 多义形容词的重叠式和"副词＋形容词"的不同意义与用法

上面第一类和第二类形容词不少是多义的：既可以表示比较具体的、可通过感官直接感觉到的状态（见下表二左栏，表三右栏），也可以表示略为抽象的内在感情（见下表三左栏），还可以表示比较抽象的、需要通过理性推衍才可感悟到的某种状态（其语义多通过"隐喻"或"转喻"生成的，见下表二中栏例）。请看下面的对比表：

表二

| 只用重叠式<br>一般表示通过感官可感知的具体感觉或状态 | 只用"副词＋形容词"<br>多数表示抽象意义，少数表示具体意义。一般用于评价 | 重叠式、"副词＋形容词"均可<br>重叠式表示通过感官可感知的具体感觉或状态；"副词＋形容词"一般用于评价 |
|---|---|---|
| 我热热地喝了杯茶。 | 这个专业现在很热。 | |
| 他急急地说…… | 事情很急。 | |
| 他紧紧地握着我的手。 | 时间很紧。　　手头很紧。 | |
| 老人长长地叹了口气。 | 你前面的路还很长，要继续努力。 | |
| 他两眼直直地看着我。 | 这人挺直的。 | |
| 浓浓地沏了一杯茶。 | 大家的兴趣很浓。 | 眉毛浓浓的。眉毛很浓。<br>茶泡得浓浓的。茶泡得很浓。<br>他喝了一杯浓浓的咖啡。<br>他喝了一杯很浓的咖啡。 |
| 老李慢慢地站了起来。 | 他的反应很慢。 | |
| | 那个人很滑。 | 那块玉摸上去滑滑的。<br>那块玉摸上去很滑。 |
| | 他的心特黑。 | 他的脸黑黑的。<br>他的脸很黑。 |
| 他重重地打了我一拳。 | 责任很重。　　负担很重。<br>罚得很重。 | |

表三

| 只用"副词＋形容词"<br>多表示抽象意义，少数表示具体意义；<br>一般用于评价 | 重叠式、"副词＋形容词"均可<br>重叠式表示通过感官可感知的具体感觉或状态；<br>"副词＋形容词"表示评价 |
|---|---|
| 她的眼睛(耳朵、鼻子)特尖。<br>这人可尖了。 | 把铅笔削得尖尖的。　　把铅笔削得很尖。 |
| 他外面的路子很宽。 | 马路宽宽的。　　　马路很宽。 |
| 水平、地位、要求很高。　　警惕性很高。 | 那人个子高高的。　　那人很高。 |
| 水平、地位、要求很低。 | 声音压得低低的。　　声音压得很低。 |
| 力气很大。　　口气很大。<br>大家意见很大。　　气量很大。　　胆子很大。 | 眼睛大大的。　　眼睛很大。 |
| 他心眼很小。　　他气量很小。 | 眼睛小小的。　　眼睛很小。 |
| 人情很薄。 | 嘴唇薄薄的。　　嘴唇很薄。 |
| 他在我们学校很臭。 | 臭豆腐闻上去臭臭的。　　臭豆腐很臭。 |
| | 他现在做领导还太嫩。<br>菜炒得嫩嫩的。　　菜炒得很嫩。 |
| 我心里很乱。　　脑子里很乱。 | 头发乱乱的。　　　头发很乱。 |
| 他的手很松。　　检查得很松。 | 她松松地打了个结。　　她很松地打了个结。 |
| 她的嘴很甜。　　她笑得很甜。 | 西瓜我咬了一口，甜甜的。　　西瓜我咬了一口，很甜。 |
| 她心里很苦。 | |
| 责任很轻。　　负担很轻。　　处罚很轻。 | 她轻轻地走了进来。 |
| 这种东西在农村很香。 | 我要香香地睡个够。 |

表四

| 只用重叠式<br>对内在感情进行描述 | 只用"副词＋形容词"<br>表示通过感官可感知的具体的<br>感觉、状态 | 重叠式、"副词＋形容词"均可表<br>示通过感官可感知的具体的感<br>觉、状态 |
|---|---|---|
| 他苦苦地哀求父母。 | 苦瓜的味道很苦。 | |
| 她淡淡地说了几句。 | | 颜色淡淡的。　　颜色很淡。 |
| 他冷冷地看着我。<br>她的目光冷冷的。 | 风很冷。 | |
| 看见队友们都上了场，我心里痒<br>痒的。 | | 被蚊子咬了之后，身上很痒。<br>被蚊子咬了之后，身上痒痒的。 |
| 看见别人比自己强，心里酸酸的。 | | 葡萄很酸。葡萄酸酸的。 |
| 听了他的话，心里暖暖的。 | | |

上面对比表告诉我们，形容词重叠式主要诉诸感官，大多表示比较具体的意义。它主要是通过语言唤起感官的感知来体会重叠式的具体形象（具象性）的意义。有些形容词重叠可以表示略为抽象的内在感情（见表四左栏），但重叠式同样是通过诉诸感官，使内在感情具体化和感性化。形容词"副词＋形容词"式既可诉诸感性，也可诉诸理性。上面表二右栏的语例说明，那些比较抽象的意义主要是通过"副词＋形容词"式来表达的。这说明，汉语的重叠式与"副词＋形容词"在表现主观性上已作了基本的分工：重叠式比较适合表达具体形象或带有感情的意义；"副词＋形容词"式更适合表达需要通过理性判断与推衍才能得出的抽象意义。

3.形容词重叠式的语法意义[①]

第一种、表示客观的、具体形象的状态。如：

> 他的脸黑黑的。

> 老人慢慢地站了起来。

> 她看看这个人，眼睛大大的，额头高高的，很像自己。她想这可能就是自己爸爸了。

> （张抗抗《隐形伴侣》）

> 她在板房里洗澡，一板之隔，前面的说话声清清楚楚，她听见大哥咕嘟咕嘟喝水，打呵欠，他妈妈在用大蒲扇啪嗒啪嗒地给他扇凉。（据张抗抗《隐形伴侣》中句子改写）

上面例句中的重叠式都是对状态进行的形象描写，最后一例在重叠式后还有进一步说明其状态的句子，内容也是十分具体而形象的。这些都是属于第一、二类形容词的重叠，客观性较强。而下面例句则属于第三类形容词的重叠，在表示状态的同时，总能感到其中隐含着说话人的主观评价。

> 老李摇摇头，没说一句话，只是傻傻地一笑。

> 教授冷冷的目光，使他不由得紧张得簌簌发抖。

第二种、表示某种主观的、加重的量。

"形容词重叠表示量的加重"（朱景松，2003），这种量常带有明显的主观性。有以下几种：

(1) 当陈述句中重叠式表示的是符合说话者的主观标准的，那么它就带上了"适度"义。

> 他在黑板上端端正正地写下了五个大字。

---

① 朱景松将形容词重叠式的语法意义归结为三点：表示某种状态，表达适度的、足够的量，激发主体显现状态的能动性（2003）。本节文字在朱景松的观点上略作了一些修改。

（2）当重叠式表示的是符合或超出说话者意向所预期的,它就带上了"满意"义。如:

我舒舒服服地睡了一大觉。

没想到,他只学了短短的一个月汉语,就能说得这么流利。

（3）当重叠式表示的是不符合或未达到意向所预期的,就带上了"不满"义。如:

你做事这么马马虎虎,我真不放心。

第三种、表示一种主观意向。

这类例句中的形容词重叠式常表示的是说话者的某种"意向"（或表示对行动的希望,或要求别人如何做,或承诺按某人的意向去做等）。如:

小小礼物快快跑 去向朋友问个好　　（意向）

要好好听老师的话。　　　　　　　　（要求）

我会仔仔细细为他做检查的。　　　　（承诺）

第四种、表示某种主观视角。如:

见到傻傻集团总经理杨世海,我问他们为什么叫"傻傻"? 精明能干的杨经理说:"别人总说我们山里人傻傻的。傻就傻吧,咱们就把一门傻心思用在为山区回汉人民脱贫致富上。"（马利《洋芋蛋唱"大戏"》,《人民日报》（下简称《人》）1998 年 10 月 19 日/4 版）

跟当初不同的是,现在的文化人多半善于自我调侃,自我解嘲。同样是自惭形秽,却没有先前那种傻傻的真诚,而换作一种油油的腔调了。（李庆西《标准?》,《人》1992 年 12 月 17 日/5 版）

有时孩子学着大人谈话中的英文词,那笨笨的发音,逗得她高兴地笑出声来,满屋子洋溢着欢乐的气氛。（王光美《永恒的纪念》,《人》1981 年 6 月 2 日/3 版）

上两"傻傻"例第一例表示说话者对它所表程度的肯定,成了中性的;第二例由于与"真诚"的结合,与"油油"的对比,便带上了褒义。"笨笨"例表示了说话者对它的认可,因而带上了"可爱"义。这一方面说明重叠式是否带有主观情感对语境有极大的依赖性;另一方面也说明重叠式由于经常附带"满意、可爱"的主观感情,以至在具体语境中也可使贬义形容词临时改变意义。

第五种、表示对情状的确认与否。如:

他的话我听得真真切切。

这种承诺是实实在在的。

为了找这本书,她整整花了两天时间。

我模模糊糊地记得那天好像有人来过。

"确实、实在、真切、切实、地道、深、足、整"和"模糊、朦胧、恍惚"等的重叠式在充当状语时,经常表示说话者对情状的程度或量的主观确认或不太确认。

4. "副词＋形容词"的语法意义

与上述形容词重叠式不同,"副词＋形容词"往往表示说话者的主观认识,不大涉及主观感情和意向。当语境中有明确表示说话者看法的词语时,更能看出这一特点。如:

我得承认,他讲得很认真、很细心,对我确有启发。

大家都觉得这孩子挺乖的。

老王这个人很呆板,我想让他做接待工作不太合适。

我坚信,他会很快获得成功的。

如果句中没有这类表示看法的词语,从有的上下文也能看出"副词＋形容词"式是表示主观认识的。如:

陈旭告诉她说,济南车站很乱,我们可以说是在禹城上的车,补一张六毛钱的票出站,管保没事。(张抗抗《隐形伴侣》)

农场的宿舍也很阴凉,像灵隐的山洞,走进去,汗就收干了。(同上)

他是在收到一份电传后才命秘书取出合同文本的。那是一份很普通的电传。文字极短,通知全权代表何日到达而已。(梁晓声《钳工王》)

"很乱"、"很阴凉"、"很普通"后面都有进一步的补充说明,那都是为证明"副词＋形容词"所表示的主观看法提供的事实根据,这是抽象的推理所必需的。

### (三) 形容词重叠式与"副词＋形容词"在语用上的不同

1. "副词＋形容词"常用于对人或事物加以评价或说明

(1) 要以单句的形式表示带有否定意义的状态时,一般使用"副词＋形容词"式。重叠式在单句中没有否定式(由于重叠式表示的是某种主观、确定的量,因此无法量化,也无法加以否定)。如:

| | |
|---|---|
| 她来得不很早。 | ＊她来得不早早。 |
| 那里夏天不很热。 | ＊那里夏天不热热。 |
| 行李不很重。 | ＊行李不重重。 |
| 题目不十分难。 | ＊题目不十分难难。 |
| 她学习不是非常认真。 | ＊她学习不认认真真。 |

只有在假设复句中,否定的重叠式可以出现在前面的条件复句中。条件分句中的重叠式表示的是主观意向,而不是对量的否定。如:

你不认认真真地学习,就不可能成为优秀的学生。

要是明天不早早地起来,恐怕就赶不上这班飞机。

(2) 对一般状态或一次性动作的情状加以评说,一般用"副词＋形容词"式。如:

| | |
|---|---|
| 她对人非常恭敬。 | ？她对人恭恭敬敬的。(要有后续句,详见下) |
| 今天大家玩得很高兴。 | ？今天大家玩得高高兴兴的。(同上) |
| 你这次的作业写得很清楚。 | ？你这次的作业写得清清楚楚的。 |

这类用"副词＋形容词"的评说句前常有"看得出来"、"觉得"、"认为"等表示主观看法的动词,或用于"是……的"这样强调主观看法的句式。如:

看得出来,她对你非常恭敬。　？看得出来,她对你恭恭敬敬的。

领导认为老王工作很认真。　？领导认为老王工作认认真真的。

我觉得房间打扫得很干净。　？我觉得房间打扫得干干净净的。(要有后续句)

这条路是很长的。

题目是非常难的。

那里的冬天是很冷的。

(3) 当对某人或某个事物的一贯性质、特征加以客观的说明介绍,特别是在说明客观原因时,一般采用"副词＋形容词"式。如:

这个学生听课时十分认真,笔记记得也很仔细、很快。

他工作十分踏实、认真,所以得到了大家一致好评。

办公室的同事彼此都很客气,很少发生争吵的事。

2. 形容词重叠式常用来表示说话者或动作者的意向或感情

（1）朱景松（2003）认为，一部分形容词具有能动意义。不同类形容词能动意义的强弱有程度上的差别，提取形容词能动意义的典型语境是祈使句。我们发现，前面第二节中讨论到的三类形容词除了"潮、瘦、矮、静、痒、晕、安静、缓、急、呆"外，都可以重叠的形式出现在祈使句中。当说话者带着感情向对方提出某种具体要求时，如叮咛、嘱咐、积极建议、强迫命令等，常用重叠式。这一形式在祈使句中常表示说话者的各种意向。

A. 祈使句要求听话人（句子的主语）控制自己的行动，达到某个程度。如：

在这儿必须规规矩矩，不许乱说乱动！

乖乖地，听话！

慢慢吃，别急。

动作快点儿，别磨磨蹭蹭的！

你必须完完全全地按照上面的指示去做，不能出半点偏差！

B. 祈使句要求听话人（句子的主语）采取某种态度。如：

认认真真唱戏，清清白白做人。

做完题目以后，要仔仔细细地检查！

马马虎虎吃点儿算了！

有话爽爽快快地说，别支支吾吾的！

干干脆脆地回掉他不就完了，有什么可犹豫的。

C. 祈使句表达说话人（言语主语）的希望，有时也包括听话人（句子主语）在内。如：

快快长大吧。

咱们今天就痛痛快快地玩一个晚上！

D. 祈使句要求听话人（句子主语）的动作达到某种结果，有时可包括说话人在内。这种祈使句一般有两种形式，一是重叠式作状语，一是重叠式在"把"字句中作补语。如：

浓浓地沏杯茶来。

热热地烫壶酒来。

把灯开得亮亮的！

把这些东西给我扔得远远的！

咱们要把喜事办得热热闹闹的！

（2）除了祈使句外，当句子表示的是说话者或动作者的愿望、理想、决心时，也常用重叠式。如：

一定要把我们的城市建设得漂漂亮亮的。

我将来要造一座高高的大楼，比现在世界上最高的楼还要高。

她真想伏在妈妈膝头痛痛快快大哭一场。

他真想赶快找到一个旅馆，饱饱地吃上一顿饭，美美地睡上一觉。

（3）要表示动作者有意采用某种态度或方式进行某个动作，一般也用重叠式。如：

（"来客登记单"）找到了。怕受到士兵的斥责，认认真真地用手抚平展了，才敢持着重新入楼。梁晓声（《红卫兵代表》）

她仔仔细细地把供桌擦干净，恭恭敬敬放上供品，点上香。

有时，这种"有意为之"的意义是隐含的。如：

姐姐打扮得漂漂亮亮地出去了。

打扮得"漂漂亮亮"一定是为了某个目的有意为之，只是句中没有显示出来。

（4）重叠式用于带有说话者的感情的陈述句中。

A. 当说话者要表示喜爱、亲热的感情时，一般采用重叠式。如：

　　这个孩子像是上帝赐给她的天使，眼睛大大的，头发卷卷的，笑起来甜甜的，非常可爱。

　　这个小伙子高高的个子，浓浓的眉毛，亮亮的眼睛，长得真帅！

　　天蓝蓝的，海水也是蓝蓝的。

B. 如果形容词本身无所谓褒贬，要是对所描写的对象抱有好感，不想有所贬斥时，一般采用重叠式：

　　房间的东西都整理得井井有条，这是那个胖胖的姑娘干的。

　　坝上人给人的印象是笨笨的，是商品生产的萌芽使他们变乖了。

　　　　　　　　　　　　　　（吴昊《唐保在变化》，《人》1988 年 8 月 30 日/2 版）

上述例句中的重叠式"胖胖、笨笨"如果换成"副词＋形容词"式"很胖、很笨"，就略带贬义了。

C. 叙述某个已经完成或发生的动作令人满意或感到不满时，也常用重叠式。如：

　　我们几个人美美地吃了一顿晚餐。

　　他的一席话，说得我心里暖暖的。

　　她竟然随随便便把外人带到家里来了。

　　那件事他拖拖拉拉用了一个星期才办完。

（5）如果句中有"总是、老是"等词语，句子是描述一贯的常态的，多用重叠式。[①]　如：

　　多少年来，老人的衣服总是干干净净的。

　　在公共汽车站，不论有无栏杆，等车的人总是整整齐齐地排成一队。

　　我叫他干什么事，他老是拖拖拉拉的。

（6）重叠式隐含着说话者的主观评价或估计时，也不能像"副词＋形容词"那样以单句的形式出现，一般要后续表示结论的句子。如上文中形容词重叠式带？的句子后面，后续表示推导性结论的句子，绝大多数使用重叠式的句子就能成立（例后括号内注明了后续句所表示的意义）。

　　她对你恭恭敬敬的，一定很崇拜你。（后续句是由前一句推出的结论）

　　孩子的手黑黑的，肯定是摸了什么脏东西。（同上）

　　书上写得清清楚楚的，你怎么还不明白呢？（估计应该明白，为未出现应有的结果而奇怪）

　　看你白白净净的像个知识分子，怎么这道理都不懂？（同上）

　　今天大家玩得高高兴兴的，就别提那件不愉快的事情吧。（希望保持满意的结果）

上面的例句都是表示主观推理的因果复句。前一句重叠式有的充当谓语，有的充当补语，有的充当定语，所表示的状态往往带有说话者强烈的主观倾向，因此常作为推理的根据，后续句是由此得出的结论或主观预测。

---

①　笔者在《人民日报》网络版（1946 年至 2002 年）的正文中调查了"认真、恭敬、老实、干净、整齐、端正"几个形容词与"总是、老是"一起使用的情况，发现这些形容词的重叠式与"总是、老是"一起用的频率同与"副词＋形容词"一起用的频率比为 26：2（这两例中还有一例是表示比较抽象的意义，无法用形容词重叠形式来表示的）。

(7) 对某一人、事物或场景进行比较生动、形象、多角度的描写,使其带有具象性的特征时,多用重叠式。这类用法多见于文学作品。如:

> 他记得,那是一个冬天的早晨,青青的细竹上,闪烁着晶亮的雨珠子,他在一层淡淡的水汽中,望见一个小小的人影,穿件淡紫色碎花布棉袄罩衫,一条蓝布裤,两支齐肩的小辫,扎着两团宽宽的红玻璃丝,在茫茫雨雾中,格外惹眼。(张抗抗《隐形伴侣》)

那一大段描写中与"青青"、"淡淡"、"小小"、"宽宽"、"茫茫"五个重叠式相配合的句子也都是具体形象的描写,构成了一副美丽动人的景色。

从主观性的角度对形容词重叠式与"副词＋形容词"进行比较发现:重叠式的描述功能极强。它既可以用于对某人、事物或场景进行多角度的客观的具象性的描摹,也可以表示带有主观感情的状态,还可以表示主观意向与特定的视角等。作状语是它最常见的功能。"副词＋形容词"评价、说明功能强,多用于对性质、状态加以评说,一般避开主观感情,表示相对比较客观的主观认识。作谓语是它的主要功能。比较抽象的意义也主要由"副词＋形容词"式表示。当这两种形式在充当其他成分时,同样体现了这一区别特征。

### 三、常见的几组单音节形容词用法分析

据调查,形容词重叠使用范围最广的是叙述句。比较受限制的是在祈使句中,特别是单音节形容词。前面所举的"＊你早早吃"、"＊你晚晚来"、"＊你短短剪"都因为是单音节形容词的重叠形式在祈使句中作状语而不能成立。除了这一类问题外,学生在单音节形容词重叠方面还有一些因不知使用的受限条件而出现的偏误。下面结合各种偏误说明几组常用单音节形容词的用法。

**(一)"早"和"晚"**

"早"、"晚"经常作状语,但是在重叠式的使用上并不对称。下面分别说明。

1."早"单独或重叠作状语。

(1) 当要表示说话者的主观意愿——要求或认为对方或第三者应该"早"做某个动作时,"早"往往单独修饰动词。如:

> 早去早回吧!(祈使句)
>
> 事已至此,你必须早做打算。(带使令义的兼语句)
>
> 你为什么不早告诉我?(疑问句)
>
> 你早干什么去了?(反问句)

"早早"可以用于祈使句或带使令义的兼语句中,但是使用频率要比上述用法低得多。如:

> 少喝点酒,早早回家去。
>
> 叫她早早来。

(2) 要客观叙述动作者很早做某个动作(即陈述句),最常见也是"早"单独修饰动词。在书面语的陈述句中,能见到不少"早"的重叠式作状语的用例,但使用频率比"早"单作状语的要低得多,特别是"早＋动词"常常连用或与"晚＋动词"对举,这是"早早"没有的用法。如:

> 早睡早起身体好。
>
> 父亲总是早出晚归,我们很少见到他。
>
> 他每天早早地起床,到外面去练习长跑。

吃罢晚饭,她早早就睡了。①

（3）如果客观说明动作很早就发生了,可以用重叠式。但是若修饰的是认知类的动词（如下例中的"知道、认识"）,只能用简单形式。如:

今天奶奶早早地就起来了。

今天不知道为什么,我早早地就醒了。

他早就知道了。　　　　　　　　＊他早早就知道了。

我早就认识他了。　　　　　　　＊我早早就认识他了。

在这类单句中,一般要有"就",句尾要有语气助词"了"与"早早"共现,强调其早。

（4）当被修饰的谓语动词是连谓句的第一个动词时,一般用"很＋早"而不单用"早"。下面是学生的偏误:

＊他虽然近八十岁了,但是每天早起来去运动。

改:他虽然近八十岁了,但是每天很早起来去运动。

2.　"晚"单独作状语。

"晚"一般没有重叠式。"晚"单独作状语修饰简单谓语动词的用例是很有限的。最常见的是近于固定用法的"晚婚晚育"。下面是"晚"作状语比较常见的例子:

他每天早来晚走,工作非常认真。

这位作家天天早起晚睡,笔耕不辍。

我可能要晚来十分钟,你们先吃吧。

孩子是急性肺炎,医生说再晚来一步孩子就完了。

这条路晚走不如早走。（路比较难走）

3.　要表示说话者主观上认为动作发生得比较早或晚时,在充当状语的"早、晚"前多用表示程度的副词或代词修饰。如:

你怎么这么早就起来了?

老师很晚才回家。

在世界历史上,日本是一个较晚走上资本主义道路的国家。

4.　如果已经发生的动作晚于或者早于规定的时间,一般作补语而不作状语。下面是学生的偏误:

＊对不起,我晚来了。（应为:对不起,我来晚了。）

＊我们早来了,别人还都没来呢!（应为:我们来早了,别人还都没来呢!）

**（二）"慢"和"快"**

1.　"快"单独或重叠作状语

"快"在用于表示催促义的祈使句时,一般有六种形式:

1）快!（或者连续几个:快! 快! 快! 语气相当急促,但这不是重叠形式）

2）快走!（或"快走! 快走!"）

3）快一点儿!

4）快（一）点儿写!

---

① 　笔者就"早"和"早早"作状语的情况对北京大学语言学研究中心语料库进行了调查,在"早早"作状语的 522 例中,只有 16 例是用于祈使句或带使令义的兼语句的,其他都是陈述句,表示客观叙述的。同样用于陈述很早起床的"早起"和"早早起",其使用频率是 152∶29。表示主观意愿的"想＋早＋动词"和"想＋早早＋动"的使用频率为 44∶4。

　　5）快快儿的！（语气比 1)轻）

　　6）时间不早了，快快起来！[①]

　　上述表示催促的祈使句，像 5)、6)用重叠式主要用于长辈对晚辈的命令。比较常用的是 2)、3)、4)，这三式也可以出现在兼语句中：

　　　　你的孩子病得很重，医生叫你快去。

　　　　他让咱们快点儿去把大门打开。

　　　　爸爸叫你快点儿洗。

　　需要指出的是，"快快儿的"只能用于表示催促义祈使句。在结构比较简单的陈述句中，"快"的重叠式既不能作状语、谓语，也不能作补语。这种场合，一般用"副词＋形容词"。下面都是学生的偏误：

　　　　＊两个小时经过快快地。（谓语）

　　　　＊两个小时快快地过去了。（状语）

　　　　改：两个小时很快就过去了。

　　　　＊我吃得快快地并且不留。（补语）

　　　　改：我吃得很快，一点儿也没剩。

　　在书面语中较为复杂的句子中，"快快"可以充当作宾语的动词的修饰语，前面一般还要有定语。如：

　　　　她发现他居然一点儿也不惋惜自己的快快离去，这使她很伤心。

　　2. "慢"单独或重叠作状语

　　作为"快"的反义词"慢"，在祈使句里也有上述六种形式，但是意义用法略有不同：

　　　　1）且慢！（命令语气很强，有暂时制止做某个动作的意义。一般不连用几个"慢"。）

　　　　2）慢走！慢用！（已经成为固定的客套话，不能扩展为 ＊慢跑！＊慢写！）

　　　　3）慢点儿吃！

　　　　4）慢一点儿！（语气轻，但比 5)重）

　　　　5）慢慢儿的！（出于对对方的关心，劝对方放慢动作，语气很委婉）

　　　　6）别急，慢慢说！（语气最委婉）

　　与"快"不同的是，祈使句中像"慢"5)、6)用重叠式是比较常见的，3)、4)也常用。3)、4)、6)也可以出现在兼语句中。如：

　　　　叫她扶奶奶下楼时慢一点儿。

　　　　你让他慢慢写，不用着急。

　　在陈述句中，"慢"的重叠式常作状语，如：

　　　　老人慢慢地站了起来。

　　　　过了些日子，他慢慢地也把那件事忘了。

---

　　① 下面是在北京大学语言学研究中心语料库中对"快快"的调查结果：

　　"快快"用于客观陈述的只有 12 例，用于祈使句的有 51 例，用于表示主观意愿的句子有 69 例。"快快"可以修饰的动词大多是带有移动和结果意义的动词，如"回来、回家、去、过桥、走、离开、赶路、解决、结束、完结、长大"或"去＋动词"的连动结构，但未见"快快"修饰"写、吃、看、说、走"的。有单音节"快"修饰这些单音节动词的用例，如"快看"（36 例)、"快吃"（30 例)、"快写"（9 例)、"快说"（84 例)、"快走"（165 例)。

**(三)"多"和"少"**

"多"和"少"单独作动词的修饰语时,多用于祈使句。如:

学好汉语,要多读多写多听多说。

做事之前要多考虑考虑。

少说话,多干事!

少喝酒,多吃菜。

"多多"重叠最常见的用法是在少数表示客气的应酬话中(请求原谅或指导)。如:

请多多包涵!

请多多指教!

这类用法的"多多"修饰的动词一般是相对固定的,如"指点、批评、拜托、担待、关照、帮助、原谅"等。"多多"也用于少数带有指导性建议的句子。如:

要想说好汉语,看来今后还要多多练习啊!

要想在很多人面前说话不紧张,还得多多锻炼才行。①

但"多多"目前还不能随便修饰其他动词,特别是单音节的动词。下面是学生的偏误:

＊老师,请多多吃吧!(应为:请多吃一点儿!)

＊请多多休息!(应为:好好休息!)

**(四) 形容词重叠式与祈使句**

从上面(三)所举的许多例句可知,在祈使句中形容词重叠的用法是比较受限制的,即使意义相反的形容词,用法都明显的不对称。至于其他形容词,在祈使句中一般都采用"动词＋形容词＋一点儿"的形式来表示对动作结果的要求,而不用重叠式。如:

头发剪短一点儿!　　　＊头发短短剪!

书放得整齐一点儿!　　＊书整整齐齐地放!

打扮得漂亮一点儿!　　＊漂漂亮亮地打扮!

## 四、形容词＋一点儿

1. "形容词＋一点儿"表示程度略微加深,常用于表示催促、要求的祈使句、兼语句或表示希望、允许的句中作状语,谓语表示的是将来发生的动作。如:

慢一点儿吃,别噎着!

明天早一点儿来。

老师叫咱们早一点儿集合。

我希望会议快一点儿结束。

明天是星期天,早上可以晚一点儿起床。

你坐特快,可以早一点儿到家。

需要指出的是,可以以"形容词＋一点儿"形式作状语的形容词一般只限于"快、慢、早、晚"等少数形容词,而且也不是什么场合都可以这样用。下面是学生的偏误:

＊据中国人说,使用筷子能快一点儿吃菜。

改:据说,用筷子吃饭能吃得快一点儿。

---

① 90年代,"福满多"方便面广告中出现了"福气多多"、"满意多多"的说法,后来在一些报刊标题中开始出现类似用"多多"作谓语的主谓短语。但是在目前的一般交际中,"多多"在单句中还不作谓语。

2. "形容词＋一点儿"常作状态补语,既表示动作进行时可能出现的状态,也可以表示动作完成后的结果可能呈现的状态。适用的形容词比上面作状语的"形容词＋一点儿"要多些。如:

　　让老司机开车,能把车开得稳一点儿。

　　用这支笔写,能把字写得清楚一点儿。

"形容词＋一点儿"作状态补语,也常用于祈使句。如:

　　把门开得大一点儿。

　　把行李捆得紧一点儿。

3. "形容词＋了＋一点儿"常作状态补语,表示已经完成的动作的状态略微超过了预想的标准。适用的形容词也比上面作状语的"形容词＋一点儿"要多些。如:

　　早上走得急了一点儿,忘了带雨伞。

　　今天饭吃得多了一点儿,胃里有点儿不舒服。

　　这个菜做得咸了一点儿,所以大家都不爱吃。

4. "形容词＋一点儿"可以用于"比"字句,如:

　　这件衣服比那件大一点儿。(横向比较)

　　她比以前胖了一点儿。(纵向比较,形容词后要加"了")

假如不是"比"字句,即使是表示某个状态程度比较高(暗含比较)时,也不能用"一点儿"。下面是学生的偏误:

　　＊我谈谈我的学习收获。这次进修收获多一点儿。

　　改:我谈谈我的学习收获。这次进修收获比较大。

## 第四节　形容词与其他词类兼类的问题

### 一、形容词兼副词

当词在句中已不表示它作为形容词所表示的性质或状态,而是转而表示时间、频率、程度、范围、语气等,它就是副词了。下面将这类兼类词作副词与形容词的用法作一对比。

| | 形容词用法 | 副词用法 |
|---|---|---|
| 好 | 这是一本好书。<br>天气很好。 | 强调多或久:过了好半天,我才明白过来。<br>　　学生提了好几个问题。<br>表示程度高:今天考试的题目好难啊!<br>　　他挨了老师好一顿批评。 |
| 怪 | 我们学校出了一件怪事。 | 表示程度高:这孩子怪可爱的。 |
| 光 | 这个桌子表面很光。 | 限定范围:光学费就交了五千元。 |
| 白 | 他穿了一件白衬衫。 | 没有效果:他一直没来,让我白等了一下午。<br>无代价、无报偿:不能白吃饭不干活。<br>　　老板不给钱,让我们白给他干。 |
| 老 | 爷爷老了,走不动了。<br>这个肉片炒老了。 | 一直,再三:别老给人家添麻烦。<br>表示程度高:太阳都老高了,他们才出发。 |

类似的词还有"直、快、偏、死、全"等。还有些副词也兼作形容词的,如:

一定：他做事没有一定的计划。(形容词)／你明天一定要来。(副词)

非常：非常事件(形容词)／她非常努力。(副词)

原来：原来的房间(形容词)／他原来是学生。(副词)

## 二、形容词兼动词

形容词是不能带宾语的,它的重叠形式一般是 AABB 式。但当有的词后面带上了宾语或重叠形式和动词的 ABAB 形式一样,表示尝试、短时义,那它就兼作动词了。根据形容词兼类词的不同语法功能,还可以分为以下几种:

(一)既有形容词重叠式,又有动词重叠式,还可带宾语的。如:

这酒要温一温才能喝。

要做好工作,必须端正态度。

请大家静一静,校长有重要的事情宣布。

我这次来找他,专为明白明白这件事。("把这件事弄明白"之义)

踢踢腿,弯弯腰,活动活动。

抓什么工作,只要紧一紧就上去,松一松就会下来。

类似的词还有"热、弯、直、壮、正、斜、平、松、紧、烫、宽、匀、省"等。这类词中的单音节词大多可以像动词那样,以"V一V"的形式重叠,带有动作时短、尝试等义,常用于祈使句,使语气更委婉一些。

(二)既有形容词重叠式,又有动词重叠式,不能带宾语的。如:

太冷了,把空调打开,让大家暖和暖和。

放假后,学校组织旅游,为的是让老师和学生轻松轻松。

类似的词还有"高兴、痛快、舒服、快活、快乐、亲热、凉快、安静、漂亮、干净、精神"等。这类词兼作动词时,多以"让某人＋ABAB"的形式出现,表示使某人达到词语所表示的状态。这类词不能像第(一)类词那样,以"动一动"的形式重叠。

(三)有形容词重叠式,没有动词重叠式,能带宾语的。如:

这个城市这几年多了些绿地,少了些破破烂烂的房子。

做什么都不要勉强自己。

眼泪模糊了我的眼睛。

类似的词语还有"厚、薄、黑、哑、破、乱"等。这类词语虽然可带宾语,但大多数宾语是较为固定的,有熟语化的倾向(即往往与宾语构成成语、惯用语或俗语等),如"厚今薄古、厚此薄彼、黑了良心、哑着嗓子、破纪录、破规矩、破财免灾、乱了阵脚、乱了方寸、多了块心病"等。

(四)没有形容词重叠式,有动词重叠式,能带宾语的。如:

要完成这一工作,大家必须统一思想。

他很讲究穿着打扮。

领导应该深入群众。

刚戴眼镜时,会觉得不舒服,习惯习惯就好了。

他很满意自己的工作。

类似的词语还有"饿、挤、严格、严肃、可怜、清醒、纯洁、固定、公开、方便、坦白、缓和、开阔、肯定、壮大、平均、健全、调和、突出、繁荣、密切、滋润、集中、普及"等。

(五)能带宾语,不能重叠的。如:

他一天到晚地忙工作,顾不得照顾家里人。

我们要坚定信心,继续努力,一定要把这项试验搞到底。

你不要冤枉好人。

我够不着上面那本书,你帮我拿一下。

类似的词语还有"对、错、差、讨厌、便宜、焕发、固执、瞎、瘸、松懈"等。

### 三、形容词兼名词

当有些词语不表示原有的性质或状态而表示事物或具有某些名词的语法特征(如可以带名量词、可以作宾语或受其他形容词修饰等)时,它就兼属名词了。如:

旅行要注意安全。

产品检验要有一定的标准。

他喜欢占小便宜。

我买了两份保险。

像这样的词还有"错、横、竖、习惯、方便、困难、秘密、痛苦、烦恼、麻烦"等。

## 第五节　学生在形容词方面常见的偏误

1. 缺漏

单句的形容词谓语前缺少程度副词(详见本编第七章副词第三节):

？天安门广场大。

改:天安门广场很大。

＊他给了我满满的酒。

改:他递给我满满的一杯酒。

分析:"满满"在作定语或状语时,要求所修饰的受事必须带上数量词。上面的句子也可以改成:"他满满地给我倒了一杯酒。"

2. 误加

(1)形容词谓语前误加"是"

＊那里夏天是很热。

＊我住在苏州。苏州是很漂亮。

＊回答是很简单。

分析:汉语在表示肯定某人的说法时,才可以在说明状态形容词前加"是"。上面几例中的"是"都是误加的。

(2)在表示过去的状态时,形容词后误加"了"

＊那天是第一次上课,我有些紧张了。

＊我才来中国上课的时候听不懂,特别是语法很难了。

＊我刚来中国时,饭菜不合口味,中国的生活很困难了。

＊夏天真的热了。

改:夏天真的很热。

分析:这类偏误比较常见。有必要在讲"了"时,将形容词的语法特征加以强调(另见本编第十章第二节动态助词)。

（3）误加形容词

＊我认真很努力学习。

改₁:我认真学习。／改₂:我努力学习。

（4）重叠式误加程度副词或"的"

＊这条路非常地弯弯曲曲的。

改:这条路弯弯曲曲的。

（5）重叠式误加"的"

＊这个菜味道马马虎虎的,你尝尝。

改:这个菜味道马马虎虎,你尝尝。

3. 误用

（1）充当谓语的形容词有误

＊下班的时候,道路上的交通很厉害。

改:下班的时候,道路上的交通很拥挤。

＊他的病据医生说很深。

改:他的病据医生说很重。

＊这里的老师都很热闹,总是耐心地回答我们的问题。

改:这里的老师都很热情,总是耐心地回答我们的问题。

＊她跟我一样高,可是她比我薄。

改:她跟我一样高,可是她比我瘦。

＊现在我们该做的事很分明。

改:现在我们该做的事很清楚。

分析:"分明"有一个意义是"清楚"。但"分明"在作谓语时,主语一般是"立场"、"态度"以及表示鲜明对比的"黑白"等有限的词语。其他名词或短语则不能作"分明"的主语。

＊有人一直要闯红灯,这件事对我的印象那么大。

改:有人一直要闯红灯,这件事给我的印象很深。

＊他睡得很深,怎么叫也叫不醒。

改:他睡得很沉,怎么叫也叫不醒。

＊南京的生活很贵。

改:在南京生活,花费比较大。

＊吃了药,我的头痛才慢慢镇静下来。

改:吃了药,我的头痛才慢慢减轻了。

（2）形容词该作谓语或宾语误作定语

＊期中考试是相当难的事。

改:期中考试是相当难的。

＊他和你站在一起显得矮的兄弟。

改:他是你的兄弟,跟你站在一起显得很矮。

（3）形容词的修饰语有误

＊他个子中等,身体很不瘦。

改:他个子中等,身体不太瘦。

分析:像"瘦"这样的量低类形容词不能受"很不"的修饰(详见上第一节二(四)2)。

(4) 该用动词而误用形容词

　　＊李老师对自己的研究非常热情,他的家简直就像一个藏书室。

　　改:李老师非常热爱自己的研究工作,他的家简直就像一个藏书室。

　　＊圣诞节那天,家庭也显得很丰富。

　　改:圣诞节那天,家里也充满了节日气氛。

　　＊因为有海,蔚山发达国外贸易。

　　改:因为靠海,蔚山大力发展海外贸易。

分析:"发达"是形容词,不能带宾语(兼作动词的兼类形容词除外)。

(5) 将动词误作形容词用

　　＊电影快开演了,现在去恐怕晚点。

　　改:电影快开演了,现在去恐怕已经晚了。

(6) 充当定语的形容词有误

　　＊她穿着很矮的裙子。

　　改:她穿着很短的裙子。

分析:"矮"一般形容"个子、树木、建筑"等。衣物类应用"短"。

　　＊看他那么坚强的态度,我也无可奈何。

　　改:看他的态度那么坚决,我也无可奈何。

分析:"坚强"形容"意志","坚决"形容"态度"。

(7) 作定语的形容词应用双音节而误用单音节

　　＊她碰到了孩子的凉手……

　　改:她碰到了孩子冰凉的手……

分析:正如第二节二(1)所指出的,不是任何单音节形容词都可以简单形式作名词的定语的。"冷、热、凉、温"都可以修饰"水",除了"温","冷、热、凉"还可以修饰"饭、菜、茶、气"等,但这些用法都相对固定,有的已带有一定的特定意义,如"冷水、冷气、凉水"等。"冷、热、凉、温"都不能以简单式修饰人的身体、四肢等。

(8) 形容词该作定语而作了谓语

　　＊在这儿有外国人很多。

　　改:这儿有很多外国人。

　　＊韩国有名造船。

　　改:韩国造船很有名。

(9) 形容词应该作状语而作了谓语

　　＊我们也教老师热心。

　　改:我们也热心地教老师。

　　＊冬天看下雪的很难。我想快回国!

　　改:冬天很难看到下雪。我想快回国!

(10) 形容词应作状语误作补语

　　＊鲁迅的作品中国的大学生也看得很难。

　　改:鲁迅的作品中国的大学生也很难看懂。

　　＊他援助得热心地。

　　改:他热心地做援助工作。

(11) 误以简单形式作状语

　　＊他看着,久时间不离开。

　　改₁:他看着他可爱的孩子,久久不愿意离开。

　　改₂:他看着他可爱的孩子,很长时间都不愿意离开。

　　＊有些问题看起来很容易解决,事实上,好想一想就知道这个问题很难解决。

　　改:有些问题看起来很容易解决,但实际却是很难解决的。

(12) 重叠式作补语有误

　　＊我们去东部车站得快快地。

　　改:我们得快点儿去东边的车站了。

　　＊他检查得仔仔细细。

　　改₁:他仔仔细细地检查了一遍。/改₂:他检查得很仔细。

　　＊今天游泳游得真痛痛快快的。

　　改₁:今天游泳游得真痛快。/改₂:今天痛痛快快地游了一个泳。

分析:"快、仔细、痛快"重叠后只能作状语,不能作补语(详见上第三节二)。

(13) 重叠式应作状语而误作谓语

　　＊他写马马虎虎。

　　改₁:他写得很马虎。/改₂:他马马虎虎地写了几个字。

　　＊今天晚上大家好好玩儿,痛痛快快的。

　　改:今天晚上大家痛痛快快地好好玩儿。

(14) 重叠式应作状语而误作定语

　　＊他站在远远的地方。

　　改:他远远地站在那儿看。

(15) 重叠式应作补语而误作谓语

　　＊你经常要把屋子里整整齐齐。

　　改:你应该把屋子收拾得整整齐齐的。

(16) 将不能在祈使句中使用的重叠形式误用于祈使句

　　＊你们安安静静地说吧,已经过了十二点了。

　　改:你们说话小声一点儿,已经过了十二点了。

　　＊请你地地道道地干这个活。

　　改:请你把这个活干得地道一点儿。

(17) 应用简单式或"副词＋形容词"而误用重叠式

　　＊我觉得学习汉语最好的办法是多多写汉字,多多读书。

　　改:我觉得学习汉语最好的办法是多读多写。

　　＊我冷冷静静的对他解释我的想法。

　　改:我很冷静地向他解释我的想法。

(18) 形容词重叠后语义搭配有误

　　＊今天没有什么事,我随随便便地看你来了。

　　改:今天没有什么事,我随便过来看看你。

分析:"随便"重叠后带上了贬义,表示"很不认真、很不郑重、很不严肃"等义,这与偏误本来要表示的意思不符。

　　＊富裕人的食品有的也是朴朴素素的。

　　改₁:富裕的人有的吃得也很一般。/改₂:富裕的人有的也过着朴朴素素的生活。

（19）"形容词重叠＋的"误用

　　＊经理说一声,场内一下子变成安安静静的。

　　改:经理一讲话,场内一下子安静下来。

　　＊最近我的生活马马虎虎的。

　　改:最近我的生活马马虎虎还过得去。

　　分析:"马虎"重叠后有两个不同的意思。"马马虎虎的"表示不认真,一般用来说明工作态度。在问了学生要表达的意思之后,我们作了上述改动。"(生活)马马虎虎"是表示"还可以,凑合"。

　　4. 错序

　　＊晚饭是自助餐,吃随便。

　　改:晚饭是自助餐,随便吃。

　　＊他很好游泳。

　　改:他游泳很好。

　　＊有人很多猜错了。

　　改:很多人猜错了。

　　5. 杂糅

　　＊他头发很灰白。

　　改:他头发是灰白的。

　　＊那个女演员自自然然地表演主人公。

　　改:那个女演员表演得很自然。

　　＊她打扮起来显得漂亮的演员。

　　改:这个演员打扮起来就很漂亮。

　　＊他准备了努力演讲比赛,就得满分。

　　改:他认真准备了演讲比赛,所以得了满分。

　　＊我想见面他快快地。

　　改₁:我想早一点跟他见面。/改₂:我希望能很快跟他见面。

　　＊什么东西吃多了,恐怕对身体有营养。

　　改:大概什么东西多吃些,对身体总会有好处。

　　分析:"形容词＋了"放在谓语动词后,是表示动作超出了预想的程度。但是原句并不是这个意思。

# 第六节　教学建议

　　1. 上面第五节偏误中形容词充当成分方面的偏误,大多是初级班学生的问题。因此在初级阶段的学生刚接触形容词时,一方面教师多举些正确的可以充当各种成分的例子,在举例过程中说明哪些形容词不能充当哪些成分。特别对一些普遍规则,如大多数形容词不能带宾语,形容词在表示过去的状态时,不要用"了"等,应该反复强调。

　　2. 语义、词语搭配方面的偏误则不管初级还是中级班的学生都会出现。可以在学习新的形容词时,联系已学过的近义的、学生容易混淆的形容词,作简单的辨析。如"瘦"和"薄","矮"和"低",具有相同的语素的"热心"和"热情","坚决"和"坚强"等。特别是词典上用来以此释彼的近义词,如"分明"和"清楚",一开始就应该估计到学生可能分不清,尽量把两个形容词不同的用法分辨得细一点。

3. 形容词重叠的形式和功用很复杂,因此学生的偏误也比较多,特别是单音节形容词。在学习形容词重叠形式时就要告诉学生,不是什么形容词都可以重叠,也不是重叠之后,可以充当任何成分,应该结合语用讲它们的使用规则,并结合学生的偏误,说明不同类的形容词重叠的使用细则。

**参考文献**

郭春贵(2002) 对日汉语语法教学的难点,《对外汉语教学语法探索》,中国社会科学出版社。

刘月华(1992) 状语与补语的比较,《现代汉语补语研究资料》,北京语言学院出版社。

陆庆和(2003) 关于汉语形容词重叠的几个问题的探讨,《こだはら》26 号(日本帝塚山学院大学)。

邱丕君、施建基(1990) 程度与情状,《中国语文》第 6 期。

沈家煊(1999)《不对称和标记论》,江西教育出版社。

沈家煊(2001) 语言的"主观性"和"主观化",《外语教学与研究》第 7 期。

王麦巧(2000) 形容词重叠"AA"式在广告中的新用,《渭南师范学院学报》(增刊)。

吴一安(2003) 空间指示语与语言的主观性,《外语教学与研究》第 6 期。

张爱民(1996) 形容词重叠式作状语与作其他成分的比较,《语言教学与研究》第 2 期。

赵元任(1994)《中国话的文法》丁邦新译,台湾学生书局。

朱德熙(1999) 现代汉语形容词研究,《朱德熙文集》(第二卷),商务印书馆。

朱德熙(1999) 语法讲义,《朱德熙文集》(第一卷),商务印书馆。

朱景松(2002) 形容词能动意义的确定和提取,《语言教学与研究》第 3 期。

朱景松(2003) 形容词重叠式的语法意义,《语文研究》第 3 期。

# 第七章　副　词

## 第一节　副词的语法特征和类别

### 一、副词的语法特征

1. 除了"不"、"没有"、"别"、"当然"、"也许"、"一定"、"差不多"等少数副词可以在对话中单独回答问题外,绝大多数副词都不能单独回答问题。

2. 除了特殊格式和特殊的交际场合外,副词不能修饰名词,只能修饰动词、形容词或其他副词(形容词不少可以修饰动词,也可以修饰名词。这一点是副词与形容词的主要区别)。

3. 除了少数如"渐渐、常常、刚刚、仅仅"等双音节副词外,大部分副词都不能重叠。

4. 不能用肯定否定相叠的方式表示疑问。

5. 副词作状语,除了"渐渐"等少数副词外,一般都不要带"地"。

6. 副词和主语的语序大多是固定的。

(1)"光、只、就、单、单单"等范围副词在表示对主语加以限定时,必须放在主语前。

(2)语气副词里表示估计的"难道、甚至、大概、恐怕、也许、可能、几乎、居然、不料、果然、幸亏、幸而、好在、多亏、偏偏、反正、其实、究竟、到底、毕竟、难怪、怪不得"等常有两个语序,当说话者强调的重点在主语时,就要放在主语前;如果强调的重点是谓语,就放在主语后。

(3)除了上述两类副词外,其他副词都应该放在主语的后面。

7. 汉语副词中有一部分在使用时,需要遵守比较严格的"共现"或"呼应"的规则。所谓"共现",是在单句中如有某类词语或语法形式出现,必须要有相应的副词与之同时出现在该句中。所谓"呼应",是指在复句中如有某个词语(主要是连词)出现,其后必须要有相应的副词呼应出现。如下面 7 例中前 3 例为"共现",后 4 例为"呼应"。属于这两类情况的词语均用黑体字标明:

　　**所有**的学生**都**要登记。

　　太累了,咱们**稍微**休息**一下**吧。

　　**一连**下了**三天**雨。

　　**哪怕**我们在北京只住三天,**也**一定要去游览长城。

　　**如果**明天下雨,我们**就**不去旅游了。

　　**不管**你怎么劝他,他**都**不听。

　　**只有**他来了以后,我们**才**能进去。

上面所举的例子都要求后面的副词必须与前面的词语"共现"或"呼应",我们把这一类称之为"绝对'共现'"或"绝对'呼应'"。另外,根据表达的需要,副词还有"相对"的"共现"或"呼应"规则,即当需要强调某个意义或句中有某类词语时,要求某个副词与其他词语或成分"共现"或"呼应",如:

难怪他肚子疼,谁让他一连吃了四个冰淇淋呢。(前一分句谓语是主谓词组)

怪不得他认识老刘,原来他俩在上周的晚会上见过面。(前一分句谓语为认知类的心理动词)

难怪彼得**这么了解**北京,原来他在北京呆过三年。

怪不得奶奶哭得**那么伤心**,原来她最好的朋友去世了。

难怪他**如此兴奋**,原来他得了大奖。

当"难怪"、"怪不得"所在分句中的谓语是形容词,或是表示情感、情绪、理解类的心理动词(如"高兴、难过、伤心、激动、兴奋、了解、熟悉"等),或谓语后的补语是形容词时,一般在这类形容词、心理动词前要有强调程度的代词(如"这么"、"那么"或"如此"等)与之共现。但当"难怪"、"怪不得"的分句中的谓语是认知类心理动词(如"觉得、知道、感到、认识"等),或谓语是形容词充当的主谓短语时,就不需要这类代词与之共现,因此上述"共现"属"相对有条件严式共现"。

有些词语是多义的,在表示某个意义时,要求有共现成分;而在表示另一个意义时,就不要求或不一定要有共现成分。如"恨不得"主要有两个意义,一是表示盼望很快地做成某事(多用于短时间内还不能立刻做到的事),强调心情十分迫切。在表示这样意义的句中,必须要有"马上、立刻、一下子"与"恨不得"共现(亦属"相对有条件严式共现")。如:

我**恨不得立刻**把这个消息告诉她。

听说妈妈得了重病,我**恨不得马上**飞到她的身边。

他**恨不得**把这些问题**一下子**都解决了。

"恨不得"另一个意义仅表示一种主观情绪(爱、恨、伤心、羞愧等往往达到极点),这类句子一般不要求共现成分,不过"恨不得"所在句的意义往往比较夸张(动作不可能实现)。如:

他特别疼爱他的女儿,恨不得天天捧在手上。

我觉得丢人死了,恨不得找个地缝钻进去。

有时"真"可出现在"恨不得"前面,但也可以不用(这类我们称之为"宽式共现")。如:

他太不懂礼貌了,我(真)恨不得骂他一顿。

我跟男朋友吹了,(真)恨不得大哭一场。

(关于副词的"共现"详见本章重点副词说明部分。关于关联副词的"呼应",请参见第五编复句。)

## 二、副词的分类

副词按其表示的意义可以分为以下几类:

1. 程度副词

很、挺、怪、非常、十分、格外、分外、相当

太、真、可、多、多么

特别、尤其、比较、较、极、最、顶

更、更加、越发、越加

稍微、稍、稍稍、略微

有点儿、几乎、过于

2. 时间副词

才、就、刚、刚刚、正、正在、在、要、就要、快要

一直、一时、一向、向来、从来、始终、总算、终于

原来、本来、随时、时时、已经、已、曾经、曾

将、将要、立刻、马上、顿时、起初、原先、好久、永远

3. 范围副词

都、全、一共、共、就、只、才、仅仅、仅、光、单、唯独

一起、一块儿、一同、一齐、一道、一概、净

4. 并存、加合、重复副词

也、还、再、又、再三、反复、不断、重新

5. 频率副词

常、常常、时常、经常、往往、总是、总、老、老是、偶尔、一连、连连

6. 否定副词

没(有)、不、别、不用、不必

7. 估计副词

也许、大概、恐怕、可能、一定、准、未必、必定

8. 语气副词

可、却、倒、究竟、到底、毕竟、几乎、差点儿、简直、果然、明明、难道、居然、竟然、偏偏、偏、甚至、只好、不料、其实、难怪、怪不得、反正、索性、多亏、幸亏、幸而、好在

9. 疑问副词

多么

10. 情态副词

渐渐、逐渐、逐步、亲自、互相、仍然、依然、猛然、擅自、特地、赶快、赶紧、赶忙

11. 关联副词

就、才、更、还、都、只、再、也、不、非、倒

关于第 11 类副词,张谊生(2000)指出,"我们发现,汉语中的典型的关联副词,绝大多数本来都是一些常用的时间(才、就)、程度(更、还)、否定(不、非)、重复(再、也)类限制性副词,甚至还可以是一些评注性副词(连、倒)。当这些副词在一个较大的语言单位中充当状语时,它们往往具有两重性:就其限制或评注性的成分而言,它们仍保留原来的功用,就其前后的成分以及整个句子或句段而言,它们就具有了连接的功能。"这类副词的这一特点,应该引起我们的注意。关于这类副词,现在对外汉语教学中一般都不作为单独的一类加以讨论。一般都在说明各个副词的主要意义时附带说明还有关联作用。在讲授复句时,往往说某个连词常和某个副词"呼应使用"。在此要强调的是,这类表示关联的副词,一般在复句中是必须要出现的(详见下重点副词的分析与第五编复句部分),而外国学生往往会忽略这一点,因此是他们学习的难点。这类副词在本章中,不作讨论。它们的用法以及偏误都放在第五编与复句一起讨论。

## 第二节　各类副词的特点和用法

### 一、程度副词

程度副词还应细分为几个小类：

1. 客观性程度副词：很、非常、十分、特别、极

2. 主观性程度副词：太、真、多（么）、好、有点儿

3. 比较性程度副词：更、还[①]、最、稍微、稍稍

**（一）客观性程度副词**

1. 所表语义与语法特点

客观地说明和描述谓词（多为形容词和心理动词）程度高，常用于陈述句，但不能用于比较句。

2. 重点客观性程度副词说明

**很**

基本意义是表示"程度加深"。在形容词谓语句或形容词充当状态补语的句中，常用于形容词前作修饰语。如：

> 我发现这个学校很漂亮。

> 他做什么都很认真，很仔细。

> 哥哥的画画得很好。

由于这一副词使用频率特别高，除了在特别强调（一般有语义重音）时，是表示"程度加深"外，在很多情况下，这一意义弱化了。如作为单句的形容词谓语句，谓语前一般要求加"很"，又如"多"、"少"在作定语时，也要带"很"，这类"很"就没有什么"程度加深"的意义，主要是表达中音节的需要。

要注意的是，不是任何作谓语的形容词前都要加"很"类程度副词的。比较句中的形容词、表示状态的形容词重叠式、成语、表示强调程度的"这么、那么"后面的形容词以及"越来越……"后的形容词都不能受"很"类程度副词修饰（另参见第三节偏误）。下面是学生的偏误：

> ＊北京的冬天比上海很冷。

> ＊她是一个爱笑的人，从来都很笑呵呵的。

> ＊他做事情总是很精益求精。

> ＊教室里的人越来越很多。

> ＊这么很重的行李，你一个人搬得动吗？

3. 程度副词内部辨析

（1）如果仔细分辨其语义，"很、非常、十分、特别、极"这五个副词的程度依照前面排列的次序略有递增，"极"的程度最高。从语法功用来说，"很"、"非常"、"十分"、"特别"、"极"都可以用于肯定句。在肯定句中，能受"很"修饰的形容词或动词（多为心理动词），一般也可以受上述几个程度副词的修饰。从使用频率看，最高的是"很"，"极"因为只用于书面语，相对

---

① 王力先生（1957）从意义上把程度副词分为相对程度副词和绝对程度副词。为了便于外国学生理解和使用，本章不采用这一名称，而用"客观性程度副词"称"很"类副词，用"比较性程度副词"称"最、更"类副词。

是最低的。

（2）这五个程度副词在与否定词的结合使用上有一定的区别。

A．否定词"不"可以用于"很"、"十分"之前，修饰形容词、心理动词充当的谓语，但一般不能用在"非常"、"极"、"特别"的前面。如：

　　她长得不很（十分）漂亮。

　　我们对他并不十分（很）满意。

　　＊他不特别（非常／极）仔细。

"特别"只有在条件复句中，前面可以受"不"修饰。如：

　　如果不特别仔细的话，是不会发现这个问题的。

注意：当"特别"表示"特地"之义（不表示程度）时，可以在单句中受"不"或"没有"的修饰。但后面修饰的一般是动作动词。如：

　　我没有特别照顾她。

　　关于这一点，我不特别说明了。

B．"不"用在程度副词"很"之后，修饰的一般是积极意义的形容词（参见第六章第一节（四））。其他几个程度副词的用法与"很"有相同之处，也有不同（下面凡在句子括号中的词语均可替换）。

　　这些年他很（非常／十分／特别／极）不容易。

　　他的工作态度很（非常／十分／特别／极）不认真。

　　教室里很（特别）不干净。（一般不用"非常"、"十分"、"极"）

　　他的成绩很（非常／特别）不好。（一般不用"十分"、"极"）

　　听了这话，他很（非常、特别）不高兴。（一般不用"十分"、"极"）

（3）"极"可以修饰如"少数"这样的名词和"个别"这样的形容词。"很"可以修饰"个别"，但不能修饰"少数"。而"少数"和"个别"一般不受"非常"、"十分"、"特别"的修饰。

**（二）主观性程度副词**

1. 主观性程度副词的特点

"太、真、多、多么、好"均是带有说话者强烈的主观情感的副词。这类副词主要用于感叹和表示评论的句子。一般不能用于客观说明或描述的陈述句，即不能在这类陈述句中作状语和定语（详见第三节偏误部分）。这类副词也不能用于比较句。

2. 重点主观性程度副词说明

**太**

（1）表示程度过头。多用于认为情况与说话者的看法、估计、标准、要求很不符合的场合。形式为"太＋形／动＋（了）（句末常带语气词"了"）"。

　　这件衣服太贵了。

　　他太相信别人了。

　　因为工作负担太重，他病倒了。

上面的"太……了"多用于表示不满，但有时也可以用于礼貌交际。如：

　　您太谦虚了。

　　您太过奖了，我没有您说的那么好。

"太＋形容词＋了＋一点儿"则只表示贬损、批评义，语气比不带"一点儿"的"太……了"弱些。如：

这个人太严肃了一点儿。

今天的考试太难了一点儿。

"太＋不＋形/动＋(了)"加强否定程度。修饰的形容词、动词大多是褒义或中性的。如：

他太不认真了。

你太不关心孩子了。

她太不把工作当回事了。

有时也以"太＋没＋名(多为抽象义)＋了"的形式出现,多用于贬损、批评。如：

你也太没责任心了,这么重要的事情怎么能忘了呢！

他太没良心了！

一般说来,除了称赞某人谦虚或自己表示谦虚时,"太"的第一种用法多表示不如意,所修饰的词语多为消极或中性意义的。多用于感叹句,前常用"实在"、"的确"等加强感叹语气。如：

他的确是太对不起你了。

昨天街上的人实在太多了。

"太"前有时用"似乎、未免、有点儿、也"等词语,以减弱其强调"过分"的语气。比只用"太"的语气要委婉些。如：

你对孩子的要求未免太严格了。

这间屋子也太小了,换一间吧。

他有点儿太老实了,谁都可以欺负他。

(2) 表示程度很高,"非同一般"。形式为"太＋形/动(多为积极意义的褒义词)",多用于赞叹。如：

你太了不起了！

他太能干了。

你对我太好了,我真不知道怎么感谢你。

"太"的第二种用法常用于再次重复前一句的形容词或动词的句中,赞叹语气很强。如：

您说得对,太对了！

谢谢,太谢谢了！

"不＋太＋形/动",减弱否定程度,使语气比较婉转。如：

我不太赞成这种做法。

爷爷的身体不太好。

这件事对你来说,不太困难。

别担心,手续并不太麻烦。

注意："不大"也可以表示与"不太"相似的语义,不过"不大"只能修饰褒义的形容词或动词,而"不太"既可修饰褒义的,也可修饰中性或贬义的词语。

**（三）比较性程度副词**

比较性程度副词一般表示程度增高或不深。

1. 比较性副词的特点

比较性程度副词常修饰形容词、动词和助动词等(褒、贬及中性均可),多用于表示比较的句子。

2.重点比较性副词说明

**更**

(1)"更"常用于肯定的、有标记的比较句中,修饰句中的形容词或动词。常见形式为:

形式1:A 比 B+更+形/动

形式2:比起 A 来,B+更+形/动

他比你更努力。(可以说:他比你还努力。下面三句中的"更"不能换成"还")

天比以前更热了。

比起爬山来,我更喜欢游泳。

比起以前来,他更成熟了。

(2)"更"一般不用于"A 没有 B+形/动+得+形"、"A 不比 B+形/动+得+形"、"A 不如 B+形/动+得+形"等比较句中。下面是学生的偏误:

＊老年人更喜欢打拳不如年轻人。

改:比起年轻人来,老年人更喜欢打拳。

(3)"更"可以用于"没有比 A+形"的形容词前作修饰语,表示的是在程度上"没有任何人或事物可以超出 A"。如:

他觉得再没有比小刘更可爱的人了!

跑遍全国,要说足球的普及好像还没有比这个城市更突出的。

(4)"更"可以用于无标记的比较句,如:

听你这么一说,我就更想去北京了。

雪停以后,天就更冷了。

**还**(1)

"还"也是常用于比较句的程度副词。与"更"相比,"还"更带有强调、夸张的语气。比较的结果多为已成的、超出一般常规或说话者的预想的。

(1)"还"常用于肯定的、有标记的比较句中,修饰句中的形容词或动词。常见形式为:

形式1:A 比 B+还+形/动

你信不信,他比运动员跑得还快。(他不是运动员)

弟弟的个子比哥哥还高。(按照一般常规,哥哥比弟弟高)

他得奖,你怎么比他还激动?(说话人认为"你"的"激动"超出常情或预测)

下面的句子虽然同是"A 比 B+还+形",但是是用于比拟的:

桌上的资料堆得比小山还高。

他比狐狸还狡猾。

形式2:A 比 B+还+形+数量词

这间屋子比那间屋子还大 10 平方米。

他比我还小一岁呢。

有时,看起来句子是没有标记的,但是实际的对比项是明显存在的:

你别不满意了,我领到的钱还要少。(即:比你还要少)

(2)"还"跟"更"一样,一般不用于"A 没有 B+形/动+得+形"、"A 不比 B+形/动+得+形"、"A 不如 B+形/动+得+形"等比较句中。

(3)"还"可以用于无标记的比较句(见下辨析)。

(4)"还"用于"不如"前,不表示程度增加,而表示比较后的选择。"不如"后面一般只跟动词或动词短语。如：

> 如果这样出去丢人，还不如不去！
>
> 去上海旅游还不如去苏州。
>
> 写信还不如打电话快呢。

3. "更"与"还"的异同

(1) "更"、"还"都可以用于三项比较。语用略有不同。如：

> A 楼比 B 楼高，C 楼比 A 楼就更高了。
>
> A 楼比 B 楼高，C 楼比 A 楼还高。
>
> 北京的人口比天津的多，上海的人口就比北京更多了。
>
> 北京的人口比天津的多，上海的人口比北京还多。

用"更"的三项比较句只是一种客观情况的介绍。用"还"带有强调的语气，或是说话人觉得超出了他的想像，或是暗示超出了听话人的想像(用"还"是预设某人以为的情况与实际情况不符)。

(2) "A 比 B＋还＋形＋数量词"句型中的"还"不能用"更"替换，即"更"不能用于具体比较出数量的比较句。

(3) 在表示比较方面，"更"所适用的句型比"还"要多，因此使用频率也比"还"高。前面提到的"更"形式 2 中有的"更"不能换用"还"。下面几种常用"更"的句型，也都不能用"还"。

A. "更＋形容词/动词及其短语＋的"作主语

> 这次外出，更重要的是，一定要注意安全。
>
> 更使人惊奇的是，他能在刀上走而不受伤。

B. "更＋形容词/动词及其短语"

这类形式是无标记的比较句，"更"用于这类句中表示程度增高。有的是纵向的比较(与以前的情况相比或将来与现在比)，有的是横向比较。这类形式不仅可作谓语，而且常作定语。这类形式中的"更"都不能换用"还"。如：

> 奶奶的病更重了。
>
> 你说他画的像老虎，我看更像猫。
>
> 今后我们要迎接更大的挑战。
>
> 希望你能写得更详细一点儿。
>
> 学的东西难了，就更应该努力。
>
> 穿上这身衣服就会更漂亮。

C. "还"在无标记的比较句中，只能表示程度浅。常修饰积极意义或中性的形容词，表示程度略微低于或勉强达到说话者预想的标准或要求。所以常和量词"一点儿"，副词"稍微"、"有点儿"等一起用。有时后面带"算"，增加了勉强达到的语气。这类用法是"更"没有的。如：

> 他对人还算热情。
>
> 这里的生活条件还可以。
>
> 我对足球还算有点儿兴趣。
>
> 这件衣服还稍微便宜点儿。

D. "更"可以用于递进式的比较句，即前句出现所比的第一项，后一句表示所比第二项在程度上有所递进。"还"没有这样的用法。如：

他坐在这里很难受,听这些人说话更难受。

妹妹能说,姐姐就更能说。

迟到本来就不应该,不去上学,就更不应该了。

他在生活上很注意,不喝酒,更不抽烟。

这类用法不能出现在"A 比 B⋯⋯"等有标记的比较句中。

E. "更"不能像"还"那样可以用于比拟(详见"还"(1))。

**稍微、稍、稍稍、略微**

"稍微、稍稍、略微"类副词,表示程度轻,不深。这类副词一般不修饰形容词或动词的单纯形式,在句中常与"有点儿"、"一点儿"和"些"等共现。

(1)"稍微"类副词在修饰形容词时,一般有以下四种常用形式:

A. A 比 B+"稍微"类副词+形容词+一点儿/些

他的年龄比你稍稍大一点儿。

这座楼比那座楼稍微高些。

B. A(比 B)+"稍微"类副词+形容词+了+一点儿/些

这一形式既可以表示某人或某事物在程度上轻微超出了预期或预定的标准(但形容词没有积极、消极的限制),也可以表示比较与变化。

汤稍稍咸了一点儿。(超出了预期标准)

跟甲队相比,乙队的力量好像稍微强些。(仅表示比较)

他的成绩比上个学期略微好了一点儿。(表示比较与变化)

C. "稍微"类副词+有点儿+形容词

这双鞋稍微有点儿大。

今天的考试稍微有点儿难。

这一形式表示某人或某事物在程度上轻微地超出了预期或预定的标准,带有不太满意的语气。"有点儿"属主观性程度副词,不能用于有标记比较句,一般修饰消极意义的形容词、量高和量低类形容词和常变量形容词(另参见本编第六章形容词第一节二(四))。

D. "稍微"类副词+形容词+了+下来

这一形式只能用于少数形容词,如"静、平静、安静"等,表示的是程度较前有所降低(由动趋静的变化)。此形式不能扩大类推至其他形容词或动词(包括心理动词)。更不能认为这一形式后的"下来"可以任意换成其他趋向补语(另参见第三编第五章第四节)。

马路上的喧闹声,直到晚上十点以后,才稍稍静了下来。

打了针以后,那个病人才稍微安静了下来。

(2)"稍微"类副词修饰的动词一般要求是重叠形式,或要带表示量少的名量词(如"一点儿"、"一些")、动量词(如"一下")或时量词(如"一会儿")等。如:

让她稍微走两步给我看看。

到了家门口,他略微停了停,显出犹豫的神色。

你稍微等我一会儿,我马上就来。

过了好久,他的心情才稍稍平静了一些。

队伍稍微休息了一下,又上路了。

"稍"有些近似熟语的用法,常用于比较郑重的交际语或书面语,它修饰动词一般不用带上面所说的共现成分。如"请稍等"、"请稍候"、"稍作休息"、"稍作调整"。

## 二、时间副词

时间副词还可以细分为几个小类:

1. 表示动作发生的早晚快慢:才、就、刚、刚刚、立刻、马上、好久

2. 表示动作的进行:正、正在、在

3. 表示动作或状态的持续:一直、一向、向来、从来

5. 表示动作业已完成或曾经完成:已经、已、曾经、曾

6. 表示动作将要发生或实行:将、将要

7. 表示追述过去:原来、本来、起初、原先

8. 表示动作与时间的各种关系:随时、时时、一时、顿时、永远


重点时间副词:

**(一) 表示动作早晚、快慢的副词**

1. 特点

这类副词都用于动词之前,不能用于主语前。

2. 重点副词说明

**"就"和"才"**

表示时间的"就"和"才"经常和表示时间的词语一起用。在表示时间方面意义正好相反。时间词和这两个副词有两种不同的位置,表示不同的意义。

(1) 时间词在副词"就"和"才"之前

表示时点的词语(包括年龄)在"就"之前,表示说话者认为动作发生得早;在"才"之前,表示动作发生得晚。如:

> 早上七点他就出门了。(早)
>
> 早上十点他才出门。(晚)
>
> 小张五岁就上学了,可我八岁才上学。(一早一晚)

表示时段(即时间长度,下同)在"就"之前,表示说话者认为动作进行得快,用得时间少;在"才"之前,表示动作进行得慢,用的时间多。如:

> 我一会儿就把作业做好了。(快)
>
> 这篇文章他看了一天才看完。(慢)

表示动量的词语放在"就"或"才"前,可以表示跟上面一样的意思。如:

> 他的记性特别好,生词看两遍就记住了。(快,用的次数少)
>
> 我的钥匙找了好几回才找到。(慢,用的次数多)

注意:在这类句中,表示时段的词语必须和"就"或"才"共现。缺少其中任何一个成分都不行。下面是学生的偏误:

> ＊我刚跟他说的话,他过了一会儿忘了。
>
> 改:我刚跟他说的话,他过了一会儿就忘了。
>
> ＊我拆了信就读完了。
>
> 改:我拆开信,一会儿就读完了。
>
> ＊我就感受到苏州人的温暖。
>
> 改:来苏州不久,我就感受到苏州人的热情。

（2）时间词在副词"就"和"才"之后

表示时点的词语在"就"之后，表示说话者认为动作发生得晚；在"才"之后，表示动作发生得早。如：

爸爸下班回到家，就9点多了。（晚，句尾要用"了"）

我们到车站的时候，才下午2点。（早，句尾不要用"了"）

在简单句中，表示时段的词语在"就"或"才"及谓词动词之后，都表示说话者认为动作进行得快，用的时间少。如：

写这篇论文，他就（才）花了一个星期。

修这辆自行车，刘师傅才（就）用了十分钟。

注意：这两例中的"就"和"才"实际上是表示限定的范围副词，要重读，可以用"只"替换。"就"重读，表示所用时间少；"就"轻读，表示所用时间多。

如果"就＋时段词语"用在下面这样表示限定范围的副词（"光、只是"）所修饰的动词短语之后的话，则表示动作进行得慢，用的时间多。

光搬行李就用了两个多小时。

我们只是调查情况，就调查了半个月。

像这类强调用时多的句子，重音要放在后面的表示时段的词语上。

（3）副词"就"或"才"还常放在两个动词之间，表示两个动作是连续发生的。用"就"表示两个动作间隔的时间短，第一个动作结束后，第二个动作紧接发生或实行，含有迅速之义。用"才"则表示说话者认为第二个动作发生得比较晚。"就"常可用于提出要求的祈使句中，表示要求将来动作很快发生，也可用于说明已经完成动作的陈述句中。"才"只能用于表示已经完成的动作。可以用于陈述句，也可以用于疑问句。疑问句常带有不满的口气。如：

下了课你就来找我。（祈使句）

你到了那儿就给我打电话。（同上）

妈妈吃了饭就出去了。（陈述句）

他看见火车开了才回家。（同上）

你怎么吃了饭才来？（疑问句）

注意：这类句中，"就"或"才"前面一般是表示动作完成的动词短语，以"动＋了＋宾语"较为多见，不能是单个的动词。"就"或"才"后面可以是单个动词，也可以是动词短语。

（4）"就"还可以与"一"构成"一……就……"的结构，连接动词和动词、形容词或主谓短语等，表示前面的动作一完成或结束后，后面的动作或情况紧接着就发生了。可以用于叙述一次性的动作，也可以用于叙述经常发生的情况。如：

小林一下班就去看电影了。（一次性动作，完成的话，句末一般要有"了"）

我一考试就紧张。（经常性情况，句末一般不要"了"）

他一在大家面前说话就脸红。（同上）

注意："一……就……"表示前一个动作结束的终点就是后一个动作的起点，如果两个动作之间必须有一段短时间的间隔的话，就不能用此结构。下面是学生的偏误：

＊他们俩一接触就结婚了。

改₁：他们俩交往不久就结婚了。/改₂：他们俩刚认识就结婚了。

（5）"才"还可以用在动词或动词短语前，表示动作在说话前不久发生。"就"没有这种用法。如：

他才下飞机,让他休息一会儿。

我才放下电话,他就来找我了。

### (二) 表示动作进行的副词

**正、正在、在**

1. 副词"正、正在、在"用在动词或动词短语前面表示动作正在进行。如:

我正看书呢。(正+动词……呢)(句末的"呢"不能省略)

老师正在上课。(正在+动词……)(句末的"呢"可加可不加)

他在学习汉语。(在+动词……)(句末的"呢"可加可不加)

否定式是"没(有)+动词"或"没+在+动词",如:

你在干什么呢? ——我没干什么。

他正在看电视吗? ——他没在看电视。

你在写字吗? ——我没在写字,我在看书。

2. "正、在、正在"与"动+着"的异同

相同之处是都表示动作进行或状态持续之义。不同之处有以下几点:

(1)"正"着重指时间(说话的那段时间某动作正在进行之中,不能中断)。"在"着重指状态(某动作处于进行、持续的状态,这种状态还没有结束)。"正在"既指时间又指状态。例如下面两个对话:

对话1 甲:姐姐,你的电话!

乙:我正洗澡呢!(不能停下来接电话)

对话2 甲:他起床了吗?

乙:没有,还在睡觉呢!(状态还在持续)

(2)"正"后不能用动词的单纯形式(句末一定要有"呢"),"在、正在"不受此限制。如:

他们在上课。

他们正在上课。

他们正在上课呢。          *他们正上课。

(3)"正、正在"可带介词短语"从+处所",表示移动的动作在进行中。"在"不能。如:

他正从商店里走出来。

他正在从商店里走出来。

*他在从商店里走出来。

(4)"在"可表示反复出现的动作的进行状态,也可以表示状态延续或长期持续,所以可受"还"、"又"、"总是"、"一直"等副词的修饰。"正、正在"不能。如:

我经常看见他在锻炼。          *我经常看见他正(正在)锻炼。

我一直在学习。          * 我一直正(正在)学习。

别人都回家了,他还在工作。          *别人都回家了,他还正(正在)工作。

(5)陈月明(2000)指出,"在"表活动的进行,"着"表动作的持续。"着"所表示的动作往往是直观的行为,而活动往往是隐蔽的行为。这就是说,"着"可以出现在表直观现象行为的动词后面,不能出现在指称隐蔽性的实质性的动词短语中。"在"则可以出现在表示上述两种现象的动词前。如:

他在寄包裹。     *他寄着包裹。("寄"为隐蔽性行为)

要注意的是,这一规则,主要是针对动作性较强的弱持续动词而言(详见本编第四章第

二节二(三)下)。这类动词在表示直观的动作持续时,单用"动词+着"形式,是不能构成一个完整的句子的,如:

　　＊我吃着饭。

如有后续句,就能成立:

　　我吃着饭,他看着书,谁也不说话。

下面是引自北京大学语言学研究中心语料库(下简称"北大例")的带有"吃着"的例句,可看出一些特点:

　　大人忙着要资料、买书,小孩子不停嘴地吃着薏仁米做的雪糕、煮熟的良种玉米。

　　5个司机正捧着热汤面,蹲在地上,痛痛快快地,吃着,笑着,说着。

　　三位外国顾客在津津有味地吃着红高粱快餐食品。

　　10年过去了,牛玉琴一家依然住在老屋里,依然每天吃着黄米饭和荞面,依然背着7000元债务……("背着……"是状态的持续)

　　36个工区的1300多名养路工,吃着雪水拌的糌粑,陪伴着煤油灯,常年分段养护着青藏公路。("养护"是隐蔽性行为)

上面几例说明,"动+着"前常与带"地"状语、其他"动+着"或副词"在"同现。当几个"动+着"连用时,表示直观的、动作较强动词与表示状态的、持续性较强的动词(如"背"、"养护")可并列使用。

强持续和次强持续动词(详见本编第四章第二节二(三)下)都是动作性不强、状态性较强的动词,这类动词经常带"着"成句,这两类动词中的大多数不能只和"在"一起成句。如:

　　他站着,我坐着。　　　　　　＊他在站,我在坐。

　　这些材料他一直保留着　　　　＊这些材料他一直在保留。

(6) 泽田启二(1983)指出,"在"和动词经常用于"是"字句,并常与语气副词"到底、究竟"等以及插入语"看起来、你瞧"等同现,典型地表示"主张或推测某行为存在"。"动+着"则常与带"地"的状语同现。陈前瑞(2003)认为,"在+动词"是主观性的表达,"动+着"是客观性的表达。"正"、"正在"的主观性都不强,比较而言,"正"更趋近于"着","正"侧重表现事件当时的状态,而"正在"仅侧重当时的动作行为。如:

　　我走进了屋子,看见爸爸正忙着招呼客人。

　　我国农村经济正面临着一个大发展的机会。(北大例)

　　他们正在开会,你等一会儿。

　　严重的环境污染正在破坏建筑物,威胁社会生产,危害人体健康。(北大例)

**(三) 表示动作或状态持续的副词**

**一直、从来、始终**

这三个副词都跟时间有关,意义和用法有相近之处,也有不同。

1. "从来"和"一直"的异同

"从来"表示较长时间内(从过去到现在),某种情况前后一致,没有例外。"一直"表示在一段时间内(可长可短),动作或状态的持续。

这两个副词的区别与它们所在的句式有关。

(1) 肯定句中的"从来"和"一直"

"从来"很少用于肯定句①。可以用"从来"的肯定句只限于以下三种。这类句中的"从来"有的可以用"一直"替换,有的不行(下面凡是只用括号的,就是可替换的,带 * 则表示不能替换,下同)。

第一类、用于形容词谓语前,或再加上"是……的",表示人或事物长时间持续的状态。如:

> 我家从来(一直)就很干净。

> 我看见他从来(一直)都是笑呵呵的。

> 我想让她觉得咱们家从来(一直)都是完整的。

第二类、用于形容词或动词谓语前,或再加上"是……的",表示一贯的态度。如:

> 他对客人从来(一直)都很客气。

> 我们从来(一直)都是支持你的。

尽管上面的几句"从来"与"一直"可以互换,但两词强调的侧重点并不一样。"从来"强调多次重复出现的状态或态度都是一样的,没有例外。"一直"则重在强调持续不变。

第三类、强调"多次重复的动作的做法或原则是一贯的",用"从来"而不用"一直"。如:

> 在古代奥林匹克运动会上,跑步从来( * 一直)就被列为第一项。

> 他从来( * 一直)都很少组织大家去旅游。

> 高明的领导谈意见从来( * 一直)只是原则性的。

上面三例有的强调在相当长时间内,不断重复的做法已形成规则。有的是强调长时间内某个做法一贯不变,但还未成规则。以上三类肯定句总的特点是状态性强,动作性弱。

与"从来"相反,"一直"多用于肯定句。除了上面只能用"从来"的第三类肯定句外,"一直"可用于绝大多数表示动作或状态持续的肯定句中。如:

> 他多少年来就一直恨着她。(表示好恶等心理状态的持续)

> 我一直想去国外旅行。(表示意愿的持续)

> 我一直在找你。(表示动作的持续)

> 刚才你一直在船上?(表示状态的持续)

> 几年来,她一直是最受欢迎的歌手。(同上)

> 她脑子一直都很灵。(同上)

注意:以上的肯定句都不能用"从来"。下面是学生的偏误:

> * 哥哥从来喜欢足球。

在肯定句中,"从来"不能用于表示意愿的谓语动词前。

(2)否定句中的"从来"和"一直"

"从来"多用于否定句。其特点是:用否定词"没、没有"时,单音节动词、形容词后通常要带"过"。"一直"在否定句中的使用频率比肯定句要低得多。

A. 如果否定句表示的是某种习惯、态度、状态或未发生的动作,"从来"与"一直"都可用。但具体语境和表示的意义还是有区别的。用"从来"的否定句,其否定情况所持续的时段相当长(从过去到现在)。用"一直"的否定句,所表示的持续的时段可长可短。另外,各自蕴涵的意义也不同。如:

---

① 在笔者调查的语料范围内,"从来"用于肯定与否定的比率为 4∶59。"一直"用于肯定与否定的比率为 120∶12。"始终"用于肯定与否定的比率为 21∶26。(详见陆庆和,2002)

奶奶从来(一直)不看报。(习惯)

他从来(一直)不跟我说话。(态度,从过去到现在,长时间)

他今天一直(＊从来)不跟我说话。(态度,近时过去到现在,短时间)

爸爸的头脑从来(一直)就没有闲着。(某种状态)

上个星期,忙得不得了,我一直(＊从来)没空过。(过去某个时段)

我从来没见过她。(动作很久未发生,"我"跟"她"根本不认识)

最近,我一直没见过她。(动作短时间内未发生,"我"跟"她"原来认识)

B. 描述客观状态的否定句,一般用"一直"而不用"从来"。如:

他书包上的红颜色一直(＊从来)不褪。(按照一般自然规律,应该褪色)

对话　甲:我给你介绍的对象你考虑得怎么样了?

乙:对不起,我一直没时间考虑。

乙实际上是不太愿意,但用"一直"回避了说话者的主观意向,显得比较得体。用"从来"可能会有损对方的面子。

C. 在否定句中"从来"常带有说话者的主观意向或爱憎,带有"绝对肯定或绝对否定的语气"(王还,1992)。下面的三类句子,一般用"从来"而不用"一直"。

① 强调动作者出于某种原因有意不做某动作。如:

我知道你爱睡,所以从来不声不响,免得吵醒你。

因为觉得浪费时间,他从来不打牌。

② 句子含有说话者的爱憎、褒贬等。如:

我从来没见过这么不讲道理的人!

他就是这样,总替别人考虑,从来不考虑自己。

③ 句子主要用于申辩或反驳。如:

他从来不抽烟,烟头怎么会是他扔的呢?

我从来没说过我比你能干。

当"从来"与"一直"分别出现在前后相连的句中,这种主观与客观的对比就更明显了。

他从来不隐瞒自己有个认识 14 年的女朋友,但一直给不了她太多的时间相处。

前面用"从来"说明主观态度,后面用"一直",强调客观,出于无奈。

D. 在强调对比的否定句中,一般用"从来"而不用"一直"。这种对比,常带有出乎所料的口气。根据对比的特点,还可以细分为以下几类。

① 横向对比(相比的事物或人有时出现,有时隐含):

外国菜里从来没有鸡鸭胗肝,我在伦敦看见成箱的鸡鸭胗肝贱得一文不值……

(将外国菜与中国菜相比。引自钱钟书《围城》)

全世界的长跑高手后半程从来没有跑过这么快!

② 纵向对比(相比的时段有时出现有时可隐含):

我从来没得过这么多奖。(与过去相比)

能住上这么好的房子,过去我们从来想都不敢想。

③ 横向与纵向对比相结合:

那时候从来也没人赞助过他一分钱。

在历史上还从来没有哪一个国家能在短短的几年内经济发展得如此迅速。

由上可知,在否定句中,"从来"常用于主观的说明,还常用于对比,适用于表示长时段

（从远时过去到现在）的情况。"一直"常用于客观叙述,适用的时段可长可短,既可用于从远时过去到现在,也可用于近时过去至现在,还可以用于过去的某个时段。

2. "始终"和"一直"

"始终"表示从头到尾持续不变。"自始至终"和"不变"是这个副词的主要特点。它和"一直"在意义和用法上的异同主要有以下几点:

（1）句中若没有时间状语或只有表示时间起点的状语的话,"始终"所表示的动作持续的终点一般是指到说话时为止。改用"一直"则表示情况还在持续。如:

　　我跟她始终（一直）保持着亲密的关系。

　　一家人始终（一直）过着幸福的生活。

（2）"始终"所表示的动作持续的终点,如果是在说话之前的某一时点,那么就要求句中必须有表示起始的时段状语。"一直"也是这样。如:

　　从比赛开始到结束,他始终（一直）在为运动员加油。

　　从去年三月到七月,我始终（一直）没见过他。

（3）"始终"可以表示不变的规律或道理等,"一直"不行。如:

　　谣言往往始终（＊一直）是谣言,好像谈鬼说狐那样,不会说着说着就真见了鬼。

（钱钟书《围城》）

　　一般来说,研究人情的学问始终（＊一直）应该跟研究物理的学问分开来。（同上）

（4）"始终"可表示动作者经长时间主观努力坚持不做或未做某个动作。如:

　　我再三向爸爸要求去国外留学,可他始终不答应。

　　他头很晕,但是始终没肯坐下。

　　老人很饿,用手摸了好几回包子,始终没往起拿。

这三例中的"始终"表示否定的动作在说话前已经结束。这几例中的"始终"虽然也可换成"一直",但减弱了原句所要强调的动作者的主观努力,而且隐含着这种情况还在继续。

（5）"始终"可表示经过长时间的努力,最终未能完成希望完成的动作。如:

　　及至见了她,他把这句话在心中转了好几次,始终（＊一直）说不出来。

　　我想买那件大衣,可又嫌贵,侃了半天价钱,始终（＊一直）谈不成。

从下面"一直"与"始终"分别出现在前后分句的复句中,也可看出两词的不同:

　　他一直在帮我查那个打匿名电话的人,但是始终没能查出。

这一句"一直"表示动作的持续,"始终"则主要承担了表示最终结果是否定的作用。

（6）"始终"不能用于"现时"等没有终点（包括将来）的动作,也不能用于由谓语后成分明确表示动作终点的句子,"一直"则可以。如:

　　姐姐现在一直（＊始终）在学汉语。

　　自学习了书法以后,爷爷一直（＊始终）天天写大字。

　　他一直（＊始终）把朋友送到车站,看到她们上了车,才回家。

　　战士们一直（＊始终）战斗到流尽最后一滴血。

（7）"一直"可以用于持续动作或情况起点不明的句子。"始终"不行。

　　他过去一直（＊始终）开出租车。

　　在调到这个公司之前,我一直（＊始终）做贸易工作。

（8）"始终"还强调"不变"。像下面用"一直",后面紧接表示情况发生变化的句子是不用"始终"的。

打这儿以后,公司的发展一直(? 始终)不顺利,最后终于倒闭了。

一年前,他一直(? 始终)是学校的一般教师,去年才当了校长。

综上所述,"始终"主要强调"自始至终不变"。它所适用的时段,可以是从过去某个时点开始到说话时,也可到说话前某个时点为止。"一直"主要强调"动作或状态的持续"。它后面的动词谓语可以带各种表示动作终点意义的成分,也可后续表示变化的句子。它所适用的时段可以是近时过去,也可以是远时过去,还可以是现时或将来。

## 三、范围副词

**都**

范围副词"都"主要有以下几种用法:

1. 表示总括

"都"表示的意义是"总括同一",它总是放在要总括的事物或人的后面。经常用于动词、动词短语、形容词、形容词短语前,不能用于主语前。表示复数(不少于两项)的人或事物无一例外具有同一种性状或同一行为。常用于以下几种句子:

(1)当表示复数(不少于两项)的主语或话题"总括同一"的意义时,一般谓语要受"都"修饰。如:

他们都是留学生。(属性同一)

三个人都付了钱。(总括动作同一)

院子里的花都开了。(总括状态同一)

明天和后天我都在家。(总括不同时间的状态同一)

上面的例句如果没有"都"也能成立,但是缺少了"无一例外同一"的意义(言外之意可能还有其他相关的人或事物,用"都",谈话排除了其他人或事物)。因此,当表示排除的句子本身"无一例外同一"的意义不够明显时,谓语前应该用"都"加以强调。如:

除了操场,别的地方我都找过了,就是没看见他。

除了小林,别人都要去游泳。(另参见第八章介词第二节"除了"下)

(2)当句中有表示逐指的"每"、表示任指的"任何",有疑问代词或有表示统指的"所有"、"一切"、"全部"、"整"等词语作主语的定语时,要表示"总括同一",谓语前必须要有"都"与之共现。如:

每个房间都有电话。("每+一般名词",谓语强调每个个体的共同点)

每个老师都很认真。(同上)

任何时候都要注意安全。

谁都不认识这个人。

所有的房间都住了人。

一切准备工作都做好了。

全部行李都装到汽车上去了。

整箱的苹果都烂了。

当"每"、"整"修饰的是时间名词时,只有强调"无一例外"、多次有规律地发生同一动作时,要用"都"。不强调"同一"意义,只是说明一般情况,可以不用"都"。如:

她每天都写汉字。/她每天写汉字。

我们每年都要放两次长假。/我们每年要放两次长假。

他整天都在复习功课。/他整天在复习功课。

　　与这类情况相似的是,当句中有表示总括或周遍意义的"满＋名词"、"浑身"、"随时"、"到处"等,有"都"与之共现或不用"都"的两种情况。如:

　　　　小张满头都是汗。/小张满头是汗。

　　　　那个受伤的人浑身都是血。/那个受伤的人浑身是血。

　　　　你有问题随时都可以来问我。/你有问题随时可以来问我。

　　　　大多数人都喜欢自然风光。/大多数人喜欢自然风光。

　　　　公园里到处都是人。/公园里到处是人。

　　(3) 当复句中有表示任指条件的"不管"、"无论"、"任"、"任凭",谓词的肯定否定结构或表示总括的"凡是"等,后一分句只要是表示"总括同一"结果或动作的,则谓语前都要有"都"与之呼应。如:

　　　　不管(无论)明天天好不好,我们都要去种树。

　　　　凡是这个作家的小说,我都看过。

　　　　任你怎么说他,他都不听。

　　2. 表示极端或最低限

　　"都"还可以表示极端或最低限。它常出现在下面两种句型中:

　　(1) 在非对比句中,表示极端或低于最低限度。"都"要位于极端项或最低限度项之后。

　　A. 句中极端项和基本限度项位于"都"之前与之共现:

　　　　他水都没喝就走了。

　　　　这个人真没礼貌,见了人招呼都不打。(见人打招呼是最低的限度)

　　极端项所表示的往往是与语境联系最不可能或最不应该的情况。有时,极端项是以夸张的形式出现的。如:

　　　　到了发胖的年龄,喝凉水都长肉。

　　"喝凉水"并不是真实的情况,只是一种带夸张的、极端的情况。

　　B. "都"还与(表示对比焦点的)"连"、"甚至"共现,组成"连……都"、"甚至(连)……都"结构,对比极端项也要放在"都"前(另见第四编第二章第十六节)。如:

　　　　我忙得连饭都顾不上吃。

　　　　他紧张得甚至连话都说不出来了。

　　　　她对父母照顾得特别周到,连茶都端到手上。

　　C. 在动作量为零的绝对否定句中,极端项一般以"一＋量词"的形式出现在"都"之前,二者在多数情况下要共现。如:

　　　　他一句话都不说。

　　　　听写时,那个学生一个字都没写。

　　　　我难受极了,一口饭都不想吃。

　　D. 在"即使"、"就是"、"哪怕"等表示让步的复句的分句中,如果前一分句是表示最低量(亦属于极端情况)的,后一分句一般要有"都"(或"也")与之呼应,并接表示结果的谓语。如:

　　　　孩子即使有一点点进步,都会让父母高兴半天的。

　　　　在人最困难的时候,哪怕是一句鼓励的话,都能起很大作用。

　　E. 数量词位于"都"前与之共现。数量词所表示的一般在说话人预计的最低限度之下,表示数量少。"都"后的谓语一般是否定形式。如：

> 两个小时都不到,他就把文章写出来了。(预期应该在两小时之上)
>
> 学了半年,六篇课文都没学习完。(预期应该在六篇课文之上)

F. "都"可以出现在"动＋都＋不/没＋动"否定结构中,后面要接表示结果的动词短语。动词所表示的动作是说话者认为最低限度应该做的。如：

> 你怎么问都不问,就把他带到这儿来了?
>
> 他递给我钱的时候,我看都没看就放进了钱包。

(2) 在对比句中表示强调

在对比句中,"都"与对比极端项共现,有时还与"甚至"、"连"出现。如：

> 这个问题连小孩子都会回答,你怎么还不会!
>
> 他都去帮忙了,你却坐在这儿不动!
>
> 老师都没说什么,要你多嘴干什么!
>
> 她本人都不着急,你急什么!

从上面的例句可知,句中与对比极端项相对的另一项(如与"小孩"相对的"你")必须同时出现。"都"后谓语无论是肯定还是否定形式都可以。

3. 表示超出预期限度

"都"还可以表示超出预期限度。与前两项意义中"都"的位置不同,表示此项意义的"都"位于超出预期限度的词语或短语前,这往往是说话人希望引起听话人注意的情况,句尾一般要有语气词"了"。如：

> 都十一点了,你还不起来。
>
> 外面都结冰了,可要多穿点啊!
>
> 他都七十岁了,可干起活来一点不比年轻人差。

这类"都"的用法常出现在状态补语前,强调程度之高。有的带有夸张的语气。如：

> 听说她累得都晕过去了。
>
> 他激动得都不知道说什么好了。
>
> 他气得都快发疯了。

## 四、并存、加合、重复副词

1. 并存、加合、重复副词的特点

这类副词过去一般只称为重复副词,但实际上这类副词中有的副词的并存或加合义是主要的(并存如"也",加合如"还")。这三类意义有密切的联系。"并存"一般是指两种以上的动作、情况同时存在;"加合"是经过相同的动作后,与动作相关的事物或人在数量上有所增加;"重复"是相同的动作情况再一次或又一次的出现,实际上也可以看成是两种以上的动作、情况在异时的并存或加合。有的副词可以表示上面提到的三种意义(如"又")。有的副词一次就能表示上述中的两个意义(如"再三",重复和动量的加合)。这类副词必须放在主语的后面作状语。

2. 重点副词说明

也

(1) "也"的基本意义是表示"类同"(相同或类似的动作、情况并存),类同的可以是类似的属性、性状、动作、变化等。"也"不能脱离谓语回答问题,必须放在主语之后。

A.“也”常用在并列复句中,表示几个动作或情况同时存在。如:

他学习汉语,也学习英语。

你喜欢足球,我也喜欢足球。

春天来了,河里的冰化了,山也绿了,花也开了。(同时存在类似的变化)

经济发展了,人民的生活水平也提高了,大家的精神也不一样了。(同上)

B. 当句中有表示任指的疑问代词,谓语又是否定形式时,一般要有副词与之共现。这种情况下,常用“也”(也可以用“都”)。如:

我哪儿也没去。

他什么球也不玩儿。

她谁的话也不听。

C. 在复句中,“也”与“即使”、“就是”、“哪怕”等连词呼应使用。“也”所在的分句肯定、否定都可以。句子大致分为两类:

① 当复句中有表示让步的“即使”、“就是”,举出极端的情况,后一分句中要有“也”与之呼应。“也”所在句表示极端情况下的结果与非极端情况下类同。如:

即使走着去车站,也来得及。

即使你不说我也猜得出来。

就是地上的一根麻绳,他也要捡起来收好。

上面的极端情况是可以实现的或是事实。有时,所举的极端情况是不可能实现的,带有夸张的意味。如:

你即使把心掏出来给他看,他也不会相信你。

别说是下大雨,就是下刀子,我也要出去!

② 当复句中有表示让步的“即使”、“就是”,举出在现实中比较少见的情况,后一分句表示在这种情况下,其结果与一般情况也差不多,要用“也”与之呼应。如:

这里夏天很凉快,即使再热,也不过 28 度左右。

夫妻俩关系很好,即使偶尔拌两句嘴,也从不往心里去。

D. 当复句中有“不管”、“无论”、“虽然”、“尽管”、“如果”、“要是”等,后一分句如表示在前一分句的情况下,事实、结论与隐含的相反的事实、结论“类同”,也要用“也”与之呼应。这类分句多是表示动作者或说话者的主观意愿、估计、看法或态度的。可以是肯定句也可以是否定句。如:

尽管看见外面在下雨,孩子也吵着要出去。(隐含“不下雨”的情况)

无论要花多少时间,我也要把他找到。(隐含“时间花得不多”的情况)

无论有多大的困难,我们也能克服。(隐含“困难不大”的情况)

不管你有多忙,家里的事情也该关心关心。(隐含“不忙”的情况)

我宁可不睡觉,也要把论文写出来。(隐含“睡觉”的情况)

要是你想跟我一起住也可以。(隐含“你不想跟我一起住”的情况)

虽然家里条件不太好,但也该让孩子生活得好一些。(隐含“条件好”的情况)

尽管我知道他是无心的,但我也不能原谅他。(隐含“他是有心的”的情况)

下面的“也”已经弱化到仅仅表示语气了(参见下(3)“表示委婉语气”)。

要是没有大家的帮助,这件事也办不成。

虽然工作累点儿,但也不该发脾气啊!

连词中,只有"虽然"、"不仅"(不但)和"也"呼应时,可以用于说明事实。如:

　　他成绩虽然不太好,也被分到了高班。(与成绩好的"类同")

　　我不仅去过北京,也去过天津。

(2)表示极端或最低限。这类"也"是说话者主观上把极端或最低限与一般情况看作是类同的。

A."也"在非对比句的否定句中,表示极端或低于最低限度。主要有以下几种形式:

①"极端项或基本限度项+也……"里"也"后多为动词的否定形式。如:

　　他水也没喝就走了。

　　这个人真没礼貌,见了人招呼也不打。(见人打招呼是最低的限度)

②"连+极端项+也……"、"甚至(连)极端项+也……"里"也"后一般是动词或动词短语。如:

　　我忙得连汗也顾不上擦。

　　他激动得甚至连声音也发抖了。

　　他平时什么家务也不干,连手绢也是我给他洗。

③ 在动作量为零的绝对否定句中,极端项一般以"一+量词"的形式出现在"也"之前,即"一+量词+也+不/没……"。如:

　　他一句话也不说。

　　听写时,那个学生一个字也没写。

　　我难受极了,一口饭也不想吃。

④ 在"即使"、"就是"、"哪怕"等表示让步的复句的分句中,如果前一分句是表示最低量(亦属于极端情况)的,后一分句一般要有"也"与之呼应,并接表示结果的谓语。如:

　　即使犯一点小错误,他也会唠叨半天的。

　　在他饿得快死的时候,哪怕是一块面包,也能救他一条命啊。

⑤"数量词+也……",数量词所表示的一般在说话人预计的最低限度之下,表示数量少。"也"后的谓语一般是否定形式。如:

　　做完整个练习,两个小时也不到。(预期应该在两小时之上)

　　学了半年,六篇课文也没学习完。(预期应该在六篇课文之上)

⑥"动+也+不/没+动……",后面要有表示结果的动词短语。动词所表示的动作是说话者认为最低限度应该做的。如:

　　警察看见我们,问也不问,就让我们走了。

　　弟弟一看到用鸡蛋做的菜,尝也没尝就说不好吃。

B. 在对比句中表示强调

在对比句中,"也"与对比极端项共现,或再和"甚至"、"连"共现,另外的对比项也必须同时出现。"也"后的谓语多是否定形式,有时也可以是肯定形式(肯定句中用"都"的更多一些)。

　　他甚至连上课也忘了,还能记着做别的吗?

　　现在农民也住上楼房了,你却住在这样的地方!

　　这个问题连张工程师也解决不了,就别说咱们了。

　　他连报也不看,怎么会看这种理论书呢?

(3)表示委婉语气。多用于批评、建议或表示主观看法的场合。如:

你说话也太不注意了。

大家都说甲队能赢,我看也不一定。

他也不是小孩子了,别老管着他。

他这样做也不能说不对。

**还**(2)

(1) 表示说话前已有的状态或已在进行的动作延续不变。如:

爸爸还没来。

教室里还很冷。

他还在学校。

"还"可以用于疑问句和反问句,常表示说话者认为正在持续的动作或状态不应该再延续下去了。如:

你怎么还在喝酒啊?

他怎么还不回家?

(2)"还"用于"在"带时间名词或表示时间的动词短语前,表示某个动作或状态从很早以前一直延续到现在。如:

还在三千年以前,这里就有人居住了。

还在你没出生之前,我们俩就认识了。

(3) 表示添加。前面一般有先行句,表示某个情况,"还"所在句表示除前者以外,另有所增加或补充。

A. 单独用"还"。

我们那天种了树,还拔了草。

饭吃到最后,还会上一盘水果。

在对话中,这类"还"常用于疑问句。如:

你还要点儿什么?

他还问了你哪些问题?

B. 当前面有介词"除了……(以外)"的短语或表示并列的连词"不但"、"不仅"带的分句,后一分句要表示添加、补充的,都要用"还"与之呼应使用。如:

除了交学费外,还要交书费。

我来中国不但要学习汉语,还要了解中国文化。

他们不仅参观了几个村子,还在农民家住了几个晚上。

**又**

"又"的基本意义是并存与加合,在这个意义上产生"重复"的意义。

(1) 表示并存

A. 同一性质,不同情况的并存,可以是不同的动作,也可以是不同的状态。这类并存既可以单用一个"又",也可以连用"又",或用"既……又……"连词结构。如:

她不喜欢那个小伙子,没有修养,长得又不帅。

大家又唱又跳,玩得可高兴呢!

听到这个消息,我又惊又喜又慌又怕。

这个店里的东西既便宜又好。

B. 同一性质,相反情况的并存。这种并存的情况有的用动词表示,有的用形容词表示,

一般是处于矛盾中的状态,而不是一次性完成的动作。如:

　　我想去又不想去。

　　这件事对他来说,又重要又不重要。

　　他上又上不去,下又下不来,急得不得了。

(2) 表示重复

这可以看作是同类动作在异时的并存。主要有动作的回复、动作的回环和动作的重复。

A. 经动作之后,施事或者受事回复到原来的状态或位置。动作一般是已经发生的,动词后常带表示动作已经完成的补语、"了"或在句尾带"了"。如:

　　她回头看了我一眼,又回过头去。

　　妈妈悄悄地走下楼来……停了一会,又上去了。

　　老师把他叫到研究室,把他交的论文又还给了他。

　　试车时,他把汽车开出去又开了回来。

像下面的说法也属于这一类:

　　话又说回来……

B. 预计带有规律性的情况将重复出现,这实际是同类情况的回环往复。句子一般表示的是将来发生的动作。句尾常带"了"。如:

　　明天又是星期天了。

　　这么晚回去,我妈又该说我了。

　　学校又要开课了,又能看到老师和同学们了。

　　看地里的庄稼,今年又将是一个丰收年。

C. 没有规律的情况或动作重复出现。如:

① 重复的动作和状态是已经发生过的。句尾一般要带"了"。用于单句就暗示以前有过类似的动作或状态。如:

　　她又去图书馆了。(暗示以前发生过同样的动作)

　　我的钱包又找不到了。(同上)

　　他昨天迟到了,今天又迟到了。

　　这个汉字你写错过几次了,怎么又写错了?

否定形式是在"又"后加"没":

　　她昨天没来学校,今天又没来。

注意:后一句用"又"是前一句未发生的情况的重复。(另参见下"再")

② 重复的动作和状态是将要发生的。如:

　　你又要出差了?

　　过两天又要考试了。

　　听说明天又要下雨了。

这类句中的"又"后一般要带表示将要的"要",句尾要带语气词"了"。谓语动词一般表示的是说话者不希望重复或预计不该重复的动作。这类句子带有说话者觉得动作重复次数过多的意味。如下面的句子这种语气很明显:

　　你看你,又来了,能不能少说两句啊!

句中的"来"不是"来、去"的"来",而是"你"又重复说起说话者不爱听的话。句子带有厌烦的语气。

D. 表示多次重复。"又"往往位于同一个动词、动量词或名量词之间。从句子的结构看,有两种:

① "又"连接两个相同的动词或名量词,前一动词后一般要有"了",后面必须还要有表示结果的句子。如:

　　　他挑了又挑,终于挑中了一件比较满意的大衣。

　　　我改了又改,用了两天时间才把文章写好。

　　　小李唱了一首又一首,大家拼命给他鼓掌。

② "又"连接两个相同的动量词作状语,作表示方式的状语,这类句子同样要后续结果句。如:

　　　她一遍又一遍地练习,终于学会了太极拳。

　　　他一趟又一趟地往学校跑,弄得大家都认识他了。

（3）表示加合

"又"还可以表示经过动作后,与动作相关的事物或人在数量上有所增加。如:

　　　自从认识了小张,他又多了一个好朋友,

　　　女儿生日的时候,我给她买了一根项链,又添上了一对耳环。

　　　我们已经得了两块金牌了,今天又得了一块。

　　　除了三个男同学,我又叫了两个女同学。

（4）表示语气

表示语气的"又",除了对话的场合,一般不能单独出现在单句中,前面或后面总要有一个句子与之相联系。

A. 转折句中的"又",连接两个带有矛盾意义的句子。如:

　　　他说马上给我办,可是又坐着不动。

　　　我不想再听他讲了,但是又不好意思离开。

　　　她从书包里拿出一本书,打开,但又不想读。

B. 否定句中的"又",后面常接感叹句、疑问句和反问句。如:

　　　你又不是我爸爸,用不着你管!

　　　我又没叫你,你来干什么?

　　　你又不是哑巴,为什么问你你总不说话?

这类用"又"的句子,将两种明显矛盾的情况放在一起,形成强烈的对比,表示强烈的不满、惊讶的语气。常用于反驳、质问。

C. 用于双重否定句。如:

　　　你又不是不知道,我最近刚买了房子,哪有钱啊?

　　　他又不是没念过书,学校的规矩怎么能不知道呢?

这类用"又"的双重否定句后常接叙述句或反问句,表示不容置疑、无须辩驳的语气。

D. 用于反问句。如:

　　　你平时从来不学习,现在要考试了,着急又有什么用呢?

　　　孩子在国外学习生活都挺好,又有什么可担心的呢?

句中的"又"同样表示一种不容置疑、无须辩驳的语气,常表示说话者的看法。可用于劝说、安慰、反驳等。这类反问句前常有作为说话者看法根据的句子。在对话中,用"又"的反问句可以单独出现。如:

　　A：别说了，老李来了。

　　B：老李来了又怎么样？

**再**

主要表示动作中断后的重复。一般要放在主语的后面。有以下几种用法：

(1) 表示动作的重复或状态的继续，"再"后多是还没有实现的动作。

A. 在说话后就重复或接续已经做过的动作。如：

　　能再说一遍吗？（前面已经说过一次，重复的动作还没有做）

　　他的可乐喝完了，再给他倒点儿。

　　你再继续往下说呀，我们都听着呢。

B. 表示已经结束的动作在将来重复。如：

　　这个电影虽然上星期看过了，可我想再看一遍。

　　欢迎你以后再来。

　　到了海关，行李还要再检查的。

　　你应该再去医院看看。

对重复加以否定，有以下几种：

① 客观说明在某个时点或某个已完成的动作之后，动作未重复。"再"与否定词有两个不同的位置：

形式1：再也＋没＋动词

　　毕业以后，我就再也没见到过他。

　　打那以后，那扇大门再也没有打开过。

语气比较重，强调某动作"一次也没有"重复过。

形式2：没＋再＋动词

　　从那次分手后，我没再跟他联系。

　　出院以后，他没再犯过病。

语气一般，说明第二次动作未重复。

② 表示动作到说话时终止，主观上将来不打算重复，"再"与否定词也有两个位置：

形式1：再也＋不＋（助动词）＋动词

　　我再也不想见到你。

　　你骗了我们，我们再也不相信你了。

这个句式的语气比较强，有发誓永远不重复某动作的意味。

形式2：否定词＋（助动词）＋再＋动词

　　那个地方我们不想再去了。

　　这首歌唱完咱们就不再唱了。

这个句式只是表示主观上决定不再重复某个动作，并无发誓"永远不"的意思。

C. 说话者追述过去经过一段间隔后，前面已发生过的动作的重复，动词前可用"再"。这样的"再"字句一般不单独出现，前面都要有交代前一次动作已经发生过的句子。如：

　　十年前我们来这儿时，这儿还是一片农田。五年后再来，已经是一个新的工业区了。

　　他抬头看窗外，有个人在对面站着。过了一会儿，再往外看时，那个人已经不见了。

这种用法实际上是古代"再"的"第二次"用法的遗留，但是同样带有"中断后重复"的语义特征。

D. 用于带补语"下去"或助词"着"的动词谓语前,或用于假设复句前一分句的形容词谓语前,与指示代词"这么"共现,表示动作或状态的继续,但说话者实际要表达的是希望某种动作或状态不再继续,希望其终止。如:

> 你劝劝他,别再这么干下去了。
>
> 既然你的病已经好了,就别再这么闲呆着了。

"再这么……"表示的是不希望状态继续下去,所以,如果后面有结果句的话,也往往都是表示消极意义的(另参见本编第二章第二节"这么")。如:

> 再这么干下去,我真受不了了。
>
> 你再这么马虎,还会出错的。

注意:如果后面的结果句是表示积极意义的,就不要用"再"。如:

> 研究照这么进行下去,肯定能成功。

(2) 表示动作将要在某个时点或某个动作完成后发生。

A. "再"位于将要发生的动作的动词之前,表示某个动作暂不实行,待将来实行。如:

> 今天讨论就到这儿吧。剩下的问题明天再讨论。
>
> 这个事情等老李来了再说。

B. 表示动作的顺序,继前一个动作完成之后做第二个动作,"再"位于第二个动词前。有时前面出现连词"先"与之呼应,或有"然后"与"再"共现。如:

> 我们把课文讲完以后再做练习。
>
> 你先洗个澡,然后再吃饭。

(3) 表示程度加深或减弱。

A. "再"＋形容词＋一点儿

> 水再热一点儿就好了。
>
> 有没有颜色再淡一点儿的?
>
> 请说得再慢一点儿。

B. "再＋动词＋得＋形容词"或"再＋动词＋形容词＋一点儿/(一)些"

> 你的字再写得清楚一点。
>
> 再走近些,黑板上的字就看得清楚了。

这类形式多用于祈使句或表示意愿的句子,对动作完成后结果达到的程度提出要求。

C. 用于让步复句前一分句

"再"＋形容词/状态动词……

> 困难再大,我们也能克服。
>
> 工作再苦、再累,都没关系。
>
> 你即使再饿,也不能把别人的饭都吃了啊!
>
> 天就是再冷,他都坚持出去锻炼。

D. 用于比较

① "……没有比……再＋形容词＋的＋名词＋了"

> 没有比这儿再漂亮的地方了。
>
> 没有比他再可恶的人了。

② "再(也)没有比……更＋形容词＋了"

> 再也没有比这趟车更快的了。

再也没有比这个更让人高兴的事情了。

③"再＋形容词＋也没有/不过了"

你要是能给我们打折,真是再好也没有了。

我们俩住一个屋子,真是再合适不过了。

E. 表示添加。在原有的基础上有所增加。用于动作动词前。如:

你穿这种衣服,再戴一副墨镜,简直像个坏人。

天冷的时候,外面再穿一件大衣就行了。

天热,再加上身体不好,她晕倒了。

3. 几组副词辨析

**"也"与"都"的辨析**

(1) 在表示极端或最低限的句子中,凡是否定句,可以用"都"的也可以用"也"。

(2) "都"和"也"在用于表示任指的疑问代词之后,"都"要求带有量化的语义特征。如:

什么菜也/都没买。相当于:一个菜也/都没买。

哪儿也/都没去。　相当于:一个地方也/都没去。

但是,"都"要求的是"总量(universal quantity)"(或"全量"),"也"则要求的是最小量(minimum quantity)(杨凯荣,2000)。在否定句中,这种区别因为否定(动作量为零)而被掩盖了。但一旦到了肯定句,这种区别就显现出来了。如:

只要是中国菜,我什么都喜欢。相当于:所有的中国菜我都喜欢。

只要是中国菜,＊我什么也喜欢。("也"不能用于表示总量)

由于"也"只能表示"最小量",所以

A. 在用疑问代词表示任指(即有多种选择)的肯定句中,只能用"都"而不能用"也";

B. 肯定句中有明确表示"总量"(或"全量")的词语的,不能用"也"。

下面是学生的偏误(句中的"也"都应改成"都"):

＊明天我没有事,什么时候去也行。

＊下了课我们一起去吃饭,哪个地方也可以。

＊哪种药也规定了一天的用量。

＊她买什么也一笔一笔地算。

＊一切准备工作也得做好。

注意:如果有另外的句子提供"类同"的语境,用"也"是可以成立的。如:

所有的窗户都要关好,所有的门也必须上锁。

凡是这个作家的传记,我要看。凡是这个作家的小说,我也要看。

这类"也",不与表示总量的词语发生联系,而是同另一句有"类同"关系。

C. 正因为"也"表示最小量,复句中肯定的分句使用"也"的,多是表示说话者或动作者的主观意愿或看法的(详见"也"字条下(1)D部分),而且这种看法和意愿都是说话者已经选定的,不是可以任意选择的。同时,句子所涉及的量也是最低的。如将这类句中的"也"换用"都"的话,有成立的,也有不能成立或不自然的句子。

无论要花多少时间,我都要把他找到。(表示在两个以上的做法或情况中选一个)

尽管看见外面在下雨,孩子都吵着要出去。(同上)

我宁可不睡觉,都要把论文写出来。(同上)

不管你有多忙,家里的事情都该关心关心。(表示主观看法、态度)

从这些换用"都"也可成立的句子可知,当肯定分句涉及的量可以理解为总量(两个以上)时,"也"就可换成"都"。两词虽可换,但有的句子意义还是有区别的,如"家里的事情都该关心关心",用"都"说话人着眼于总量;用"也"则要求最低量,稍微关心一下就可以了。

下面句子中的"也"换成"都"就不自然了:

     ? 要是你想跟我一起住都可以。(选择的量是单一的,不是总量)

     ? 虽然家里条件不太好,但都该让孩子生活得好一些。(同上)

从上面 A、B、C 几项分析可知,"也"用于肯定句有很多限制,这就是"也"在肯定句中出现的比率低的原因[①]。

（3）由于"也"一般要与"即使"、"就是"、"哪怕"等表示让步的连词在复句中呼应出现,所以,前面"都"字条下提到的在"即使"、"哪怕"等让步复句的分句中,如果前一分句是表示最低条件,后一分句一般常有"都"与之呼应。这类肯定分句中的"都",可以换用"也"。如:

    孩子即使有一点点进步,也会让父母高兴半天的。

    在人最困难的时候,哪怕是一句鼓励的话,也能起很大的作用。

**"又"与"再"的辨析**

（1）"又"和"再"都可以表示重复。大多已经发生的重复的动作前用"又"。只有在追述过去重复的动作时,可以用"再"(详见"再"(1)下 C 的用例)。

（2）尽管"又"多用于过去动作的重复,但也可以用于尚未发生的动作的重复。但仅限于以下两种情况:一是预测带有规律性的情况将重复出现;一是当说话者认为动作重复的次数过多时(详见"又"(2)下 B、C 的用例)。这两种情况是不能用"再"的。其他表示将来的动作的重复时,一般用"再"。

（3）同样是表示尚未发生的动作的重复,"再"后一般是说话者或动作者希望实行或认为有必要实行的动作。因此,"再"常用于要求重复动作的祈使句或表达意愿的句子。"又"则不能用于这类祈使句和表示意愿的句子。

（4）"再这么＋谓语"(详见"再"(2)下)则表示说话者不希望动作或状态继续下去。"又"没有这类用法。

**"还"与"又"的辨析**

（1）"还"可表示添加,"又"可表示加合。两词在有些句中可以互换。如:

    他给我们介绍了学校的历史,还(又)给我们介绍了现在的一些情况。

    星期天我洗了衣服,还(又)打扫了房间。

    她买了面包,还(又)买了两斤苹果。

（2）"还"经常带"要"(表示意愿或须要),表示添加。可以用于陈述句,也可以用于疑问句。"又"带"要"(表示将要),表示重复,含有说话人认为动作重复过多的主观情绪,有时甚至带有厌烦的语气。这类语义和语气是"还"所没有的。如:

    还要做练习吗?(一般询问是否需要做某个动作,句尾一般用"吗")

    又要做练习了?(质问,觉得即将重复的动作是多余、麻烦的,句尾一般用"了")

    除了交学费外,还要交书费。(一般说明另外要做的事情)

---

① 据杨凯荣(2000)搜集到 110 个"疑问代词＋也/都"的例句中,"也"的肯定否定的比率为 2∶62;"都"的肯定否定的比率为 38∶8。本章关于"都"、"也"的说明与辨析,重点参考了杨凯荣的观点。

除了交学费外,又要交书费。(暗含要交的费用较多的意味)

**"还"与"再"的辨析**

"还"和"再"的语义区别主要在于动作是延续还是中断。"还"强调的是动作的持续不变(用"还"表示将来的动作也是说话人认为该动作是前面动作的延续)。"再"强调的是前面动作结束后的重复,前后动作是间断的。

(1)"再"一般不用于询问动作将来是否重复。如:

　　＊你下个星期再来吗?

　　改:你下个星期还来吗?

　　(说话人问此话时是站在"已经来"的这次的角度,问以后该动作是否延续)

(2)"还"不用于表示动作之间有间歇的动词前。如:

　　＊欢迎你还来中国。

　　改:欢迎你再来中国。(下一次动作和这一次动作之间可以有较长时间的间歇)

(3)"还"要放在"要、想"等助词之前,"再"放在"要、想"等助动词之后。如:

　　他还想听一会儿音乐。

　　我要再复习一遍。

(4)"还"可以用在形容词谓语前,表示某种状态持续不变,"再"不行。如:

　　外边还很热。

　　教室里还不太干净。

(5)要求说话时终止动作,让对方将来重复该动作,一般用"再"。希望对方动作或状态继续不变用"还"。如:

　　＊这件事情今天办不了,你明天还来吧。

　　改:这件事情今天办不了,你明天再来吧。

　　＊希望我们以后再能见面。

　　改:希望我们以后还能见面。

(6)句子形式上一样,意义和口气有区别。如:

　　我明天再来。(只是表示前一次动作结束后的重复,口气平和)

　　你不答应,我明天还来。(强调如"我"的目的达不到,动作还会继续。带有威胁的口气)

## 五、否定副词

**(一) 否定副词的特点**

表示否定的副词叫否定副词。否定副词主要有以下几个:没(有)、不、别、不用、不必。否定副词一般放在要否定的成分之前,位置不一定都在谓语前。

**(二) 重点否定副词用法说明**

**"不"和"没(有)"**

1. "不"和"没(有)"最主要的区别

"不"可以否定两类情况:第一类是否定没有时间限制或者忽略时间限制、可以延续的状态;第二类是否定没有时间限制的、或在说话时之后(包括将来)的、可以延续的动作的实行。"没(有)"不能否定没有时间限制的状态。它只能否定某个时限之前(过去某个时点或时段、到说话时为止或将来某个时限)某个动作的实行、某个结果的出现和某个变化的发生。[①]

2. "不"和"没(有)"不同的否定范畴

**不**

(1)"不"否定的第一个范畴是没有时限的状态。这种状态大多是客观状态,也有一部分是主观状态,如"意愿、态度、情感、判断、性质、评价、规律、真理、条件、可能性、能力、感知、习惯、计划、预测、状况"等。

下面 A—C 是经常用"不"否定的谓语句,是对"主+谓(动/形)……吗?"或"主+助动词+谓(动)……吗"等的回答。

A. 当谓语是表示一般状态的形容词、心理动词时,不管状态所处的时间是过去、现在还是将来,其否定式都用"不"而不用"没"。如:

这里夏天热吗? ——这里夏天不热。(客观常态、无时间限制)

上午的考试难吗? ——不难。(过去的状态,忽略时间限制,主观评价)

你听了他的话生气吗? ——不生气。(客观状态、情感)

昨天玩得高兴吗? ——不高兴。(过去的状态,忽略时间限制)

B. 当谓语为"是、在、像、姓、属于、知道"等表示性质、属性等的动词时,否定式一般用"不"而不用"没"。如:

她是学生吗? ——不是。(客观、状态、性质)

你知道这件事吗? ——不知道。(客观、状态、认知)

C. 当谓语是表示一般状态的"助动词+动词"时,否定式一般用"不"。如:

他会说汉语吗? ——他不会说汉语。(客观常态、能力)

考试能带参考书吗? ——不能。(客观规则)

只有部分助动词如"想、敢、肯、能"在特别强调某个时限前的情况时,可以用"没"否定(详见下)。

(2)"不"否定的第二个范畴是:否定动作的实行或发生。主要是动作动词谓语句、相关的补语句和表示主观预测的动词谓语句等。

A. 当谓语动词是表示说话之后(包括将来)某个动作不实行或不发生时,都用"不"。

---

[①] 关于"不"与"没有"的区别,至今主要有以下三种观点:

(1)"不"主要用来否定现在和将来的动作,"没"主要用来否定过去和现在的动作。"不"和"没"的区别主要在时间上。目前不少对外汉语教材中多采用这个观点。

(2)"不"主要用来否定主观意愿,"没"主要用来否定客观事实。

李瑛(1992)和白荃(2000)主张这一观点。白荃在他的论文中,通过一些"没"用于将来情况的例证(详见本节引用例),否定了"不"和"没(有)"的主要区别在于时间上的观点,认为"不"和"没有"的最主要的区别在于:"不"否定主观意愿,"没"否定客观事实。

(3)卢福波(2002)指出,"如果否定用在施事句(句中有动作行为者、有动作行为、有与之相关的时间、地点等)中,'不'否定的是主观意愿、'没'否定的是客观叙述还是满可以讲得通的。"但是当"不"用在非施事句中时,就很难用主客观的对立来解释。她举出了一些语言事实证明,"不"既可以否定主观意愿,也可以否定客观事实。卢福波将郭锐(1999)所主张的"'不'是对非过程时状的否定,即是对谓词性成分本身性质的否定;'没(有)'是对过程时状的否定,即是对存在的否定,包括对事物存在和事件存在的否定"的观点扩大到更大的范畴,认为"不"和"没"的对立正是过程性和非过程性上的对立。所谓过程,就是在时间轴上有流程的动态过程,即一是在时轴上的表现,二是有结点的或无结点的线性表现。

卢福波在谈到"不"和"没"使用上的限制条件时指出,"在施为句中一般来说,'不'应该是在过程没发生时出现,'没'则往往在过程开始后或结束后出现。"

笔者比较倾向卢福波的意见。考虑到学生理解和接受的水平以及让他们能从一部分带有形式标志的句子上加以区分(用"没"的句中常有表示时间限制的词语),本节不用"过程与非过程",而用"有无时间限制"来说明二者的不同。

这类否定句有时与动作者的主观意愿或预测有关,有时则表示客观的情况、习惯和计划等。

> 他去南方旅行吗? ——他不去南方旅行。▲
>
> (可表示施事者的主观意愿,也可以是客观地介绍"他"的计划)
>
> 你喝啤酒吗? ——我不喝啤酒。(主观意愿、动作)▲
>
> 下星期开运动会吗? ——不开。(客观地说明已经订下来的计划)
>
> 明天下雨吗? ——不下。(转述天气预报,主观预测)
>
> 他吃辣吗? ——他不吃辣。(介绍客观习惯、状态)

如不考虑对问句的回答,上述这类动词谓语句后带▲者,也可以用"没(有)"否定,区别在于是否与某个时限有关。

B. 可能补语、情态补语的否定式都用"不","不"的位置不同于一般形容词和动词谓语句。如:

> 这么多菜,我吃不了。
>
> 他的话我听不懂。
>
> 我的汉字写得不好。

C. 当谓语是对过去已经发生的动作的施事者、时间、地点、方式等加以客观的说明时(主要是"是……的"句),也用"不"。如:

> 她是去年来的吗? ——她不是去年来的。(客观、说明、事实)
>
> 花瓶是你打碎的吗? ——不是。(客观、说明、事实)

D. "不"也可以否定从过去到现在一个时段中某个动作的实行。这种句子强调的是整体的否定状态,而不是一次性完成的动作(详见下2.3)。如:

> 她从来不吃生的东西。(不能插入"一次")
>
> 会已经开了三个小时了,老刘始终不说一句话。(同上)

E. 当谓语动词后有数量补语时,"不"一般放在动词前。但用法有一定限制:这类否定句如作为独立使用的单句,一般是疑问句,而且动量补语的数词往往是"一"或约数(虚数)。如:

> 这个大钟你不敲一下吗?
>
> 写完了不检查两遍吗?("两"是约数,虚指)

当补语是时量词或动量补语的数词不是"一"时,就不能以单句的形式出现,一般出现在条件复句的条件分句中。这类补语可以是实数也可以是约数。如:

> 生词不抄五遍就记不住。
>
> 大学本科不学习四年就不能毕业。
>
> 学习外语,不花上五六年或七八年是学不好的。

**没(有)**

(1)用"没(有)"的否定句是对下面几种问句或者状态的否定回答。

A. 对"主+谓(动)+(宾语)+了吗?"的否定回答,是对一次性动作完成、实现的否定,即在某个时点前或过去某个时段某个动作未实行。如:

> 他洗澡了吗? ——他没洗澡。(到说话时为止,施事动词谓语句)
>
> 昨天考试了吗? ——昨天没考试。(施事动词谓语句)

B. 对"主+谓(动结/动趋短语)了吗"的否定回答,是对一次性的动作结果的否定,即在某个时点前某个动作未完成。如:

你作业做完了吗？——还没做完。（到说话时为止，施事动词谓语句）

你要是下个星期二来找他，可能他还没回来呢。（到下个星期二为止）

C. 对"主＋谓（动词）＋过＋（宾语）吗？"的否定回答，是对一次性的动作经历的否定，即在某个时点前不曾有过某个动作经历。如：

你学过法语吗？——我没学过法语。（到说话时为止，施事动词谓语句）

她来过中国吗？——她没来过中国。（到说话时为止，施事动词谓语句）

D. 对"动词＋着"的否定，就是对一次性的动作完成后结果的持续状态的否定，即在某个时点前那个动作结果的状态没有出现或者没有一直在持续。如：

他躺着呢？——他没躺着。（持续状态没有出现）

墙上贴着什么？——墙上什么也没贴着。（持续状态没有出现）

你别老坐着。——我没老坐着！（持续状态没有一直持续，有所中断）

E. 对"主＋谓（形）了吗？"的否定，是对一次性的状态变化的否定。如：

洗澡水热了吗？——洗澡水还没热。

注意：这类句子所否定的动作都有时限，否定的情况不延续。当句中没有表示时间的词语时，时间的参照点到说话时为止。当句中有表示过去的时间词时，说明某个动作在那个时间范围内未实行。句中有表示将来的时间词，则是动作未施行的时限。

（2）"没（有）"经常否定的范畴：

A. 施事动词谓语句

需要强调的有以下几点：

第一，"看见、见面、听见、听说"等表示结果的短语只能用"没有"否定。

第二，带有结果意义的动词如"死、丢、诞生、受伤、通过、完、塌、掉、垮"作谓语时，一般都用"没有"否定。这类动词只有在条件句或对比句中可以用"不"否定：

我不死，我要活。（对比句）

考试不通过，就拿不到毕业证书。（条件句）

第三，"主语＋没＋动词＋着"句的用法比较少见，在语法和语用上都有一定限制。动词一般限于像"站、坐、躺、睡、歇、盯、跟、抱、搂、搀、扶、端、带"等强持续动词和如"挂、摆、插、贴、盛、装、锁、开、关、捆、种、写、记、穿、戴"等可以表示动作完成后状态持续的次强持续动词（详见第四章第二节二）如：

老师没坐着。

墙上没贴着画。

＊我没吃着（zhe）饭。

＊他们没打着（zhe）球。

因为"吃"、"打"等都是不能表示动作完成后状态持续的动词。

另外，上述两类可以表示状态持续的动词带"着"后用"没"否定时，很少用于一般陈述。笔者经对 120 多万字小说语料的调查，没有找到一例"没＋动词＋着"的例句。"主语＋没＋动词＋着"多用于对话中对事实的澄清、对对方反驳，而不是对"动词＋着……吗？"的否定回答[①]。如：

---

① 赵元任曾指出："'没'加上动词就等于动词加上'着'、'过'、或'了'的否定式。比如：'别老站着！''我没老站着！'"本节文字是对赵元任先生这段话从语法和语用角度的补充。（详见丁邦新译、赵元任 1980 年）。

　　　　A：你别老躺着。

　　　　B：我没老躺着。（澄清事实，反驳对方）

　　　　A：黑板上好像写着你的名字吧？

　　　　B：黑板上没写着我的名字。（同上）

　　　　A：这件事他的日记里可能记着。

　　　　B：他的日记里什么也没记着。（同上）

　　如果要问某个动作是否正在持续，并用否定回答时，一般用"正在"、"在"。否定式有两种。在语用上是有区别的。

　　用"不"否定：

　　　　A：外面在下雨吗？

　　　　B：外面不在下雨。（只是对问句的否定回答，客观说明）

　　　　A：你在看电视吗？

　　　　B：我不在看电视。（只是对问句的否定回答，客观说明）

　　用"没"否定：

　　　　A：小明，外面正在下雨，咱们就别出去了。

　　　　B：外面没在下雨，你骗人！（澄清事实，反驳对方）

　　　　A：你怎么又在看电视！

　　　　B：我没在看电视。（澄清事实，反驳对方）

　　下面是学生的偏误：

　　　　＊外面下着雨吗？　——　＊外面没下着雨。

　　　　＊你看着电视吗？　——　＊我没看着电视。

　　"没"可以在下面的复句的前一分句中否定"动＋着"。如：

　　　　咱们又没带着钱，进商店干什么？

　　　　箱子又没锁着，为什么不打开看看呢？

　　这类复句前一分句的"没（有）＋动＋着"是作为后面反问句或疑问句的前提条件出现的。不过，这类句中的动词都是持续动词，"没"和这类动词本身就可以表示"未发生状态的持续"，这两句里的"着"都是可以省略的。

　　第四，在对话和语篇中，用"没"的否定句常常表示的是：按照一般事理的逻辑，某个动作应该实行或完成，或者某个状态应该出现，但结果是否定的。如：

　　　　天是越来越冷了，可他似乎没觉察到。

　　　　"这个座位已经有人了。"他仿佛没听见，还是坐了下来。

　　　　医生叫她，她坐着没动。护士给她两片药，她也没吃。

　　　　他满脸是汗，可也没顾得上擦。

　　　　他闯了红灯，警察并没罚他的款，只是说了他几句。

　　　　老人大骂了他一顿，可他并没说话，也没生气。

　　B. 形容词谓语句

　　"没"用于形容词谓语前，不是表示过去的状态，而是表示到说话时为止，形容词所表示的状态还未出现。如：

　　　　饭熟了吗？——还没熟。

　　　　天亮了吗？——还没亮。

　　已经立夏了，可天还没热过。

　　3. "不"与"没"的辨析

　　（1）结果还是变化

　　"没＋动词"所表示的是动作没有实行、没有完成（即没有结果）；"没＋形容词"表示的是状态没有变化。如：

　　　　老师没走。（没有实行）

　　　　我作业没有做完。（没有完成）

　　　　天还没热呢。（没有变化）

　　"没（有）＋谓词（动词、形容词）"都是带有时间限定的动作或情况。上述例句中虽然没有表示时间的词，但表示的是在说话前的否定情况。

　　"把"字句和"被"字句表示没有实行、完成等否定的结果义时，也要用"没"否定。如：

　　　　她没把词典带到学校来。

　　　　服务员没把房间打扫干净。

　　　　门没被风吹开。

　　　　问题还没有被解决。

　　如果句子是表示对过去的旧情况、想法、计划的否定，即表示某种变化，则用"不"。如：

　　　　她现在不是老师了，她已经换了工作了。

　　　　我不想去游泳了。

　　　　小李不来了。

　　（2）一次动作还是整体状态

　　在对说话前一个时段或过去某个时段内动作的否定，用"没"所否定的动作的量是"一次（也没有）"，动词一般要带"过"，后面常可带"一（次、遍、回、趟）"等。"不"尽管可以用在这类时间词语之后，但是动词后不能带"过"，也不能带"一（次、遍、回、趟）"等。如：

　　　　三年来，他从没迟到过一回。（表示动作的量少）

　　　　三年来，他从不迟到。（不能加"一回"，表示整体状态）

　　　　从去年3月到8月，他居然没给家里打过一次电话。（表示动作的量少）

　　　　从去年3月到8月，他居然不给家里打电话。（一般不加"一次"，表示整体状态）

　　根据上面的例句可知，"不"在否定过去时段或者过去到现在的动作时，不是把它作为一次次完整的、可以单独完成的动作看待，而是把它看作一个连续性的、整体状态。[①]

　　　　他从来不抽烟。（从过去到现在的习惯，还可以延续）

　　　　＊我昨天不买衣服。（过去，一次性动作）

　　　　改：我昨天不想买衣服，所以什么也没买。

　　换句话说，"不"不能否定过去一次性可以完成的动作。

　　（3）主观还是客观

　　"不"有时可以否定动作者的意愿（详见上（1））。"没"多数情况下是用于客观说明情况。

―――――――――――

　　① 石毓智（2001）指出："当非定量动词后面跟由数量成分或结果补语时，动词所代表的是一个个完整的动作，它们是离散的，只能用'没'否定，譬如不能说'不看清楚'或'不看三回'……'没'否定动词时，实际上是对'动＋了'的否定……这里的实现体标记'了'说明，在用'没'否定时，是把动词作为具有完整起讫点的离散量。而用'不'否定时，'不＋动'的肯定式是'动'……后面不能加'了'，表明是把动词看作是具有连续变化的过程。"

它和主观意愿有时也发生关系,主要有以下几种情况:

第一,客观说明情况,回避或者排除主观意愿时用"没"。如:

真对不起,我真的没想伤害你。(强调根本没有这个主观意愿)

你给我介绍的工作我还没考虑呢。(或是客观说明动作尚未实行,或是事实上说话者已经考虑过了,结论是否定的,为了不伤对方的面子,回避了自己的主观意愿)

第二,说明主观上努力过,但是最后客观结果是否定的。如:

我们拼命争取,但是没争取到。

他做了多少努力,却始终没能站起来。

第三,说明动作者主观上努力地未实行某个动作。如:

老人很饿,用手摸了好几回包子,始终没往起拿。

那天我忍了又忍,才没打他。

需要说明的是,上述例句所表示的主观意愿和动作都是有时限的,一般到句中所表示的时限或到说话时为止。

(4)否定词和动结短语的关系

一般单句中的"动结短语"的否定式都用"没"否定(详见上)。"不"只能在条件复句中用于"动结补语"前。如:

不做完作业不许出去。

不出去走走,怎么能知道外面的世界?

(5)既可用"不",又可以用"没"的谓语句的辨析

这类句子是外国学生最容易混淆的句子。辨析时应该强调:"不"与"没"的区别就在于有无时间限制,否定的情况是否可以延续。如:

他不想去国外留学。(否定主观上有过这个想法,这个否定想法可以延续到说话后)

他没想去国外留学。(否定主观上有这个想法,这个否定想法不可延续,只到说话时为止。这样的句子一般用于反驳。说此话的背景是有人说过他想去留学)

我看他正在发火,就没敢跟他说什么。(否定的情况到说话前或更前的时限为止,不延续)

我看他正在发火,就不敢跟他说什么了。(这一否定的情况可以延续)

我明天有事,不能参加你的生日晚会了,真对不起。(否定的动作在说话之后)

那天因为有事,没能参加你的生日晚会了,真对不起。(否定的动作在说话之前某个时点)

小王从来不跟陌生人说话。(一贯的常态,可以延续)

小王从来没跟陌生人说过话。(到说话时为止的情况、不可延续,一次这样的动作也没有)

4. "不"、"没"与其他成分的语序问题

除了状态补语和可能补语外,当句子是一般的简单的形容词、动词或助动词谓语句,句中又没有其他状语,"不"和"没"一般放在谓语或助动词前。但当句子的谓语比较复杂时,"不"和"没"的位置还是有以下几点需要向学生强调的。

(1)当句子为"来"、"去"的连动句或兼语句,"不"、"没"都放在"来"、"去"、"请"、"叫"、"让"等动词的前面。如:

　　他不来上班。

　　妈妈没去看病。

　　我没请他参加今天的晚会，他怎么来了？

　　老师没叫你看这本书吗？

　　他不让我说，我就没说。

（2）当句子中有其他状语时，"不"、"没"的位置比较复杂。

A. 介词短语和"不"、"没"的语序

① 在否定句中，"把、被、给、跟、对、向、朝、从（表示空间起点）、靠、凭、按"等介词短语，都要放在"不"、"没"的后面（另参见下第三节偏误部分）。如：

　　你为什么不把孩子带来？

　　行李没被人拿走。

　　那人没朝我开枪。

　　我们不从这条路走。

否定词是"不必"、"不用"时，一般也放在"把、给、对、靠、向"等介词短语的前面。如：

　　她不用给家里打电话了，我已经打了。

　　你不用把他的话当回事。

　　这件事不必对别人讲。

　　小李有能力，不必靠别人养活。

　　在这个超市买东西，不用向售货员询问，价格都标得清清楚楚。

② 在否定句中，"对于（包括表示'对于'义的'对'）、关于"和表示时间起点的"从"、"由"，表示范围的"从"等介词短语，一般要放在否定词"不"、"没"（包括"不必"、"不用"或否定补语结构）前（另参见下五、偏误部分）。[1]

　　他对于环境问题，没有做过研究。

　　关于这个问题，我不想发表什么意见。

　　从昨天晚上到现在，我还一口水都没喝呢。

　　这条街由东到西，看不到一家旅馆。

　　从老师到学生，都不赞成这么做。

③ 有的介词与否定词有前后两种不同的位置，这跟句子表示的是现实还是假设有关。如：

　　他们对我不好，所以我很生气。（现实）

　　他们不对我好，我就不理他们。（假设）

　　你怎么不对他好点儿呢？这不，把人家给气走了。（疑问）[2]

B. 其他状语和"不"、"没"的语序

① 表示时间的名词、表示疑问、任指的疑问代词一般放在"不"、"没"的前面。如：

　　我那天怎么没看见你？

----

　　① 侯学超指出："大部分介词短语前面可以用'没有'……有一部分不能。例如：除、当……时候、对于、较、较之、一任、由、于、自、自从、关于"（《现代汉语虚词词典》，1999年，北京大学出版社）。笔者认为，"除、当……时候、较、较之、一任、于、自、自从"一般只出现在肯定句，不能用否定词否定，所以此处只选择了几个可以用于否定句的介词进行讨论。

　　② 石毓智所举例，出处见（石毓智，2001）。

明天不上课。

特殊代词"每"常和时间名词组成时间名词短语，否定词与这类短语有两个位置，表示的意思不一样。如：

他不每天锻炼，身体也挺好。（有时锻炼，有时不锻炼）

他每天不锻炼，身体也挺好。（一天也不锻炼）

② 表示语气、估计、关联、时间的副词一般放在否定词"不"、"没"的前面。如：

我简直不相信这幅画是他画的。

你难道没看见那个通知吗？

明天要是有事，就不能跟你一起吃饭了。

爸爸一直不同意我跟你结婚。

③ 表示频率、范围、程度、时间的副词大部分放在否定词"不"、"没"的前面。但有几个副词跟否定词有两个位置。否定词放在副词前，否定的是副词，否定词在副词后，一般否定的是谓词，因而两种语序意思上有些不一样。如：

他的身体不很好。（否定"很好"）

他的身体很不好。（比"不好"程度还高，很差）

我们不都去看电影。（一部分去，一部分不去）

我们都不去看电影。（全部不去）

他这么一喊，大家马上不说话了。（"不"否定的是动作）

我不马上走，你不用着急。（"不"在"马上"前，否定的是时间）

小张常常不参加同学的聚会。（"不"在动词前，表示动作者的主观意愿）

小张不常参加同学的聚会。（"不"在"常"前，只对频率加以否定，比较客观）

下面的句子是表示客观情况的，所以只有一种否定式：

这里不常下雨。

＊这里常不下雨。

④ 大部分表示协同、方式、重复的副词，要放在否定词"不"、"没"的后面。如：

我不跟他一起出去。

他只搞设计，从来不亲自动手做衣服。

这台机器你不重新检查一下吗？

"再"和否定词有前后两个不同位置（区别参见上"再"条下）。如：

你不再喝儿点什么吗？

我再也不去那儿了。

"又"、"也"在不同的句式中与否定词有不同的语序。如：

老李又没来。（陈述句）

他也不去旅游。（陈述句）

要是你们都不来，他不又该怪我了？（反问句）

你不也是外国人吗？（反问句）

协同副词"一律"、情态副词"忽然"、"突然"等要放在"不"前面。如：

非机动车，一律不准从这条路走。

突然，汽车不动了。

忽然，灯不亮了。

情态副词"仍然、依然"一般放在否定词前,"亲自"则放在否定词后(一般出现在假设句或疑问句中),而"互相"则有两种语序。如:

我劝了他半天,他仍然不肯参加比赛。

如果不亲自带队,他就不放心。(条件句)

你不亲自到医院去看望他吗?(疑问句)

他们俩互相不信任。

咱们不互相帮助,难道还等别人帮助咱们不成?(条件句)

# 第三节　学生在副词方面常见的偏误

## 一、程度副词方面的偏误

1. 缺漏

(1)缺少副词等词语

＊在中国到处多人。

改:在中国到处都有很多人。

＊何老师好像年轻。

改:何老师好像很年轻。

(2)缺少共现成分

＊今天比昨天稍微暖和了。

改:今天比昨天稍微暖和了些/一点儿。

＊你的文章给我稍微看。

改₁:你的文章给我稍微看看。/改₂:你的文章给我稍微看一下。

2. 误加

＊今天的天气很阴沉沉的。

改:今天的天气阴沉沉的。

＊他这次考试第一名,很得意洋洋地说:"谁也不如我聪明。"

改:他这次考试考了第一名,得意洋洋地说:"谁也不如我聪明。"

＊这么很难喝的咖啡,你喝得下去吗?

改:这么难喝的咖啡,你喝得下去吗?

＊商店在路上特别很有意思。

改:路上的商店特别有意思。

分析:以上都是误加了"很"的偏误。"阴沉沉"、"得意洋洋"都属形容词重叠形式,不能再受程度副词修饰;当形容词前已有指示代词"这么"、副词"特别"等,也不能再受其他程度副词修饰。

＊他们正在相当努力学习呢。

改:他们正在努力学习呢。

分析:"正在"后如果带了形容词状语,那个形容词一般不能再受"相当"的修饰。

3. 误用

(1) 误用副词

＊尽管我的病太严重,我还是把这篇文章翻译完了。

改:尽管我的病很严重,我还是把这篇文章翻译完了。

＊他是太懒的人,所以不喜欢打工。

改₁:他是很懒的人,所以不喜欢打工。/改₂:他这个人太懒,不喜欢打工。

＊是的,不过他真精神的人。

改₁:他这个人很精神。/改₂:他这个人真精神。

分析:上面几例都是在客观地说明或描述时,误用了主观性程度副词"太"、"真"。

＊有人选了比较好看的日语文字在裤子上写出来了。它虽然对中国人好看,可对我们日本人并不好看,真不需要的东西。

改:有人把日语文字印在裤子上。虽然他们觉得好看,可我们日本人觉得并不好看,真是没有必要这么做。

分析:主观性程度副词"太"、"真"不能直接修饰名词短语,即不能作定语(参见上第二节一程度副词部分)。

＊他汉语真好说了。

改:他汉语说得真好!

＊我来了苏州过一个半月。时间真快过了。

改:我来了苏州已经过了一个半月了。时间过得真快!

分析:当"真、太"这样的主观程度副词表示感叹时,不能修饰作状语的形容词,但可以修饰作补语的形容词(详见上第二节一、程度副词)。

＊我觉得他们都相当不好。

改:我觉得他们都很不好。

＊我的意见跟他的相当不一样。

改:我的意见跟他的很不一样。

(2) 该用副词而误用其他语言形式

＊你吵得不得了,闭嘴吧。

改:你太吵了,能不能闭上嘴啊!

4. 错序

＊他是真吝啬的人。

改:他真是个吝啬的人。

＊这篇文章我要理解更详细。

改:这篇文章我要更仔细地研究一下。

＊我在北京住了十年了,比较算熟悉。

改:我在北京住了十年了,算比较熟悉。

5. 杂糅

＊她学习非常努力,因此没有人比她更提高汉语水平。

改:她学习非常努力,因此没有人汉语水平比她提高得更快。

＊我把盐稍稍放在汤里一下。

改:我稍微放了一点儿盐在汤里。

＊听了我的话,他稍稍高兴起来。

改:他的心情好像稍稍好了一点儿。

## 二、时间副词方面的偏误

1. 缺漏

＊他刚才生气了,可过了一会儿忘了。

改:他刚才生气了,可过了一会儿就忘了。

＊那个女主角真了不起,演得像真正的老人,实际上她二十岁。

改:那个女主角真了不起,演得真像老人,实际上她刚/才二十岁。

分析:要强调"她"年轻(数量小),就必须在数量词前用副词"刚"或"才"。

＊自江户时代以来,东京是日本的政治经济中心。

改:自江户时代以来,东京一直是日本的政治经济中心。

＊我是家里最小的女儿,受到父亲的宠爱,他去世以后,我时刻怀念他。

改:我是家里最小的女儿,一直受到父亲的宠爱,他去世以后,我时刻怀念他。

分析:上两例中,一例中有表示动作或状态起点的词语,另一例有表示动作终止的时点,起点(出生时)是隐含的。句子要表示的都是"长时间的持续",必须要用"一直"才行。

2. 误加

误加副词

＊他曾经没受过大学教育。

改:他没受过大学教育。

分析:"曾经"只能和"动词＋过"的肯定式一起用。

＊北京有些名胜古迹我从来一直想去游览。

改:北京有些名胜古迹我一直想去游览。

＊他从来一直没有发觉自己说的汉语不标准。

改:他从来/一直没有发觉自己说的汉语并不标准。

分析:这两例可能是学生把"从来"附会成"从……以来"的意义而与"一直"连用。上面第一例只能保留"一直",因为"从来"不能用于表示肯定意愿的谓语动词前(详见上第二节 2 中"从来"与"一直"的辨析)。第二例单用"从来"和"一直"均可。

＊他的化验已经过了几年没出来,他真始终倒霉。

改:他的化验结果已经过了几年了都没出来,真够倒霉的。

3. 误用

(1) 与其他副词用法混淆

＊我一听,都想起来过去的难过的事情。

改₁:我一听,就想起过去难过的事情。

改₂:我听了他说的话,过去难过的事情都想起来了。

分析:汉语动词前用了"一",要求后面"就"与之呼应,这是"一……就……"这一结构限定的。如果要用"都"表示"想起所有难过的事情",句子要作调整(如改₂)。

＊我今天九点有考试,现在刚差四分九点,来不及。

改:我今天九点有考试,现在已经差四分九点了,来不及了。

分析:"刚"是强调时间早,与要表达的意思相反。

* 我等一会儿才告诉你。

改：我等一会儿再告诉你。

* 他掏了半天箱子，但是终于没找到他需要的东西。

改：他掏了半天箱子，但是始终没找到他需要的东西。

分析："终于"不能修饰动词的否定形式，应该改用"始终"。

* 他母亲从年轻时起都吸烟。

改₁：他母亲从年轻时起一直都吸烟。

改₂：他母亲从年轻时起就一直吸烟。

分析：这个偏误是想用"都"来表达"一直吸烟"而致误。但是"都"不能表示动作的持续。如果"都"用于谓语动词前，句中又有表示时间起点的词语时，一定要用"一直"（如改₁）才能表示持续。"都"总括的只是整个时段。改₂用"就"，表示吸烟的动作很早就开始了。

* 每天早上我始终睡懒觉，所以我每天迟到。

改：每天早上我总是睡懒觉，所以我每天迟到。

* 这件事才今天完成结束了，所以我相当满意。

改：这件事总算结束了，所以我很高兴。

分析："才"只表示动词完成得晚，不能表示希望的结果终于出现的意思，所以要改用"总算"。

（2）与其他词语或语法形式混淆

* 昨天有个同学告诉我，他从来学过英语、日语，还有德语，但是汉语最难。

改：昨天有个同学告诉我，他以前学过英语、日语，还有德语。比较起来，汉语最难。

* 我跟他有朋友的联系。

改：我跟他一直有联系。

* 我刚才来一会儿。

改：我刚来一会儿。

分析：不少国家的学生都会把"刚才"误作"刚"。这说明这两个词语很容易混淆。

* 在这儿有外国人很多，日本人、韩国人、美国人，但是泰国人才有我和我姐姐。

改：在这儿有很多外国人，日本人、韩国人、美国人，但是泰国人只有我和我姐姐。

（3）与连词或其他副词用法混淆

* 我从来觉得在苏州观前街是最热闹的地方，可是石路也是热闹的地方。

改：我一直觉得观前街是苏州最热闹的地方，其实石路也是很热闹的地方。

（4）与副词相关的词语或形式有误

* 他曾经打了好几份工。

改：他曾经打过好几份工。

分析：副词"曾经"修饰的动词后应带助词"过"而不是"了"。

* 我一直爱上他，可是他跟我的朋友结婚了。

改：我一直爱着他，可是他跟我的朋友结婚了。

分析：结果补语有两种，一种是本身就表示持续，不能用"一直"，如"爱上"。要表示持续，就得改成"爱着"。另一种结果补语（一般是"看见"、"碰见"、"遇见"等少数动补短语）是可以不断重复的，这类补语可以和"一直"一起用，表示动作反复出现。如：

我最近一直碰见他。

你一直能在商场看见她忙碌的身影。

下面的两例用了"一直",就要求谓语动词是表示持续状态的,但学生却在动词后用了"了"。

　　＊我一直看了对面人的眼睛。

　　改:我一直看着对面人的眼睛。

　　＊中学毕业后,我一直留了头发。

　　改:中学毕业后,我一直留头发。

　　＊直到明天晚上我才离开博物馆。

　　改₁:直到昨天晚上我才离开博物馆。/改₂:我要到明天晚上才离开博物馆。

分析:"直到……才……"表示的是已经完成的动作。如果要表示将来完成的动作,就得用"要到……"。

　4. 错序

　(1)副词误置于主语前

　　＊我们一起去了喝酒,所以才两点我睡觉了。

　　改:我们一起去喝了酒,所以直到两点我才睡觉。

　　＊已经时间太晚了。(孙红娟文例,下简称孙)

　　改:时间已经太晚了。

　　＊等你写完这封信,就我们去散步。

　　改:等你写完这封信,我们就去散步。

　　＊等画完蛇脚,再你喝那壶酒。

　　改:等画完蛇脚,你再喝那壶酒。

　(2)副词和介词短语的语序有误

　　? 他在苏州一直工作。

　　改:他一直在苏州工作。

分析:"一直"和表示处所的介词短语有两个语序。如果谓语表示的是某个动作的一直持续,语序应为"一直＋在＋处所＋动词"。当谓语表示的是某个状态的持续(包括否定的动作状态),语序应为"在＋处所＋一直＋动词"。如:

　　我在苏州一直没看见他。

　　他在北京一直很顺利。

　5. 杂糅

　　＊他每天始终迟到上课。

　　改:他每天上课总是迟到。

　　＊我在北京的时始终学习。

　　改:我在北京的时候一直学习汉语。

　　＊大家都不喜欢的才只她一个人非常喜欢,我们都莫名其妙。

　　改:大家都不喜欢的她才/却喜欢,我们都莫名其妙。

　　＊她从来开的玩笑是会笑死人的。

　　改:她开的玩笑常常会笑死人的。

分析:"从来"用于肯定句只能用于表示不变的状态、态度、做法或原则等,不能表示某个动作结果的频繁出现。

### 三、范围副词方面的偏误

1. 缺漏

(1) 缺少副词

　　*每个人要带词典来。

　　改:每个人都要带词典来。

　　*他把他所有的财产赌没了。

　　改:他把他所有的财产都赌没了。

　　*他很聪明,对什么事情能迅速地思考。

　　改:他很聪明,对什么事情都能迅速地思考。

　　*我一切准备好了。

　　改:我一切都准备好了。

　　*左等右等他没来,我白花很长的时间。

　　改:左等右等他都没来,我白花了很长的时间。

(2) 缺少副词和助动词

　　*我的听力不是很好,听中国人说话大致上了解。

　　改:我的听力不是很好,听中国人说话只能听懂个大概。

2. 误加

(1) 误加副词

　　*她做什么也都很仔细。

　　改:她做什么都很仔细。

　　*这个东西太重,你只一个人拿不动。

　　改:这个东西太重,你一个人拿不动。

(2) 误加动词

　　*只有过了几分钟。

　　改:只过了几分钟。

3. 误用

　　*随便什么影片,我也爱看。

　　改:随便什么影片,我都爱看。

　　*一个月前,他都回国了。

　　改:一个月前,他就回国了。

4. 错序

　　*吃什么都我没关系。

　　改：吃什么我都没关系。

5. 杂糅

　　*他是很霸道的人,谁也都无可奈何。

　　改:他是很霸道的人,谁对他都无可奈何。

　　*我们班同学都知道了,不过我只不知道。

　　改:我们班同学都知道了,不过只有我不知道。

分析:同样表示范围的限定,副词"就"可以直接放在名词或代词前,用"只"就要加"有"。

## 四、并存、加合、重复副词方面的偏误

1. 缺漏

缺少副词

　　＊我劝了他半天,他根本不听,我无可奈何。

　　改:我劝了他半天,他根本不听,我也无可奈何。

　　＊他们夫妻感情很好,但偶尔吵架。

　　改:他们夫妻感情很好,但偶尔也吵架。

2. 误用

(1) 误用近义副词

　　＊今天我们再去那个火锅店了。

　　改:今天我们又去那个火锅店了。

(2) 应该用单音节副词而误用了双音节副词

　　＊我们再也不能让中日之间过去发生的悲剧重新演。

　　改:我们再也不能让中日之间过去发生的悲剧重演。

3. 错序

　　＊任何条件也我受不了。

　　改:任何条件我也不能接受。

4. 杂糅

　　＊别人对我说了什么也我要相信下去。

　　改:别人对我说了什么我都相信。

　　＊你再说刚才你说的。

　　改:你刚说的再说一遍。

　　＊他又被她拒绝了,感受到爱情的挫折。

　　改:他又被她拒绝了,又一次在爱情上受到了挫折。

## 五、否定副词方面的偏误

1. 缺漏与误加

(1) 动词后或句尾该加"了"而没加

　　＊我好久没吃日本菜,吃日本菜的时候,我始终感激。

　　改:我好久没吃日本菜了,吃日本菜的时候,我很激动。

分析:"我好久没吃日本菜了"的结构是"主语＋时间词语(表示时间长度)＋没＋动词＋了"。这个句式表示从过去某个时点开始,某个动作长时间地没有实行,跟一般的"没＋动词"句式不同的是,这一句式的句尾要加"了"。

(2) "没＋动词"句尾误加"了"

　　＊今天有下午上课了,我朋友没来上课了。

　　改:今天下午有课,我朋友没来上课。

　　＊北京他好像他没来过了。

改：北京他好像他没来过。

分析：这类偏误是十分常见的。有些是受到学生母语的干扰。据调查，有些学生是受到上面(1)类有"没"但是句子末尾要加"了"的句型的干扰。

2. 误用

(1)"不"和"没"用法的混淆

A. 该用"没"而用"不"

＊这次考试他又不通过。

改：这次考试他又没通过。

＊他昨天来过，以后我不看见他。

改：他昨天来过，以后我没再看见他。

＊他是我小学生的时候很熟的朋友，后来我们不见面。

改：他是我小学时很熟的朋友，但是后来我们没见过面。

＊以前我从来不学英语。最近才开始学习。

改：以前我没有学过英语。最近才开始学习。

B. 该用"不"而用"没有"

＊现在他没有在，他拉肚子，他跑洗手间过去了。

改：现在他不在。他拉肚子，去洗手间了。

＊他的字写得漂亮不漂亮我没有关心。

改：他的字写得漂亮不漂亮我不关心。

＊昨晚刮了一夜大风，并没有很冷。

改：昨晚刮了一夜大风，但并不很冷。

＊我来到这儿时，谁也没认识。

改：我刚到这儿的时候，谁也不认识。

分析：上面几个偏误，谓语都是表示状态的动词或形容词。学生在最初学习这些谓语句的否定式时，学的都是"不"。但是学习"没有"时，因为没有再强调一下这类谓语不能用"没"。于是后学的"没"，对前面已学的"不"产生了干扰。

C. 该用"不"而用了其他否定副词

＊我的妈妈可别像我似的，她的房间总既干净又整齐。

改：我妈妈可不像我似的，她的房间总是既干净又整齐。

D. 与"没"相关的助词的混淆

＊结婚以后，她没写信了。

改：结婚以后，她没再写过信。

＊我十几岁就离开家了，从此我再也没有回家了。

改：我十几岁就离开家了，从此我再也没有回过家。

分析：上面两偏误都是表示较远的过去(远时过去)到说话时为止这样比较长的时段内，某个动作一次也没有发生过，这两个句式都要用"再"和"没"，但两个句式的"再"和"没"语序不同，句尾都不能带"了"，学生因不了解这些规则而造成了上述偏误。

(2) 否定的形式有误

＊现在他生活得轻松、愉快，一句牢骚也说不出来。

改₁：现在他生活得轻松、愉快，一句牢骚话也不说。

改₂：现在他生活得轻松、愉快，一句牢骚也没有。（这里"没有"是动词）

分析：可能补语的否定形式"说不出来"说的是主观上想说而没有能力完成这个动作。但原来的句子并不是这个意思。

　　＊他显得年轻，其实不是年轻。

　　改₁：他显得年轻，其实并不年轻。／改₂：他显得年轻，其实已经不年轻了。

分析：这是形容词谓语句否定形式的偏误。可能受到英语形容词谓语句的影响。

3. 错序

(1) 否定词与主语的位置有误

　　＊她说她能来，可是并她没有来。

　　改：她说她能来，可是她并没有来。

　　＊这件事我们谁也没告诉他，可未必他不知道。

　　改：这件事我们谁也没告诉他，可他未必不知道。

(2)"没"和介词短语的位置有误

　　＊我把这本小说还没看完呢。

　　改₁：我还没把这本小说看完呢。／改₂：这本小说我还没看完呢。

　　＊任你怎么说，我把这个秘密不告诉别人了。

　　改：任你怎么说，我也不会把这个秘密告诉别人。

　　＊从来没他被人注意过。

　　改：他从来没被人注意过。

　　＊那个秘密，他始终向别人没说。

　　改：那个秘密，他始终没对别人说。

　　＊我给妹妹没买生日礼物。

　　改：我没给妹妹买生日礼物。

　　＊他从来按时没上过课。

　　改：他从来没按时上过课。

　　＊昨天我跟他没去公园，他是一个人去的。

　　改：昨天我没跟他去公园，他是一个人去的。

　　＊我从来关于我将来的事跟爸爸没商量过。

　　改：关于我将来的事，从来没跟爸爸商量过。

(3)"没"和其他状语的位置有误

　　＊她和朋友没去那天公园，因为那天天气阴了。

　　改：她和朋友那天没去公园，因为那天是阴天。

分析：时间词语应该放在否定词语的前面。

(4)"不"和动词、助动词的位置有误

　　＊他被打败是不偶然的。

　　改：他被打败不是偶然的。

　　＊张师傅会决不开这种玩笑。

　　改：张师傅决不会开这种玩笑。

(5) 与补语相关的否定词的位置有误

　　＊张老师的话我不听懂。

改<sub>1</sub>:张老师的话我没听懂。/改<sub>2</sub>:张老师的话我听不懂。

\*一个星期后也会他的病还不治好,不用出院。

改:一个星期后他的病也治不好,不能出院。

分析:可能补语"不"的位置以及与结果补语否定式的区别(亦见下(2))也是学生容易出现的问题。学生常会问"没听懂"和"听不懂"、"没想到"和"想不到"有什么区别?"没听懂"表示的是对说话前某人所说的内容未听明白,是一次性的,并不延续;"听不懂"常指不止一次的否定情况,而且可以延续。"没想到"和"想不到"的区别亦同。如:

我想出去看看,没想到自己的腿软得站不起来。(一次性,不延续)

我想出去看看,想不到自己的腿软得站不起来。(情况可以延续)

\*她汉语不说得流利。

改:她汉语说得不流利

\*我在中国学习三年了,可是并不学好。

改:我在中国学习三年了,可是汉语学得并不好。

分析:以上偏误反映学生对状态补语的否定形式掌握得不好。这个偏误也提示我们:当对动作的状态加以否定时,"并不"应该放在"得"之后,形容词前。"并"是中级阶段学习的一个副词,学生可能熟悉了"并不"直接否定谓语的形式,遇到状态补语也如此类推而致误。

4. 复句中与否定形式相关的衔接问题

(1) 因果复句前一分句不同的补语句对后一分句的限制

\*昨天晚上我睡不着,所以那个词现在我想不起来了。

改:昨天晚上我没睡好,所以那个词现在我想不起来了。

分析:这例直接牵涉到因果复句前一分句不同的补语句,对其后续句语义的限制。"睡不着"所否定的情况是延续的,后面应该衔接的是因为睡不着而继续做什么动作。但是该偏误后面衔接的是因为"没睡好"这个不能延续的结果而产生的记忆力下降——"想不起来",因此应该用结果补语的否定式。

(2) 假设复句对后一分句否定形式的限制

\*① 如果他来晚了几分钟,差点儿没跟她见面。

改<sub>1</sub>:如果他再晚来几分钟,就差点儿见不到她。

改<sub>2</sub>:如果他再晚来几分钟,就见不到她了。

\*② 这件事如果你不提起,简直不解决了。

改<sub>1</sub>:这件事如果你不管,就解决不了。

改<sub>2</sub>:这件事如果你不管,就不可能解决。

\*③ 这件事如果你不提起,我们没有成功。你简直心眼快。

改<sub>1</sub>:这件事如果不是你出了那么好的主意,我们就不会成功。

改<sub>2</sub>:这件事如果不是你出了那么好的主意,我们就不可能成功。

\*④ 买那本词典的人很多,多亏我早点儿去买,不然的话,差点儿没买。

改:买那本词典的人很多,幸亏我去得早,不然的话,差点儿就买不到了。

分析:在单句中或者一般陈述句中,"差点儿"后面的动词或动补短语前面是可以用"没有"否定的。不过动作是说话者希望的还是不希望的,其表达的意思是相反的。如:

a. 今天差点儿没迟到。(意思是没有迟到,意义与否定形式一致)

b. 今天在雨中走,差一点没湿透了。(意思是没有湿透,意义与否定形式一致)

　　c. 今天买那本书的人特别多,差点儿没买到。(意思是买到了,用否定的形式表示肯定的意义)

但是 a、b、c 三个句子,都不能进入像下面这样表示庆幸、感谢的假设句中:

　　＊要不是搭你的车,今天差点儿没迟到。

　　改:要不是搭你的车,今天差点儿就迟到了。

　　＊多亏今天带了雨伞,不然差一点没湿透了。

　　改:多亏今天带了雨伞,不然差一点就湿透了。

　　＊如果再晚去几分钟,那本书差点儿没买到。

　　改:如果再晚去几分钟,那本书差点儿就买不到了。

上面偏误①－④都是属于这类庆幸、感谢的假设句。从这些偏误,可以发现下面的规则:

　　1) 在表示庆幸、感谢的假设句中,否定式不能用副词"没",只能用"不"。①

　　2) 在已经有了比较令人满意的结果,表示庆幸、感谢的假设句中,用"不"否定的一般是表示可能性结果的动词短语,而不能是缺少这类意义的动词(见＊②)。

## 六、频率副词方面的偏误

1. 缺漏

　　＊他毕竟是有名的歌手,他的周围有很多很多的人。

　　改:他毕竟是有名的歌手,他的周围总是有很多很多的人。

2. 错序

　　＊你做事总是不是很认真吗?

　　改:你做事不总是很认真吗?

3. 杂糅

　　＊在这里买东西的时候,我如此总吃了亏。

　　改:在这里买东西的时候,我总是吃亏。

## 七、估计副词方面的偏误

1. 缺漏

缺少与副词相关的助动词

　　＊他的工作负担那么重,一定影响家庭。

　　改:他的工作负担那么重,一定会影响家庭。

2. 误加

　　＊他还没买到飞机票呢,明天未必不去旅行。

　　改:他还没买到飞机票呢,明天未必能去旅行。

　　＊最近他身体不好,今晚的音乐会,他未必不来参加。

---

①　之所以强调是副词"没有",是因为上面偏误＊②＊③还可以改为:

　　②改₃:这件事如果你不管,就没有解决的可能。

　　③改₃:这件事如果不是你出了那么好的主意,我们就没有成功的可能。

只是修改后两句中的"没有"是动词而不是副词。

改：最近他身体不好，今晚的音乐会，他未必会来参加。

这两例都是多用了否定副词。"未必"是一个语气副词，本身就可单独表示否定。用了"不"构成双重否定后反而表示肯定。

3．杂糅

＊什么东西吃多了，恐怕对身体有营养。

改：吃什么东西，大概对身体都有好处吧。

分析："恐怕"、"大概"都可以表示估计，在语气上，"大概"比"恐怕"要肯定些，更有把握些。根据上面的偏误的意思，用"大概"更准确。

## 八、语气副词方面的偏误

1．缺漏

（1）缺少副词

＊国家经济发展，工人负担增加了。

改：国家经济发展了，工人负担却加重了。

（2）缺少副词和语气词

＊他简直喜欢打篮球，每天都去。（孙）

改：他简直太喜欢打篮球了，每天都去。

（3）缺少与副词相关的词语

＊我们以为他好好说话儿，他竟火冒三丈。

改：我们以为他会好好说话儿，没想到他竟火冒三丈。

＊怪不得大家打扮得漂亮，今天在体育馆有舞会。

改：怪不得大家打扮得这么漂亮，原来今天在体育馆有舞会。

＊难怪他今天这么哭，原来他失恋了。

改：难怪他哭得这么伤心，原来他失恋了。

分析："难怪"（"怪不得"）句中的谓语如果是一般动作动词，简单地在动词前加上表示程度的词（如"这么"等）是不能成立的，一般要以"动词＋得＋这么＋形容词/心理动词（情感类）"的形式出现。上面有的偏误就是因形容词前缺少"这么"而致误。

（4）缺少语义衔接的小句

＊听说明天会下雨，反正我们到常州去旅行。

改：听说明天会下雨，不管下不下，反正我们要到常州去旅行。

分析："反正"常用于表示任何情况下都不能改变的决定、决心或态度。这一偏误前面只交代了一种情况，从前后句子语义衔接过度的角度看，必须要有"不管、无论"等表示任指条件的分句或短语与之呼应（详见陆庆和，2001）。

2．误加

误加助动词

＊他不愿意住院，可是没办法，只好要听医生的话。

改：他不愿意住院，可是没办法，只好听医生的话。

分析："只好"是在"没有别的选择、不得不"的情况下作被动的决定，而"要"则表示主观上有做某事的意志，两者语义相斥，是不能共现的。

3. 误用

(1) 与其他副词或疑问代词用法相混

＊看起来,他的行动简直快呀!

改₁:你看,他的行动多快呀!

改₂:他的行动简直快得像风一样。

改₃:他的行动简直太快了。

分析:"简直"是一个语气副词,不能直接修饰形容词表示感叹。主观程度副词放在形容词前可以表示感叹语气。"简直"可以修饰"太……了"、"形容词＋得＋像……一样"结构。

＊你毕竟要做这么没用的事吗?

改:你为什么要做这么没用的事呢?

(2) 副词在语义衔接上产生偏误

＊他住的屋子不大,倒不舒服。

改₁:他住的屋子不大,倒很舒服。/改₂:他的屋子不大,住在里面很不舒服。

分析:"倒"用于两个表示状态意义的句子之间,当前一句是表示消极状态的句子,后面应该是比较积极的状态的分句,带有轻微的转折。"倒"不能用于相同状态的顺接。

4. 错序

＊我去找他,他不在,只好我后天再去。

改:我去找他,他不在,我只好后天再去。

＊大家都说他唱得好,却我觉得他唱得并不好。

改:大家都说他唱得好,我却觉得他唱得并不好。

5. 杂糅

＊难怪他现在努力学习,原来明天举行期中考试。

改:难怪他现在学习这么努力,原来明天要举行期中考试。

＊我不想这个留学白花时间。

改:这次留学我不想让时间白白地溜走,一定要有所收获。

＊关于改进工作方法的问题,明天要开会,大家都一定参加吧。

改₁:关于改进工作方法的问题,明天要开会,大家一定都要参加。

分析:"一定"是语气副词,按照副词连用的顺序(详见下第四节分析),要放在范围副词"都"之前。"一定"语气很强,和表示商量、估计语气的"吧"有矛盾。如果要用"吧",就不要用"一定"。如:

改₂:关于改进工作方法的问题,明天要开会,大家都参加吧。

## 九、情态副词方面的偏误

误用

与代词用法混淆

＊我不想连累你,亲自找了他商量一下。

改:我不想连累你,自己找他商量了一下。

＊我现在住的楼房太贵了,如果公司不付房租,我们亲自付不起。

改:我现在住的楼房太贵了,如果公司不给我们付房租,我们自己付不起。

分析:"亲自"不能像"自己"那样用于自指。"亲自"修饰谓语动词时,表示自己主动出面做本来可以由别人代做的动作。所以只有在强调这种特殊情况时才用。如：

你最好亲自跟他说，我说不如你说效果好。

工人要是住院了，他这个当厂长的总是亲自去医院看望。

上面的偏误中"付房租"不是自己主动出面要做的动作，所以不该用"亲自"。

＊临入世时，国家领导人再次特地强调全面提高国民经济整体素质和竞争力的重要性。

改：临入世时，国家领导人再次特别强调全面提高国民经济整体素质和竞争力的重要性。

分析："特地"修饰动词，表示为达到某个目的，以平时不太用的、专门的方式做某个动作。但句中"强调"这一动作，只是要在程度上有所增加，所以要改用"特别"。

## 第四节　教学建议

从上面的第三节副词的偏误看，学生在副词方面存在的问题很多，不少问题是具有共性的。针对这些问题，副词教学应注意以下几个方面：

1. 副词方面的偏误频率最高的都集中在初级阶段学习的高频常用甲级副词上。因此这类副词应该作为教学的重点。除了在初级阶段讲授外，在中级阶段也应该不断循环复现。

2. 汉语的高频副词不少是多义的，如"也"、"又"、"还"、"再"、"就"等。多义副词的不同意义应分层次讲授，在讲完后需要进行归纳总结。像"就"这样在句中位置不同，意思就不一样。如：

下了课我就回家。（"就"表示"回家"的动作连接得很快）

下了课就我回家。（"就"表示限定范围，即只有我一个人回家）

副词"就"还可以用于很多复句中，表示各种衔接关系，也应在中级阶段作些归纳总结。

3. 尽管有些副词有很多意义，但是总有一个意义是基本的，应该引导学生从副词的基本意义去把握其众多的意义。如"也"的基本意义是"类比"（马真，1985），"还"的基本意义是"延续"，"再"的基本意义是"中断后的重复"（见"再"下说明），"又"的基本意义是"并存"（陆庆和，2003；也有主张是"加合"的，见邵敬敏、饶春红，1985）。

4. 为了减少副词的缺漏，对那些在具体的语境中带有强制性共现的词语和语法成分应该作为规则进行明确的说明（详见第一节和重点副词中的有关说明），而不是用"常用、多用"等模棱两可的语言来说明。

5. 为了防止学生因过度类推多用副词，对于某个副词，既要说什么时候必须用，也要讲什么时候不能用。比如，最初在讲形容词谓语句时，应强调形容词前要加"很"。但在此之后，对不能加"很"之类的程度副词的句型和各类语法形式的规则同样应该加以强调。

6. 副词的语序问题也是副词学习中的一大难点。这包括几方面的语序：

（1）副词和主语的位置。这个规则比较容易界定。本章第一节第6点明确提出了副词与主语的语序规则。从一开始学习各个副词时就应该强调其语序，特别是只有一种位置的。到中级还应反复强调。

（2）当谓语前有多项状语（包括多项副词）时，副词的位置是比较复杂的。关于副词连用时各类副词的前后位置，张谊生（1999）指出其顺序是：评注性副词（笔者注：表示说话者对事件、命题的主观评价和态度的，包括本章所说的语气副词）、关联副词、时间副词、频率副词、范围副词、程度副词、否定副词、协同副词、重复副词、描摹性副词（笔者注：对相关行为、状态进行描述、刻画的副词，包括本章讲到的情态副词）。但是这只是一个大概的顺序。正如本章在讨论否定副词和其他副词的顺序时指出的，有些同类副词语序并不一样。有的副词有两个不同的语序，表示不同的意义或出现在不同的句型中。因此，这类语序还需要根据对外汉语教学的需要，进一步加以细化。副词和介词短语的语序，本章也作了大致的分析，可以作为规则在中级阶段向学生系统地加以说明。

7. 否定副词也应作为重点，规则要细化，教学中分初中级层次递进教学。从上文否定副词的偏误看，出现在"不"和"没有"方面的问题是相当多的。即使学生弄清楚简单句中"不"和"没有"的区别（对初学者来说，可能性很小），也只能解决偏误中一小部分问题。上述偏误大多数是中级阶段学生出现的问题。这说明有些学生虽然在初级阶段已经学过"不"和"没"的用法，但是往往弄不清楚两个否定词的区别。加上到了中级阶段，随着句中成分的增加，结构的复杂，又会出现一些新的问题。因此，我们认为目前对外汉语"不"和"没有"的教学，至少应该作以下一些改进：

（1）在"不"与"没"的讲授中，一般是先教"不"，再教"没"。教完这两个否定词之后，应该适当做一下回应式的复习，特别强调那些只能用"不"或"没"的句型（详见本章第三节五否定副词下）。而且到了中级阶段，还应该将这些规则反复强调，加深学生的印象。

（2）在完成了上述回应式的复习之后，应该对既可用"没"，也可用"不"的句型，进行适当辨析，让学生明白它们的区别。这类辨析也应该结合课文和语境反复进行，特别是到了中级阶段。

（3）在语法点的编排上，"不"和"没"不应该只出现在初级阶段。在中级阶段应该有更高一个层次的若干语法点的螺旋式复现，一方面巩固旧知识，另一方面将新知识融入，形成较为复杂的结构。另外，针对学生的偏误，补充一些规则和句型。如说明"没"不能否定状况，要补充表示变化的"没＋形容词"句型。说明一般不能在"没＋动词"后再出现"了"，但是要补充"时间词＋没＋动词＋了"的句型，以示区别。

（4）目前，对像第三节五、第7部分超出一般单句范围，以复句或者句群为单位的否定词语的用法研究还很不够，如果将来这方面研究有了进展，可以将归纳出的细则，作为高级阶段的教学语法点进行讲授。

8. 随着学生学过的汉语副词的数量的增加，同类的副词、用法或在句中的位置相近的副词都会使学生产生混淆。因此及时进行辨析也是十分重要的。辨析可以从语义、语气、语法及语用的不同入手，尽量归纳出明确的使用规则。

**参考文献**

白　荃(2000)"不"、"没(有)"教学和研究上的误区，《语文教学与研究》第3期。

丁邦新译、赵元任著(1994)《中国话的文法》，香港中文大学，台湾书局。

高增霞(2002)副词"还"的基本义，《世界汉语教学》第2期。

郭　锐(1997)过程和非过程——汉语谓词性成分的两种外在时间类型，《中国语文》第3期。

侯学超(1998)《现代汉语虚词词典》，北京大学出版社。

蒋　琪、金立鑫(1997)"再"与"还"重复义的比较研究，《中国语文》第3期。

李　瑛(1992)"不"的否定意义，《语言教学与研究》第2期。

李宇明(1999)程度与否定，《世界汉语教学》第1期。

刘月华(2001)《实用现代汉语语法》（增订本），商务印书馆。

卢福波（2002）"不"与"没"的差异，郭继懋、郑天刚主编《似同实异》，中国社会科学出版社。

陆俭明、马　真（1985）《现代汉语虚词散论》，北京大学出版社。

陆庆和（2001）"反正"一词的语义与语用分析，（日本）《中国语研究》第 43 号。

陆庆和（2002）呼应与共起规则——兼谈对外汉语语法例释应注意的问题，竟成主编《对外汉语论丛》第二集，上海外语教育出版社。

陆庆和（2002）关于"一直、从来、始终"的辨析，王晓娜主编《新时期的语言学》，中国文联出版社。

陆庆和（2003）"又"的基本意义和派生意义，中国对外汉语教学学会华东分会 2003 年年会论文。

陆庆和（2003）"不"与"没"的区别与教学，日本《中国文化论丛》第 12 号。

吕叔湘主编（1999）《现代汉语八百词》，商务印书馆。

马　真（1984）关于表示程度浅的副词"还"，《中国语文》第 3 期。

钱汝敏（1990）否定载体"不"的语义—语法考察，《中国语文》第 1 期。

邵敬敏、饶春红（1985）说"又"——兼论副词的研究方法，《语言教学与研究》第 2 期。

沈家煊（1993）"语用否定"考察，《中国语文》第 5 期。

沈家煊（2001）与副词"还"有关的两个句式，《中国语文》第 6 期。

石毓智（2001）《肯定与否定的对称与不对称》，北京语言文化大学出版社。

史锡尧（1995）"不"否定的对象和"不"的位置——兼谈"不"、副词"没"的语用区别，《汉语学习》第 1 期。

史锡尧（1990）副词"又"语义及其网络系统，《语言教学与研究》第 4 期。

帅宝春（1999）说"太 A 了一点"，《汉语学习》第 2 期。

孙红娟（2002）韩国学生副词使用偏误分析，《语言文字应用》（对外汉语教学与研究专辑）。

王　力（1957）《中国语法理论》，中华书局。

肖奚强（2002）谈程度副词"太$_1$"和"太$_2$"，《零陵学院学报》第 1 期。

杨　玲（1999）现代汉语副词"还"的语义语法分析，《四川师范大学学报》第 1 期

杨凯荣（2000）"也"的含意与辖域，〔日本〕《中国语学》第 247 期。

杨凯荣（2003）"量词重叠＋都＋VP"与"每＋量词＋名词＋（都）＋VP"的差异，《日本中国语学会 53 回全国大会预稿集》。

叶　翔（2000）外国留学生副词偏误分析，苏州大学文学院硕士研究生学位论文。

张　斌主编（2001）《现代汉语虚词词典》，商务印书馆，

张谊生（1995）状词与副词的区别，《汉语学习》第 1 期。

张谊生（2000）《现代汉语副词研究》，学林出版社。

章纪孝、〔日〕小野义道（1997）汉语"更"和日语"もっと"，《汉外语言文化对比与对外汉语教学》，北京语言文化大学出版社。

周小兵（2001）谈汉语第二语言教学的副词研究，中国对外汉语教学学会第七届学术讨论会论文。

周小兵、赵　新（2002）《对外汉语教学中的副词研究》，中国社会科学出版社。

# 第八章 介 词

## 第一节 介词的作用和语法特征

　　介词大多是从动词演变而来的。介词主要是起介引作用。介词放在它所介引的名词、名词短语、代词或代词短语之前,构成介词短语,在句子中作状语,介绍跟动作行为、性质有关的时间、处所、方式、范围、对象等。

　　介词的语法特征可以通过与动词和连词的语法特征的比较体现出来。

### 一、动词和介词的区别

|  | 动词 | 介词 |
|---|---|---|
| 能否单独回答问题或充当句子的谓语 | 大多可以 | 不能 |
| 能否带"着、了、过"等动态助词 | 大多可以 | 多数不可带"着",<br>少数可以① |
| 能否受"不"或"没"的否定 | 大多可单独被否定 | 不能单独被否定,大多可以介词短语的形式受"不"或"没"的否定 |
| 能否重叠 | 很多可以 | 不能 |
| 是否必须要带体词或谓词宾语 | 有的要<br>有的不用 | 必须带 |

### 二、介词与连词的区别

　　"和"、"跟"、"与"等既可以作介词,又可以作连词。

　　(1) 连词前后的成分可以调整位置,句义不变;介词前后的成分位置改换之后,就会改变原来的意义。如:

　　　　我和他一起去看电影。＝ 他和我一起去看电影。

　　　　我和你谈过这个问题。≠ 你和我谈过这个问题。

　　　　　(我主动谈)　　　　　(你主动谈)

---

　　① 如"按着、凭着、顺着、随着、沿着"等,还有在一定条件下使用的"对着、向着、跟着、朝着"等(详见第三节)。

　　法国语言学家海然热(Claude Hagege)认为汉语中有些介词具有单一式和强调式两种表达方式,强调式的可以与动词用法同形(笔者注:即带"着")。他认为这种并存的介词表达方式表明汉语中这类介词还未完全定型(参见徐丹,1990)。马贝加认为,这些介词之所以能带"着",是因为这些介词萌生较迟,它们的介词性质的确定是在动态助词萌生之后或稍稍早于动态助词的萌生。介词是从动词孳生的,不可避免地会带有母体动词的某些语法特征,这些特征是在介词孳生前后,它的同源动词可能具有的,而不是介词性质确定后,它的同源动词新获得的。其次,这些介词都是方式介词,运动的方式与运动是同时存在的,而动态助词"着"位于 V 后时,表示运动或状态在延续中;运动存在的时候,运动方式也同时存在,因此,表示运动方式的介词带有"着"也未尝不可。而且,一般来说词带有"着"后,V 就不带"着",如"朝着东坐"、"朝东坐着",很少看见"朝着东坐着"(马贝加,2002)。

（2）连词连接的并列短语与谓语之间可以插入时间词语。介宾短语一般不行。如：

他跟我今天去上海出差。（连词）

＊他跟我今天提了几条意见。（介词）

（3）介词短语前可以受"不"或"没"修饰，连词连接的并列短语则不能。如：

他从不跟孩子发脾气。（介词）

他不跟我一起去。（介词）

＊他不跟我都是学生。

改：他跟我都不是学生。（连词）

# 第二节　介词分类

## 一、从介词所介绍引出的宾语的性质进行分类

1. 施事介词

在主语后边引出施事成分的介词，如：

被、叫、让、给、由、归

2. 受事介词

在主语后边引出受事成分的介词，如：

把、将

3. 工具介词

在主语后边引出表示工具成分的介词，如：

用、拿

4. 对象介词

在主语前或后引出表示动作各种对象的介词，如：

对、对于、给、向

和、同、跟

比、较、较之

就、管、论、拿

5. 时空介词

引出表示动作发生的时间或空间的介词，如：

自、往、向、到、在

由、打、从、自从

当、赶、趁、趁着

奔、朝、冲、对、沿、沿着、顺、顺着

6. 方式依据介词

在主语前后引出表示方式或依据的成分的介词。如：

按、照、按照、依、依照

以、根据、凭、凭着、本着

通过、经过

随着

7. 排除介词

在主语前后引出表示排除对象的介词,如:

除、除了、除开、除去

8. 原因目的介词

在主语前后引出原因、目的等成分的介词,如:

由、由于、为、为了、因、因为

## 二、按各个介词所组成的介词短语的功用分类

1. 既能在谓语前作状语,又能在主语前作全句修饰语或在主、宾语前作定语的,如:

被、叫、让、给、由

把、将、管(施事)

拿(工具)

给、管、比、较(对象)

2. 既能在谓语前作状语,又能在主语前作全句修饰语的,如:

用(工具)

按、照、按照、依(照)、根据、凭(着)、靠、本着

通过、经过、随着(方式依据)

从、自从、打、由、赶、当、冲、离、顺(着)、沿(着)

3. 既能在主语前作全句修饰语,又能在谓语前作状语,或在谓语后作补语的,如:

自、于、向、往、在、到

4. 既能在主语前作全句修饰语,又能在谓语前作状语,或在主、宾语前作定语的,如:

对、对于、跟、和、同、朝

上述各类介词,除了工具介词外,其他类都将有重点地在第三节加以说明。

# 第三节 常用介词的用法

## 一、常用施事介词

施事介词主要有"被、叫、让、给、由、归、给"。下面分两组说明其用法。

1. 被、叫、让、给

介词"被"一般引进施事。"被"字句的主语则为受事。

(1)"被"所引出的施事可分为两类:

A. 有生命的,能够施加动作,如人或者动物。如:

他被人骗了。

弟弟被邻居的孩子打哭了。

B. 无生命的,但是能够对受事产生影响的。如:

门被风吹开了。

孩子被鞭炮声惊醒了。

(2)"被"字句一般用于叙述主语(受事)在施事施加的动作或者影响下产生了某种结果。这种结果往往表现为两种变化:

A. 物质上的变化：事物位置发生移动、状态或性质发生改变。如：

  箱子被人抬走了。

  那条鱼被切成了几段，放在油里炸得黄黄的。

B. 精神上的变化：受事在精神状态、情绪以及感知上发生变化。如：

  大家都被她的话感动了。

  游客们被眼前的景色吸引住了。

  我被你说糊涂了。

**"被"与"叫"、"让"、"给"的辨析**

"被"、"叫"、"让"、"给"都可以用于被动句，但四者还是有一些区别的。

（1）"叫、让、给"的介词用法基本上同"被"。"叫、让、给"用于口语。在比较正式、庄重、严肃的场合用"被"，不用"叫、让、给"。"叫、让、给"可以替换的"被"字句大多是表示不如意的句子。当"被"字句不含不如意的意思时（即下带▲号的例句），换成"叫、让、给"就比较勉强。如：

  自行车被（叫、让、给）他骑坏了。

  鱼被（叫、让）猫吃了。（用"给"会产生歧义）

  受伤的人被大家送进了医院。▲

  这个新产品还没有被消费者接受。▲

  他被学校评为优秀学生。▲

当"被"字句的谓语动词是书面语时，"被"也很难换成"叫"或"让"：

  那只小狗被主人抛弃了。

  ? 那只小狗让/叫主人抛弃了。

如果"抛弃"换成口语词，可以用"让"：

  那只小狗让他给扔了。

"给"在南方方言（如吴语）中经常表示被动，普通话中"给"表示被动，是受到南方方言的影响（刘月华，1983；陆庆和，2004）。"叫、让"在北方方言中经常表示被动，普通话中"叫、让"表示被动则是受到北方方言的影响。到目前为止，普通话中"给"表示被动的用法还不普遍，使用频率比"被"和"叫、让"都要低，使用的范围也不大①。

（2）有时，"被"和"给"后面可以不带宾语。"叫"、"让"后一般不能没有宾语。

  我的自行车被（给）偷了。

  门被打开了。

  钱叫人偷了。

  水让弟弟都喝完了。／水都让弟弟喝完了。

需要指出的是，用于表示被动的"给"后面的谓语动词比较有限，以口语词居多。可以用于"被"后的谓语动词比较广泛，既可以是书面语词，如"审查、监视、怀疑、淘汰、批评、提拔、理解、认为"等，也可以是口语词。如：

  他被（给）抓走了。

---

  ① 笔者调查了北方作家王朔的两部中篇小说，找到2例用介词"给"表示被动的。比同小说中"被"、"叫"、"让"的使用频率要低。但是，在近代用吴语写的小说中，我们找到了8例介词"给"表示被动的例句，其中还有与"被"交替使用的情况。鲁迅著作和钱钟书的《围城》中也能看到介词"给"的这类用法。这证实了刘月华的观点（详见陆庆和，2004）。

我们被(给)困在山上了。

他被逮捕了。(? 他给逮捕了。)

这种营养很容易被吸收。(＊这种营养很容易给吸收。)

这本书被誉为"讲真话的书"。(＊这本书给誉为"讲真话的书"。)

节日的街道被装扮得十分漂亮。(＊节日的街道给装扮得十分漂亮。)

(3)"被"字短语(带施事宾语或者不带)经常作定语,"叫、让、给"则不能。如:

那个被学校处分的学生到现在也不服气。

这是最近被提拔的干部的名单。

这位被骗的妇女对我讲了事情的经过。

(4)介词"叫、让"后面是指人的名词时,可能跟动词用法混淆,产生误解;"被"则不存在这个问题。

行李没让(叫)他搬走＝行李没命令他搬走。

＝行李没容许他搬走。

＝行李没被他搬走。

我让(叫)他说了几句＝我请他说了几句。

＝我容许他说了几句。

＝我被他说了几句。

为了不让听话人产生误解,有时表示"被动"的"让"和"叫"在指人的名词后常带上"给"(轻读)。上面的例句可以说成"行李没让(叫)他给搬走"、"我让(叫)他给说了几句"。(另参见第四编第二章第十三节被动句)

2. 由、归

介词"由"引进动作、行为的发出者。与"被"类介词不同的是,表示动词受动者的名词或者在前面作主语,或者在动词后作宾语。"由"的作用是强调动作者(施事),动作的受事大多作为话题出现在句子的前面,"由"后的施事不能省略。如:

这项任务由他负责。("由"可以换成"归")

粮食由我们来解决。("由"不可换成"归")

今天的大会由张校长主持。(同上)

去还是不去,由你自己决定。(同上)

现在由小李向大家介绍事故发生的经过。(同上)

这类介词短语后的谓语动词常是"负责、组织、解决、担任、承担、主持、办、介绍"等动词,大多带有一定的"责任、承担"的意义。

介词"归"引进动作的职责者。一般用于明确职责分工。它后面的施事也不能省略。如:

这次外出旅行,车票归小王解决,住宿归小刘解决。

这里几个宿舍都归留学生管理中心管。

常用于否定句。如:

这些事情不归我管,你去问科长吧。

**"由"与"归"的辨析**

"归"只用于明确职责分工时,"由"既可以用于明确职责分工(用"归"的句子可以用"由"),也可以用于其他方面。如宣布动作的承担者、决定者等。特别是说话者主动要求承担某个动作,如"粮食由我们来解决",是不能用"归"的。

## 二、受事介词

受事介词主要有"把"和"将"两个。口语和书面语都可以用"把","将"主要用于书面语。这里我们主要介绍"把"的用法。

**把**

"把"字最常见的用法是强调动作者对受事进行有目的、有意识的处置。

**(一)"把"字句的使用条件、特点**

1. "把"字句经常用于祈使句。

2. 在陈述句中,"把"字句一般不作为始发句,而经常出现在叙述的过程中,表示对前面已经出现的事物或人(已知信息)进行处置(例详见下)。

3. "把"字短语后面的谓语动词,一般不能是单独的动词。

4. "把"的宾语一般是确定的。

**(二)"把"字句所受限制**

1. "把"字句中的动词是有一定限制的。"把"字句中的动词大多是及物动词,但并不是所有及物动词都能组成"把"字句。如"知道、希望、是、有、属于、在"等动词就不能用于"把"字句。

2. 有些类型的"把"字句对动词有一定的限制。如我们可以说:

　　我把汽车卖了。

但是却不能说:

　　＊我把汽车买了。

3. "把"字句对动词后的成分有一定的限制。

(1)可能补语不能用于"把"字句。

　　＊我把票买得到。

(2)表示动作进行时所呈现状态的状态补语和表示动作持续的时间的时量补语都不能用于"把"字句。

　　＊他把汉语说得很流利。

　　＊那人把自行车修理了一个小时。

4. "把"字句在语序上也有一定的限制。否定副词和助动词一般要放在"把"的前边。

5. "把"字句在语用上也有一定要求。

(另详见第四编第二章第十二节"把"字句)

## 三、对象介词

**对**

"对"的用法比较复杂,其作用是引进动作所面对的对象、所针对的对象和谓词所关涉的对象。下面分别说明:

(1)引进动作所面对的对象

这里的"面对"分两种,一种是直接的面对面(下 A、B 类),另一种是间接的面对面(下 C 类,意义相对抽象一些)。

A. 引进信息传达(多以口头方式)的对象,形式为"动作者＋对＋宾语＋动……"。主要用于面对面的信息传达,这包括陈述或表达某个意思、意见等。"对"和宾语常用于"说、讲、介绍、说明、解释、提(起)、表示(感谢、歉意、祝贺、问候、慰问)、陈述、发誓、撒谎、忏悔"等动词前。如:

> 他对我说:"这件事我已经知道了。"
>
> 听说你考上了名牌大学,我对你表示衷心的祝贺。(上两句有时可用"向",但有一定的限制,详见"对"与"向"辨析)
>
> 老人对我讲了事情的经过。(也可以用"向")
>
> 她对法官再次陈述了自己意见。(也可以用"向")

B. 引进具有交际作用的动作接受者,形式为"动作者＋对＋宾语＋动……"。后面的动词多为表示借助人的身体或身体的某个部位(如头、手、眼)或脸部带表情的动作等来传达某种具有交际作用的信息,如"点头、摇头、笑、微笑、看、望、鞠躬、敬礼、行礼、使眼色、挤(眼睛)、招手、摆手、挥手、打招呼、发火、发脾气"等。如:

> 他对我笑了笑……
>
> 爸爸对我点了一下头,就走了过去。(也可以用"向")
>
> 妈妈对我挤了挤眼睛,我就明白是怎么回事了。(也可以用"向")
>
> 你不要老对我发火啊。

上面两小类"对"后有时可以带"着",表示"正面对着某人或某物做某个动作"。如:

> 观众们对着场上的运动员大喊:"加油! 加油!"
>
> 她太激动了,竟对着镜头哭了起来。
>
> 看到日出了,我们对着灿烂的太阳欢呼起来。
>
> 她对着父亲的遗像跪了下来。

这类句中的"对着"后面的谓语表示的是动作以何种方式进行。

C. 引进动作间接面对的对象

> 这个剧场一周仅对观众开放三天,其余四天关门。
>
> 我方现已对该公司一次性付清 100 万元房款。
>
> 他正在对世界纪录发起最后的冲击。
>
> 父母应该对孩子负责。

(2) 引进动作所针对的对象

下面"对"后的动作是动作者主动地针对"对"后的宾语发出的。

A. 引进主动针对某一事物或人采取有目的的行动的对象。后面的谓语多为"进行、加以、予以、给予、作"等形式动词及"展开"等。如:

> 对事故展开全面调查。
>
> 我们对这个问题进行了认真的研究。
>
> 我不想对他的死作更多的采访。
>
> 对这样的违法行为应该明确加以制止。
>
> 对优秀运动员予以通令嘉奖。
>
> 国内外人士对这场比赛给予极大关注。

在这类"对"后使用的上述形式动词一般要带动词宾语,可以带的宾语有些是几个形式动词共同可以带的,有的不能(详见本编第四章第二节一(二))。"对"的宾语可以是人,也可以是事物。

　　B. 引进针对某人或某事(既成的)作出的积极回应或采取相应对策的对象。如：

　　　　对公司应该加强领导。

　　　　对这个药方要保密！

　　　　今后对进入海关的动物必须经过严格检查。

　　　　对那些有个性的学生，应针对其个性特点采取不同的教育方法。

　　　　市政府对下岗人员的就业制定了优惠政策。

　　　　我们已经对如何进一步发展本市经济有了一整套详细的计划。

　　这类用法的"对"常用于表示并列、对比或比较的句子。如：

　　　　这样做对上对下都好交代。(并列)

　　　　这篇日记表达了他对知识的渴望，对以往的反思。(并列)

　　　　他对外按照国际规则办理，对内按照传统的那一套办理。(对比)

　　　　这个人对上唯命是从，对下蛮不讲理。(对比)

　　　　她对你比对他好。(比较、对比)

　　"对"字短语同后面的动词可以一起作定语，被修饰的往往是动词宾语。如：

　　　　这是对你进行的特殊照顾。

　　　　感谢你对中国教育事业作出的贡献。

　　　　这一讲话是对记者们质问的答复。

　　有时，"对"字短语后面可以带并列的、比较长的动词短语。如：

　　　　他们对教练的辞职风波作出了一个结论并就此向上级领导提出了自己的意见。

　　(3) 引进动作所涉及的对象

　　A. 引进动作所涉及的方面或产生作用的对象。用在"对"字短语后的动词有"(有)研究、(有)帮助、有益、有利、不利、有害、伤害、有好处、有坏处、起作用、(有)影响、(有)震动、冲击、打击"等。如：

　　　　他对京剧很有研究。

　　　　幼儿园的老师对调皮的孩子很有办法。

　　　　抽烟对身体没有好处。

　　　　经常和中国人聊天，对提高他的口语水平有很大帮助。

　　　　妈妈讲了一上午的话，对她均不起作用。

　　这类"对"字短语也常作相关动词的定语。如：

　　　　他说的话对大家的震动不小。

　　　　这次失败对弟弟的打击可不小！

　　　　你这样做，对孩子的伤害是很大的。

　　B. 引进心理感知、思考、认识等动作的对象。用在"对"字短语后的动词主要有"认识、了解、熟悉、明白、懂、知道、精通、思考"等。如：

　　　　他在中国才生活了一年，对中国还不太了解。

　　　　我们对这里的情况已经比较熟悉了。

　　　　刚来的时候，她对这里的生活总是不习惯，不适应。

　　　　当时我们对外面的事情什么也不知道。

　　　　我到现在对自己错在哪儿还不明白。

　　C. 引进所对待的对象。用在"对"字短语后的动词多为"表示兴趣或态度"的动词。如

"感兴趣、对待、欢迎、满意、不满、热情、冷淡、爱、恨、同情、关心、真诚、尊重、重视、珍惜、钻研、抱(持)……态度"等。所对待的对象，可以分为两类：一类是事物，如：

　　她对中国的京剧很感兴趣。

　　对这件事情你们一定要正确对待。

　　对你们远道而来，我们很欢迎。

　　上面这类用法的"对"可以换成"对于"。另一类对待的对象是人，这样句中的"对"不能换成"对于"。如：

　　这个服务员对我们很热情。

　　大家都对他很信任。

　　你对孩子太严厉了。

　　"对……"后可以是表示矛盾心理的动词。如：

　　我对他是又爱又恨。

　　有时"对"字短语后是"产生、表示、丧失、失去"等带上动词或名词宾语的形式。如：

　　警察对他产生了怀疑。

　　我对他的前途表示担忧。

　　在一起工作的日子里，她逐渐对小王产生了好感。

　　他对自己的前途丧失了信心。

　　孩子对这种枯燥的训练已经失去了耐心。

　　有时"对"字短语后用"有"或"没有"带上一些名词宾语，如"好感、感情、印象、意见、要求、看法、偏见、意思、兴趣、礼貌、顾忌"等，表示各种对待关系。如：

　　他对老人很有礼貌。

　　我对这个人没有什么好感。

　　你对我们好像有偏见。

　　这类"对"字短语也常作相关动词的定语。如：

　　我忘不了您对我们的关心和爱护。

　　为了表达他对这支球队的支持、爱护和崇拜，他打算再捐赠 30 万元。

　　我只有用最好的成绩来报答父母对我的爱。

　　她用这种方式表达了她对科学的尊重。

　　"对"字短语，有时可以以并列的形式连续出现几个。如：

　　在当时我一度很悲观，对许多事情，对以往的信条，对社会，我一度丧失信心。

　　有时，"对"字短语可以作一些名词的修饰语，如：

　　全家人对他的期望极高。

　　他对家乡的感情很深。

　　她对顾客的态度很热情。

　　D. 引进主观性评估的对象。用在"对"字短语后的动词有"发表(意见)、看待、议论、评价、预测、估计、公认、肯定、否定、同意、赞成"等。如：

　　那么你对这个人又是如何看待呢？

　　他们对事故产生的后果的严重性估计不足。

　　我们对他作出的成绩应该充分肯定。

　　有时，"对"后的宾语可以是人称代词，也可以是指示代词"此"。"此"指代前面陈述过的情况。"对"后面的谓语表示某种观点或看法。如：

> 他总让我们加班,对此大家都很有意见。
>
> 对此我无法发表具体意见。
>
> 对此,有人以《必须重视环境保护》为题发表评议性文章。

这类"对"字短语也常作相关动词的定语。如：

> 这个奖是对你的研究进一步的肯定。

（4）对……来说

"对"后面引出的一般是表示人或由人组成的集团、机构等名词或者代词。这个结构表示根据"对"后某人本身所具有的能力(经济实力、体力、接受力、理解力、承受力等)、水平、需求、爱好等方面来看待某一事物。如：

> 汉语的四声对外国人来说,是比较难的。
>
> 三百块钱对家庭富裕的人来说没有什么,但是对贫困的学生来说就是一大笔钱了。
>
> 父亲的死对一个十几岁的孩子来说,打击实在太大了。

注意:这个结构不能用来表示一般的主观看法(详见本章第四节偏误部分)。

**对于**

可以用"对于"的句子一般都可以换成"对"。不过,"对于"多用于书面语,语气显得更正式一些。"对于"主要有以下几种用法：

（1）引进动作所针对的对象

A. "对于"常用于谓语动词是"进行、加以、予以、给予、做"等形式动词及"展开"等句中,引进动作针对的对象。如：

> 对于老张提出辞职一事,我们会认真加以研究的。
>
> 这个公司对于财务工作做了非常严格的规定。
>
> 对于为国家作出巨大贡献的人,我们将在各方面给予照顾和优惠。

B. 引进对某人某事表示"回应"或采取措施等针对性动作的对象。如：

> 对于记者的提问,他总是用"不"字数衍过去。
>
> 他对于这个报道作出了积极的回应。
>
> 对于两国的争端,我们坚持和平解决。

（2）引进动作所涉及的对象

A. 引进动作涉及的方面或影响的对象

> 辞职这件事对于老刘并不合算。
>
> 这个决定对于住在那里的居民会起到很可怕的作用。
>
> 这件事对于他们不可能不发生影响。

B. 引进对待的对象

"对于"后的谓语动词一般表示对某事物或某个动作的态度。如：

> 我对于当今中国体育有三个担忧。
>
> 对于失去这样一个人才,我们是深感惋惜的。
>
> 对于父母的唠叨,我早就厌倦了。
>
> 我对于你的计划实在没有多大兴趣。

C. 引进精神感知类动作的对象

> 她对于独立生活并不习惯。

对于你的心情，我非常理解。

他对于孩子心理上的变化并没有太多的察觉。

D. 引进主观看法、评估的对象

你对于今后的人生安排有何高见？

对于她的这种做法，各方褒贬不一。

对于这个规划，大家都表示赞成。

这类介词短语可以作定语，修饰的名词往往也是"看法"、"态度"等。如：

我们对于改革方案的看法是完全一致的。

她对于此事的态度始终是比较冷静的。

"对于……来说"

这一结构与"对……来说"用法是一致的。有时"来说"可以省略。如：

这房子对于无家可归的人来说太重要了。

形势对于我们是十分严峻的。

这个艰苦的工作对于我个人的素质也是一次考验。

这笔捐款，对于他们不仅是救了急，更是力量的源泉。

"来说"有时可以用"而言"，书面语色彩更重一些。如：

这件事对于一个出身于农村贫苦家庭的学生而言，绝非小事。

对于他而言，下棋是一名棋手的生命，无论如何不能放弃。

**"对于"与"对"的辨析**

（1）"对"可以用于"引进动作所面对的对象"，"对于"不能。（详见上"对"（1））

（2）"对于"在引进所对待的对象方面，只能用于引进表示事物或者动作的对象，不能引进与"人"相关的对象（详见"对"（3）C）。

（3）从理论上说，"对于"和"对"同样可以引进动作针对的对象、动作所涉及的对象（有一定限制，见（2）），但是，在实际的使用中，"对"的使用频率要比"对于"高得多。

总的来说，使用"对于"的句子，书面语色彩比用"对"的句子更重一些。

**关于**

"关于"引进的宾语是与动作相关涉的事物或范围。"关于……"介词短语一般都放在句首。如：

关于环境保护，市政府制定了详细的计划。

关于这个问题，已经有很多人向我们反映了。

"关于"的介词短语可以组成"的"字短语。如：

这里的书有关于文学的，也有关于经济和政治的，你要哪一种？

"关于"的介词短语可以作定语，后面要加"的"。如：

我想了解一下关于出国留学的规定。

下午要召开关于退休人员的会议。

"关于"常做文章的标题。如：

关于男女平等

关于如何提高学习效率

关于深化教育改革的几点建议

**"对于"与"关于"的辨析**

(1)"关于"短语一般放在句首,"对于"短语可以放在句首,也可以放在主语后谓语前。

(2)"对于"表示动作所针对的对象范围比"关于"要广。当句子的谓语是施予性动词,对象是人时,如"对于(某人)+给予(予以、给以)+动词",只能用"对于",不能用"关于"(详见上"对于"(1))。当谓语动词是商讨、对策性动词(如"(加以、进行+)研究、讨论、商量、考虑、答复、决定、安排、计划、制定(计划)、采取(措施)"等)时,动词所涉及的事物前既可以用"对于",也可以用"关于"。如:

对于(关于)大家提出的的问题,我们正在进行研究。

对于(关于)失业人员的工作,政府会妥善安排的。

对于(关于)国内市场,一定要加以保护。

对于(关于)改善服务设施的问题,领导们已经讨论了几次了。

(3)在引进动作所涉及的对象方面,"对于"可以引进的对象也比"关于"多。"对于"可以引进精神感知类动作的对象、事件或动作影响的对象、所对待的对象(见"对于"(2)A、B、C),这些都是"关于"所不能表示的。只有"对于"在引进主观看法、评估的对象(见"对于"(2)D),并且介词短语处于句首时,可以换成"关于"。如:

对于(关于)这个问题,你有什么看法?

对于(关于)他得到的金钱物品,社会上有种种议论。

对于(关于)这个规划,大家都表示赞成。

"对于"和"关于"的介词短语都可以作定语。如:

我们对于(关于)改革方案的看法是完全一致的。

对于(关于)这个研究成果的评价都是比较好的。

(4)"关于"可以单独做文章的标题,也可后面再带中心语(见下括号内词语),"对于"在做文章标题时,介词短语后必须要有名词中心语才行。如:

关于提高企业竞争力(的思考)

对于提高企业竞争力的几点想法

关于加强艺术教育(的设想)

对于加强艺术教育的设想

即使都用于标题,"对于"和"关于"的用法还是有差别的。如:

关于自己的几句话(这一"关于"是"关涉自己",不能换用"对于")

对于作家本人文学是什么?("对于作家本人来说",不能换用"关于")

关于"复关受挫"对于我国的影响("关于"表示"关涉"某方面;"对于"引进"影响"的对象,两词不能互换)

**给**

"给"的基本意义是引进动作及动作涉及的事物的接受者。"给"的宾语绝大多数是人或者是由人组成的集团,少数宾语可以是动物或事物。

(1)引进交付、传递等动作的接受者

"给"后动词所涉及的事物可以是具体的事物,也可以是信息、意见等。可以用于这类"给"字句的动词有两类:

A. 交付类动词,如"付、交、借、租、换、还、分、卖、递"等。如:

　　姐姐给我交了书费。

　　他给我付了车钱。

　　他给朋友卖水果。

B. 事物或信息传递类动词,如"寄、传、发、带、捎"等。这类动词的宾语既可以是传递的东西又可以是消息。另外还有"打(电话)"等也应属于这一类。如:

　　妈妈给我寄了一个包裹。

　　我给你带了点吃的。

　　他给朋友发了一个邮件。

"给"字短语作这类动词的状语时,强调的是动作者通过交付或传递类动作将某一事物给某个对象(一般是人)。动作者一般要有所付出(金钱或体力)。

有时,上面两类动词后可以带"给"字短语作补语,"给"后的宾语是动作涉及的事物的接受者。如:

　　他把做完的作业交给老师了。

　　车费付给司机了。

　　房子卖给老刘了。

　　邮件发给你了。

注意:"给"字短语作这类动词的状语和补语所表达的意义是有区别的,如:

　　我给小明借了两本书。("借"这个动作是"我"为"小明"做的)

　　我的两本书借给小明了。(通过"借"的动作,书从"我"手中交付到小明手中)

　　我在给老师打电话。(表示向"老师"发出传递性动作,可以带表示动作持续的"在")

　　我打电话给老师。(表示将来的传递的动作的接受者,不能带表示动作持续的"在")

(2) 引进动作的接受者

"给"前的主语是施动者,"给"后的宾语是后面谓语动词表示的动作的接受者。

根据动作对受事是有益还是有害,可以分为两类。

第一类、引进有益动作的接受者。表示有益动作的动词还可以分为两类:

A. 服务、施惠类动词

这类动作要求动作者一定有所付出(金钱或者体力),为"给"后的宾语做某事。"给"后宾语在接受这类动作时,都能得到某种服务或有所获益。这类动词有"洗、做、打扫、收拾、整理、打针、检查、写、画、买、挑选、理发、安排、倒(茶、酒)、开(门、车)、提供"等。如:

　　我给你洗衣服。

　　他给我当导游。

　　护士给病人打针。

　　医生给他做了全面的检查。

　　爸爸常给报社写稿子。

　　妈妈给我买了生日礼物。

注意:"给"字短语只能在这类动词前作状语,不能放在动词后。下面是学生的偏误:

　　＊妈妈买给我生日礼物。

　　＊护士打针给病人。

　　B. 使"给"后宾语在精神方面受益的动词

　　这类动词有"道歉、道谢、道喜、赔不是、加油、鼓劲、请安、争光、争气、保密、过(生日)、祝寿、鼓掌、鞠躬、敬礼、敬酒、敬烟、磕头、下跪、拍马屁"等。这类动作多有交际作用,动作的实行都能使"给"后宾语(动作的接受者)在精神方面受益,即使之得到精神上的满足、安慰、愉悦或受到鼓舞等。如:

　　　　明天我们要给朋友过生日。

　　　　大家给运动员鼓掌加油。

　　　　你放心,这件事情我会给你保密的。

　　　　你一定要给他道歉。

　　　　他给客人敬了个礼。

　　第二类、引进受损动作的接受者。"给"后的谓语动词一般带有消极、损害意义。"给"后的宾语因动作而受损。如:

　　　　孩子把报纸给你弄乱了。

　　　　我尽量不给别人添麻烦。

　　　　这个事故给公司造成了很大的损失。

　　注意:下面的"给"是助动词。

　　　　谁把我的本子给弄脏了?

　　　　对不起,我把你的钥匙给丢了。

　　"给"表示被动见上第三节一。

### 向

　　介词"向"主要有两种用法。

　　(1) 表示动作的方向或目标

　　"向"表示这一意义时,与其后的体词组成的介词短语在句中有两个不同的位置。

　　A. "向"字短语作状语

　　1)"向"后面的宾语是表示动作达到的终点或动作所止的名词或代词。如:

　　　　那人向图书馆走去。

　　　　队伍向我靠拢。

　　　　老师向我们这边看了一眼,什么也没说。

　　适用于1)类用法的动词常为以下两类:

　　① 带"位移"义的,如"走、跑、行、流、奔、压、扑、推、驶、挪、开、靠拢、运动、移动、行进、前进"等,这类动词后常要带趋向补语。

　　② 带"看"义的,如"看、望、瞥、瞅"等,动词后常要带"一眼"这样的动量词。

　　2)"向"后面的宾语是表示方向性的词语(方位词或表示方向的短语)。如:

　　　　汽车向东开去。

　　　　老人向村庄方向望了一会儿,才转过头来。

　　　　他又向右挪了几步。

　　　　我们向南行了一公里,看到了一个小村子。

　　　　消息正在向四周扩散。

　　上面①②类动词也常用于2)类用法,此外,"偏、探、指、掉、卷、拐、转"等动词也常用于这类"向"字短语的后面。如：

听到声音,他向外探了探头。

向左转,齐步走!

去银行要向南拐。

3)"向"与带有目标意义的名词组成介词短语,表示动作努力的方向。如：

运动员们在向世界纪录冲锋!

他带动全村人向富裕的道路迈进。

我们正在向新的科学高峰攀登。

可用于3)类"向"字短语后的动词比较少,如"冲击、冲锋、转化、转变、推进、过渡、攀登"等。其中除了"攀登"前"向"的宾语可以指比较具体的山峰之外,其他动词前"向"后的目标名词相对都比较笼统、抽象。动词"看"有时也可以表示类似的意义。如：

要向前看,不要向钱看。

B. "向"字短语作补语

那个运动员首先冲向终点。(具体的动作终点)

他摇着小船漂向大海。(同上)

这里的人们刚刚走向现代文明。(比较抽象)

只要努力奋斗,我们也可以奔向自由!(比较抽象)

中国的体操已经冲出亚洲,走向世界。(表示范围,比较笼统)

这场改革运动正在推向纵深。(比较笼统)

这类"向"字短语前的谓语动词只限于"飞、通、走、奔、跑、冲、流、飘、滚、转、倒、驶、划、射、杀、刺、投、引、推、偏、指、扑、漂、迈、跨、面"等单音节动词。从上面的例子可知,"向"的宾语常是表示动作方向、终点或目标的名词,可以是具体的,也可以是比较抽象、笼统的事物。

(2) 引进动作的对象

A. 引进通过语言、传媒等工具传达信息的对象。"向"字短语作状语。如：

中央电视台向全国转播了比赛的实况。

毛泽东向全世界庄严宣布:中华人民共和国成立了!

这类传达可分为两类:

1) 面对面的信息传达

他把此事向老李一讲,老李就赶快去办了。

她只向我解释了一半,另一半我又向其他人请教,才算明白。

我向参加大会的代表们介绍了研究工作的进行情况。

大家向班长提了不少意见。

适用于这类"向"字短语后的动词有"说明、介绍、宣布、公布、诉说、宣称、吐露、倾诉、透露、谈(想法)"等。这类言语传达可以是一般的信息,也可以是出于交际目的的"致敬、告别、诀别"以及常与"表示"构成动宾短语的"祝贺、感谢、道歉、慰问、问候"等。如：

他比赛获得了金奖,市长向他表示祝贺。

我代表全体学生向你表示衷心的感谢。

我诚恳地向你道歉。

我们向全国人民拜年。

向英雄们致敬!

2) 非面对面的传达,传达者与信息接受者之间有较大的空间距离。传达者与接受者在社会地位上常有"上与下"的关系。如:

　　我已经向校长汇报了这个情况。(下对上)

　　在这篇文章里,我将把救灾过程逐一向读者报告。(说话者把读者作为"上")

　　市政府向全市人民发出了预防洪灾的通知。(上对下)

　　上级领导向我们反复交代,一定要想尽一切办法治好他的病。(上对下)

　　这场事故给人民造成了极大的损失,这个损失我无法向党和人民交代。(下对上)

可以用于这类"向"字短语后的动词有"讲、说、讲述、说明、回顾、建议、倾诉、控诉、提出(问题、愿望、要求)、发出(号召、命令、信号)、进言、报告、汇报、揭发、反映、发出、告密"等。

　　B. "向"引进动作的对手。动词常为"挑战、宣战"或带此类意义的短语等。"向"字短语作状语。如:

　　我们要向他挑战。

　　向多年不变的旧制度宣战。

　　甲队向乙队发起了进攻。

　　C. "向"引进索取或提供某事物的对象。

1) 要求、索取的可以是具体事物,也可以是信息、情报、要求、意见等较抽象的事物。"向"字短语作状语。"向"后常用的动词有"学、要、索取、借、租、打听、了解、询问、求援、求救、申请、请假、请求、提(要求)"等,如:

　　孩子伸手向我要钱。

　　通过这次活动,我向大家学到了不少东西。

　　他们在山上遇到了危险,发信号向我们求援。

　　我向在场的人了解了整个事情的经过。

　　他向周围的很多人询问了对这个计划的意见。

　　她从来不向领导提什么要求。

2) 引进提供、给予类动作的对象,动词多为"提供、赠送、颁发"等双音节书面语词语。"向"字短语作状语。如:

　　这个公司向这个学校的三名优秀学生提供奖学金。

　　大会向获奖者颁发了奖状。

　　他很乐意向你们提供生活必需品。

　　我们向对方赠送了礼品。

　　D. 引进动作"面向"的对象。后面的谓语动词有的是具体的体态动作,如"指、微笑、点头、招手、挥手",有的比较抽象,如"证明、负责"等。"向"字短语作状语。如:

　　她频频向观众摇动着手中的鲜花致意。

　　朋友们向我挥挥手,登上了火车。

　　孩子向那人一指,"就是他!"

　　我们的工作是向人民负责。

　　我们的产品会向世人证明是最好的!

　　E. 引进动作所面对或针对的对象,"向"字短语作补语。如:

　　老师又转向我,问我是怎么看的。

　　他们把怒气都指向了班长。

大家都把矛头转向了他。

只有少数动词如"指、转"等,才能用于这类"向"字短语前。

**向着**

在书面语中,"向"有时可以带"着",但要受一定条件的限制:

(1) 当"向"后的宾语是双音节或双音节以上的词语,谓语是移动动词、动作是正在进行或继续的,可以用"向着"。如:

队伍向着太阳升起的方向前进。

飞机向着渤海湾飞去。

她在梦中还在跑啊跑啊,向着最终目标冲击。

(2) 当谓语动词是"言说"类动词,动作是不断重复时,可以用"向着"。如:

他高兴得不知该说啥,只向着我重复一句:"这回可就好了,这回可就好了。"

**"对"与"向"的辨析**

(1)"对"可以引进动作针对的对象和涉及的对象,"向"不能。(详见"对"(2)、(3))

下面是学生的偏误:

＊我的学校一个月一次向学生进行检验物品。

改:我校每月对学生进行一次物品检查。

"对"后用"进行"可以带的动作动词很多,"向"后如果用"进行",一般只能带信息传达类的动词,如"宣传、介绍、说明、解释"等。

(2)"对"和"向"只有在引进动作面对的对象方面,用法有相近之处。"对"和"向"都可以带语言传达动作的对象。二者有以下细微的区别:

A. "对"主要用于面对面的一般陈述。常见动词有"说、讲、提(起)、介绍、陈述、表示(感谢、歉意、祝贺)"等。在结构比较简单的句中,"对"可以替换为"向"。如:

他对/向我讲了事情的经过。

校长对/向我介绍了学校的历史。

我代表全体同学对/向您表示衷心的感谢。

要不断地对/向学生进行宣传。

但是,这类面对面陈述句使用"对"的频率远比用"向"的高。特别是"对某人说"的使用频率比"向某人说"的要高得多。这是因为"对某人说"短语的前后(特别是前面)可以带不少与"说"共起的动作、能愿、状态、时间以及环境等有关的修饰成分。像这类句中的"对"都不能用"向"替换。例如:

她一边流着眼泪一边对我说:"……"("一边……一边……"表示共起动作)

他笑着对我说:"……"("对"前带"动＋着",表示共起动作)

我要对您说,妈妈您放心。("对"前带助动词)

他很诚恳地对我说:"……"("对"前带表示"说"的状态的修饰语)

老张后来对我说:"……"("对"前带时间词)

我在带有凉意的夜风中对老师说:"老师,真对不起,我给您添麻烦了。"("对"前带有表示"说"的环境的状语)

他曾对我乐哈哈地回忆说:"……"("对"前有副词、后面有状态修饰语等)

"对"可以带"自己"这样的宾语,"向"不能。如:

她不断地对自己说:"不要紧,别慌。"

"对……说"可以作定语，"向"不行。如：

　　当时他对我说的几句话我至今还记得。

　　在表示信息传达时，"对"后的宾语可以是人，也可以是表示情况、事件的名词或代词，"向"只能带表示人的宾语。当这两个介词出现在同一句中，就能清楚地看出区别。如：

　　我对他获奖表示祝贺。

　　他对给你带来的麻烦表示歉意。

　　你救了我的孩子，对此，我向你表示衷心的感谢。（"对"的宾语"此"，指事件）

　　B. "向"可以用于面对面的陈述，也可以不是面对面的。如：

　　这时老马的姐姐在一旁向我介绍说……（脸可以不朝着说话者）

　　那个老汉向柜子一挥手，慷慨地说："看吧！"（同上）

　　C. "向"后面的谓语可以带"着"，表示动作的持续，可以带补语，"对"则不能。如：

　　孩子们争先恐后向我诉说着。

　　用录音这种方式，向家人诉说明白。

　　出发前一天，我向队员说好明天早6点15分在大门口集合去机场。

　　D. 当谓语动词是"请假、汇报、宣布、宣传"等，后面再跟"说……"，一般用"向"引进对象而不用"对"。如：

　　他向主任请假说他明天到医院去做个检查。

　　老李向领导汇报说我们超额完成了任务。

　　大会主席向大家宣布说，会议延长半个小时。

　　"对"和"向"都可以带宾语"外"。"对外"常作定语，有别于"对内"；"向外"一般不作定语，只作状语。如：

　　小张负责对外宣传工作。

　　在没有最后决定之前，请不要对/向外宣传。

　　（3）"对"一般不能像"向"那样，用于非面对面、远距离的信息传达。特别是有上下级关系的信息传达（详见"向"（2）A）。

　　（4）有的动词既可以用在"对"字短语后面，又可以用在"向"字短语后面，但是意思并不一样。有的句子结构也略有不同。这样的动词有"了解"、"提（要求）"等。如：

　　我向他了解了这个学生的情况。（"向"引进的"了解"对象是"情况"的来源——"他"）

　　她是研究中国文化的，对中国文化比较了解。（"对"引进"了解"的对象是内容）

　　他向我提了两个要求：第一，要求给他安排一个干净的房间；第二，给他安上电话、配上电脑。（要求"我"为他提供某些条件）

　　他对我提了两个要求：第一，上课不能迟到；第二，按时交作业。（要求"我"本身做到的）

　　（5）在表示间接转达"问候"之类的意义时，"向"可以直接引进"转达"或问候的对象，"向"字短语一般作状语，不能作定语。"对"引进"问候"的对象，这类短语一般只能作动词的定语，而不能作状语。两个介词出现在同一句时，分工也很清楚。如：

　　请代我向（＊对）你父母问好。

　　请向她转达我对她的问候。

　　＊请对她转达我向她的问候。

我祝贺她,请她转致我对( \* 向)她父母的亲切问候。

**"给"与"向、对、跟"的辨析**

(1)"给"的动词意义是"给予",因此,当"给"作介词时,往往是通过动作"施予"对象某个事物(具体的或抽象的、有形的或无形的)、动作等,因此"给"后的宾语,一般都能从"给"前的施事那里获得些什么(大部分是有益的,少量是受损的)。

注意:"给"后一般不带表示言语传达的动词。下面是学生的偏误:

\* 请替我给大家宣布。

改:请替我向大家宣布。

\* 他给爸爸敢说假。

改:他敢跟爸爸说假话。("跟"也可以换成"对")

(2)"向"常引进提供、给予某种具体事物的对象,后面的谓语动词多为"提供、赠送、颁发"等双音节书面语词语,这类动词一般比较正式,常要通过正式的仪式进行移交(某物)。"向"后的对象不能接受某个动作,当要表示这类用法时,只能用"给"。下面是学生的偏误:

\* 我要向你看看照片儿。

改:我要给你看看照片儿。

(3)有时带"给"的某个句子是有歧义的。如:

你给我看看信。

这一句在不同的语境表示不同的意义,一种是:我不识字,你替我看看;另一种是:允许我看一下。

(4)介词"给"后的动词一般都带"给予"意义,当谓语动词带"索取"义时,不能用"给"。下面是学生的偏误:

\* 他每天给辅导老师学汉语,果然他进步很快。

改:他每天跟辅导老师学汉语,进步很快。

(5)"给"的对象绝大多数是人或者是由人组成的集团,"向"也是。"对"引进的对象可以是人,也可以是事物(参见上"对"与"向"的辨析)。

(6)这几个介词常用于礼仪性动作之前,但用法并不相同。根据这类动作性质,可以细分为以下几类:

A. 礼仪性言语动作

1)面对面的礼仪性致谢或致歉一般用"向"。"向"既可以用于积极的"道谢"、"问候"、"问好",又可以用于消极的"道歉"、"认错"等;既可以用于客观陈述,又可以用于对话。如:

小王代表我们向他道了谢。("跟"可以,更口语化。"给"、"对"均不可)

现在我跪在你面前,向你老人家道歉道安……("向"可换用"给"。"跟"可用于"道歉"前,不能用于"道安"。"对"不可用于此句。)

"给"、"向"、"跟"可以用于祈使句,要求某人向另一个人道歉。如:

你一定要给他道歉。("给"不可换用"对")

当谓语是"认错"、"道谢"时,就不能用"给"和"对"。如:

他本来想向她认错道歉。但一时又克服不了男人的自尊心。("向"可换用"跟")

2)请人转达致谢或致歉,一般也用"向"。如:

你一定要代我向他道谢/道歉。（"给"、"对"、"跟"不可用于此句）[1]

3）如果所用的面对面的礼仪性动词带有敬意，多用"给"（这与其"施予"义有关）。如：

给您老人家拜年/祝寿。（"向"很少用）

当动作接受者为数众多、离施事距离较远而分散于各地时，也可以用"向"。如：

我们给/向全国人民拜年。

这类用法都不能换成"跟"和"对"。

B. 礼仪性的身体动作

这方面的动作前一般不能用"跟"。可以用"给"、"向"、"对"，但是三词略有区别。

孩子给/向老人鞠了一躬。（"对"不可）

给/向老师行礼。（"对"不可）

向国旗行礼。（这句不能用"给"和"对"）

我们对着/向孙中山像鞠了一躬。（"孙中山像"是偶像，不能用"给"）

向遗体告别。（这句不用"给"、"对"）

从上面的例句可知，在表示礼仪性身体动词的前面，"向"的使用范围最大，后面的宾语可以是人（活着的或已死去的），也可以是事物。"给"的宾语一般是活着的人。"对"只可以带"鞠躬"等少数动词的对象，可以是人，也可以是偶像类的事物。

C. "给"、"向"、"对"可引出"提（意见、建议）"类的动作对象，表示人的对象多用"给"（表示诚意，请求"施予"），有时也用"向"，"就某一方面"提意见一般用"对"（这与"对"可以带表示事物的对象有关）。如：

希望大家给（向）（？ 对）我们提出宝贵意见。

希望大家对我们的工作提出宝贵意见。

这类区别同样体现在表示祈使意义的兼语句中，如：

领导们主动请大家向（给）（＊对）主要负责人提意见，谈想法，寻求解决问题的出路。

**跟、和、同、与**

这四个介词主要用法是引出与事。

"跟"主要有以下四种用法：

（1）引进动作协同的对象

这类"跟"常与"一起、一块"一起使用。很多动作动词都可用于"跟"的后面充当谓语。如：

我们跟老师去那参观过。

她跟朋友一起照了一张相。

他跟谁一块去旅游的？

（2）引进双方共同动作的对象

这类动词称为"双向动词"（朱德熙，1979）[2]，主要有"谈话、见面、比赛、商量、结婚、离婚、订婚、吵架、打架、辩论、讨论、联系、握手、往来、交换、下（棋）、相处"等。这些动词表示的

---

[1]　笔者调查了 500 多万字的语料，"道歉"一词前全都是用"向"引进的对象。

[2]　丹麦语言学家 Otto Jespersen 在他的《语言哲学》中认为这类动词具有"相互作用"，朱德熙先生在《"的"字结构和判断句》（1978）称之为"双向动词"，《语法讲义》中称之为"对称性动词"（1982）（均见《朱德熙文集》（1999）），李临定（1990）称之为"复指动词"，刘丹青（2000）称之为"相互性动词"。在教学中，"双向动词"比较容易为学生接受，故取此说。

动作要有双方参加,而且这双方的关系是互相的、对称的。如:

　　我要跟你商量一件事情。

　　老师在跟学生谈话。

　　这类动词的对象不能直接作动词的宾语,必须用"跟"等介词组成介词短语放在谓语动词的前面。

　　(3)引进关联的对象

　　这类用法表示两方之间的某种关系或联系,因而常用"有"、"是"、"成"和一些表示两方关系的名词一起用。如:

　　这件事情跟我没有关系。

　　小刘跟老李好像有矛盾。

　　他跟老马成了好朋友。

　　小张跟小林是同学。

　　"有"常带的名词宾语有"关系、矛盾、分歧、缘分、交情"等,还可带动词宾语如"交往、来往、联系"等。"是、成(为、了)"后面带的名词有"朋友、夫妻、父女、母子、邻居、同事、亲戚、仇人、敌人、对手"等。

　　有时这类名词前也用动词"产生、失去、发生、保持"等表示某种关系或联系。如:

　　毕业以后我跟他一直保持联系。

　　在这一点上他跟老师产生了意见分歧。

　　(4)引进比较的对象

　　谓语动词一般是"一样、相同、相似、差不多、不同、相反"等。如:

　　他戴的帽子跟我的一样。

　　我家乡的气候跟这里的很不一样。

　　小李的个子跟我差不多。

　　听说他的想法跟你的不同。

　　"跟"也可以同"比、相比、比较"等词语一起用。如:

　　跟甲队相比,乙队的力量好像弱一些。

　　跟过去比,我们现在的生活真是一个天上,一个地下。

　　(5)引进单向动作的对象

　　可以用在"跟"介词短语后的单向动词并不多,多是与交际有关的,如"说、打(招呼)、点(头)、招手、道谢、道歉、开(玩笑)、发(脾气)、发(火)、撒娇、使(眼色)"等。如:

　　你不要随便跟孩子发火啊!

　　他跟我使了个眼色。

　　(6)引进索取类动作的对象

　　"跟"后的动词一般是"学、要、借、争取、要求、打听、了解"等,常用于口语。如:

　　她现在在跟中国老师学二胡。

　　我想跟您打听一个人。

　　他总跟我借钱。

　　**"跟"与"和、同、与"的辨析**

　　"和、同、与"的用法和"跟"比较相近。"跟"与"和"常用于口语,"同、与"一般用于书面语。"跟"的第(6)种用法一般不能用"同"和"与"。"和"可以用于"借"、"要"等动词前,但一般很少用于"学、争取、要求、了解"等动词前。当谓语动词是"道谢、道歉、发(脾气)"时,多用"跟",很少用其他三个介词。

**"跟"与"向"的辨析**

"向"和"跟"后都可以带表示索取意义的动词,如:

> 我跟/向他借了几本小说。

> 需要纸的话,就跟/向李老师要吧。

这两个介词有以下一些区别:

(1)"向"一般用于书面语、比较正式的场合,"跟"多用于口语。"向"后常用的书面语动词"询问"、"索取"等一般不用"跟"。

(2)"向"可以带非面对面的、远距离提出的请求,如"求援、求救",这类动词的对象一般不用"跟"引进。

(3)如果动词是"学习","跟"后的动词可以带宾语,"向"后的动词不能带宾语。如:

> 我现在在跟李老师学书法。

> ? 我现在在向李老师学书法。

(4)如果是学习某人的精神,一般用"向"不用"跟"。如:

> 全国人民都要向英雄学习。

> ? 全国人民都要跟英雄学习。

## 四、时空介词

**在**

介词"在"主要的用法有以下几种。[①]

(1)引进处所。

"在"常在后面带上表示处所的名词构成介宾短语,在句中有三个位置。

1)"在"字短语放在主语后作状语,表示动作进行或发生的场所。如:

> 她在商店买东西。

> 爸爸在医院工作。

上面例句中的"在"实际上兼有介词(表示动作进行的处所)和副词(表示动作正进行或者持续)的两种功用。当句子的谓语动词表示的是经常性或一次性的动作时,"在"只有介词一种功用,即只表示动作发生的场所。如:

> 她常在这个商店买东西。

> 我每天在食堂吃饭。

一次性的动作一般是已经完成的。动词后要带"了"或补语。如:

> 他在新华书店买了一本汉语词典。

> 小刘在展览馆参观了一次。

> 老人在马路上摔倒了。

以上例子是"在"表示处所最常见的用法。凡是可以在某个处所实行或发生的动作动词都可以用于这类"在+处所词"后。这类"在"的用法有几点要注意:

① 当句子是陈述句,引进动作发生处所(包括工具)的"在"一般是不能省略的。下面是

---

① 此部分内容主要参考林齐倩(2003)写成,部分参考了王一平(1999)的观点。

学生的偏误：

　　＊我爸爸公司工作。

　　＊我会电话里告诉你。

　　＊校园里，我认识了几个朋友。

在并列列举动作发生的两个或两个以上的场所的句子中是可以省略的，如：

　　大家一起学习了好几年，一个食堂吃饭，一个教室上课，一个宿舍楼住着，同学之间的感情还真是挺深的。

　　哥俩从小一个锅里吃饭，一个炕上睡觉，彼此的脾气谁都知道。

不过，上面例中处所词前的"(同)一个"是必须要有的。

在祈使句中，有时"在"可以省略。主要有以下几种情况：

A. 说话者向对方提出改换动作场所、位置的建议。动词一般限于"谈、聊、说、坐、休息"等，如：

　　里面吵，我们门口聊吧。

　　这里不便说话，办公室里说吧。

　　客人们请屋里休息吧。

　　请(到)前边坐吧。

这一类句型的谈说类动词动作是双向的，不能一方单独进行，不能说"你屋里谈"或"我屋里谈"；说话时双方都不在句中所提到的场所。不能表示正在进行或已经完成的动作；动词一般单独出现，后面不带动态助词"着"、"了"、"过"。"坐"、"休息"等动作可以单方面进行，主语为第二人称时常省略。上面的例子也可以看成是处所词前省略介词"到"。

B. 用于约定见面或相遇的场所，动词只能是"见"，如：

　　明天咱们飞机场见。

　　我们法庭见。

　　咱们 2008 年北京见。

这一类句子表示的动作也是双向的，不能一方单独进行，不能说"＊明天你飞机场见"，整个句子表示未然，说话时双方都不在句子所提到的场所。

② 否定处所时，在"在"前加"不"，而不是在谓语动词前加"不"：

　　她不在家吃饭。

只有否定动作时，"不"才可放在谓语动词前。这类句子后面常有补充说明的句子。如：

　　她在家不做饭，她妈妈做。

③ 表示动作发生、进行的场所的"在＋处所"短语一般都要在谓语动词前，不能移到动词后。下面是学生的偏误：

　　＊我们踢球在操场。

　　＊他们上课在教室。

只有下面两种情况，"在"字短语可以放在动词后。

一是在表示处所对比的句中，如：

　　一班上课在二楼，不在三楼。

二是在强调某处所适合于做某个动作的俗语(固定的说法)中，如：

　　吃在苏州，玩在苏州；食在广州，死在柳州。

这两类"在"应该看作是动词。

④ 当动词是"站、坐、躺、睡、蹲、跪"时，"在"字短语的动词后要带"着"，表示动作状态存现的场所。如：

他在床上躺着。

警察在大街上站着。

"在＋处所词"可以出现在这类动词后，但是意义不同（详见下）。

2）"在"字短语放在谓语动词后作补语，表示动作发生后施事或受事（一般是有定的）停留、固定、附着、存在的场所或位置。如：

我把车子停在了教室的门口。

书就放在课桌上吧。

他坐在小王的后面。

可以用于这类"在"字短语前面的动词有"死、生、发生、消失、出现、生长"等表示发生、消失类的动词，有"住、停、躲、坐、躺、睡、蹲、跪、趴"等表示人本身动作、体态的动词，还有"放、留、搁、堆、横、装、卸、填、塞"等放置类动词和"挂、写、画、贴、刻、镶、嵌"等动词。有时，放置类动词或挂类动词可以带上"量词＋宾语"出现在"在"字短语前。

为了表示座位已经有人，他放了一本书在座位上。

为了防止回来时迷路，我刻了个记号在树上。

这类句子并不常用，一般是出于某个目的，在某处存留某物时才用。句中表示无定的量词不可少。当句子表示祈使、命令、商量的语气，动词带有明显的附着义，不管谓语是及物动词还是不及物动词，"在"一般都可以省略。如：

咱们坐前边吧。

包放沙发上吧。①

以上例句中的动词都带有附着义，动词后"在＋处所词"表示动作的终止点。但是当句中的动词本身没有附着义，"在"就不能省略，如：

他死在路上。　　　　　　　* 他死路上。

她消失在人群中。　　　　　* 她消失人群中。

事情发生在老王家里。　　　* 事情发生老王家里。

我生长在北京。　　　　　　* 我生长北京。

3）"在"字短语作状语，位于主语前，表示动作发生的场所或事物存在、出现的场所。在这类句中，动作的受事一般是不定的，要带量词。如：

在桌上，我留了张条子。

在墙上，他画了一幅很大的漫画。

在一个黑糊糊山洞里，我们发现了一个皮箱。

---

① 北京口语或用北京口语写的作品里，这类句中动词后的介词"在"也常省略。如：

今晚我就住这儿了。

她今晚睡炕上。

笔掉地上了，快捡起来。

十年以来，我一直把这句话记心上，从未忘记过。

他把帽子挂衣架上了。

孟庆海（1987）指出："在我们所接触到的北京人口语当中，动词和处所宾语之间带上'在'这个字，许多人有时反而觉得别扭，这种现象正广泛地为人们所接受，这是北京口语的一种发展趋势。"

① 这类句子一般在特别强调动作发生的场所时才用。很多自主动词和非自主动词都可以出现在这类句中。句子可以表示各种状态（说话时或将来的状态、状态的持续、动作的进行状态等），也可以表示已经完成的动作或经常性的动作。如：

　　（在）教室里，同学们正在讨论问题。（进行态）

　　（在）机场上，运动员们受到了首都人民的热烈欢迎。（被动句）

　　（在）单位里，人们说他与妻子是"牛郎织女"，又叫他"一头沉"。（评论）

　　（在）法庭上我一定会赢。（将来的状态）

　　（在）大山深处，住着一位老人。（状态持续）△

　　（在）广场的入口处，横着一块石碑。△

　　在大街上，他遇到了一位老朋友。（动作在特定的场所发生的）

　　在舰上，我当过他的班长。（同上）

　　在很多人聚集的地方，我们贴了一张广告。（动作在特定的场所实行的）

　　在拘留所里，她交代了作案的经过。（同上）

　　在黄土高原上，一些人住在窑洞里。（动作在特定的场所采用的特定方式）

　　在三轮车上，你可以随便欣赏周围的景色。（动作在特定的场所才能完成）

以上带括号的"在"在不强调处所时，都可以省略。可省略"在"的句子一般都是表示状态的，动作性不强。带△的例子，不用"在"时，即是一般的存现句（参见第四编第二章第十五节）。

② 上述不带括号的"在"是不能省略的。这些句子都强调动作是在特定的场所发生、实行的：或在特定的场所才能完成，或是在特定的场所才采用了特定的方式等①。不能省略的"在"后的谓语动词，动作性都比较强。

③ 在一些以人或事物的空间位置的变化为中心进行叙述的句群中，句首处所词前的"在"不能省略。如：

　　**在**家中，太太掌管财政大权……**在**商场上，贸易经营也全是女人的天下……**在**市场里，女人们常成群结伙大吃大喝……**在**这个城市里，女人是参政、主权的女皇。

这是由四个句子组成的句群，叙述当代妇女在各个不同的、特定的场所担当的不同的角色，处所的范围由小到大，后一个处所紧承前一个处所，处所前的"在"必须要出现，一方面起限定处所的作用，另一方面在语段中又起衔接作用。

④ 在并列句中，将在两个不同处所发生的情况进行对比或对举时，处所词前的"在"一般也必须出现。如：

　　**在**家里没有时间看报，**在**公司里倒可以轻闲地看报吗？

　　**在**课堂上我是你们的老师，**在**课堂外我就是你们的朋友。

可见，介词"在"具有突出、强调事件发生的特定处所的作用，"在＋处所名词"具有对比性功能。

⑤ 当语段叙述从前面一个主题转到另一个新的主题时，新主题句首的处所状语一般要用介词"在"。处在句首的"在＋处所词"有"引起新话题"的作用，否则主题的转换就会显得很突兀。如：

---

　　① 吕文华（1997）指出："句首充任状语的地名、机构等处所名词兼有空间性和事物性，当需强调这类名词的空间性时，或在名词后用方位词（专有名词除外），或在名词前用'在'。""充任状语的处所名词后有方位词时，介词'在'可用可不用。"本节文字在调查比较的基础上，对吕文华的结论作了一点儿修正。

小伙子迟疑了一会儿，一步跨到前面，迎着风雨刮来的方向，像挡风的墙一样站着。**在**他宽大的身躯后面，老头、姑娘和中年妇女慢慢挤到了一起。

一早一晚，小镇上的人们喜欢到林中去散散步。**在**这儿，空气和心灵都得到了净化。

（上两例引自王一平，1999）

上一例前面的主题是"小伙子"，后续句中通过"在他宽大的身躯后面"的衔接，主题就转到"小伙子"后面的人——"老头、姑娘和中年妇女"身上去了。下一例前面主题是"小镇上的人们"，后续句中的主题却换成"空气"和人们的"心灵"。主题的转换是靠"在这儿"这个衔接点完成的。这说明，"在＋处所名词"在语段中有引介新话题的功能。

⑥ 有时，一个语段的主题没有变，但所表达的语义与前后相反或相对，表示同一人或事物在不同的处所表现出不同的状态，后续句一般以转折连词开头，这时位于转折词后引进处所词的"在"也不能省略。如：

春已有了消息，树枝上的花苞已显出红色。但**在**这个大杂院里，春并不先到枝头上，这里没有一棵花木。

这是一个快要倒塌的旧宅子，但**在**专家眼里，它却是珍贵的文物。

上面两例的"在＋处所名词"同样有强调特定处所的作用。

(2) 引进表示通讯方式、工具的名词（目前只限于"电话里"和"网上"，实际上将它们看作某个空间）。这类用法比较新，但是口语里很常用。如：

我在电话里通知了他。

希望经常在网上交流。

"在"后面的动词要依赖上述通信方式实现，无论是陈述句还是祈使句，"在"都可以省略。

这个消息他电话里告诉我了。

我们网上交谈吧。

你网上发电子邮件给我。

如果动作的实行不需要依赖这类通讯方式、工具的，"在"是不能省略的。如不能说"＊我听见她电话里哭"，而只能说"我听见她在电话里哭"。

(3) 存现句中句首处所词前的"在"经常不出现①。如：

我们学校前边有工厂，后边有剧场，南边有一个邮局，东边有一些商店。

图书馆东边是操场。

山坡上游荡着几只山羊。

他的脸上现出欢喜和凄凉的神色。

地震中，这个城市死了 1000 多人。

以下是存现句句首处所词前用"在"的例子：

在这个土坪上，有一片密密麻麻的枣树林。

在左边的墙上是一幅仕女图。

在驴儿胡同口上，无论冬夏老坐着一个老婆婆。

这类存现句句首处所词前加"在"，往往起到强调事物空间性的作用。不过以上三例中的"在"也可不用。

---

① 李临定在《现代汉语句型》中列举了 127 个存现句，而句首用介词"在"的只有两例。

由于存现句句首处所词前的"在"有时用有时不用,有的外国学生就以为"在"的使用是比较自由的。于是就产生了下面的偏误(另参见第四节偏误):

　　*在屋里没有人。

　　*在桌上摆满了书。

　　*在一间屋子住两个人。

　　*在南边响起鞭炮声。

因语法结构、语义或语用等原因,以下四种情况的存现句句首处所词前不能加"在":

① 句首处所词是单独的方位词或是由方位词构成的联合式、重叠式方位短语。如:

　　**上**有天堂,**下**有苏杭。

　　**东**,是几株杂树;**西**,是几间快要倒塌的茅屋。

　　**南边**响起了警笛,那条黑影闪进了驴儿胡同。

　　他仍旧是个孩子,**里里外外**都是。

　　靠东墙正中一张条桌,**左右南北**摆着一对小平顶柜。

② 存现句表示的是数量在空间上的分布或是某处"遍布"某人或某事物。如:

　　一间屋住两个人。

　　枯干的嘴唇布满了白色的燎泡。

　　世界各地遍布了中国人的足迹。

　　整个村庄笼罩着浓雾。

这类句子有的要有数量词语,有的要带表示"遍布"意义的词语,如"满、遍、整"等。表示"分布"意义的句子有时可以用"在",但是句子结构和意义都要作些改变。如:

　　一间屋住两个人。(表示在动作尚未发生前的数量分配,祈使句)

　　在一间屋**里**住了两个人。(表示动作已经完成后的结果,陈述句)

③ 谓语动词为"有"、"没有"或出现"全/都＋是"、"(强、次强)持续动词＋了"、"动词＋简单趋向补语"(表示出现)的存现句的句首一般都不用"在"。如:

　　我们学校**有**很多外国留学生。

　　墙上并**没有**什么字画。

　　街道两旁,**全是**桂花树。

　　码头附近**停了**许多船,都是运菜拉石头的。

　　窗户纸上已经**抹上**一片红艳艳的霞光。

　　墙壁倒塌处,**露出**一个屋角。

　　院子里**响起**"嘟嘟嘟"的哨子声。

④ 根据语用需要,一般剧本开头的场景说明中经常出现句首为处所词的存现句,句中处所词前的"在"一般都不出现,这类句型主要用于介绍新信息——某处静态的存在,状态的呈现。如茅盾的剧本《清明前后》的场景说明中有这么一段:

　　更新厂厂主总经理林永清住宅内的一间书房。**正面后方**是一排玻璃窗,下半截装着淡紫色薄纱窗饰。**窗后**是院子,花木扶疏,投影在窗纱上。**窗左首正面**是一道门,**右首墙壁正中**也有一道门,通内室。书房里的家具和陈设相当讲究。**房正中**有一矮脚小圆桌,**桌上**一口大花瓶,插满了各种花。**房角**有高脚花盆架,供着苍松翠柏的盆景……

"在"还常以"在……中/里/内"、"在……上"、"在……下"、"在……之前"、"在……之后"等框式结构(指介词与名词或动词前后呼应的结构)的形式出现,这类用法详见《实用对外汉语难点词语教学词典》。

**往**

引进表示方位或处所的名词及其短语,表示动作的方向。如:

> 请大家往里挤一挤。
>
> 我往下一看,他正从山下往上爬呢。
>
> 这趟轮船往大连开。
>
> 人往高处走,水往低处流。

"往"后的宾语有时表示的是动作最后的终点或附着的处所。如:

> 这是你的问题,不要把责任往别人身上推。
>
> 孩子正在把糖拼命往兜里装呢。

当谓语动词为"想、说、整、观察、追"等,"往"后可带"形容词/动词＋里/处"短语,表示较抽象的动作方向。这类形容词或动词有"坏、好、深、大、小、高、死"等。如:

> 你遇到什么问题,不要总是往坏处想,要乐观一点儿。
>
> 这事情,往深里说,实际上反映的是一个人的品质问题。
>
> 这个人对跟他意见不同的人总是往死里整。

**朝**

(1) 引进表示方位或处所的名词及其短语,表示动作面对的方向。如:

> 去银行一直朝前走,十五分钟就到了。
>
> 到前面的路口朝南拐。
>
> 汽车朝我们这儿开了过来。

(2) 引进动作者动作所面对的对象。如:

> 他朝我点点头,我朝他招招手。
>
> 老人朝小红努了努嘴,小红立即明白是什么意思了。
>
> 老师朝着山上的学生喊:"大家赶快下来!"

**"朝"与"往、向"的辨析**

"朝"、"往"、"向"都可以表示动作方向;但在具体使用中,它们对介宾、动词的选择有一定限制。

(1) 当谓语动词是移动动词时,"朝"、"向"的宾语可以是指人的体词,"往"不能带这样的宾语。如:

> 他朝(向)我走来。 ＊他往我走来。

(2) "往"、"向"字短语修饰的谓语可以是表曲线运动的动词(如"转、绕");"朝"字短语修饰的谓语则不行。如:

> 汽车往(向)南绕了一圈又转回来了。 ＊汽车朝南绕了一圈又转回来了。
>
> 他往(向)后一转身,就看见了小红。 ？他朝后一转身,就看见了小红。

(3) "往"的运动性比"向"、"朝"要强,所以"往"字短语作状语时,动词后边的补语可以是表示"前往与返回"式位移的数量词(如"～趟"),"朝"、"向"则不行。如:

> 他往飞机场送了三趟客人。 ＊他朝(向)飞机场送了三趟客人。

(4) "朝"字短语不能作补语。"往"、"向"字短语都可作补语。"往"字短语只能在"开、飞、通"后充当补语。"向"字短语可以作"飞、通、走、奔、跑、冲、流、飘、滚、转、倒、驶、划、射、杀、刺、投、引、推、偏、指、扑、漂、迈、跨、面"等动词的补语。其中只有"飞"、"通"是共同的。

同样充当补语，"往"后的处所名词要求是表示固定、预定而明确的目的地；"向"后的处所名词则只表示一个大概的方向或范围。如：

　　　　那趟飞机飞往东京。

　　　　飞行员驾着飞机飞向蓝天。

　　　　这条路通往杭州。

　　　　这条路通向远方。

　　（5）当"向"字短语作状语时，后面可以带表示明确的目标（或兼方向）的词语（如"向广场中心聚集"），也可以带仅表示大致范围的词语（如"向四周扩散"），还可以带表示动作努力的方向、目标类名词（相对比较笼统或抽象，如"向世界纪录冲锋"、"向现代化迈进"）。这类名词的前面都不能用"往"和"朝"。

　　（6）"往"不能引进动作的对象。"朝"和"向"可以。但是"朝"可以引进的动作对象很有限。"向"除了可以引进"朝"可以引进的动作对象外，还可以引进信息传达的对象（面对面或非面对面的）、"挑战"类动词的对象、索取某事物或提供某事物的对象，以及"负责、证明、学习"等对象，这些都是"朝"所不能的。

　　**从**

　　（1）表示起点。

　　A．表示时间的起点。常以"从……起"、"从……开始"、"从……以来"等框式结构形式出现。"从"后带表示时间的名词或动词短语。如：

　　　　从小时候起，我就特别想当飞行员。

　　　　从进学校的第一天开始，他就决心要好好学习。

　　　　从明天开始，我们就在一个班里学习了。

　　　　从认识他以来，我还没看见过他发过这么大的火。

　　注意：这类"从"后的"起、开始、以来"一般是不能省略的。有时，"起"可以出现在谓语动词后。如：

　　　　你问这里的风俗，我该从哪儿说起呢？

　　B．表示空间的起点。"从"后带表示处所或方位的词语。如：

　　　　他从法国来北京旅游。

　　　　我们从学校门口出发，走了一个多小时。

　　　　爸爸从包里拿出一个盒子。

　　C．表示事物或人变化的起点。谓语动词后常要带表示变化结果的补语。如：

　　　　他从一个普通的士兵成长为一个将军。

　　　　这个城市已经从一个消费城市发展为一个工业城市了。

　　　　我从睡梦中醒来。

　　（2）表示经过。"从"引进动作经过的处所词。如：

　　　　一辆汽车从门前开过。

　　　　黄河从这个省中间流过。

　　　　去泰山，必须从那儿路过。

　　（3）表示来源或依据。"从"引进表示来源或依据的词语。如：

　　　　黄河和长江都是从青海发源的。

　　　　这些资料是他从各地搜集来的。

上面都是动作涉及的具体事物的来源。"从"也可以引进比较抽象的事物,如消息、观点、看法、教训等的来源或依据。如:

从这次事故中,我们得到了很大的教训。

从刚才大家的讨论中,我们可以得出以下结论……

他是从报上知道这个消息的。

**从……到……**

"从"经常和"到"一起用,既可以表示时间,也可以表示空间。"从"后面是起点,"到"后面是终点。

(1)"从"和"到"后面都带时间词,表示时间的起点和终点。如:

从十点到十一点半,我们上汉语课。

从进大学到毕业,我都跟他住在一起。

"到"有时可以放在动词之后。动词前常受副词"一直"修饰。如:

一上班,他就从早忙到晚。

这本书介绍了中国的服装,从古代一直写到现代。

(2)"从"和"到"后面都带处所词或方位词,表示空间的起点和终点。如:

从一楼到三楼,都是教室。

从这儿走到学校,要多长时间?

(3)"从"和"到"后面带形容词、形容词短语或数量词短语,表示发展变化的起点和终点。有时"到"可以放在动词后。如:

这个公司从十几个人的小公司,发展成几千人的大公司。

这支球队从弱到强,经历了十多年的艰苦奋斗。

(4)表示范围。如:

从教学到教务,都是他一个人在管。

整个厂,从上到下,没有不佩服他的。

**从……向……**

"从……向……"与名词或名词性短语组成介词结构,可以表示两个意义:一可表示动作从某点出发向某一方向的移动或变化;二可表示事物排列的线性序列。如:

这几个字要从右向左念。(动作移动的方向)

她经过不断的努力,最终从困惑走向胜利。(同上)

中国的经济经历了从计划经济向市场经济的转变。(同上)

七十来户人家,从东向西散落在这条沟里。(排列的线性序列)

**打**

"打"的用法和"从"比较接近。主要用于口语。以上用"从"的(1)A、B项,"从……到……"的(1)、(2)项中的"从"都可以换成"打"。

"打"和"从"的区别是:"打"只用于比较具体的时间、处所。像上面"从"的(1)C项、(3)项中带抽象事物来源的用法以及"从……到……"的(3)、(4)一般不能用"打"替换。

**由**

"由"可以像"从"一样,表示时间、处所的起点,也可以表示事物或人发展变化的起点或来源。上面"从"下例句中的"从"都可以换用"由",不同的是,"由"更多地用于书面语。如:

昨晚,汽车在由北向南行驶途中,突然撞上了横在路当中的一棵大树。

这个经济开发区的面积由原来的 10 平方公里,一下子扩展到 110 平方公里。

人是由哺乳动物逐渐进化而来的。

## 自

"自"可表示时间、处所的起点。"自"书面语的意味很重,上面"从"下的例子都不能换用"自"。只有"从右向左"、"从西向东"中的"从",可以换用"自"。"自"常单独带"古"、"幼"作宾语,"从"和"由"则不能单独带这几个宾语。如:

他自幼练习书法,写得一手好字。

这里自古就是一个交通中心。

"自"还常跟"以来"一起用,表示从过去某个时点开始一直到说话时。如:

自改革开放以来,人民的生活水平有了很大的提高。

自学习汉语以来,我已经买了三本词典了。

## 自从

"自从"只表示时间的起点,常带动词短语。如:

自从认识了中国朋友,我的汉语水平提高得很快。

自从高速公路通车以来,去飞机场的时间大大缩短了。

自从有了电脑,我写文章就快多了。

## 五、方式依据介词

### 根据

表示动作是以某种事物或动作为前提或基础的,不是凭空产生的。有以下几个形式:

(1)"根据＋名词",用在主语前,有停顿。后面一般接表示推论、结论或动作结果的句子。如:

根据大家的意见,我们修改了这一计划。

根据法律规定,你应该交税。

我们根据平时掌握的情况,推荐他当代表。

(2)"根据＋动词",一般用在主语前,有停顿。后面一般接表示推论、结论的句子。如:

根据统计,今年的学生人数比去年增加了 20％。

根据我的观察和分析,今年将又是一个丰收年。

根据市气象站的监测,明天将有雨量大于 50 毫米的暴雨。

上述"根据＋名词/动词"结构可以作定语,也常出现在"是……的"结构中。如:

这是一篇根据口述整理的文章。

这本书是根据原著第一版翻译的。

生产这种新产品,是根据公司技术部门的意见办的。

报告是根据录音整理的。

### 凭

(1)表示完成、实现某动作所依据、依赖的事物或动作。有以下几个形式:

A. 凭＋名词,名词是证明某人可以实现某动作的凭证或依据。如:

凭护照买飞机票。

凭电影票入场。

名词多为表示身份的证明等,如"身份证、学生证、介绍信、会员卡"等。

B. 凭＋名词,名词是"经验、能力、技术、本领、本事、感觉、关系"等可以作为实现某个动作所借助的事物。如:

他总是凭(着)老经验办事情。

我是凭本事吃饭,不是凭关系。△

凭你的能力,完全能胜任这个工作。

他能办成这件事,还不是凭(着)你的一句话?

C. 凭＋动词、动词短语/主谓短语

"凭"后的动词或短语是实现某个动作的依据。如:

他凭(着)自己多年的努力,终于获得了成功。

凭吹牛可办不成事情。

(2) 表示主观判断、体验的依据。

A. 凭＋名词,名词多为人的感觉器官及其相关的事物。如:

凭脚步声我就知道是老张回来了。

要写出好作品,要凭耳朵听,凭眼睛看,凭自己的心灵去感受。

B. 凭＋动词、动词短语/主谓短语

光凭你嘴上说,我可不相信。

就凭你们的介绍,我们还不能作出判断。

**凭着**

他凭着高超的医术,把病人救活了。(可用"靠")

就凭着你的这点儿本事,还想挣大钱?(同上)

"凭着"一般不出现在"凭"下带△的表示对举的句子和(2)类用法中。"凭着"常带具体的工具性宾语或表示抽象的精神类宾语(如"精神、勇气、信念、道德"等)。如:

我凭着这张地图,终于找到了他的家。(可用"靠")

他凭着老师的一封推荐信找到了工作。(同上)

小王凭着顽强的意志克服了困难。(同上)

**"凭"与"靠"的辨析**

"靠"的介词用法跟"凭"很相近。除了"凭"的(1)A用法外,表示动作完成、实现的依据的"凭"(1)B、C都可以换用"靠"。表示主观判断、体验的依据意义的"凭"(2)很少用"靠"。"靠"可带的动词宾语比较多。下面带动词宾语的"靠"都不能换成"凭":

靠朋友的帮助,我找到了住房。

这个工厂是靠我们的援助建起来的。

我靠打工挣学费。

他靠自学学完了大学的全部课程。

"凭"常带代词宾语构成反问句,表示对代词所指人的能力、身份、资格看不起、不信任。下面的"凭"一般不能换作"靠"。

就凭你?你要是能把这事情解决了,我就不姓张!

就凭他?他有什么资格来管我?

**"根据"与靠、凭的辨析**

用介词"根据",常表示某个结论、观点是有客观依据的,是经过分析、判断、推理等理性思考得出的。"根据"所带的名词宾语一般是"决定、意见、意思、结果、规定、法律、计划、材料、情况、成绩"等比较抽象、概括的事物,或是带有区别性的"特点、特征、标志"等。这类名词所表示的都是独立于动作者之外的、可以作为推论的客观依据类事物。介词"凭"和"靠"都不能带"根据"常带的这些宾语。像"靠、凭"可以带的"自己的努力、能力、本事"这类表示动作者本身所具有的事物,是不能用"根据"的。

## 六、排除介词

**除、除了、除开、除去**

这类介词常用在主语前后引出表示排除的对象。如:

> 除了我,别人都去。

> 他除了会说英语,还会说汉语。

**除了……(以外)……**

"除了"是介词,常和"以外"(之外)连用,也可以不用,表示排除,放在表示所排除的词语之前。主要有两种用法:

(1)"除了"引进排除的对象,后续句补充其他,前后分句陈述的两项是并列或加合关系。后续句必须要有表示并列的"也"或表示添加的"还"与之呼应。如:

> 我除了学汉语以外,还学习英语。

> 除了北京以外,他还去过很多地方。

> 这件事除了王老师知道,我也知道。

注意:"也"和"还"所在句如果有主语,这两个副词都要放在主语的后面。"也"和"还"表示的意义不同,因此并不是可以随便换用的。如:

> 我在家除了做饭,还(也)洗衣服。(还:表示添加。也:表示并列)

> 这道题目除了老师给他讲过,我也(还)给他讲过,但他还是做错了。(同上)

> 这些书除了我们看,他们也(＊还)看。(表示并列)

> 她除了脸长得漂亮之外,身材也(＊还)好。(同上)

> 这孩子除了脑子慢之外,动作也(＊还)慢。(同上)

以上例句说明,"也"主要表示并列(主语并列或谓语并列),"还"不能表示主语并列,只能表示动作的添加,因而"还"的补充语气比"也"要重。

(2)"除了"引进排除的对象,后续句表示其他人或事物在动作或状态方面的情况。可以分为两类:

A. "除了"表示排除特殊,主语或话题所表示的人或事物一般是复数,强调总量在某方面一致,当句子本身"总括、无一例外"的语义不明显时,谓语前要有"都"或"全"与之共现。如:

> 除了篮球之外,别的运动我全不喜欢。

> 他除了数学作业没做以外,别的作业全都做完了。

> 除了小刘没来,别人都来了。

当句子本身含有总括全部、无一例外的语义时,"都"(或"全")可不出现。如:

> 这个电影除了女主角演得不错之外,别的演员一个比一个差。

> 他休息天除了睡觉,就无事可干。

> 除了星期四以外,我天天有课。

B. "除了"排除次要方面,后续句强调主要方面。主语如果不是复数,不用"都"。如:

除了颜色差一点儿之外,这条裙子的式样还真不错。

我除了有点儿想家以外,生活没有问题。

"除了"有时可以放在后面。如:

他的脾气还是挺好的,除了有人欺负他之外。

## 七、原因目的介词

**由、由于**

"由"常引进表示原因的名词及其短语。当"由"引进的是动词短语或主谓短语时,前后动词之间常用"而"。一般只能出现在单句中,多用于书面语。如:

这种病是由病毒引起的。

两人由语言不通而产生了误会。(也可用"由于",下几例同[①])

"由"字短语可以作定语。如:

这是由电线老化而引起的火灾。

这些都是由粗心而造成的错误。

"由于"常用于因果复句前一分句的句首,表示原因。"由"不能这么用。如:

由于你的帮助,我们顺利完成了任务。

由于雪下得太大,汽车开得很慢。

由于他没有看机器的使用说明书,机器在使用中出现了故障。

注意:"由"和"由于"引进的原因,大多都是比较客观的。

**为、为了**

(1)表示原因。如:

都是为送你我才起得这么早的。

大家都为失去这样一位伟人而感到十分悲痛。(不能用"为了")

他为了这件事正在发愁呢。

(2)表示目的。如:

为了提高汉语水平,他到中国来留学了。

为了解决受灾群众的生活困难,他们送去了很多生活用品。

为找到更好的工作,她决定去考研究生。

(3)引进服务的对象。不能用"为了"。如:

他为客人安排了房间。

谢谢你为我搜集了这么多资料。

我想为孩子画一张画。

(4)引进心理动作关涉的对象。不能用"为了"。如:

---

① 卢福波(2000)认为:"'由'和'由于'都可以表示原因,但是大多数情况下并不通用。"但是她所列举与"由于"不能互换的"由"例子,大部分不是表示原因的。如:

琥珀是由远古时代的松胶变成的。(表示来源、起点)

大会代表由民主协商,选举产生。(表示方式)

由他负责这项工作。(表示施事)

另一例有歧义:由感冒引起发烧。这一句可以看成来源、起点,也可以看成是原因。似乎前者的意义更重些。如果明确表示原因,最好改成:这是由感冒引起的发烧。(句中的"由"就可换成"由于")

　　　用不着为小张担心,他很能干。

　　　我们大家都为你感到自豪。

**替**

(1) 引进替代的对象。如:

　　　你回家吧,剩下的事情我替你做。

　　　他替小刘值班。

　　　小王的脚受伤了,你替他上场比赛吧。

(2) 引进服务的对象。与"为"和"给"相比较,用于临时性动作的多一些。如:

　　　你能替我照顾一下孩子吗?

　　　他没有时间,我替他把房间打扫了一下。

(3) 引进心理动作关涉的对象。如:

　　　妈妈总替别人操心,太累了。

　　　你这么没有礼貌,我都替你感到丢人。

# 第四节　学生在介词方面常见的偏误

## 一、施事介词方面的偏误

误用

　　　＊这只小狗让它妈妈放弃了,怪可怜的。

　　　改:这只小狗被它妈妈抛弃了,怪可怜的。

## 二、受事介词方面的偏误

1. 误用

　　　＊我给他提了不少意见,他反过来把我提了意见。

　　　改:我给他提了不少意见,他反过来也给我提了意见。

　　　＊他叹了一口气,把无可奈何的眼光向我。

　　　改:他叹了一口气,用无可奈何的眼光看着我。

2. 杂糅

　　　＊这件事对我真难住了。

　　　改:这件事真把我难住了。

注:施事介词"被"和受事介词"把"的偏误还有很多,凡是不属于介词之间混用的偏误详见第四编第二章第十二、三节。

## 三、对象介词方面的偏误

1. 缺漏

(1) 缺少介词

　　　＊我应该很多人说话。

　　　改:我应该跟很多人说话。

　　　＊她做的衣服不满意。

改：她对做的衣服不满意。

＊如果吃的过多的药,身体有副作用。

改：如果药吃得太多,对身体有副作用。

（2）缺少介词及其介词宾语

＊这是秘密,不要轻易讲。

改：这是秘密,不要轻易对人讲。

＊毒瘾的影响很厉害,一旦上瘾了,以后再不容易戒除。

改：毒品对人的影响很大。一旦上了瘾,就不容易戒掉。

（3）缺少其他成分

＊我喜欢看关于历史书。

改：我喜欢看关于历史方面的书。

＊关于怎样提高汉语水平,我问过向老师。

改：关于怎样提高汉语水平的问题,我问过老师。

＊有的词用得不适当,不够准确,需要别的近义词来表达。这对我就困难了。

改：有的词用得不恰当,不够准确,需要别的近义词来表达。这对我来说就比较困难了。

2. 误加

（1）应为双宾语句却误加表示对象的介词

＊他教给我们中国政治经济论。

改：他教我们中国政治经济论。

＊然后我对中国人问一问"这样说可不可以,用法有没有错误"等。

改：然后我问中国人,"这样说可不可以,用法有没有错误"等。

＊有的时候,我向吸烟者问"什么时候开始抽烟?"

改：有的时候,我问吸烟者:"你什么时候开始抽烟的?"

（2）应该用动宾结构却用"介词短语＋动词"结构

＊父亲对我殴打了。

改：父亲打我了。

＊他对人家拒绝的方式不好。

改：他这样拒绝人家很不好。

＊但我妈妈鼓励对我说:"千万不要放弃。"

改：我妈妈鼓励我说:"千万不要放弃。"

＊对黄山,这座山的确有点儿像日本的山。

改：黄山这座山的确有点儿像日本的山。

＊经理对他要求算账得更清楚。

改：经理要求他账要算得更清楚一些。

分析：可以说"对某人要求很严"、"对某人提出了严格的要求",但要求某人如何做时,不能用"对"。

＊她不喜欢吃油腻多的菜,反过来对别人劝说这样的菜。

改：她不喜欢吃油腻的菜,反过来却劝别人吃这样的菜。

说明：这个偏误可能受"对别人说"的干扰。

﹡如果你在吃饭时突然抽烟的话,他们对你觉得没有礼貌的人。

改:如果你在吃饭时突然抽烟的话,他们会觉得你是个没有礼貌的人。

说明:这个偏误可能受到了"这样做,是对人没有礼貌的表现"句子的干扰。

﹡如果总是模仿别人的话,对自己没有进步。

改:如果总是模仿别人的话,自己就不会进步。

说明:这个偏误可能受到了"对自己没有好处"的干扰。

﹡我的朋友告诉我这个不幸的消息,一听到就对他表示震惊。

改:当朋友告诉我这个不幸的消息的时候,我感到非常震惊。

分析:这个偏误可能受到了"对此表示震惊"用法的干扰。

(3) 应该用兼语句而误用"对"

﹡一个好的句子对人们有受到新的希望作用。

改:一个好的句子能使人们产生新的希望。

3. 误用

(1) 与其他介词用法混淆

﹡江泽民向国际友人的访问中国表示祝贺。

改:江泽民对国际友人访问中国表示感谢。

分析:"向"后面只能带表示人或由人组成的机构或单位的词语充当的宾语,不能像"对"那样可以带表示事物的名词宾语。

﹡他昨天才给大家宣布结婚。

改:他昨天才向大家宣布要结婚了。

﹡他对这么小事情生气了,我觉得莫名其妙。

改:他为这么小的事情生气了,我觉得莫名其妙。

﹡我们忘了时间在河里向别人泼水玩。

改:我们在河里朝别人身上泼水玩。玩得忘了时间。

﹡他关于这个方面有学问。

改:他在这个方面很有学问。

﹡我十几岁就离开家了,从此以后,给妈妈没联系。

改:我十几岁就离开家了,从此以后,跟妈妈就失去了联系。

﹡现在他的心情特别不好,不要轻易向他搭话。

改:现在他的心情特别不好,不要轻易跟他说话。

﹡对中国人会话非常困难。

改:我和中国人谈话非常困难。

﹡我对他怎么辩论,但他一点儿也不服。

改:我怎么跟他辩论,他都不服。

分析:"联系、搭话、谈话、辩论"都是双向动词,动作的对象应该用"跟"或"和",不能用"给"、"向"、"对"等。

﹡我介绍给你我的生活。

改:我向你介绍一下我的生活。

分析:"介绍给"只能用于"他把小王介绍给我",所介绍的一般是人。

﹡今天玛丽打电话给我问候。

改:今天玛丽打电话向我问候。

　*最好你给他直接说认错。

改:最好你向他直接认错。

分析:当动词是"问候"、"问好"、"道歉"、"认错"等比较正式的表示交际的动词时,一般要用"向"引进动作的对象。

　*可是他向别的顾客态度也跟向我的一样。

改:可是他对别的顾客态度也跟对我的一样。

　*我关于来中国没有后悔。

改:对于来中国我从来没有后悔过。

(2) 该用兼语句而误用介词

　*我们的同学给我们请客。

改:我们的同学请我们吃饭。

　*我给爸爸妈妈安心。

改:我叫爸爸妈妈放心。

(3) 与其他框式介词结构的用法相混

　*对我来说,男人都是孩子。

　改:在我看来,男人都像孩子一样,需要别人的照顾。

分析:"对……来说"一般是不能用来表示主观看法的。要表示这种意义时,应该用"在……看来"。

　*就滴酒不沾的人而言,敬酒简直是活受罪。

改:对滴酒不沾的人来说,给他敬酒简直是活受罪。

分析:"就……而言(来说)"中的"就"后一般带表示事物的名词,用于限制说明的范围,不能像"对……来说"的"对"那样带表示人的宾语。 如:

　我们目前的大学教育,就大部分而言,还是依靠课堂教育。

　就中国的范围来说,目前不同地区的经济发展还是很不平衡的。

(4) 与动词的用法相混淆

　*他对任何困难不会挫折。

改:他面对任何困难都不会屈服。

　*老师对我们来说,上课的时千万不要睡觉。

改:老师对我们说:"上课时不要睡觉。"

分析:这个偏误是把"对我们来说"误解为"对我们说"了。

(5) "对……来说"的后续句有误

　*对我来说,日本人很喜欢旅行。

改:对日本人来说,旅行是最受欢迎的活动之一。

分析:"对……来说"的后续句应该是接着说明"对"后宾语的情况,不能改换对象。

　*以前听过"汉宫秋月"的人来说,当时知道像我一样没有女朋友的人感情是如何。

改:听过"汉宫秋月"的人应该知道像我这样没有女朋友的人的感受是怎样的。

4. 错序

(1) 助动词与介词短语的位置有误

　*你们要对这个问题考虑一下。

改₁:对这个问题,你们要好好考虑一下。/改₂:你们对这个问题要好好考虑一下。

(2) 否定词与介词短语的位置有误

＊玛丽给朱丽叶没买生日礼物。

改:玛丽没给朱丽叶买生日礼物。

＊中国的服装给我留下了没有特别的印象。

改:中国的服装没有给我留下什么特别的印象。

(3) 介词短语的位置有误

＊他在苏州住跟一个韩国朋友。

改:他在苏州跟一个韩国朋友一起住。

分析:"跟"介词短语应该放在谓语动词前。

＊三年前,我和他因为一点儿小事争吵了,以后一直跟他没有联系。

改:三年前,我和他因为一点儿小事发生了争吵,以后一直没再跟他联系。

分析:当"跟"介词短语句所在句中还有表示时间或否定的副词等成分时,它们放在"跟"介词短语的前边还是后边,意义和使用的语境是不一样的。如:

我一直跟他没有联系。(表示"没有联系"是一贯的,"联系"从未曾有过)

从那以后,我一直没再跟他联系。(表示以前曾经有过联系,后来发生了变化、中断了联系,这个情况一直持续到说话时)

＊他始终对自己的工作认真地做下去的。

改:对自己的工作,他始终会认真地做下去的。

＊我打了电话给我妈妈很多次。

改:我给我妈妈打了很多次电话。

＊我丈夫对我常常说"入乡随俗"。

改:我丈夫常常对我说"入乡随俗"。

＊这个方法起作用对我们学习。

改:这个方法对我们的学习能起很大的作用。

＊我也回国之后,就要找工作,意味着向独立走上社会。

改:我回国之后,也要马上找工作,这意味着独立走向社会。

＊我很想了解关于中国茶道。

改₁:关于中国茶道,我很想多了解一些。/改₂:我很想了解中国的茶道。

5. 杂糅

＊他给爸爸敢说假。

改:他敢跟爸爸说假话。("跟"也可以换成"对")

＊你有意见尽管说,我们会反映你的。

改:你有意见尽管说,我们会给你反映的。

＊我很感兴趣学习汉语。

改:我对学习汉语很感兴趣。

＊他不满意学校有一点。

改₁:他对学校不满意的只有一点。/改₂:他对学校有点儿不满意。

＊这些是我对中国忘不了的回忆。

改:这些对中国的回忆我永远忘不了。

＊我学习汉语以前,没有关心中国语的歌,后来我只听中国语歌。

改:我学习汉语以前,对汉语歌并不感兴趣,学习了汉语之后,我只听汉语歌。

＊他们能做到的事,对我难道的事情吗?

改:他们能做到的事,难道我就做不到吗?

＊我生气看他的态度,我诉委屈老师。

改:我对他的态度感到生气,我跟老师诉苦。

＊对搬教室的心情来说,我不太喜欢这儿的气氛。

改:我们新搬了教室,但是我不太喜欢这儿的气氛。

## 四、时空介词方面的偏误

1. 缺漏

(1) 框式介词结构中缺少介词

＊孩子的教育中,是非分明是最重要。

改:在对孩子的教育中,明辨是非是最重要的。

＊韩国婚礼上,贺客对新郎和新娘的家给着叫"结婚祝贺金"的钱。

改:在韩国婚礼上,贺客要给新郎和新娘的家人称之为"结婚祝贺金"的钱。

(2) 框式介词结构缺少呼应语

＊韩国从古时,和东洋内的国家沟通了文化交流。

改:韩国从古时候起,就和东洋各国开始了文化交流。

＊大理的三塔天气晴的时候能在湖水反射出来。(崔希亮文例,下简称崔)

改:大理的三塔天气晴的时候在湖中能看到它的倒影。

＊其实退休金是从年轻人的工资扣来的。(崔)

改:其实退休金都是从年轻时的工资中扣下来的。

＊突然我听见了轰隆声,就觉得我从船飞出去。(崔)

改:突然我听见了轰隆声,就觉得我要从船上飞出去了。

汉语中的介词常以框式结构的形式出现,如偏误改正中的"从……起"、"从……上"、"从……中"、"在……中"等表达时间、空间、方位的介词结构。学生们在使用这类结构时,往往只用前面的介词而遗漏后面的词语。

2. 误加

＊大邱在釜山往北边,坐火车大概要一个小时半。

改₁:大邱在釜山的北边,坐火车大概要一个半小时。

改₂:大邱在釜山还要往北,坐火车大概要一个半小时。

＊在教室里越来越少学生。

改:教室里学生越来越少。

＊在北京城里情况很热闹。(崔)

改:北京城里很热闹。

＊在客厅旁边有厨房。(崔)

改:客厅旁边是厨房。

分析:当句子是表示存现的状态或本身是表示状态的句子,处于句首的处所词前一般不要用"在"(参见上"在"字条下(1)D)。当这类表示存现意义的短语作定语时,也不宜带

"在"。如下面的两例偏误:

  ＊昨天和今天在教室没有多学生来。

  改:昨天和今天教室里来上课的学生很少。

  ＊在炉子里的木头很香。(崔)

  改:炉子里的木头发出阵阵香味。

3. 误用

  ＊从这次开始,我突然发现自己对中国人的看法有了很大改变。

  改:经历了这件事情之后,我突然发现自己对中国人的看法有了很大改变。

  ＊和比自己年龄大的人在一起吃饭时,不能随时抽烟,也不能从自己给他们香烟。

  改:和比自己年龄大的人一起吃饭时,不能随便抽烟,也不能主动地给他们香烟。

  ＊他们骑车沿着小路往商店买东西了。

  改:他们骑车沿着小路去商店买东西了。

4. 错序

(1) 介词与宾语的位置有误

  ＊电影都结束了,人们在外往走。

  改:电影都结束了,人们在往外走。

(2) 介词短语位置有误

  ＊圣诞老人会给孩子们送礼物来在圣诞节的半夜。

  改:圣诞老人会在圣诞节的半夜给孩子们送礼物来。

  ＊我们在英国主要是过圣诞节。

  改:在英国,人们主要过圣诞节。

5. 杂糅

  ＊吃饭以后我们去卡拉 OK,这是我第一次在苏州去卡拉 OK。

  改:吃完饭以后我们去了卡拉 OK,这是我到苏州后第一次去卡拉 OK。

  ＊在这儿有外国人很多。

  改:这儿有很多外国人。

  ＊最近每天在中国在电视,网都很多世界杯的报道。

  改:最近在中国的电视和网上,每天都有很多关于世界杯的报道。

  ＊我害怕骑自行车去路上。

  改:我害怕在路上骑自行车。

## 五、方式依据介词方面的偏误

1. 误用

(1) 与其他介词的用法混淆

  ＊你不应该凭不公平的看法判断事物。

  改:你不应该只根据自己的主观看法判断事物。

  ＊我凭着他熟悉东方明珠的情况,就知道他来过中国。

  改:我根据他这么熟悉东方明珠的情况,就猜想他来过中国。

(2) 与其他动词用法相混淆

  ＊我觉得趁着父母的工作,找工作也可以。

改:我觉得工作如果是继承父母的事业也可以。

2. 杂糅

　　＊对我来说,全部我凭看词典学习。

　　改:我常靠查词典学习汉语。

## 六、排除介词方面的偏误

1. 误用

　　＊你吐出的烟雾,危害除了我,甚至儿子的健康。

　　改:你吐出的烟雾,不仅危害我的健康,还危害儿子的健康。

2. 错序

　　＊他除了歌唱得好,还舞跳得不错。

　　改:他除了歌唱得好,舞也跳得不错。

　　＊除了这篇文章生词不多以外,句子也比较简单,我们都能看懂。

　　改:这篇文章除了生词不多以外,句子也比较简单,我们都能看懂。

3. 杂糅

　　＊这本书除了没有苏州图书馆以外,还没有别的地方,只有北京图书馆有。

　　改₁:这本书不仅苏州图书馆没有,别的地方也没有,只有北京图书馆有。

　　改₂:这本书除了北京图书馆之外,别的地方的图书馆都没有。

## 七、原因、目的介词方面的偏误

误用

（1）与其他介词用法混淆

　　＊日本有句俗语"爱子要让他经风雨,见世面",培养孩子要有远见,要为他们负责。

　　改:日本有句俗语:"爱子要让他经风雨,见世面。"培养孩子要有远见,要对他们负责。

　　＊我为中国的生活、天气、学汉语都很担心。

　　改:我对在中国的生活、气候、学汉语等方面都很担心。

　　＊他不但很认真工作并且为了穷人服务。

　　改:他不但工作认真,而且为穷人服务。

（2）与连词用法相混

　　＊为了工作忙,他常常忘了吃饭。

　　改:因为工作忙,他常常忘了吃饭。

　　＊为了这样可以锻炼身体,他经常去游泳。

　　改:因为可以锻炼身体,他经常去游泳。

　　分析:这类偏误在日本和韩国学生中比较常见。汉语的"为了"和"因为",在他们的母语中是用一个词翻译的。

（3）与表示动作目的的连动句用法相混

　　＊货一运到目的地,就可以又用卡车为了发行货物。

　　改:货一运到目的地,就可以用卡车来发送货物。

# 第五节　教学建议

从第四节的偏误看,近义介词用法的混淆占了相当大的比重,因此在介词教学方面应该注意以下几点:

1. 汉语的不少介词都有很多意义和用法。在初学时,最好先教其独有的或基本的用法。在某个介词的多种用法都学完了之后,再给学生归纳整理一下,一方面说明很多意义是如何从基本意义引申出来的,另一方面还应突出其独有的用法,以强调其特性。如"对"的表示"对待"的用法;"向"的用于非面对面、施事与受事有地位差的信息传达;"跟"引进双向动词的对象的用法;"给"表示"施予"的用法等等。突出强调某个介词独特的用法,对减少学生介词用法的混淆是会有帮助的。

2. 对在用法上有交叉的几个介词,应该在中级阶段反复加以辨析。辨析时不要"倾盆大雨",要充分考虑到学生的接受能力,分小类逐步地教给学生。

3. 应尽量避免用"相当于"这样的话,用已学的介词来解释新学介词。因为这样的释义很容易产生误导。比如,有些教材或词典在解释"冲"的意义时,用"相当于'向'、'对'、'朝'"来说明。于是,学生就产生了下面的偏误:

　　＊我迷路了,冲着东方走过去就到人民路。

　　改:我迷路了,朝东走了一段就到了人民路。

　　＊你不喜欢他吗,为什么不冲他问好。

　　改:你不是喜欢他吗,为什么不向他问好。

　　＊我冲他的爱情很重,所以可能他觉得麻烦。

　　改:我对他爱得很深,但可能他会觉得很麻烦。

"冲"确实有与"向"、"对"、"朝"这三个介词用法相似的地方,但是还是有一定的区别的。"冲"的形容词意义有(对对方的态度)"十分厉害"之意义。因此,在作介词引进动作对象时,有时带有"矛头直指"的含义,如"你干吗冲我发脾气啊"、"有意见冲我来好了"这两句的"冲"就比"对"语气要强,而且后一句不能换成"对"。

当表示方向时,"冲"也带有"直对着(对象)"(移动)的含义,如"汽车冲着我们开过来,我们吓得赶紧躲开了"。"冲"后是移动动词时,所引进宾语一般是表示人或事物的名词或代词,而不能是方位词。所以第一个偏误只能改用可以引进方位词的"朝"。在引进言语传达和交际动作的对象方面,"冲"可以像"对"、"向"那样引进"喊、叫、说、点头、微笑、招手、挤眼、撇嘴"等动作的对象,但不能引进"问好、问候、表示感谢(歉意)、道歉"等较正式的交际性动词的对象,因此第二个偏误只能改用"向"。"冲"没有"对"的"对待"义,因此第三个偏误只能用"对"。由此可知,对于近义介词,重点应说明其不同点,而不是相同点。

4. 介词一般跟两个成分有着密切的语义、语法和语用关系。一是其后的宾语,二是与介词短语相关的动词。所以,在对近义介词进行辨析时,一般应从这两方面入手。有些用法非常相似的,还可以从所在句结构的复杂与简单等方面入手。

## 参考文献

Otto Jespersen《语法哲学》(何勇等译),徐州师范学院印,1985年。

储泽祥(1996)"在"的涵盖义与句首处所前"在"的隐现,《汉语学习》第4期。

崔希亮(2003)欧美学生汉语介词习得的特点及偏误分析,世界华语文教育学会编《第七届世界华语文教学研讨会论文集》第三册。

傅雨贤、周小兵、李 炜、范干良、江志如(1997)《现代汉语介词研究》,中山大学出版社。

古川裕(2000)"跟"字的语义指向及其认识解释——起点指向和终点指向之间的认知转换,《语言教学与研究》第3期。

何 薇(2004)汉语常用对象类介词的分析与教学,苏州大学文学院硕士研究生学位论文。

李临定(1986)《现代汉语句型》,商务印书馆。

李临定(1990)《现代汉语动词》,中国社会科学出版社。

李琳莹(1999)介词"对"的意义和用法考察,《天津师大学报》第4期。

李英哲(2003)从认知的视角看华语语汇和语法教学,世界华语文教育学会编《第七届世界华语文教学研讨会论文集》第一册。

林齐倩(2003)介引处所的介词"在"的隐现,〔日本〕《中国文化论丛》第12号。

刘丹青(2000)汉语相互性实词的配价及其教学,沈阳主编《配价理论与汉语语法研究》,语文出版社。

刘月华(1989)《汉语语法论集》,现代出版社。

卢福波(2000)《对外汉语常用词语对比例释》,北京语言文化大学出版社。

陆庆和(2004)引进动作对象的介词"对"与"向"分析,〔日本〕《中国语研究》第46号。

陆庆和(2006)"接受"和"施予"——也谈被动句的不同类别,《语言教学与研究》第1期。

吕叔湘主编(1999)《现代汉语八百词》(增订本),商务印书馆。

吕文华(1997)试论句首短语"在/ø+处所",《语法研究和探索》(八),商务印书馆。

孟庆海(1987)动+处所宾语,《句型和动词》,语文出版社。

沈家煊(1995)"有界"与"无界",《中国语文》第5期。

徐 丹(1990)评介《介词问题及汉语的解决办法》,《中国语文》第6期。

张 斌(2001)《现代汉语虚词词典》,商务印书馆。

赵葵欣(2000)留学生学习和使用汉语介词的调查,《世界汉语教学》第2期。

周小兵(1997)介词的语法性质和介词研究的系统方法,《中山大学学报》(社会科学版)第3期。

朱德熙(1999)《朱德熙文集》(第一、二卷),商务印书馆。

# 第九章　连　词

## 第一节　连词的语法特征和分类

### 一、连词的语法特征

1. 连词没有实在的词汇意义,只表示一定的语法意义。
2. 连词不能单独回答问题,不能充当句子成分。
3. 连词的主要功用是连接词、短语和句子。

### 二、连词的分类

连词按照它们经常连接的成分,可以分为两大类:

1. 连接词或短语的连词:

　　和、跟、或者、或、还是、而

2. 连接分句或句子的连词:

　　虽然、但是、可是、不过、如果、要是、因为、所以

　　一边、一面、或者、然后、还是、那、那么

　　既、接着、结果、不但、不仅、而且、而、既然

　　因此、由于、尽管、无论、不管、即使、哪怕、只有、只要

　　于是、从而

## 第二节　常用连词的功用

**和**

"和"一般连接词和短语,表示并列关系。

(1) 连接名词和代词。如:

　　我和他一起去看电影。

　　医生让我多吃蔬菜和水果。

　　我对中国的印象是从书本和电影上来的。

如果并列的词语是两个以上的,"和"要放在最后的两个词语之间。如:

　　他小学、中学和大学都是在北京上的。

(2) 连接形容词和形容词短语,充当非谓语成分(主语、宾语或定语)。如:

　　刻苦和认真是他的最大的优点。

　　这个工作需要耐心和细致。

　　她抑制不住兴奋和激动,哭了起来。

这个旅馆热情和周到的服务得到了顾客的好评。

（3）连接动词和动词短语,充当非谓语成分(主语、宾语或定语)。如：

经过商量和挑选,他们最后买下了这所房子。

这些获奖者是通过推荐、选拔和专家评议产生的。

在大家的支持和帮助下,我们终于完成了这项艰巨的任务。

我的成功离不开大家的鼓励和支持。

这个学校的报到和开学在同一天。

注意:"和"一般不能连接没有共同相关成分的、充当谓语的形容词、形容词短语、动词和动词短语,更不能连接主谓短语和介词短语。下面是学生的偏误(另见第三节偏误)：

＊中午,我吃饭和喝茶。

＊她聪明和漂亮。

＊他英语很好和汉语也很好。

＊我去打工,为交学费和为买衣服。

"和"可以连接的充当谓语的形容词、形容词短语、动词或动词短语,一般都是有共同的相关成分的。主要有以下几种：

A. 连接的谓语动词带共同的宾语。如：

宪法规定,国家尊重和保障人权。

为了战胜竞争对手,他们派人到处打听和搜集对手的各种情报。

B. 连接的谓语动词带共同的补语以及宾语。如：

这个计划酝酿和产生于 2000 年。

那座寺庙设计和兴建于 500 年前。

这次大型的活动将推荐和评选出 10 名最佳运动员。

C. 连接的谓语动词或形容词是说明同一主语的状态的或动作方式的,前面要有共同的状语。如：

她虽然不像你那么年轻、漂亮,但是十分能干和自信。

在很多人的眼里,当明星总是很风光和让人羡慕的。

我想知道,这些文物是如何收集和保存的。

**或者、或**

"或者"、"或"是表示选择关系的连词。用于陈述句。如：

（1）连接词或短语。如：

每次开学式,校长或者院长总要讲话。

他想吃包子或者饺子。

工作中总会有这样或那样的问题出现的。

在这里,你可以站着或者坐着喝咖啡,很随便的。

太热或者太冷都容易生病。

（2）连接分句或句子。如：

他去,或者你去,总之得有个人去那里看看。

电话打不通,大概是你记错了,或者是他的电话号码变了。

来这里的人,或者是来看热闹的,或者是来打听消息的。

**还是**

"还是"是表示选择关系的连词。可以连接词、短语或句子,用于疑问句。如:

你要红茶还是绿茶?

怎么哭了? 你是高兴呢还是伤心呢?

你觉得我去好还是让他来好?

他究竟是同意呢还是不同意?

**"或者"与"还是"的辨析**

1. "或者"用于陈述句中的选择,表示二者必择其一。"还是"用于疑问句中的选择,因此意义带有不确定性。

2. "还是"所连接的并列短语或小句可以在比较复杂的陈述句中充当主语或宾语。如:

我不知道这事该找张院长还是李院长。("还是"连接的并列短语作宾语)

他是学生还是老师并不重要。("还是"连接的并列短语作主语)

是你说得对,还是我说得对,事实会最后证明的。("还是"连接的小句作句子的话题主语)

上面例中"还是"所连接的并列短语或小句虽然是在陈述句中,仍然带有不确定的意义,因此不能换成"或者"。

**而**

连词"而"可以连接形容词、形容词短语、动词和动词短语以及句子。从连接的前后两部分词语或句子的关系看,主要有三种。

(1) 表示并列关系

整个会谈是在轻松而愉快的气氛中进行的。

这位作家的小说常常写一些真实而可爱的人。

他因为工作紧张而缺乏运动,有点儿发胖了。

(2) 表示转折关系

A. 连接词或短语

这个菜油而不腻,很受大家的欢迎。

他是那种敢想而不敢干的人。

在很多人看来,登上月球是可望而不可即的事。

B. 连接分句

看到同学都在场上比赛,而我却只能坐在下面看,心里真的不好受。

这里是冰天雪地,而我的家乡现在却是春暖花开的季节。

这个冷水湖现在已经成为我国最大的冷水鱼产地,而历史上这个湖里没有任何鱼类生存。

注意:"而"所连接的,大多是表示状态的、前后具有对比意义的分句,这是跟一般表示叙述动作变化的转折复句不同的地方(参见下"虽然、尽管"条)。

有的看起来是表示承接关系,实际上是这种转折关系的变形。如:

青出于蓝而胜于蓝,学生超过老师,这是常有的事。

按照一般常规,往往是"青出于蓝"应该等于或弱于"蓝","胜于"则带有对比转折意义。再如,在讲到某个事物的两个不同方面相互作用时,也用"而"。如:

现在人们越来越知道保护环境的重要,而环境保护工作的开展也给人们的工作和生活带来了很多好处。

(3) 连接状语和谓语

A. 状语表示动作的处所或方式。如：

今天上午,有十几只漂亮的天鹅从天而降。

一天,他正在家里看电视,突然有几个陌生人破门而入。

现在很多人家里的电器正在被新产品取而代之。

平心而论,老张的工作是很认真的。

现在旅游已经成了很多人的爱好,随之而来的就是旅游产业的迅速发展。

B. 状语表示动作原因或目的。如：

那个飞行员因飞机失事而身亡。

他因连续获奖而闻名全国。

大哥最近正在为工作而苦恼。

同学们为取得的胜利而兴奋不已。

他在为失学的孩子而四处奔走。

注意：这第(3)种用法一般用于书面语。B类"为……而"、"因……而"一般只出现在单句形式中。

**而且**

连词"而且"连接的是表示递进的复句。如：

小刘工作很认真,而且十分细致。

爸爸喜欢处理难的事情,而且越难他越觉得有意思。

为了发展当地经济,政府的工作效率要提高,而且必须得提高。

**并、并且**

连词"并"是表示递进关系的连词。可以连接动词、动词短语和分句。从动作的程度和结果性上看,"并"后面的动作都是超过前面的动作的。主要有以下两种形式：

(1) 连接动词和动词短语,表示一个动作之外,另外一个进一步的动作接着发生。如：

同学们积极支持并参加了这个活动。

他对这个问题进行了深入的研究并找到了答案。

(2) 连接句子。如：

市长主持了今天的大会,并发表了重要的讲话。

他帮我拿行李,并帮我找到了一家旅馆。

老吴为学校的礼堂搞了个设计,并把它做成了模型。

老师开始注意我,并跟我谈了一次话。

"并且"义同"并",多用于连接动词短语和分句,也可连接带共同成分的动词。如：

他参加了学校的演讲比赛,并且得了一等奖。

她是个聪明的姑娘,并且懂得关心人。

我们希望并且相信你们能把这项工作做好。

**于是**

连词"于是"连接的是承接复句,又有称之为"连贯句式"的(吕叔湘,1944；黄伯荣 1983；胡裕树,1995)。但是需要指出的是,"于是"连接的复句不是以时间前后为连接点的(和"然后"不同),而是以事理发展为连接点的(陆庆和,2000)。从复句的前后逻辑语义关系看,"于是"所引领的结果句有以下几种：

（1）应接性结果句

"于是"所连接的后一分句表示的是应接性结果，往往是施事由前一句表示的想法、感觉、动作或事情引起的反应，主动采取的进一步的行动。如：

他打算换个工作。于是到处打听什么地方招人。

她在台上跳着跳着，突然把旁边的人推倒了，于是全场人一齐哄笑起来。

"于是"后也可以是针对前面的情况采取的对策，这属于另一种"应接"。如：

孩子喊冷，于是我把空调打开了。

我们发现那个人很可能是罪犯。于是，就派便衣警察盯着他。

这类结果句中否定句很少。即使有也往往是对别人某个行动的反应。如：

父亲刚出事的时候，母亲哭得很厉害，很多人劝她要冷静地想想该怎么办，于是她就不哭了。（对对方劝阻的反应）

上面这类表示应接结果的"于是"句主要语法特点是：谓语动词多为自主动词；动作一般是已经完成的。"于是"不能表示未然的动作。下面是学生的偏误：

＊听说北京烤鸭很好吃，于是我去北京的话一定要吃。

改₁：听说北京烤鸭很好吃，因此我去北京的话一定要去尝尝。

改₂：听说北京烤鸭很好吃，于是我决定去北京时一定要吃一次。

从改正的例子看，"于是"后用了"决定"，句子就可以成立。

（2）阶段性结果句

"于是"所连接的后一分句表示的是阶段性结果，即前一句动作完成后才开始后一动作。或前一阶段动作完成后，随即开始了新的阶段。后一阶段的开始是以前一阶段的完成为起点的。如：

"代表回来了。"于是整个广场马上变得非常肃静了。

突然听到队长一声大吼："下来晚的都到这边来！"于是下面的场面开始了……

公司在那次投资中失败了，于是倒霉的事情便接连地来了。

孩子在世界比赛中拿了冠军，于是，夫妻俩立即打电话告诉孩子的爷爷、奶奶。

这类表示阶段性结果的"于是"句的主要特点是：谓语动词可以是自主动词或非自主动词。非自主动词多带变化意义，所表示的一般是已成的状态或动作结果的持续。

（3）条件性后果句

"于是"前一分句往往是造成其后结果的条件。这种条件也可看成是结果的成因。"于是"连接的后一分句是表示在前面条件的影响或限制下，出现了什么结果。这类句子表面上似乎与一般因果句没有什么区别。说明"于是"连接的复句前后有"因果关系"的，主要是以这类用法为根据的。如：

小丽的家离他家不远，他也没什么事，于是就三天两头地往小丽家跑。

她不知哥哥什么时间才能回来，没时间等他，于是便失望地回家了。

末班车开走了，出租车又等不来。于是，我们无可奈何地走回了宿舍。

姥姥很寂寞，我又正好放暑假，于是我就留在上海陪她。

这类条件性结果的"于是"句的主要特点是：谓语动词表示的一般是已完成的动作或是已成结果状态的持续。句子的谓语若是自主动词的话，"于是"前一分句大多是某种已成为事实的条件，有的是对后一动作有利的条件，有的是不利条件——致使后一动作不得不作出某种选择。这种"条件使然"的逻辑关系,使"于是"后的动作具有"顺理成章"或"别无选择"的特性。在这类结果句中,谓语是非自主动词的不多见,其结果也是受前一分句情况的限制、影响而造成的。如:

　　他性格开朗,热情,我跟他很谈得来,于是我们很快成了朋友。

这第(3)类条件性结果句中的"于是"往往可以换成"因此"。用"于是"连接的复句与一般因果复句的区别主要在于说话者的主观视点不同:一般因果句说话者的视点集中在"前因",它回答的是"为什么会有这一结果",因而用于解释和说明。而"于是"连接的"条件性结果"句则着眼于"后果"。它回答的是"后来出现了什么样的结果"。比起一般因果句来,它更具有"动态的发展、变化"的特性,因而常用于叙述。①

### 从而

连词"从而"一般用于递进复句,连接两个或两个以上的动词谓语句或者后接"使"类兼语句,表示由前一分句情况的发展进而导致的结果或进一步的行动。一般出现在论说文(政论文、学术论文或说明文)中。②

"从而"连接的复句与"不但……而且"、"不仅……而且……"、"不仅……还……"等递进复句的不同:

1."不但……而且……"类递进复句,实际上表示的是事物在数量上、范围上的递增或动作程度上的递增:

(1)同类事物项目的递增:他不但会说汉语,还会说英语。

(2)相似事态项目的递增:不但产量增加了,人的精神面貌也改变了。(《现代汉语八百词》)

(3)同一动作程度的递增:水库不但要修,而且一定要修好。(出处同上)

2."从而"一般连接两个动词谓语句,不表示上述数量上、范围上或动作程度上的递增,而表示一种递进式的发展。它所连接的分句,主要是表示进一步出现的"结果"。这类结果句大致可分为以下三类:

(1)致使性结果句

前一分句的动作进一步发展,致使"从而"连接的结果的产生。或是由前一分句的情况,自然引起或进一步发展为"从而"后的结果。如:

　　有些中年妇女工作压力过大、精神高度紧张,从而使更年期症状提早出现,提前衰老。③

　　小麦收购价每50公斤下降15元,从而使农民的收入下降了。

　　为弥补损失,该银行不得不大量借贷和利用高息吸收存款,从而使问题更加严重。

---

① 这从"于是"一词的发展与演变也能得到证明。在古代,"于是"在还没有成为连词前是标示时点的名词短语——"在这时候"(王力,1981),它对听话人或读者有提示时点的作用。"于是"变为连词之后,便成了前后有事理联系的两个动作、事件或情况的连接点的标志,即"于是"是后面结果的起点。这一特性,在上述第(2)类"阶段性结果"中表现得最为突出。在第(1)类"应接性结果"句前,同样比较明显。只是到了第(3)类"条件性结果句"前才变得模糊起来。如果让学生抓住这个要点,就不容易与因果类的连词相混淆了。

② 《现代汉语八百词》指出,"'从而'用于书面"(吕叔湘,1980)。笔者调查了老舍的《骆驼祥子》、钱钟书的《围城》、巴金的《家》、路遥的《平凡的世界》和赵瑜的《马家军调查》(《中国作家》,1998)110多万字语料,未发现一例使用"从而"的。所搜集到的例子基本出自论说文,故作此修正。

③ 张斌主编《现代汉语虚词》指出:"'从而'所表示的结果或目的通常是好的,积极的,不用来表示不好的,消极的。"从笔者搜集的语例看,"从而"既可以用于积极方面,也可以用于消极方面。

我们人类高于其他动物的一个关键之处在于有发达的新前叶大脑皮层,从而有了自我意识和预测能力,可以设计工具。

当社会已经前进了,而人们的头脑往往容易被习惯势力和陈旧观念以及本本上的东西所束缚,从而导致认识与实践相脱节,思想跟不上时代的步伐……

这类结果句的特点是:谓语一般为"非自主性及物动词或短语＋宾语",或为"使＋兼语＋非自主及物动词＋(宾语)/形容词"。动作一般是已经完成的。

(2) 计划性结果或预测性结果

当理论和实践不符时,就要对旧的理论进行否定,从而建立新的理论。

双方决定在北京建立一个学术交流中心,从而定期开展学术交流活动,报告各自的研究成果。

这门辅导课将针对汉语听力进行强化训练,从而提高学生的听力水平与技巧。

有了预测功能,可以看到未来的机遇和挑战,从而作出调整,趋利避害。

这类结果句的特点是:谓语为"自主性及物动词＋宾语",所表示的动作或是带有规则性的,或是计划、预测将要发生的,都不是一次性完成的动作。

(3) 自然论证的结论

(美众议院共和党领导人)同意美国生产的食品和药品可以销往古巴,从而预示着美国持续了 38 年对古巴的经济制裁将宣告终结。

四川发现汪伪时期南京地图,上标有原南京最高法院门前的三处水塘,从而证实了《东史郎日记》中所记述的情况。

这类结果句数量比较少,谓语动词一般是"预示、证明"类及物动词,后带表示结论的宾语,前一分句都是已成的事实,"从而"句则为由事实自然引出的结论。

3. "从而"对所连接的句子的谓语、主语等方面的限制。

(1) "从而"不能连接一般的形容词谓语句(一般因果连词可以)。在"使"类兼语句中,谓语可以是形容词(参见上(1)致使性结果句)。下面是学生的偏误:

＊我们班的同学汉语口语的水平提高了,从而和中国人谈话很方便。

改:我们班同学的口语水平提高了,因而和中国人谈话很方便。

(2) "从而"句的谓语一般是动宾结构或是兼语结构,不能是主谓结构,即"从而"后不能出现主语(一般因果连词可以)。下面是学生的偏误:

＊他平时常和中国人聊天,从而他的汉语水平有了很大的提高。

改$_1$:他平时常和中国人聊天,从而提高了他的汉语水平。

改$_2$:他平时常和中国人聊天,因此使他的汉语水平有了很大的提高。

(3) "从而"后如果是已成的结果,一般是致使性的,是自发产生的,不能是自主的动作("于是"可以连接自主性动作)。下面是学生的偏误:

＊小李去年在一个晚会上见面她,从而爱上了她。

改:小李去年在一个晚会上见到她,于是便爱上了她。

＊小李不及格之后很生气,从而决心更加努力。

改:小李不及格之后很生气,于是下决心更加努力。

"从而"后带的动词可以是自主的、进一步的行动,但应是按计划或预计要发生的(参见上"从而"2(2))。

(4) "从而"可以连接事实与结论分句,其结论一般是由前面的事实自然推导出的,结论应由"证明"、"预示"类的词语引出(见上"从而"2(3)),不能像一般因果连词那样,直接引出主观性的结论。下面是学生的偏误:

  *我们参观过了这个学校,从而不要担心使我们的儿子去这儿。

  改:我们参观过了这个学校,因此对我们的儿子去那儿不感到担心。

  *我们看她写的地图,但迷了路,从而她写错了。

  改:我们按照她画的地图走,却迷了路,从而证明他画的地图是错的。

  应强调指出的是:"从而"后出现的动词以表示致使意义或结果意义的动词为多,如"实现、消除、提高、降低、增加、减少、增强、促进、拉动、推动、建立、建构、带动、拉动、调整、化解、拉长、拉开、揭开、损害、提出、确保、降低、击败、奠定"等。还有一些表示自然发生的非自主动词如"引起、导致、接触、达到、形成、产生、影响、有、有利于"等也比较常见。

  **"于是"与"从而"的辨析**

  1."于是"连接的句子的谓语动词多为自主动词,动作往往是主语(施动者)主动采取的,而且是已然的。"从而"连接的句子的谓语多为致使性动词和非自主动词,当谓语是自主动词时,一般表示进一步的行动,是未然的(参见两个连词下例句)。

  2."从而"不能连接带主语的句子,只能用"使"引出,作兼语。"于是"句常有主语。请看下面使用不同连词的例子:

  德国自1日起取消了已有125年历史的联邦邮电部,从而使9年前开始的邮电系统改革进入全新的阶段。("从而"句用"使"带兼语)

  德国自1日起取消了已有125年历史的联邦邮电部,于是9年前开始的邮电系统改革进入了全新的阶段。("于是"句直接可以带主语)

  **"于是"、"从而"与一般因果连词(因为、所以、因此、因而等)的辨析**

  1."因为"、"因此"、"因而"所连接的复句属于一般因果句,一般因果句既可用于推理,也可用于叙述与说明。推理因果句,其结果句一般是主观推导出的结论。如:

  因为她缺乏自信,所以得好好鼓励鼓励她。

  因为你是他的领导,他会听你说的。

  因为他总和那个姑娘在一起,所以我觉得那个姑娘可能是他的女朋友。

  "于是"主要用于叙述客观情况的动态发展,一般不能用于上述表示主观推理的复句。"从而"虽可用于推理,但一般用于由事实自然推导出的结论句(详见"从而"下例句)。因此也不能用于上面的主观推导的因果句。

  2.因果连词连接的叙述和说明的因果句,其结果句可以是静态句(谓语是非自主动词,包括形容词和心理动词),也可以是动态句(谓语可以是自主动词);可以是主动句,也可以是被动句;可以是肯定句,也可以是否定句。下面这些结果句都不能用"于是"和"从而"来连接:

  因为是冬天,路上很冷。

  她的脾气不好,因此很多同学都不喜欢她。

  因为我是老师,对学生担当着重要的责任。

  我们彼此间不熟悉,因此只是互相问候了一下。

  因为紧张,他满脸都是汗。

  因为不是工作时间,他们可以不穿工作服。

  哥哥因为笛子吹得好,唱歌也不错,因此被艺术团的团长看上了。

今年是学校建立一百周年，因此我们要好好庆祝一下。

从上面的因果复句的语义与语用看，其重点是"释因"（吕叔湘，1944）。只有当因果复句的结果句的谓语是自主动词，是肯定句、主动句和动态句时（用例较少），其句首才有可能插入"于是"（句中标括号处）或替换"因此"（用＿＿表示）。如：

因为父亲单身一人，妹妹年龄又小，（ ）我决定留在本地工作。

因为宿舍有同学，他不好说什么，（ ）就只好跟出来了。

因为行李又多又重。（ ）他们请来服务员帮忙。

这个消息太惊人了，<u>因此</u>一见报就在社会上引起了震动。

上述4例的动态性比较强，但在因果复句中所占的比重很小。可与"于是"的用例对照着看。

3. "于是"常连接应接性结果句和阶段性结果句，一般因果连词很少用于这类动态性比较强的复句。

4. "从而"连接的是递进复句，表示的是一种递进式的发展而产生的结果或推导出的结论。因而"从而"所连接的后一分句，一定是在前一分句基础上的发展，而不能是与前一分句的情况处于平列状态的句子。"于是"连接的也是带有动态发展的句子。一般因果连词，则可以连接前后没有动态发展意义的分句。下面是学生的偏误：

＊皇帝的母亲取消了维新，从而继续了一百天。

改：皇帝的母亲取消了维新，因此维新只持续了一百天。

**虽然、尽管**

"虽然"、"尽管"都是表示让步与转折关系的连词。经常用在转折复句的前一分句。后一分句常有"但是、可是、然而、却"等转折连词或关联副词与之呼应使用。如：

虽然外面在下大雨，但是他还是出去了。

虽然工作很多，可是她却安排得井井有条。

虽然大家都反对，可老张却坚持要这样做。

尽管他身体很不好，但还在工作。

尽管他什么也没有说，可是我却能理解他此时的心情。

有时"虽然"、"尽管"所连接的分句可以放在后面，表示补充。如：

同学们都一动不动、聚精会神地听着，尽管下课铃已经响过了。

小东给了那个孩子五十块钱，虽然他自己也很穷。

**如果、要是**

"如果"和"要是"都是表示假设的连词，经常用于假设复句的前一分句，后一分句一般要有关联副词"就"与之呼应使用。如：

如果大家都同意，我们就这么办。

如果你能参加比赛，我们赢的可能就更大了。

要是明天下雨，我们就不去春游了。

要是想学好汉语，就非下苦工夫不可。

**"因为、由于"与"所以、因此"**

"因为"、"由于"是表示原因的连词，"所以"、"因此"是接在表示原因的分句之后，连接结果分句的连词。前后两类连词常前后呼应，构成"因为……所以……"、"由于……所以……"、"……，因此……"等形式。或解释造成某一结果的原因，或说明结果。

因为下大雨，所以今天不比赛了。

他因为球打得好，所以被派去参加市里的篮球比赛。

由于她今天没有准备，所以说得不好。

由于前面出了交通事故，我不得不绕道去学校。

由于我坐在最前面，因此那些演员等的脸看得特别清楚。

他在中国许多地方都旅行过，因此知道很多东西。

这类复句也可以用来说明某个结论、想法、态度等产生的理由。如：

因为这个规定不合理，所以我们坚决反对。

因为他违反了交通规则，所以要罚款。

**"因为"与"由于"的辨析**

这两个连词都可以对已经出现的客观结果产生的原因加以解释。"因为"还可以用于表示某个主观的想法、决定、结论产生的理由，这类用法是"由于"没有的。如：

因为你们都在场，所以我想请你们作证。

＊由于你们都在场，所以我想请你们作证。

因为听说他对书法很有研究，所以想请他当我们的书法老师。

＊由于听说他对书法很有研究，所以想请他当我们的书法老师。

因为你是学生，所以必须遵守学校的规定。

＊由于你是学生，所以必须遵守学校的规定。

**既然**

"既然"是表示推论的连词，它常连接表示推论因果关系的前一分句（表示理由），后一表示结论的分句一般要用"就"、"便"、"也"等关联副词与之呼应。如：

你既然来了，就别走了。

既然大家都赞成，我也不好反对。

既然他不喜欢，就不要勉强他了。

"既然"也可以与"何必"呼应使用，"何必"引出反问句。如：

他既然明天要来，你何必今天还要去找他呢？

这事既然她自己都不着急，我何必着急呢？

**"既然"与"因为"的辨析**

"因为"所连接的因果复句既可以是客观说明和解释后面的结果产生的原因（对听话人来说是新的信息，即说话前不知道），也可以用来说明后面结论、态度等的理由（对听话人来说可以是旧信息，也可以是新信息）。与结论相关的动作可以是已经发生的，也可以是尚未发生的。"既然"引出的原因一般对听话人来说是旧信息。"既然"所连接的推论因果复句不用于说明和解释，而主要用于推论，表示说话人的观点和态度，主观性较强。与结论相关的动作大都是尚未发生的。在相同或相似形式的复句中，二者强调的意义重点或时态有所不同。如：

因为你们都不去，所以我也不去。（重点在强调"你们都不去"这个理由）

既然你们都不去，我也不去。（重点在强调"我不去"这个结论）

因为身体不好，所以不参加比赛。（说话人强调自己已决定不参加比赛的理由）

既然身体不好，就不要参加比赛了。（说话人劝对方不要参加比赛，未然）

因为他病了，所以没去上学。（强调"没去上学"的理由，动作已经发生）

他既然病了，就不要去上学了。（说话人提出建议，动作尚未发生）

凡是说明已经出现的事实（非结论）产生的客观原因时，一般用"因为"，而不用"既然"。如：

因为路上遇到了大雨，所以衣服都淋湿了。

＊既然路上遇到了大雨，衣服就淋湿了。

因为紧张，所以写错了好几个字。

＊既然紧张，就写错了好几个字。

**"只要"与"只有"的辨析**

"只要"、"只有"都是表示条件关系的连词。"只要"表示某种结果的必要条件，一般用于条件复句的前一分句，后一分句要有关联副词"就"与之呼应使用。如：

只要天气好，我们就去旅游。

只要好好休息，你的病很快就会好的。

"只有"表示某种结果的唯一条件，一般用于条件复句的前一分句，后一分句要有关联副词"才"与之呼应使用。如：

只有认真学，才能学得好。

只有你亲自去叫他，他才会来。

**无论、不论、不管**

"无论、不论、不管"都是表示无条件关系的连词。一般用于无条件复句的前一分句，表示任何条件下，结果或结论都不会改变。后面的结果分句，一般要有"都"或"也"与之呼应使用。结果句是表示周遍、量高的，要用"都"。结果句是表示量低的或否定句，可以用"也"（参见第二编第七章副词下"都"和"也"的辨析）。

他非常有名，无论男女老幼都知道他。

不管哪一门课，她都学得很好。

不论是中国人还是外国人，都喜欢他的歌。

不管是谁，都希望他当市长。

不论我怎么劝，他也不听。

无论你说什么，他都不听。

注意：在使用"无论"、"不论"、"不管"的分句里，一般要有疑问代词或者表示并列或选择的词语。

**与其、宁可**

两个连词都是表示选择的，常前后呼应组成表示选择的复句"与其……宁可……"。选择的意向是舍弃"与其"所连接的分句，选择"宁可"所连接的分句。如：

与其成天坐着，宁可找点儿事干干。

与其迟到，我宁可早点儿起来，早点儿出门。

与其在这里被人管来管去，我宁可过自由的生活。

"宁可"也可以单用，表示选择。一般是前面已经对另外一方面的情况有所交代。如：

很多人都想去北京、上海工作，我宁可在自己的家乡发展。

开车太着急容易出问题，宁可慢一点儿。

## 第三节 学生在连词方面常见的偏误

1. 缺漏

(1) 缺少连词

　　*这个汉字我以前学过,不过,不常用的汉字,所以不会写。

　　改:这个汉字我以前学过,不过,因为是不常用的汉字,所以忘了怎么写。

　　*你到任何地方,一定要跟我联系吧。

　　改:你不管到任何地方,都一定要跟我联系。

分析:在"任何"等表示任指的词语用于条件复句中,前面一般要用"不管、无论"等连词。

(2) 缺少连词与相关的成分

　　*最近每天在中国在电视,网都很多世界杯的报道。

　　改:最近每天在中国的电视和网上都有很多关于世界杯的报道。

2. 误加

　　*我身体很好和胃口也很好。

　　改:我身体很好,胃口也很好。

　　*发音和听力很有意思和比较容易。

　　改:发音和听力很有意思,也比较容易。

　　*我学汉语为我将来的工作和为我女朋友。

　　改:我学汉语为的是将来能找到好工作,也是为了我的女朋友。

　　*两年半以后我准备 HSK 高级考试和好像中国人说得流利。

　　改:两年半以后,我准备 HSK 高级考试,汉语要说得跟中国人一样流利。

分析:"和"一般常用于连接体词性的名词、代词及其短语,在连接充当谓语的动词和形容词方面是很受限制的(详见第二节"和")。

3. 误用

(1) 与其他连词混淆

　　*我们吃了饭和喝了啤酒。

　　改:我们吃了饭并喝了啤酒。

　　*晚上,我喜欢听听音乐还是看看电视。

　　改:晚上,我喜欢听音乐或者看电视。

　　*我或者彼得昨天都去看电影了。

　　改:我和彼得昨天都去看电影了。

　　*我觉得爱情必须要相互的,或者不能成功,男的要尊敬女的,女的要佩服男的。

　　改:我觉得爱情需要双方互相尊重,互相爱慕,否则不能成功。

　　*听说电影院正在上映世界著名电影,于是电影票的价格那么贵。

　　改:听说电影院正在上映世界著名电影,因此电影票的价格很贵。

　　*这种地毯又漂亮又便宜,于是大家都很喜欢这种地毯。

　　改:因为这种地毯又漂亮又便宜,所以大家都很喜欢这种地毯。

　　*我觉得这本字典对我有帮助,于是向你推荐这一本。

　　改:因为我觉得这本字典对我很有帮助,所以向你推荐。

＊我在常州住了很长时间,从而舍不得离开这儿。

改:我在常州住了很长时间,因此舍不得离开这儿。

(2) 与其他词语或结构用法混淆

＊今天天气不好,所以不高兴。但是一边很高兴,因为我要开始写中文日记。

改:今天天气不好,所以不高兴。但是又很高兴,因为我可以开始写中文日记了。

＊孩子们一面蹦一面跳,跑了出来。

改:孩子们连蹦带跳地跑了出来。

＊一伙人一边喊一边叫,围住了他。

改:一伙人连喊带叫地围住了他。

分析:"一面……一面……"和"一边……一边……"可以表示两个不同动作的同时进行,但一般不带意义十分相近的动词。"连……带……"则可以。

(3) 语法结构有误

＊中国实行了对外开放的政策,从而最近的中国发展贸易了。

改:中国实行了对外开放的政策,从而使中国的对外贸易有了很大的发展。

分析:连词"从而"后不能直接带主语,只能用"使"的兼语句(详见"从而"条)。

(4) 连词连接的句子时态有误

＊开完会,时间还早,于是我们去吃饭吧。

改:开完会,因为时间还早,于是我们就去吃饭了。

＊他们都说穿布鞋舒服,于是我穿布鞋。

改:他们都说穿布鞋舒服,于是我买了一双布鞋。穿着真挺舒服。

分析:"于是"连接的句子一般应是表示已经完成的动作。

4. 错序

＊他和他爸爸、妈妈在南通一起住。他在那儿一边工作,在无锡一边学习英语、计算机。

改:他和他爸爸、妈妈在南通住。他在那儿一边工作,一边还去无锡学习英语和计算机。

＊我不过听到比尔回来了,还没去看他。

改:我听说比尔回来了,不过还没去看他。

5. 杂糅

＊这件毛衣不过很漂亮,太小,所以我不买。

改:这件毛衣虽然很漂亮,但太小,所以我没买。

＊还不错,但是他不过会写的字不太多。

改:他的汉字写得还不错,不过他会写的字不太多。

# 第四节　教学建议

从第三节连词的偏误看,连词的教学要注意不同阶段的不同重点。

(1) 在初级教学阶段,学生在连词方面容易出现的问题主要集中在"和"、"还是"和"或者"几个词上。在教"和"时,要提醒学生注意,这个词常连接名词和代词,在连接充当谓语的形容词和动词方面是很受限制的。"还是"和"或者"则应该强调它们适用的不同句型。

（2）中级教学阶段的连词中，"于是"和"从而"是学生比较难以掌握的两个连词，经常与表示因果的连词的用法混淆，偏误率比较高。因此应该在教学中强调它们的特点，并且在两个连词学完之后，结合学生的偏误，与因果连词作一下辨析比较。此外，到了中级阶段，因为很多连词都学了，所以形似的"而"、"而且"、"并且"等连词也容易发生混淆，也有必要加以辨析。

**参考文献**

郭志良(1999)《现代汉语转折词语研究》，北京语言文化大学出版社。

胡裕树主编(1995)《现代汉语》(重订本)，上海教育出版社。

黄伯荣、廖序东主编(2000)《现代汉语》(增订版)，高等教育出版社。

陆庆和(2000)"于是"与事理承接，《扬州大学学报》第 6 期。

陆庆和(2002)"于是"、"从而"与非因果结果句，王晓娜主编《新时期的语言学》，中国文联出版社。

吕叔湘(1944)《中国文法要略》，商务印书馆。

吕叔湘主编(1980)《现代汉语八百词》，商务印书馆。

王　力主编(1981)《古代汉语》(第一册)，中华书局。

周　刚(2002)《连词与相关问题》，安徽教育出版社。

# 第十章　助　词

## 第一节　助词的语法特征和分类

### 一、助词的语法特征

1. 助词一般不能单独使用,都要附着在实词、短语或者句子的后面。
2. 助词没有实在的词汇意义,只表示语法意义。
3. 一般都读轻声。

### 二、助词的分类

1. 结构助词:的、地、得
2. 动态助词:过、着、了、来着
3. 语气助词:的、了、吗、呢、吧、啊(哪、啦、呀、哇)、嘛

## 第二节　结构助词

结构助词都是表示词语之间结构关系的助词。定语和中心语之间用"的",状语和中心语之间用"地",补语和中心语之间用"得"。下面分别说明:

**的**

(一)结构助词"的"一般用在定语和中心语之间起连接定语和中心语的作用,通过"的"的作用,使被修饰的中心语(多为名词,也有一些是形容词或动词)表示的人或事物,从众多的同类人或事物中划分出来,加以区别和确定。凡是"定语＋中心语"本身就带有明显区别意义的,可以不加"的",否则就要加"的"。加不加"的",常跟以下几个意义和形式因素有关:

1. 与定语的性质有关

(1) 充当定语的名词本身就是带有分门别类的区别意义的(如质地、材料、科目、专门用途)名词,修饰中心语一般不用加"的"。如:

　　玻璃杯　木头枪　塑料玩具　白金戒指　纸箱子　皮手套
　　数学老师　自然科学　交通工具　通讯器材　历史故事　轻工产品

(2) 非谓形容词也因为本身带有分类区别的意义,作名词的定语时,不用加"的",如:

　　彩色电视　男同学　金钥匙　高档商品

(3) 数量词作定语不要加"的"(定语本身也有区别作用):

　　两个苹果　十几张桌子

(4) 定语和中心语之间带有固定的领属关系的可以不加"的",不带这种关系的要加"的"。例如:

他们公司的办公大楼("他们"和"公司"有领属关系)

我姐姐的学校("我"和"姐姐"有领属关系)

法国外交部的发言人("法国"和"外交部"有领属关系)

(5) 表示处所、时间的名词和表示方位的短语作定语,要加"的":

苏州的桥　　山上的树木　　沙漠中的河

去年的产品　　近来的研究　　21世纪的中国

2. 与充当定语的词语的音节有关

(1) 单音节形容词作定语不用加"的":

旧衣服　老房子　深颜色　坏脾气

(2) 双音节形容词作定语常要加"的"(另参见第三编句子成分第四节):

美丽的公园　严肃的表情　认真的态度　热烈的掌声　便宜的价格

暖和的气候　热闹的场面　痛苦的心情　严格的纪律　舒服的生活

少数也可以不加"的"(原因见下5):

幸福生活　紧急关头　关键时刻　积极因素

3. 与充当定语的词与短语的特性有关

(1) 由一个名词语素或动词语素与一个形容词语素构成的复合形容词作定语必须加"的":

雪白的床单　冰凉的手　漆黑的夜　喷香的饭菜　笔直的路

(2) 形容词的复杂形式(带修饰语、重叠形式等)作定语一般要加"的"。如:

很美丽的公园　圆圆的脸　小小的年纪　绿油油的麦苗　非常辣的菜

(只有"很多"、"不少"可以直接修饰名词)

(3) 单个的动词作定语时,那些经常充当定语,所修饰的名词也比较固定,而且只能理解为偏正关系的动词和中心语之间,可以不加"的",如:

学习生活　旅游计划　工作小组　调查结果　研究人员

同属此类动词,但是和被修饰的中心语往往是临时的修饰关系的,一般要带"的"。如:

胜利的消息　同情的眼泪　毕业的学生　答应的事情　分手的地方

但是,如果动词和被修饰的中心语之间没有"的",就可能被理解为动宾关系的,就一定要加"的"。如:

带的饭　晾的衣服　穿的鞋　爬的山　念的书　看的电影

出版的杂志　举行的比赛　取得的成绩　接受的条件　放大的照片

描写的人物　调查的事故　回答的问题　增加的收入　表扬的学生

(4) 动词短语和主谓短语作定语,后面一般要带"的":

卖菜的妇女　参加考试的学生

他写的书　你买的水果

写着祝福语的气球

(5) "介词短语"以及和动词构成的短语作定语要加"的":

从美国来的学生　　关于世界杯比赛的报道

对你的关心　　　　送给朋友的礼物

由政府举办的展览会

(6) 数量词作定语不要加"的",但以数量词组成的动词短语作定语则要加"的"。如:

　　一对耳环　　二十八棵树

　　这个球队以 3 比 1 的结果战胜了对手。

（7）表示事物三维性质或重量等的"数量词＋形容词"作定语必须要加"的"：

　　三米高的树　　一吨重的石头

这类偏正短语的修饰语与中心语之间如果没有"的"，很可能产生歧义或使语义不明。

4. 与中心语的词性有关

（1）当中心语是动词或形容词（见下黑体字）时，定语和中心语之间要加"的"。如：

　　随着生活水平的**提高**，人们开始讲究生活的质量。

　　王老师的**耐心**真让人佩服。

　　平时的**锻炼**对增强体质很有好处。

（2）当中心语是表示时间的"时"、"前"、"后"、"以前"、"以后"等，充当定语的动词、动词短语以及主谓短语都不要带"的"。当中心语是表示时段的"时间"、"阶段"时，充当定语的动词可以不带"的"，也可以带，以不带"的"更为常见。如：

　　上班时（＊上班的时）　下课后（＊下课的后）　出发以前　你回家以后

　　上班的时间/上班时间　休息的时间/休息时间

　　高中阶段　初级阶段　试验阶段　关键阶段/关键的阶段

当中心语是"时候"，充当定语的形容词、动词、动词短语和主谓短语后都要带"的"。如：

　　热的时候　渴的时候　高兴的时候

　　上课的时候（＊上课时候）　起床的时候（＊起床时候）

　　他走的时候（＊他走时候）　在他家的时候（＊在他家时候）

　　"小"可以直接修饰"时候"，也可以带"的"，用法和意义基本是固定的，不能用"从小"这样的介词短语修饰"时候"，作为反义词的"大"、"老"不能比照"小"的用法类推。如：

　　小时候（小的时候）　＊从小的时候　　＊大时候（长大以后）

　　人老的时候（＊老时候、＊人老时候）

5. 与充当定语的词语的使用频率有关

经常充当定语的动词一般不用带"的"（见上）。

6. 与定语的复杂与简单有关

（1）前面提到必须要带"的"的一些定语，在后面带上数量定语一起修饰中心语时，中间的"的"可以省略。如：

　　好好（的）一条裤子

　　笔直（的）一条大道

　　雪白（的）一块桌布

（2）当某个定中偏正短语再作另外一个中心语的修饰语时，前面偏正短语中的"的"如果属于可加可不加的，即不加不会产生歧义的话，一般就不加。其原则是，尽量避免中心语前出现很多个"的"。如：

　　就业形势的严峻

但是，如果是属于上述说明必须带"的"的定语，一般还是不能省略"的"。如：

　　几位医生抬着一个非常特别的蓝白相间的大箱子

"非常特别"是形容词的复杂形式，"蓝白相间"是主谓短语，后面必须带"的"。

（二）"的"的其他用法

1. "的"可以放在名词、代词、形容词、动词、主谓短语后构成"的"字短语。"的"有使这类短语名词化的作用，并使这类短语具有明显的区别特性，以有别于其他人或事物。

（1）"的"字短语常出现在单句中，多暗含对比意义，也可以用于对比句。如：

小李骑的车是旧的。

妈妈的毛衣是灰色的。

那个唱歌的是小张的女朋友。

你看的是什么电影？

我们班的汉语老师是男的，他们班的汉语老师是女的。

（2）"的"字短语可以并列使用，有对所列举的加以周遍概括的作用，常用于描写。如：

花园里开着各种各样的花，红的、白的、黄的、紫的，漂亮极了。

村里人都来了，男的、女的、老的、少的，围了个水泄不通。

这个超市什么都有，吃的、喝的、穿的、戴的，要什么有什么。

动物我见得多了，从天上飞的到水里游的、地上跑的，你问哪一种？

（3）用在两组相同的动词中间，也有对所列举的加以周遍概括的作用，常用于描写。如：

晚会上，同学们唱歌的唱歌，跳舞的跳舞，玩得可高兴呢！

下午，大家凑到一起，写的写，画的画，一会儿就把宣传广告弄好了。

（4）用在并列的词语之后，同样有对所列举的加以周遍概括的作用，常用于说明。如：

刚搬家，油盐酱醋的，少不了要重新买。

孩子开学的时候，书呀、笔呀、本子的，给他买了不少。

有时，在"什么"后用"的"，放在列举的事物之后，起同样的作用。如：

平时蔬菜我们也就吃些青菜、白菜、萝卜什么的。

我们现在上的课有汉语、口语、写作什么的。

通常认为这类位于并列的联合词组后的"的"和"什么的"表示"等等"、"之类"的意思（胡裕树，1983）。其实二者并不一样。"的"一般只能用于带熟语性的并列短语后，不能用于非熟语的并列短语后。"什么的"有时可以和"等等"互换，但它们还有以下几点区别：

A. "等等"、"之类"前所列举的一般是已经确定可以成为所列举的成员（石毓智，2002）。而"的"和"什么的"可以是确定的成员，也可以是临时的、不定的成员。如：

方便面调料里无非是盐、味精、豆瓣酱等等（什么的）。

在我国不少地方有咬春的习俗，立春这天要吃春卷、春饼、甚至吃萝卜等等（什么的）。

他把脏衣服、臭袜子、方便面、照相机什么的（？等等）一块儿全都塞进了箱子里。

（这一句的并列短语中的成员是杂乱无章的，临时的）

B. 在书面语和比较郑重的场合，一般用"等等"，特别是正式的专用名词后（下 D 同）。口语和比较随意的场合，常用"什么的"。如：

德国已有166个项目在广东投资，其中不乏世界知名企业，如西门子、大众、汉高、博世等等（＊什么的）。

死亡的种类也可以称得上五花八门，自然的、非自然的、痛苦的、安乐的等等（？什么的）。

传统的压岁钱只能买点儿鞭炮、小人书什么的(? 等等)。

晚上我怕一个人呆在家里,可丈夫偏偏总要加班、出差什么的(? 等等)。

C. "什么的"一般用于事物之后。有时用于列举说话者不太尊重的人。如:

这里住的都是鞋匠、屠户、花匠、三轮车夫什么的。

列举所尊重的人的话,一般用"等等"而不用"什么的"。如:

参加这个学会的有干部、教师、学生、工人、农民、企业家等等。

毛泽东、邓小平、周恩来等等都是中国有名的政治家。

D. "等等"、"之类"与前面的联合词组可以作定语,"什么的"不行。

最近,"虎骨可以入药"、"熊掌味美,是极珍贵的食品"等等( * 什么的)说法,已经退出主流词典。

人们常常以一句"脾气不好"来概括爱发火、急躁、喜欢争吵、嫉妒心强甚至软弱、爱哭等等( * 什么的)情绪表现。

最近,有人对南京大学、南京师范大学、南京理工大学等等( * 什么的)7 所大学5000 名学生做了一项调查。

E. "什么的"前面可以只用一项,"等等"不行,至少要两项(详见上)。如:

现在的生活可真方便,给朋友寄个礼物什么的( * 等等),打个电话,花 10 块钱,速递公司就给你办了。

2. 汉语中有少数动词(一般是离合动词)和动词短语(多为熟语性结构、惯用语等)是不能带宾语的,有时要表示该动作的对象时,常用表示人的名词或代词和"的"插在动词或动词短语的中间。如:

昨天你可帮了我的大忙了,真得好好谢谢你!

不要光革别人的命,也要革自己的命。

你怎么吃起我的醋来了?

这个人真讨厌,老找别人的麻烦。

类似的动词短语还有"开玩笑"、"拆台"、"挑眼"、"找岔子"。

3. "的"与少数表示特定时间的名词或动词短语组成"的"字短语,用于句首,强调后面的动作是在某种特定的情况下实行的。经常用于带责备语气的质问、反驳、劝阻等。如:

大半夜的,你们吵什么呀?

大热天的,吃什么火锅呀!

大过年的,别说这种不吉利的话!

4. 与本身带有描写性的形容词的复杂形式(重叠或成语等熟语结构)和动词短语组成"的"字结构,在句中作谓语或定语,用于状态的描写。如:

外面黑糊糊的,什么也看不见。

这里乱糟糟的,找个清静点儿的地方吧。

孩子红扑扑的小脸上总是带着微笑。

姐妹俩做什么都有商有量的。

他做事情总是一丝不苟的。

看见他有说有笑的样子,我也就放心了。

石毓智指出,"的"字短语,不应该看成是"定语+的"省去中心语。这是因为,非谓形容词作名词定语时,不能加"的",但构成"的"字短语指代事物必须加"的"。如:

　　　　我买了一台彩色电视。　　　　　？我买了一台彩色的电视。

　　　　我家的电视是彩色的。　　　　　＊我家的电视是彩色。

　　当一个名词作定语表示材料时，一般不加"的"。但构成"的"字短语指代事物必须加"的"(石毓智,2002)。如：

　　　　送给孩子一把木头枪。　　　　　送给孩子的枪是木头的。

　　　　这些是塑料玩具。　　　　　　　这些玩具是塑料的。

　　**地**

　　结构助词"地"一般用在状语和中心语之间起连接状语和中心语的作用。一部分状语后要加"地"，一部分不加或可以不加。加不加"地"，常跟以下几个意义和形式因素有关：

　　1. 与充当状语的词语的音节有关。

　　(1) 单音节形容词作状语不要带"地"，如：

　　　　明天要早起。

　　　　他每天快走一个小时，锻炼身体。

　　　　咱们好聚好散。

　　(2) 双音节形容词作状语多要带"地"，特别是使用频率不高的形容词。如：

　　　　我们又成功地发射了一颗卫星。

　　　　一到这里，我就强烈地感受到这个城市所充满的生气。

　　2. 与充当状语的词语的意义有关。双音节形容词中，凡是表示心理状态和态度的，一般都要带"地"。如：

　　　　我们高兴地看到，这里的环境保护得非常好。

　　　　没有多久，那棵树突然奇怪地枯死了。

　　　　看到自己的球队赢了，大家兴奋地大喊大叫。

　　　　小伙子自信地说："我一定要拿第一名。"

　　　　他热情地给我们介绍了这里的许多情况。

　　类似常作状语的还有"骄傲、自豪、客气、关心、关切、勇敢"等。

　　3. 与充当状语的形容词的形式的简单与复杂有关(详见第六章形容词第一节二(一))。简单式形容词有些可以不带"地"，复杂式形容词(见下括号内注)作状语必须带"地"。如：

　　　　不到 7 点，他就匆匆地上班去了。(形容词的重叠形式)

　　　　老人慢慢地从座位上站了起来。(同上)

　　　　你们应该更快地把计划搞出来。(程度副词＋形容词)

　　　　他很仔细地检查了我的行李。(同上)

　　　　会议一开始，他就迫不及待地抢着第一个发言。(成语)

　　　　妈妈语重心长地对我说："到了那里，要好好学习，注意身体。"(同上)

　　4. 与充当状语的词语的词性有关。

　　(1) 副词作状语，除了"渐渐、逐渐"等少数副词外，都不要带"地"。

　　(2) 在书面语中，少数名词或者名词短语可以作状语，后面一般要带"地"。如：

　　　　为了让失业人员尽快找到工作，市政府创造性地提出了一系列服务措施。

　　　　他的病情急速地恶化了。

　　(3) 带有熟语性质的少数动词短语也可以作状语，后面一般要带"地"。如：

说到伤心之处,她的眼泪像断了线的珍珠似的,止不住地往下掉。

我拼死拼活地干,才挣了这么点儿钱。

(4)双音节以上的形容词及其短语作状语大多数后面要加"地"(详见第六章形容词)。

5. 与充当状语的词语的使用频率有关。

(1)那些经常充当状语的双音节形容词后面往往可以不带"地"。如:

他认真学习,努力工作,得到了大家一致的好评。

我们仔细研究了你的建议,觉得很有道理。

(2)少数表示动作方式的名词,因经常作状语,后面可不带"地"。如:

请大声回答我的问题。

她嘴凑到我耳边轻声说:"我出去一下。"

(3)名词和数量词结合后可表示动作的方式,也经常作状语,后面也不用带"地"。如:

你晚上一个人回家害怕吗?

他三下两下就把菜切好了。

**得**

结构助词"得"一般用在补语和中心语之间,起连接补语和中心语的作用。这类的"得"必须要有,不能省略。

1. 结构助词"得"连接谓语和状态补语,如(详见第三编第五章第二节状态补语):

杰克汉语说得很流利。

姑娘打扮得非常漂亮。

2. 结构助词"得"连接谓语动词和补语,组成可能补语的肯定形式。如(详见第三编第五章第五节可能补语):

今天的作业你做得完吗?

这么多客人这个旅馆住得下吗?

# 第三节　动态助词

## 一、常用动态助词的用法

动态助词都用于动词之后,是表示动作的态的助词。

**过**

动态助词"过"可以表示两个语法意义。

1. 表示过去曾经有过某种经历

表示曾发生过的动作或出现过的状态,这是"过"的主要用法。动作动词中除了"走(离开义)、没、散、出发、毕业、启程"等少数非持续动词外,其他动词都能带"过",而且常带动量补语和时量补语。

(1)非持续动词后带"过",一般表示曾经有过的状态。如:

我的钱包丢过一次。

他搞试验,失败过好多次了。

火灭过一会儿,后来又着起来了。

(2)持续性动词带了"过",表示曾经发生过某个动作。如:

小刘睡过一个小时。

我种过果树。

爸爸戴过这种帽子。

他在这个操场踢过两次球。

（3）在动作的受事充当话题的句子中，次强持续动词中的 A、C、D 类动词和弱持续动词中的大部分动词可以单独带"过"成句，表示动作曾经发生过。如：

通知他贴过。

电话我打过一次。

这种帽子我也戴过。

你的裙子她穿过。

（4）关系动词除了"叫（称谓义）"、"姓"可以带"过"外，其他动词都不能。如：

手机也叫过"大哥大"。

小马以前姓过刘。

（5）状态动词中除了"知道、认识、认得、爱护、希望、记得"不能带"过"外，其他动词都能带"过"，表示曾经有过的状态。后面常带动量补语或时量补语。如：

妹妹喜欢过网球，现在又不怎么喜欢了。

来中国以后，他病过几天。

我跟他的朋友了解过几次他的情况。

有的动词则只用于否定句。如：

对这个孩子，我从来没有放心过。 ？我放心过。

厂长没有忽视过安全方面的问题。 ？忽视过安全方面的问题。

（6）部分形容词也可以带"过"，表示曾经有过的状态。如：

树叶绿过，现在又黄了。

在很多人面前讲话，我也紧张过，不过慢慢地就不紧张了。

老张以前胖过，现在苗条多了。

"动词＋过"的否定形式是"没有＋动词＋过"。常与"从来"、"还"一起用。如：

他上课从来没迟到过。

我没去过国外。

我们没有怀疑过你。

她还没去过长城。

注意：句中有"曾经"、"以前"等词语，要表示曾经有过的动作或状态时，句中有副词"从来"，要表示动作或状态未曾有时，动词或形容词后一般都要带"过"。

2. 表示行为动作的结束

吃过饭他就走了。

我给女儿打过电话之后，才明白错怪了她。

看过电影我们就去咖啡馆坐坐。

这类用法并不普遍（南方人用得比较多）。动作动词中的一部分动词可以这样用，而且一般用于两个动词的承接句。句中的"过"，可以用"了₁"替换。

**着**

动态助词"着"主要表示两个语法意义，一是表示行为动作的持续，二是表示状态的持续。前者是一种动态的持续,后者是一种静态的持续。不是所有的动词都可以带"着"表示这两个意义的。最常用"着"的是以下1、2两类动词。下面分类进行讨论:

1. 强持续动词

A. 笑、哭、当、忍、握、追、哆嗦

B. 站、坐、躺、睡、蹲、跪

C. 抱、举、背、拿、带、端、抬

D. 逼、催、凑合、掼、盯、扶、跟、拉、搂、陪、望、指

E. 等、歇、重复、担任、兼、记、打量、养(饲养)、养活、张罗、琢磨、管、坚持、玩、攒、叨唠、流行、用、占

F. 保持、保留、保存、惦、惦记、躲、避、惯(孩子)、盼、折磨、照顾、注意、关心、照顾

这类动词的特征是:

(1) 经常带动态助词"着",表示动作的持续。(另参见本编第四章动词)

　　病人躺着,医生在旁边站着。

　　那位妇女抱着一个孩子。

　　他呆呆地望着我,什么也不说。

　　张厂长管着一千多工人。

　　李大爷养着一百多头猪。

(2) A、B、C、D类动词带了"着"后,后面还可以带动词,表示以前一种动作的状态做后一个动作(另参见本编第四章动词)。如:

　　老李追着问我。

　　王老师站着讲课。

　　我朋友拿着几本画报走了进来。

　　他指着远处的一个小村庄说:"那就是我的家。"

(3) B、C两类动词带"着"常用于存现句(另参见第四编第二章第十五节),表示状态的持续。如:

　　屋子里坐着很多人。

　　床上躺着一个病人。

(4) C类动词带"着",常用于主谓谓语句(另参见第四编第二章第十一节)。既可以表示动作的持续,也可以表示状态的持续。如:

　　她背上背着一个登山包。

　　他手里举着一面大旗。

(5) E类中的一部分动词和F类动词在带"着"时,常和副词"一直、始终、总、老"等一起用。既可以表示动作的持续,也可以表示状态的持续。如:

　　奶奶总是唠叨着要去老家看看。

　　山里的孩子始终保持着淳朴的性格。

　　母亲总是惦记着远方的孩子。

　　你干吗老躲着我呢?

　　我家里一直保存着祖上留下来的文物。

(6) A、B类动词常用于"……着……着",表示在某个动作状态的持续中,出现了一个新的情况。如:

 　　她笑着笑着,突然哭了起来。

 　　弟弟在床上躺着躺着,不小心滑了下来。

 　　那人站着站着,突然倒了下来。

 2. 次强持续动词

 A. 关、开、锁

 B. 挂、放、搁、插、摆、装、捆、藏、镶、停

 C. 写、画、贴、栽、种、盛、铺、拿、存、刻、扣、夹

 D. 穿、戴、披、涂、抹、系、扎、梳、染、镶(牙)

 这类动词的特征是:

 (1) A类动词常带动态助词"着"出现在受事主语句中,表示动作完成后,事物所呈现的状态的持续(静态的持续)(另参见本编第四章动词)。如:

 　　门锁着。

 　　窗户关着。

 (2) B、C类动词常带动态助词"着",用于存现句,表示动作完成后,某处某事物所呈现的状态的持续(是静态的持续,另参见第四编第二章第十五节)。如:

 　　花瓶里插着几朵花。

 　　院子里种着很多树。

 　　床上铺着一条厚厚的毛毯。

 (3) D类动词后面带"着",表示人的穿着打扮等所呈现的状态的持续。如:

 　　大卫(身上)穿着一件运动衫。

 　　那个女孩子(头上)戴着一顶红帽子。

 　　这个店的老板嘴里镶着一颗金牙。

 这类描写人的穿着打扮的句子中,常有"人的身体部位＋方位词"短语,这类短语也可以不用。但句子有了这类短语,描写性更强些。

 C类动词如"写、画、贴、栽、种、盛、铺、拿、存、刻、扣、夹"等,后面带了"着"既可以表示动作完成后状态的持续,也可以表示动作的持续。在表示后一意义时,句中动词往往与"正"和语气词"呢"共现,有时还带"着"(也可以不带"着")。如:

 　　爸爸正写(着)信呢。

 　　黑板上写着几个字。

 　　墙上贴着一张广告。

 但一般来说,当要表示动作正在进行时,更多的是这类动词前直接受副词"正在"、"正"、"在"等修饰,而不带"着"。如:

 　　农民们正在山上种树。

 　　妈妈在给客人铺床。

 　　他正栽花呢。

 3. 弱持续动词

 (1) 弱持续动词不像上述两类动词那样经常带"着",而且一般也不能在动词后只带"着"就可以成句(只有"学、听、看"可以带"着",用于祈使句。另参见本编第四章动词)。如:

 　　看着点儿!(祈使句,必须后面带"点儿"。"学"也可用于此句)

 　　大家好好听着!(祈使句)

你看着我怎么做！（祈使句）

这类动词在陈述句中只带"着"是不能成句的，一般后面还要有接续句。如：

　　*我看着书。

　　*他听着磁带。

（2）弱持续动词后带"着"，可以表示两种动作的持续。如：

A. 表示从开始到结束的持续或尚未结束的持续。如：

　　他不停地讲着，连水也不喝一口。

　　他俩不停地吵着，直到别人把他们拉开。

　　爸爸低头抽着烟，什么话也不说。

值得注意的是，这类表示动作持续的句子都不以单句的形式出现，后面往往还有后续句子。要在单句中用这类动词表示动作的持续时，也应像次强持续动词中的 C 类动词一样，要么与"正"、"呢"共现，要么前面受"正在"、"正"、"在"修饰。一般不能以"动词＋着"的形式出现。如：

　　我正吃着饭呢。　　　　　*我吃着饭。

　　他和朋友正喝着酒呢。　　*他和朋友喝着酒。

　　大家正商量着呢。　　　　? 大家商量着。

　　同学们正在念课文。

　　服务员在打扫房间。

　　她们正锻炼呢。

B. 表示从开始到结束的过程中，极短的行为动作的反复进行，如：

　　她轻轻地敲着门，生怕被邻居听见。

　　他不断地点着头，表示赞同。

　　孩子呼呼地喘着气，半天说不出话来。

这类动作也包括可以分割为一次次短暂、反复的行为动作[①]，如：

　　你们先慢慢喝着，我去给你们炒两个菜。

　　他一个接一个地接待着来访的客人，一点儿也不知道疲倦。

这类句中的动词前往往有表示动作反复或将动作分解成一个个部分的状语。带"着"的句子后面还有后续句。

（3）弱持续动词中的"看、说、聊、讲、听、干、跳、唱、吵、闹、走（路）"和次强持续动词中的"写、画、贴"等动词，可以用于"……着……着"，表示在重复前一个动作的过程中，不知不觉地出现了后面的动作、结果或出现了某种变化。如：

　　我们聊着聊着，不觉两个多小时就过去了。

　　他写着写着，突然停了下来。

　　爸爸坐在沙发上看电视，看着看着就睡着了。

---

① 这段说明主要参考了陆俭明(1999)的分析。例句重新改写了。陆俭明在举例时，动词是不分类的，但是所举的例子都是弱持续动词。根据我们的观察，弱持续动词这样用法多些，故放在此讨论。实际上，次强持续动词 C 类动词也可以这样用（因为它也兼有弱持续动词的一些特点）。如：

　　他一件又一件地捆着行李。（句中"捆"可以换成弱持续动词"搬"）

　　她一笔一笔地写着字，非常认真。（句中"写"可以换成弱持续动词"描"）

这样句中的动词前同样要有表示将动作分解成一次次短暂、反复的行为的状语。

上述有的动词也常和"笑"、"哭"一起，用于"……着……着"表示后面的动作是以某种方式或在某种状态下进行的。如：

　　　　他说着笑着就把事情给解决了。

　　　　孩子天天哭着闹着要找妈妈。

　4. 其他动词

　　关系动词一般不能带"着"。非持续动词因本身不能表示持续，所以一般也不能带"着"。状态动词中大多数动词都不能带"着"，只有"病、饿、困、醒、醉、爱、恨、想"等少数动词可以带"着"，表示状态的持续。而且在具体的使用中往往不像强持续动词那样，只带"着"成句，常和"正"、语气词"呢"一起用，或和"一直"、"老"一起用，或用于复句的前一分句。如：

　　　　有一天，我正在家病着，来了一个年轻人。　　　? 我病着

　　　　小李一直爱着你。　　　　　　　　　　　　　? 小李爱着你

　　　　早上我正饿着呢，他给了我一个面包。　　　　? 我饿着

　　　　你既然醒着，就起来吧。　　　　　　　　　　? 你醒着

　　另外，所有状态动词（包括上述几个动词）都不能像弱持续动词那样，只受副词"正在"、"在"的修饰而表示持续。如：

　　　　＊我正在病。

　　　　＊他在醒。

　　"动词＋着"的否定形式是"没＋动词＋着"，但是这类否定形式很少用。一般用于对话中的辩驳、纠正对方的说法（另参见第七章副词中的否定副词）。如：

　　①　A：你与其老坐着，还不如出去走走。

　　　　B：我没老坐着！

　　②　A：门锁着，咱们就别进去了。

　　　　B：门没锁着，你看，一推就开了。

　了₁

　　我们把位于动词之后的动态助词"了"称为"了₁"（也有叫"词尾'了'"的）。根据"了₁"前动词不同的类（参见本编第四章第二节动词的分类），"了₁"所表示的意义有所不同。

　（一）关系动词"是、叫（称谓义）、姓、当作、成为、像、等于、属于"等一般不带"了₁"。

　（二）状态动词和"了₁"

　　状态动词中"希望、记得、担心、操心、喜欢、讨厌、爱、恨、想（念）、气、吓、怀疑、认得、重视、爱护"一般不带"了₁"再带宾语。"病、饿、聋、醉、醒、困、放心"等动词是不及物动词，所以不带"了₁"，而可以带"了₂"（详见"了₂"下）。"明白"和"懂"虽然可以带宾语，但一般是带"了₂"而很少带"了₁"。"相信"可以带"了₁"和简单宾语成句。如：

　　　　听了他的话，我们就相信了他。

　　状态动词中"认识、了解"后可以带"了₁"，所带的宾语一般要受数量词等修饰。如：

　　　　我最近认识了一个运动员。

　　　　他了解了一下这些学生的情况。

　　有的动词后面要带宾语之后才可带"了₂"，表示某种变化。如：

　　　　我有点儿讨厌她了。

　　　　他好像知道咱们的秘密了。

　　有的动词，在表示动作完成或强调程度时，要带补语，然后再带"了₁"或"了₂"。如：

　　　　小伙子爱上了那个姑娘。

　　　　他恨死你了。

　　　　我吓了一跳。

　　（三）动作动词和"了₁"

　　1. 弱持续动词＋了₁

　　（1）"了₁"用于这类动词之后，一般表示动作的完成（实施并已结束）。这是"了₁"最常见的用法。如：

　　　　他喝了一杯可乐。

　　　　她洗了几件衣服。

　　　　妈妈买了很多水果。

　　（2）这类动词后带"了₁"，一般都跟动作实施后所涉及的量有关。所以如果动词后有宾语，宾语前一般还要有数量词或其他修饰语充当的定语，不能带简单宾语。下面是学生的偏误：

　　　　＊我买了书。

　　　　＊他打了电话。

　　（3）这类动词后还经常带时量补语或动量补语。如：

　　　　她看了一会儿电视。

　　　　课文我们读了两遍。

　　　　他给我们介绍了三十分钟。

　　（4）这类动词后用"了₁"，表示动作已经在说话前结束，其状态不延续。只有在带了时量补语的句尾再带"了₂"时，表示动作到说话时或某个时点前还在持续。如：

　　　　我去操场的时候，小孙已经锻炼了一个小时了。

　　　　大家讨论了两个多小时了。

　　2. 非持续动词＋了

　　（1）"了"用于这类动词后，表示动作已经完成。与上述1类情况不同的是，动作完成后的状态是延续的，不过是静态的。如：

　　　　大楼的灯都熄了。

　　　　会议开始了。

　　　　罪犯跑了。

　　　　那位老人死了。

　　句尾最后的"了"实际上是"了₁＋了₂"（详见语气助词"了₂"）。

　　（2）这类动词中有一部分动词如"丢、开始、结束、告别、进、去、离开、批准、提拔、发生、发现、出现、爆发"等可以在带"了₁"后再带简单宾语。如：

　　　　上级批准了我们的请求。

　　　　前面发生了交通事故。

　　　　听说你丢了东西，是吗？

　　　　部长很快结束了会议，匆匆离开了会场。

　　　　不久就爆发了战争。

　　　　他回头一看，一位年轻医生进了门。

　　这类动词所带宾语除了部分如果没有定语意义就不明确的（如＊"批准了请求"）之外，不少动词可以带简单宾语（一般是表示泛指的名词）。这类动词带"了"再带宾语，往往只表示某个事件的发生,不注重动作完成的量。

(3) 非持续动词除了本节(2)所举的动词带了"了₁"后再带宾语外,其他动词都不能带宾语。下面是学生的偏误:

＊我今天9点多才起床,迟到了上课。

＊他最近失败了找工作。

(4) 这类动词带"了₁"之后,后面常带时量补语,表示从动作完成后的状态到说话时或说话前后由某个时点开始所延续的时间长度。如:

他们迟到了一会儿。

我的自行车丢了一个星期,又找到了。

句尾还带"了₂",表示动作完成后的状态一直持续到说话时、说话前或说话后某个时点的时间的长度。如:

等消防队赶到,火已经灭了一个小时了。

你下午3点到那里,恐怕比赛已经开始了半个小时了。

(5) 这类动词带"了₁"之后,后面常带动量补语,如:

这种情况只出现了几次。

孩子的圆珠笔丢了好几回了。

3. 强持续动词＋了

(1) 强持续动词中只有"笑、哭、睡"可单独带"了、过"成句。"当、担任、兼(职)"可以以"动词＋了＋宾语"的形式成句,表示动作的完成以及完成后的状态。其他动词不能单独带"了"成句,一般要带趋向补语、时量补语或其他补语。如:

姐姐笑了。　　　　　　＊那个人坐了。(那个人坐了下来。)

老王当了科长。　　　　＊病人躺了。(病人躺在床上。)

他担任了公司的理事长。　＊客人等了。(客人等了一会儿。)

(2) 这类强持续动词常带"了"后再带时量补语,时量补语一般表示动作或动作状态持续的时间。如果句尾再带"了₂",时量补语则表示动作或状态从开始一直持续到说话时的时间长度,而且动作或者状态到说话时还在持续。注意动词带不同宾语时(下面带▲句),时量补语的位置不同(另参见第三编第五章第六节数量补语)。如:

小张睡了一个小时。

大家歇了半个小时了。("歇"的动作现在还在持续)

孩子玩了两个小时游戏机了。▲(现在还在玩)

夫妻俩照顾了他几年了。▲(现在还在照顾)

4. 次强持续动词＋了

这类动词主要有以下这些:

A. 关、开、锁

B. 挂、放、搁、插、摆、装、捆、藏、镶、停

C. 写、画、贴、栽、种、盛、铺、拿、存、刻、扣、夹

D. 穿、戴、披、涂、抹、系、扎、梳、染、镶(牙)

(1) 次强持续动词中,A、C类动词和B类的"插、停、染、镶"等后面常带"了"(即"了₁＋了₂"),出现在受事话题句句尾,表示某个动作的完成。句中的受事一般都是确定的。如:

门关了。

　　　　信写了。

　　　　钱存了。

　　　　头发染了。

　　（2）A、B、D 类动词（"装、捆、扎、梳"除外）后可带"了"再带时量补语，受事话题句中表示动作完成后，受事所呈现的状态持续的时间。句尾常带"了"，表示动作完成的状态一直持续到说话时。如：

　　　　花插了两天了。

　　　　钱存了三年了。

　　　　衣服穿了一个星期了。

　　（3）C 类动词中"贴、栽、种、盛、铺、刻"后带"了"再带时量补语，有时是有歧义的。要根据前后文才能确定所表示的意义。一是表示动作持续的时间，一是表示动作完成后，状态持续的时间。如：

　　　　花插了一天，还没有插完。（表示动作持续的时间）

　　　　花在这儿插了一天，你怎么还没看见？（表示动作完成后状态持续的时间）

　　　　头发染了一个小时了，应该可以了。（表示动作持续的时间）

　　　　头发染了两天了，你没发现？（表示动作完成后状态持续的时间）

　　（4）B、C 类动词常带动态助词"着"，用于存现句，表示动作完成后，在某处某事物所呈现的状态的持续（静态的持续）。D 类动词常带动态助词"着"，表示人的穿着打扮或与肢体有关的动作状态的持续（参见前 302 页 2（2）、（3））。有时，B、C、D 类动词后带"了"在同样形式的句中也可以表示相同的意义。如：

　　　　墙上挂了一幅画。

　　　　门口种了一排树。

　　　　叔叔穿了一件黄毛衣。

　　　　她戴了一副墨镜。

　　（5）"写、画、插、装、捆、扎、梳、染、夹、扣、种"后带"了$_1$"再带时量补语，表示动作持续的时间。句尾再带"了$_2$"，表示动作持续的时间，一直持续到说话时。如：

　　　　宣传画画了一天。

　　　　司机装了一个小时行李了。

　　（6）A、C 类动词可以带"了$_2$"，表示动作状态的变化。B 类动词一般后面要带宾语（有的要带了补语后才能带宾语，如"爱"、"恨"）之后才可带"了$_2$"。D 类动词一般不能带"了$_1$"或"了$_2$"。

　　综上所述，最频繁使用动态助词"了$_1$"的主要是及物动词，只要是具体的、量化的动作已完成，一般要带"了$_1$"。但及物动词中可以带小句宾语的动词的用法同带一般词或短语宾语的动词的用法是有一些区别的。不及物动词常带"了$_2$"。当这类动词表示的动作已完成，后面要带时量或动量补语时，也需要带"了$_1$"。"了$_1$"和"了$_2$"在语篇中的使用往往还跟说话者关注的重点、语气是否完结等有很大的关系，这些是这两个助词用法比较复杂的地方。

## 第四节　语气助词

### 一、语气助词的分类

语气助词按照在句中的位置可以分为两类：

1. 一般位于句首的，如表示感叹的"啊"（降调），表示惊讶的"啊"（升调），突然明白的"噢"，表示奇怪的"咦"，表示打招呼的"喂"、"哎"，表示应答的"哎"等（有的语法书将这类词称作"叹词"）。

2. 位于句子末尾的，如"了"、"来着"、"的"、"吗"等。按照它们表意功能的不同又可以分为三类：

(1) 事态助词：从一个参照时间来看句子的状态，如：了₂、来着；

(2) 情态助词：表示说话人对某个情况的态度、看法或感情，如：的、吧、呢、啊（哪、啦、呀、哇）、嘛；

(3) 疑问助词：表示询问，如：吗、呢。

本节主要讨论句末语气助词。

### 二、事态助词

**了₂**

我们把用于句尾的"了"称为"了₂"，这是一个表示语气的助词。它可以用于各种谓语句的句尾。

**(一) 单句句尾的"了₂"**

1. 表示已经发生的变化，句尾带"了₂"的句子一般用于提醒听话人注意某个新情况的出现或报告一个新的信息。[①] 常见的形式有以下几种：

(1) 主语＋谓语＋(宾语)＋了₂

　　　花开了。

　　　下雪了。

　　　我不去北京了。（原来计划去北京）

　　　姐姐结婚了。（姐姐以前是未婚的，现在已婚，状态发生了变化）

　　　听他这么一说，大家就都不说话了。（在他说话之前，大家还在说话）

　　　他现在看中文电视，大部分都能听懂了。（跟以前相比，能力发生了变化）

　　　等医生赶到那里，病人已经死了。（在医生到之前某个时间，病人还活着）

这类句子一般表示的是：与说话前的情况相比，说话时出现了新的情况。有时，表示说话人突然意识到的新情况或提醒听话人注意所说的新情况。如：

　　　哟，怎么？都十点了？（说话人原来以为不到十点）

　　　一年前，你走时，孩子还在上幼儿园，现在已经是一年级的小学生了。（提醒听话人注意这个新情况）

　　　现在是秋天了，你看，树叶都黄了。（同上）

---

① 对"了₂"的说明参考了刘勋宁（2003）的观点。

都是大学生了,这么点困难都不能克服。

（2）主语＋数量词(表示时间长度或动作次数)＋没＋谓语＋了₂

我两年没看电影了。

在你换他之前,他已经30个小时没休息了。

等我们找到他们,发现他们三顿饭没吃了,饿得没有力气了。

上述这类句子往往是报告或提示某个新信息:强调到说话时或说话前某个时点"否定的动作状态已经持续了相当长的时间"。

（3）主语＋谓语＋了₁＋时量补语＋了₂

当我们接到电话时,孩子已经丢了两天了。

我们俩在街上转了三个多小时了,还没找到旅馆。

他汉语学了一年多了,可是还不怎么会说。

我们找了他好几年了,可一点消息都没有。

上述这类句子往往也是报告一个新信息:强调到说话时或说话前某个时点"某个动作已经持续了相当长的时间"。

（4）主语＋谓语＋了₁＋动量补语＋了₂

这本小说他反复看了好多遍了,可总是看不厌。

我都跟你说了有一百遍了,可你就是记不住!

这类句子也是提示听话人注意一个新情况:强调某个动作重复的量已经超出想像或一般常规标准。有时带夸张语气。后面常接结果句。

（5）主语＋谓语＋了₁＋名量词＋宾语＋了₂

他已经吃了十瓶药了,病也没好。

你唱了五首歌了,该我唱了。

这类句子也是提示听话人注意一个新情况:强调某个动作完成的量已经很大了。

（6）用于比较句句尾,即"……比以前＋形容词＋多＋了₂",同样表示变化。如:

小赵的英语说的比以前流利多了。

这里的环境跟以前相比,已经好多了。

上面几类句子中的(1)和(5)表示的都是将过去已经发生的变化作为新的信息提出来。这类情况可以是自然界发生的变化,也可以是人为状态的改变(和以前相比发生了改变)。(2)—(4)都是将动作的否定状态或动作持续的时量或动量作为新情况加以强调。

2．报告即将发生的变化。

（1）用"要……了"、"快要……了"、"快……了"、"就要……了"等。如:

火车快开了,该上车了。

上课了,大家别说话了。

吃饭的时间到了,咱们去食堂吧。

明天他要走了,咱们今天开个欢送会吧。

听说火车要提速了,这样一来,路上花的时间就可以缩短了。

上面的句子所表示的情况都是将要发生的。后面常接后续句,后续句有的表示针对前一句的新情况应该采取的行动,有的则是根据前面的新情况推测将会出现的另一个新情况。

（2）提醒听话人注意某个动作即将开始。

吃饭了。

下课了。

我该走了。

3. 表示中止性变化。一般用于使用"别"、"不要"的动词谓语句句尾,表示说话人希望听话人发生一些变化:终止或放弃某个动作或决定。如:

看你咳成这样,别再抽烟了!

不要生气了,他又不是故意的。

你今天就别走了,在这儿住一夜吧。

别开玩笑了,咱们说正经的吧。

4. 表示感叹。一般用于新情况超出了说话人的预料。常用于"太+形容词谓语"句的句尾。有时句子的谓语也可受副词"最"修饰。如:

(1) 用于积极方面。用"了"的句子与时间没有关系。所感叹的新情况可以是已经发生的,也可以是将要发生的。如:

他今天的表现真是太棒了! 简直像换了一个人似的。

你要是能来参加这个活动,那就太好了。

用这个办法解决两家的矛盾,最好不过了。

(2) 用于消极的、不太满意的场合。如:

这件衣服的式样太老了。

今天的作业太难了。

他也太不懂礼貌了!

注意:

① 上述用"了₂"的句子除了第 4 小类,大都是有一个时间参照点的。有的是以说话前或说话后的某个时间为参照点的(句中有表示这类时间的时间名词或句子),如果没有,就是以说话时为参照点。

② 状态动词中的"病、饿、聋、瞎、醉、醒、困、知道、明白、懂"都可以带"了₂"。"喜欢、讨厌、爱、恨、想(念)、相信、怀疑"等在带了宾语后句尾也可以带"了₂",均表示变化、新状态的出现并延续。如:

孩子醒了。

你的意思我明白了。

听到这个消息,他放心了。

我有点儿想家了。

弟弟喜欢玩电脑了。

③ 关系动词大部分都不能带"了₂",除非像下面有前后对比的句中,如:

这所房子以前属于王家,现在属于张家了。

十年前,大家都叫他小吴,现在大家都叫他老吴了。

④ 形容词谓语句句尾加语气词"了",并不表示过去的状态,而是表示变化后的新情况、新状态。如:

他的脸红了。

天凉快了。

爷爷听了这个消息就高兴了。

状态动词或形容词如果表示的是过去的状态或是从过去一直持续到说话时的状态,句尾都不能用"了"。下面是学生的偏误：

　　＊越来越多蚊子也出来,我很恨痒被虫子咬了。

　　改：蚊子越来越多了,我最讨厌被蚊子咬。

　　＊可能因为我的岁数比他们大,我觉得特别累了。

　　改：可能因为我的岁数比他们大,我觉得特别累。

　　⑤ 句中有"时间词或表示时间的短语＋才＋动词",表示动作发生得很晚,超出说话者预想的标准时,句尾不要用"了"。如：

　　爸爸昨天晚上很晚才回家。

　　去年我放了暑假以后才回国的。

　　看了电视新闻,大家才知道这个消息。

　　⑥ 如果句中有表示动作正在进行、持续的副词"正在"、"正"、"在"或有表示动作持续的时间状语时,即使动作是在说话前发生的,句尾也不能用"了₂"。下面是学生的偏误：

　　＊我去找他时,他正在看电视了。

　　改：我去找他时,他正在看电视。

　　＊我一整天睡觉了。

　　改₁：我一整天都在睡觉。 / 改₂：我睡了一整天。

　　要想强调到说话时或说话前某个时点,动作持续的时间长,只能把表示时间长度的词语放在动词后作补语,如改₂。

　　**(二) 非单句句尾的"了₂"**

　　所谓非单句,就是复句乃至复句以上的句群(也称作语段)。关于句尾语气词"了₂"在复句和句群中的作用和使用规律,武果、吕文华(1998)两位先生作了比较全面的分析,现将他们的结论及其部分例句转引如下(根据教学的需要将原文的有些术语作了修改,补充了一些分析和例子)：

　　1."了₂"句出现在对话或叙述中,作为始发句出现。它在对话中或叙述中常有信息提示功能,与其他句子的相互联系和关系有以下几种：

　　(1)"了₂"句传达某种信息,其后续句往往是对"了₂"句提示的信息进行反馈。

　　　　① A：这屋子太热了。

　　　　　　B：那我把空调打开。

　　　　② 大家都吃完了,你去拿水果吧。

　　　　③ A：经理,您的电话。

　　　　　　B：我现在太忙,什么电话也不接。

　　　　　　A：医院打来的,您的孩子病了!

　　　　　　B：快把电话给我!

　　这类句子中的"了₂"都有提示听话人注意新的信息的作用,如果听话人接受了这个信息,一般就会作出相应的动作。

　　(2)"了₂"句提出某个情况(事实、现象、观点等),提请注意,其后续句则是对此情况的按注、说明或此情况导致的必然后果。如：

　　　　老了,身体不行了,走动一下就喘气,写作久了也不行。(武果、吕文华例,下简称武)

2."了₂"句是句群的结束句,有归结上文的作用。有以下几种:

(1)"了₂"句是总结句,对该句前面叙述的情况作出结论,或引发出某种感受。如:

家里人说我六亲不认,单位里的人又说我要求太严,真是"里外不是人"了。(武)

大学毕业以后,先是找工作,后来出国进修,回国办公司,到现在才可以喘口气了。

如果你们离开这儿的时候,说这个学校还不错,我就很满意了。要是你们说以后还要再来,那我就更高兴了。

(2)"了₂"句是对该句前面句子的叙述进行说明或解释的。如:

我去的时候,学校里一个人也没有,都放假回家了。

他不去参加今天的晚会了,他感冒了。

(3)"了₂"是结果句,是该句前叙述的情况所产生的结果。如:

弟弟打电话想见他,他就是躲着不见,弟弟生气了。

孩子老在家练这首歌,连我也会唱了。

(4)"了₂"用于反驳,是对对方所说的强烈的回应。如:

① A:"风风火火打电话把我叫来,我来了,医生又躲着不见面。"她愤愤地自言自语。

B:"谁躲着不见面了?"一个声音在她后面搭了话。

② A:我们叫你你不理,我们要自己看又不让。你怎么这种态度!

B:我的态度又怎么了?

这类用法的"了"一般用于对话中的反问句,说话者一般认为对方讲得不对,用这样的句子让对方打住。

3."了₂"句的连用

(1)并列式连用

不养儿子也行了,电视机开辟了家庭生活的新纪元,新时代了! 电视机已经使我们的生活巨变了,电视机已经使咱们国家巨变了,四个现代化咱们实际上已经实现了三个半了! 中国的月亮越来越圆了。(武)

春天到了,天暖和了,地上的草也绿了。

这样并列连用的"了"字句,横向地从多方面描写人物或事态的不同侧面,有使句式整齐,一气呵成的修辞效果。

(2)递进式连用

时间不早了,也吃饱了。咱们该回去上课了。

山也爬了,日出也看了,吃了早饭我们就该下山了。

这样递进式连用的"了"字句,纵向描写不同事态的先后发展,前后连贯,层层递进。

从单句、复句和句群几方面看,"了₂"都是一个很关键的语气词。在语法功能上,它有成句的作用。有时不用"了₂"句子就不成立。就复句或句群来说,不用"了₂",上下文无法贯通和连接。在语段中,"了₂"有结束语段的作用;从表意功能来说,用"了₂"的句子和不用"了₂"的句子显然意义不同。如:

小明高。(表示一种静止的状态)

小明高了。(表示与以前相比,发生了新的变化)

从语用功能上看,"了₂"在话语中有传达信息和提示信息的功能。所以与"了₁"相比,"了₂"不存在省略的问题,而是该用和不该用的问题。"了₂"在表达事态变化方面有相当大的主观性。在新闻报道、政论文、调查报告、通告、公文等文体中,很少使用"了₂"句(武果、吕文华,1998)。

**(三) 关于使用"了"的规则**

我们在这里把"了₁"和"了₂"放在一起讨论,是因为这两个"了"虽然有区别,但有时又有一定的联系,有时还有共同的规则。学生也常常把这两个"了"的用法混淆起来,因此有必要放到一起来讨论。

1. "了₁"和"了₂"的主要区别

"了₁"最大的特点是用于动词后,倾向表示明确、具体的、可以加以量化的动作。有时为了满足这样的要求,甚至在"了"后加一个看起来多余的虚化数量成分:

> 他理了个发。

> 我洗了个澡。

"了₁"用于动词之后常表示以下语法意义:

(1) 动词后带补语或表示动量、名量的数量词及其他修饰语,表示一次性动作的完成;

(2) 动词后带表示多次动量的补语,表示动作的多次完成;

(3) 动词后带时量补语,表示完成的动作所占用的时间;

(4) "动词+了……"再接其他动词或动词短语表示某个动作完成,接着又做(了)下一个动作。(例句详见下 2)

在表示上述(1)—(3)的语法意义时,句中表示时间或数量的词语往往是不可缺少的。不过,有时当句中有了表示过去时间的词语后,动结短语后的"了₁"可以省略(详见下 5)。

"了₂"的最大特点是位于句尾,表示变化。它与"了₁"不同的是,对动词所表示的动作只须报告一个比较笼统的情况就可以了。因此,用"了₂"的句子大多不用表示时间和数量的词语。用"了₂"的句子一般在以下两种结构中才出现表示时间和数量的词语。

(1) "主语+动词+了₁+数量词(名量、时量、动量词)+(宾语)+了₂",如:

> 他们已经喝了六瓶啤酒了。

> 他学了三年汉语了。

> 那本书我看了好几遍了。

(2) "主语+时间词+没(有)+动词+(宾语)+了",如:

> 我两天没吃饭了。

> 跟老李我已经有十年没见了。

上述结构中的"了₂"都有提示听话人注意新信息的作用(语义说明详见上二(一)1 下)。

2. 必须要用"了"的句子的语法、语义特征

(1) 动作动词中除了非持续动词外,其他动作动词要表示一个一次性已经完成的、具体的动作时,大多要用"了₁",形式为:动+了+(定语)+宾语

> 昨天我买了两本书。

> 孩子吃了不少糖。

离合动词表示完成,"了₁"放在中间,常带补语或定语:

> 下午我睡了一会儿觉。

> 刚才他洗了个澡。

(2) 在以单句表示某个动作已经一次性完成的"动词+结果补语"后也要带"了₁"。如:

> 老人打开了箱子。

> 他收到了妈妈寄来的包裹。

有时,句子是由动词或动结短语带"了₁"的几个句子组成的。如:

几年来,"希望工程"救助了成千上万的失学少年,使他们重新回到了校园。

注意:在单句中,不少"了₁"后只有简单宾语就不能结句。如下面的句子都没有说完:

＊他吃了饭

＊我买了书

(3) 在单句中,表示完成动作的动词后有动量补语或时量补语时,动词要带"了₁"。如:

我问了他两次同样的问题,他都没有回答。

大家游了一个小时的泳。

(4)"了₁"后面是简单宾语,句子可以成立的一般有以下几种情况:

① 句子最后再加"了₂"(表示话说完了):

他吃了饭了。

我买了书了。

② 在承接复句中,当前面一个动作完成后,才做后面的动作,前面的动词带"了₁"可以带简单宾语,后面还有后续句。如:

他下了课就去图书馆了。

我放了学要去看朋友。

他亲自联系了几家小报记者,并送了礼,但也仅有两个小报登了只有一两句话的简单新闻。(《桥梁——实用汉语中级教程》(上)课文,下简称《桥梁》(上))

③ 在对举句中表示某个动作的完成或实现。如:

我吃了饭,没吃菜。(做与没做的两个不同的动作前后对比举出)

他跟生活了二十几年的老妻分了手,和比他小二十几岁的崇拜者结了婚。(《桥梁》(上))("分手、结婚"是离合词,"了₁"要放在词的中间)

上面对举的例句,如果单独成句,语序则要做一下调整:"了"改放在句子最后。如:

他跟妻子分手了。　　　　？他跟老妻分了手。(句子没说完,不能成立)

他跟他的学生结婚了。　　？他和他的学生结了婚。(同上)

④"动词＋了＋宾语"是比较固定的动宾短语或离合词,出现在复句的结果句中,前一分句往往是交代该动作完成的背景或原因。如:

他把这件事渐渐忘掉,一切的希望又重新发了芽。

由于他多次犯错误,结果被撤了职。

他看出那人并不想害他,他放了心。

他双手托着这位小少爷,不使劲吧,怕滑溜下去,用力吧,又怕给伤了筋骨,他出了汗。(《骆驼祥子》)

我大喝一声,伙计们这才住了手。

⑤"主＋状语＋动＋了＋宾语"(动词多为心理动词):

大家早就原谅了我。

老人对这里的一切充满了感情。

她眼里充满了失望。

上面五种情况的"了₁"后都不带数量词,其动作都是无法量化或根据语境不必量化的。

(5) 凡是表示某个情况发生了新的变化,或者提醒对方注意新出现的情况,或者要求对方终止某个动作,都要在句尾加"了₂"。如:

他和中国朋友每天聊天,汉语比以前进步多了。

下大雨了,咱们回不去了。

吃饭的时候到了,别再讨论了。

(6) 中断前面的动作或谈话,宣布要实行新的行动时,一般也要在句尾加"了₂"。如:

如果你没有什么再要说的话,我就走了。

您好好休息,我该告辞了。

(7) 假设某个新的情况出现后,可能会出现某个结果,表示这类新情况的句子一般要在句末加"了₂"。如果后面的结论或结果也带有变化意义的话,也同样要用"了₂"。如:

如果医生诊断错了,不是癌,那我们就都轻松了。

这个生意做好了,能赚很多钱。要是做赔了,那就麻烦了。

(8) 如果连动句表示的是已经完成的动作,一般要用"了"。根据第二个动词所带宾语的简单与复杂,应用不同的"了"。当连动句的第二个动词带的是简单宾语,应在句末用"了₂",如:

他去看电影了。

小林来图书馆还书了。

当连动句中的第二个动词带的是复杂的、受定语修饰的宾语时,就要在第二个动词后用"了₁"。如:

小林来学校上了两节课就回去了。

昨天我去看了我上星期认识的朋友。

老师来借了两本杂志。

注意:连动句的第一个动词"来"、"去"后不能带"了",下面是学生的偏误:

＊他来了学校上课。

＊妈妈去了商店买东西。

(9) 当承接复句或条件复句表示前一个动作完成之后,接着做或才能做后一个动作时,即前一完成的动作的完成是后一个动作的起点或条件,前一个动词后一般要带"了₁"。如:

老刘下了班就走了。

你吃了饭再回家吧。

他必须做了作业才能让他去玩儿。

等老李来了我才可以走。

3. 不用"了"的句子的语法、语义特征

(1) 表示某个一次性的动作没有实行的句尾,不要用"了"。注意:这类句中,"没"的前面没有表示时段的词语,并不是表示长时间未曾实行或出现某个动作。下面是学生的偏误:

＊我没买东西了。

＊他们没看电视了。

(2)"才(或刚、刚刚)＋动作动词/动结补语(表示完成义)"的句尾一般不要带"了":

他昨晚十二点才回家。("才"表示动作发生得晚)

老师才上汽车。(表示动作在不久前完成)

小李刚刚离开这儿。(意义同上)

小明刚把包裹寄出去。(意义同上)

(3) 动作是经常性重复发生的,即使是过去的情况,也不用"了"。这类句中常有"每天"、"常常"、"经常"、"总是"等表示经常、频率高的词语。如：

　　他过去每天早上都是六点起床。

　　上个月，我常常去传达室看有没有你的信。

　　结婚前，每逢休息天，我都去女朋友家，和我现在的岳父岳母一起共进晚餐。

　　（4）关系动词和状态动词中一部分不表示完成、变化的动词，不能带"了"。如"是、姓、好像、属于、觉得、认为、希望、需要、作为"等。下面是学生的偏误：

　　＊我跟他谈话时，觉得了他有点儿怪。

　　＊父母希望了他们的孩子有出息。

　　（5）"发现、听说、知道、看见"等后面是小句作宾语时，即使"发现"等动作已经完成，但当宾语的小句的谓语不表示某个一次性动作完成时，也不必加"了$_1$"或"了$_2$"。如：

　　他发现教室的门开着。（作宾语的小句表示动作的持续）

　　我知道他叫王平。（作宾语的小句表示经常的状态）

　　我听说明天放假。（作宾语的小句表示将来的动作）

　　他看见那人在打电话。（作宾语的小句表示动作在进行）

　　这类句子有时加"了"，一般都是与充当宾语的小句有关。是加"了$_1$"还是"了$_2$"，主要看小句谓语动词的情况。当小句动作完成，动词后没有宾语（处所宾语除外），"了"放在句末。动词后有宾语，"了"放在宾语前（与单句"了$_1$"用法相同）。如：

　　我听说他已经决定了。

　　我听说他已经下了决心。

　　他知道考试及格了。

　　他知道考试只通过了两门。（小句动词的宾语有数量词修饰）

　　我看见他来学校了。

　　我看见他拿出了一本书。（同上）

　　他发现哥哥有女朋友了。

　　他发现哥哥找到了工作。（小句动词后有结果补语）

　　（6）当句中谓语动词是"决定、同意"等，后面带动词宾语时，即使动作已经完成，也不加"了$_1$"。句末可不加"了"，要加就是"了$_2$"，表示变化。下面是学生的偏误：

　　＊他决定了去南方旅行。

　　改：他决定去南方旅行了。

　　＊爸爸同意了送我一件礼物。

　　改：爸爸同意送我一件礼物了。

　　（7）形容词谓语如表示过去的状态，形容词后也不要加"了"。下面是学生的偏误：

　　＊我们去年去爬了长城，爬上长城的时候，我们都很高兴了。

　　＊今年的夏天很热了，所以我哪儿也没去。

　　（8）当动作动词及短语、主谓短语充当具体名词的定语时，即使那个动作是已经完成的，也不加"了"。下面是学生的偏误：

　　＊学了的汉字，一会儿就忘了。

　　＊这是他买了的书。

　　＊老师说了的话，你都忘记了？

　　如果作定语的动词后有表示时间的补语，动词后要加"了$_1$"。如：

他跟生活了三十几年的老妻分了手……

去年秋天,我告别了住了二十多年的故乡,到中国来留学。

(9)"连+动+带+动"即使表示的是过去的动作,句子末尾也不带"了",因为这一结构表示的是持续的状态,既不是完成也不是变化。下面是学生的偏误:

＊孩子们高兴得连蹦带跳了。

(10)兼语句第一个动词后,不能带"了"。下面是学生的偏误:

＊昨天他请了我们大家吃晚饭。

＊爸爸叫了我去买东西。

(11)"了₂"本身有结句的功能,所以,当围绕着同一个话题,叙述一连串发生的动作时,是不宜在每一句句尾都用"了"的。下面是初学者常出现的偏误:

＊我起床了,我刷牙了,我吃早饭了,我去上学了。

4. 可以省去"了₁"的句子的语法、语义特征

A. 单句中"了₁"的省略

(1)单句具备下面两个条件:动词前有"已"之类表示过去时间的词语,动词后有数量短语,表示完成动作后的"了₁"可以省略。这类用法多见于书面语。如:

我得到消息时,老人已去世一个多月。

救灾物资已分给二十家灾民。

(2)动词前有表示过去时间的词语,动词后有表示结果意义的补语。如:

我昨天回到北京。

今年年初,市政府向全体市民发出"全面提高市民素质"的号召。

(3)动词前有表示过去时间的词语,句末有"了₂"。如:

他已经懂得很多事情了。

你老老实实讲,我们已经掌握情况了,不许你赖!

这时候,老刘已经回到家门口了。

(4)并列动词作谓语,第一个动词不用"了₁"。如:

大会讨论并通过了今年的生产计划。

(5)如果被修饰的中心词是"以后",前面的动词短语是非持续的,动词后可以加"了",也可以不加。书面语中多不加"了"。如:

下(了)课以后,到我家去玩吧。

上(了)大学以后,他觉得自己一下子长大了。

如果被修饰的是"后、时、时候"等表示时间的名词,充当定语的动词及其短语后一般不要带"了"。如:

甲队以 3∶1 战胜乙队后,队员们信心更足了。

发生事故时,你在哪儿?

我第一次见到他的时候,他还只有 10 岁。

B. 复句或句群中"了"的省略与使用

(1)在用几个连贯句叙述一个完整事件的句群中,并不需要在每一个表示动作完成的动词或动补短语后都带上"了"。为了使语气连贯,前面出现的动词及动补短语后常常不用"了₁"。有时是在最后一个分句的动补短语后用"了₁",表示最后动作的完成。有时在句尾用"了₂",表示整个语段的结束。如果最后的分句所表示的动作还未完成或后面还有直接引

语,就不用"了"。如:

　　他放下电话,穿上大衣,就走了出去。

　　妈妈一进门,便放下包,系上围裙,拿出包里的菜,洗了起来。

　　小张重新回到屋里,上了床,铺好被子躺下了。

　　姐姐开灯下地,去给我找衣服。

　　弟弟追到大门外边,大声地对爸爸喊道:"别忘了给我买礼物!"

　　这时从黑暗里又转出两个人影,"你到哪儿去了? 可把人好找……"

　　(2)当句子的谓语是动补短语(补语是表示动作结果或数量的),句末有"了₂"时,这类动补短语的动词后或补语后的"了₁"可以省略。如:

　　一个挺会说话的人,变成哑巴了。

　　你这么严厉地处分他,这回算是结下冤家了!

　　我说三遍了,你怎么还记不住?

　　咱住几辈子草棚屋了,急着住瓦房做啥哩!

　　(3)复句前一分句的谓语动词前如有表示动作方式的状语,后一分句是结果句(句中往往有"了₁"),前一分句的动词所表示的动作即使已经完成,动词后一般也不用"了₁"。如:

　　会上,他主动承担责任,取得了群众的谅解。

　　小高拼命争取,才得到了这份工作。

　　(4)在表示事物分配的复句中,谓语往往采用"动+到/出+数量短语"形式,这类动结补语后可不带"了₁"。如:

　　发奖金时,第一组的老王,照规定拿到九百元。第二组的小李,则得到四百五十元。

　　注意:有时为了强调几个动作都已实现或完成,特别是在对比或排比的句子里,在每个动词或动补短语后都用"了₁"。有时在最后一句用"了₂"作收束。如:

　　在这场比赛中,甲队上了天堂,乙队下了地狱。

　　现在村子里,家家吃上了精米白面,穿上了绫罗绸缎,看上了彩色电视,住上了舒适的楼房。

　　今天是星期天,我擦了窗户,洗了衣服,把屋子里里外外打扫了一遍,真累坏了。

　　现将上面的分析大致归纳如下:在单句中,如果及物动词表示的是具体的、可量化的、一次性动作的完成,一般要带"了₁"。不及物动词后的"了"是"了₁+了₂"。当动词后面带时量或动量补语,表示动作完成时,都要带"了₁"。如果前一个动作的完成是后一动作的起点或条件的,前一动作动词后也要带"了₁"。当句子表示某种新的变化,句尾一般要带"了₂"。只要句子本身不表示动作的实现、完成或变化时,一般不用带"了"。即使动作已完成,带小句宾语的动词后、连动句和兼语句的第一个动词后一般不带"了₁"。"了₁"和"了₂"在句群中的使用与否往往跟说话者关注的重点、语气是否完结和句式的工整等方面有很大的关系。

　　**来着**

　　"来着"用在句末,表示某情况肯定曾经发生过。疑问句则是以"认为某情况肯定发生过"为前提,用于口语。句中的动词不能带"了"、"过"。如:

　　刚才在图书馆看见他来着。

　　陈老师上午还在这儿来着。

　　你们刚才商量什么来着?

"来着"可以用于表示禁止的"别、不要"之后。如：

你别告诉他我打球来着。

你不要说我去买东西来着。

"来着"与"过"的区别

说话人用"来着"只关心某一情况肯定发生过,不关心动作的状态和结果。因此：

1. "来着"只用于肯定已经发生过的事情,不能用于否定句。"过"可用于否定句：

＊我没说这句话来着。　　　　　我没说过这句话。

2. 用"来着"句的动词前不能带状态修饰语,动词后不能有结果补语、趋向补语、时量和动量补语。"过"不受此限制。如：

＊那扇窗打开来着。　　　　　那扇窗打开过。

＊自行车我借出去来着。　　　自行车我借出去过。

＊她去一次北京来着。　　　　她去过一次北京。

＊我学一年汉语来着。　　　　我学过一年汉语。

3. 句中若无时间词,用"来着"的句子一般指不久前发生的事。用"过"虽可指不久前发生过的事,但更多的指远时过去。

4. "来着"一般只用于使用"谁、什么"的特指疑问句中。如：

他刚才说什么来着？

谁欺负你来着？

## 三、情态助词

### 的

语气助词"的"主要用于以下几方面：

1. 强调现实事件的条件,即已经实现的某个事件的时间、地点、方式、材料、协同者、目的等等。前面经常有"是"与之呼应,"是"有时可以省略,但是"的"不能省略。如：

我们是昨天到的。

小孙是从北方来的。

他是坐出租车来的。

豆腐是大豆做的。

我是跟玛丽一起去的。

我不是图钱才来北京工作的。

这类句尾的"的"只是对某个活动的时间、地点、方式、材料、协同者或目的等加以确认,不是表示一个事件,因此句末的"的"不能换成"了"。

这类"的"有时会放在动词后,宾语前。和用"了"的句子是有区别的。如：

他们是昨天到的苏州。(这一句是对"什么时候到的"的回答,是静态的。)

对比句:他们不是今天到的苏州。

他们昨天到了苏州。(这一句是对"到了没有"的回答,是动态的。)

对比句:他们昨天没到苏州,到了上海。

小田是跟玛丽一起去的博物馆。(这一句是对"跟谁一起去的"的回答,是静态的。)

小田跟玛丽一起去了博物馆。(这一句是对"去了博物馆没有"的回答,是动态的。)

2. 强调、断定已实现事件的责任者。如：

篮球是我找他借的。

是他把门打开的。

是大哥劝小弟离开的。

这类"的"有时会放在动词后，宾语前。同样和用"了"的句子有区别。如：

是我找他借的杂志。（这一句是对"是谁借的杂志"的回答，是静态的。）

我找他借了一本杂志。（这一句是对"借了没有，借了多少"的回答，是动态的。）

是老刘打开的大门。（区别同上）

老刘打开了大门。

注意：凡是用"了"的句子前面都不能用"是"。不是确指的宾语前还要有量词等修饰语。

3. 对非现实事件的肯定。

这种非现实的事件是说话人对未来要做的动作或可能出现的情况的肯定。有的是一种表态，有的是根据说话时的情况作出的推断，主观性比较强。谓语前一般有表示可能的"会"、语气副词"肯定"、"一定"等与之共现，在这类词语前，有时还用"是"加强肯定语气。如：

你妈妈的病会好的。

别着急，小林一定会来的。

只要你努力，是会取得成功的。

你放心，我是决不会让你吃亏的。

你弄坏了他的摩托车，他是肯定不会放过你的。

这位英雄为保卫祖国献出了他年轻的生命，人民会永远怀念他的。

注意：这类句中的"的"不能像1、2类句子那样放在动词和宾语之间。

**啊（哪、呀）**

（1）用于感叹句句尾。表示带有说话者主观爱憎、喜怒哀乐等各种感情的语气。如：

祖国啊！我的母亲！

她真可怜哪！

这里的风景多美呀！

你呀你呀！你让我说你什么好啊！

真太谢谢您了！您救了我孩子的一条命啊！

（2）用于祈使句。命令语气比用"吧"要强得多。如：

你倒是说话啊！

快跑啊！

你要好好学习呀！

（3）用于陈述句。

A. 用于话题或非重要内容之后。如：

对孩子啊，既不能太宠爱，又不能太严厉。

这个人啊，是最不爱听别人的批评意见的。

反正呀，谁也别想说服他。

那几天哪，大家都特别紧张。

我建议啊，咱们最好一早就出发。

B. 用于假设让步复句的前一分句后,表示停顿。

要想买便宜的东西呀,就得去那个超市。

你就是不告诉我啊,我也能猜得出来!

C. 用于举例的格式之后。如:

家里乱得很,什么衣服啊、袜子啊、本子啊、报纸啊,放得哪儿都是。

一比赛,就老想着拼啊,杀啊的。

大家唱啊,跳啊,玩得可高兴呢!

(4) 用于疑问句。常用于使用疑问代词的特指疑问句句尾。如:

我们什么时候放假啊?

这儿哪儿有杂志啊?

他怎么这么不讲理啊?

谁能帮帮我啊?

也常用于正反疑问句的句尾。如:

现在这种发型是不是不流行了啊? 我在大街上很少看到。

你是不是对我有意见啊? 为什么不说话?

**吧**

"吧"表示委婉语气,一般放在句尾。常用于祈使句、陈述句和疑问句。

(1) 用于祈使句句尾,表示建议、请求、命令、催促等语气。如:

咱们一起走吧。

借给我点儿钱吧。

你快说吧。▲

你再吃一点儿吧。▲

早点儿睡觉吧。▲

上述祈使句句尾的"吧"可以不用,不用"吧",命令的语气很强,没有商量的余地。用了"吧",带有商量的语气,使命令句的语气变得比较委婉、客气。上述带▲句尾的"吧"也可换用"啊"。用"啊"则没有了商量的语气,带有催促命令的语气了。

(2) 用于陈述句,可以用于以下一些成分和句子之后。

A. 用于话题或非主要信息停顿处。如:

我爸爸吧,特别喜欢足球。看起足球来,可以不吃饭不睡觉。

B. 用于假设让步复句的前一分句后,表示停顿,加强了句子本来所有的迟疑、为难的语气。如:

他的东西我收下吧,不好,不收吧,也不好。

听她讲话,真没有意思,站起来走吧,不太好意思,不走吧,又觉得难受。

C. 用于举例的词语或格式之后。如:

比如吧,你们刚从国外来到这儿,肯定会觉得什么都挺新鲜。

我们班的同学学习都很认真,就拿小张来说吧,他每天除了做作业外,还要花很多时间预习和复习。

这几年人民生活发生了很大变化,比如私家车吧,增加的速度就很快。

D. 用于表示劝慰意义的句子末尾或结构之后。如:

你就放心吧,保证完成任务。

　　　　这次去不了就去不了吧,以后总会有机会的。

(3) 用于疑问句句尾。

A. 用于是非疑问句句尾,带有揣测语气。如:

　　　　他大概还没吃饭吧?

　　　　她有三十多岁了吧?

　　　　明天不会下雨吧?

B. 用于特指疑问句或正反疑问句后,要求对方立即表态或作出决定,语气较强。如:

　　　　你说到底该怎么处理吧。

　　　　你说这件事今天给不给办吧。

呢

"呢"表示提示的语气,其基本作用是提醒听话人注意"呢"前面的内容。

(1) 用于感叹句句尾。如:

　　　　他的歌唱得才好呢!(提醒听话人注意实际情况是超出听话人的预料的)

　　　　你知道吗? 这位 70 岁的老人登上了 5000 米的高峰呢!(同上)

　　　　你的本事还真不小呢!(对实际情况超出了说话人的估计而赞叹)

　　　　要不是警察及时赶到,还不知道会出什么事呢!(事后表示庆幸)

　　　　你总算来了。我还以为你出事了呢!(事后表示担心)

注意:"呢"用于感叹句与"啊"有所不同。"啊"表示感叹时,往往带有说话人的爱憎、喜怒哀乐等感情色彩(详见上"啊")。用"呢",一般不表示纯粹的主观感情,多表示基于事实的某种语气。有时用于提醒听话人注意实际情况超出了听者的预料;有时则是表达说话人事后的庆幸、担心或对事实出乎意料的赞叹等多种语气。

(2) 用于陈述句中,表示提醒或肯定的语气。

A. 表示动作正在进行或某个动作或状态仍在持续。如:

　　　　你说话轻点儿,孩子正睡觉呢!

　　　　他们两个在说悄悄话呢。

　　　　我正打电话呢,他就进来了。

　　　　他还没办手续呢,怎么能走呢?

　　　　大家都等着呢,你能不能快一点儿?

B. 用于话题和非重要内容后表示停顿。如:

　　　　同学们都主张去杭州旅游,我呢,自然也不好反对。

　　　　他嘴上说不愿意去,其实呢,心里特别想去。

C. 用于假设让步的复句的前一分句后表示停顿(有时这类分句可放在后面)。如:

　　　　明天去公园。天好呢,就四处转转;下雨呢,咱们就在公园里的茶室喝喝茶。

　　　　万一他不同意呢,我就另想办法。

　　　　这个开关,假如按一下呢,所有的灯就一定会都亮起来。

　　　　我是下定决心要这么做的,哪怕有人提意见呢。

D. 用于表示劝慰意义的句尾或结构之后。如:

　　　　别生气,我们逗你玩呢!

　　　　别着急,离考试还早着呢!

### 四、疑问助词

**吗**

（1）用于陈述句的句尾表示疑问。如：

他是老师吗？

你去学校上课了吗？

能给我看看吗？

是他叫你打这个电话的吗？

注意：用疑问代词的特指疑问句、选择疑问句和正反疑问句的句末不能用"吗"。

（2）用于反问句。如：

你看你，还像个学生的样子吗？

难道要我亲自动手吗？

他就不能向人家道个歉吗？

**呢**

"呢"表示疑问。

（1）用于疑问句。常用于使用疑问代词的特指疑问句句尾。如：

这么晚了，他去哪儿了呢？

这事情又不要紧，何必这么着急呢？

既然已经决定了，还有什么可讨论的呢？

旅馆都住满了，咱们该怎么办呢？

"呢"还常用于选择疑问句或正反疑问句句尾。如：

我是今天去呢？还是明天去呢？

老师会不会不同意呢？

这些钱去旅游够不够呢？

注意：

1）不用"呢"的特指疑问句、选择疑问句或正反疑问句都是仅表示疑问。用"呢"的特指疑问句则带有说话者疑惑不解、为难、焦虑等语气。带"呢"的选择疑问句或正反疑问句则带有犹豫不决、对某种情况的担心或估计的不确定等语气。

2）"呢"用于使用疑问代词的特指疑问句句尾时，语气比"啊"轻。用"啊"往往带有比较强的追问或质问的语气。用"呢"语气比较缓和。

在对话的语境中，"呢"常直接用于名词、代词之后，有时问名词、代词所指的人或事物的处所，有时问某人的意见或选择。如：

王老师呢？（即问"王老师在哪里？"）

我的球鞋呢？（即问"我的球鞋在哪里？"）

他们都选小周当班长，你呢？

我赞成九点上班，你呢？

（2）用于反问句句尾。如：

谁不愿意自己有个聪明的大脑呢？

哪个父母不喜欢自己的孩子呢？

去长城的同学都已经出发了。谁让你不按时来的呢？

注意:用"呢"的反问句比不用"呢"的反问句语气要缓和些。①

## 第五节 学生在助词方面常见的偏误

### 一、结构助词方面常见的偏误

1. 缺漏

缺少"的"或"得"

＊我希望做菜很好吃。

改:我希望做的菜很好吃。

＊今天的天真好,天蓝蓝,云白白的。

改:今天的天真好,天蓝蓝的,云白白的。

＊他们打很好。(鲁健骥文例,下简称鲁)

改:他们打得很好。

2. 误加

(1)误加"的"

＊在日本我的大部分的时间,不看电视。

改:在日本,我大部分时间都不看电视。

＊这是我的人生第一次吃苏州菜。

改:这是我一生中第一次吃苏州菜。

(2)误加"的"和其他成分

＊现在去火车站的时候,我们来不及。

改:现在去火车站,我们恐怕来不及了。

＊他这种认真学习的精神值得别的人的表扬。

改:他这种认真学习的精神值得表扬。

＊孩子够长大也依然依靠父母生活,这都是父母太多的干涉的后果。

改:孩子已经长大成人了,生活上还依赖父母,这都是父母平时干涉过多的结果。

3. 误用

(1)误用"的"

＊我始终相信他的成功。

改:我始终相信他会成功。

＊这件衣服虽然很贵,可是并没有不好的。

改:这件衣服虽然很便宜,可是质量并没有问题。

(2)"的"与"得"混用

＊她写得汉字很好看。

改:她写的汉字很好看。

---

① 陆俭明认为现代汉语中的疑问语气词有两个半:"吗"、"呢"和半个"吧"。"啊"虽能出现在疑问句末尾,但它在疑问句里不起负载疑问信息的作用,所以不能看作疑问语气词(陆俭明,1984)。所以本节疑问语气词下,主要列了"吗"和"呢"两个。

4．错序

　　＊他是我的同学弟弟。

　　改：他是我同学的弟弟。

5．杂糅

　　＊他只是随便说说，别人的说未必听。

　　改：他只是随便说说，别人未必听他的。

## 二、动态助词方面常见的偏误

**过**

1．缺漏

　　＊我从来没吃这么好吃的饺子。

　　改：我从来没吃过这么好吃的饺子。

2．误用

否定形式有误

　　＊你去不去过北京？

　　改：你去没去过北京？

　　＊我从不去过篮球场。

　　改：我从没去过篮球场。

3．错序

　　＊我去过国外旅行一次，当时我是小孩儿。

　　改：我去国外旅行过一次，当时我还是个孩子。

　　＊他好像三次来过北京。

　　改：他好像来过三次北京。

4．杂糅

　　＊在北京公园中，我去过的公园没有。

　　改：北京的公园我一个也没有去过。

　　＊他从来没有努力地做过工作，当然他的理想实现不了。

　　改：他工作从来没有努力过，他的理想当然实现不了了。

**着**

1．缺漏

　　＊她拉自己的儿子上楼了。（李大忠例，下简称李）

　　改：她拉着自己的儿子上楼了。

　　＊她带难舍难分的心情回宾馆去。（李）

　　改：她带着难舍难分的心情回宾馆去。

分析：当表示动作的方式或所伴随的状态时，句中第一个动词后要带"着"。

　　＊很久很久以前，在一个村子里住一对老夫妻。（李）

　　改：很久很久以前，在一个村子里住着一对老夫妻。

2．误加

动词后误加"着"

　　＊老余进着屋子，发现屋子里没有人。（李）

改:老余走进屋子,发现屋子里没有人。

＊当我在我的房间的时候,我常常开着电视。我不注意听着电视的话,可是我想习惯汉语语调。

改:当我在房间里的时候,常常开着电视。我并不注意听电视里在说什么,只是想熟悉汉语的语调。

3. 误用

(1) 与"的"用法相混

＊我想买这件毛衣,不过带着钱不多。

改:我想买这件毛衣,不过带的钱不多。

(2) 与助词"过"、"了"的用法相混

＊这本书你看着没有?

改$_1$:这本书你看过没有? / 改$_2$:这本书你在看吗?

＊我们在火车坐着两三个小时。(崔希亮文例,下简称崔)

改:我们在火车上坐了两三个小时。

分析:当动词后带动作持续的时量补语时,动词后要带"了"不能带"着"。

＊王先生摇了扇子走过来。(李)

改:王先生摇着扇子走过来。

分析:"摇(扇子)"是表示后面"走过来"所伴随的动作方式(见上缺漏例),应该带"着"而不是"了"。

(3) 与趋向补语的用法相混

＊我在 KFC 的时候,在我的后面两个男的坐着了。售货员告诉我:"注意你的手提包!"

改:我在 KFC 的时候,在我后面有两个男的坐了下来。售货员提醒我:"注意你的手提包!"

4. 错序

＊我喜欢散步沿着在台阶摆满的花儿。

改:我喜欢沿着摆满花儿的台阶散步。

了$_1$

1. 缺漏

(1) 动词后缺少"了$_1$"

＊上星期日下午玛丽看三个钟头小说。(鲁)

改:上星期日下午玛丽看了三个钟头小说。

＊她熟悉这里的情况,给我一个建议。

改:她熟悉这里的情况,给了我一个建议。

＊我树立自己的目标:在两年之内把汉语学好。

改:我树立了自己的目标:在两年之内把汉语学好。

＊下班以后我去吃日本菜,特别生鱼片和生牛肉真好吃!

改:下班以后我去吃了日本菜,特别是生鱼片和生牛肉,真好吃!

＊吃饭以后我们去卡拉 OK,这是我第一次在苏州去卡拉 OK。

改:吃完饭以后我们去了卡拉 OK,这是我在苏州第一次去卡拉 OK。

分析:后一分句不是对前面动作的承接而是补充说明,因此前一句的主要动词后要加"了₁",表示一个完整动作的结束。

＊我不知道这个生词的意思,但是朋友说以后,我才恍然大悟。

改:我不知道这个生词的意思,但是朋友给我解释了以后,我才恍然大悟。

＊听他的话以后画家后悔了,真的来不及了。因为老妻子已经死了。

改:听了他的话以后,画家后悔了,但是已经来不及了,因为老妻已经死了。

＊回答他以后,我就去学校。

改:回答了他的问题以后,我就去学校了。

分析:"以后"前面如果是"毕业、结婚、下课、放学、吃完、回去、看见"等非持续动词或动结短语时,即使表示动作完成,也可直接带"以后",不用加"了₁"。当"以后"前是持续动词及短语,表示动作已完成时,就要在动词后加"了₁"。

(2) 动词或动补短语后缺少"了₁"

＊他批评得厉害,终于这女孩子哭起来。

改:他的批评非常严厉,所以被批评的女孩子哭了起来。

＊我们一时遇到困难,我们能克服。

改:我们暂时遇到了困难,但是我们能克服。

分析:"哭起来"处于因果复句的结果句中,"遇到"处于转折复句的前一分句,意义都是比较独立的,应该加"了₁",表示某个独立的动作或情况已经完成或实现。

(3) 缺少动词、"了₁"和相关成分

＊他写的大字比较好看,不过他跟书法家学书法短短的时间。

改:他写的大字比较好看,不过他跟书法家学书法只学了很短的时间。

2. 误加(偏误原因详见 315 页 3.)

(1) 表示非持续的动结短语带"以后"误加"了"

＊写完了以后阿二拿走了那个牌子。(吴丽君例,下简称吴)

改:写完以后阿二拿走了那个牌子。

＊他回去了以后,别人看见了这个牌子。(吴)

改:他回去以后,别人看见了这个牌子。

(2) 表示多次重复或经常性动作的动词后误加"了₁"

＊我和他常常谈了很多话。

改:我常常和他谈很多话。

＊每打一场篮球,我就睡了半天。

改:每打一场篮球,我就要睡半天。

＊我们经常一起干活儿,因此互相都知道了缺点。

改:我们经常一起干活儿,因此互相都知道对方的缺点。

分析:表示经常状态的"知道"后不能带"了₁"。

(3) 推测动作可能发生,动词后误加"了₁"

＊爱吸烟者会得了肺癌。

改:爱吸烟的人容易得肺癌。

分析:在该句中,"得肺癌"是根据带普遍性的规律作出的推测,非一次性完成的动作,故不能加"了₁"。

(4) 带小句的动词后面误加"了₁"

　　＊我看见了那个人走出去了。

　　改:我看见那个人走出去了。

　分析:"看见"等带主谓短语(小句)宾语,即使动作已完成,也不能带"了₁"(参见本编第四章第二节(二)3)。

(5) 兼语句中第一个动词误加"了₁"

　　＊我觉得这本字典对我有帮助,于是我劝了朋友这本字典。

　　改:我觉得这本字典对我有帮助,于是我劝朋友买这本字典。

(6) 作定语的状态动词后误加"了"

　　＊我觉得妻子只是要他的收入,所以没有卖出去的时候妻子失望了的样子。

　　改:我觉得妻子只图他的收入,所以画没有卖出去的时候,妻子表现出很失望的样子。

3. 错序

(1) 连动句中"了"的位置有误(偏误原因详见上二(三)3)

　　＊我不想连累你,亲自找了他商量一下。

　　改:我不想连累你,自己找他商量了一下。

　　＊我和我老公一起去了买两个手机。

　　改:我和我老公一起去买了两个手机。

　分析:一些学生的母语中,有与汉语连动句大致对应的句型,但学生母语中的连动句在表示动作完成时,是"来"、"去"发生变化。所以上述偏误是受学生母语影响而产生的。

(2) 应用"了₁"而误用"了₂"(偏误原因详见上二(三)1)

　　＊没过个冬天,我就患感冒了。

　　改:冬天还没过,我就得了感冒。

　　＊吃午饭了以后,我就回家了。

　　改:吃了午饭以后,我就回家了。

　　＊经过了一个多小时,我终于来到学校了。

　　改:经过了一个多小时,我终于来到了学校。

　分析:如表示一个一次性动作的完成,一个相对完整事件的结束,应在动词或动结短语后加"了₁"而不是在句尾用"了₂"。

4. 杂糅

　　＊我有点儿晚到了教室。

　　改:我到教室有点儿晚了。

　　＊这本杂志,我看完了整整一个小时。

　　改:这本杂志,我看完整整花了一个小时。

　分析:作主语的主谓短语即使谓语是动结短语也不要带"了₁"。

　　＊他提的建议值得使人很生气了。

　　改:他提的建议真让人感到生气。

　　＊这本杂志,我每天看了整整五次。

　　改₁:这本杂志,我整整看了五遍。/改₂:这本杂志,我每天要看五遍。

　　＊上万的观众来了在音乐会。

　　改:上万的观众来听音乐会。

*我们到三点一直谈了。

改：我们一直谈到了三点。

*经过和癌症斗争生活五年，终于他克服癌症了。

改：经过五年和癌症的顽强斗争，他终于战胜了癌症。

*她准备韩国菜很多。

改：她准备了很多韩国菜。

## 三、语气助词方面常见的偏误

### 了₂

1. 缺漏（偏误原因详见上二（三）1）

(1) 缺少"了₂"

*吃饭前，我的自行车放在饭店门口。我们吃完了以后看外边，我自行车不在那儿。

改：吃饭前，我的自行车放在饭店门口。我们吃完了以后再看外边，我自行车不在那儿了。

*现在到五月外边暖和，很舒服了。

改：现在已经五月了，外边暖和了，气候也很舒服了。

(2) 缺少"了"和其他必要的成分

*等下星期考完试以后我们班要分开。有些人回国不回来。

改：等下星期考完试以后我们班就要分开了。有些人回国以后就不回来了。

*几年不见，他老多了，他的齿几乎没有。

改：几年不见，他老多了，他的牙齿几乎都没有了。

*开始写大字的时候，我觉得很难，可是并不太难。

改：开始写大字的时候，我觉得很难，现在写了一段时间，觉得不太难了。

2. 误加（偏误原因详见315页3.）

*大家兴奋得连喊带叫了。

改：大家兴奋得连喊带叫。

*他刚刚大学毕业了。

改：他刚刚大学毕业。

*哥哥一整天在公司工作了。

改₁：哥哥一整天都在公司工作。／改₂：哥哥在公司工作了一整天了。

分析：当时段词在句中作状语，表示动作的持续，句尾不加"了₂"，作补语可以加。

*因为今天很早起床，我很困了。

改₁：因为今天很早就起床了，现在我很困。

改₂：因为今天很早起床，我有点儿困了。

*我还没见过他了，不过我们约定明天在咖啡馆见面。

改：我还没见过他，不过我们约定明天在咖啡馆见面。

*我从来没喝过啤酒了。

改：我从来没喝过啤酒。

*他从来很喜欢开玩笑了。

改：他从来就很喜欢开玩笑。

＊我们始终反对那个意见了。

改：我们始终反对那个意见。

＊我始终弄不清楚了。

改：我始终弄不清楚。

＊这张照片照得非常漂亮，我一直欣赏了。

改：这张照片照得非常漂亮，我一直在欣赏。

分析：这类句中都有"从来"、"始终"这样表示从过去到现在的副词，也有表示持续的副词"一直"。在表示过去持续的情况和状态的句中不用"了"。

＊从此每年两个人都在韩国见面了。

改：从此每年两个人都在韩国见面。

＊他说的话，我一点儿也没听懂了。

改：他说的话，我一点儿也没听懂。

＊昨晚的联欢会，我们几乎到晚上十二点结束了。

改：昨晚的联欢会，我们几乎到晚上十二点才结束。

＊据说明天下雨了。

改：据说明天要下雨。

3. 误用（偏误原因详见上二（三）1）

（1）与"了₁"用法混淆

＊他们都说穿布鞋舒服，于是我就买布鞋了。

改：他们都说穿布鞋舒服，于是我就买了一双布鞋。

＊这次演讲比赛参加了近四十个人。

改₁：这次演讲比赛有近四十个人参加了。

改₂：有近四十个人参加了这次演讲比赛。

＊我能了说一点汉语。（谭春健例，下简称谭）

改：我能说一点汉语了。

＊我想了在中国工作。（谭）

改：我想在中国工作了。

（2）与"的"用法混淆

＊他的病据医生说马上就好了。

改₁：他的病据医生说很快就会好的。

改₂：他的病据医生说马上就会好的。

＊我本来是学文学的，后来改变了我的兴趣，我就是学经济的。

改：我本来是学文学的，后来我的兴趣发生了变化，就改学经济了。

（3）与"呢"用法混淆

＊她买的上等地毯要上万块钱了。

改：她买的上等地毯要上万块钱呢。

4. 杂糅

＊据说这种药吃的以后，愿望实现。

改：据说吃了这种药以后，愿望就能实现了。

＊你提的问题大家都一时研究了。

改：你提的问题大家都研究过了。

＊他说他能来，但是他并不来了。

改：他说他能来，但是他并没有来。

＊他十年前搬了家在美国，当时他只有五岁。

改：十年前他的家搬到了美国，当时他只有五岁。

＊来中国半年了，我已经生活习惯。

改：来中国半年了，我已经习惯了这里的生活。

＊小王在生活方面能干够了。

改：小王在生活方面够能干的了。

＊他闭上眼睛叹气了。

改：他闭上眼睛叹了一口气。

## 的

1. 缺漏

(1) 缺少与"的"呼应的相关成分

　　＊我们明天早上八点在学校门口集合，老师在那儿等我们的。

　　改：我们明天早上八点在学校门口集合，老师会在那儿等我们的。

(2) 缺少"的"和相关成分

　　＊在工作中，老师最费力，因为教的是非常重要。

　　改：在工作中，老师最费力，因为教学工作是非常重要的。

2. 误加

　　＊圣诞节那天，全国的商店都关门的。

　　改：圣诞节那天，全国的商店都关门。

3. 杂糅

　　＊星期天那条大街真够多人。

　　改：星期天那条大街人真够多的。

## 吧

1. 缺漏

　　＊空调坏了，房间里太热了，你们委屈一下。

　　改：空调坏了，房间里太热了，你们委屈一下吧。

2. 误加

　　＊现在不容易赚呀，你应该节俭吧。

　　改：现在钱不容易赚呀，你应该节俭一些。

3. 误用

(1) 与其他语气词混淆

　　＊请你等一会儿，张老师上课吧。

　　改：请你等一会儿，张老师在上课呢。

　　＊开完会，时间还早，于是我们去吃饭吧。

　　改：开完会，时间还早，于是我们就去吃饭了。

(2) 与语气词相关的词语有误

　　＊他生气了，别随便说了，倒是了解情况吧。

改:他生气了,别说他了,还是再了解一下情况吧。

**吗**

误加

　　＊你是不是学生吗?

　　改:你是不是学生?

　　＊你房间里有几张地图吗?

　　改:你房间里有几张地图?

　　＊昨天丢的东西是否找到了吗?

　　改:昨天丢的东西是否找到了?

**呢**

缺漏

　　＊有人问我:"你伤过心吗?"我好奇怪,"谁没有伤过心?"

　　改:有人问我:"你伤过心吗?"我好奇怪,"谁没有伤过心呢?"

　　＊这个词我怎么记也记不住,何必在这儿无可奈何浪费时间。

　　改:这个词再怎么记也记不住,何必浪费时间呢。

# 第六节　教学建议

汉语助词不同的类别,对学生来说,难易程度和偏误的类型都不一样。

1. 结构助词的偏误相对少些,主要问题是缺漏和误加(或多用)的问题(详见上第五节一)。因此,在讲这类助词时,应该强调必须用和不必用的一些规则。

2. 动态助词因为与动作发生的态有关,而且和不少学生的母语表示的方式很不一样,因此是比较难的。语气助词因为意义比较虚,学生也不容易把握。比如,作为语气助词的"的"就比结构助词的"的"要难一些,应该结合它的不同用法进行说明。"着"的语义与语法功用,最好结合动词的不同类别加以说明,练习最好也能突出这一点。

3. 动态助词与语气助词中最难的莫过于"了₁"和"了₂"。在教"了"时,注意以下几点:

(1) 教学过程应由易到难,分出层次。

邓守信指出,对外国学生来说,"了₂"比"了₁"容易学习(邓守信,2001)。目前的对外汉语大纲和教材一般是先出现"了₁",再出现"了₂"。今后的教材可根据学生的习得顺序,在教学内容的安排上适当作些调整。

初级阶段教"了"时,重点应放在单句上,区分层次,将一些比较常用的句式逐个教给学生。在这个阶段,最好有重点地让学生熟练地掌握和运用以下单句形式(例句见下表):

① 主语(施事)＋动词＋了＋定语(数量词、形容词等)＋宾语

② 主语(施事)＋动词＋了＋时量补语＋(宾语)

③ 主语(施事)＋动词＋了＋动量补语＋(宾语)

④ 主语(施事)＋动词＋结果补语＋了＋(宾语)

⑤ 主语(施事)＋动词＋了＋趋向补语

应提醒学生充分利用句中的数量词、各类补语等比较明显的语法标记来记忆那些必须带"了"的句型。上面①类可以作为用"了₁"的第一个句式教给学生,其他句式则可以结合不同的补语,强调说明"了"的不可缺少。另外,在讲授其他句型时也不要忽略"了"的用法。如

在教表示动作完成的"把"字句后带结果补语或趋向补语时,这类补语前的"了₁"不可缺少。在这些句型都学完后,以"了₁"在单句中的用法为系联的中心,将这些句式归纳到一起,并结合其他不能用"了₁"的单句,对照着教,这样便于学生记忆。请见下表:

| | 动词后带"了₁"的 | 动词、形容词后不带"了₁"的 |
|---|---|---|
| 语义特征 | 动作一次性完成或实现<br>① 小李唱了一首歌。/他买了很多东西。<br>② 我看了一个小时电视。<br>③ 大卫去了一趟上海。/她抄了两遍生词。<br>④ 我买到了飞机票。(宾语是受事)<br>　他们来到了北京。<br>　(宾语是移动所至的终点)<br>　我们一直谈到了深夜。<br>　(宾语是时间的终点)<br>⑤ 上课时,老师走了进来。<br>　(补语表示动作趋向)<br>　他把书包里的课本拿了出来。<br>　(补语表示动作趋向)<br>　看见他的怪样子,大家都笑了起来。<br>　(补语表示非趋向) | 1. 动作多次性重复<br>　去年,我每天早上六点起床。<br>　小时候,他常常去山上玩。<br>2. 形容词表示过去状态<br>　当我爬上长城的时候,非常高兴。<br>3. 常带小句或动词短语宾语的动词<br>　我们决定明天去旅游。<br>　他知道小明不来了。<br>　她发现孩子躲在门背后。<br>4. 带兼语的动词后<br>　我请他吃了一顿饭。<br>5. 状语为"才、刚、刚刚"等<br>　他刚走。<br>　爸爸晚上十一点才回来。 |

①②③④⑤形式特征分析参见前面的说明,详细的例句和说明请参见前面"了₁"、"了₂"以及二者区别的说明。

"了₂"主要用于表示变化,即说话者报告的新情况或新信息都与变化有关。根据其语义特点,可以细分为以下几种①:

① 已变:即变化是已经发生的。如:
　花红了。/ 我已经十八岁了。
　他能去了。/ 孩子会走了。
　他现在是医生了。/ 哥哥有女朋友了。
　我不去上课了。/ 他不想读书了

② 始变:即变化刚开始发生。如:
　下雨了。
　天越来越热了。

③ 将变:即变化将要开始。如:
　火车就要开了。
　该吃饭了。

④ 停变:即情况、状态或动作停止了。这包括客观叙述某个事实和主观要求或决定。
　风停了。
　孩子不再哭了。
　别说话了。

---

① 此段文字主要参考谭春健(2003)的论文改写而成。

我再也不相信你了。

可以将上面"了₂"几类不同的语义,结合其不同的语法结构特点,分层次地教给学生。在都学完了以后,再进行归纳和总结,找出共性,加深学生对"了₂"的理解。

(2)"了"的教学应突破单句的范围。

"了"的复杂性还在于在超单句的复句或句群中,有些在单句中要用的"了"("了₁"或"了₂"),在复句或句群中可以省略,或者不能再用。因此,在中级阶段,最好能结合学生所学的课文,在复句和句群中分析讲解"了"的用与不用,并配合一些相关的练习加以巩固。

(3)注意"了₁"与"了₂"的区别与联系。

"了₁"和"了₂"在实际语言的使用中,互相之间还常常纠葛在一起。如我们在分析"'了₁'和'了₂'的区别"时曾指出,在连动句中,因后面第二个动作动词表示的内容或是笼统的或是具体的,"了"就有两个不同的位置,即有时用"了₁",有时用"了₂"。在有些句中,只用"了₁"或"了₂";在有些句中,"了₁"和"了₂"都用。因此,在中级阶段,可以结合学生学习的课文,让学生辨析二者的不同,当一个句子同时出现"了₁"和"了₂"时,也可让学生分析各自的功用。在课后练习中,应该配上一些复句和句群中填写"了"的练习,加以巩固。

## 参考文献

陈　忠(2002)"了"的隐现规律及其成因考察,《汉语学习》第 2 期。

陈　灼主编(1996)《桥梁——实用汉语中级教程》(上),北京语言文化大学出版社。

邓守信(2001) Defining and sequencing syntactic structures in L2 Chinese instructional materials in English,《暨南大学华文学院学报》第 1 期。

金立鑫(1999)现代汉语"了"研究中"语义第一动力"的局限,《汉语学习》第 5 期。

金立鑫(2002)词尾"了"的时体意义及其句法条件,《世界汉语教学》第 3 期。

黎天睦(Timothy Light)(1994)论"着"的核心意义(译文),《功能主义与汉语语法》,北京语言学院出版社。

李大忠(1996)《外国人学汉语语法偏误分析》,北京语言文化大学出版社。

李铁根(1999)《现代汉语时制研究》,辽宁大学出版社。

刘勋宁(1988)现代汉语词尾"了"的语法意义,《中国语文》第 5 期。

刘勋宁(1990)现代汉语词尾"了"的语法意义及其与词尾"了"的联系,《世界汉语教学》第 2 期。

刘勋宁(1999)现代汉语的句子构造与词尾"了"的语法位置,《语言教学与研究》第 3 期。

刘勋宁(2000)答友人——关于语法分析的几个原则问题,《世界汉语教学》第 3 期。

刘勋宁(2002)现代汉语句尾"了"的语法意义及其解说,《世界汉语教学》第 3 期。

刘元满(1998)《"了"在"太+形/动"句中出现的条件》,《北大海外教育》第二集,北京大学出版社。

鲁健骥(1994)外国人学汉语的语法偏误分析,《语言教学与研究》第 1 期。

陆丙甫(1979)读《"的"字结构和判断句》,《中国语文》第 2 期。

陆俭明(1984)关于现代汉语里的疑问语气词,《中国语文》第 5 期。

陆俭明(1999)"着(·zhe)"字补议,《中国语文》第 5 期。

吕叔湘(2000)《现代汉语八百词》(增订本),商务印书馆。

齐沪扬(2002)《语气词与语气系统》,安徽教育出版社。

沈家煊(1995)"有界"与"无界",《中国语文》第 5 期。

石毓智(1992)论现代汉语的"体"范畴,《中国社会科学》第 2 期。

石毓智(2000)论"的"语法功能的同一性,《世界汉语教学》第 1 期。

史有为、马学良(1982)说"哪儿上的"及其"的",《语言研究》第 1 期。

宋绍年、李晓琪(1998)汉语动态助词"了"研究的回顾与前瞻,《北大海外教育》第二集,北京大学出版社。

谭春健(2003) 如何体现"变化"——关于句尾"了"理论语法与教学语法的接口,《语言教学与研究》第 3 期。

吴丽君(2002)《日本学生汉语习得偏误研究》,中国社会科学出版社。

武　果、吕文华(1998) "了$_2$"句句型场试析,《世界汉语教学》第 2 期。

徐晶凝(1998) 语气助词的语气及其教学探讨,《世界汉语教学》第 2 期。

# 第三编

# 汉语句子成分的教学

# 第一章　主语和谓语

## 第一节　充当主语的词和短语

一、汉语的主语主要由名词、代词和名词性短语充当,这类词语和短语可以在各类谓语句中作主语。如：

我是学生。

北京很大。

他是为这件事来的。

屋子里有很多人。

那座楼是什么时候盖的?

二、主谓短语、动词或形容词、动词短语或形容词短语作主语,多出现在"是"字句、"是……的"句、形容词谓语句、主谓谓语句、兼语句等句式中。如：

身体好是最重要的。

画画是我的爱好。

包饺子我最拿手。

暖和一点儿好。

成功使他信心大增。

三、数词和量词在一定的条件下也可以充当主语(参见第二编第三章)。如：

九是三的三倍。

这个班的学生,个个都很优秀。

## 第二节　充当谓语的词和短语

一、汉语的谓语主要由动词、动词短语或形容词、形容词短语来充当。如：

我喝咖啡。

他正在唱歌呢。

那辆车很新。

她的态度非常热情。

二、少数名词、名词性短语也可以作谓语,最常见的是表示时间、年龄、籍贯的。如：

弟弟今年十八岁。

昨天星期六。

我天津人。

当说明一个人的长相,或者对某个地方、某个人的特点进行主观评价时,也可以用带修饰语的名词短语作名词谓语句的谓语。如：

他高高的个子,大大的眼睛。(这类名词谓语句不能单独成句,后面要有后续句)

苏州,好地方!

老李啊,大好人!

她慢性子。

三、主谓短语常在主谓谓语句中作谓语。如:

我肚子疼。

他歌唱得很好。

1. 这类可以作谓语的主谓短语一般有以下特点:

(1)小主语是大主语(表示人身体)的一部分。如"身体、头、脚、腿、手、腰、牙、眼睛、肚子、嗓子、耳朵、鼻子、嘴、肩膀、胳膊"等等。

(2)主谓短语表示主语的特性,有以下几方面:

A. 表示人或事物的特征

表示人的个性

| 脾气好/坏 | 性子急/慢/直 | 心好/坏/软 | 胆子大/小 |
|---|---|---|---|
| 记性好/坏 | 手巧/笨 | 脸皮薄/厚 | 反应快/慢 |

表示事物的特性

这个地方环境好/空气新鲜/交通方便/工业发达。

中国地大物博/物产丰富。

这个房间面积大/小。

B. 表示人的能力或技能特征

她舞跳得不错。

大卫球打得很好。

他汉语说得不太流利。

小明字写得很漂亮。

C. 表示大主语动作完成后状态的持续(多为穿着、携带状况等)

他身穿一件黑毛衣,头戴一顶白帽子。

那人手拿一把宝剑。

上面 A、B 两类主谓谓语句中的不少大主语和小主语之间可以加表示所属的助词"的",但加了"的"的句子与原主谓谓语句意义不一定相等。有些主谓谓语句带有特别的惯用意义,如这类句中的大主语后加了"的",特别惯用意义就没有了。如:

她耳朵软。(特别意义:容易受人影响)

她的耳朵软。(没有特别意义)

2. 主谓谓语句在语法结构上与带"的"的句子有以下不同:

(1)主谓谓语句的谓语常常是一些近乎惯用语的并列结构,这类句子一般不能再加"的"(或者加了以后不再是独立的句子)。如:

他心满意足了。

她心灵手巧。

那人智勇双全。

中国地大物博。

这里地广人稀。

（2）主谓谓语句的大主语和小主语之间还可以加上一些副词、助动词或用连词组成的并列复句,加"的"的句子则不能。如:

我还头疼。

＊我的还头疼。

做这个工作时,大家既要胆大,又要心细。

＊做这个工作时,大家的既要胆大,又要心细。

## 第三节　学生在主语、谓语方面常见的偏误

### 一、主语方面的偏误

1. 缺漏

＊我抱小孩上车时,他们让出好几个座来,感到很高兴。

改:我抱小孩上车时,他们让出好几个座来,我感到很高兴。

＊他花了很多时间研究,终于解决了。

改:他花了很多时间研究,问题终于解决了。

＊ 我们是老朋友,因此帮我的忙。

改:我们是老朋友,因此他帮我的忙。

分析:上面偏误的问题都在于:后续句的施事或叙事与前一句的都不一样,已经变换了,在这样的情况下,需要有明确交代新的施事或叙事的主语(详见第五编第三章)。

2. 误加

＊长城是世界有名的古迹,大家很值得参观。

改:长城是世界有名的古迹,很值得参观。

＊你让他办的事他办不了,我看起来他是为难的样子。

改:你让他办的事他办不了,看得出他很为难。

3. 误用

（1）主语结构形式有误

＊我去车站。车站以前这儿2路公共汽车乘上。

改:我去车站,在门口乘2路汽车。

＊孩子的教育中,是非分明是最重要。

改:在对孩子的教育中,教他明辨是非是最重要的。

＊我冲他的爱情很重,所以可能他觉得麻烦。

改:我爱他爱得很深,但可能他会觉得很麻烦。

（2）充当主语的词语有误

＊这个国家的人口增加越来越快。

改:这个国家的人口增长越来越快。

＊这篇文章虽然不长,他的大意倒很有意义。

改:这篇文章虽然不长,但它的内容倒很有意思。

4. 错序

＊开始的时候,我的汉语水平很低,因为我忘了汉语。

改:开始的时候,我的汉语水平很低,因为我学的汉语差不多都忘了。

＊很难写中国字。(任长慧例,下简称任)

改:中国字很难写。

＊他按时给我吃药,又反复地擦我的头汗,终于我的疟疾治好了。

改:他按时给我吃药,又反复地擦我头上的汗,我的疟疾终于治好了。

＊我渐渐生活习惯了。

改:我生活渐渐习惯了。

＊她很拿手,串起来糖葫芦。

改₁:她串起糖葫芦来很拿手。/改₂:她很拿手地串起糖葫芦来。

分析:当用形容词说明某人的某个动作如何的时候,被说明的动词短语或者主谓短语应该作主语,形容词作谓语,如改₁。或像改₂那样,形容词作状语。

＊没关系,不想学中文,可是你们得会做中国菜。(任)

改:不想学中文,没关系,可是你们得会做中国菜。

＊美国有很大的利益到中国去投资。(任)

改:美国到中国去投资有很大的利益。

5. 杂糅

＊中国人口很多,所以他们的心情想认识。

改₁:中国人口很多,他们的各种想法我都想知道。

改₂:中国人口很多,我很想了解他们的想法。

＊曾经接触过那样的人,所以我很明白那样的人怎么处理才好。

改:我曾经接触过那样的人,所以懂得该怎么对待他们。

## 二、谓语方面的偏误(另参见第二编第四章动词、第六章形容词下的偏误)

1. 缺漏

＊他有照相机,也录音机。(鲁健骥文例,下简称鲁)

改:他有照相机,也有录音机。

＊在中国生活已经过了一个月了,时间过得真快,一眨眼。

改:我在中国已经生活了一个月了,时间过得真快,一眨眼就过去了。

＊从我家到学校两个小时。

改:从我家到学校要两个小时。

＊昨晚的联欢会,参加的几乎都男人。

改:昨晚的联欢会,参加的几乎都是男人。

＊我去过苏州园林。我最好的园林是寒山寺。

改:我参观过苏州的很多园林。我觉得最好的园林是寒山寺。

＊那个小伙子对她故意沉默,因为他打算拒绝她。

改:那个小伙子对她故意保持沉默,因为他打算拒绝她。

＊我想专心学问。

改:我想专心研究学问。

2. 误加

＊我除了星期天以外,都有打工。

改:我除了星期天以外,都要打工。

＊今天下午有开会。

改：今天下午开会。

3. 误用

(1) 充当谓语的词语有误

＊课文的"我"平时不能觉得对他爸爸的对她的爱。

改：课文中的"我"平时不能觉察到他爸爸对她的爱。

＊我也怕中国人对我的态度冷淡。

改：我也担心中国人会对我态度冷淡。

＊他明明认识这个事情，但是他不告诉我。

改：他明明知道这件事，但是他不告诉我。

＊展览会的内容很丰富，吸引他的兴趣。

改：展览会的内容很丰富，引起了他的兴趣。

＊平常我五点早上起来，穿表，穿衣服，穿帽子，穿化妆，去吃早饭。（任）

改：平常我早上五点起来，戴手表，穿衣服，戴帽子，化妆以后，去吃早饭。

＊毕竟来了秋天，虽然常刮风，但是不觉得冷了。

改：毕竟是秋天，虽然常刮风，但是还不觉得冷。

＊他不爱劳动，甚至他爱懒惰。

改：他不爱劳动，甚至可以说很懒。

＊他这种认真学习的精神值得努力。

改：他这种认真学习的精神值得称赞。

＊王老师当了三十年的教育工作。

改：王老师搞了三十年的教育工作。

＊他曾经考验过十多个试验，但是还没有成功。

改：他曾经进行过十多个试验，但是都没有成功。

(2) 谓语形式有误

＊李老师对我们有慈母的爱。

改：李老师对我们就像慈母对孩子一样。

＊每她来我家看我的房间，她不满意于乱七八糟的我房间。

改：每次她来我家，看到我的房间乱七八糟的，就很不满意。

＊他们对我和蔼可亲。

改：他们对我非常和蔼。

(3) 谓语的时态有误

＊这张照片照得非常漂亮，我一直欣赏了。

改：这张照片照得非常漂亮，我一直在欣赏。

分析：动词前应该加"在"表示持续，后面不能带"了"。

(4) 不及物动词误带宾语

＊他迟到了重要的会议，非常不好意思。

改：那个重要的会议他迟到了，觉得非常不好意思。

＊除了小王以外，我们都及格考试了。

改：除了小王以外，我们考试都及格了。

4. 错序

　　＊比较安全把钱放在美国。（任）

　　改：把钱放在美国比较安全。

　　＊在中国，我以前旅游过中国，所以大概了解中国，对中国。

　　改：我以前来中国旅游过，所以对中国有一定的了解。

5. 杂糅

　　＊可是从星期五到星期六下雨了。所以我们没去过动物园。替动物园我们去盘门了。

　　改：可是从星期五到星期六都一直在下雨。所以我们没去动物园，改成去盘门了。

分析：句中有"从……到……"表示时间持续的词语，因此后面的谓语动词要改成持续状态。句中"替"也用得不对，汉语"替"有"替换"的意义，但是一般用于代替"人"做某事，不能用于事物名词前。

# 第四节　教学建议

## 一、主语方面

1. 当主语是名词或代词时，学生的偏误一般出现在缺漏或误加上。这类问题可以通过反复强调汉语主语的省略规则（可以省略和不能省略的，详见第五编第三章）加以解决。

2. 从上面的偏误看，主语的误用、错序或杂糅问题比较复杂，涉及动词短语、主谓短语以及这类短语作主语的修饰语等诸多问题。这类形式一般在教学中很少讲授，最好结合课文和学生的偏误，说明其使用规则。

## 二、谓语方面

上述谓语方面的偏误大多反映出学生对充当谓语的动词或形容词的用法掌握得不好，问题还是出在对词汇的理解与使用上。因此，在学习可以充当谓语的形容词或动词时，应该注意结合它们在句中充当谓语时的特点进行讲授，同时对容易混淆的近义词的用法也要进行适当的辨析。

**参考文献**

鲁健骥(1994)外国人学汉语的语法偏误分析,《语言教学与研究》第 1 期。

任长慧(2001)《汉语教学中的偏误分析》,武汉大学出版社。

# 第二章 宾 语

## 第一节 充当宾语的词和短语

汉语的宾语主要由名词、代词、名词性短语来充当。如：

我去上海。

你想买什么？

他用的词典是别人的。

他送给妈妈一盒点心。

形容词、形容词性短语、动词、动词性短语和主谓短语在一定条件下也可以作谓词性宾语。

1. 下面 A—E 类动词,常带一些动词、动词性短语充当的宾语。

A. 作、进行、加以、给予、给以

B. 开始、继续、结束、决定

C. 值得、敢于、勇于、乐于

D. 装作、打算、企图

E. 喜欢、讨厌、从事

主人为我们作了精心的安排。

场上正在进行激烈的比赛。

现在开始上课。

她装作什么也不知道。

我讨厌睡懒觉。

2. 表示思想跟知觉意义的动词可以带谓词性宾语,即形容词及其短语、动词及其短语或主谓短语(即小句)充当的宾语。主要有以下两组动词:

A. 说、指出、想、知道、看、看见、听见、听说、发现、发觉、相信、怀疑、忘、忘记、记得、记着、记住、爱、怕、需要、欢迎、担心、考虑、讨论、注意、答应、认识、赞成、反对、同意、建议、通知

B. 希望、盼望、主张、以为、认为、觉得、感到

A 组动词既可以带体词性宾语也可以带谓词性宾语,B 组动词只能带谓词性宾语。A、B 两组动词还常带主谓短语(即小句)充当的宾语。如:

他看见你把东西拿走了。

爸爸答应暑假全家一起去旅游。

我希望你早日考上大学。

她觉得问题很严重。

(关于上述动词的特点参见第二编第四章第二节一下)

3. 上面 1、2 点提到的动词只有少数可以带形容词性的宾语。如:

不要怕艰苦,怕困难。

我喜欢热闹,讨厌孤独。

这次考试,她觉得很难。

4. 数词只有在少数情况下可以作宾语,多用于计算数量时。如:

五加二等于七。

这个学校的男生占全校学生的52%。

一共花了120块钱。

# 第二节　直接宾语和间接宾语

有些动词在作谓语时,常带两个宾语,一个是指人的,叫间接宾语;另一个是指事物的,叫直接宾语。在句中,间接宾语位于直接宾语前。如:

王老师教我们汉语。

告诉大家一个好消息。

可以带双宾语的动词主要有以下这些:

(1) 教、请教、问、给、还(只有宾语$_1$或宾语$_2$都可以)

我们问了老师一个问题。

我们问老师。

我们问问题。

他还我一百块钱。

你还我。

他还了一百块钱。

(2) 告诉、求(只有宾语$_1$可以,只有宾语$_2$不可以)

小李告诉小张一件事。

小李告诉小张。

＊小李告诉一件事。

我求你一件事。

(3) 借、费(只有宾语$_1$不行,只有宾语$_2$可以)

这事费了你不少时间。

＊这事费了你。

做这事费了不少时间。

(4) 叫、称(表示称谓,只有宾语$_1$或只有宾语$_2$都不行)

我们都叫他王大伯。

大家都称他"万事通"。

还有一些动词如"寄、卖、分、借、交"等必须带了"给"后才能带双宾语(详见第二编第四章第二节)。

## 第三节 学生在宾语方面常见的偏误

1. 缺漏

(1) 单宾语句中缺少宾语

　　＊今天我们单位宣布了模范工人。

　　改：今天我们单位宣布了模范工人的名单。

(2) 双宾语句中缺少一个宾语

　　＊他告诉一件事。

　　改：他告诉我一件事。（偏误原因详见上第二节(2)）

(3) 带双宾语的动词后缺少必要的介词

　　＊妈妈寄我一个包裹。

　　改：妈妈寄给我一个包裹。

(4) 缺少介词和介词宾语

　　＊大家对爷爷的去世表示慰问。

　　改：大家对爷爷的去世向我们表示慰问。

　　＊即使他不愿意跟我见面,我也找他表示道歉。

　　改：即使他不愿意跟我见面,我也要找他向他表示歉意。

(5) 该用"介宾短语＋动词"却误用一般的动词宾语

　　＊我买了吃冰淇淋,照相他们。

　　改：我给他们买冰淇淋吃,还给他们照了相。

　　＊"好久不见!"我说他们和她。

　　改："好久不见!"我对他们说。

分析："说他们"是"批评他们"的意思,用不用"对"引进,"说"的意义是不同的。

2. 误加

　　＊你既然需要这本字典,索性就送给你好了,省得你去买一本。

　　改：你既然需要这本字典,索性就送给你好了,省得你再去买。

分析："省得"后面的动词表示的是避免发生的动作,而动词后加数量词一般是建议实行或准备实行的动作,用了"一本"反而与"省得"的意义有矛盾。

　　＊那个小孩子怎么说也不听话。

　　改：那个小孩子怎么说他也不听。

3. 误用

(1) 该用"介宾短语＋动词"却误用为一般动宾结构

　　＊她爸爸常常担心她的女儿。

　　改：她爸爸常常为他的女儿担心。

　　＊他面谈我在他的办公室。

　　改：他在他的办公室跟我面谈。

　　＊我有时间就去文化市场,我买就给我的家里人。

　　改：我有时间就去文化市场,给我家里人买东西。

　　＊你去中国的时候,顺便代我问好我的朋友。

改:你去中国的时候,顺便代我向我的朋友问好。

＊我有兴趣汉字,还有有兴趣中国。

改:我对汉字感兴趣,对中国也很感兴趣。

＊小姐选择了我的感冒药。

改:小姐为我选择了感冒药。

（2）该用"介宾短语＋动词"却误用为"动词＋双宾语"

＊今天我买你们礼物,好茶。

改:今天我给你们买的礼物是好茶。

＊有一天小丁介绍我一个人,个子比他高高大大的男孩子。

改:有一天小丁给我介绍了一个人,是个个子比他高的男孩子。

（3）该用双宾语结构却误用介宾结构

＊王老师教给我们汉语。

改:王老师教我们汉语。

＊如果你这个问题打听不到的话,对老师再问一下吧。

改:如果这个问题你不明白的话,再问一下老师吧。

（另参见第二编第八章第四节）

（4）介词宾语有误

＊从小时候,我就有一个心愿,就是将来生一个女孩子。

改:我从小就有一个心愿,就是将来生一个女孩子。

＊我对小张的感受很深。

改:我对小张的感情很深。

（5）动词所带的宾语有误

＊农民对记者们采访自己的田地表示感谢。

改₁:农民对记者们采访自己表示感谢。/改₂:农民对记者们的采访表示感谢。

分析:"采访"可以直接带的宾语一般是人。"采访"的对象如果是事件,要用"对"引进,并用"进行",如"记者对这件事进行了采访"。但"采访"的对象不能是"田地"。

（6）"动词＋介词＋宾语"用法有误

＊我保证你一定会满足于这个餐厅。

改:我保证你一定会对这个餐厅满意的。

分析:这是日本学生的偏误。日语的"满足"有汉语"满意"的意思。汉语的"满足于"后面一般带表示状态的名词宾语,而且带有"以……为满足,止步不前"的贬义。如:

我们不应该满足于现状,应该不断地前进。

因此,"满足于"和"满意"的意义和用法是相差很远的。

（7）应作定语的形容词误带宾语

＊这次的旅行,很深刻了我的印象。

改:这次旅行给我留下了深刻的印象。

（8）处所词应作宾语却误作定语

＊我爸爸做公司工作。

改:我爸爸在公司工作。

4. 错序

　　＊你替我布置你的房间，好吗？

　　改：我替你布置你的房间，好吗？

　　＊你应该在这儿按时来。

　　改：你应该按时来这儿。

　　＊我没有听朋友的意见。我没买一个。

　　改：我没有听朋友的意见。我一个也没买。

　　＊关于改进工作方法的问题，一张也没有资料。

　　改：关于改进工作方法的资料，一张也没有。

5. 杂糅

　　＊以后，这里再来的时候，要一定对中国的文化更多的了解和学习。

　　改：以后再到这里来的时候，一定要更多地了解和学习中国的文化。

　　＊挂布狗窝。

　　改：我给狗窝挂上布。

　　＊都日本人生气他的行为。

　　改：日本人都为他的行为感到生气。

# 第四节　教学建议

1. 汉语的宾语和动词有非常密切的关系。上面的偏误大部分属于动词词法上的问题。因此，在最初教那些不及物动词特别是那些需要借助介词引进对象宾语的动词，应该明确、反复地向学生强调这类动词的使用规则。到一定时候，应把已学过的这类动词归纳到一起，作一下复习总结。

2. 汉语中可以带双宾语的动词并不多，在学完这些动词后，也应给学生作一些归纳总结性的复习。在遇到学生的偏误时，可结合偏误再强调它们的使用细则（参见上第二节）。

3. 从第三节的偏误看，与介词宾语有关的偏误占了相当大的比例。因此，在讲介词时，不应只抽象、简单地说明某介词可以带某类宾语，而应强调某类介词常和哪些动词一起用，不能和哪些动词一起用，如常带双宾语的动词的对象就不能用介词引入。（另参见第二编第八章第四节）

4. 进行动词教学时，最好结合与之经常搭配的宾语一起教。也可结合学生在动宾搭配方面的偏误具体说明可以与某个动词搭配的宾语的范围，以减少学生因过度类推而产生的偏误。

# 第三章 定 语

## 第一节 充当定语的词语以及与中心语的意义关系

### 一、充当定语的词和短语

汉语中的定语主要由形容词、形容词性短语、代词、名词和名词性短语来充当。

### 二、定语与中心语的意义关系

1. 表示性质
   新书（单音节形容词作定语不用加"的"）
   汉语词典（经常充当定语的双音节名词作定语也可以不加"的"）
   美丽的公园　漂亮的床单（双音节形容词作定语常要加"的"）
   幸福生活　新鲜空气（少数双音节形容词作定语可不加"的"）
2. 表示状态
   黑亮黑亮的头发　红红的脸　弯弯的月亮　非常好吃的菜
   （重叠形容词和三个以上音节的形容词、副词＋形容词作定语一般要加"的"）
   穿着白上衣的男人（动词作定语要加"的"）
3. 表示领属
   我的文章　学校的食堂
   这类定语和中心语之间如有领属关系的，定语后可以不加"的"，如不带这种关系的则要加"的"。如：
   我爸爸（中心语"爸爸"与"我"有所属关系）
   我们学校（中心语"学校"与"我们"有所属关系）
4. 表示质料
   木头桌子　布娃娃
5. 表示用途
   做饭的锅　放衣服的箱子
6. 表示数量
   三本杂志　两把椅子
7. 表示处所或时间
   上海的商店　在美国出生的孩子　昨天的报纸
8. 表示来源
   从日本来的学生　从韩国进口的机器
9. 表示方向
   去北京的人　飞往北方的大雁

10. 表示目的

　　　来中国留学的学生(动词作定语要加"的")
11. 表示动作者

　　　我朋友送给我的礼物(主谓短语作定语要加"的")

### 三、定语和助词"的"

　　定语和中心语之间有的可以不加"的",有的必须要加"的",有的可加可不加。需要向学生强调的是:除了经常修饰名词的少数双音节动词,大多数动词特别是动词短语(包括"介词短语＋动词"短语)、主谓短语作定语都要加"的"(详见第二编第十章助词"的"下)。除了少数双音节形容词作定语可以不带"的"外,大多数双音节形容词与双音节以上的形容词短语作定语都要带"的"。

## 第二节　多项定语的顺序

　　有时,一个中心语前有几个定语,哪个在前,哪个在后,并不是自由的。我们将比较常见的一些多项定语的顺序规则归纳如下(见下划线部分):

1. 表示领属的定语＋指示代词＋(数词)＋量词＋表示性质的定语＋中心词

　　　妈妈的那件新毛衣谁都说好看。

　　　公司的这些重要资料一定要保管好。
2. 表示地点的定语＋指示代词＋(数词)＋量词＋中心词

　　　我想找住在二楼的那个女孩。

　　　天安门南面的那个纪念碑就是人民英雄纪念碑。
3. 表示来源的定语＋指示代词＋(数词)＋量词＋表示性质的定语＋中心词

　　　你看到我从学校拿回来的那几本小说了吗?

　　　在上海买的那瓶高级香水放在桌子上吧。
4. 表示动作者的定语(主谓短语)＋指示代词＋(数词)＋量词＋表示性质的定语＋中心词

　　　他画的那两幅山水画都卖出去了。

　　　我写的那篇有关古代史的论文终于发表了。

　　因为表示动作者的定语在具体的语境中往往带有确定的意义,所以有时在这类定语中,"指示代词＋(数词)＋量词"可以不用。但是当要强调确指时,往往会加上这类修饰语。如:

　　　妹妹骑的那辆新摩托车是她男朋友的。

　　　妹妹骑的摩托车是她男朋友刚买的。
5. (指示代词)＋(数词)＋量词＋表示性质/状态的定语＋中心词

　　　去国外旅游是一件十分高兴的事。

　　　教室里走进来两个穿着漂亮衣服的女学生。

　　　什么地方曾经有过这样一片果树林呢?

# 第三节 学生在定语方面常见的偏误

1. 缺漏

(1) 缺少"的"

　　＊很多人喜欢穿那样运动鞋。

　　改：很多人喜欢穿那样的运动鞋。

　　＊这样事情我以前也听说过。

　　改：这样的事情我以前也听说过。

　　＊他对这么小事情生气了，我觉得莫名其妙。

　　改：他为这么小的事情生气，我觉得莫名其妙。

分析：单音节"小"可直接修饰"事情"，但前面有了"这么"这样的修饰语，修饰语的音节在两个以上，就应带"的"了。

(2) 缺少必要的定语

　　＊在中国，大家一起吃饭时，大家从一盆里的菜一起吃。

　　改：在中国，人们一起吃饭时，大家从同一个盘子里夹菜吃。

　　＊这儿的变化太大了，土地几乎变化大楼了。

　　改：这儿的变化太大了，原来的农田几乎都变成大楼了。

(3) 缺少中心语

　　＊圣诞节那天，全国的商店都关门的，应该算是英国最宁静。

　　改：圣诞节那天，全国的商店都关门，应该算是英国最宁静的一天。

2. 误加

　　＊吃饭的时，妈妈问我学校的情况。

　　改：吃饭时，妈妈问我学校的情况。

　　＊这的两种面包很好吃。

　　改：这两种面包很好吃。

　　＊我们买了许多的瓶啤酒。（鲁健骥文例，下简称鲁）

　　改：我们买了许多瓶啤酒。

　　＊我朋友是德国的人。（鲁）

　　改：我朋友是德国人。

3. 误用

定语有误

　　＊高中生的时候，我每天打网球。

　　改₁：高中时，我每天打网球。／改₂：上高中的时候，我每天打网球。

　　＊小孩子的时候，他不喜欢看书。

　　改：小时候，他不喜欢看书。

　　＊在炉子里的木头很香。

　　改：炉子里的木头发出阵阵香味。

4. 错序

　　＊马上要 HSK 上课了。

　　改:马上要上 HSK 辅导课了。

　　＊我的女朋友很喜欢中国吃饭。

　　改:我的女朋友很喜欢吃中国饭。

　　＊这是基本的对自己要求。

　　改:这是对自己的基本要求。

　　＊我是学生的那个学校。(任长慧例,下简称任)

　　改:我是那个学校的学生。

　　＊我看见了一个我朋友。

　　改:我看见了我的一个朋友。

　　＊我喜欢念书在电脑中心,因为那是一个地方很安静。(任)

　　改:我喜欢在电脑中心念书,因为那是一个很安静的地方。

　　＊他没有很好的方法教中文。(任)

　　改:他没有很好的教中文的方法。

　　＊饮茶是好机会与亲戚、家庭见面。

　　改:饮茶是与亲戚、家人相聚的好机会。

　　＊她想穿那件衣服你买的。

　　改:她想穿你买的那件衣服。

　　＊情况关于那个学校我不太了解。

　　改:关于那个学校的情况我不太了解。

分析:上面数例偏误都是以英语为母语的学生的偏误,这些偏误明显受到英语语法结构的影响,将汉语的定语放在了中心语之后。

5. 杂糅

　　＊商店在路上特别很有意思。

　　改:路上的商店特别有意思。

　　＊我的感觉对中国已经好。真给我深的印象。

　　改:中国给我留下了很深、很好的印象。

　　＊去年我和王经理在上海共同开设了制造袋泡茶的公司叫上海香远公司了。

　　改:去年我和王经理在上海合作办了一个名为香远公司的、专门制造袋泡茶的公司。

　　＊这种套菜的形式有由一个汤加三个种类的小菜所构的"一汤三菜"的形式最普及到现在。

　　改:这种套菜是由一个汤和三个小菜组成的,这种"三菜一汤"的形式现在是最为普遍的。

分析:汉语的定语一般不能太长,除了书面语追求表达的严密时,可以在中心语之前出现两三个"的"之外,在口语表达中很少一个中心语之前用很多个"的"。

# 第四节　教学建议

　　学生在定语习得方面的偏误,比起状语和补语方面的偏误要少一些。主要问题有:"的"的缺漏或误加,定语置于中心语之后,多项定语排序有误等。另外,受到母语的影响,中心语前的定语还会出现一些不符合汉语的说法(详见上第三节)。关于多项定语的排序,不少教材把它放在初级阶段,我们认为,这个语法点在中级阶段讲授比较好,因为只有这个阶段的学生,才有可能比较多地接触多项定语句,教师才有可能结合较多的实例,说明排序的规则,进行一些实际操练。

**参考文献**

鲁健骥(1994)外国人学汉语的语法偏误分析,《语言教学与研究》第1期。

任长慧(2001)《汉语教学中的偏误分析》,武汉大学出版社。

# 第四章　状　语

## 第一节　充当状语的词语与助词"地"

汉语状语主要由副词来充当。时间词、处所词、方位词、形容词、介宾短语也可以作状语。

1. 副词作状语。单音节副词后不用"地"，双音节副词一般也都不用。如：

我才来。

我马上去。

爸爸已经走了。

类似的副词还有"就、都、只、光、刚、又、也、不、很、没有、十分、非常"等。一部分情态副词后可以用"地"，也可以不用。如：

趁着妈妈睡觉的时候，我偷偷（地）溜了出去。

我们逐渐（地）适应了这里的生活。

当"渐渐"、"逐渐"放在句首时，就要带"地"。一般出现在书面语中。

渐渐地，这里成了大家常来散步的地方。

一部分情态副词后不用"地"。如：

看见老人上车，他赶忙站起来让座。

2. 时间词、方位词和处所词语作状语，后面不用"地"。如：

我们上午上课。

10 月 1 日放假。

作状语的方位词和处所词一般是表示动作发生的处所或起点。表示动作终点的方位词和处所词语在多数情况下充当补语（详见本编第五章补语），作状语的很少。如：

请屋里坐。

咱们办公室谈吧。

3. 介宾短语作状语，后面不带"地"。如：

我给他照相。

她在家里看电视。

你从哪儿来？

4. 形容词作状语。单音节形容词作状语时，后面不要带"地"，双音节形容词作状语时，一部分可以不带"地"，如"认真、仔细、努力、明确、安全"等；一部分要带"地"，特别是在表示已经完成的动作时（详见第二编第六章形容词下）。如：

你应该多说汉语。

快走吧。

小明认真（地）抄写了一遍课文。

我希望能熟练(地)掌握一门外语。

他已经熟练地掌握了这门技术。

她愉快地接受了我们的邀请。

妹妹伤心地流下了眼泪。

单音节形容词重叠后作状语,形容动作过程的可以不带"地",形容动作结果的(包括动作引起的感觉)一般要带"地"。如:

老人慢慢(地)站了起来。

妈妈轻轻(地)擦去女儿头上的汗。

老师大大地把我们表扬了一番。

我热热地喝了一碗茶,觉得舒服一点儿了。

除了"很少、很难"之外,形容词短语作状语一般要用"地"。双音节形容词重叠作状语一定要带"地"。如:

他非常镇静地回答着老师提出的问题。

孩子拿着奖品,高高兴兴地走了。

我希望你能平平安安地回来。

在对举、对偶式的句中,双音节形容词重叠作状语可以不加"地",如:高高兴兴上班,平平安安回家。

5. 数量短语作状语。简单的数量短语作状语一般不带"地",复杂的数量短语和重叠的数量短语作状语常要带"地",其中经常充当状语的可以不带"地"。如:

他一口气说出了十个作家的名字。

警察一脚把门踢开了。

我们一步一步(地)往上爬,终于到了山顶。

老李一字一句地校对着稿子。

爷爷一粒一粒地挑着种子。

6. 动词和动词短语作状语,一般要带"地"。如:

外面的雨不停地下着。

大家听着他的讲演,不住地点头表示赞同。

要有计划有步骤地培养技术工人。

7. 成语作状语一般要带"地"。如:

大家聚精会神地听他讲故事。

弟弟正专心致志地复习功课呢。

# 第二节　常用状语的语序

1. 时间词常在句中作状语。时间词可以放在主语的后面,谓语的前面,也可以放在主语的前面。这个语序跟日语一样,但和英语不同。提醒学生不要和英语的语序相混。

2. "在"还有介词的用法,常在后面带上处所名词作状语,表示动作发生的场所。结构是"主语＋在＋处所＋动词＋(宾语)"。应强调这个语序跟日语的语序是一样的,而与英语的语序不同。

3. 对介宾短语加以否定,否定词一般加在介宾短语前。

姐姐不在家吃晚饭。

如果说:"姐姐在家不吃晚饭。"否定的是"吃晚饭"的动作,不是对"在家"的否定。

他没给我写信。(客观地说"写信"动作没有发生)

我不给她打电话。("我"主观上没有给她打电话的打算)

## 第三节 多项状语的顺序

关于多项状语的顺序问题,刘月华(1983)指出:"多项状语的顺序与充任状语的词语的类别没有直接关系,而与状语所表示的语法意义及在句中的作用有关。"她把状语分为描写性的和非描写性的两类:描写性状语是描写动作行为或变化的方式、状况以及动作者动作时的情态的;非描写性状语是说明动作行为、变化或事情发生的时间、处所、范围、程度以及对象等等的,一般具有限制作用。描写性状语又可分出两类,一类是描写动作者的,如"他激动地说"中的"激动";另一类是描写动作、变化本身的,如"观众们热烈地鼓掌表示欢迎"、"天慢慢地暗了下来"中的"热烈"和"暗",这类状语在句中一般紧挨着动词。

非描写性状语又可分为表示(1)时间;(2)语气;(3)目的、依据、关涉、协同;(4)处所、空间、路线、方向;(5)对象;(6)否定、程度、重复、范围、关联等六个小类。

非描写性状语中,表示时间的名词以及表示时间、处所、空间、目的、依据、关涉等的介词短语是可以出现在主语的前面的。表示对象的介词短语除了一部分与形式动词一起用的"对"、"对于"等短语外,大多要放在主语的后面(详见第二编第八章介词)。

根据刘月华的观点,并结合学生的偏误,我们将常规情况下多项状语的排列顺序大致归纳如下(黑体字标明的是笔者的补充):

(1)"关于……"、"至于……"等介词短语(必须要在主语前)、处所词(有时在主语前);

(2)表示时间的状语(时间词语、介词短语、部分时间副词);

(3)表示语气的状语、关联句子的状语;

(4)描写动作者的状语(有表示程度的词语则要放在描写动作者状态的词语前);

(5)表示原因、目的、依据、关涉、协同的状语(大多为介词短语);

(6)**表示范围、频率的状语;**

(7)表示处所、空间、路线、方向的状语(一般为介词短语);

(8)由"把、被、叫、让"介词组成的介词短语、表示对象的状语;

(9)描写动作、性状的状语。

例如:

关于这个问题,我们已经 认真讨论过很多次了。
　　(1)　　　　　(2)　(4)

在很多人面前,他从容地 讲述着自己的经历。
　(1)　　　　(4)

明天 大概不会下雨。
(2)　(3)

她生气地 从我手中夺过了那张报纸。
　(4)　　(7)

爸爸只 让我 看了他拍的两张照片。
　　(6) (8)

哥哥只肯把他看过的 CD 借给我。
　　(6)　　　(8)

那几本书 都 被小张 拿走了。("被"可换作"让"、"叫")
　　　　(6) (8)

他们买的辞典都 跟您的一样。
　　　　　(6) (8)

妈妈 对我们 都 很 关心。▲（见说明1）
　　(8) (6)(9)

他 给所有的朋友 都 打了电话。▲
　　(8)　　　(6)

我把我知道的 全都 跟他说了。▲
　　(8)　　(6) (8)

王老师 常常 叫我们 做练习。
　　(6) (8)

他为什么 总是 对咱们 这么 冷淡？
　　(5) (6) (8) (4)

几年来,他就是这么 不辞辛劳地 努力工作着。（见说明2）
　(2)　　　(4)　　(4)　(4)

整整一天,老王就是这么 一个步骤一个步骤地 仔细计算着。（据刘月华例改）
　(2)　　　(4)　　　(9)　　　(9)

她从四岁起 就 一直 在学习钢琴。（见说明3）
　(2)　　(3) (2) (2)

小林最近 经常感冒。
　(2) (2)

他详细地 向我 讲了事情的经过。（见说明4．C）
　(9) (8)

沿着这条路一直 往南走,你可以看到左边有一个银行。（见说明4．B）
　　(9) (7)

说明:

1. 刘月华的排序没有提到表示范围和频率的状语的位置,现补上。需要指出的是,同样是表示范围的副词,"只"的位置一般总在限定的范围之前,所以跟上面的大顺序是一致的。"都"则一般放在总括的范围之后。因此"把、对、给"字短语和"被、让、叫"介词短语在与"都"一起用时,就出现了不同的语序（见带▲例）。

2. 如果句中有同样描写动作者或动作的几个状语,常常是比较具体的（一般音节多些）放在前面,比较概括的（一般音节少些）放在后面,离动词较近。如果有"这么"之类的指示状态的代词,则放在这两类状态的前面。

3. 句中如果有表示时间的几个状语,一般是比较具体的状语（如"从四岁起"这样的介词短语和"最近"这样的时间名词）在前,比较概括的在后（如"一直"、"经常"）。

4. 上面的排序,只是一个大致的规则。有时几项状语不一定与上面的排序一致。

A. 刘月华指出,有时表示处所、空间、路线、方向的状语(7)可以在描写动作者的状语(4)的前面。她举的例子是:

> 早晨他高高兴兴地从家里走出来。
> 早晨他从家里高高兴兴地走出来。

但是据调查,像上面这样状语语序两可的句子还是比较少见的,大多数只有一种语序,即(4)在(7)前。为了便于学生记忆,讲授时,还是按照(4)在(7)前的语序讲比较好。

B. "沿着这条路一直往南"这句话强调的是动作的方式"一直"(属第(9)类状语),所以应放在第(7)类表示方向的状语("往南")之前。如强调方向,"往南"则在前。

C. 刘月华指出,描写动作的状语(9),为了突出其描写作用,可以位于表示处所等的状语(7)前,但是实际情况还是比较复杂的。我们将她举的五个例子分为两类:

第一类:具象性状语

> 有人发觉一个人影**悄悄地** 从训导处后面的窗口跳出。
> 　　　　　　　　　　(9)　　　　　　　(7)
> ＊有人发觉一个人影从训导处后面的窗口悄悄地跳出。
> 交通艇**嗖嗖地** 向前疾驶着。
> 　　　　(9)　　(7)
> ？交通艇向前嗖嗖地疾驶着。
> 敌人**一步一步地** 向后退着。
> 　　　(9)　　　(7)
> ＊敌人向后一步一步地退着。

通过上述几例比较发现,只有按照目前这种语序才是比较合适的,即这几例描写动作的状语都不宜放在表示处所、方向的状语的后面。从状语的特点看,这几例状语都是描摹伴随着某一个动作而出现的十分具体的、具有声音或形象特征的具象性状态。类似的例子还有:

> 洒水车**嘶嘶地**在沥青路上走过。
> 你**一句一句**往下看,看看哪一句是有问题的。

黑体标出的状语都十分具体地描写了动作的状态或方式。其实,这五个例句中两项状语的顺序实际上是与人们的认知过程或行动的过程相一致的,即人们往往先有声像的感觉才会注意到动作的方向或处所,先注意到动作的方式,才能进一步注意动作的方向。

第二类:概括性状语

> 他拿起笔很流利地在笔记本上用中文写下了自己的名字。
> 老张,你详细跟他说说。

上面两例的"流利"和"详细"可以移至谓语动词前。像"流利"和"详细"这类形容词是既可以作状语又可以作补语的(详见第二编第六章形容词),与上面五例不同的是,这类形容词在充当状语时是对整个动作过程进行的概括性描述,并不十分具体形象。

通过上面的比较,可概括出以下的规则:同是描写动作的状语,比较具体的状语位置一般靠前(离谓语动词远些),比较概括的状语则可前可后,位置相对自由。这一规则同前面说明2、3的也是一致的。

5. 否定词的位置十分复杂,不能用一种语序规则来说明。详见第二编第七章第二节五。

# 第四节　学生在状语方面常见的偏误

1. 缺漏

　　＊哥哥一整天在公司工作了。

　　　改₁:哥哥一整天都在公司工作。/改₂:哥哥在公司工作了一整天。

　　分析:"一整天"位于状语的位置,应该要有"都"与之共现(详见第二编第七章第二节三)。这一句强调的是"一整天在公司而不是在别处"。另外一种改法是"一整天"充当时量补语,强调动词持续的时间之长(详见本编第五章第六节数量补语一)。

2. 误加

(1) 误加副词

　　＊他已经明明知道了,用不着问了。

　　　改:他已经知道了,用不着问了。

(2) 误加"地"

　　＊朋友们几次请他去参加座谈会,他不好意思地不去。

　　　改:朋友们几次请他去参加座谈会,他不好意思不去。

　　分析:"不好意思"有两个意义,一个是"害羞"可以作状语,如"她不好意思地笑了"。另一个是"碍于情面而不便或不肯",不能加"地"。上面偏误就是用的后一意义。

3. 误用

(1) 状语有误

　　＊我们的老师处处说明了给我们世界的经济。

　　　改₁:我们的老师给我们讲了世界各地的经济。

　　　改₂:我们的老师常常给我们讲世界的经济。

　　分析:改₂说明表示动作频率的状语要在表示对象的状语之前。

　　＊一直到深夜人总是要睡觉的。

　　　改:人到晚上总是要睡觉的。

　　分析:"一直到深夜"这样的句前状语,应该是用于说明一次性的动作的。如:

　　　一直到深夜他都没有回家。

　　　一直到深夜,老李都在看书。

原偏误是说人的一般规律,所以不该用"一直到深夜"这样的句前状语。

(2) 动量词应作补语而误作状语

　　＊我的学校一个月一次向学生进行检验物品。

　　　改₁:我们学校每月对学生进行一次物品检查。

　　　改₂:每月我们学校对学生进行一次物品检查。

(3) 状语形式有误

　　＊直到明天晚上我才离开博物馆。

　　　改₁:直到晚上我才离开博物馆。(已经发生的动作)

　　　改₂:到明天晚上我才离开博物馆。

　　分析:"直到"后面接的词或短语一般表示的是过去的时间,因而后面的谓语动词应是已经发生的动作。如果后面的动作是尚未发生的,就不能用"直"。

4．错序

(1) 将应充当状语的表示时间、对象或处所的词语误置于谓语动词后

＊他们结婚去年。(任长慧例,下简称任)

改₁:他们去年结婚了。/改₂:他们是去年结的婚。

＊我开始中国语学习 2000 年。

改:2000 年,我开始学习汉语。

＊屋子太小了,所以我喜欢看书在图书馆。(任)

改:屋子太小了,所以我喜欢在图书馆看书。

＊我的妹妹学在大学,她是四年学。(任)

改:我妹妹在大学学习,她是四年级的学生。

＊上个星期我去文化市场,我买了 VCD 和书,在文化市场。

改:上个星期我去了文化市场,在那儿我买了 VCD 和书。

＊我用中文在我的开会。(任)

改:在会上,我用中文。

＊我睡觉二点到五点。

改₁:我两点到五点睡觉。(表示多次重复的有规律的动作)

改₂:我从两点一直睡到五点。(表示一次性已经完成的动作)

＊我去上海,我买药和茶给家里人。

改:我去上海,我给家里人买了药和茶。

分析:表示"买"的对象的短语要放在"买"前面。

＊常常我们去旅行。(鲁)

改:我们常常去旅行。

(2) 时量词应作补语而误作状语

＊哥哥一天在公司工作了。

改:哥哥在公司工作了一天。

(3) 多项状语的语序有误(偏误原因详见上第三节)

＊他总下课以后去留学生餐厅。

改₁:他下课以后总去留学生餐厅。/改₂:他总是下课以后才去留学生餐厅。

＊以前一样。他在食堂一直打工。

改:跟以前一样,他一直在食堂打工。

分析:表示处所的状语要放在表示时间的状语后。

＊最近每天在中国在电视,网都很多世界杯的报道。

改:最近在中国的电视和网上,每天都有很多关于世界杯比赛的报道。

分析:这一偏误有两个时间状语,一是"最近",是表示整体时段的,另一个是"每天",是表示分指的时间状语。两个时间状语分处于处所状语的前与后。这与上面第三节提到的总规则略有不同。这一方面是因为该句表示处所的状语是说话者要特别加以强调的(详见第八章介词第三节四、"在"),另一方面是由于"每天"与谓语动词的关系更为密切。

＊我妈妈不让我马上回国,她以为我一定后悔等我到日本的时候。

改:我妈妈不让我马上回国,她认为等我回到日本的时候一定会后悔的。

分析:这一偏误说明,表示时间的状语应该在表示语气的状语的前面。

＊我一般两点差不多才吃午饭。

改:我一般差不多两点才吃午饭。

分析:这句中的"差不多"是修饰时间词语的,必须放在时间词语的前面。

＊我经常在日本开车,所以不习惯骑自行车。

改₁:我在日本经常开车,所以不习惯骑自行车。

改₂:在日本我经常开车,所以不习惯骑自行车。

分析:这一偏误纠正后,表示处所的状语位于表示频率的状语之前了,与前面归纳的排序规则不同。实际上,汉语表示处所的状语有几种。有的是表示大的活动范围的,如"我在日本经常开车"的"在日本";有的是表示具体动作实行的场所的,如"我经常在胡同里开车"。虽然都是处所状语,但是它们在句中的位置并不相同。再如下面两句都可以说:

刘老师经常在操场散步。(动作发生的具体场所)

在操场上,经常可以看到有人在散步。(强调动作发生的特定场所)

根据以上分析和举例可知处所状语与表示频率的状语在句子中的语序有三个:

① 当强调动作发生的特定处所时,处所状语可以放在句子的最前面,即在主语和表示频率的状语之前。

② 当处所词语是表示大的活动范围时,一般位于主语之后,表示频率的状语之前。

③ 当处所词不是表示范围而是表示动作发生的具体场所时,不仅放在主语之后,而且应在表示频率的状语之后,离谓语动词比较近。

＊他在苏州住跟一个韩国朋友。

改:他在苏州跟一个韩国朋友一起住。

＊我以为已经回去的同学都不会再这个学期回来。

改:我以为已经回去的同学这个学期都不会再回来了。

＊你总对男孩儿干吗那么凶啊?

改:你干吗总对男孩儿那么凶啊?

5. 杂糅

＊我害怕骑自行车去路上。

改:我害怕在路上骑自行车。

＊我觉得汉语、汉字、发音,最语法很难。

改:我觉得在汉字、发音和语法中,语法是最难的。

＊只是妈妈表达她对我们的爱,所以我们可以觉得妈妈的爱很容易。

改:只是妈妈经常表达出她对我们的爱,所以我们可以很容易感觉到她的爱。

＊我谈谈我的学习收获。这次进修收获多一点儿。

改:我谈谈我的学习收获。这次进修收获比较大。

＊每写老师在黑板上一个句子,我们都抄写在本子上。

改₁:每当老师在黑板上写一个句子,我们把它都抄在本子上。

改₂:老师每写一个句子,就给我们讲一下它的意思。

分析:改₁说的是,随着前一动作者的动作,另外的动作者发出相应的动作,前一分句应用"每当……"。改₂说的是同一个动作者每发出前一动作,就接着做后一动作。前一分句应用"每(＋动词)"。原偏误把两种表达方式混淆了。

## 第五节 教学建议

1. 时间词和处所词常在句中作状语。时间词和处所词在一定的语用条件下,可以放在主语的前面。一般常放在主语的后面,谓语的前面,这个语序和英语是不同的。应提醒学生不要和英语的语序相混。

2. 除处所状语之外还有其他状语(如表示频率)时,位置比较复杂。应该结合学生所学的课文中的例句或学生的偏误,具体进行说明。

3. 多项状语对学生来说是一大难点。从我们搜集到的偏误看,多项状语的偏误是状语偏误中比率最高的。但现在一般的对外汉语教材大都不把它作为一个重要的语法点来讲。因此,有必要在中级阶段分几个小的语法点逐步将上面的多项状语的规则教给学生,并且配以一定量的练习。

**参考文献**

刘月华 (1983) 状语的分类和多项状语的顺序,《语法研究和探索》(一),北京大学出版社。

刘月华、潘文娱、故 轳 (2001)《实用现代汉语语法》,商务印书馆。

鲁健骥 (1994) 外国人学汉语的语法偏误分析,《语言教学与研究》第 1 期。

任长慧 (2001)《汉语教学中的偏误分析》,武汉大学出版社。

# 第五章 补 语

## 第一节 结果补语

### 一、定义

汉语的动词大多只能表示动作的方式或过程。当要表示动作完成后的结果时,一般要求谓语动词后还要带上表示结果的动词或形容词。我们把这类表示动词完成后的结果的动词或形容词称作结果补语。

### 二、结果补语的结构特点

肯定式:谓语动词＋动/形(表示动作完成后的结果)

钥匙找到了。

作业做完了。

否定式:没＋谓语动词＋动/形

我没看见他。

作业没做完。

当谓语动词后有宾语(包括有的离合词),所带的结果补语是表示动作完成后施事出现的状态时,要用重动形式。如:

他考试考怕了。

我们爬山爬累了。

### 三、同一动词带不同的结果补语

结果补语在理解方面一般没有什么问题。问题在于,汉语中可以作结果补语的词语很多,不同的动词后面带的结果补语有时是不一样的。同一个动词可以带不同的补语,意思有区别。如:

具体的用法、可从字面上看出其义的:看见、看完、看清楚、看仔细

引申用法不易从字面看出其义的:看走了眼、看错了人

同一动词带上不同的结果补语,意思不一样:

饭做完了。(只是表示"做饭"的动作完成了)

饭做好了。(表示动作很好地完成了,暗示可以做下面的动作了,即"可以吃饭了")

没有米,饭没做成。(因为客观原因,没有办法实现"做饭"的动作)

今天的课没上好。(老师觉得没有讲好课,他自己不满意,可能学生也不满意)

今天的课没上完。(还有没讲完的东西)

老师病了,今天的课没有上成。(因为客观原因,没有办法"上课")

## 四、结果补语方面常见的偏误

### 1. 缺漏

(1) 有表示结果的动词但缺少表示动作的动词

＊作业完了。

改:作业做完了。

＊我妈妈今天早上六点醒了我。(李大忠例,下简称李)

改:我妈妈今天早上六点叫醒了我。

＊坏了这个杯子的人不是他就是你。(李)

改:打坏这个杯子的人不是他就是你。

＊没想到熟土豆的时间这么长。(李)

改:没想到土豆煮熟要这么长时间。

(2) 动作动词后缺少表示结果的补语

＊他听我的咳嗽声,就停住了。(李)

改:他听到我的咳嗽声,就停住了。

＊他看我以后,跟我打招呼。

改:他看到我以后,跟我打了个招呼。

＊倒霉极了,在饭店吃饭后,我的钱包找不着了。

改:真倒霉,在饭店吃完饭后,发现我的钱包找不着了。

＊他去年大学毕业了,今年才找工作了。

改:他去年大学毕业了,今年才找到了工作。

＊他又被她拒绝了,感受爱情的挫折。

改:他又被她拒绝了,感情上受到了很大的挫折。

＊花好多精力,才能够培养重要性的人才。

改:花好多精力,才能够培养出优秀的人才。

(3) 缺少表示结果的补语与其他成分

＊你刚才说的话,我似乎曾听过。

改:你刚才说的话,我似乎在哪儿听到过。

＊这个活动让我们学习很多。

改:这个活动让我们学到了很多东西。

＊我想要的邮票好不容易才弄。

改:我想要的邮票好不容易才弄到手。

(4) 缺少重动形式

＊我们跳舞累了,所以坐下来休息。

改:我们跳舞跳累了,所以坐下来休息。

＊他喝酒醉了。

改:他喝酒喝醉了。

### 2. 误加

＊为了买一双合适的鞋,我整整找到一天了。

改<sub>1</sub>:为了买一双合适的鞋,我整整找了一天。

改<sub>2</sub>:为了买一双合适的鞋,我找了一整天。

分析:当动词带了表示动作持续时间的补语时,就不能再带表示动作完成的结果补语。

＊玛丽很聪明,这个歌儿她一听见就会唱。

改<sub>1</sub>:玛丽很聪明,什么歌儿她一听就会唱。

改<sub>2</sub>:玛丽很聪明,这个歌儿她一听准会唱。

＊老板看见到那个情况,吓得一直跑到铺子里。(李)

改:老板一看到那个情况,就吓得跑到铺子里去了。

＊他看见清楚黑板上那些汉字了吗?(李)

改:他看清楚黑板上那些汉字了吗?

＊你教我的东西,我都扔掉在大海里了。(李)

改:你教我的东西,我都扔在大海里了。

＊我把母亲的话记住在心里。(李)

改:我把母亲的话记在心里。

分析:"看到"和"看见"是表意相同的动结短语。"看见"和"看清楚"是两个不同意义的动结短语。正如李大忠指出的,汉语里一个动词谓语只能带一个结果补语。另外两个偏误都有"在＋处所词"介宾补语,这类短语表示动作完成后受事移位所至或所固定的终点。凡是句中有这类补语的,前面就不能再出现其他结果补语了。

3. 误用

(1) 该用动结短语而误用其他动词

　　＊父母对孩子唠叨倒不是干涉他的私生活,只是担心他会放弃向自己到来的机会。

　　改:父母跟孩子唠叨倒不是干涉他的私生活,而是担心他可能会放过身边的机会。

　　＊料想以外,他非常喜欢拍照片。

　　改:没有想到,他非常喜欢拍照。

(2) 该用结果补语而误用状语

　　＊他的话没完全说。

　　改:他的话没全说完。

(3) 动结短语的动词或补语有误

　　＊我的爸爸用水泥塞完了墙上的裂口。

　　改:我的爸爸用水泥把墙上的裂缝补好了。

　　＊我们跟她约会好了,可是她没来,好像她忘了。

　　改:我们事先跟她约好了,可是她没来,可能她忘了。

分析:"约会"是动宾式的动词,不能带补语。

　　＊这样的好机会脱下。

　　改:这样好的机会却错过了。

(4) 动补短语的时态有误

　　＊他看起小说来,甚至一个晚上看完了。

　　改:他看起小说来,一本书甚至一个晚上就能看完。

分析:"看起小说来"后面接的应该是说明经常性情况的句子,不能带表示一次性动作结束的助词"了"。

（5）动补短语的否定式有误

　　＊他不吃完饭就去找朋友了。（李）

　　改：他没吃完饭就去找朋友了。

　　＊我好久不见到她了。（李）

　　改：我好久没见到她了。

## 五、教学建议

1. 在刚开始教结果补语时,应向学生强调汉语的动词单用时,大多只表示动作方式而不能表示动作的结果;有些状态动词和非持续动词则只表示动作的结果（如"醉、醒、完、死"等）而不能表示动作方式。因此,动词使用时应注意以下规则：

（1）当表示动作完成并且有一定的结果时,往往不能只用单个的动词。

（2）一个动词谓语只能带一个结果补语。谓语后有"在/到＋处所词"等介宾补语,就不能再带其他结果补语（详见上第三节）。

（3）动词和结果补语的否定形式是用"没＋动＋补（动/形）",不是用"不"。

2. 在初级阶段教结果补语的时候,最好让学生将"动词＋结果补语"的短语整体记忆。吕文华先生(1999)主张将这类动结短语作为短语词来教。我们对一些动结短语掌握得比较好的学生进行过调查,发现他们也是将一些动结短语作为一个整体的语言单位来记忆的。

3. 在学生学习了一些结果补语后,可以让他们做下面的练习：

（1）找出课文中出现的动结短语。

（2）将已经学过的课文中的动结短语去掉,放在练习上方,让学生做选择填空练习。

（3）不给补语,做填写补语的练习。

（4）改错练习（包括补语的缺漏、误加、误用等）。

4. 到了中级阶段,可以结合课文对同一动词带的不同结果补语进行适当的辨析。

# 第二节　状态补语

## 一、定义

形容词位于"动词＋得（助词）"之后,用来说明已经发生或正在发生的动作呈现或达到的状态的补语叫状态补语。状态补语常用于对动作的状态作出评价、判断或描写。

## 二、状态补语的结构特点

1. 状态补语是形容词时,主要有以下几种结构形式：

| | 肯定句 | 否定句 | 特点 |
|---|---|---|---|
| A式 | 他跑得很快。 | 他跑得不快。 | 句中只有动词,没有宾语。 |
| B式 | 她网球打得非常好。 | 我汉字写得不好。 | 受事在动词前,动词不用重复。 |
| C式 | 汉语她说得很流利。 | 英语她说得不好。 | 宾语放在主语前作话题。常用于对比句。 |
| D式 | 她吃饭吃得很少。 | 我写信写得不多。 | 受事在动词之后,动词需要重复。 |

特别要注意的是 D 式,当动词带了宾语,状态补语又是说明施事主语在实行某个动作时所呈现的状态时,使用重动形式。当谓语动词是离合词,后面又带上述状态补语时,也要像 D 式的动词那样再重复一次。如：

田中游泳游得很好。

哥哥睡觉睡得很晚。

2. 状态补语还可以是动词或主谓短语。如：

听到这个消息，他高兴得跳了起来。

她紧张得满脸通红。

一些可以形象地说明谓语动词所呈现状态的强调结构和成语、熟语经常充当这类状态补语。如：

爸爸忙得连饭也忘了吃。

爬上山顶以后，我累得站也站不起来了。

老王急得团团转，像个热锅上的蚂蚁。

我饿得前胸贴后肚皮。

她把孩子打扮得花枝招展的。

### 三、使用状态补语需要注意的几个问题

1. 状态补语与形容词

（1）状态补语常用形容词，但是并不是所有形容词都能作状态补语。像下面这些形容词就不能充当状态补语（另参见第二编第六章第二节（三）、（四））。

坏　错　新　旧　强　弱　饿　阴　晴

庄严　迅速　经常　安全　间接　一致　普遍　严肃　公开　秘密

生气　着急　完全

（2）有的形容词是多义的。有的意义可以作状态补语，有的意义则不可以。如：

他的文章写得很长。（"长"表示物理的长度）

＊我睡觉睡得很长。（"长"表示时间的长度，不能作状态补语）

孩子睡得很安静。（表示"安稳、平静"）

＊学生们在图书馆看书看很安静。（"安静"表示"没有声音，没有吵闹和喧哗"，不能作状态补语）

（3）有的形容词既可以作状语又可以作补语。如：

他努力学习，取得了好成绩。

小王认真工作，得到了大家的好评。

我觉得他学得很努力/很认真。

形容词作状语一般用于描写某个动作的状态，常用于陈述与描写。这类句子后常跟着说明该动词进一步发展的结果，所以这类句子常出现在始发句。

形容词作状态补语时，一般是用于说明和评价某个经常发生的动作、正在进行或已经发生的动作的状态。所以，这类句子常作表示传闻、观察、看法等动词的宾语。除了可出现在因果复句前一分句外，很少用于始发句，有时用于陈述过程中，有时用于事件陈述的结尾。如：

听说爷爷每天起得很早。（经常发生的动作）

我看见他跑得非常快。（正在进行的动作）

我觉得这部电影拍得很好。（已经发生的动作）

他一大早就走了，走得很急。（同上）

"要让在场的人都知道,我们不是好欺负的!"他说得异常冷静。(同上)

今天晚上我吃得很饱,所以不想再吃别的了。(因果句)

(4) 有的形容词既可以作状态补语又可以作结果补语。如:

房间打扫干净了。

房间打扫得很干净。

"房间打扫干净了"是结果补语句,强调动作完成后的结果,是针对"房间打扫干净了没有?"的回答,用于报告动作按照计划或要求实现了。"房间打扫得很干净"是状态补语句,说明动作达到了一种什么样的状态,是针对"打扫得怎么样?"的回答,用于评价。

2. 状态补语所说明的动作的时态

(1) 状态补语一般用于说明和评价动作的常态、进行态或完成后的持续态。如:

她平时吃得很少。(动作的常态)

医生在给病人检查身体,他检查得很仔细。(正在进行的动作)

小刘打扮得很漂亮。(动作完成后持续的状态)

他把空调开得很冷。(同上)

注意:带状态补语的动词之后只能带结构助词"得",不能带"着"、"了"等动态助词(详见下四偏误)。

(2) 表示动作进行的状态、动作发生的早晚或动作持续的时间的长短的状态补语不能用于祈使、说理或将来发生的动作的肯定句中。当要表示这类意义时,应该用状语。下面是学生的偏误:

＊学生应该学习得很认真。

改:学生应该认真学习。(讲道理)

＊你要学得很认真。

改:你要认真学习。(祈使句)

＊我以后一定要检查得很仔细。

改:我以后一定要仔细检查。(将来的动作)

＊明天有第一节课,应该早上起得很早。

改:明天有第一节课,应该早起。(将来的动作)

但在表示这类意义的否定句中则可以用状态补语。如:

你不该总是睡得这么晚。

这些包裹里没有什么,用不着检查得很仔细。

明天不要起得太早。

当状态补语是表示动作完成后结果所呈现的状态时,无论肯定句还是否定句,都可用于表示将来的动作。如:

她要把女儿打扮得漂漂亮亮的。

我们希望把家乡建设得更美丽。

## 四、状态补语方面常见的偏误

1. 缺漏

(1) 缺少"得"

＊车夫跑比较快。(李)

改：车夫跑得比较快。

　　＊他讲很好，你们应该听下去。（李）

　　改：他讲得很好，你们应该继续听下去。

（2）缺少谓语动词和"得"

　　＊他不爱劳动，甚至一块钱也没有。

　　改：他不爱劳动，穷得甚至连一块钱也没有。

（3）动宾结构或离合词直接带状态补语，缺少重动形式

　　＊小林打球得很累。

　　改：小林打球打得很累。

　　＊昨天他睡觉很早了。

　　改₁：昨天他睡觉睡得很早。／改₂：昨天他睡得很早。

　　＊她吃饭得很少。

　　改₁：她吃饭吃得很少。／改₂：她吃得很少。／改₃：她饭吃得很少。

　　分析：当句中的谓语动词后有宾语，又要用状态补语表示动作进行时施事出现的状态时，常用重动形式，也可以用其他两种形式（见上改例）。

（4）状态补语前缺少程度副词

　　＊他们三个人谈了很多情况，谈得热闹。（李）

　　改：他们三个人谈了很多情况，谈得很热闹。

　　＊这次练习我一定要写得清楚。（李）

　　改：这次练习我一定要写得很清楚。

　　分析：当动词后的补语是形容词，前面又不受程度副词的修饰时，与可能补语的形式一样，会产生歧义，因此一般充当状态补语的形容词前要加程度补语。

2. 误用

（1）状态补语有误

　　＊李白的这首诗歌别说大人，连小孩子都背得清清楚楚。

　　改：李白的这首诗歌别说大人，连小孩子都背得滚瓜烂熟。

（2）谓语与补语形式有误

　　＊经理对他要求算账得更清楚。

　　改₁：经理要求他账要算得更清楚一些。

　　改₂：经理要求他算账要算得更清楚一些。

（3）该用状态补语而误用状语

　　＊我快地骑自行车，差点儿撞别人。

　　改：我骑车骑得很快，差点儿撞到人。

　　＊房间干净地打扫了。

　　改：房间打扫得很干净。

（4）该用状语而误用状态补语（偏误原因详见上三1(2)、2(2)）

　　＊我喜欢写大字。不过写得很难。

　　改：我喜欢写大字。不过我觉得大字很难写。

　　＊最近非常忙，真想休息得很长。

　　改：最近非常忙，真想好好休息休息。

　　　　＊爸爸每天下班得太晚,我怪担心的。

　　　　改:爸爸每天很晚才下班,我怪担心的。

　　　　＊会议已经开始了,你应该来得很快。

　　　　改:会议已经开始了,你应该赶快来。

　　(5)形容词该作谓语而误用作状态补语

　　　　＊长崎是在日本台风来得最多的城市之一。

　　　　改:在日本,长崎是台风最多的城市之一。

　　　　＊这篇文章虽然不长,生词倒念得难。

　　　　改:这篇文章虽然不长,生词却很难。

　　　　＊他不愿意住院,但是受伤得严重,只好住院。

　　　　改:他不愿意住院,但是因为伤势严重,只好住院。

　　　　＊父母对孩子过分干涉得不好。

　　　　改:父母对孩子的事过分干涉不好。

　　(6)该用助词"得"却误用其他助词

　　　　＊有一天,我突然发现他病了很厉害。(李)

　　　　改:有一天,我突然发现他病得很厉害。

　　　　＊他来到医院以后,医院里的气氛变了很乐观。(李)

　　　　改:他来到医院以后,医院里的气氛变得轻松愉快。

　　　　＊老农民感动了说不出话。(佟慧君例,下简称佟)

　　　　改:老农民感动得说不出话来。

　　　　＊最近他生活了不太愉快。(佟)

　　　　改:最近他生活得不太愉快。

　　　　＊隔壁的同学听音乐总是喜欢把声音放着很大。(李)

　　　　改:隔壁的同学听音乐总是喜欢把声音开得很大。

　　　　＊这雨下着很及时,已经两个月没下雨了。(佟)

　　　　改:这雨下得很及时,已经两个月没下雨了。

　　分析:上面的偏误都是在应该用助词"得"的地方误用了"了"或"着"。李大忠曾问学生为什么在状态补语前用"了",他们回答说是句中的动词已经发生或完结(李大忠,1996)。上面误用"着"的偏误可能也有类似的原因。正如我们在上三1(3)指出的那样,状态补语所修饰的可以是正在进行的动作的状态、已完成或完成后的持续状态。只要用了状态补语,就不能用"着、了"等动态助词了。

　　3. 杂糅

　　　　＊他说笑话说得非常生动,引起了大家的哈哈大笑。

　　　　改:他说了一个非常生动、有趣的笑话,引得大家哈哈大笑。

　　　　＊我们忘了时间在河里向别人泼水玩。

　　　　改:我们在河里朝别人身上泼水玩,玩得忘了时间。

## 五、教学建议

　　1. 根据吕文华先生(1987)的调查,在实际的语言运用中,状态补语 D 式使用的频率很低(详见本节二)。但在外国学生说话与行文中,动宾结构后直接带状态补语的偏误(见上

(3))却很多。因此,在状态补语的教学中,最好先从简式 A 入手,然后再教 B 式和 C 式。在教学中可以尽量让学生多练习常用的 B 式。最后教 D 式,在教这一结构时,应反复强调不要忘记再重复一次动词。

2. 一般教材在说明状态补语时,都不涉及动作的时态,但是学生出现的一些偏误却与此有很大关系(详见上四偏误部分)。因此,有必要在初学时交代一下,并结合学生的偏误加以强调。

3. 在学习状态补语时,一般学生都已经学过了结果补语句和形容词作状语的形式。有些学生有时会分不清这两种语法形式与状态补语的不同。应在总结复习初级阶段语法点时,将状态补语与这两种形式作一些辨析。

4. 动词或主谓短语充当状态补语在语法点教学的排序上是排在形容词充当状态补语的后面,但是形式并不复杂。只要启发学生使用能具体说明动词状态的动词短语或主谓短语充当这类补语,并且给他们多介绍一些常用的说法(包括成语或熟语),学生是比较容易理解和掌握的。

## 第三节　程度补语

### 一、定义

"极了、死了、透了"直接用于形容词谓语或心理动词谓语之后,"很、慌"等用于"形容词/动词谓语＋得"之后表示情况或动作所达到的程度的补语,叫程度补语。如:

> 屋子里脏死了。
>
> 爸爸高兴极了。
>
> 今天的天气糟透了。
>
> 最近他忙得很。
>
> 整天呆在家里,真闷得慌。

### 二、程度补语的使用规则

1. 可以带程度补语的谓词比较有限,一是部分性质形容词,二是部分状态动词。非谓语形容词和状态形容词等(参见第六章形容词第一节)都不能带程度补语。有些状态动词(如"醉、醒、希望、知道"等)与大多数动作动词都不能带这类程度补语。

2. 不同的程度补语所搭配的性质形容词或状态动词并不一样。如"极了"、"得很"既可以用于积极意义的词语之后,又可以用于消极意义的词语之后。"高兴、伤心、喜欢、讨厌、干净、脏、漂亮、难看、熟悉、精彩、开心、寂寞、恶心、冷、热、凉快、暖和"等很多词语都可以带这两个程度补语。相比之下,可以带"死了"作补语的词语要少些。如"干净、熟悉、凉快、暖和"带"死了"作补语的频率比"极了"要低,而且略带讽刺或玩笑的意味。"熟、湿、恨、研究"常带"透了"客观地说明事物或动作的程度很深。"透了"和"得慌"一般用于消极意义的词语之后,表示程度深。"糟、糟糕、坏、倒霉"常带"透了",表示说话者对外界某事物或个人状态的主观评价。"累、饿、吵、闷、憋、闹、闲、堵、想、挤、赶"等常带"得慌",表示人内在的身体或精神上的感觉。可以带"透了"的词语和可带"得慌"的词语一般不能互换。只有"无聊、没劲"既可带"透了",也可带"得慌"。

3."形容词＋极了/得很"与"形容词＋多了/得多"形式上有相似之处,它们的区别是:"～极了"、"～得很"(包括"～死了"、"～透了")用于一般陈述句,表示说话者认为某一情况的程度很高。如:

他的汉语说得好极了。

她的英语成绩好得很。

"～多了"、"～得多"只用于比较句,表示程度加深。如:

家里的生活条件比以前好多了。

小李的工作能力比小王强得多。

### 三、程度补语方面常见的偏误

误用

＊他的妻子病得很。

改:他的妻子病得很厉害。

＊老师对那个穷学生同情得很,决定协助付学费。

改:老师对那个穷学生很同情,决定资助他学费。

分析:"病"、"同情"不能带程度补语,可带状态补语(如"他同情得流下了眼泪")。状态补语一般用于描写。但后一例偏误是说明同情的程度深,只能用程度副词作状语。

### 四、教学建议

1. 应该向学生强调可带程度补语的形容词和动词是有一定限制的。

2. 说明"透了"和"得慌"一般只能用于消极意义的词语之后。

3. 到了中级阶段,应对"形容词＋极了/得很"与"形容词＋多了/得多"的不同的语法功能加以辨析。

## 第四节 趋向补语

### 一、表示方向的趋向补语的类别与定义

趋向补语的本义是表示方向的,从形式上可以分两类:简单趋向补语和复合趋向补语。

1. 简单趋向补语

动词"来"或"去"常放在一些动词后面作补语,表示与动作相关的人或事物移动的方向。我们把这样的补语称为简单趋向补语。如:

他要到中国去。

你进来吧!

2. 复合趋向补语

复合趋向补语是简单趋向补语"来"、"去"和动词"上、下、进、出、回、过、起"相结合,放在动词后,主要表示动作方向的补语。复合趋向补语有:

|   | 上 | 下 | 进 | 出 | 回 | 过 | 起 |
|---|---|---|---|---|---|---|---|
| 来 | 上来 | 下来 | 进来 | 出来 | 回来 | 过来 | 起来 |
| 去 | 上去 | 下去 | 进来 | 出去 | 回去 | 过去 | |

各类复合趋向补语本义用法：

（1）动＋上来/上去

动作者由低向高移动。"动＋上来"是说话者在高处，动作者从低处向说话者方向移动。"动＋上去"是说话者在低处，动作离开说话者所在之处，向高的方向移动。如：

他从楼下走上来。

他们都在山上，咱们快爬上去吧。

（2）动＋下来/下去

动作者由高向低移动。"动＋下来"是说话者在低处，动作者从高处向说话者方向移动。"动＋下去"是说话者在高处，动作离开说话者所在之处，向低的方向移动。如：

孩子从窗台上跳下来。

游客们正从长城上走下去。

（3）动＋进来/进去

动作者由外向里移动。"动＋进来"是说话者在里面，动作者从外面向说话者方向移动。"动＋进去"是说话者在外面，动作离开说话者所在之处，向里面的方向移动。如：

老师从外面走进来。

这么多人围着在干什么？挤进去看看。

（4）动＋回来/回去

动作者离开某处又回到原处（可用出去又回转的回形符号表示）。"动＋回来"是说话者在原处，动作者朝着说话者方向移动。"动＋回去"是说话者不在原处，动作者离开说话者所在之处，向原处移动。如：

他带回来几本杂志。

没有车了，咱们走回去吧。

注意：上面的"他带回来几本杂志。"是已经完成的、一次性的动作。如果是用于祈使句，要求别人把某物带回来（即动作尚未发生时），则说：

你回家时，带几本杂志回来。

如果是表示有规律的"带回"动作，则采用下面的说法：

他每天去河边洗澡，同时带回一罐水来。

（5）动＋过来/过去

动作者在同一平面和空间范围内（不分高低、内外等）的移动。"动＋过来"是向着说话者方向移动。"动＋过去"是离开说话者所在之处，向另一方向移动。如：

小李从对面走过来。

你把自行车推过去。

（6）动＋起来

表示人体、人体的某一部位随动作由低到高或动作的受事随动作由低到高。如：

他站起来。

她从床上坐起来。

你抬起头来，看着我。

老师从桌子上拿起一本书来。（书由低到高）

注意："动＋起来"与"动＋上来"是有区别的。前者尽管人体姿势或部位发生变化或事物由低到高，动作者本身并不发生位移；而后者是动作者要发生位移的。

二、表示方向的趋向补语的使用规则

1. 动作的方向朝说话者移动,趋向补语用"来"或"～来"。动作的方向背离说话者移动,趋向补语用"去"或"～去"。

2. 趋向补语后面带宾语的规则

趋向补语后面带宾语一般有以下几种情况:

(1) 趋向补语后面是处所宾语

趋向补语不管是复合的还是简单的,所带的处所宾语,只能位于趋向补语"来"、"去"前,不能出现在"来"、"去"之后(即下面所称的中宾式)。如:

她回家去了。

同学们爬上山来了。

他跑回宿舍去了。

这类句子在用于陈述一个已经完成的动作时,句尾都要带"了"。

(2) 趋向补语后面是非处所宾语

第一类:非处所宾语位于趋向补语之后,即:

动词＋简单/复合趋向补语＋非处所宾语(简称为后宾式,下同)

A. 句子为一般动词谓语句。如:

妈妈买回来五个苹果。

陈老师带回去几本杂志。

这类句子的受事是无定的。动词是"开"或"送、运、传$_1$(传来一个球)、扔、搬、寄、拉、拖、拽、带、扛、抬、牵、交、还、借、抢、偷、买"等。这类动词带上趋向补语时,受事实际上是随施事一起位移的,但是句子主要表示的是受事的位移。

B. 句子为存现句。如:

① 宾语为施事

办公室里走出来一位工作人员。

外面跑进来两个小孩子。

这类句子的施事是无定的。动词是如"走、跑、爬、飞、游、跳、划(船)"等表示动作者位移的自主动词,这种位移是可以控制的。像"开"这样实际上必须是施事实行的动作动词也可以出现在这类句中。如:

我们面前开过去好几辆汽车。

② 宾语是受事

从山上滚下来一块大石头。

外面传来一阵吵闹声。

厨房里飘来一阵香味。

这类句子的受事是无定的。动词是如"滚、漂、飘、传$_2$(传来一阵枪声)、流"等表示受事位移的非自主动词,这种位移是不可控制的。需要指出的是,这类句中的受事一般不出现在"来"、"去"的前面。

注意:上述两类句子的宾语只能是无定的,必须带数量成分,不能是有定宾语(朱德熙,1982,当宾语是有定的,一般用主谓句或"把"字句,详见下)。谓语动词所表示的一般是已然的情况(刘月华,1998),不能是未然的。

第二类：非处所宾语插在动词和"(趋向动词)+来、去"的中间，即：

动词+非处所宾语+(趋向动词)+来/去(简称为前宾式，下同)

谓语动词后是简单趋向补语时，非处所宾语位于"来"、"去"之前。当谓语动词后是复合趋向补语时，非处所宾语插在动词和复合趋向补语的中间。下面例句中带括号的都是可以加的趋向动词，可构成复合趋向补语。如：

他送了点儿吃的(上)去。(陈述句，动作已经完成)

送点儿吃的(上)来。(祈使句，动作尚未发生)

我拿了几瓶酒来。(陈述句，动作已经完成)

带两条烟(回)去。(祈使句，动作尚未发生)

我要寄包裹回去。(陈述句，动作尚未发生)

当非处所宾语是人时，可以是有定的，也可以是无定的。如：

小王送她回去了。(陈述句，动作已经完成，宾语是有定的)

快抱孩子下来。(祈使句，动作尚未发生，宾语是有定的)

我明天要送两个病人回来。(陈述句，动作尚未发生)

他们从战场上抬了一个伤员回来。(陈述句，动作已经完成)

当非处所宾语是事物时，一般是无定的。如：

他拿了两个杯子上来。(陈述句，动作已经完成)

带点儿水果回来。(祈使句，动作尚未发生)

可以用于这类句子中的动词有"送、运、传₁、扔、搬、寄、拉、拖、拽、带、扛、抬、牵、交、借、抢、偷、买"等自主的，表示对受动者的位移可以控制的动词。还有"拿、端、找、抱、搞"等自主动词带上趋向补语，也可以表示受动者的位移。"还(huán)"不能用于此类句子。如：

＊还几本书回去。

第三类：有些谓语动词带上复合趋向补语，非处所宾语则位于"来、去"之前，另一个复合趋向补语之后。即：

动词+趋向动词+非处所宾语+来/去(简称为中宾式，下同)

他们拉回一车粮食来。(陈述句，动作已经完成)

她从国外寄回几个包裹来。(同上)

老李交上一些钱来。(同上)

他拿回一本杂志来。(同上)

妈妈端上一盘水果来。(同上)

可以用于这类句子中的动词有"送、运、扔、搬、寄、拉、拖、拽、带、扛、抬、牵、交、还、借、抢、偷、买"等自主的、对受事的位移可以控制的动词，此外还有"拿、端、找、抱、搞、写(写来一封信)"等自主动词带上趋向补语，也可以表示受事的位移。这类句子的受事也是无定的。有定的受事不能出现在这类句中。如：

＊你带回她去。(只能说：你带她回去。)

＊我抱上儿子来。(只能说：我抱儿子上来。)

除了上面的动词外，还有两类动词只能用中宾式。一类是"切、炒、煮、沏、泡、包(包饺子)、割(割韭菜)、剥(剥花生)、剪(剪绳子)"等本身不含有位移语义特征的"非位移"动词。如：

炒几个菜来。(祈使句，动作尚未发生，一般用简单趋向补语)

他一会儿就炒出几个菜来。(陈述句,动作已完成)

他从葡萄架上摘下几串葡萄来。(同上)

上面句中受事宾语一般是事物,是无定的,宾语必须带数量成分,若不带数量成分,只能是黏着的,不能单独成句(陆俭明,2002)。像下面的"动词＋开(了)(一个)＋宾语＋来",不能单说,后面一定还要跟上别的词语。如:

打开(了)(一个)箱子来一看,原来里面都是书。(陆俭明,2002 文例)

打开(了)(一个)箱子来看了看就算检查了。(同上)

翻开(了)(一本)书来一看,书里尽是裸体画。(同上)

他翻开(了)(一本)书来假装在那里看书。(同上)

他翻开(了)(一本)书来看了几行字,又合上了。(同上)

另一类动词是"抬(头)、举(手)、弯(腰)、低(头)、放(下手)、直(腰)、伸"等表示身体部位动作的动词。如:

举起手来! (祈使句,动作尚未发生)

孩子抬起头来看着我。(陈述句,动作已完成)

老人直起腰来,擦了一把汗。(同上)

这类句子的受事一般是身体的某个部位,是有定的,宾语不必带数量成分,除非强调其数量。如:

他抬起一只脚来,用另一只脚支撑身体。

这第三类中宾式的句子,祈使句中的谓语动词表示的动作是未然的。陈述句如果是叙述某个事件的,谓语动词所表示的一般是已然的情况,不能是未然的。

## 三、表示非方向的复合趋向补语的用法

复合趋向补语的用法比较复杂。趋向补语除了表示动作方向之外,还可以表示非方向的其他一些意义。这类用法一般称为趋向补语的引申用法。以下是一些比较常用的趋向补语的引申用法:

1. 动词＋上＋(名词)

(1) 表示动作的结果

A. 表示经动作后受事出现"闭、合"的结果(状态)。如:

(打开书)——合上书 (打开门)——关上门

B. 表示经动作后受事的附着或添加。如:

把大衣穿上。

戴上眼镜就看得清楚了。

参加表演的人加上他一共八个人。

贺卡上也写上我的名字。

C. 表示动作达到某个目的、目标或标准。如:

他考上了大学。

我们班评上了优秀。

5 号选手终于追上 3 号了。

大学毕业以后,同学们纷纷走上了工作岗位。

（2）表示动作开始并继续下去

A.“上”前是动作动词，表示动作开始并继续。如：

　　　　一进门，他就嚷上了：“大家快来看啊！”

　　　　老朋友一见面就聊上了。

有时可以表示曾经发生的动作中断了之后的继续。如：

　　　　你不是戒烟了吗？怎么又抽上了？

　　　　在火车上牌还没打够，到了旅馆，他们又打上了。

B.“上”前是“看、盯”或心理动词，表示动作系于某人持续不放。如：

　　　　小伙子看上你了。

　　　　那两个家伙盯上他了，可能他会有麻烦。

　　　　警察早就怀疑上他了。

类似的动词还有“爱、恨、喜欢、缠（纠缠）”等。

2. 动词＋上来

表示很好地完成，多以可能补语的形式出现。如：

　　　　老师问的问题，我答不上来。

　　　　我叫他详细介绍他公司的情况，他说不上来。

　　　　班里的学生很多，不少人我到现在还叫不上来他们的名字。

3. 动词＋下

（1）表示容纳。多用于有容积的具体事物的容纳。常以可能补语形式出现。如：

　　　　你做的菜太多了，我吃不下了。

　　　　箱子里装不下这么多书。

　　　　教室里坐得下 50 个学生。

类似的动词还有“放、挤、站、住、塞”等。有时可以用于“心”或“心胸”等较抽象事物的容纳。如：

　　　　这个人心眼小，容不下人。

　　　　她心里搁不下事，一有心事，准看得出来。

（2）表示事物从动态转为静态。如：

　　　　我们一招手，那辆车便停下了。

　　　　快考试了，该定下心来复习了。

类似常用的动词还有“安、沉、静（下心）”等。

（3）表示经过动作后使事物固定。如：

　　　　他在本子上记下了我的地址。

　　　　比赛的日期已经定下了。

　　　　他们攻下了那个城市。

类似常用的动词还有“留、写、拍（照片）、录（音）、打（基础）、犯（罪行）、惹（麻烦）、发（誓）、拿（下目标）”等。

（4）表示经过动作后事物的脱离或余留（与表示附着、添加的补语“上”构成反义关系）。

　　　　我脱下了大衣，交给她。

　　　　他摘下一朵花，递给我。

　　　　你们把想要的东西都拿走，剩下的归我。

类似常用的动词还有"采、切、砍、拆、撕、拔、卸、割、余、留"等。

4. 动词＋下来

(1) 表示动作使受事以某种形式固定。如：

你把刚才说的写下来。

她跳舞的样子很好看，我把她拍下来了。

老师说得太快，我记不下来。

我的要求爸爸已经答应下来了。

类似常用的动词还有"停、留、录(音)、画、抄、描、拷贝、定"等。

(2) 表示动作使受事脱离或余留。如：

快把衣服脱下来。

他们从墙上拆下来一块大广告牌。

老师决定让我留下来照顾小张。

类似常用的动词还有"摘、打(果实)、切、砍、撕、拔、卸、割、余"等。

(3) 从过去持续到现在。如：

这是从过去传下来的传统。

8000 米长跑他总算坚持下来了。

注意：补语"下来"表示的是动作从过去持续进行到说话时为止。补语"下去"(见上 3)是从说话时开始并持续(到将来)。两个补语是以"说话时"为界限的。"动词＋下来"可表示经过一段持续过程的动作的完成。如：

这么长的课文，总算念下来了。

讨论下来，还是你的计划比较合理。

类似常用的动词还有"听、看、考虑、算"等。句中有时可出现表示时间长度的状语。如：

几天练下来，累得不得了。

几个小时讲下来，嗓子都哑了。

很多具有过程的动作动词都可以用于这类结构的句中。在具体的语境中，时间词后可以直接带"下来"。如：

他经常和一些京剧迷们一起唱京剧。几年下来，他也成了京剧迷了。

小妹平时省吃俭用，两年下来，也攒了一些钱。

(4) 表示经过动作，受事由高到低。如：

用了药以后，病人的体温降下来了。

"下来"还常用于表示受事由上级部门向下级部门的转移(这是表示方向的本义的直接引申)。如：

这是上面发下来的文件。

你的申请批下来了。

类似常用的动词还有"派、压(任务)"等。

5. 形容词＋下来

表示情况或状态由强到弱。如：

他的心情慢慢平静下来。

等我冷静下来，才觉得刚才说的话是有点儿过分了。

太阳落山了，天暗了下来。

　　　　一到晚上 9 点以后,商店都关门了,街上逐渐安静下来。

　　　　她最近减肥很成功,已经瘦下来了。

　　可以用于"下来"前的形容词是很有限的,仅限于"静、黑、镇静"与上面例句中的形容词。

6. 动词＋下去

(1)"下去"用于动作动词之后,表示已经在进行的动作、行为继续进行。强调的是继续。如:

　　　　工作中即使有困难,我也要坚持下去。

　　　　只要不断学下去,你的水平肯定会提高的。

　　　　你讲下去,我们都听着呢!

　　注意:在肯定的陈述句和祈使句中,"下去"用于动作动词之后,一般表示说话者希望已在进行的动作仍旧继续。不希望继续的动作或表示继续观察的动作一般不用"下去"表示。下面是学生的偏误:

　　　　＊下课铃已经响过了,老师还在讲下去。

　　　　改:下课铃已经响过了,老师还在讲。

　　　　＊他究竟会怎么做,我看下去他。

　　　　改:他究竟会怎么做,我要继续观察。

　　有些动词带补语"下去"是有限制的。如:

　　　　＊我的汉语还不好,要努力下去。

　　　　改₁:我的汉语还不好,要继续努力。

　　　　改₂:我的汉语还不好,要继续努力学下去。

　　　　改₃:只要你继续努力下去,你的汉语水平就会越来越高。

　　分析:"努力下去"可以用于条件复句的前一分句,但不能用于因果复句的结果句。"学下去"就没有此限制。从上面偏误的修改也可以知道,汉语中表示动作继续的语法形式除了"动词＋下去"外,还有以下几种:一种是用副词"在"修饰谓语动词(客观说明已经在进行的动作的继续,无所谓希望与否,不能与"下去"同时出现在一个句中)。另一种是用"继续＋谓语动词"。这种形式有时可跟"下去"一起用。如:

　　　　他们要继续试验下去,直到获得最后的成功。

　　在否定的祈使句或表示推断的假设复句前一分句中,"～下去"可以用于说话者希望不再继续的动作。如:

　　　　求求你,别再讲下去了。

　　　　再这么打下去,要出人命的。

　　表示观察的"看",可以以否定形式带"下去",表示无法再看下去。如:

　　　　他太不像话了,我实在看不下去,就说了他几句。

(2)表示容纳。如:

　　　　把药给我喝下去!

　　　　他有点儿吃不下去了。

　　注意:可用于这类"下去"前的动词只限于吃喝类的动词。单句中的吃喝类动词带了"下去",只表示容纳。只有在假设复句的前一分句中,这类动词带"下去"才可以表示继续(也可以表示容纳)。如:

　　　　再这么吃下去,肚子都要爆了。(表示继续)

如果再继续喝下去,我就回不了家了。(同上)

要是吃不下去,就别吃了。(表示容纳)

我的胃不好,冰的饮料喝下去,会胃疼的。(同上)

7. 动词＋起来

(1)用在动词和形容词的后面,表示动作或状态的开始并继续,强调的是开始。如:

他唱起歌来。

一阵大风过后,天下起雨来。

上了火车,我和坐在旁边的人聊起天来。

天冷起来了。

一到星期天,公园里就热闹起来。

听了这个不幸的消息,她伤心起来。

我早上5点就出门了,外面黑糊糊的。走着走着,天慢慢地亮了起来。

注意:如果谓语动词带宾语,宾语要放在"起来"的中间(离合词参照动宾短语的语序)。

(2)"起来"用在"攒、收集、捆、扎、绑、堆、召集、集中、团结、联合、积累"等动词后,表示经过动作,人或事物从分散到集中。如:

为了去国外旅行,我把平时打工挣的钱攒了起来。

把行李捆起来。

把人召集起来开个会。

联合起来力量大。

(3)"起来"用在"收拾、收、放、藏、存、包"等动词后,表示通过动作将零散的或明显处的事物,置于隐蔽、安全之处。如:

她把打工挣来的钱都拿到银行存了起来。

圣诞礼物都包起来吧。

大家把桌上的书收起来,考试马上要开始了。

**作为补语"上"与"起来"的辨析**

"上"和"起来"在作补语时都可以表示动作的开始并继续。两个补语有时可以用于同一个动词后,如"嚷、聊天、议论、忙"。但是两个补语还是有一些小的区别的。

①"起来"可以用于形容词和表示心情的心理动词之后表示状态的开始并继续。"上"不用在这类词语之后表示"开始并继续"。"爱"、"喜欢"带"上"后再接宾语有"起来"所没有的"系于(受事)不放"的意思。

②用"上"作补语常表示又一次开始,即继续前面曾经发生并中断过的动作。其中有的不能替换成"起来"。如:

最近他们俩又好上了。("上"不能换用"起来")

早上进门不是就检查过证件吗?怎么又检查上了?(同上)

我不是叫你休息一下吗?怎么又看上书了?(可以换成"看起书来了")

听听,刚安静了一会儿,隔壁两口子又吵上了。(可以换成"吵起来了")

③"起来"适用的动词更多一些。如"笑、哭、响"常用"起来"作补语。下面例子中的"起来"(表示新的动作的开始)不宜换成"上"。

他一唱完,热烈的掌声就响了起来。

老师走过来,检查起我的作业来。

**作为补语"下去"与"上"和"起来"的辨析**

"下去"作补语表示已在进行的动作的继续,强调的是动作继续而不中断,不能用于曾经中断后的动作的继续。"上"作补语常表示曾经中断后的动作的继续。"起来"作补语强调的是某个新动作的开始。因此在表示动作的开始方面,"起来"比"上"使用的范围要广。"起来"有时也可以表示曾经中断后的动作的继续,但没有"上"使用的范围广。

8. 动＋进

(1) 表示凹陷。如:

被撞的汽车凹进去一大块。

哥哥忙得两眼都凹进去了。

(2) 用在"听"后,表示接受。如:

老刘很固执,别人的意见根本听不进。

9. 动＋出

表示经过动作,受事从无到有、从无形到有形、从不明显到明显。如:

讨论了半天,也想不出什么好办法。

关键要找出汽车的故障在哪里。

谁能猜出这个谜语,奖品就归谁。

10. 动词＋出来

(1) 表示抽象的、从里到外的运动。如:

她终于从痛苦中解脱出来。

生活方面的电器产品的普及,使人们从繁重的家务劳动中解放出来。

(2) 表示经过动作,受事从无到有、从无形到有形、从不明显到明显。如:

我想出来一个好办法。

你把你的想法写出来。

我看出来了,这张照片是在北京拍的。

孩子听出来是妈妈的声音。

11. 动＋出去

(1) 经过动作,受事离开所有者转到另一人手中。动词为"租、卖、借"等。如:

这个房子已经租出去了。

那本杂志已经借出去了。

水果还没卖出去。

(2) 经动作使别人知道了不应该知道的事。如:

这是个秘密,你可别说出去。

这件事传出去可不太好。

会议上作的决定不能泄露出去。

类似的动词还有"宣布、宣扬、闹、吵"等言语传达类动词。

12. 动＋过

(1) 表示度过或通过。如:

熬过这一夜,明天天亮就好办了。

我们绕道走,躲过了检查。

罪犯逃不过警察的眼睛。

　　他要是知道了真相,是不会放过咱们的。

　　类似的动词还有"挺(勉强支撑)、瞒、骗"等。"挺"、"熬"等带"过"(或"过来")表示艰苦地度过。"躲、逃、瞒、骗、放"本来表示有意识的躲过或使通过,也可以有比喻用法。如:

　　　产品的任何小毛病,都逃不过质量检查员的眼睛。

　　　他学习上的钻研精神很强,没有弄懂的问题他决不放过。

　(2) 表示超过了一定标准,超过了预定的时间或处所。如:

　　　话说过了头,就会产生不好的结果。

　　　弟弟在汽车上睡着了,坐过了站。

　　　去年就该办的事情他总是不办,已经拖过了元旦,不知还要拖多久。

　　　今天早上睡过了头,上课迟到了。

13. 动+过来

　(1) 表示经过动作,状态由不正常到正常。如:

　　　他的老毛病总也改不过来。

　　　经过抢救,昏迷的病人终于醒过来了。

　　　因为生了一场大病,他的身体还没恢复过来。

　　　我刚从国外回来,时差还没有倒过来。

　　类似的动词还有"休息、缓、修改、改造、苏醒、清醒、觉悟、抢救"等。

　(2) 表示经过动作,状态由原来的状态变到新的或需要的状态。如:

　　　当汽车朝她冲过来的时候,她没有反应过来,被撞倒了。

　　　他用了两个月的时间,把那本小说翻译过来了。

　　　魔术师能把东西变过来又变回去。

　(3) 表示艰难地度过(一段艰苦的日子)、应付困难的局面。如:

　　　最艰苦的日子都熬过来了,这点困难算什么?

　　　我只学习了一年汉语,临时让我当翻译,总算对付过来了。

　　类似常用的动词还有"挺(勉强支撑)、挨、挣扎、磨炼"等。

　(4) 表示周到地完成动作量较大或对象较多的动作,常以可能补语的形式出现。如:

　　　工作太多了,我都忙不过来了。

　　　她有五个孩子,根本照顾不过来。

　　　你借了这么多书,看得过来吗?

　　类似常用的动词还有"干、管、背、念、数、管、算、顾、照应、照料"等。

## 四、趋向补语方面常见的偏误

### (一) 表示动作方向的趋向补语方面的偏误

1. 误用

　(1) 趋向补语有误

　　　＊那时云彩很多,太阳还没有出去。(李)

　　　改:那时云彩很多,太阳还没有出来。

　　　＊有一天,我到中国银行来兑换美元,碰到一个说话很凶的服务员。(李)

　　　改:有一天,我到中国银行去兑换美元,碰到一个说话很凶的服务员。

分析:这是事后回忆,"我"已经不在银行,应该用"去"。

＊我昨天拿来的课本一定被有人拿出去了。

改：我昨天拿来的课本一定是有人拿去了。

（2）不该用趋向补语而误用

＊现在他没有在，他拉肚子，他跑洗手间过去了。

改：现在他不在，因为拉肚子，去洗手间了。

（3）复合趋向补语后带非处所宾语的时态有误

＊你快点儿贴上去一张照片。（郭春贵文例，下简称郭）

改₁：你快点儿贴一张照片上去。（动作未完成）

改₂：他贴上去一张照片。（动作已经完成）

＊我明天买回来五个苹果。（郭）

改₁：我明天买五个苹果回来。（动作未完成）

改₂：他买回来五个苹果。（动作已经完成）

2. 误加

＊明天她回日本，九月又回来苏州学习汉语。

改：明天她回日本，九月再回苏州学习汉语。

＊因为他没带工作证，不允许进来公司。

改：因为他没带工作证，所以没让他进公司。

分析："回、进"等趋向动词可直接带处所宾语，后面带"来、去"反而不对。

3. 错序

（1）处所宾语的位置有误

＊刚才房间里走出来王老师。（郭）

改：刚才王老师从房间里走了出来。

分析：趋向补语后的非处所宾语必须是无定的。如果是有定的就不能位于复合趋向补语之后而应移到前面来作主语。

＊他回去宿舍了。

改：他回宿舍去了。

分析：处所宾语的位置一定要在"来"、"去"之前。

＊刚才一辆汽车开过来我的身边。

改：刚才一辆汽车从我身边开过。

分析："开过来"不能带宾语。如果移动的动作的方向是指向某人的，只能用"向"或"朝"引进人。但是该偏误说的是"我的身边"，则要用"从"引进，补语也不能用"过来"。

（2）表示人体部分的名词误用于复合趋向补语后

＊他伸出来一只手，拉住了我的裤脚。（郭）

改₁：他伸出一只手来，拉住了我的裤脚。

改₂：他伸出一只手，拉住了我的裤脚。

分析：表示人体某个部位的名词是不能用于复合趋向补语后的，只能用于中宾式或放在简单趋向补语后。

（3）"趋向补语＋了"的位置有误

＊朋友拿两杯咖啡来了。

改：朋友拿来了两杯咖啡。

**（二）表示非方向的复合趋向补语方面的偏误**

1. 缺漏

缺少趋向补语

＊我把男朋友的信着急地塞了包里。

改：我把男朋友的信着急地塞进了包里。

＊他快结婚了的事，朋友之间已经流传了。

改：他快结婚的消息，在朋友中间已经流传开来了。

＊孩子看了三个小时电视，被勉强停了。

改：孩子看了三个小时电视，被强迫停了下来。

2. 误加

＊起来风了。

改：起风了。

3. 误用

（1）该用动词和趋向补语而误用名词

＊那个电视剧的映像很可怕，我忍不住惊叫声。

改：那个电视剧的映像很可怕，我忍不住惊叫起来。

（2）不该用趋向补语而误用

＊如果你加以干涉下去的话，我以后不联系你了。

改：如果你再继续干涉的话，我以后就不跟你联系了。

＊做生意的人，长远来看，只有考虑消费者的满意，才能赚下去。

改：做生意的人，从长远的观点看来，只有考虑消费者的利益，才能不断地赚到很多钱。

分析："赚"是非持续动词，"干涉"是说话者不希望继续下去的动作。因此不能带"下去"。（详见本节三、6"动词＋下去"下）

＊我一直认真地钻研下来，所以有今天的成功。

改₁：我一直在认真钻研，所以才获得了今天的成功。

改₂：我经过很多年的认真钻研，才获得了今天的成功。

＊中秋节我更想起父母亲来。

改：到了中秋节，我更加想念我的父母。

＊希望工程为了苦恼贫困的青少年，从全国凑起钱来。

改：希望工程为了救助失学的贫困青少年，在全国进行募捐。

＊外地人变多了，治安也变坏了，我们把新的法律规定下来。

改：外来人口增多了，治安情况也差了，为此我们又制定了新的法律。

＊我跟他说话，总是合不上。

改：我跟他谈话，总是不投机。

＊请您快点叫警察，要不更麻烦起来。

改：请您快点叫警察来，要不麻烦会更大的。

分析：形容词带趋向补语"起来"，一般表示某个新状态的开始和继续。但是这个偏误要表示的是已经有的"麻烦"状态的进一步发展，不能用"起来"。

＊我明天要搬家，现在在行李收拾起来。

改：我明天要搬家，现在在收拾行李。

（3）结果补语与趋向补语用法混淆

　　＊花了半天，我才明白过来了这个问题。

　　改：花了半天时间，我才搞清楚这个问题。

　　＊这道数学问题我还能勉强解完了。

　　改：这道数学问题我勉强解出来了。

（4）与其他趋向补语混淆

　　＊老师问我们，我们答不出去。

　　改：老师问我们问题，我们答不出来。

　　＊她拼命地节食，于是体重减起来了。

　　改：她拼命地节食，于是体重减了下来。

　　＊这件事还没决定怎么就传过来了？

　　改：这件事还没决定怎么就传出去了？

## 五、教学建议

### （一）关于表示动作方向的趋向补语的教学

1. 趋向补语的学习，一般都是先学习表示方向的简单趋向补语，后学习复合趋向补语。在学习复合趋向补语时，最好复习一下简单趋向补语，在复习的基础上，自然导入复合趋向补语的内容。

2. 通过画图、动作演示、设计场景操练等多种方式，让学生明白趋向补语"来"和"去"的方向性，即以说话者为视点。

3. 无论是教简单趋向补语还是复合趋向补语，都应该把处所宾语的位置放在第一位加以强调。可以通过选择位置填空、改错等方式反复练习，让学生记住处所宾语的位置。

4. 因为处所宾语只有一种位置，即中宾式，而学生在这方面的偏误是十分常见的。因此，在教非处所宾语的位置时，为了避免学生产生混淆，也最好先只教中宾式。不要与前宾式、后宾式一起教。据统计，在实际语言中，非处所宾语放在"来"、"去"前的情况比放在"来"、"去"后的频率要高（吕文华，1987）。

5. 在学习非处所宾语句时，应结合例句说明非处所宾语大多是无定的，要带数量词等。在单句中，中宾式中表示事物的宾语一般是无定的（见前面所举例）。只有在有后续句表示连贯性动作的时候，宾语可以是有定的、确指的。如：

　　他从墙上摘下那张画来，看了又看。

6. 在学习后宾式与前宾式时，应复习一下中宾式。应提醒学生注意，这几种宾语的位置并不是任意的、十分自由的。而且也不是所有的动词带上趋向补语后，它的非处所宾语都可以有几种位置。可以结合那些在几个句式中都可以使用的动词的实例，将它们的中宾式与前宾式、后宾式作一下比较，说明一般祈使句（动作是尚未发生的）要采用前宾式。至于那些只能使用某个句式的动词小类，在学到时就应特别加以指出。

### （二）关于表示非方向的趋向补语的教学

1. 表示非方向的趋向补语的用法比较复杂，意义也比较抽象。从语法点的排序看，表示非方向的趋向补语的用法一般都排在表示方向的趋向补语的语法点之后（不少都安排在中级阶段的教材中）。在学习这类用法时，最好先复习一下表示方向的趋向补语的用法，并从本义用法和引申意义用法之间的语义联系入手。这样学生比较容易理解和掌握。比如，

"出来"的引申用法是表示"从无到有、从无形到有形、从不明显到明显",这些都与其本义表示的"从里到外"有密切的关系。

2. 可以用于某个表示非方向的趋向补语前的动词一般都是有限制的。因此,在学习每一小类补语的用法时,要同时介绍经常与该补语一起使用的动词,具体说明其意义和用法,强调其使用的范围,以免产生过度类推。

3. 注意结合实际例子,对意义、用法或形式相近的补语进行适当的辨析(见本节三下对表示开始并继续的"起来"、"上"的辨析,以及它们同表示继续的"下去"的辨析,还有同是表示继续的"下来"和"下去"的辨析等)。

4. 有时,同一个动词可以带不同的非趋向意义的补语,表示不同的语义。学生往往弄不清楚它们的区别而产生偏误。在遇到这类用法时,特别是学生出现偏误时,应该结合实例进行辨析。如"想不起来"与"想不出来":"想不起来"是对旧的已知的信息回忆不起来,如"我想不起来他叫什么名字"。而"想不出来"是想出以前没有的、新的主意、办法等,即"从无到有",如"他突然想出一个好办法来"。又如"写下来"和"写出来":"写下来"是将已经有的信息用文字的形式固定下来,如"把你要说的写下来"。而"写出来"是通过"写"这一动作写出以前根本没有的新的东西,也是"从无到有",如"那篇文章还没写出来"。

5. 表示非方向的趋向补语在带宾语时,其规则和表示方向的趋向补语是一致的。如无定的受事一般出现在趋向补语之后。如:

　　　　我想出来一个好办法。

如果受事是有定的,一般不能出现在趋向补语之后,往往以下面的形式出现:

① 受事作主语

　　　　那件事情的经过我怎么也回忆不起来了。

　　　　桌子上的东西都收起来。

② 用"把"将受事提到谓语动词前

　　　　把他的地址记下来。

　　　　把你的学生证留下来。

# 第五节　可能补语

## 一、定义

动词后的补语,或表示有无条件或能力完成某个动作的,或表示主客观条件是否为某个动作实现提供了可能性的,或考虑到后果、是否可以实行某个动作的,都叫可能补语。

## 二、可能补语不同的类别与结构

从结构和形式上看,可能补语可以分为三类。

1. 甲类

肯定形式:谓语动词＋得＋动词/形容词

　　　　老师说的话我听得懂。

　　　　黑板上的字我看得清楚。

　　　　只要找到钥匙,办公室就进得去。

否定形式:谓语动词＋不＋动词/形容词

  老师说的话我听不懂。

  黑板上的字我看不清楚。

  找不到钥匙,办公室就进不去。

甲类可能补语都是表示有无条件或能力完成某个动作的,都和动作的结果或趋向有关。

2. 乙类

肯定形式:谓语动词＋得/了(liǎo)

  这几个菜我都吃得了。

  只要有毅力,香烟是戒得了的。

否定形式:谓语动词＋不/了(liǎo)

  菜太多我吃不了。

  他烟瘾很大,戒不了。

  乙类可能补语表示主客观条件是否为某个动作的实现提供了可能性。需要指出的是,当谓语动词是非持续动词,后多带否定的"不了",表示动作不可能实现。如:

  你怕什么呢,又死不了。

  如果毕业论文通不过,就毕不了业。

  要不是反复检查,就发现不了问题。

3. 丙类

肯定形式:谓语动词/形容词＋得

否定形式:谓语动词/形容词＋不得

实际运用时,主要以否定形式出现。如:

  路上要小心,大意不得。

  这种电影,小孩看不得。

  这样危险的游戏,玩不得。

肯定形式一般不单独出现,往往与否定形式一起,在正反疑问句中使用。如:

  这种药,孕妇吃得吃不得?

  那几间房子拆得拆不得?

  丙类可能补语表示的是考虑到后果,是否可以实行某个动作。除了上面的正反疑问句外,一般以否定形式出现。用于警告、规劝或提醒对方不能做某个动作(如果实行某个动作,就会产生消极后果)。这类可能补语一般不用于陈述句。

## 三、使用可能补语要注意的规则

(1) 如果动词后有宾语的话,宾语要放在可能补语的后面:

  他肚子不舒服,吃不下饭。

  我找不到她。

离合词的可能补语形式和这类带宾语的可能补语的语序一样:

  我头疼,睡不着觉。

  没有水,洗不成澡了。

  现在还没有钱,结不了婚。

  我现在离你太远了。你有事时,也都不了你什么忙。

（2）汉语在表示能够、可能等语义时,有几种不同的形式:

① 当表示经过学习,后天获得的能力时用"会＋动词"(如:他会说汉语)。

② 表示因客观条件具备而产生的可能用"能＋动词"(如:下午有时间,我能来)。

③ 表示有无可能或能力完成某一动作时,表示肯定意义时多用"能＋动词＋结果补语";表示否定意义时,一般用可能补语。

（3）"能＋动词＋结果补语"有时跟可能补语的肯定形式的用法和意义差不多。如:

这些活儿我们能干完。(完成的把握比较大)

这些活儿我们干得完。(完成的把握没有上面大)

我说的话你能听懂/听得懂吗?(疑问句)

如果明天不下雨的话,也许能看到/看得到日出。(语气不太肯定)

这个主意不是什么人都能想出来/想得出来的。

你就是跑到天边我也能找到/找得到。(强调结构)

但是,当句中再加一些其他成分,"能＋动词＋结果补语"适用的范围就大得多。如:

这些活儿我们保证能干完。

? 这些活儿我们保证干得完。

这些活儿我们三天内就能干完。

? 这些活儿我们在三天内就完得成。

这些活儿我们两个人就能干完。

? 这些活儿我们两个人就干得完。

这些活儿我们明天就能干完。

? 这些活儿我们明天就干得完。

当补语是趋向补语时,情况就比较复杂。如:

办公室你能进去吗?(是否能得到允许进去)

办公室你进得去吗?(有无能力进去)

我现在有时间,能出来。

＊我现在有时间,出得来。

（4）当要表示没有能力或可能完成某个动作时,一般都用可能补语的否定形式。主要由于下面两个原因:

① 有些可能补语的否定形式没有相应的"不能＋动词＋结果补语"形式,如:

我的钥匙怎么也找不到。

＊我的钥匙怎么也不能找到。

老师问的问题他答不上来。

＊老师问的问题他不能答上来。

他的汉语水平不高,这个中国电影恐怕看不懂。

＊他的汉语水平不高,这个中国电影恐怕不能看懂。

② 因为"不能"常表示"不允许",因此有些可能补语的否定形式与"不能＋动词＋结果补语"形式所表示的意义是不一样的。如:

这个盒子小,玩具大,放不进去。(客观条件使动作不能完成)

这个玩具不能放进去。(主观上不准许做这个动作)

箱子锁上了,打不开。(客观条件使动作不能完成)

箱子是别人的,不能打开。(主观上不准许做这个动作)

(5) 同一个动词可以带多种可能补语,意义和用法往往是不同的。如:

他病了,吃不下饭。(胃口不好,吃不下)

我已经吃饱了,再也吃不下了。(胃里已经装满了东西,吃不下)

你做的菜太多了,我吃不了。(吃的东西太多,吃不了)

这个饭店的菜很贵,咱们吃不起。(要吃的东西太贵,经济上承受不起)

(6) 连动句"来/去＋动词"中的"来/去"不能用可能补语。如:

　＊他下午来得了来不了开会?

　改₁:他下午能不能来开会? /改₂:他下午开会来得了来不了?

　＊我明天去不了参观博物馆了。

　改₁:我明天不能去参观博物馆了。/改₂:明天参观博物馆我去不了了。

这是因为,在"来/去＋动(宾)"的连动句中,"来/去"并不表示具体的动作,而只表示动作的趋向并引出目的,施事的主要动作目的是用"来/去"后面的动词表示的。因而,句子语义重点在"来/去"后的动词。若强调动作的目的能不能实现,就用改₁句式;若强调"来/去"能否完成,则必须将表示目的的"动词(＋宾语)"提到"来/去"之前,如改₂,但这样一来,整个句子就不再是连动句,而是一个主谓谓语句了。

## 四、可能补语方面常见的偏误

1. 缺漏

　＊他的病据医生说这次病再也不好了。

　改:他的病据医生说这次再也治不好了。

2. 误用

(1) 不该用可能补语而误用

　＊他的病已经好得了,现在在找工作了。

　改:他的病已经好了,现在在找工作。

分析:可能补语表示的都是未然的情况,而偏误要表示的是已然的情况。

　＊他的嘴快,所以给他宣布不了这件事。

　改₁:他的嘴快,所以不能向他宣布这件事。

　改₂:他的嘴快,这件事向他宣布不得。

分析:"宣布不了"是因受条件限制不能实现"宣布"这个动作。但是偏误要表达的是因为"他的嘴快",宣布之后会有消极的结果而不可以向他宣布。因此要作如上的改正。

　＊我已经负担不了给他们的照顾了。

　改:照顾他们的负担实在太重了,我已经无法承受了。

　＊她睡得很深,怎么叫也醒不过来。

　改:她睡得很沉,怎么叫也不醒。

(2) 谓语动词有误

　＊我对这件事已经负担不了。

　改₁:这件事我真的已经承受不了。/改₂:这件事真让我受不了。

（3）不同的可能补语的用法混淆

＊每天晚上我用不了复习到十二点，只得复习到十一点。

改：每天晚上我用不着复习到十二点，复习到十一点就行了。

＊现代可能改变不了思想的人被淘汰得快。

改：在现代，思想跟不上形势的人很容易被淘汰。

＊菜太多了，我吃不得。

改₁：菜太多了，我吃不下了。/改₂：菜太多了，我吃不了了。

分析：可能补语"动词＋不得"表示的是因为做了某个动作会带来消极的后果而不可做。偏误要表示的是动作者没有能力完成那个动作。

（4）可能补语与"会/能/能够＋谓语动词或短语"用法的混淆

＊我们不能去桂林了，因为不会买飞机票。

改：我们不能去桂林了，因为买不到飞机票。

＊你去得了参加他的生日晚会吗？

改：你能去参加他的生日晚会吗？

＊公私分明的人我觉得信得来。

改：公私分明的人我觉得是能够信赖的。

＊他做任何事情既认真又周到，连一点焦急也没有，都做得出来。

改：他做任何事情既认真又周到，一点儿也不着急，都能做得很好。

＊她的钱包不能找到。

改：她的钱包找不到了。

（5）该用结果补语而误用可能补语

＊对我来说，考不上了大学以后，受到了很大挫折。

改：对我来说，没考上大学，受到了很大的挫折。

＊我的朋友昨天搞不到一张火车票。

改：我的朋友昨天一张火车票也没搞到。

分析：可能补语的否定形式是对尚未实行动作的可能性的否定。如果要表示对已经发生的动作的否定，则应用结果补语的否定形式。

（6）该用可能补语而误用一般动词或动词短语

＊我怎么睡觉也想睡觉。

改：我怎么睡也睡不醒。

＊我怎么努力也不成功减肥。

改：我怎么努力也减不了肥。

3. 错序

＊要不是你告诉我，我几乎不去成。

改：要不是你告诉我，我几乎去不成。

＊我塞了半天，终于塞不进了书包里的东西。

改：我塞了半天，可是书包里什么也塞不进去了。

＊我怎么学也学不会做饭。

改：做饭我怎么学也学不会。

　　＊我那个臭豆腐怎么努力也吃不下。

　　改：那块臭豆腐我怎么吃也吃不下去。

　4. 杂糅

　　＊他受不了那个房间不太干净，所以他自己收拾了一下。

　　改：那个房间不太干净，他感到很难受，所以收拾了一下。

　　＊你究竟什么时候结婚的？我真的靠不住你的话。

　　改：你究竟什么时候结婚的？你的话我真的有点儿不相信了。

## 五、教学建议

　　1. 当可能补语是形容词时，在形式上很容易与状态补语混淆。为了避免这类情况的发生，在学习可能补语（往往状态补语已经学过了）时，应该强调，在实际语言运用中，为了避免歧义，充当状态补语的形容词前一般有程度副词修饰。另外，正反疑问句的形式也不同。如：

　　他跑得快跑不快？（可能补语）

　　他跑得快不快？（状态补语）

　　2. 汉语在表示能够、可能的语义时，根据不同的语义和语用的需要，有几种不同的表现（详见上三(2)）。但是，不少学生的母语中没有如此细密的区别。因此，对这类学生来说，可能补语是比较难的。学生们常会把这几种形式混淆起来（详见上四(4)）。所以，最好在最初学习可能补语的时候，就可能补语与其他几种形式的不同进行一下说明，特别应该指出的是，表示不能完成某个动作时，一般使用可能补语的否定形式。此外，还应经常结合学生的偏误进行辨析。

　　3. 同一个动词可以带多种可能补语，意义和用法往往是不同的。外国学生往往分不清它们的区别。当学生学过了类似上三(5)这样的同一动词带不同的可能补语的形式后，应加以归纳，结合语义与语用对它们进行辨析。

# 第六节　数量补语

## 一、定义

　　数量短语用在谓语动词之后，表示动作、变化的数量的补语叫数量补语。

## 二、类型与结构

　　数量补语可以分为时量补语、动量补语和比较数量补语几种。

　1. 时量补语

　　数量补语中表示与动作状态相关的时间长度（时段）的补语叫做时量补语。有以下几种结构形式：

　①　谓语动词＋了/过＋时量补语 ＋（的）＋宾语（名词）

　　他看了一个小时（的）电视。

　　这个孩子学过三年钢琴。

　②　谓语动词＋了/过＋宾语（人称代词）＋时量补语

我们找了你一上午。（我们找你找了一上午。）

刘老师教过我两年。

③ 谓语动词＋宾语＋重动＋了＋时量补语

王老师教汉语教了三十年。

哥哥上网上过十几个小时。

2. 动量补语

数量补语中表示动作、行为的次数的补语叫做动量补语。有以下几种结构形式：

① 谓语动词＋过＋动量补语 ＋（的）＋（宾语）（名词）

他去过一趟北京。

你稍等一下。

老师给我们讲了一遍课文。

② 谓语动词＋过＋宾语（人称代词）＋动量补语

我访问过他一次。

他打过我一拳。

3. 比较数量补语

数量补语中表示比较的两项之间在数量上差异的补语叫做比较数量补语。有以下几种结构形式（另参见第四编第二章第十四节比较句）：

① 比项＋比＋被比项＋形容词＋数量补语

这个箱子比那个箱子重 10 公斤。

② 比项＋形容词＋被比项＋数量补语

我大他三岁。

## 三、不同数量补语的教学要点

### （一）时量补语

1. 宾语的位置

时量补语句中的宾语有三个位置：当宾语是表示一类事物的名词时，时量补语一般在动词和宾语之间（见上二 1①）。当这类名词直接跟在动词后作宾语时，一般要重复动词，时量补语要放在重复的动词之后（见上二 1③）。宾语是代词，可直接放在动词之后，不必重复动词（若强调动作持续的时间长，也可重复动词），时量补语则放在代词之后（见上二 1②）。

2. 确指的受事的位置

如果谓语动词的受事是确指的某一事物，一般放在句首：

那个问题他想了几天。　　　? 他想了几天那个问题。

你要的那本书我找了一个下午。　　? 我找了一个下午你要的那本书。

3. 时量补语句和"了"

下面是三个时量补语句：

我们休息十分钟。（从说话起，休息十分钟，动作还未做）

我们休息了十分钟。（休息＋了$_1$，表示动作已完成了，结束了）

我们休息了十分钟了。（休息＋了$_1$＋十分钟＋了$_2$，表示动作到说话时还在持续，没有结束。这种句式常带有说话者认为动作持续时间比较长的语气。）

上面句式中的"了$_1$"可换用"过"，表示某种经历。

4. "一阵"和"一会儿"

两词都可以作时量补语,表示动作持续的时间短。比较起来,"一阵"比"一会儿"时间长些。在某些场合可以表示较长的一段时间。如:

他在我家住过一阵,大概有半年吧。

小李在二班待过一阵,期中考试后才转到我们班。

另外,可以用于"一会儿"前的动词比"一阵"要多。当说话者强调动作持续的时间很短,一般用"一会儿"而不用"一阵"(参见本丛书朱丽云主编《实用对外汉语难点词语教学词典》)。如:

请你等一会儿。

休息一会儿再走吧。

刚出院,身体还没有恢复,散一会儿步就想坐下来休息。

**(二) 动量补语**

1. 宾语的位置

当动词带宾语时,动量补语有两种位置:宾语是名词时,动量补语一般在动词和宾语之间(见上二2①式)。当宾语是代词,或动量补语是"刀"、"脚"、"眼"、"口"、"拳"、"巴掌",动量补语只能放在动宾短语之后(见上二2②式),与时量补语前两种位置是一样的。只有在下面的几种情况下,名词宾语可以在动量补语之前:

① 列举或对举动作次数时:

这次考察中,我们去访问学校三次,参观工厂两次。

我才去过欧洲一次,他已经去过三次了。

② 当名词宾语是确指的人、动物,动量补语句后还有后续句,说明事态进一步发展时:

我推了小李几下,他才醒过来。

他摸了小黑狗几下,小黑狗对他摇摇尾巴。

妹妹偷偷地看了妈妈一眼,赶紧低下了头。

③ 当名词宾语是确指的处所,动量补语句后还有后续句,补充说明前一动作的情况时:

她曾经去过西安一次,但是只待了两天。

需要说明的是,上面②③的场合,动量补语也可以按照一般规则放在动词和宾语之间。除了这两种情况外,其他表示事物的名词作宾语,即使是确指的,动量补语也不能放在动宾短语之后。如:

我摸了一下那种料子,软软的,感觉很好。

? 我摸了那种料子一下,软软的,感觉很好。

一般来说,表示确指的受事往往放在句子的最前面。如:

那种料子我摸了一下,软软的,感觉很好。

当受事是表示确指的处所名词时,也往往采用这种语序。如:

欧洲我才去过一次,他去过三次了。

西安她曾经去过一次,但是只待了两天。

2. 作补语的"一下儿"、"一遍"、"一次"

"一下儿"重在表示动作经历的时间短暂或动作比较轻松随便。"一遍"则表示动作从头至尾的全过程。"一次"仅表示动作的次数,并不要求动作的全过程。试比较:

请你念一下儿。(可以只念一部分,不一定全部念完)

请你念一遍。（一般是从头至尾念完）

那个电影我看过一次,但是没看完。

3. 作补语的"一顿"和"一番"

"一顿"一般用于消极意义动词之后,如"打、骂、批评、教训"等,表示动作的量大,持续时间比较长。"一番"一般用于动作比较正式的双音节动词之后,如"考虑一番、研究一番"等,表示动作比较认真,花时较多。

4. 作补语的"一下"与"一会儿"

两个词语有时可用于同一个动词之后。如"等一下"和"等一会儿"。动词后用"一下",表示动作用的时间很少,语义较模糊,语气比较委婉,比较轻松。"一会儿"表示的是有起点和终点的一个短的时间段。因此,当动作是有起点和终点的一个全过程的,就不能换成"一下"。如:

刚才我们等过他一会儿,可他没来。

路上遇到老朋友,聊了一会儿天,所以来晚了。

**(三) 比较数量补语**

比较数量补语是由数量短语充当的,一般放在比较句的形容词后,表示所比较的项与项之间在数量上的差异。如:

小李比小张小三岁。

这座山比那座山高100米。

这个城市的人口比十年前增加了十万人。

她的体重比去年减轻了两公斤。

一般的比较数量补语都直接跟在形容词的后面,只有在表示年龄的差异时,可以有下面的语序:

他大你两岁。

弟弟小哥哥一岁。

## 四、数量补语方面常见的偏误

**(一) 时量补语方面**

1. 缺漏

＊在北京公园中,我们打羽毛球了。

改:在北京的一个公园里,我们打了一会儿羽毛球。

2. 错序

(1) 时量补语位置有误

＊我一年学过汉语。

改:我学过一年汉语。

＊我一整天睡觉了。

改:我睡了一整天。

＊我们差不多三个小时在那儿边吃边聊天。

改:我们差不多在那儿边吃边聊了三个小时。

分析:上面的偏误都是将应作补语的时间词误作状语。

＊她练了太极拳一年。

改：她练了一年太极拳。

　　＊我每天跑步一个多小时。

　　改：我每天跑一个多小时步。

分析：上面的偏误都是误将本来应该位于谓语动词和宾语之间的时量补语放到句子最后。

（2）"了"的位置有误

　　＊我找姐姐了好几次，都没找到。

　　改：我找了姐姐好几次，都没找到。

（3）确指的处所受事的位置有误

　　＊我们住过一天这座旅馆。

　　改：这个旅馆我们住过一天。

**（二）动量补语方面**

1. 误加

　　＊在这儿是禁止抽烟的地方，请你千万劝他不要抽烟一下。

　　改：这儿是禁止抽烟的地方，请你劝他千万不要抽烟。

分析：动量补语"一下"不能用于表示禁止的谓语动词之后。

2. 错序

（1）动量补语的语序有误

　　＊他曾经得过伤寒病一次。

　　改：他曾经得过一次伤寒。

　　＊没看戏剧，她就几回哭了。

　　改：戏还没看完，她就哭了好几回了。

　　＊我打了电话给我妈妈很多次。

　　改：我给我妈妈打了很多次电话。

（2）连动句中动量补语的语序有误

　　＊我去过一次医院看他。

　　改：我去医院看过一次他。

　　＊听说他俩来过一次这里见面。

　　改：听说他俩来这里见过一次面。

分析：连动句若带动量词，应该放在第二个动词的后面（如果有助词"过"也应该放在第二个动词后）。如果第二个动词是离合词，那么动量词（以及"过"）都应该放在离合词的中间。

（3）表示强调完全否定的结构中动量词语序有误

　　＊我一次也没滑过雪。

　　改：滑雪我一次也没滑过。

（4）动量词该作状语而误作补语

　　＊我每天买一次很多菜，把它放在冰箱里，省得天天去买。

　　改：我常常一次买很多菜，把它放在冰箱里，省得天天去买。

3. 杂糅

　　＊他们过了半天欣赏中国画儿。

　　改：这些中国画儿他们欣赏了半天。

　　＊三天继续下了雨。

改：连续下了三天雨。

## 五、教学建议

1. 时量补语和动量补语句中宾语的位置有共性，可以用口诀将其简化，即"动—补—名（名词宾语）"和"动—代（宾语）—补"。

2. 时量补语和动量补语在句中的位置是一大难点，最好只讲上述一般的语序规则。至于特殊的情况（受事是确定的），语序可以有所变化的，初学时不要讲。到了中级阶段遇到这类特殊语序的时候再讲。从语法形式来说，补语放在动宾短语之后，是比较容易掌握的，而放在动词和宾语之间，则不太容易掌握，学生的偏误主要集中在这方面（详见上四）。应在学生比较好地掌握了补语插在动词和宾语之间的语序后，再告诉学生在一定的条件下，动量补语或时量补语还可能有其他语序，这样不易使学生产生混淆。

3. 时量补语在动词后带名词宾语时，还有一种语序是重动式再带时量补语，如：

他打网球打了十几年。

刘教授研究熊猫研究了二十年。

需要指出的是，这一语序使用的频率比较低，可以后教。

4. 到了中级阶段，可以结合具体的语境和动词对不同的动量补语进行辨析，也可以将动量补语"一下"与时量补语"一会儿"加以辨析（详见上三（二））。

**参考文献**

北京语言学院语言教学研究所编(1992)《现代汉语补语研究资料》，北京语言学院出版社。

崔希亮(2003) 欧美学生汉语介词习得的特点及偏误分析，世界华语文教育学会编《第七届世界华语文教学研讨会论文集》第三册。

郭春贵(2002) 复合趋向补语与非处所宾语的位置问题补议，《世界汉语教学》第1期。

李大忠(1996)《外国人学汉语语法偏误分析》，北京语言文化大学出版社。

刘月华主编(1998)《趋向补语通释》，北京语言文化大学出版社。

陆俭明(2002) 动词后趋向补语和宾语的位置问题，《世界汉语教学》第1期。

吕文华(1987) 汉语教材中语法项目的选择和编排，《语言教学与研究》第3期。

吕文华(1999) 短语词的划分在对外汉语教学中的意义，《对外汉语教学语法体系研究》，北京语言文化大学出版社。

佟慧君(1986)《外国人学汉语病句分析》，北京语言学院出版社。

# 第四编

# 汉语单句教学

# 第一章　单句的类型

## 第一节　单句按结构所分的类

从结构上看,单句可分为两大类:非主谓句和主谓句。单句中不能分析出主语和谓语的句子叫非主谓句。单句中能够分析出主语和谓语的句子叫主谓句。下面分类进行说明。

### 一、非主谓句的种类

1. 名词性的

　　老王!（称呼时用）

　　飞机!（提醒别人注意时用）

　　好球!（表示个人感受时用）

　　村外的河边。（文艺作品的背景说明）

2. 动词性的

　　下雨了。（说明自然现象）

　　从远处传来几声狗叫。（说明出现的情况）

　　出事了!（叙述突然发生的事件）

　　禁止吸烟。（表示祈使、命令、要求）

3. 形容词性的

　　太贵了!（表示感叹）

　　静一静!（表示祈使）

　　好!（就这么办吧!）（表示态度）

### 二、主谓句的种类

1. 名词谓语句

　　明天星期天。

　　他北京人。

2. 动词谓语句

　　我吃饭。

　　他打球。

　　老师去学校了。

3. 形容词谓语句

　　天气很好。

　　她真漂亮。

4. 主谓谓语句

　　　我身体很好。

　　　他英语不错。

# 第二节　单句按功能所分的类

## 一、单句的功能分类：

1. 陈述句

　　　他是外国人。

　　　我学习汉语。

2. 疑问句

　　　你买了什么？

　　　谁是刘老师？

　　　这里是西湖吗？

3. 祈使句

　　　请喝茶！

　　　别忘了关门！

　　　小心一点儿！

4. 感叹句

　　　太好了！

　　　真美！

## 二、疑问句和疑问句的种类

1. 是非疑问句

在陈述句的句尾加上语气助词"吗"，就构成了疑问句。这种疑问句叫是非疑问句。是非问要求作出肯定或者否定的回答。如：

　　　你是美国人吗？——是／不是。

　　　他在教室吗？——在／不在。

　　　她来了吗？——来了／没来。

2. 使用疑问词的疑问句(又叫特指疑问句)

用疑问代词"谁、什么、哪儿、怎么、几、多少"等构成的疑问句叫特指疑问句。如：

　　　你找谁？

　　　老师住在哪儿？

　　　他几号来？

　　　你要什么？

3. 正反疑问句

把谓语的肯定式和否定式并列起来而构成的疑问句叫正反疑问句。如：

　　　你是不是学生？

　　　这儿有没有邮局？

你们的学校大不大？

表示动作完成的动词谓语句的正反疑问式有两种：

A. 在"了"后加"没有"。如：

你去商店了没有？

你换钱了没有？

B. 动词的肯定式和否定式并列，句尾不用"了"。如：

你去没去商店？

他看没看电影？

4. 选择疑问句

用连词"还是"连接两种可供选择的情况，构成疑问句，要求对方选择其中的一项，这种疑问句叫选择疑问句。如：

你想喝咖啡还是喝茶？ ——我喝咖啡。

是走着去还是坐车去？ ——坐车去。

5. 省略式疑问句

在一定的语言环境里，在代词、名词或名词性词组后面直接加上语气词"呢"也可以构成疑问句，这种疑问句叫省略式疑问句。这种句子所问的内容根据上下文来决定。如：

我吃面条。你呢？（你吃什么？）

我现在不太忙。你呢？（你忙吗？）

A：你今天晚上有空儿吗？

B：今天晚上我没有空儿。

A：明天呢？（明天你有空儿吗？）

注意：如果没有上下文，这种句子总是问地点的。如：

妈妈呢？（妈妈在哪儿？）

我的自行车钥匙呢？（自行车钥匙在哪儿？）

6. 主语＋"是不是"＋谓语

在主语和谓语之间加上"是不是"，表示说话者对自己的看法、估计或听说的信息，还不能确定而提出疑问：

他是不是已经走了？

你是不是身体不舒服？

7. 陈述句后面加上"好吗"、"可以吗"、"对不对"等词语

在陈述句后面，根据这个句子所表述的内容，相应地加上"好吗"、"行吗"、"可以吗"、"是吗"、"对吗"、"对吧"、"对不对"等词语也可以构成疑问句。这种疑问句叫特殊疑问句，带有商量、征询意见的语气。如：

我等一会儿再给你打电话，好吗？

你明天回国，是吗？

这个汉字这么写，对不对？

8. 反问句

用问句的形式表示肯定或否定意思的句子叫反问句。用反问句时，说话人并没有疑问，而且说话人和听话人都明确地知道答案。否定形式的反问句强调肯定的意思，肯定形式的反问句强调否定的意思。根据问句的构成大致可以分为两类：

（1）带疑问词的反问句

我怎么不想家？（我当然想家）

老师说过几遍了，他怎么会不知道？（他一定知道）

这么好的电影，谁能不看呢？（谁都要看）

天气这么好怎么会下雨呢？（不会下雨）

今天不是星期天，他怎么会有空呢？（不会有空）

（2）用"不是……吗"的反问句

"不是……吗"是一种反问句，表示肯定，并有强调的意思，被强调的内容要放在"不是……吗"的中间。如：

那不是小王吗？

你不是要去看电影吗？

他不是病了吗？怎么又来了？

# 第二章 特殊句式

## 第一节 "是"字句

### 一、定义

动词"是"作谓语的句子叫"是"字句。

### 二、"是"字句的意义与结构

1. 表示归类和等同。如：

　　我是学生。

　　他是美国人。

　　这里是自然保护区。

　　这个园林是世界文化遗产。

以上"是"表示归类，说明事物或人的类属。"是"的前后部分不能互换。

肯定式：主语（代词或名词）＋是＋宾语（名词）

否定式：主语（代词或名词）＋不＋是＋宾语（名词）

下面的"是"表示等同，"是"的前后部分是可以互换的。

　　一公斤是两斤。

　　北京是中国的首都。

　　我最爱唱的是这首歌。

这类"是"字句的主语除了名词之外，还可以是数量词、代词、动词短语、主谓短语等。

2. 表示某处已知、确定、唯一的存在。如：

　　食堂的左边是图书馆。

　　窗旁边是一个书架。

肯定式：表示处所或方位的名词或短语＋是＋宾语（名词）

否定式：表示处所或方位的名词或短语主语＋不＋是＋宾语（名词）

3. 表示分类、性质、质料、用途、特征等。如：

　　这本书是她的。（宾语是"代词/名词＋的"，表示分类）

　　桌子是木头的。（宾语是"名词＋的"，表示质料）

　　这件毛衣是新的。（宾语是"形容词＋的"，表示性质）

　　那瓶清洁剂是擦玻璃用的。（宾语是"动词、动词短语＋的"，表示用途）

　　那个外国人是蓝眼睛。

　　现在你们这里是冬天，我们那里是春天。

这类"是"字句的宾语多为"的"字短语或名词及其短语等。否定式用"不是"。

4. 表示说明与解释。如:

　　当医生是我的理想。

　　开会的时间是下午两点。

　　他是急性子,我是慢性子,总闹不到一块儿。

5. 表示确认、肯定。这类"是"字句一般不单用,常用于多种特定的语境。如:

　　小王是很认真。(多出现在对话中,对别人所说的肯定)

　　他讲得是有道理。(同上)

　　我要说的就是这些。(表示归纳,一般用于说话结束时)

　　历史总是历史,是任何人不能随意篡改的。(强调"历史"的特性,用于议论)

　　孩子毕竟是孩子,刚端出去的一大盘饺子,一下子就被抢光了。(强调"孩子"不懂得客气的特点,用于叙述中的议论)

　　他是他,我是我,我们俩毫不相干。(表示界限分明)

　　这件衣服好是好,就是贵了点儿。("是"用于让步复句前一分句表示肯定,引出后一转折分句)

## 三、"是"字句的疑问形式

1. 句尾用"吗"。如:

　　你是老师吗?

　　这把刀是切菜用的吗?

2. 正反疑问句式。如:

　　这里是不是电脑公司?

　　比赛的时间是不是下星期三?

3. 句首、句中或句尾用"是不是"。如:

　　是不是明天有比赛?

　　他是不是喜欢滑雪?

　　大家都同意选小刘当班长,是不是?

## 四、"是"字句方面常见的偏误

1. 缺漏

(1) 缺少"是"

　　＊他我朋友。

　　改:他是我朋友。

　　＊我妈妈家庭主妇,我姐姐学生。

　　改:我妈妈是家庭主妇,我姐姐是学生。

　　＊妹妹是大学生,我也大学生。

　　改:妹妹是大学生,我也是大学生。

(2) 缺少连词和"是"

　　＊我喜欢韩国料理,健康的料理。

　　改:我喜欢韩国料理,因为是健康的料理。

2. 误用

　　＊今天是雨。

　　改：今天有雨。

分析：这一例是日本学生受日语天气预报用语的影响而产生的偏误。

　　＊哥哥是大学生，我是贸易。

　　改：哥哥是大学生，我是搞贸易的。

　　＊我画的是中国工笔画，因为我是一个初学，所以一边看画帖，一边画。

　　改：我画的是中国工笔画，因为我是一个初学者，所以一边看画帖，一边画。

分析：这两例偏误都是"是"的宾语有误。

## 五、教学建议

1. 学习"是"字句时，应向学生强调：凡是说明人的身份、国籍、事物等是什么或什么性质的，都要用"是"。

2. "是"字句在最初学习的时候是比较容易的。但是学生学了一段时间之后，会受到母语的影响，忽略"是"的用法（比如日本和韩国学生，因为日语和韩语的判断句不用动词）。上述偏误基本上出现在初学汉语的学生中。有些中级班的学生，由于初级语法基础没有打好，说话和写作比较快的时候，也会下意识地受母语的影响，出现缺漏和误加现象。每当遇到这种情况，就应结合学生的偏误，再强调一下"是"字句的特点。

# 第二节　"有"字句

## 一、定义

动词"有"作谓语的句子叫"有"字句。

## 二、"有"字句的意义与结构

1. 表示领有、具有

肯定句：名词/代词＋有＋（数量词）名词

否定句：名词/代词＋没有＋名词

(1) 主语和宾语是领有关系。如：

　　我有一个姐姐。

　　他有两本汉语辞典。

　　她没有自行车。

(2) 主语和宾语是整体和部分的关系或某种从属关系。如：

　　我家有五间屋子。

　　这个楼有十二层。

　　猫有四条腿。

(3) 宾语一般是带有抽象意义的名词或少数动词，说明主语。"有"前常受"很"等程度副词修饰，"有"后的宾语也可以受形容词等定语修饰。如：

　　我对学好汉语很有信心。

　　王老师对你和对他的态度没有什么差别。

　　大家对这个人有各种各样的看法。

　　他的作品对年轻人有很大的影响。

　　在如何保护城市环境方面,政府已有了一定的规划。

　　常作这类"有"的宾语的名词有"办法、想法、意见、兴趣、用处、害处、益处、计划、创意、顾虑",还有如"研究、钻研、创新、启发、安排"等名动词或动词。

　　这类用法的"有"与有些名词宾语构成表示特定意义的固定短语,"有"前常受"很、挺、最、非常"等程度副词的修饰,多用于带褒义的评价。如:

　　这位教授的发言非常有水平。

　　在这几个孩子中,老二最有出息。

　　我觉得刘师傅挺有本事的。

　　可以作这类"有"的宾语的名词还有"办法、主意、主见、本领、天才、才能、风度、气派、经验、眼光"等。为了说明具体的特性,这类"有"的有些宾语前常带修饰语。如:

　　这个孩子很有音乐天赋。

　　哥哥真有经济头脑。

　　我没有什么组织能力,这么大的活动恐怕搞不好。

　　没有工作经验,可以慢慢积累嘛。

　　"有"后的宾语有时可以是数量词,属于固定搭配。如:

　　她对如何教育好孩子很有一套。

　　你真有两下子。

　　这第(3)类"有"和宾语组成的短语还常作定语。如:

　　我希望你们能搞些有意义的活动。

　　有教养的人是不会这样做的。

　　(4)"有+所+动词"一般用于书面语,动词多为双音节的,单音节动词的用法比较少。如:

　　随着经济的发展,人民的生活逐年有所提高。

　　我们举办这一次活动,希望对大家的健康有所帮助。

　　政府的工作应该有所为有所不为。

　　你要有所得,必然会有所失。

　　可以出现在"所"后的动词还有"增加、增长、减少、降低、准备、补益、影响"等。

2. 表示存在

肯定句:表示处所或方位的名词或短语+有+(数量词)名词

否定句:表示处所或方位的名词或短语+没有+名词

　　桌子上有很多书。

　　宿舍前面有一个花园。

3. 表示发生、出现

肯定句:名词/代词+有+动词

否定句:名词/代词+没有+动词

　　"有"的宾语一般是双音节动词。动词宾语前常带定语。如:

　　大卫的汉语水平有了很大的提高。

　　　　这孩子最近有进步了。

　　　　十年过去了,这里还没有什么变化。

　　可以用于这类"有"后的动词还有"发展、改变、转变"等。

　　4. 表示估计、达到

　　肯定句:名词/代词＋有＋数量词

　　否定句:名词/代词＋没有＋数量词

　　　　他有三十多岁。

　　　　这个西瓜没有六斤。

　　　　我来中国有一个多月了。

　　"有＋名"可用作连动句的前一部分,常用于兼语句的前一部分。"有＋那么＋形容词"可表示相似的比较。详见本章第七节连动句、第八节兼语句和第十四节比较句。

### 三、"有"字句方面常见的偏误

　　1. 缺漏

　　(1) 缺少"有"字

　　　　＊四号楼前边很多自行车。

　　　　改:四号楼前边有很多自行车。

　　(2)"有"后的宾语前缺少定语

　　　　＊我们的教室很大,教室里有桌子。

　　　　改₁:我们的教室很大,教室里有很多桌子。

　　　　改₂:我们的教室很大,教室里有桌子、椅子,还有黑板、电视什么的。

　　说明:在一般叙述的场合,表示存在的"有"的宾语常要带表示不定的定语。如果像改₂那样,列举存在的各类事物时,宾语前可不带定语。

　　(3) 表示发生的"有"字句缺少必要成分

　　　　＊几年来韩国经济有发展。(杨晶淑文例,下简称杨)

　　　　改:几年来韩国经济有了很大的发展。

　　　　＊今年的生产品数量方面有增加,品质方面也有提高。(杨)

　　　　改:今年的产品不仅在数量方面有所增加,在质量方面也有所提高。

　　说明:这是韩国学生将韩语翻译成汉语时出现的偏误。这类"有"带动词宾语的用法,对韩国学生来说是比较难的,不少人采取回避的策略(详见杨晶淑,2005)。

　　2. 误加

　　(1) 否定句的宾语前误加量词。如:

　　　　＊我有本子,我没有一支笔。

　　　　改:我有本子,我没有笔。

　　(2) 表示具体"领有"的"有"后误加"着"。如:

　　　　＊张老师有着很多书。(杨)

　　　　改:张老师有很多书。

　　说明:这也是韩国学生翻译时出现的偏误。"有"在表示具体的"领有"时,一般不能带"着"。表示抽象的"具有",有时可以带"着",如"他有着艺术家的气质","这二者之间是有着内在联系的"(多表示持续的状态)。不过,当让学生翻译这两句该用"有着"的句子时,有

50％的学生不知该如何翻译,说明这类用法是比较难的(详见杨晶淑,2005)。

3. 误用

(1) 该用"有"字句而用"在"字句

*请问,附近在新华书店吗?

改:请问,附近有新华书店吗?

(2) 该用"有"字句而用一般动词谓语句

*张老师带很多书。(杨)

改₁:张老师带着很多书。/改₂:张老师有很多书。

说明:这是韩国学生将韩语翻译成汉语时出现的偏误。表示"持有"的韩语句可以翻译成两种不同的汉语句(日语亦同)。改₁表示的是"携有",事物是"张老师"随身带着的。改₂表示的是"领有",表示某些事物在某处放着,是属于"张老师"的,但未带在身边。

*我也有了那样的时光。(杨)

*我也有那样的时代。(杨)

改:那年月我也有过啊!

*我在思想上有了一些波动。(杨)

改:我在思想上有过一些波动。

说明:这几例也是韩国学生将韩语翻译成汉语时出现的偏误,说明学生不太会用"有过"(杨晶淑,2005)。

*我的思想被动摇了。(杨)

*我的思想被波动了点儿。(杨)

*思想上我稍微被波动了。(杨)

*我在思想上稍微波动。(杨)

改:我在思想上有过一些波动。

说明:上面这些偏误是对同一句韩语的汉语翻译,在翻译前曾提示学生使用"有"字句,但是不少人还是使用了非"有"字句,这说明很多学生对表示发生的"有＋动词"形式掌握得不好。

*情况已经变成了。(杨)

*情况已变了很多。(杨)

*情况是已经变化了。(杨)

改:情况有了很大的变化。

*前几年韩国经济不断地发展下去。(杨)

*这几年韩国经济不断地发展起来了。(杨)

*这几年韩国经济不断发展了。(杨)

*几年韩国经济越来越迅速发展。(杨)

*几年韩国经济一直发展。(杨)

改:这几年韩国的经济有了很大的发展。

说明:上面的偏误都是要求学生将韩语翻译成汉语时出现的。由于韩语中的"有"没有这类用法,韩国学生所写出的几种不同的汉语翻译,共同点都是回避使用"有＋动词"的形式而使用一般动词谓语句(杨晶淑,2005)。

(3) 不该用"有"字句而误用

*她有很多衣服,饰物当中选了自己最喜欢的衣服,手表,耳环,手提包等等。

改:她又从很多衣服、饰物当中选了自己最喜欢的衣服、手表、耳环、手提包等等。

*我们一边吃点心,一边聊天,我们有了很有意思的时间。

改:我们一边吃点心,一边聊天,度过了很有意思的几个小时。

4. 错序

*一本词典桌子上有。

改:桌子上有一本词典。

*你有没有下课以后空儿?

改:你下课以后有没有空儿?

## 四、教学建议

在讲"有"字句时,应强调以下几点:

1. 表示存在的"有"字句中存在的事物一般是不确定的,对听话人来说是未知的。

2. 表示存在的"有"字句的主语一般是处所词,处所词前不要加介词"在"。

3. 在表示具体的领有、存在的"有"字句单独成句(没有对话或其他语境)时,表示具体事物的名词前一般要带(数)量词、形容词等定语。如:

教室的前面有一台电视。

他有一个姐姐和两个弟弟。

操场上有很多人。

商店里有一些流行服装。

表示"持有、具有"的"有"字句的宾语是事物时,在以下情况下可以不带定语:

(1) 回答"有没有"(某事物)时

A:你有钢笔吗?

B:我有钢笔。(或:有。)

(2) 在对比句中

我有钢笔,没有圆珠笔。

他有自行车,没有摩托车。

(3) 当宾语不止一个时

我有钢笔、圆珠笔和铅笔。(实际上是对"你有哪些笔?"的回答)

4. "有"的否定句如果要表示不存在或不持有时,名词前一般不要用(数)量词。(参见上三、2)

5. 在纠正学生"有"的否定句中名词前使用数量词的偏误时,可以补充说明,如果要强调领有、持有或存在的人或事物为零时,一般用下面的强调句式(这个句式在教材中出现得比"有"字句要晚):

他一个兄弟姐妹都没有。

房间里一把椅子也没有。

对话中,如果否定句中的"一+量词"重读时(后面往往还有句子),是可以放在"没有"的后面的。如:

我现在没有一分钱,你叫我怎么付学费?

这一点不必对初学"有"字句的学生讲。

6．"有＋动词"的形式属于中级语法点，常用于书面语。从上面的偏误可知，这一用法对有些国家的学生来说有相当的难度，在教学中应该加大讲解与训练的力度。

# 第三节 "在"字句

## 一、定义

动词"在"作谓语的句子叫"在"字句。

## 二、"在"字句的意义与结构

表示已知、确指的人或事物存在的位置。

> 老师在教室里。
>
> 你的自行车在门外。

肯定式：存在的人或事物＋在＋表示处所或方位的名词或短语

否定式：存在的人或事物＋不在＋表示处所或方位的名词或短语

注意："在"前的名词或代词是已知的、确指的。"在"后是存在的处所。"在"字句的语序同表示存在的"有"字句与"是"字句正好相反。

## 三、"在"字句方面常见的偏误

误用

> ＊你的毛衣床上有。
>
> 改：你的毛衣在床上。

分析：这句偏误是将"在"的用法与"有"的用法混淆了。当存在的事物是确指的，不能用"有"，而要用"在"，处所词要位于"在"之后。

## 四、教学建议

1．"有"字句对学生来说并不很难，但学生学了"在"字句后，常会把"有"字句与"在"字句的用法混淆起来。因此，在学完"在"字句之后，有必要通过对比的方式，将"有"字句与"在"字句的区别跟学生讲清楚。可先写出"有"字句与"在"字句的例句，让学生自己从语序相反、存在的人或事物的确定与不定两方面找出这两种存在句的不同，并通过"有"字句与"在"字句的转换加以巩固。如：

> 桌上有一本书。

表示处所或方位的名词或短语＋**有**＋（数量词）名词

（存在的人或事物是未知的、不定的）

> 书在桌上。

名/代词（人或事物）＋**在**＋表示处所或方位的名词或短语

（存在的人或事物是已知的、确定的）

2．"是"也可以表示存在（详见上第一节）。学生往往分不清它与"有"、"在"两个存在句的区别，可以适当结合课文说明它与其他两个存在句的区别。

（1）"是"字句与"有"字句的区别：

"有"字句所表示的存在不是唯一的存在,而"是"字句所表示的存在是唯一的。① 如:

　　山上是一片茶树。

　　山上有茶树,还有橘子树。　　　*山上是茶树,还是橘子树。

正是由于这一特点,"……里"常用"有"表示对听话人来说是新的存在(一种或多种),"是"则一般很少单独用在"名词＋里"表示存在,如要表示存在就要在"是"前用"全"(强调"唯一")。如:

　　教室里有桌子,还有椅子。　　　*教室里是桌子。

　　屋子里全是人。

　　书柜里全是中外名著。

"这里"之后单用"有"可以表示存在,单用"是"则只表示说明和判断。如:

　　这里有各种各样的水果。

　　这里是中国有名的鱼米之乡。

　　冬季这里是林海雪原,夏季这里是避暑胜地。

因为"是"存在句表示的是确定的、唯一的存在,所以还可以表示"最邻近"的存在,而"有"存在句没有这种用法。如:

　　座位是这样排的:我的左边是小王,小王的左边是老李,老李的左边是大卫。

　　*我的左边有小王,小王的左边有老李,老李的左边是大卫。

(2)"是"存在句与"在"存在句的区别:

"是"存在句与"在"存在句中存在的人或事物都是确定的、已知的,只是语序不同。实际上它们回答的是不同的问题。如:

　　食堂在哪儿?——食堂在图书馆旁边。

　　你现在在什么地方?——我就在你附近。

　　图书馆旁边是什么地方?——图书馆旁边是食堂。

　　你旁边是谁?——我旁边是刘芳。

当听话人不知道某事物或人的存在的位置时,说话人要用"在"存在句对某人或某物存在的位置进行说明。当听话人知道某处是有某物或某人存在,但不知道具体是什么、是谁时,说话人要用"是"存在句进行具体的说明。

(3) 在实际运用中,人们常先用"有"存在句介绍一个新的存在物或人,然后用"是"字句以前者为中心,说明其不同的方位的不同存在。如:

　　村的南边有一条河。河的东边是一片树林,西边是绿油油的麦田。

　　房间当中是一张双人床,床的左边是衣柜,右边是一个写字台。

## 第四节　名词谓语句

### 一、定义

名词或名词短语直接作谓语的句子叫名词谓语句。

---

① 此处说明参考了金立鑫(2005)的观点。

## 二、名词谓语句的意义与结构

> 今天星期三。
>
> 她上海人。
>
> 明天不是星期日。
>
> 她不是北京人。

肯定句:名词＋名词或名词短语

否定句:名词＋不是＋名词或名词短语

可以作谓语的名词或名词性短语,最常见的是表示时间、年龄、籍贯的。

## 三、名词谓语句方面常见的偏误

不是表示时间、年龄、籍贯的名词或名词短语误作谓语

> ＊今天天气很好,因为很凉快的气候。
>
> 改:今天天气很好,很凉快。
>
> ＊看他这么坚强的态度,我也无可奈何。
>
> 改:看他态度这么坚决,我也无可奈何。
>
> ＊他我的朋友。
>
> 改:他是我的朋友。

## 四、教学建议

必须强调汉语中直接可以作谓语的名词仅限于表示时间、岁数、数量、出生地等的名词(数量比较少)。表示归类、说明类属的句子则必须要用"是"(详见前第一节)。

# 第五节　动词谓语句

## 一、定义

谓语由动词充当的句子,叫动词谓语句。

## 二、结构

> 我吃饭。　　　　　　我不喝酒。
>
> 他打球。　　　　　　他没打球。
>
> 她喜欢跳舞。　　　　她不喜欢跳舞。
>
> 我知道她去国外旅游了。　我不知道他去国外旅游了。
>
> 我打算给他一笔钱。　我没打算给他钱。

肯定句:主＋动＋宾(名词/代词/动词/小句)

否定句:主＋不＋动＋宾(名词/代词/动词/小句)

　　　　主＋没＋动＋宾(名词/代词/动词/小句)

### 三、动词谓语句方面常见的偏误

1. 缺漏

　　＊她的脸什么样子了？她从手提包里出来镜子时才知道。

　　改：她的脸成了什么样子了？她从手提包里拿出镜子照了一照才知道。

　　＊路这么近，与其出租车去，不如走路去。

　　改：路这么近，与其坐出租车去，不如走着去。

　　＊他很不高兴，因为他刚才偶然听到自己的闲话。

　　改：他很不高兴，因为他刚才偶然听到别人在说他的闲话。

2. 误加

　　＊我爸爸在银行里做工作。

　　改：我爸爸在银行里工作。

3. 误用

(1) 误用谓语动词

　　＊因为我们现在是学生，很多人宽恕我们的过错。

　　改：因为我们现在是学生，很多人会原谅我们的过错。

　　＊打工的内容是，拿去盘子，洗盘子等等。

　　改：我打工干的是端盘子，洗盘子等活儿。

　　＊我喜欢弹电子琴，有余力的时候，我挑战改编曲子。

　　改：我喜欢弹电子琴，有余力的时候，我试着改编曲子，我觉得这很有挑战性。

　　＊我的中国朋友常常邀请我在她的家里，那个时候我们花了愉快的时间。

　　改：我的中国朋友常常邀请我去她家，每次在她家都过得很愉快。

(2) 动词和宾语均有误

　　＊我喜欢听从日本拿来的歌曲。

　　改：我喜欢听从日本带来的音乐磁带。

(3) 误用动词，误加"了"

　　＊我下班的时间太晚，下班以后用小汽车回到我的家，花了一个多小时。

　　改：我下班太晚，下班以后开车回家，路上要花一个多小时。

(4) 否定句有误

　　＊我爱睡懒觉。要是没有课的话，我就睡到第二天早上也没睡醒。

　　改：我爱睡懒觉。要是没有课的话，我就是睡到第二天中午也睡不醒。

　　＊我从不去过篮球场。

　　改：我从没去过篮球场。

　　＊你去不去过北京？

　　改₁：你去没去过北京？／改₂：你去过北京没有？

4. 错序

　　＊从现在起，人们应该环境保护。

　　改：从现在起，人们应该保护环境。

　　＊如果在宿舍里待一个人真够无聊的。

改:如果一个人待在宿舍里真够无聊的。

（关于动词谓语句方面的偏误另可参见第二编第四章第五节、第七章第三节五、第十章第五节二。）

## 四、教学建议

在讲动词谓语句时,要强调以下几点:

1. 动词的宾语一般放在动词的后面。这和日语和韩语的语序正好相反。

2. 汉语的动词和宾语的关系主要靠语序来决定,而不像日语和韩语那样靠助词来标识。

3. 可以充当动词宾语的除了名词以外,还有一部分动词、动词短语或小句等。（参见第二编第四章第二节）

4. 在使用动词谓语句时除了语序之外,还应注意选取正确的谓语动词、动态助词,注意动词与宾语的搭配等。

5. 在讲授动词谓语句时,应强调它有两种否定式:一个用"不",一个用"没"。

（"不"与"没"的区别,参看第二编第七章副词第二节五）

# 第六节 形容词谓语句

## 一、定义

谓语由形容词充当的句子叫形容词谓语句。

## 二、形容词谓语句的结构

结构:

肯定句:主语＋(很)＋形容词

否定句:主语 ＋ 不＋形容词

| 汉语 | 很 | 难。 |
| 这个房间 | 很 | 大。 |
| 东西 | 不 | 贵。 |

## 三、形容词谓语句方面常见的偏误

1. 缺漏

谓语前缺少程度副词

＊最近天气好。

改:最近天气很好。

2. 误加

＊我住在苏州。苏州是很漂亮。

改:我住在苏州。苏州很漂亮。

3. 误用

＊她准备了韩国菜很多。

改:她准备了很多韩国菜。

**4. 错序**

＊我有点儿晚到了教室。

改：我到教室有点儿晚了。

（注：形容词谓语句方面常见的偏误另可参见第二编第六章第五节）

### 四、教学建议

在讲形容词谓语句时，注意强调以下几点：

1. 汉语形容词作谓语时，前面一般要有"很"等程度副词修饰。形容词谓语前不要加"是"。在英语、日语、韩语中，形容词可以直接作谓语，不必带"很"等程度副词也能成立。英语中形容词谓语句要用系动词。因而外国学生在使用形容词谓语句时，常会出现缺少"很"等副词或误加"是"的偏误（详见上三）。

2. 形容词谓语句的疑问句语序不变，但形容词前不用加副词。

3. 用形容词表示过去的状态时，句尾也不加"了"。形容词谓语句句尾加"了"不是表示过去的状态，而是表示变化。（详见第二编第十章第四节二）

# 第七节　连动句

### 一、定义

谓语由两个或两个以上的动词或动词短语构成，共用一个主语的句子叫连动句。

### 二、连动句的特点

连动句连用的动词或动词性短语之间不能有语音停顿，没有关联词语，也没有分句间的逻辑关系，书面上不能用逗号隔开。

### 三、连动句的类型与意义

连动句常见的有以下六类：

1. 前一动词或动词短语表示的是后一动作所采用的方式或工具。如：

他每天骑车上学。

我用筷子吃饭。

2. 后一动词或动词短语表示的是前一动作的目的。如：

妈妈去商店买东西。

他来这儿考试。

我想找你商量点儿事。

3. 前后动词或动词短语表示动作的连续。如：

你打电话叫她来。

他走过来和我握了握手。

4. 后一动词或动词短语表示前一动作的结果。如：

她听到这个消息激动得哭了。

老李喝酒喝醉了。

5. 前一个动词为"有"或"没有"。如：

　　我有话跟你说。

　　大家没有机会发表自己的意见。

6. 前后两个动词或动词短语表示的是互相补充、说明的关系。如：

　　他老是躺在床上不起来。

　　她紧闭着嘴一句话也不说。

目前作为基础教学语法点加以强调的主要是1、2两类,故下面四、五部分主要分析这两类。

## 四、不同类型的连动句的形式结构与使用规则

1. 表示动作的方式或工具的连动句

结构：

肯定句：主语＋动词₁＋宾语＋动词₂＋宾语

　　　　爸爸　开　　车　　上　　　班。

　　　　他　　坐　　电车　回　　家。

否定句：主语＋不＋动词₁＋宾语＋动词₂＋宾语

　　　　她　　不用　　毛笔　写　　字。

(1) 否定句一般将否定词用于第一个动词前。

(2) 根据所问的内容的不同有以下两种不同的疑问句。

① 当问动作的方式时,用"怎么＋动词＋宾语"发问。如：

　　他每天怎么上班？

　　你怎么回家？

② 当问动作所使用的工具(一般比较小,动作必须用手的)时,就用"用什么(名词)＋动词＋宾语"发问。

　　你用什么写字？

　　用什么水洗脸？

这类问句同样适用问动作所使用的原料。如：

　　用什么做饺子馅？

　　用什么料子做裙子？

(3) 连动句在表示动作方式时,因工具的不同、动作方式的不同所用的动词是不一样的。比如"骑车、坐汽车(火车、飞机)、开车"等。下面是学生的偏误：

　　＊哥哥坐自行车去旅行。

2. 表示动作趋向和目的的连动句

结构：

肯定句：主语＋来/去(某处)＋动词(宾语)

　　　　朋友　去美国　　　留学。

　　　　他　　来　　　　　参观展览。

否定句：主语＋不＋来/去(某处)＋动词(宾语)

　　　　主语＋没＋来/去(某处)＋动词(宾语)

　　　　我　　不　去操场　　　打球。

> 她　　没　去图书馆　　　看书。
> 小李　没　来　　　　　　找过你。

注意：

（1）这种连动句否定形式有两种。用"不"表示说话时以及说话后的一段时间，主观上不打算"来/去……做某事"。用"没"，客观说明到说话时或某个时点之前，"来/去……做某事"的动作没有发生（详见上）。如果否定的重点放在动作的目的，要用"不是＋来/去……做什么＋的"（参见本章第九节"是……的"（一））。

（2）疑问句有两种。

① 在句尾加"吗"：

> 你不来我们这儿看看吗？
>
> 他不去桂林旅游吗？

② 第一个动词用肯定否定形式提问：

> 你们去不去博物馆参观？
>
> 他来没来检查身体？

（3）这种连动句的第一个动词"来"、"去"表示动作的趋向。"来…＋动词…"是来说话人所在之处做某事。"去…＋动词…"是离开说话人所在之处，去别处做某事。

"来、去"后面的处所词有时可以省略。如：

> 她来还书。
>
> 我来看你。

（4）如果连动句中"来"、"去"的动作已经发生，后面第二个动作还没有完成，"了"要放在句尾，不能放在"来/去"之后。如：

> 她来上课了。（主要强调她来了）
>
> 妈妈去买东西了。（妈妈已经出去了，还没有回来）

如果强调后面第二个动作已经完成，"了"放在第二个动词之后，如果有宾语，不能是简单宾语（要带数量词、形容词等定语或动量补语）。如：

> 她来商店买了很多东西。（已经买完回去了，下同）
>
> 老师来教室给我们讲了一遍课文。
>
> 我去邮局寄了一封信。（已经寄完信回来了，下同）
>
> 我去她家找了她一次。

若用这类连动句表示过去曾经发生过某个动作，第二个动词后要用助词"过"。如：

> 他去医院看过她（两次）。
>
> 那个学生来图书馆借过（一次）书。

"过"后的动量词可以不要，但"了"后少了动量词一般不能成立，除非后面还有句子。如：

> ？我去她家找了她。
>
> 我去她家找了她，可她不肯见我。
>
> ？老师来教室给我们讲了课文。
>
> 老师来教室给我们讲了课文，所以我们都明白了。

## 五、连动句方面常见的偏误

### 1. 缺漏

　　＊我电车上班。

　　改:我坐电车上班。

### 2. 误用

构成连动句的动词或动词短语有误

　　＊他坐自行车去上学。

　　改:他骑自行车去上学。

　　＊他爬山累了。

　　改:他爬山爬累了。

　　＊他们骑车沿着小路往商店买东西了。

　　改:他们骑车去商店买东西了。

### 3. 错序

(1) 表示方式的动词短语位置有误

　　＊他不得不回家骑自行车。

　　改:他不得不骑自行车回家。

(2) "了"、"过"的位置有误

　　＊她来了看你。

　　改:她来看你了。

　　＊我去商店买了苹果。

　　改:我去商店买苹果了。

　　＊他去过欧洲旅行。

　　改:他去欧洲旅行过。

(3) 动量补语的位置有误

　　＊你去一下小卖部买咖啡,好不好?

　　改:你去小卖部买一下咖啡,好不好?

### 4. 杂糅

　　＊为了看她,他逃课来了我们宿舍。

　　改:为了看她,他竟然逃课跑到我们宿舍来。

　　＊这孩子常常用那聪明的脑子拿鬼主意。

　　改:这孩子那聪明的小脑瓜常常会想出一些鬼主意。

　　＊他用手帕蒙自己的眼睛趴在地上写字。

　　改:他用手帕蒙住自己的眼睛,趴在地上写字。

　　＊一天他突然找她送了很贵重的礼物。

　　改:一天,他突然跑来送给她一件很贵重的礼物。

　　＊我们去旅行社找了找团体旅行,不容易找又好又便宜的。

　　改:我们去旅行社看有没有又好又便宜的团体旅行,很难找到合适的。

　　＊他在她房间前面把好大的花束拿着等她回家。

　　改：他拿着很大的一束花站在她的房间门口等她回家。

## 六、教学建议

1. 连动句的讲授应强调其句型语序与组成结构的特点，如"喝酒喝醉了"，必须是重动形式。同样是移动的动作方式，"走着去、骑车去、坐车去"前一动词是不同的（另见前四）。

2. 连动句中的前后动词或动词短语的语序偏误多在初学者中出现，不过，当句子的构成比较复杂时，中级以上水平的学生也会出现这类偏误。

3. 目前作为语法点出现在对外汉语教材中的连动句都是比较简单的形式，即不出现连动句的否定式，也不涉及带"了"、"过"、"着"和补语等其他成分。而在学习动态助词和补语等语法点时，一般也不会讲它们在连动句中的使用规则。因此，当这些分项语法点都学过以后，学生因表达的需要，要用比较复杂的动词或动词短语组成连动句时，往往就会出现上面偏误中的各种问题。因篇幅关系，本节未详细讨论前面提到的连动句的3～6类型。因为据观察，如果学生对组成连动句的每一个动词形式（该用什么动词，要带什么助词、宾语或补语等）掌握得比较好的话，把几个动词或动词短语按照一定的语义关系整合在一起的能力还是有的。上五、4杂糅下的偏误都出自中级以上水平的学生，其中动词、动词短语和助词的误用率明显比错序率要高。因此，建议在中级阶段，结合"了"、"过"、"没"和动补短语等语法点，举出一些带有这类形式的、结构略微复杂的连动句，说明这类语法点在连动句中的使用规则，并可结合学生的偏误，进一步加以强调。

# 第八节　兼语句

## 一、定义

　　汉语中有由两个"主语＋谓语动词＋宾语"合成的句子，第一个动词的宾语同时又是第二个动词的主语，这身兼两个成分的词语叫兼语，这类句子叫兼语句。

## 二、兼语句的结构及类别

　　兼语句主要取决于第一个动词是否可以带兼语。兼语句根据第一个动词的不同类别主要分以下几类。

1. 表示使令意义的兼语句

兼语句的第一个动词一般是带使令意义的动词，如"请、让、叫"等。

肯定句：主语＋动词₁＋兼语＋动词₂＋宾语

　　　　　我　　请　　　你　　吃　　饭。

　　　　　老师　让　　我们　做　　　作业。

　　　　　妈妈　叫　　弟弟　去　买东西。

否定句：主语＋不＋动词₁＋兼语＋动词₂＋宾语

　　　　　她　　不　让　　我　　去。

　　　　　主语＋没＋动词₁＋兼语＋动词₂＋宾语

　　　　　老师　没　叫　　你　去　　办公室。

除了"请、让、叫"外，表示使令意义的动词还有"要、要求、请求、派、招呼、邀请、约、托、委托、劝、劝说、催、催促、鼓励、鼓动、强迫、逼、引、引导、启发、怂恿、吩咐、命令、指示、领导、组织、号召、安排、供(gōng)"等。有些表示禁止或允许的动词也常用于这类兼语句,如"准、许、准许、允许、禁止、阻止、批准"等。

　　肯定句:主语＋动词₁＋兼语＋　动词₂　＋宾语

|  |  |  |  |  |
|---|---|---|---|---|
| 他 | 要 | 我 | 到了 | 那儿 就跟他联系。 |
| 老板 | 吩咐 | 张主任 | 处理 | 此事。 |
| 公司 | 派 | 他 | 去 | 国外 工作。 |
| 姐姐 | 劝 | 妈妈 | 不要 生气。 | |

　　否定句:主语＋不＋动词₁＋兼语＋动词₂＋宾语

　　　　　警察 不准 我 离开 出事地点。

　　　　　主语＋没＋动词₁＋兼语＋动词₂＋宾语

　　　　　我 没 强迫 他 参加 这个活动。

"使"和"令"(常用于书面语)也经常构成兼语句。如:

　　　　这件事使我感到很不安。

　　　　他的话真令人费解。

　　这类用"使、令"动词的兼语句的主语一般是表示事物的名词。"让、叫"有时也可以用于这类表示事物的名词或表示动作的动词、主谓短语之后。如:

　　　　他的表现真叫人失望。

　　　　你这样做,太让我为难了。

　　但是大多数使令类动词所在的兼语句的主语是有主观意志,可以有目的地发出动作、行为的人,因此在用法上与这类用"使、令"的兼语有些不同。

　　2. 表示称谓或认定意义的兼语句

　　兼语句的第一个动词一般是表示称谓或认定意义的动词,如"称、叫、骂、选、选举、推选、推荐、拜、认、认为"等,兼语后的动词多为"做(作)、为、当、是"等。如:

　　　　我们选他当班长。

　　　　老师推荐王平参加比赛。

　　　　他骂我是骗子。

　　　　我们拜她做老师。

　　3. 第一个动词是"有"的兼语句

　　动词"有"也常带兼语句,说明某个新情况——某事物或人的情况。

　　肯定句:　　主语＋有　＋　兼语　　＋谓语(动词/形容词)

　　　　　　　我　有 一个中国朋友　叫 王平。

　　　台风过后村里　有 好多房子　都 倒了。

　　　　　　她　有 一个孩子　很 可爱。

　　否定句:主语＋没有＋兼语　＋谓语(动词/形容词)

　　　　　　这儿 没有 人　懂西班牙语。

　　这样的兼语句实际上是两个简单句的组合。如:

　　　　A. 她有两个小孩。　 B. 这两个小孩在上小学。

　　　　A＋B → 她有两个孩子在上小学。

　　这类兼语句与第1类兼语句不同的是,"有"前面的主语常常可以省略或无法说出。如:

> 有人跟我打听过你。
>
> 有东西从楼上掉下来了。

"有"后的兼语一般是不确定的新信息。因此,在讲故事的开头时常用这类兼语句,如"从前,有一对年轻夫妇住在一个村里"。兼语的前面常常有"一个"、"很多"、"几个"这样的定语。

4. 第一个动词是表示好恶、称羡类动词

兼语句的第一个动词一般是表示好恶、称羡类动词,如"爱、恨、喜欢、讨厌、嫌、佩服、钦佩、称赞、夸、夸奖、怪、埋怨、责怪、笑话、嘲笑、讥笑、欣赏、羡慕"等。如:

> 我喜欢他老实。
>
> 小赵怪我不帮他。
>
> 你不要总埋怨别人不理解你。
>
> 大家都讥笑他活得太仔细。

### 三、兼语句的语法特点与使用规则

1. 兼语句在兼语的后边可以停顿,在第一个动词后不能停顿。这是兼语句与小句宾语句的主要区别。如:

> 我认她 ˇ 作姐姐。(兼语句)
>
> 我认为 ˇ 你讲的有道理。(小句宾语句)

2. 一般来说,兼语句第一个动词(第 1 类使令类动词中的大多数及第 2、3、4 类所有动词)后不能带"着、了、过",即使兼语句表示的动作正在持续、已经完成或曾经发生过(参见下偏误 3(4)例)。这类意义应这样表示:

> 他正在劝客人不要走。(动作正在进行)
>
> 校长派我看(kān)着他。(动作持续,"着"用于第二个动词之后)
>
> 她让我看过这本书。(动作曾经发生过,"过"用于第二个动词之后)
>
> 我叫小明买了两本汉语词典。(动作已完成,"了"用于第二个动词之后)

在下面的情况下,使令类动词中如"请、邀请、叫、派、约、选、托、组织、鼓励"等少数动词后可带"了"。

(1)兼语是不确定的复数名词,常带数量词或其他词语作定语。如:

> 我叫了两个人保护她。
>
> 局长派了几个警察跟着他。
>
> 刚放暑假,他就约了几个同学一起去新疆旅游。
>
> 医院组织了各方面的专家对她的病进行了集体会诊。

(2)兼语句不是以单句形式出现的,它和前后句是目的或因果关系,第一个动词可以带"了",其后的兼语可以是确定的(单数、复数都行)。如:

> 为了扩大这场演出的影响,我们特地邀请了王光、刘大伟两位有名的导演做顾问。
>
> 工作太多,忙不过来,他叫了张小明当帮手。
>
> 成功者的经验鼓励了他后起仿效,他也搞起了"农家乐"旅游活动。

需要说明的是,在兼语句中,即使像上述这样可以带"了"的动词,经常的用法是不带"了",带"了"的用法是比较有限的。

3. 兼语句的兼语一般由名词、代词充当,当上下文可以看出所指的时候,数量词也可以充当兼语。如：

　　当人们谈起他的时候,没有一个不称赞他的。

　　4."使"与"让"、"叫"的辨析：

　　(1)"让"、"叫"经常用来表示动作者主动地有意识地通过命令、指使、劝说等动作让某人做某个动作,如：

　　老师叫/让我们经常复习。

　　爸爸叫/让我去买东西。

　　她让/叫我不要理他。

"使"不能用于上述这类兼语句(另参见下四、3(2)下例)。

　　(2)用"使"的兼语句常表示某个事件或某个动作致使兼语自然出现或显现某个客观结果或效果。如：

　　这场大地震使他失去了亲人。

　　两次大的打击使他老了许多。

　　他把长长的绸子裹在头上,这使他像个阿拉伯人。

　　她的这身打扮使她显得很年轻。

这类兼语句一般不用"叫"和"让"。

　　(3)"使"、"让"可以用于让兼语有意识地控制感情、情绪或动作。如：

　　你得让/使自己镇静下来。

　　他咬着牙,努力不让/使自己发出声音。

这类兼语句一般不用"叫"。

　　(4)"让"和"使"经常可以表示某一事物、事件促使人的思维、情绪、感觉上产生变化。如：

　　你的话倒让/使我想起了我的童年。

　　比赛的胜利使/让大家兴奋了好几天。

　　这个消息使/让老人感到很不安。

"叫"一般不用于上述后面谓语是"想起、感到"的兼语句(另参见下四、3(2)下例)。但是当兼语是单音节的"人",后面又是双音节动词或四字短语时(即带有书面语、惯用语的特点),也可以用"叫",在这种场合,"使"往往用"令"替代。如：

　　他的话真让/叫/人吃惊。

　　那个消息太让/叫/令人不安了。

　　这么脏的环境真让/叫/令人难以忍受。

　　当兼语句表示动作者强烈意志时(要使得兼语在精神上产生较大的变化),一般多用"让"也可用"叫"和"使"。当兼语句表示的是客观结果时,用"让"和"使"而不用"叫"。请看下面的对比：

　　我不会让/使/叫你失望的。(表示"我"的主观意志)

　　对比:你真让/使(＊叫)我感到失望。(表示客观的结果)

　　我们一定要努力使/叫/让顾客感到满意。(表示"我们"的主观意志)

　　对比:你们的服务使/让(＊叫)顾客十分满意。(表示客观的结果)

　　(5)当某事物或某个动作促使某人作出判断、得出结论时,一般用"使";某情况使人产生预期的感觉(并不是通过推论)时,往往用"让"。如：

　　错误的情报使他作出了错误的判断。(不用"叫"、"让")

　　通过论证,使他得出了这样的结论。(不用"叫"、"让")

　　病人的吵闹,倒让医生感觉比较正常。(不用"使")

　　比赛的结果,一点也不让我感到意外。(?"使")

　　兼语句的否定式有两种。一般多用于"让、叫"句。"不让……"、"不叫……"主要表示主语的主观意愿:不允许兼语做某个动作。"没让……"、"没叫……"是客观说明主语没有要求兼语做什么。如:

　　我妈不让我一个人出去旅行。

　　你不叫我去,我偏去。

　　我又没让他这么做,怎么怪我呢?

　　老师没叫咱们去研究室,你为什么一定要叫我去呢?

## 四、兼语句方面常见的偏误

1. 缺漏

(1) 缺少兼语

　　＊他公司的经理派去上海工作。

　　改:他公司的经理派他去上海工作。

(2) 缺少兼语及其动词

　　＊这些句子够感动的。

　　改:这些句子真让人感动。

(3) 兼语后缺少动词

　　＊你说得不好,让大家没有意思。

　　改:你说的话让大家觉得很无聊。

(4) 应用兼语句而未用

　　＊我只有两张球赛票,可是五个人都想去,很为难的情况。

　　改:我只有两张球赛票,可是五个人都想去,这使/让我很为难。

2. 误加

　　＊谁派让他当代表?

　　改:谁派他当代表的?

3. 误用

(1) 与介词用法相混

　　＊小时候他常常跟父母为难。

　　改:小时候他常常让父母为难。

(2) 可以带兼语的动词的用法混淆

　　＊妈妈使我去买东西。

　　改:妈妈叫/让我去买东西。

　　＊生气不仅对身体不好,而且还会叫人感到为难。所以我不轻易生气别人。

　　改:生气不仅对身体不好,而且还会使人感到为难。所以我不轻易跟别人生气。

　　＊他派我当北京大学的助教。

　　改:他聘我为北京大学的助教。

　　＊他的母亲一个人赚钱,就让三个兄弟学习。

改:他母亲一个人赚钱,供三个兄弟上学。

（3）带兼语的动词后误加"了"

　　＊我觉得这本字典对我有帮助,于是我劝了朋友这本字典。

　　改:我觉得这本字典对我有帮助,于是我劝朋友买这本字典。

4. 杂糅

　　＊他宣布了苏州生活的感受,感动同学们了。

　　改:他谈了在苏州的生活感受,使同学们很感动。

　　＊他讲的内容一塌糊涂的,叫人莫名其妙。

　　改:他讲的内容乱七八糟的,让人越听越糊涂。

## 五、教学建议

1. 兼语句带有合成性的特点。初学时可以用介绍使用语境、句子合成转换的方法加以说明。如:

　　你的朋友对你说:"明天去我家吃饭吧!"

　　合成一个句子:你的朋友请你明天去他家吃饭。

　　老师对你说:"你到我办公室来一下!"

　　合成一个句子:老师叫你去他的办公室。

　　老奶奶对我们说:"进屋里坐坐吧。"

　　合成一个句子:老奶奶叫我们进屋坐坐。

2. 初级阶段教给学生的可以用于兼语句的动词是不多的。应让学生记住哪些动词是可以用于兼语句的。到了中级以上的阶段,当课文中出现"邀请"、"派"、"招呼"等动词时,可以在复习初级阶段的兼语句的同时,举例说明这些动词构成的兼语句。如:

　　朋友邀请我参加她的生日晚会。

　　公司派他到北京出差。

　　班长招呼大家坐下。

3. 动词"使"和"叫"、"让"都能带兼语,如上偏误 3 所显示的,有的学生会将它们的用法混淆,有时也会将这些动词与其他动词的用法混淆。当遇到这样的偏误时,或在中级阶段有的课文中同时出现这几个动词的兼语句时,可进行适当的辨析。

# 第九节 "是……的"(一)

## 一、定义

"是……的"(一)是动词谓语句的一种,句子主要是由"是……的"前后呼应构成的。突出强调与动作相关的某个成分。

## 二、"是……的"(一)的结构、种类和所表示的语义

"是……的"(一)的谓语主要成分是"是"和"的"之间的主要动词。但是全句的语义焦点主要不是这一动词所表示的动作,而是紧跟在"是"后的词语或短语所表示的成分,"的"大多放在句尾(也有在宾语前的,详见下)。

根据"是……的"所强调的成分和"是……的"中间结构成分的不同,可以把这类句式分为以下几种:

1. "是……的"用来强调动作发生的时间、处所、方式、条件、目的、对象、工具等。如:

| 肯定句 | 疑问句 |
| --- | --- |
| 我们是昨天到的。(强调时间) | 你们是什么时候到的? |
| 山田是从日本来的。(强调处所) | 山田是从哪儿来的? |
| 这一成绩是在大家的帮助下取得的。(强调条件) | 这一成绩是怎么取得的? |
| 他是为这事来的。(强调目的) | 他是为什么来的? |
| 这话是冲我来的。(强调对象) | 这话是冲谁来的? |

以上强调的部分都处在"是"之后,谓语动词之前,即所强调的是状语。下面的连动句强调的是动作方式或目的:

| 肯定句 | 疑问句 |
| --- | --- |
| 他是骑自行车来的。(强调动作方式) | 他是怎么来的? |
| 我是来找你的。(强调目的) | 你是来找谁的? |
| 面包是用面粉、鸡蛋、牛奶等做成的。(强调动作所用的材料) | 面包是用什么做成的? |

2. 用来强调施事者。

| 肯定句 | 疑问句 |
| --- | --- |
| 她留学的钱还是我出的。 | 她留学的钱是谁出的? |
| 水果是他买的。 | 水果是谁买的? |
| 我知道那首诗是李白做的。 | 你知道那首诗是谁做的? |

这是强调"是……的"中间的主谓短语的主语。其中谓语一般不带宾语,动词的受事一般放在"是……的"前。下面的句子是用来强调全句的施事主语的:

| 肯定句 | 疑问句 |
| --- | --- |
| 是我替他买的车票。 | 是谁替他买的车票? |
| 是我写的信。 | 是谁写的信? |

这类句子用"是……的"开头,"是……的"中间的谓语动词多带宾语,宾语一般放在"的"后。如果"是……的"中是"把"字句,那宾语就放在"把"的后面了。如:

是谁把自行车放这儿的?

是弟弟把你的照相机借给他的。

3. 用来强调动作的受事者。

| 肯定句 | 疑问句 |
| --- | --- |
| 这钱是给你的。 | 这钱是给谁的? |
| 那本书是还给他的。 | 那本书是还给谁的? |

4. 用来强调产生某种结果的动作行为。

他病倒了,全是累的。

听说小李受伤了,是被车撞的。

## 三、"是……的"(一)的使用规则

1. "是……的"(一)中的"是"大多数情况下可以省略,但"的"不可以省略。当句子的主

语是"这"、"那"时,"是"不能省。如:

> 他去年回国的。
>
> 我们在学校门口见到他的。
>
> 这是爸爸给我买的。

否定式是在"是……的"前加"不"。"不是"是不能省略的。如:

> 自行车不是我骑坏的。
>
> 他不是在商店买的面包。
>
> 他不是去还书的。

正反疑问形式是"是不是……的":

> 你是不是回来结婚的?
>
> 他是不是坐汽车走的?

2."是……的"(一)如果用特指疑问句,就要针对句中所强调的成分使用相应的疑问代词提问。

3."是……的"可以在句中作宾语:

> 不知道你是怎么洗的。
>
> 他心想这都是那家伙害他的。

4."是……的"(一)这类句式一般都是在动作已完成的场合下使用的,所以它一般不能用于将来的动作,句末的"的"不能换成"了"。

## 四、"是……的"(一)方面常见的偏误

1. 缺漏

> *有的时候,我向吸烟者问"什么时候开始抽烟?"
>
> 改:有的时候,我问吸烟者:"你什么时候开始抽烟的?"

2. 误用

(1) 误用于将来的情况

> *我们明天是坐船去杭州的。
>
> 改₁:我们明天坐船去杭州。/改₂:我们昨天是坐船去杭州的。

(2)"的"误作"了"

> *她是昨天来了。
>
> 改:她是昨天来的。

3. 错序

> *我男朋友是从韩国打来长途电话的。
>
> 改:这个长途电话是我男朋友从韩国打来的。

4. 杂糅

> *对这个问题,我想问谁究竟提。
>
> 改:关于这个问题,我想问究竟是谁提出来的。
>
> *我的滑板买了上海。
>
> 改:我的滑板是在上海买的。

## 五、教学建议

1. 学生在初学"是……的"(一)时,有关强调时间、地点、方式等句型比较容易掌握,因

为这类句型在课本和实际生活中使用频率比较高。但对强调施事和受事的句型不太容易掌握，教材中出现的少，平时使用频率也没有前者高。因此在讲授后者时，应增加练习的量。

2. 对于"是……的"（一）句型所表示的时态应加以强调，即这类句中的动词所表示的动作一般是已经完成的。"她是昨天来的"和"她昨天来了"（不用"是"）是两个不一样的句型。前者强调的是动作发生的时间，句尾只能用"的"；后者强调的是动作已经发生（不强调时间），动词后应该带"了"。

# 第十节　"是……的"（二）

## 一、"是……的"（二）的结构与语义

"是……的"（二）是由"是……的"前后呼应构成的，主要表示的是说话人对主语的主观看法、见解、态度和评价等，也可以表示对主语的描写和说明。这类句子语气是很肯定的。

## 二、"是……的"（二）的不同类别

1. 表示一种估计、判断、结论或推理，主观性较强，常用来劝慰、鼓励、判断、表明态度或阐明道理：

> 你的病是会好的。（用于劝慰）
> 只要你努力，是一定能成功的。（用于鼓励）
> 他也许是故意这么做的。（表示主观判断）
> 饭钱是该大家出的。（表示主观态度）
> 这个菜不放在冰箱里，是会坏的。（表示主观估计）

2. 对主语加以说明或解释：

> 题目是很容易记的：《给全国人民的一封信》。
> 他最近感冒鼻塞，所以睡觉的时候，嘴是张开的。
> 呕吐跟打哈欠一样，是有传染性的。

## 三、"是……的"（二）的使用规则

1. "是……的"（二）与"是……的"（一）否定式不一样。"是……的"（一）的否定式是在"是……的"前加否定副词"不"。"是……的"（二）若要表示否定意义，要在"是……的"结构内部根据不同的谓语使用不同的否定形式：

> 你们是不会穿这种衣服的。（不＋助动词）
> 你这样不认真，是学不好汉语的。（可能补语的否定式）
> 我觉得他做老师是不够格的。（不＋动）
> 这个规定是最不合理的。（不＋形容词）

2. "是……的"（二）也可以在句中作宾语：

> 他知道这种事是不能随便开玩笑的。
> 她终于明白她是不适合做这个工作的。

大部分"是……的"（二）句的"是"和"的"可以同时省略。但是当句中的谓语是像下面例句中那样的单个的动词，一般不能省略"是"和"的"。如：

我觉得办法是有的。就是看你用不用。

3. 有少数"是……的"(二)句中的"是"可以省略,但"的"不可以省略。如:

他是什么人,外表上无论如何看不出的。

当句子的主语是"这"、"那"或句子是表示双重否定的时候,"是"不能省略。

我从来不喝酒,这你是知道的。

他的话是不可不信的。

那个地方游客是不能不去的。

4. 当"是……的"(二)在主谓谓语句中作谓语时,全句的主语就是"是……的"(二)中动词的受事。如:

这个问题我们是讨论过的。

那件事他是知道的。

这类句式的主语可以移至"是……的"的动词之后:

我们是讨论过这个问题的。

他是知道那件事的。

但当主语是"这"时,就不能移至"是……的"的动词之后:

她身上有不少小孩子脾气,她会顽皮,会撒娇,这是他一向没想到的。

这是闹着玩儿的?

5. "是……的"(二)在表示主观看法和估计时,一般表示的是对现状与将来情况的看法,不能用于对过去已经发生事情的看法(见下偏误)。

## 四、"是……的"(二)方面常见的偏误

1. 缺漏

＊孩子的教育中,是非分明是最重要。

改:在对孩子的教育中,明辨是非是最重要的。

＊他的工作方法很好,经理称赞他值得。

改:他的工作方法很好,经理称赞他是应该的。

＊在工作中,老师最费力,因为教的是非常重要。

改:在工作中,老师最费力,因为教育青少年的工作是非常重要的。

2. 误加

＊我在急剧变动的中国,学习和工作是过得很愉快的。

改:我在急剧变动的中国,学习和工作是很愉快的。

3. 误用

误用于表示对过去已经发生的事情的看法:

＊我觉得他是赚了很多钱的。

改:我觉得他大概赚了很多钱。

## 五、教学建议

先复习"是……的"(一),再讲"是……的"(二),将两种句式从所表示的语义、语法(否定式和所涉及的时态)和语用等几方面加以辨析,让学生在比较中加以掌握。

# 第十一节 主谓谓语句

## 一、定义

谓语是由主谓短语构成的句子叫主谓谓语句。

## 二、主谓谓语句的结构与语用

结构：大主语＋[小主语＋小谓语]（方括号内的主谓短语作大主语的谓语）

| | | |
|---|---|---|
| 她 | 身体 | 很好。 |
| 姐姐 | 学习 | 非常认真。 |
| 我 | 肚子 | 不饿。 |
| 东北 | 夏天 | 不热。 |

上面都是作为单句出现的主谓谓语句。但据张旺熹调查，这类以单句形式出现的主谓谓语句在实际语用中只占各种主谓谓语结构形式[①]的 2.1％。他指出，主谓谓语结构一般不是只有一个主谓结构作谓语，而是常常有两个、三个甚至更多同时作谓语的（张旺熹，1993）。如：

我记忆中的父亲总是**脸色红润，满头乌发，胡子刮得很干净的。**

中国**幅员辽阔，人口众多……**

这里**经济发达，交通便利**，所以吸引了很多投资者。

上面粗体字部分都是主谓短语，由于前面有相同的大主语，所以都是主谓谓语句。这样的多个主谓谓语句往往可以从多个角度、不同侧面对前面的大主语分别加以描述和说明，即大主语为一总话题，多个主谓谓语，则是对总话题的分述。

有时可以从事物相关方面对大主语进行对比说明。如：

他们来挖土刨根的时候，我**脸上笑着，心里却在哭**……（张旺熹文例）

他**腿脚不方便，脑子却好使得很**。

我**四肢发达，头脑简单**，你就别为难我了。

这孩子**人小志气大**，将来肯定能成大事。

## 三、主谓谓语句方面常见的偏误

主谓谓语句结构有误

＊在北京城里情况很热闹。（崔希亮文例，下简称崔）

改：北京城里很热闹。

＊苏州，还是苏州城市很小，还是很好。

改：我觉得还是苏州好，苏州城市比较小。

## 四、教学建议

主谓谓语句从结构和意义上说并不难。学生在最初学习主谓谓语句时，常会产生下面的困惑："他身体好"和"他的身体好"、"我肚子疼"和"我的肚子疼"有什么区别？（关于这一

---

[①] 张旺熹提出的主谓谓语结构根据的是朱德熙《语法讲义》（商务印书馆，1982 年版）中有关主谓谓语句的论述："主谓结构本身也可以充任谓语，例如'北京城里树木很多'。"

点,请参见第三编第一章第二节)。此外,学过之后,学生除了在日常生活中能够使用像"他身体好,我头疼,肚子疼"之类最简单的主谓谓语句之外,一般不会在别的场合再使用主谓谓语句。特别不会像上面所举例那样,用两个以上的主谓谓语从几个不同的侧面对某个对象进行描写和说明(而这类用法却是最常用的,据张旺熹统计,占整个主谓谓语结构语段的57.8%),因此这个句型在习得上的偏误也就基本看不到。这种现象一方面说明学生实际上并没有真正掌握这个句型,另一方面说明只停留在单句的范围,讲授主谓谓语句是不够的。建议学生在学会了主谓谓语句的基本结构后,将这个句型的举例和使用扩大到语段。张旺熹提出了这一句型的教学思路,我们认为很有参考价值,现简单转引如下:

形象直观地引入、展示主谓谓语结构的基本结构形式和语义模式。具体做法是:第一步展示图片(如拿出北京的图片),引出话题(北京);第二步针对图片提出问题,引导分述(北京人多不多? 马路宽不宽? 公共汽车挤不挤? 东西贵不贵? 你喜欢北京吗?);第三步回答问题,构成语段(北京人很多,马路很宽,公共汽车很挤,东西很便宜,我喜欢北京)。也可以拿出某个人的照片,就某人的头发、眼睛、个子、身体发问,然后将回答的内容用几个主谓短语串联起来,就构成了对某人分述的一组由主谓谓语句构成的语段(张旺熹,1993)。

# 第十二节　"把"字句

## 一、定义

句中谓语动词前使用介词短语"把+名词/代词"的叫做"把"字句。"把"后的宾语大多是后面谓语动词的宾语,由"把"字提到动词前。

## 二、"把"字句的结构与意义

1. "把"字句的基本结构是:

名词/代词+"把"+名词(被处置的事物)+动词+其他成分

| | | | | |
|---|---|---|---|---|
| 他 | 把 | 书包 | 放 | 在桌子上。 |
| 我 | 把 | 孩子 | 送 | 到车站。 |
| 你 | 把 | 这本词典 | 交 | 给老师。 |
| 请 | 把 | 窗户 | 打 | 开。 |
| 妈妈 | 把 | 房间 | 打扫 | 得很干净。 |
| 哥哥 | 把 | 钱包 | 丢 | 了。 |
| 你 | 把 | 衣服 | 洗 | 一洗。 |

"把"字句结构的最大特点是,"把"字后面的动词不能是简单形式,一般都要带其他成分。所谓其他成分,最常见的是带"在"、"到"、"给"等介词短语的补语,其次是表示动作结果、趋向、动量或结果状态的补语。有少数动词带"了"或重叠后可以构成"把"字句。

2. "把"字句的宾语一般是确指的,即宾语对说话人(包括听话人)来说都是确定的。[1]

3. 最常见的"把"字句中的动词是带处置意义的及物动词。大多数"把"字句表示的是施动者主动地有目的地对宾语加以处置,即使宾语改变状态,移动位置或受到某种影响,或者是说话者要求这样做。施事一般是动作的责任者。如:

  请把门打开。(由"关"的状态到"开"的状态)

  大家把写错的字找出来。(由不明显到明显)

  老师把田中叫进去了。(由外边到里边)

  你把房间打扫打扫。(使房间变干净)

像下面这些"把"字句也是比较常见的:

  他把生词预习了一遍。

  我把练习做完了。

4. 下面的"把"字句没有上面所举的"把"字句使用频率高,其结构特点、意义与上面的也有所不同。

  昨天搬家把我累得够呛。

  这件事**真**把他愁死了。

  孩子考上了有名的大学,这**可**把老李高兴坏了。

这类"把"字句,主要不是说明某个动作对某事物或人的处置,而是说明某事对"把"后的宾语(一般是人)产生的影响。"把"后的谓语常是形容词或心理动词。

5. 当"把"字句中有状语时,有的必须放在"把"的前面,有的则要放在"把"后的动词谓语前。总的规律是,当状语的语义指向主语或"把＋宾语＋动词"整个结构时,必须放在"把"的前面。这类状语有否定词、助动词或表示时间的名词与大多数时间副词、语气副词、频率副词、限定性副词、情态副词以及一些形容词等(见上4.下例及下面例中的黑体字)。当状语的语义指向宾语时,一般都放在"把"后的动词前面(见下例中划线的词语)。当状语的语义指向谓语动词时,状语放在"把"前还是谓语动词前都可以(见下例中斜体词语)(季静,2005)。如:

  我**从来没**把她当作我的恋人,我**只**把她当作我的妹妹。

  **今天不**把活儿全干完,就别想回家。

  小李**已经**把行李都拿走了。

  老人**常**把钥匙忘在家里。

  她**故意**把门砰地一声关上了。

  那人**只好老老实实**地把钱通通都交了出来。

  我**可以**把这块石头**一下子**举起来。

  你**能不能**把声音**稍微**压低一点?

  大家把手上的活儿**先暂时**放一放。

---

[1]　"把"字后的宾语有时带表示"无定"的"一个"、"个"等量词。王惠(1997)指出"把个NV了"句表示"说话人对所发生的事件情景感到'出乎意外'。"杉村博文(2002)赞同这一点,并指出这类句子的特点是,N和V之间存在着一种语义上的扭曲关系。N本来是有定的,但加上一个"无定"成分"个",把它还原成一个类名而对它重新认识。如:

小张把个孩子生在火车上了。("孩子"与"生在火车上"有扭曲关系,用"把个"组合在一起,表示超出常情的语用效果)

杨杰看他水缸里水干了,挑起水桶,不大一会,给老汉挑了两担水,把个老汉感动得简直不知说什么好了。("老汉是饱经人间沧桑,不容易动感情"的,以此来跟谓语"感动得不知说什么好了"形成鲜明对比,从而收到表示超出常情、常理的语用效果)

### 三、"把"字句的限制性与倾向性

**（一）"把"字句后的谓语形式**

"把"字句后的谓语一般是复杂形式，即除了动词外，还要有其他成分。但是这类成分的使用也并不是很随意的。下面分类加以说明。

1. "把"字句和各类补语

"把"字句后面带补语，是"把"字句最常见的形式。但是并不是什么补语都能用于"把"字句的。

（1）比较常见的"把"字句后面的补语有以下三种：

A 组

老师把书放在桌子上。（谓语后带补语"在……"短语）

我把朋友送到门口。（谓语后带补语"到……"短语）

他们把礼物送给了幼儿园的孩子们。（谓语后带补语"给……"短语）

她把你当作她最好的朋友。（谓语后带补语"作……"短语）

他把那个小说改成了电影剧本。（谓语后带补语"成……"短语）

B 组

妈妈把饭做好了。（谓语后带结果补语）

他把窗户打开了。（同上）

你把孩子抱上楼去。（谓语后带趋向补语）

请大家把课本拿出来。（同上）

C 组

妈妈把屋子收拾得很干净。（谓语后带状态补语，动作后状态发生变化）

他把窗户擦得很亮。（同上）

上面三组"把"字句，表示动作者对"把"后的宾语进行处置，从而使宾语的位置、状态或形式发生了变化。只有"把……看作"是表示主观看法的。

上面 A 组"把"字句（谓语动词后带"在、到、给、作、成"）是没有相应的"主—动—宾"句式，或即使有这类"主—动—宾"句式也是使用很受限制的[①]，属于较为强制地要使用的"把"字句，所以使用频率是最高的。

上面 B 组"把"字句是有相应的"主—动—宾"句式的，而且这类动宾句使用的频率比较高。如：

妈妈做好饭了。（只报告一个"做好"这一客观情况，不强调对"饭"的处置）

你抱孩子上去。（说话者不强调对"孩子"的处置，而强调"上去"）

另外，用于"把"字句中的结果补语，一般都是说明经过外界施加的动作后"把"后面宾语出现的结果（详见上 B 组），如果结果补语是说明主语的情况的，一般不用"把"字句。如：

＊我把他的话听烦了。（李大忠例，下简称李）

---

① 关于"把"字句的强制性，周上之（2003）通过对 1000 万字的语料检索得到的 5133 个强制性"把"字句的分析，区分了几种"把"字格式的不同强制程度，证明了这类把字句的强制性存在着一个由强到弱的递减序列。现简单转引、加括号内例句并加补注（为本书著者所加）如下：

1. "把＋宾语₁＋动＋成＋宾语₂"的强制程度最高。除了古汉语的固定格式"点石成金"、"变废为宝"外，现代汉语不能用"动＋宾词₁＋动＋成＋宾语₁"。

（转下页）

上面的偏误如改作话题句,可用"把"也可不用:

改₁:他的话我都听烦了。/改₂:他的这些话都把我听烦了。

上面 C 组是谓语后带状态补语的。虽然这类"把"字句也没有相应的"主—动—宾"句式,也应属于没有别种选择的强制性"把"字句,但是,不是所有谓语后带状态补语的都能进入"把"字句。下面是学生的偏误:

＊因为我把课文念得不太流利,所以挨了老师的批评。

改:因为我课文念得不太流利,所以挨了老师的批评。

实际上,汉语的状态补语描写的状态可以分为两种:

① 描写动作完成后结果所呈现的状态。如:

---

(接上页)2. "把＋宾语₁＋动＋作＋宾语₂"的强制程度次之。有与这类"把"字句意义基本接近的动宾句。但是这类动宾句与用"把"的句子比率为 10：328,使用频率很低。如:

大伙都叫他小淘气。(大伙把他叫做小淘气。)

学生称他老学究。　(学生把他称作老学究。)

老人认他作干儿子。(老人把他认作干儿子。)

补注:右边的"把"字句比左边的一般动宾句更强调对"把"后宾语的处置。

3. "把＋宾语₁＋动＋在＋处所宾语"的强制程度再次之。当宾语₁前带上了数量词之后,可以用一般动宾句。这类动宾句与"把"字句的比率为 100 多：2131。如:

他放了一件衣服在床上。(他把衣服放在床上。)

补注:右边括号内的"把"字句的宾语是"有定"的;但左边动宾句的宾语₁是不定的,是新信息。这类不用"把"的动宾句常用于有目的而为之的场合。如:

为了占位子,他放了一本书在椅子上。

我离开房间的时候,留了一张条子在桌上,告诉妻子晚上不回家吃饭了。

4. "把＋宾语₁＋动＋到＋处所宾语"的强制程度弱于前三类"把"字句。周上之认为,在所搜集到的 1209 个"把……到……"句,大多数可以用带数量词、连动句、兼语句这三种方式变换。如:

带数量词:我放了一件衣服到教室里。(我把衣服放到教室里。)

补注:这类动宾句往往也用于有目的而为的场合,与上 3 所举的动宾句很相似。如:

我放了一件衣服到教室里,告诉别人我来过这里。

他拿了几个茶杯到屋里,准备来人时用。

连动句与兼语句:我送他到机场。(我把他送到机场。)

叫他开车到机场。(叫他把车开到机场。)

补注:左边的连动句和兼语句,主要强调后面的目的地,缺少右边"把"字句对宾语处置意义。

5. "把＋宾语₁＋动＋给＋宾语₂"的强制程度在这几类中是最低的。周上之认为,在所搜集到的 942 个"把……给……"句,大多数可以变换为以下的句式:

我给他留了我的地址了。(我把我的地址留给他了。)

我留给他我的地址了。

补注:动宾句用"给"的介词短语句强调动作所施予的对象是"他"。而括号内的"把"字句则强调对宾语₁"地址"的处置。

周上之的统计分析纠正了以往对上述"把"字句都是非用"把"字句不可的观点。不过,根据笔者的观察,强调这几种"把"字句的强制性,还是有助于学生对"把"字句的习得的。因为毕竟这几类"把"字句是最常用的,而与之可以转换的动宾句或其他句式往往有一定的语用要求。有鉴于此,教师应该知道哪些"把"字句还可能有非"把"字句的形式,它们的使用场合与意义和"把"字句有何不同。

妈妈把衣服洗得很干净。(经过洗这个动作,结果是衣服变干净了)

他把我气得浑身发抖。(因为他气我,结果使我浑身发抖)

一场雨把我淋得浑身湿透。(因为雨淋,结果使我浑身湿透了)

这类状态补语常在"把"字短语后面出现。

② 描写动作进行过程所呈现的状态。如:

她汉语说得很流利。

事情进行得很顺利。

这类表示动作进行过程的状态补语不能出现在"把"的后面。

(2) 作为单句的"把"字后面可以带时量补语,但使用频率比较低,这是因为它是很受限制的。实际上,汉语的时量补语所表示的时间也可以分为几种:

① 时量补语表示动作完成后其结果持续的时间。这类时量补语可以出现在"把"字句,但是可以用于这类"把"字句的动词只限于"挂、贴、放、摆、搁"以及"关、憋、拖"等。如:

把广告在墙上贴了好几天。

把孩子关了一天。

上面的"把"字句中的时量补语表示动作完成后,"把"后的宾语以动作结果的某种状态所持续的时间。

② 时量补语表示与动作相关的时段的伸缩或时点的前后移动的时间单位。这类时量补语可以用于"把"字句,但可用于这类句型的动词只有"推迟、提前、延长、缩短"等。如:

我们把开会的时间延长(或缩短)了 一天。

他把比赛的时间推迟(或提前)了一天。

上面的"把"字句表示动作者主动对动作时间期限或长度进行的处置。经过动作之后,与动作相关的时段的长短或时点的前后发生了变化。

③ 表示动作持续的时间的。这类时量补语不能用于"把"字句。下面是学生的偏误:

＊他把自行车修理了一上午。

＊我把小说看了好几天。

在连谓套句中(即③时量补语后还有表示动作和结果的句子),动词的使用范围可以稍微宽一些。如:

他把这件事拖了好几天才办。

她把我的书在她那儿压了那么久才还。

孩子把我的手指头掰了半天,也掰不开。

(3)"把"字句的"把"后不能带可能补语,因为可能补语一般都是尚未完成的。下面是学生的偏误:

＊她把箱子怎么打也打不开。

＊他把飞机票买不到。

从上面例子和分析可以发现,当"把"字句带了结果补语、趋向补语、状态补语、时量补语时,其结果性的特征十分明显。换句话说,"把"字句中的补语要求是表示动作完成的结果的,那些表示动作进行状态、持续的状态或将来完成的补语都不能用于"把"字的动词之后。

2. 把＋ NB(名词宾语)＋动词＋了

可以用于这一句型的动词比较少,大致有以下几类:

①"消失、失去、脱离"类动词,如"吃、喝、卖、丢、忘、还(huán)、脱、放、拆、扔、消灭、解决、解

脱"等。这类动词用于此句型表示通过动作,使"把"后面的宾语"消失、失去、脱离"等。如:

> 我把钱包丢了。

> 他把书还了。

> 她把大衣脱了。

② 受损类动词,如"害、杀、骗、毁、坑、甩、开除、除名、解雇"等。这类动词用于此句型表示通过动作,使"把"后的宾语受损。如:

> 他把我骗了。

> 我把他害了。

> 学校把他开除了。

③ 一些为动补结构的双音节动词,如"推迟、提前、缩短、延长(均可表示主动对时间期限或长度的处置);放大、缩小、提高、降低、升高、减少(均可表示主动对与事物相关的大小尺寸、数量、温度等进行处置);打倒、打通、打破、推动、推翻、澄清、说明、撤销、切除、驳倒、分开、扼杀、放松、抓紧(均可表示主动对事物或人采取有明确结果性的行动);看穿、看破、看透(均可以表示动作者对事物或人的看法达到相当的深度);充满、冲淡、吞没"等。上述动词中只有"充满、冲淡、吞没"用于描写结果性状态而不表示对人或事物的处置。如:

> 欢笑声把整个屋子都充满了。

上述动词中的大多数可用于陈述句。多表示动作者主动对"把"后宾语进行各种处置。如:

> 我们把集合的时间推迟了。

> 公司把工人们的工资提高了。

> 她把 100 米短跑的世界纪录打破了。

> 医生把病人肚子里的肿瘤切除了。

有时,可以用于拟人式的描写,如:

> 大海把那条小船吞没了。

有的是表示看法:

> 大家都把他看透了。

有的动词只能在祈使句或条件句中用于"把……了"句(见下例黑体字所标):

> 不要紧张,把身体**放松**了。

> 把绳子**抓紧**了!

> 把绳子**抓紧**了才不会掉下去。

李大忠(1996)曾指出,上面所举的"放大、缩小"类动词光杆形式可以作"把"的谓语。实际上,这些动词中除了"吞没、看穿、看破、看透"外,大部分在作"把"字句的谓语时,只能用于祈使句或表示主观意志的条件句中,很少用于表示客观陈述的句子。如:

> 把他们俩分开!

> 把温度升高!

> 把情况跟大家说明!

> 把照片放大,可以看得更清楚些。

如要用于陈述句,就得在句子末尾加"了"。

不少研究者认为"把+NB+动+了"一般表示不如意。但也不尽然,如下面的例句说明这一句型也可以表示如意的:

 他已经把问题解决了。

 我们把敌人消灭了。

 他们把那个坏蛋杀了。

 他把错抓的人都放了。

 这下可把他解脱了。

有些动词不能用在单句的"把……了"中,如:

 ＊我把那本小说读了。(应说:我把小说读完了。)

 ＊他把作业做了。(应说:他把作业做完了。)

但在具体的对话或上下文中,有时是可以的。如:

 在三岔路口,五六个人站在栅子跟前,仰起头读墙上贴的告示。觉新们也把告示读了。这是督军宣布下野的布告。(前有表示相同动作的句子,后续说明句,出自巴金《家》)

 陈先生,今天你真是把我感动了,好久没听过这么好的大道理了。(后续说明句)

在下面的对话中,出现了"把……做了":

 甲:妈妈,我能出去玩吗?

 乙:你先把作业做了(再说)。(这是表示命令的祈使句——先做完某事才可以考虑做别的事,后面的"再说"省略了,这是连谓套句的省略)

3."把"字短语＋动词＋过

当"把"后宾语带有全称意义的定语或宾语为复数、动词前有"都"时,才可使用此句型。这类句子表示对"把"后的所有的宾语都作了处置。如:

 他把该走的地方都走过了。

 我把桌上所有的菜都尝过了。

 你把这些题目都做过了?

当句子的宾语和谓语比较简单,就不能用这类"把"字句。如:

 ＊我把饭吃过。

 ＊他把这些书读过。

有时,当句中谓语是"做、进行(对比、比较)"等形式动词带动词宾语,或谓语前后带有表示态度、对象的状语或补语时,可以用这类"把"字句。如:

 他曾把这两本小说做过比较。("做"也可换成"进行")

 小李把你写给她的诗给我读过,说实话你的那首诗写得太棒了。(给＋对象＋动)

 我问他是否把这个故事讲给别人听过。他摇了摇头。(动＋给＋对象)

 显然,刘老师已把那本诗词仔细看过了。(动词前状语"仔细")

4. 把＋V(动词)＋着

只有部分强持续动词和次强持续动词(详见第二编第四章二(三)2)才可以在"把"字句中带"着"。主要有两类动词:

① "带、拿、背、提、抱"等表示携带意义的动词。如:

 你把钱带着。

 你把辞典拿着。

 她用大衣把孩子裹起来抱着。

② "闭、关、对、盯、放、留、倒(dào)、盖、保存、存贮"等动词。如:

你把那些钱留着吧。

照相时，镜头不能对着佛像。

大家都把眼睛盯着他。

她把镜框倒着挂在墙上。

你把资料先放着，等我有时间再看。

"把＋V＋着"的单句多出现在主观性较强的祈使句中，在陈述句中则常以连动句或复句形式出现，往往是表示动作者或要求对方有目的地持续某个动作或使动作完成后的状态持续。

5. 把＋VV(动词重叠形式)

可以以动词重叠形式用于一般祈使句中的动词并不是都可以用于"把＋VV"的。下面是学生作业中常见的偏误：

　　＊你把这件衣服穿穿。　　可以说：你穿穿这件衣服。

　　＊你把她帮助帮助。　　可以说：你帮助帮助她。

　　＊你把他安慰安慰。　　可以说：你安慰安慰他。

可以用于祈使句的"把＋VV"的动词并不多，主要有以下几类：

① "介绍、谈、讲、说"等言谈类动词。动词前一般要带"给、跟"等介词短语。如：

　　你把学校的情况给大家介绍介绍。

　　把你心里想的跟我们说说。

　　我要把那件事跟他讲一讲。

② 检查、核对类动词。如：

　　你把作业检查检查。

　　你把数字核对核对。

③ "洗、擦、抹、掸、整理、打扫、修理"等通过动作可使"把"后的事物状态发生明显变化的动词，如：

　　你把衣服洗洗。

　　你把屋子打扫打扫。

上述三类"把"字句多出现在主观性较强的祈使句或表示主观意愿的句子中，即要求对方或说话者主动对"把"后的宾语进行有目的的处置。

"把＋V了V"可以用于陈述句，一般描述已经完成的动作(或表示动作量之轻微，或表示重复等)。用于此结构的动词范围要大些，特别是当"把"字句处于复句或套句中。如：

　　他把头上的汗揩了揩，又干了起来。

　　说完，她把杯子往前挪了挪。

**(二) 倾向使用"把"字句的句式**

前面提到"把"后是"在、成、作、到、给"等成分时，有的带强制性地要使用"把"字句，有的主要倾向使用"把"字句，除此之外，下面的一些句式也倾向使用"把"字句。

1. 对动作所处置的对象用"都"、"全"、"完全"等加以总括的时候，一般倾向使用"把"字句。这包括用"一切、所有"等修饰的对象。如：

　　再过两天，我就把这些事情都做完了。

　　他把屋子里的旧家具全卖了。

　　她用手帕自己把泪痕完全揩去。

她用手帕自己把泪痕完全揩去。

这两、三年来因为照料孩子,把从前所学的都荒疏了。

恐怖把一切别的感觉都赶走了。

如果要保留原文的总括义时,上面几个例句都是带有强制性的(不能用一般主－动－宾句)。前三个"把"字句,都有强调施动者主动的、带有结果性的动作意向。后两个"把"字句,是客观说明或描述由因致果(带致使义)的现象。第4句可以去掉"把",改成话题句,最下面一句可以去掉"把"和"都",将"一切别的感觉"后移至"了"后,但这两句改变后的句子都丢失了原"把"字句所带有的"由因致果"的意义。

2. 当要突出动作所涉及的对象因动作而受到了很大的影响——出现了带有结果性的变化,对象前面常用"甚至"、"都"、"也"加以强调时,一般倾向使用"把"字句。如:

但是她近来却喜欢写白话信,并且写得很工整,甚至于把"的""底""地"三个字的用法也分别清楚。(巴金《家》)

现在非常热闹了。一片鞭炮的响声把石板地也震动了。(同上)

高妈把眼都睁得圆了,像看见一个怪物。(笔者注:此句"得"可以省去)(老舍《骆驼祥子》,下简称《骆》)

为什么上述句型倾向用"把"字句?正如《现代汉语八百词》所指出的那样"'都'、'全'在表示总括时,除问话外,要求被总括的对象必须在'都'、'全'之前"。同样,表示强调的"都"和"也",也总是把被强调的对象放在"都"、"全"的前面,它们都有将对象话题化的倾向。而这两类对象在句中所在的位置,正好与"把"字的宾语位置是一致的,所以很容易构成"把"字句。[①]

3. 一般来说,"告诉"常带双宾语,也常带单宾语。但当"告诉"的直接宾语是定指的名词短语或是祈使句时,倾向用"把"字将它提前。[②]如:

他回到房里,把这件事情告诉了爸爸。

---

① 以《家》为例,根据我们的统计,属于上面两类的"把"字句一共有24例。在《家》这部小说中,动作的对象属于上述性质而不用"把"的只有5句,其中有4句是不能改为"把"字句的——谓语动词是"想"、"留心"、"害怕"这样的心理动词及像"看不见"这样的可能补语。只有一句"你的行李都收拾好了吗?"是可以改成"把"字句的,但在具体语境中,说话者只是问客观情况,并不强调主观的处置,因而没有必要用"把"字句。

② 根据我们对《家》和《骆》两书中"告诉"一词的用法调查,在所出现的117例"告诉"句中,其中以双宾语句出现的句子共有64例。其形式为:告诉＋某人(间接宾语)＋某事(直接宾语)。其直接宾语大都由说明具体内容的动词短语、主谓短语或一个句子充当,如:

我告诉你,他很好。

我告诉你别动,就别动!

或把告诉的内容放在前面,然后用"告诉"。如:

跟我犯牛脖子,没你的好儿,告诉你!

此外还有少数不定名词或疑问代词。如:

告诉你们一个不寻常的消息:你们的钱大姨妈回省城来了。

告诉我什么事情?

《家》和《骆》两书中"告诉"后带单宾语的有30例,如:

我决不告诉你。

(小福子)告诉好多虎妞她们没听过的事。

两书中用"把……告诉……"的共有16例。在这类"把"字句中,"告诉"的直接宾语绝大多数是定指的名词短语。用形容词修饰"把"的宾语的只有1例,是祈使句。从调查可知,"告诉"的内容如果是定指的名词,一般可以出现在以下三种位置:一是作"把"字的宾语,二是作双宾语的直接宾语,三是以话题句的主语出现。其中以"把"字句宾语出现的频率最高,这类"把"字句的语用条件是:动作者主动地把已知的、确定的信息告诉别人。

我把你家里的事也告诉了老李。

快说,把详细情形告诉我!

## 四、"把"字句方面常见的偏误

1. 缺漏

(1) 该用"把"字句而未用

＊请代我那天的照片给刘老师。

改:请代我把那天的照片给刘老师。

＊他原来很马虎,总是忘了自己塞了东西的地方。

改:他很马虎,总是忘了自己把东西塞到什么地方去了。

＊他要求我们该付的钱算清楚。

改:他要求我们把该付的钱算清楚。

＊好像明天会下雨,咱们索性明天的班级活动改在下星期吧。

改:好像明天要下雨,咱们索性把明天的班级活动改在下星期吧。

＊他们带我们去了医院,大夫说的话全部重新详细说给我们听。

改:他们带我们去了医院,把大夫说的话全部重新详细地解释给我们听。

分析:上面都是说明对确指的事物所作的处置,在这样的情况下,应该用"把"字句。

＊她知道我想看那本书,故意藏了那本书。

改:她知道我想看那本书,故意把它藏了起来。

＊我带上一点儿荔枝回家后我吃了。

改:我带上一点儿荔枝,回家后我把它吃了。

分析:这两例偏误都是因为后一句所表示的动作是对前面已经出现的旧信息作出的处置,在这种情况下,应用"把"字句回指。

(2) 谓语动词后缺少补语

＊我把男朋友的信着急地塞了包里。

改:我把男朋友的信着急地塞进了包里。

＊我把房间打扫。

改:我把房间打扫了一下。

＊姐姐把衣服洗。

改:姐姐把衣服洗干净了。

＊小林把杂志买了。

改:小林把杂志买回来了。

＊把先进技术应用生产各个方面。

改:把先进技术应用到生产的各个方面。

2. 误用

(1) 不该用"把"字句而误用"把"字句

＊如果有错误,他们把我批评。

改:如果有错误,他们就会批评我。

＊把这件事儿值得研究。

改:这件事儿值得研究。

*我把中文学得很努力。(鲁健骥文例,下简称鲁)

改:中文我学得很努力。

*大家把那些话听见了。(鲁)

改:那些话大家都听见了。

*我看见他把教室进去了。(鲁)

改:我看见他走进教室去了。

*她没把自行车找到钥匙。

改:她没找到自行车钥匙。

*我把三公斤瘦到了。

改:我瘦了三公斤。

*他说他会写信,事实上,至今把一封信也没来。

改:他说他会写信,事实上,至今也没来过一封信。

*为了把别人伤害,他说了一些谎言,不料自己也受了伤。

改:他说谎本来是为了伤害别人,不料也使自己受到了伤害。

分析:"来"、"伤害"和"知道",是不能用于"把"字句的。

*我能把这幅画区别开是真的还是假的。

改:我能看出这幅画的真假。

分析:如果是对画的真假加以辨别,不能用原偏误。"区别"可用于下面的"把"字句:

他不能把这两个词的用法区别开来。

*我减肥的时候,把吃的东西严格控制。

改:我减肥的时候,严格控制饮食。

分析:"控制"有几个意思,要表示"在某个方面有节制、使某种情况有所抑制",都用直接带宾语的形式,比如"控制自己的感情"、"控制水土流失"等。"控制"可以用于"把"字句,但表示"使("把"后的宾语)处于自己的占有、管理之下"。如:

把粮食都控制起来,不能随便买卖。

把权力控制在自己手中。

*我把盐稍稍放了一点儿在汤里。

改:我稍稍放了一点儿盐在汤里。

"稍稍"用于"把"字句,一般在作补语的形容词后面加"一点儿",表示动作量增减的幅度小(而不是像偏误那样用"一点儿"表示名量),如:

把空调稍稍开低一点儿。

把声音稍稍调高一点儿。

(2)"把"字句后面的谓语动词或动补短语有误

*你把那幅画展开展览,让我们欣赏欣赏。

改:你把那幅画打开,让我们欣赏欣赏。

*按照考试成绩把学生分班。

改₁:按照考试成绩把学生分成几个班。/改₂:学生按照考试成绩分班。

*问题应该全面,不能片面,也不能把身边个别人的一些行为放到整个中国人的头上。

改:看问题应该全面,不能片面,也不能把身边个别人的一些行为看作是所有中国人的行为。

  ＊尽量把这些果汁塞在冰箱里。

  改:尽量把这些果汁塞到冰箱里去。

(3) 可能补语误用于"把"字句(详见本节三(一)说明)

  ＊我把眼镜盒怎么合也合不上。

  改:眼镜盒我怎么合也合不上。

  ＊把衣服挂不住在这儿。

  改:这儿挂不住衣服。

(4) 误将表动作持续的时量补语用于"把"字句(详见本节三(一)说明)

  ＊他把行李掏了半天,可是找不到护照。

  改:他在包里掏了半天,也没找到护照。

(5) 将"把"与其他词语的用法混淆

  ＊他叹了一口气,把无可奈何的眼光向我。

  改:他叹了一口气,用无可奈何的眼光看着我。

  ＊你凭什么把我生气?

  改:你凭什么对我发脾气?

  ＊采访记者把今天的消息分别报道。

  改:采访记者对今天的消息分别作了报道。

3. 错序

  ＊我洗干净了把衣服。(鲁)

  改:我把衣服洗干净了。

  ＊请拿开把桌上的东西。(鲁)

  改:请把桌上的东西拿开。

  ＊请你们把拿出你们的本子。(鲁)

  改:请你们把本子拿出来。

  ＊把这封信急急忙忙地拆开了。

  改:我急忙把这封信拆开了。

  ＊我把作业没做完。

  改:我没把作业做完。

4. 杂糅

  ＊我去买东西,然后差点儿忘放在商店里我买的东西。

  改:我去买东西,差点儿把我买的东西忘在商店里。

  ＊他把我的信拆的原因是什么?

  改:他为什么拆我的信?

  ＊把这些花儿请摆满沿着台阶。

  改:把这些花儿沿着台阶摆满。

  ＊我已经知道自己的性格,我要把自己改革。

  改:我知道自己的这些缺点,我要把这些缺点改掉。

## 五、教学建议

"把"字句是对外汉语语法教学中的一大难点。难在以下几个方面：

（1）"把"字句的结构类型比较复杂。《高等学校外国留学生汉语教学大纲》（长期进修）（下面简称《教学大纲》）中，"把"字句作为初、中级阶段语法点的有15种，作为高级阶段语法点的带"把"字句的套句有10种，一共25种。尽管如此，有些日常生活中经常使用的套句还未收录其中（陆庆和，2003）。

（2）"把"字句的使用有一定的语法或语用限制，如有些"把"字句对动词或其他成分有一定的限制。有些动词不能用于"把"字句等（详见上三），这些都不是学生很快能够掌握的。

因此，在进行"把"字句教学时，应注意以下几点：

1. "把"字句的各类句型的教学，应按照循序渐进的原则，分层级进行教授。

目前有些初级汉语教材在一开始教"把"字句时就把七、八种形式不同、难易度不同的句型一股脑儿地教给学生。这样的教材和教法往往会产生以下的负面影响：

（1）会使学生觉得什么样的动词都可以用于"把"字句，即只要把一般的动词宾语放在"把"的后面就行了。

（2）容易把几种不同结构的句型混淆起来。

若分层级教授的话，句型结构的排序应该遵循以下原则：

① 强制使用"把"字句的先教（即没有其他表现形式、必须要用"把"字句的，详见上）；

② 日常生活出现频率较高的（如"把……动词＋结果补语／趋向补语"）先教；

③ 结构上较为简单的（如"把……动词＋了"）先教。（另见邓守信，2001；吕文华，1999）

根据我们对外国学生"把"字句习得情况的调查，"把"字句谓语动词后是补语"在"、"到"、"给"及其相关成分的句型既是使用频率较高的，又是学生比较容易掌握的。现在《教学大纲》把这类句型放在初级第一阶段是很正确的。"把……动词＋了"这个句型虽然结构比较简单，但是由于它使用时有很多限制，学生的偏误率比较高。所以，教学的排序应排在上面所举出的几类句型之后。

2. 将结构或意义上有相似点的"把"字句的形式螺旋式复现。

"把"字句的形式比较复杂，但是不少"把"字句之间的结构与意义是有联系的，因此，为了便于学生掌握，应将这类"把"字句按照语义（从具体到抽象）、结构的难易（从简单到复杂）进行科学的编排，并按照不同的层级螺旋式复现。如：

| 初级 | 中级 | 高级 |
| --- | --- | --- |
| 把书放在桌子上。 | 他从来不把别人放在眼里。 | 他早就把那件事抛在脑后了。 |
| 你把作业交给老师。 | 我们把护照递给他。 | 我把手表摘下来交给他。 |
| 把书从书包里拿出来。 | 我把帽子摘下来。 | 把他拉出去杀了。 |
| 把房间打扫打扫。 | 我想把情况跟大家介绍介绍。 | 把箱子打开让我看看。 |
| | | 把自行车借给我用用。 |

教学计划应尽量做到科学有序。在教学方法上应注意因势利导。如到了中级阶段后期，在学生已经掌握了结构比较单一的"把"字句后，可结合语用的需要，启发学生将简单的"把"字句扩展为复杂的"把"字句。如学生会说"把邮票贴上去"、"把钱存起来"，教师问："要是加'信封'、'银行'该怎么说？"学生就会出现下面的偏误：

　　＊把邮票在信封上贴上去。

　　＊把邮票贴在信封上去。

　　＊把工资在银行存起来。

　　＊把工资存在银行起来。

　这时就可以把下面带"把"字句的连谓句教给学生,并且与结构单一的"把"字句比较:

**连谓句:把邮票贴到信封上去。**(既有动作将宾语移至最后的终点,又有动作的方向)

比较:把邮票贴在信封上。(只表示动作将宾语移至最后的终点)

　　　把邮票贴上去。(只表示动作的方向)

**连谓句:把工资拿到银行存起来。**(既有动作将宾语移至最后的终点,又有动作的方向)

比较:把工资存进了银行。(只有动作将宾语移至最后的终点)

　　　把工资存起来。(只表示动作的方式)

　到中级后期的学生,已经有表达比较复杂意义的欲望。当他们在表达比较复杂的语义时,可能会出现一些偏误,这时可以结合纠正学生的偏误,教给他们表达所需要的结构略微复杂一点儿的句型。如下面学生的偏误:

　　＊我买首饰,是为了送我妈妈五十岁生日的礼物。

　在纠正这一偏误时,必然要教下面的套句:

　　我买首饰,是为了**把它作为妈妈五十岁生日的礼物送给她。**

　根据《教学大纲》,凡是带"把"的套句句型都属于高级语法点(尽管上面黑体标出的句型有的还未列为语法点)。但当遇到学生有表达的需要时,不妨让学生先接触一下高级语法点的内容,这样到了高级阶段再重点学习、复现时,就很容易掌握了。

　3. 讲授"把"字句时,应反复向学生强调,不是任何动词都可以用于"把"字句的,根据不同水平的学生,向他们介绍一些已学过的不能用于"把"字句的动词。(详见第二编第四章第二节三)

　4. "把"字句中状语的语序(详见前二、5)也是一个难点,在教学中应该反复强调。

　5. 针对不同层次的学生,结合语境和语段表达,说明"把"字句的使用条件。

　为了让学生把握使用"把"字句的语用条件,应该注意结合语境和语段表达,进行说明。比如初级阶段,可以先从祈使句的"把"字句教起(如"请大家把书打开","把门关上","请把书翻到第 5 页","把作业交给我","把书放在桌子上"等),这类"把"字句是学生经常能接触到的,比较熟悉。教师可以它们为例,说明"把"字句往往是出于某个目的,对动作的受事(人或事物)作出处置时用。这类"把"字句都是通过动作使受事发生位置上的移动或者状态的变化。对已学了一定数量"把"字句句型的中级班的学生,则可以通过语段中"把"字句的用法的讲解与练习,让他们进一步掌握在叙述场合中应该如何使用"把"字句。

　6. 为不同层次的学生编写与"把"字句有关的练习,结合练习说明"把"字句的不同的结构与用法。现在一般教材中"把"字句的练习往往是给一正确的"把"字句的例句,然后让学生用现成的名词、动词及相关成分等模仿组句。这样的练习对刚接触"把"字句的学生来说是比较适宜的。但对中级班的学生来说,就过于简单,收效不大。实际上进入中级阶段的学生,不少已能主动造出结构比较正确的简单的"把"字句,但在语段的表达中往往会用错"把"字句,即不该用而误用,该用而不用(详见上四、偏误部分)。因此,针对这一水平的学生,可以将学生以前学过的课文编成复句、语段选句填空练习,即将复句、短文中的"把"字句和非"把"字句抹去,作为所填之空,让学生在所提供的四个不同的句式中选择恰当的句式填入

（练习形式参见陆庆和,2003）。通过这类练习,可以加深学生对"把"字句使用语境的认识。

# 第十三节　被动句

## 一、定义

主语为受事,表示被动意义的句子叫被动句。

## 二、汉语被动句的类别

### （一）意义上的被动句（又叫受事主语句）

　　自行车丢了。

　　玻璃杯打碎了。

结构:主语(受事)＋动词＋其他成分

意义上的被动句的主语一般是确指的某事物或人。如:

　　房间刚打扫过。

　　作业做完了。

这类受事主语句,一般用于叙述或要求与受事有关的某个动作的发生。说话者只关心受事如何,不关心施事,也不关心受事是在受到施事动作的影响下发生变化的。如:

　　垃圾不要随便扔在路上。

　　护照丢了马上要去补办。

　　河上的坚冰打破了,过几天船就可以航行了。

这类受事主语句也可以作定语。如:

　　最令学生烦恼的自行车丢失的问题得到了妥善解决。

　　大门玻璃撞碎的消息很快传开了。

### （二）使用介词的被动句

1. 这类被动句常用介词"被、叫、让"等引进施动者,统称"被"字句。如:

　　他被/叫/让雨淋了。

　　咖啡被/叫/让她喝了。

　　弟弟被/叫/让人打了。

2. "被"字句的结构和特点:

| 主语(受事) | | 被(叫/让) | (施事) | ＋ | 动词 | ＋ | 其他成分 |
|---|---|---|---|---|---|---|---|
| 辞典 | 没 | 叫 | 人 | | 借 | | 走。 |
| 山田 | 已经 | 被 | 老师狠狠地 | | 批评 | | 了一顿。 |
| 难题 | 早就 | 让 | 他轻而易举地 | | 解决 | | 了。 |
| 草地 | 一定 | 被 | 人用力 | | 踩 | | 过。 |
| 孩子 | 不能老 | 被 | 人 | | 欺负。 | | |
| 东西 | 也许全 | 被 | 他 | | 吃 | | 光了。 |
| 我 | | 被 | 她无情地 | | 抛弃 | | 了。 |
| 罪犯 | | 被 | 一直 | | 关押 | | 在看守所。 |

"被"字句有以下几个特点：

（1）主语一般是确指的或已知的。①

（2）当"被"字句中没有其他状语时，谓语动词一般不能是一个简单的动词，要带其他成分，如补语、宾语、动态助词"过"或"了"。如果"被"前有其他状语，后面的谓语动词有时可以是简单动词（见上"被人欺负"例）。

（3）如果动作的施事不必说出或不能说出，可以用泛指的"人"或虚指的"谁"来代替。"被"后的施事可以省略。

（4）"被"字句中的状语也有两个位置。当状语的语义指向"被＋施事＋动词"整个结构时，必须放在"被"的前面。这类状语有否定词、助动词、表示时间的名词与大多数时间副词、语气副词、频率副词、限定性副词等（见上例中的黑体字）。当状语的语义指向受事时，放在"被"前还是谓语动词前都可以（见上例中斜体词语）。当状语的语义指向"被"后的施事时，必须放在谓语动词前（见上例中带下划线词语）。

3. "被"字句所受的限制与特点

（1）不是所有动词都能用于"被"字句，可以用于"被"介词短语后的动词一般仅限于及物动词中的一部分动词。汉语的及物动词中有很多动词具有表达双向（doublement）的功能，即可以表示施动又可以表示受动（徐丹，1990）。这类动词可以分为两类（下两组动词仅为列举性的）：

A. 卖、买、吃、喝、放、开、写、贴、藏、种、用、丢

B. 属于、举行、表演、表白、表示、采取、喜欢、觉得

上面的 A 类动词具有表示施动和受动的双重功能，只有当强调受事是在施事施加的某个动作之后才产生某种变化性结果时，才用于"被"字句，否则就用于受事主语句（详见上（一））。上面的 B 类动词则一般只有表示施动的一种功能，所以不用于"被"字句。

汉语带强制性的使用"被"字句的动词仅限于下面三类动词：

A. 动词所表示的动作可以使受事受到损害的，如：

打、骂、罚、杀、撞、害、抓、骗、批评、批判、处分、逮捕

B. 动词所表示的动作可以使受事得到益处的，如：

表扬、提拔、接见、照顾、保护、任用、推荐

C. 动作是对受事的认定与评价的，如：

认为、评（为）、定（为）、选（为）、看作、看成、命名（为）

（2）不及物动词一般不能单独出现在"被"字句中，如"死、坏、醉、碎"等。它们只能以动词补语的形式出现在"被"字句中。如：

他被人打死了。

玻璃被小孩子打碎了。

（3）"被"字短语后面的谓语动词除了少数书面语双音节动词外，一般不能是单个的动词。最常见的是带表示动作结果的补语。如：

---

① "被"字句的主语如果是无定的，大多表示突发、意外的非正常情况，与"把"带无定宾语有相似之处（见 428 页注）。如：

他发现路上的一棵大树被大风刮倒了。

我有一个朋友骑车时被人开枪打死了。

一天，他正在制作药丸，恰巧被一个不速之客撞见。

孩子被陌生人抱走了。

病人被护士搀了起来。

"被"字句中的谓语有时要带助词、助动词或者其他补语等成分。如：

他被人打过。（"过"是助词）

违章停车，要被罚款的。（助动词"要"在此句必须要有）

他被父亲训斥了一顿。（动量补语"一顿"在此句不可缺少）

妈妈被累得腰也直不起来了。（谓语动词后须是状态补语）

因为电梯出了故障，我在电梯里被关了两个小时。（时量补语"两个小时"不可缺）

（4）可以用于"被 NB 动词＋了"（NB 表示介词引进的体词性成分，下同）中的动词是有限制的，一般有以下几类：

A. 消失、失去类动词，如"吃、喝、卖、丢、忘"等。这类动词用于此句型表示受事经过动作而"消失、失去"。如：

钱包被她丢了。

房子被爸爸卖了。

B. 受损类动词，如"打、害、杀、骗、毁、坑、甩、罚、整、开除、处分、批评"等。这类用于此句型表示受事经过动作而受到损害。如：

我被那个人骗了。

他被女朋友甩了。

那个罪犯被公司开除了。

以上 A、B 两类"被＋NB＋动＋了"所举的例子都表示受事遭受了不希望出现的损害，表示不如意。

C. 部分常用于书面语的双音节动词，如"说服、解决、消灭、忘记、遗忘、表扬、提拔、感动"等。这类动词中大多可以表示如意的事情，用"被"主要是强调受事是在施动者或外界（"被"宾语省略时）施加的动作、影响之下才出现了后面如意的结果。如：

那个问题已经被他解决了。

敌人被我们消灭了。

大家都被他的话感动了。

他最近被提拔了。

（5）"被"后的施事宾语有时可以不出现，有时必须出现，有时不能出现。一般与以下语义或语法因素有关：

A. 当说话者要强调的是动作的结果而不是动作的施动者时，"被"后面的施事宾语一般都会被省略。这类施事宾语，根据上下语境或根据一般常识，都可以明确地补出。如：

刘家两姐妹，被誉为刘氏双英。（省略了"世人"）

看到他写的这张纸条，我觉得像被刺了一刀。（省略了"他"）

大火包围了整个屋子，孩子们都被吓坏了。（省略了"大火"）

病人很快被送进了手术室。（省略了"护士"等）

B. "被"字句的施事宾语，在紧接其后的句中作施事主语，"被"后的宾语必须省略。如：

课本被放在一边，他们俩热心地谈起足球来。

＊课本被他们放在一边，他们俩热心地谈起足球来。

书房门被推开了,妈妈走了进来。

＊书房门被妈妈推开了,妈妈走了进来。

C. "被"后的施事宾语是新出现的情况(新信息),省略了就会语义不明,在这样的情况下,一般是不能省略的。如:

我们爬上了山顶,从那儿可以一直看到山下,一瞬间,大家都被山下的景色所吸引住了。("山下的景色"是新情况)

夜半,他被枪声惊醒,坐起身来。("枪声"是新情况)

她被人扶上了马,可马不惯被生人骑,突然一声狂嘶,前腿举起,直立了起来。

("生人"是新情况)

D. 在主动与被动相对比的句子中,"被"后施事宾语一般不宜省略。

他的一些朋友们,都拥有一个幸福的家庭,而他,从一落地起,就被命运判定了要生活在一个没有父亲的单亲家庭中。

这件事情与其说是他自己愿意做的,不如说是被父母逼着做的。

我的士兵抢了老百姓一根针,我就枪毙他! 你不枪毙他,以后所有的军人都会去抢老百姓,那么,老百姓用不着等敌人来,先就被自己的军队抢光了!

(6)"被"字短语后面的谓语动词必须带宾语的往往是"被……动词＋为/成/作……"形式的句子。如:

她的小说被改编成了电影。("……成"后面的宾语不可缺)

我们的节目被评委们评为一等奖。("……为"后面的宾语不可缺)

小李被同学们选为班长。(同上)

上面的句子都表示受事经过施事的动作,产生了某种变化性结果。

注意:"被"字短语后还可以用"作为……"和"看作……"结构,但是二者在意义和用法上是有区别的。"被……作为"是表示受动者被施动者作为某一种事物或者某一类人来处置,后面一般还有表示处置意义的动词,整个句子重点是"被……作为"后面的动词,表示的是客观上已经完成的动作或是即将进行的动作。如:

她被作为学生代表应邀参加了这个会议。

他被作为观察员派到当地工作。

这些新棉衣被作为救灾物资即将送往灾区。

那些东西都已经被他们作为垃圾处理掉了。

与"被……作为"不同的是,"被……看作/看成"是受动者被施动者看成为某一种事物或人,仅仅表示主观的看法,并不采取行动。下面是学生的偏误:

＊山竹果被作为水果的女王。

改:山竹果被看作/看成是水果的女王。

"看成"和"看作"都是表示主观看法,受事在形式和性质上并没有发生什么变化。

(7)"被"还可以构成"被……所……"式,"所"后一般要用双音节动词。但并不是所有双音节动词都可用在这个结构中,可用的动词很有限。下面是学生的偏误:

＊他非常生我的气,我被他所批评。

＊他的秘密被别人所知道了。

"批评"、"知道"是双音节动词,但是不能用于"被……所……"式。"知道"这个动词本身是不能用于"被"之类带有形式标记的被动句的(详见前)。而"批评"则可以用于"被"字句,

需要强调的是,很多可以用于"被"字句中的双音节动词都跟"批评"一样,不能用于"被……所……"式。如:

他被那人欺负/欺骗了。　　　　　* 他被那人所欺负/欺骗了。

他被父亲教训了一顿。　　　　　* 他被父亲所教训了一顿。

他被坏人杀害了。　　　　　　　* 他被坏人所杀害了。

森林被人破坏了。　　　　　　　* 森林被人所破坏了。

我们的秘密被人发现了。　　　　* 我们的秘密被人所发现了。

老赵被上级提拔了。　　　　　　* 老赵被上级所提拔了。

据调查,常用于"A 被 B 所……"的动词有:表示精神感知或受到影响的动词,如"感动、感染、吸引、迷惑、了解、理解、认识、熟悉、认识、关注、陶醉、鼓舞、激动、喜爱"等;表示证实、认同或否定的动词,如"证明、证实、承认、认同、接受、采纳、否定"等;表示掌控、录取意义的动词,如"掌握、控制、垄断、利用、占用、录用、取代、征服、折服、束缚、支配"等;表示状态变化的动词,如"瓜分、包围、抛弃、遗弃、腐蚀、遮盖、覆盖"等。

这类动词往往出现在两类句子中:

① 主语(受事)为人

大家都被他的精神所感动,纷纷流下了眼泪。

我们被眼前的景色所吸引,拍了很多照片。

她被那人的花言巧语所迷惑,完全相信了他。

上述动词用于"A 被 B 所……"句,表示受事主语 A 在精神方面受到"被"后 B(宾语,事物)的影响,使主语 A(受事)的观点、立场、感情、认识等向 B 靠拢,与 B 相同甚至被 B 所控制。

② 主语(受事)为事物

我们的要求没有被对方所接受。

这场比赛完全被甲队所控制了。

政府的决定已经被人民所理解。

毛泽东的这句话已经被人们所熟悉。

他的情况已经被警察所掌握。

这个行业已经被几家大公司所垄断。

上述动词用于"A 被 B 所……"句,表示受事主语 A 成为"被"后的宾语 B 的接受者或控制者。

有的动词虽然在单独成句的"被……所……"式里很少出现,但是却可以用在"被……所……"作定语或"被"前有状语(见下黑体字)的句中。如:

玉对人体的健身作用是**很早就**被人类所发现。　　? 玉对人体的健身作用被人类所发现。

他是被希望工程所资助的学生。　　　　　　　　? 他被希望工程所资助。

(8) 需要强调的是,汉语中许多表示被动意义的句子并不使用"被"字句。有的使用受事主语句(详见上(一)),有的用"受到"、"遭到"、"挨"等"遭受"类动词表示。如:

代表团受到当地群众的热烈欢迎。

这个决定遭到了许多人的反对。

我挨了爸爸的骂。

在表示被动地接受某一动作时，"挨"一般带单音节动词，多用于口语；"受到"、"遭到"一般带双音节动词，多用于书面语。

这类"遭受"类动词与"被"字句有以下一些区别：

1)"遭受"类动词带上动词宾语，表示"遭受或被动地接受什么"（王一平，1994），是采用词汇手段表现被动意义。在句法上，"遭受"类动词后的动词一方面可以体词化，另一方面它又排斥该动词以动补短语的形式出现，也就是说不能表示受事所受到的影响（张旺熹，2005）。如：

> 他被迫害至死。
>
> 他受到敌人的迫害。　　　　　　　　*他受到迫害至死。
>
> 这一带古建筑已经被破坏掉了。
>
> 这一带古建筑遭受了严重破坏。　　　*这一带古建筑遭受破坏掉。
>
> 她被那人骂了一顿。
>
> 她被那人骂哭了。　　　　　　　　　*她受到那人骂哭了。
>
> 她挨了那人的一顿臭骂。　　　　　　*她挨骂哭了。
>
> 他的论文被批评得一文不值。
>
> 他的论文受到了严厉的批评。　　　　*他的论文受到批评得一文不值。

2)有的动词在"被"字句中必须带补语，否则不能成立，相反，在"遭受"类动词后，同样的动词却必须单独出现。如：

> 小时候家里很穷，常常挨饿挨冻。
>
> *小时候家里很穷，常常被饿被冻。
>
> 他被饿得昏了过去。
>
> 他被冻得浑身发抖。

从上面的例句可以看出，"遭受"类动词主要用来表示被动地接受某个动作，"被"字句不仅可以表示被动地接受某个动作，而且更多地用来表示受事受到施事动作的影响后所产生的变化。

3)"遭受"类动词后的动词由于可以被体词化，所以这类体词化的动词可以受不少形容词的修饰，如"遭到严重破坏、遭到残酷迫害、受到热烈欢迎、受到很大束缚、受到严重污染（摧残、侵蚀）、遭受（受到）沉重打击、挨了一顿臭骂"等。相对来说，"被"后的动词能受形容词修饰的动词比较少，常见的有"被严重破坏、被严重污染（摧残、侵蚀）、被残酷迫害致死"等。

4)"被"字句中可以使用的动词与"遭受"类动词所带动词不完全一致。如"被"字句一般不能与不及物动词构成被动句，但像"遭受"这一动词则可以带"损失、挫折、失败"等不及物动词。

5)有些动词虽然同样可以用于"被"字句和"遭受"类动词之后，但使用频率不同。如"受到"后常带"欢迎"、"喜爱"，但"被"与"欢迎"和"喜爱"一起用的频率却比较低。[1]

---

① 据笔者对北京大学汉语语言研究中心现代汉语语料库的调查，"被欢迎"只有2例（作谓语）；但"受到欢迎"或"受到……欢迎"则有1361例。"被喜爱"共有7例，其中充当定语的6例，作谓语的1例；而"受到喜爱"或"受到……喜爱"则共有91例，均作谓语。此外，"受到伤害"与"使"构成套句的有5例，与"让"构成套句的有4例，与"有"构成套句的有1例；"受到破坏"与"使"构成套句的有4例。但却未发现这些带兼语的动词与"被伤害"、"被破坏"构成套句的例子。

　　6) 有些动词同样可以用于"被"字句和"遭受"类动词之后,但语法功能不太一样。如在北京大学汉语语言研究中心语料库中查到"被培养"共 4 例,2 例作定语,2 例后带补语;"受到培养"也有 4 例,均作谓语。"被喜爱"和"受到……喜爱"也有类似的情况。

　　7)"遭受"类动词可以与"使"字、"有"字兼语句构成套句。"被"字句不行。"被"字句只能与"有"字兼语句构成套句,但使用频率比"遭受"类动词要低。如:

　　　　地震使当地老百姓的生活受到了严重的影响。

　　　　＊地震使当地老百姓的生活被影响。

　　　　这次霜冻,使大片庄稼遭受了破坏和死亡。

　　　　＊这次霜冻,使大片庄稼被破坏和死亡。

　　　　我不希望你们中有人受到伤害。

　　　　我不希望你们中有人被伤害。

　　　　台风过后,有很多房屋遭到了破坏。

　　　　台风过后,有很多房屋被破坏了。

　　　　我们这儿没有人家挨偷。

　　　　我们这儿没有人家被偷。

## 三、被动句方面常见的偏误

1. 缺漏

（1）缺少"被"

　　　　＊从她录用的那天起,从来没有算错过一笔账。

　　　　改:从她被录用的那天起,从来没有算错过一笔账。

　　　　＊她从登山队逐渐淘汰了。

　　　　改:她在登山队里逐渐被淘汰了。

（2）缺少"被"和补语

　　　　＊杠杆原理应用了生活各个方面。

　　　　改:杠杆原理被应用到生活的各个方面。

（3）谓语动词后缺少补语或其他成分

　　　　＊他被领导派南方工作。

　　　　改:他被领导派到南方去工作。

　　　　＊他被派有名的大学当助教。

　　　　改:他被派到有名的大学当助教。

　　　　＊你被任命班长了,千万别推辞。

　　　　改:你被任命为班长了,千万别推辞。

　　　　＊他被派别的任务。

　　　　改:他被派去做别的工作。

2. 误加

　　　　＊而且六七岁的小孩子一定需要被父母照顾。（张旺熹文例,下简称张）

　　　　改:而且六七岁的小孩子一定需要父母照顾。

　　　　＊因为我出了汗,所以我的衣服需要隔几分钟被换一换。（张）

　　　　改:因为我出了汗,所以我的衣服需要隔几分钟换一换。

3. 误用

(1) 不能用"被"字句的动词误用于"被"字句

　　＊他每次考试都考第一名,被大家算是个聪明。

　　改:他每次考试都考第一名,大家都觉得他很聪明。

　　＊他来中国以后处处被拉肚子。

　　改:他来中国以后,总是拉肚子。

　　＊他关心别人,因此他被大家喜欢。

　　改:他关心别人,因此大家都喜欢他。

　　＊他的作品被展览在大厅中间。(鲁)

　　改:展览会上,他的作品被放在大厅中间展出。

　　＊房间被扫干净了。(鲁)

　　改:房间打扫干净了。

　　＊那篇文章被修改完了。

　　改:那篇文章修改完了。

　　＊信被我写好了。(吴门吉、周小宾文例,下简称吴、周)

　　改:信我写好了。

　　＊运动会上星期被举行了。(吴、周)

　　改:运动会上星期举行了。

分析:上面四例偏误都是该用意义被动句(又叫受事主语句)而误用了"被"字句。

(2) 有的动词在某种句子结构中不能构成"被"字句而误用

　　＊我被山田告诉村田已经回国了。

　　改:山田告诉我村田已经回国了。

说明:如改正句"告诉"的直接宾语是主谓短语(实际上是间接引语),就不能用于"被"字句,但当"告诉"的直接宾语是名词短语,把它放在句子前面作受事主语,就可以构成"被"字句,如"咱们的事被他告诉了老师"。

　　＊他尊重别人,因此被大家爱。

　　改:他尊重别人,因此受到大家的尊重。

说明:"爱"一般不能在"被"字句中充当谓语,但可以构成"被"字短语充当句子的主语。如"被人爱是一种幸福"。

(3) 该用"是……的"句而误用"被"字句

　　＊这个旅行就是被学校组织的。(张)

　　改:这个旅行就是学校组织的。

(4) 该用"由"字句而误用"被"字句

　　＊一半是被中国教授用中文教的美国学生。(张)

　　改:一半是由中国教授用中文教的美国学生。

　　＊这种情况经历了几乎一千年,这教学系统是被法国的第一个皇帝发明的。(张)

　　改:这种情况经历了几乎一千年,这个教学系统是由法国的第一个皇帝发明的。

注意:上面(3)—(4)小类及前2.误加下偏误均为欧美学生的偏误。

(5) 将"被"字句与其他表被动意义的句子混用

　　＊他尊重别人,因此被大家爱。

改：他尊重别人，因此也受到大家的尊重。

＊他直到现在被他的学长受到无微不至的照顾。

改：他一直受到他的学长的无微不至的照顾。

＊我被他挨打了。

改₁：我被他打了。／改₂：我挨了他的打。

（6）该用表示被动的动词而误用主动句

＊他这种认真学习的精神值得他得到称赞。

改：他这种认真学习的精神应该受到称赞。

（7）"被"字句后动词有误

＊我一唱，大家被停了。

改：我一唱，大家就被我的歌声征服了。

＊今年的财政年度底地突然被辞职了。

改：今年年底她突然被辞退了。

（8）"被"误作"让"

＊这只小狗让它妈妈放弃了，怪可怜的。

改：这只小狗被它妈妈抛弃了，怪可怜的。

4. 错序

＊工人要被派每月一次。

改：工人每月要被派出去一次。

＊他的父亲解放前被军人不幸打死了。

改：他的父亲解放前不幸被士兵打死了。

＊唐僧认不出谁是妖怪，趁机被妖怪捉进了白骨洞。

改：唐僧认不出谁是妖怪，被妖怪趁机捉进了白骨洞。

＊一般会席菜漂亮地被摆放在没有脚的，但有黑色或红色的盘里，一人一份地送出来。

改：一般会席菜会被整齐地摆放在没有脚的、黑色或红色的盘里，一份份地端出来。

分析：上面几例都是"被"字句中状语位置的偏误。原因分析可参看前二（二）2。

＊越来越多蚊子也出来，我很恨痒被虫子咬了。

改：蚊子越来越多了，我很恨被蚊虫咬得身上发痒。

5. 杂糅

＊他被朋友很受欢迎。

改：他很受大家的欢迎。

＊多亏了你，不然我被抓警察。

改：多亏了你，不然我就被警察抓住了。

## 四、教学建议

1. 吴门吉、周小兵(2004)两位先生通过对"被、叫、让"被动句的使用频率、使动"让"与被动"让"的使用频率的调查，发现由"被"构成的被动句占绝对优势。结合留学生的习得情况，他们提出："被、叫、让"被动句应在教学中分离，在初级阶段教被动句的典型形式——由"被"构成的被动句，中级阶段学习"叫、让"被动句。这样既降低了学习的认知难度，也可以减少来自语内的干扰,有助于外国学生学习汉语的被动句。

2. 吴门吉、周小兵(2005)两位先生指出,目前的对外汉语教学中,通常是先教意义被动句,再教"被"字句。而且两种句式的教学通常在初级阶段完成,但没有说明二者的区别。因此,不少学生以为二者的区别只是"被"字的有无,该用意义被动句时,一些学生误用了"被"字句。李大忠(1996)提出,被动句偏误中此类偏误最多。不少研究(李大忠,1996;施家炜,1998;高顺全,2001)认为,被动句是留学生语法学习的难点之一。吕文华(2002)指出,对难度较大的语法点,应该化整为零,分散处理。

吴、周两位先生用多种方式对外国留学生习得意义被动句与"被"字句的难度进行考察和比较后发现,对外国学生来说,意义被动句的习得难度比"被"字句要高。从整体上看,外国学生对意义被动句使用有回避的倾向,而将"被"字句无限度泛化,所有被动概念都用"被"字句表达,意义被动句的使用领地被侵占了。另外,还由于不少学生的母语的被动句是有形态标志的,比如英语、西班牙语、俄语、日语、韩国语等。汉语的"被"作为被动句的形态标志,让学习者觉得有所依托,容易接受。而汉语意义被动句,尽管结构较"被"字句简单,但因为没有标志,所以与很多语言相比,显得更为特殊。如汉语"信写好了"、"酒喝多了"这样的句子,在英语、西班牙语中必须用被动句的形态标志,或改用主动句,添加施事主语。再加上汉语的强势语序是SVO,学生已习惯于把受事放在动词的后边。在日常交际中,相对于主动句来说,意义被动句使用频率并不高,而且常常可以用主动句代替。因此,在学习的初级阶段,意义被动句并不能凸显出来。根据上述诸多的原因,吴门吉、周小兵两位先生主张:"被"字句最好在初级阶段教,意义被动句最好在中级第一阶段教。

3. 学生在初学"被"字句时并不觉得难。上面三、所收集的偏误大多是汉语初级后期、中级阶段的学生中的问题,最大的问题是"被"字句的泛化,即不该用"被"字句而用。汉语中"被"字句的使用比较有限,有些动词不能用于"被"字句(详见本节二(二)3),还有的要用其他句型(如用"受到"、"挨"等)或主动句。到了中级阶段,应把那些不能用于"被"字句的动词教给学生,并结合学生的偏误反复强调。此阶段的学生会学到用"遭受"类动词、带有被动意义的句式。应将经常与这些动词一起使用的动词介绍给学生,让他们一起记忆。同时也应将这类句子与"被"字句在结构和意义上作些比较,防止混淆。

4. "被"字句中状语的位置应在中级阶段向学生进行重点讲授。

# 第十四节　比较句

## 一、定义

表示比较的句子叫比较句。

## 二、比较句的类型

### (一) 从内容上分

从比较的内容来看,可以分为两大类。一种是比较事物在性质、程度或数量上的差别的;一种是比较事物、性状的异同的。

### (二) 从形式上分

从比较句的形式结构上看,有以下几类:

1. 用"比"的比较句。

2. 用"有"、"没有"的比较句。

3. 用"跟……一样"的比较句。

4. 用"像"的比较句。

5. 比较短语用于句首的比较句。

6. 表示明确差别的比较句。

## 三、不同类型比较句的形式、意义与规则

1. 用"比"的比较句

介词"比"可以比较两个事物的性质、特点,表示比项在某个方面胜过被比项。

第一种、"比"后是形容词谓语,其结构为:

A(名词/代词)＋比＋B(名词/代词) ＋ 形容词

| 我 | 比 他 | | 大。 |
| --- | --- | --- | --- |
| 他的书 | 比 我的 | | 多。 |
| 他家 | 比 你家 | 更 | 漂亮。 |
| 弟弟的个子 | 比 哥哥 | 还 | 高。 |

使用这类比较句应该注意以下几点:

(1) 谓语形容词前不能用程度副词"真、非常、很"等。

(2) 如果要强调程度,可以在形容词前用"更"或"还"。

第二种、"比"后是简单的动词谓语及其宾语,其结构为:

A(名词/代词)＋比＋B(名词/代词)＋ 动词＋(宾语)

| 妹妹 | 比 姐姐 | | 喜欢 | 唱歌。 |
| --- | --- | --- | --- | --- |
| 我 | 比 他 | 更 | 希望 | 去中国。 |
| 小李 | 比 小刘 | | 有 | 能力。 |

使用这类比较句应该注意以下几点:

(1) 如果要强调比项的程度超过被比项,要在动词前用"更"或"还"。

(2) 可用于这类比较句中的动词只限于少数心理动词或表示状态的"有＋抽象名词" (如"办法、能力、头脑、主意"等)。

(3) "比"前的比较项如带介词短语的话,"比"后的被比项只用表示人的代词或名词即可。如:

他对这儿的情况比我更了解。

第三种、"比"字句后的谓语是"助动词＋动词",其结构为:

A(名词/代词)＋比＋B(名词/代词)＋助动词＋动词＋(宾语)

| 说起喝酒,他 | 比 你 | | 能 | 喝。 | (就动作的量进行比较) |
| --- | --- | --- | --- | --- | --- |
| 李丽 | 比 张芳 | | 会 | 过 日子。 | (就动作技巧进行比较) |
| 他 | 比 他哥哥 | 更能 | | 吃 苦。 | (就承受能力进行比较) |
| 姐姐 | 比 妹妹 | 还会 | | 花 钱。 | (就用钱的量进行比较) |

如果要强调比项的程度超过被比项,要在助动词前用"更"或"还"。

第四种、"比"后是动词及其状态补语,其结构有两种:

A(名词/代词)＋比＋B(名词/代词)＋动词＋得＋状态补语

| 小王 | 比 你 | | 画 | 得 好。 |
| --- | --- | --- | --- | --- |

A(名词/代词)＋动词＋得＋比＋B(名词/代词)＋状态补语

小王　　　　　　画　得　比　你　　　　　　好。

如果是受事之间相比,又是省略形式,一般只用下面的形式:

他的字比你写得好看。(是"他的字比你的字写得好看"的省略形式)

进一步强调程度的"更"或"还"要放在作补语的形容词前。如:

这匹马跑得比汽车还快。

注意:"比"字句的否定句不是在后面的形容词前加"不"。下面是学生的偏误:

＊这个菜比那个菜不好吃。

改₁:这个菜没有那个菜好吃。(即"那个菜"比"这个菜"好吃)

改₂:这个菜不比那个菜好吃。(即"这个菜"跟"那个菜"差不多)

汉语的比较句有两种否定句。当要表示与"比"字句"胜过"意义相反的"不及"义时,应用"没有"的比较句(见改₁);要表示"近似等同"意义时,则用"不比"句(见改₂)。

2. 用"有"、"没有"的比较句

(1) 比较句使用"没有"为标记,表示的是事物或人在性质、数量方面相比后,比项不如被比项。其结构为:

A(名词/代词/主谓短语)＋没有＋B(名词/代词)＋(这么/那么)＋形容词

口语考试　　　　　没有　　　汉语考试　　　这么　　　　难。

他跑得　　　　　　没有　　　小王　　　　　　　　　　快。

冬天南方　　　　　没有　　　北方　　　　　那么　　　　冷。

我的汉语　　　　　没有　　　他　　　　　　　　　　　好。

这类比较句还可以用"不如"作为标记,一般多用于书面语。如:

他不如你聪明。

这个工作不如那个工作轻松。

这里的气候不如我家乡的好。

(2) 比较句中使用"有"作为标记,则表示比项与被比项在性质、数量方面是等同的。如:

A(名词/代词) ＋ 有 ＋ B(名词/代词) ＋ 这么/那么 ＋ 形容词

他家　　　　有　　　　你家　　　　这么　　　大。

今年来的学生 有　　　　去年　　　　那么　　　多。

我儿子　　　有　　　　你　　　　　这么　　　高。

谁　　　　　有　　　　你　　　　　　　　　聪明 啊!

注意:在实际语言中,用"没有"的比较句比用"有"的要多。

用"有"和"没有"的比较句表示比项在所比较的方面达到或没有达到被比项的程度。如果要进一步指示性状或程度,则要在形容词前加上"这么"或"那么":

今天有昨天那么热。

我汉语没有你说的那么好。

正反疑问式是"有没有……"。如:

馄饨有没有饺子这么好吃?

这个月有没有上个月那么忙?

"没有……"后面的谓语也可以是动词或动词短语。如:

她没有姐姐那么喜欢打球。

我刚来,没有你了解情况。

3. 用"跟……一样"的比较句

这类比较句表示比项与被比项是等同的。常见的结构有以下几种:

(1) A(名词/代词)＋跟＋B(名词/代词)＋一样

我的兴趣　　　跟　你　　　　　　一样。

我们的词典　　跟　老师的词典　不一样。

他骑的自行车　跟　我骑的自行车不一样。

如果表示比较的两个名词都有定语,第二个名词可以省略,有时"的"也可以省略(见下句括号中的词语):

我们的词典跟老师的(词典)不一样。

他骑的自行车跟我的(骑的自行车)不一样。

我的家乡的天气跟这儿(的天气)一样。

(2) A(名词/代词)＋跟＋B(名词/代词)＋一样＋形容词

这个房间　　　跟　那个房间　　一样　　大。

我姐姐　　　　跟　你　　　　　一样　　瘦。

(3) A(名词/代词)＋跟＋B(名词/代词)＋一样＋心理动词

我　　　　　　跟　他　　　　　一样　　怕 蛇。

他　　　　　　跟　你　　　　　一样　　喜欢 看电影。

我　　　　　　跟　你　　　　　一样　　讨厌 他。

类似的心理动词还有"爱、盼望"等。

"跟……一样"的正反疑问式是"跟……一样不一样"。如:

今天的气温跟昨天一样不一样?

这次考试成绩跟上次一样不一样?

"跟……一样"还可以在句中作状语、定语或补语。如:

我想买一辆跟你一样的自行车。(定语)

他的汉语说得跟中国人一样。(补语)

4. 用"像"的比较句

这类比较句表示比项与被比项很近似。结构为:

A(名词/代词)＋像＋B(名词/代词)＋一样＋(形容词)

你儿子　　　　像　你　　　　　一样 能干。

他应该　　　　像　老李　　　　那样 认真。

这座山　　　　像　我故乡的山　一样 漂亮。

如果要进一步指示性状或程度,则要在形容词前加上"这样"或"那样"。这类比较句常作主谓谓语句的主语或假设复句的前一分句。如:

我的孩子能像你的孩子这样聪明就好了。

我们学校要是像你们学校这样大,那该多好啊!

"像……一样"有时用于比拟,这类"像"即"好像"。后面常用"似的",如:

小伙子干起活来像小老虎一样。

他见了我也不说话,像不认识我似的。

5. 比较短语用于句首的比较句

(1) 比起……来

比起玛丽来,尼克的性格更活泼。

比起跑步来,我更喜欢游泳。

(2) 跟……相比

跟他相比,你的成绩更好一些。

跟摩托车相比,自行车的速度就慢多了。

(3) 跟……比起来

跟已经参加工作的人比起来,学生的业余时间好像更多一些。

跟周围的城市比起来,这个城市的环境保护工作做得更好一些。

6. 表示明确差别的比较句

(1) 如果要明确指出两事物的具体差异,就在谓语后加上数量补语。结构为:

A(名词/代词)+比+B(名词/代词)+形容词/助词+数量词

| 我 | 比 | 他 | 大 | 三岁。 |
| 这件衣服 | 比 | 那件 | 贵 | 十二块钱。 |
| 这个产品的产量 比 | | 去年 | 增加了 | 20%。 |

这类比较句的疑问句,是在谓语后加询问数量的"几"、"多少"等。如:

他比你大几岁?

今年的学生比去年增加了多少?

(2) 如果要表示差别不是很大,可以用"一点儿"或"一些"作补语。如:

这双鞋比那双大一点儿。

他的书比我的多一些。

妈妈比爸爸睡得晚一点儿。

(3) 如果差别很大,可以用以下形式:

A. 谓语是形容词,后用"得多"或"多了"。如:

外面比屋里冷得多。

你们学校比我们学校大多了。

B. 谓语是"助动词+动词"或动词,后用"得多"或"多了"。如:

他比老李会说话多了。

姐姐比妹妹能干多了。

注意:横向比较时(即同一类人或事物之间相比),用"得多"或"多了"意义相差不大,但是纵向比较(同一事物或人说话时的情况即与以前的情况相比)一般只能用"多了"。

他汉语说得比刚来的时候好多了。

爷爷的身体比以前差多了。

C. 谓语为"有(了)"后带"很大的+宾语(一般是名动词)"。如:

他的汉语比刚来的时候有了很大进步。

这里的面貌比起十年前有了很大的改变。

### 四、比较句方面常见的偏误

1. 缺漏

(1) 缺少强调程度的指示代词

　　＊那个房间有这个房间大。

　　改：那个房间有这个房间这么大。

　　＊今天的作业有昨天多。

　　改：今天的作业有昨天那么多。

(2) 缺少相关成分

　　＊这个班比那个多五人。（下定雅弘例，下简称下定）

　　改：这个班比那个班多五人。

　　＊她打扮成这个样子，几乎演员一样。

　　改：她打扮成这个样子，几乎跟演员一模一样。

　　＊中国这几年城市变化很大，拿北京来说吧，比以前大厦更多。

　　改：中国这几年城市变化很大，拿北京来说吧，比起以前来，大厦更多了。

2. 误加

(1) 形容词谓语前误加程度副词

　　＊这里的东西比我们那儿的东西比较便宜。

　　改：这里的东西比我们那儿的东西便宜。

　　＊这篇文章比那篇非常好。

　　改：这篇文章比那篇好。

(2) 否定时误在形容词前加"不"

　　＊那篇文章是写得好，不过比他不好。

　　改：那篇文章写得是不错，不过没有他写得好。

　　＊这个酒比那个酒不厉害。

　　改：这种酒没有那种酒厉害。

(3) 形容词后误加补语或其他成分

　　＊我写的汉字不如他写的好看得多。（程美珍例，下简称程）

　　改：我写的汉字不如他写得好。

　　＊昨天晚上没有早上凉快一点。（刘月华例）

　　改：昨天晚上没有早上凉快。

　　＊他没有我高两公分。

　　改：他没有我高。

　　＊我没有你来得早多了。

　　改：我没有你来得早。

　　分析："没有……"只表示比较项和被比项"不及"的比较关系，谓语后边不能带表示具体差异的数量补语，也不能带"多了"。

(4) 比项结构有误

　　＊今天刮风比昨天小。

改:今天的风比昨天的小。

3. 误用

(1)误用指示代词

　　＊以前的苏州没有现在那么热闹。

　　改:以前的苏州没有现在这么热闹。

分析:该偏误讲的是"现在"的情况,离说话人心理感觉较近,应用"这么"。

(2)比较句标记混用

　　＊玛丽有我高一点儿。(程)

　　改:玛丽比我高一点儿。

　　＊今年大米产量有去年一样多。(程)

　　改:今年大米产量跟去年一样多。

(3)误用"比"字短语

　　＊在一个星期中,比起来星期一很累。

　　改:我觉得一个星期里,星期一最累。

分析:将某一事物或人放在一个大的范围之中,进行有级别的比较,一般不用"比"字句或"比"字短语,而用比较性副词修饰形容词。

4. 错序

　　＊他喜欢孩子比我。(下定)

　　改:他比我喜欢孩子。

　　＊他法语说得不错比他英语。(下定)

　　改:他法语说得比英语好。

　　＊他一分钟能写的汉字比阿里五个多。

　　改:他一分钟能写的汉字比阿里多五个。

　　＊这件中山装比那件多少长?(下定)

　　改:这件中山装比那件长多少?

　　＊我喜欢吃中国饭,跟我朋友也一样。

　　改:我喜欢吃中国饭,我朋友跟我一样。

5. 杂糅

　　＊你送给他的礼物不凑巧,这我送给他一模一样的。

　　改:真不凑巧,你送给他的礼物跟我送的一模一样。

　　＊到苏州来时,我看自行车比汽车更怕。

　　改:到了苏州以后,我觉得比起汽车来,我更怕自行车。

　　＊他说中文比中国人一样流利。(佟慧君例)

　　改:他中文说得跟中国人一样流利。

　　＊我喜欢梨比苹果。

　　改:比起苹果来,我更喜欢梨。

　　＊这次来到中国,觉得比以前车多得很。

　　改:这次来中国,觉得车比以前多多了。

　　＊比白色的衬衫好像一点儿大。

　　改:这件衬衫比白色的衬衫好像大了一点儿。

＊总而言之,大家对残疾人比过去照顾好得多。

改:总而言之,大家对残疾人的照顾比以前多了。

## 五、教学建议

(1) 汉语的比较句类型很多,但是它们是有共同点的。赵金铭曾将汉语"比较"范畴的四个次范畴相对应的一系列句式列在一起(见下表),发现它们彼此之间都有某种相似性,即从结构上看,都是:

| | 比项＋ | "标记"＋ | 被比项＋ | 被比结果 |
|---|---|---|---|---|
| 近似 | A | 像 | B | |
| | 小王 | 像 | 小李 | 那么努力 |
| | 他 | 像 | 老黄牛 | 那样工作 |
| | 他 | 像 | 没吃饭 | 似的 |
| 等同 | A | 跟 | B | 一样 |
| | 小王 | 跟 | 小李 | 一样努力 |
| | 她 | 跟 | 她妈妈 | 一样喜欢孩子 |
| | 小虎 | 快有 | 我 | 这么高了 |
| | 你 | 不比 | 别人 | 差 |
| 胜过 | A | 比 | B | |
| | 小王 | 比 | 小李 | 努力 |
| | 我的体重 | 比 | 上个月 | 轻了一公斤 |
| | 他来得 | 比 | 我 | 还早 |
| | 他 | 比 | 你 | 更会安排时间 |
| 不及 | A | 没有 | B | |
| | 小王 | 没有 | 小李 | 那么努力 |
| | 哥哥 | 没有 | 弟弟 | 跑得那么快 |
| | A | 不如 | B | |
| | 他 | 不如 | 你 | 聪明 |

注:上面例句大部分取自赵金铭文(2001),有些作了一点儿调整。

这些比较句除了形式结构上有相似点外,还有以下两点是相似的:第一,表示否定意义时,都不是否定后面的形容词;第二,表示比较结果的形容词前都不能受程度副词修饰。

学生学习了上述不同类型比较句式后,是容易产生混淆的。因此,有必要把它们归纳到一起,在形式上作一下比较,找出共同点和差异点,便于学生掌握。比如"比"字句可以带数量补语,形容词、助动词或动词前可受比较性副词"更、还"的修饰,但用"有"、"没有"、"不如"、"像……一样"、"跟……一样"等的比较句则不能。

(2) 由于学生在比较句的形容词前加程度副词的偏误十分常见,所以教比较句时,应反复强调表示比较结果的谓语形容词前不能用程度副词这一规则。

(3) 在教"有"、"没有"比较句时,应强调在说明比较项与被比项在程度上相当与否时,形容词前要加"这么"或"那么"。

(4) 应向学生说明,当将某一事物或人放在一个大的范围之中,进行有级别的比较时,一般不用"比"字句或"比"字短语,而用带有比较级意义的副词来说明。

## 第十五节　存现句

### 一、定义

表示事物或人存在的状态以及表示人或事物出现、消失的句子叫存现句。

### 二、类型与结构

存现句根据其意义与结构可以分三类：

第一类、表示事物或人存在的状态的。结构为：

表示处所或方位的名词及短语＋动词　＋　表示事物、动物或人的名词及短语（存在者）

| 桌上 | 放着 | 许多东西。 |
| 屋里 | 坐着 | 很多人。 |
| 靠墙 | 堆着 | 一些箱子。 |
| 沿河 | 种着 | 一排柳树。 |

第二类、表示人或事物出现的。结构为：

表示处所或方位的名词及短语＋动词　＋　表示事物、动物或人的名词及短语（施动者）

| 那边 | 走　过来 | 一个人。 |
| 远处 | 开　过来 | 一辆汽车。 |

第三类、表示人或事物消失的。结构为：

表示处所或方位的名词及短语＋动词　＋　表示事物、动物或人的名词及短语（消失者）

| 他家 | 死　了 | 一条狗。 |
| 仓库 | 搬　走了 | 几袋粮食。 |

### 三、存现句的句型特点与语用特征

1. 存现句主要用于书面语。

2. 第一类存现句经常使用的动词有两类，一类是表示人体或物体状态或动作变化的，如"坐"、"站"、"立"、"蹲"、"躺"、"睡"、"卧"、"趴"、"横"、"竖"、"跪"、"挤"、"围"等；另一种是表示人对物体进行安放或处置的动作的，如"放"、"挂"、"插"、"摆"、"存"、"晾"、"贴"、"煮"、"蒸"、"刻"、"绣"、"画"等以及与这些动词意义相近的双音节动词。在语篇中，第一类存现句经常和表示存在的"是"字句和"有"字句一起前后交换使用，起着对某处存在的事物进行具体描摹的作用。如：

　　走进大殿，正中**是**一个约两米高的朱漆方台，**上面安放着金漆龙宝座**，背后**是**雕龙围屏。方台两旁**有**六根高大的蟠龙金柱，**每根大柱上盘绕着一条矫健的金龙**。仰望殿顶，中央藻井上**有**一条巨大的雕金蟠龙。从龙嘴里垂下一颗银白色大圆珠，**周围环绕着六颗小珠**。（黄传惕《故宫博物院》）

　　整个广场呈四方形，由 4 块碑石和一丛丛深绿的灌木恰到好处地围起。**在广场的入口处，横着一块石碑**，上面是郭沫若先生早年的墨迹："聂耳终焉之地"，碑后竖着的牌子，上用日语注明：聂耳纪念广场。**广场左侧立着一块细长的碑**，上面刻有"聂耳纪念碑"字样，落款是"藤泽市"。在广场右侧，横卧在灌木丛中的是一块黑色石碑，上面载有聂耳当年在此遇难情况和广场建成始末。

**在广场正前方一面较大的方碑上**,镌刻着圆形的聂耳肖像,右下方一个小黑格里,有聂耳生平简介。(《拜谒聂耳》,《人民日报》(海外版)2002,10,21)

3.第二类存现句是对事物或人的出现进行描写的动态句,因而衔接在后的句子往往也是动态的。从第二类存现句在句群中的位置看,大致有以下几类:

(1)存现句位于句群的起始或靠前处

就在这时候,**在空旷的院坝的北头,走过来一个瘦高个的青年人**。他胳膊窝里夹着一只碗,缩着脖子在泥地里蹒跚而行。(路遥《平凡的世界》)

他还没有把饭碗放下,**门里突然闯进来一个老汉**。田福军还没有反应过来,这老汉就双膝跪在队长的脚地上,一边向炕上的他磕头,一边嘴里连哭喊……(同上)

那天,他正一个人在家作画,**忽然来了一位客人**。客人衣服十分讲究,说着不太标准的普通话。(陈灼《桥梁——实用中级汉语教程》(上))

这时,**展览馆办公室走来了一位工作人员**,告诉他们,有20幅画已在昨晚被一位不肯说出姓名的海外收藏家买下了。(同上)

**远处开来了一辆公共汽车。**车越开越近,小李看清那是308路。

上面黑体字标出的都是存现句,这类位于句群的起始或靠前处的存现句,作用都是引出新的话题,后续句往往是对存现句出现的人或事物进一步加以描写。

(2)存现句位于句群中间

气候突然转暖了。人们惊异地发现,街头和河岸边的柳树不知不觉地抽出了绿丝;桃杏树的枝头也已经缀满了粉红的花蕾。如果留心细看,**那向阳山坡的枯草间,已经冒出了一些青草的嫩芽**。同时,还有些别的树木的枝条也开始泛出鲜亮的活色,鼓起了青春的苞蕾,像刚开始发育的姑娘一样令人悦目。(路遥《平凡的世界》)

从上面的例子可知,插在句群中的存现句可对前面一个小语段起收束作用。

(3)第三类表示人或事物消失的存现句(见前二)使用频率较低,主要用来说明某人或某事物的消失,一般用于报告一个新的情况。

4.第一类存现句与"在"、"有"等存在句的区别。

存在句是叙述性的,叙述存在的事实,是静态的。第一类存现句虽然也是静态句,但是描述性的,描述某一事物或人以什么样的方式存在着,多与存在句交互使用。第二类存现句是动态的,也是描述性的,描述某处出现了什么人、动物或物等,是动态的,与其衔接的句子往往是动态的,常有第一类存现句与之配合使用。

## 四、存现句方面常见的偏误

由于许多学生的母语中没有与汉语的存现句相对应的句型,加上汉语中这类句型本身使用频率不高,有些只有通过句群的分析才能看出其语用上的作用,因而有一定的难度。所以学生对存现句往往采取回避的策略(郭春贵,2003;金明淑,2003)。有时在语段表达中该用存现句而改用其他句型。如教师给学生看一个动画片,设定的场景要求说"公园里来了一个人",学生却说"*公园里有一个人走过来",或"*公园里一个人走过来"等(金明淑,2003)。

## 五、教学建议

存现句的出现有其阶段性。第一类存现句因描写性较强,在初级汉语课本中常会出现,应提醒学生多加注意,在指导学生写作时,可提醒学生在描写具体环境时使用这类句式。第二类存现句往往要到中级以上的课文中才会出现,最好结合课文加以讲解,并分析其使用的语境。也可编写使用这类存现句的语段选句填空练习,帮助学生理解其语用条件。在讲解第三类"他家死了一条狗"时,可将其与"他家的狗死了"进行比较。前者存现句强调"死了(丧失)"这一信息,后者强调是"狗"出现了何种情况。

# 第十六节　固定结构

## 连……也/都

这么简单的问题,连小孩都能回答。

他变得太厉害了,连妻子都认不出他了。

饺子做得太好吃了,连一向只吃半碗饭的小孙,今天也吃了好多饺子。

这么难的题目,连老师都不会做,你能做得出来?

这个结构中的"连"有时可以省去(下面例句括号内的"连"都可以省去),但是要表示强调的话,后面的"也"或"都"是不能省略的。如:

这孩子挑食,(连)鸡蛋也不吃。

中国人(连)死都不怕,还怕困难吗? ▲

你(连)看见血都要头晕,怎么能当外科大夫呢? ▲

"连……也/都"常常用"按照一般事理或情理最不可能发生"的事情来强调"连"前分句所说情况达到的程度或为后续的结论句提供依据。这一结构往往用超出常态、常规或常理的情况来强调说明某个事物或情况所达到的程度。"连……也/都"既可以用来表示事实,也可以用来表示事理。根据崔希亮的统计,肯定句表达事实的多,否定句表达事实的少。在"连"字结构中,"也"和"都"几乎没有分别,现在发现的区别是:"也"多用于否定句,"都"多用于肯定句(崔希亮,1993;朱德熙,1982)。韩玉国在比较了"都"和"也"的用法后指出:"在'连'字句当中,'都'基于'总括'义凸显端点,'也'则注重层级之间的比较,这也就是语感上'连……都……'的语势要强于'连……也……'的原因。"(韩玉国,2003)我们发现,当句中所举的是十分极端的项,后面再接反问句时,一般用"都"(见上带▲句),这可能跟"连……都……"的语势更强有关。据调查,这一结构对学生来说并不难,因此很少看到有什么偏误。

**参考文献**

陈　灼主编(1996)《桥梁——实用汉语中级教程》(上),北京语言文化大学出版社。

程美珍、李　珠(1997)《汉语病句辨析九百例》,华语教学出版社。

崔希亮(1993)"连"字句的语用分析,《中国语文》第2期。

崔希亮(1994)从"连……也/都"结构看语言中的关联,邵敬敏、刘大为主编《九十年代的语法思考》,北京语言学院出版社。

崔希亮(1995)"把"字句若干句法语义问题,《世界汉语教学》第3期。

邓守信(2001) Defining and sequencing syntactic structures in L2 Chinese instructional materials in English,

《暨南大学华文学院学报》第 1 期。

方　立、范　莉(2002) The syntax,semantics and pragmatics of "lian…dou",《暨南大学华文学院学报》第 4 期。

高顺全(2001) 试论"被"字句的教学,《暨南大学华文学院学报》第 1 期。

韩玉国(2003) "连"字句中"都"与"也"的语义差别,《暨南大学华文学院学报》第 1 期。

季　静(2005) "把"字句中状语的顺序问题。(未发表)

蒋　严(1998) 语用推理与"都"的句法/语义特征,《现代外语》第 1 期。

金立鑫(1993) "把 Ov 在 L"语义、句法及其语用分析,《中国语文》第 5 期。

金立鑫(1997) "把"字句的句法、语义、语境特征,《中国语文》第 6 期。

金立鑫(2003) 趋向补语和宾语的位置关系,赵金铭主编,崔希亮、张旺熹副主编《对外汉语研究的跨学科探索》,北京语言大学出版社。

金立鑫(2005)《对外汉语教学虚词辨析》,北京大学出版社。

金明淑(2003)韩国学生汉语习得情况的调查与研究。(未发表)

李大忠(1996)《外国人学汉语语法偏误分析》,北京语言文化大学出版社。

李　宁、王小珊(2001) "把"字句的语用功能调查,《汉语学习》第 1 期。

刘月华、潘文娱、故　铧(2001)《实用现代汉语语法》(增订本),商务印书馆。

卢福波(2003)《对外汉语教学实用语法》,北京语言文化大学出版社。

鲁健骥(1994) 外国人学汉语的语法偏误分析,《语言教学与研究》第 1 期。

陆庆和(2003) 关于"把"字句教学系统性的几点思考,《暨南大学华文学院学报》第 1 期。

吕文华(1999) "把"字句的语义类型,《对外汉语教学语法体系研究》,北京语言文化大学出版社。

吕文华(2002) 对外汉语教材语法项目排序的原则及策略,《世界汉语教学》第 4 期。

杉村博文(2002) 论现代汉语"把"字句"把"的宾语带量词"个",《世界汉语教学》第 1 期。

沈家煊(2002) 如何处置"处置式"——论把字句的主观性,《中国语文》第 5 期。

施家炜(1998) 外国留学生 22 类现代汉语句式的习得顺序研究,《世界汉语教学》第 4 期。

佟慧君(1986)《外国人学汉语病句分析》,北京语言学院出版社。

王一平(1994) 从遭受类动词所带宾语的情况看遭受类动词的特点,《语文研究》第 4 期。

吴门吉、周小兵(2004) "被"字句与"叫、让"被动句在教学语法中的分离,《云南师范大学学报》(对外汉语教学与研究版)第 4 期。

吴门吉、周小兵(2005) 意义被动句与"被"字句习得难度比较,《汉语学习》第 1 期。

下定雅弘(2003)中国語の比較文——日本人学生が比較文を学ぶにあたっての問題点,《中国文化论丛》第十二号。

杨德峰(2003)用于将来的"动＋了＋趋"初探,赵金铭主编,崔希亮、张旺熹副主编《对外汉语研究的跨学科探索》,北京语言大学出版社。

杨晶淑(2005) 从韩国人的角度来看汉语"有"字句——韩国人回避的"有"的几种用法。(未发表)

张　斌主编(2002)《新编现代汉语》,复旦大学出版社。

张旺熹(1991) "把字结构"的语义及其语用分析,《语言教学与研究》第 3 期。

张旺熹(1993) 主谓谓语结构的语义模式,《世界汉语教学》第 3 期。

张旺熹(2005) 从句子的及物性看欧美学习者汉语"被"字句的偏误,《对外汉语研究与评论》,教育科学出版社。

赵金铭(2001) 论汉语的"比较"范畴,《中国语言学报》第十期。

周上之(2003) 把字句强制性递减序列,世界华语文教育学会编《第七届世界华语文教学研讨会论文集》第一册。

周小兵(2004) 学习难度的测定和考察,《世界汉语教学》第 1 期。

周小兵(2004) 对外汉语语法项目的选择与排序,《对外汉语语法教学入门》,中山大学出版社。

# 第五编

# 汉语复句教学

# 第一章　复句的类型

为了表达一个完整的意义，由两个或两个以上意义的单句构成的句子叫复句。构成复句的各个单句叫分句。

复句一般有以下特点：

1. 只在句末才有较大的语气停顿，全句有统一的语调，用"。"、"！"、"？"表示；句中只能有小的停顿，用"，"、"；"表示。

2. 为了表达一个完整的意义，分句与分句组成了复句。分句之间一定有密切的意义联系，大多用关联词语来表示；有的可以不用关联词语，可通过各分句的意思来理解相互之间的意义关系。

## 第一节　联合复句

复句中各个分句之间的关系是平等的，意义上没有主次之分的复句叫联合复句。联合复句一般包括以下几种：

### 一、并列复句

1. 平列关系

各个分句分别说明或描写几件事情、几种情况或同一个事物的几个方面。常用的关联词语有"也"、"又"、"还"、"另外"、"既……又（也）……"、"一边儿……一边儿……"、"一方面……（另）一方面……"。有时也可以不用关联词。如：

　　　　他会说汉语，也会说英语。

　　　　这件衣服既漂亮，又便宜。

　　　　和中国人聊天，既可以学习汉语，也可以了解中国人。

　　　　他一边儿吃饭，一边儿看电视。

　　　　旅行一方面能看到很多中国的名胜古迹，另一方面也能更进一步了解中国。

　　　　妈妈一回到家，就洗菜、做饭、打扫房间，忙得不得了。

2. 对比关系

　　　　他的口语不太好；你的口语比较好。

常用关联词"不是……而是……"，否定前一分句，肯定后一分句，表示对立的并列。

　　　　我没参加你的生日晚会，不是不想来，而是没有时间。

　　　　他不是不会说汉语，而是不敢说汉语。

　　　　我没买那件衣服，不是不喜欢，而是没有钱。

3. 分合关系

一般第一句是总述，后面的分句分述。如：

在昨天的联欢会上同学们都上台表演了节目,有的唱歌,有的跳舞,还有的朗诵,气氛可热烈呢。

我们去帮朋友搬家,捆的捆,搬的搬,运的运,一天就全搬完了。

## 二、承接复句

各个分句按顺序先后说出连续的动作或事件。承接复句可以分为两类。

1. 以时间为顺序的承接

各个分句按照时间先后顺序叙述连续的动作或事件,常用的关联词语有"又"、"就"、"便"、"接着"、"后来"、"先……然后……"等。如:

父母查看了我的行李,又嘱咐了我几句,然后才把我送上了火车。

校长先讲了几句话,接着就开始发奖了。

这类承接复句中如"就"、"便"、"先……然后……"、"先……再……"等常可以叙述将来发生的动作或事情。如:

你们把这几个房间收拾好,就可以回家了。

我们先吃饭,然后再去看电影。

2. 按照物理与事理先后的承接

表示这类连接关系的主要有"就"、"便"和"于是"。这类词都出现在后一分句。后一分句所叙述的,除了在时间上往往后于前一分句外,有的在物理位置上是处于前一分句所表示的事物之后,有的从事理上说,是由前一分句引起的。如:

老师叫了我一声,我就走过去了。

听到这个消息,大家便紧张起来。

你一直往前走,走到前面的十字路口往左拐,再走五分钟,银行就到了。

翻过一座山,过了两条河,于是张庄就在眼前了。

我发现他带的衣服太少,于是就把我的几件毛衣送给了他。

他感到浑身发冷,于是用被子把身体裹了起来。

注意:用"于是"的承接复句,一般只能用于叙述过去已经发生的动作或事件。(详见第二编第九章第二节一)

承接复句的分句之间有时也不用关联词语,而靠分句的排列次序表示,如:

下课了,大家纷纷走出教室,到操场去活动。

到了办公室,她放下包,开始打电话跟客户联系。

## 三、递进复句

递进复句后一分句的意思比前一分句更进一层。常用的关联词语有"不但(不仅、不只、不光)……而且……"、"不但(不仅)……还(也)……"、"尚且……何况……"、"别说……连……也"、"别说……即使……也……"、"不但不……反而……"等。如:

他不但喜欢唱歌,而且喜欢跳舞。

他不仅对人很和气,而且还很爱帮助别人。

她住院后,不但老师来看她,而且同学们也来看她。

这里不仅风景美,空气也好。

这个问题老师尚且不会回答,更何况我们呢?

这么有意思的动画片,别说孩子,即使是大人也爱看。

最近太忙了,别说陪女朋友看电影,连一起喝杯咖啡的时间都没有。

递进复句后一分句所表示更进一步的意义可以是出乎说话人意料之外的情况。如:

我劝了他几句,他不但不听,还跟我吵了起来。

吃了药以后,病不但没好,反而更重了。

### 四、选择复句

复句的几个分句分别提出几种情况,要求从中选出一项,这类复句叫做选择复句。

选择复句可以分为两类:

1. 在选择项中任选一个,陈述句中用关联词"(或者)……或者……"、"要么……要么"等。如:

这次出差,或者他去,或者你去,或者小李去,总得有人去。

(可以表示在两种或多种事情中选择一样,不排除第三种可能性)

他每年放暑假,要么找工作,要么出去旅行,很少呆在家里的。

疑问句中用的关联词是"是……还是……"。如:

你喝咖啡,还是喝茶?

他不去看电影,是不感兴趣,还是没有时间?

"或者"只用于陈述句,"还是"只用于疑问句。因此,当它们构成的复句充当句中的一个成分时,用法也不一样。"或者"连接的复句充当成分用于以下场合:或是在两项中任选一个,或是有时选取前项有时选取后项。如:

考试的时候,用钢笔写或者用圆珠笔写都可以。

我出差或者坐飞机或者坐火车,一般不坐长途汽车。

"还是"连接的复句充当成分一般用于情况不明的场合。如:

他们是今天到还是明天到,谁也不清楚。

我不知道他这样做是无意的还是有意的。

外国学生在使用这两个表示选择的连词时,经常混淆(详见下第四章第一节偏误)。

2. 在两个选择项中必选一个。常用的关联词是"不是……就是……"。如:

不是你走,就是我走,你看着办吧。

有时,用于叙述经常性的情况。这样的选择句,表示在某个时候,选择项中必有一个是事实。如:

最近这里的天气很不好,不是刮风,就是下雨。

下午四点以后,他不是在操场上打球,就是在图书馆里看书。

3. 在两个选择项中已选定一个,常用的关联词是"与其……不如……"、"与其……宁可……"、"宁肯……也不……"、"宁愿……也不……",这类选择复句,实际上说话人已作出选择,另一项则是作为选择前的比较。如:

与其在这里等这么长时间的出租汽车,还不如去坐公共汽车呢!

与其看这么无聊的电视,我宁可出去散散步。

他宁肯自己多吃点苦,也不愿意让孩子失学。

她宁愿死,也不愿意嫁给你。

# 第二节　偏正复句

复句中各个分句之间的关系不是平等的,意义上有主次之分的复句叫偏正复句。表示主要意义的分句叫正句,表示次要意义的分句叫偏句。

偏正复句有很多种。常见的有以下几种:

## 一、因果复句

1. 说明因果句

偏句提出原因,正句说明结果。常用的关联词语有"因为……所以……"、"因此"、"由于"、"因而"、"以致"、"之所以……是因为……"等。如:

　　因为生病,所以他没来上课。

　　他说话很幽默,因此大家都很喜欢他。

　　由于下大雪,飞机晚点了。

　　连续停了两天的电,以致冰箱里的东西都化了。

表示因果关系的关联词语可以在前后两个分句中都用,也可以只用在一个分句中,有时偏句和正句的意义关系很明显,也可以都不用关联词语。如:

　　他身体不好,所以不能参加比赛。

　　我不会写这个字,没学过。

　　今天我有事,不去参观了。

2. 推断因果句

偏句表示原因,一般是后面结论的前提,正句表示根据这个前提推断出的结论。常用的关联词有"既然……就……"。如:

　　既然他不想去,就不要勉强他。

　　既然放假了,就好好休息休息吧。

　　你既然答应付钱,为什么到现在还不付呢?

## 二、转折复句

偏句叙述一个事实或观点,正句说出一个与之相对、相反或部分相反的事实或观点。偏句常用的关联词语有"虽然"、"尽管",正句常用"但是"、"可是"、"不过"、"然而"、"却"等。如:

　　他虽然很忙,但是每天坚持学习汉语。

　　尽管外面下着大雨,可他还是出去了。

　　钱虽然不多,可这是大家的一点心意啊。

　　我说的话尽管你现在可能还不能完全理解,不过慢慢就会理解的。

　　尽管我在这里已经住了十几年了,可这种事情却是第一次遇到。

注意:"虽然"可以放在第一分句主语的后边,也可以放在第一分句主语的前边,有时还可以不用,而"但是"、"可是"、"不过"一般要放在第二分句的最前边。"不过"的语气比"但是"、"可是"要轻。有时,在偏句(前一分句)中使用"固然",肯定某种意见或说法,正句(后一分句)提出不同的意见或情况。如:

关于这个问题,他说的固然有道理,但别人的意见也应该考虑。

你工作固然忙,不过还是应该抽出时间来锻炼身体的。

他固然是个严肃的人,但和孩子在一起的时候,偶尔也会活泼起来。

## 三、假设复句

偏句提出一种假设,正句说明在这种情况下会出现的结果。常用的关联词语有"要是……就……"、"如果……就……"、"假如(倘若)……就……"等。如:

要是坐车的话,只要半个小时。

你如果有事,就打电话叫我。

假如我不来找你,就不会遇到这种事。

有时偏句可以不用关联词语,甚至偏句、正句都不用关联词语。如:

坐火车,当天就能到。

你有空,你去;他有空,他去。

## 四、条件复句

条件复句根据条件句的内容,可以分为两类。

1. 特定条件句

正句表示结果,偏句提出一个或一个以上实现这种结果所需要的条件。常用的关联词语有"只有……才……"、"只要……就……"、"除非……才……"。如:

只有八点出发,才能赶上火车。

除非你给他打电话,他才会来。

只要你努力,就一定能学得好。

只要天好,我们就去公园玩。

"只有"和"除非"提出的都是唯一条件,即没有这两词所引出的条件,就不会有后一分句所表示的结果。"只有"表示的是指定条件;"除非"表示的是根据当时情况推断出的条件;"只要"表示的是充分条件,即具备了"只要"引出的条件,就会产生后一分句的结果。

2. 无条件句

偏句表示无条件,正句表示结果或结论。常用的关联词语有"无论(不论)……都……"、"不管……都……"。用"无论(不论)、不管"的分句一般要用疑问代词或并列短语(意义相关、相对、相反的,常用"还是"连接并列项或是谓语的"肯定+否定"式)。如:

无论遇到什么困难,我都不怕。

无论父母怎么反对,她都要跟小李结婚。

她无论去哪儿,总带着她的儿子。

不管你去不去,反正我要去。

这种望远镜最显著的优点之一是不受天气条件的限制,不管刮风下雨,无论是白天黑夜,都能进行观测。

当"不管"、"无论"所在的分句中有形容词充当的谓语或补语时,一般要受"怎样、多么、多"等词修饰。如:

不管有多忙多累,他都能耐心地接待来访者。

不管天有多冷,他都坚持锻炼身体。

贫困地区不论怎么困难,都要提高教师的待遇。

不管她多么饿,穿得多么破,从来都不向大人开口。

无论汽车开得有多快,都赶不上飞机。

## 五、让步复句

偏句表示让步,正句表示结论或结果不会改变。常用的关联词语有"即使……也……"、"就是……也……"、"哪怕……也……"等。如:

明天即使下雨,我也要去看比赛。

即使困难再大,我也不怕。

天就是再冷,哥哥每天早上都出去长跑。

哪怕不睡觉,我也要把工作做完。

或:我一定要把工作做完,哪怕不睡觉。

让步复句的前一分句是假设的情况,还没有发生,不管前面是什么情况,后一句结论或结果不变。"哪怕"句出现在后一分句的频率比"即使"、"就是"高。在使用"即使"、"哪怕"的分句中,如果有形容词充当的谓语或者补语,前面一般要有"再"表示强调。

## 六、目的复句

偏句表示目的,正句表示根据目的采取的行动。常用的关联词语有"为了"、"好"、"省得"、"免得"、"以免"、"以便"等。如:

为了练习口语,他常和中国朋友聊天。

为了感谢他,我送给他一个礼物。

你来之前,给我打个电话,我好去车站接你。

把空调打开吧,好让屋里暖和点儿。

这次出去旅游时,多带点儿钱,省得麻烦。

你先给他打个电话,跟他约好,免得白跑。

下车时请检查自己的行李物品,以免丢失。(多用于书面)

送给你一张地图,以便你出门时用。

# 第三节　紧缩复句

## 一、定义

紧缩复句是一种以单句的形式表达复句内容的句子。这类句子可以看作是由一般复句紧缩而成的(见下括号内注)。根据不同语境,会有不同的意思。如:

不交钱不能领书。(如果不交钱,就不能领书。/既然不交钱,就不能领书。)

不想去别去。(既然不想去,就别去。/如果不想去,就别去。)

你去我就去。(只要你去,我就去。/如果你去,我就去。)

## 二、紧缩句的特点与类型

紧缩句一般常省略关联词。在对话的场合用得比较多,所以有时主语也经常省略。以下是一些常用的格式与类型：

1. 不＋动词₁＋不＋动词₂

　　他不说我也不说。（要是他不说，我也不说。）

　　九点不来就不等了。（如果他九点不来，我们就不等了。）

2. 动词₁＋都不（没）＋动词₂

　　怎么招呼都不打就走了？（怎么他连招呼都不打就走了？）

　　他进来的时候，我理都没理他。（他进来的时候，我连理都没理他。）

3. 形容词＋点儿＋就＋形容词＋点儿 / 动词(宾)₁＋就＋动词(宾)₁

　　房间小点儿就小点儿吧，反正只住两天。

　　危害健康就危害健康，抽烟的人才不考虑这么多呢。

　　比就比，我才不怕你呢。

这一格式，实际上是"如果……就……"的紧缩形式，表示说话人对所说的情况并不在乎。

4. 动词₁＋就＋动词₁＋个＋补语

　　唱就唱个够。（既然唱就唱个够。）

　　玩就玩个痛快。（既然玩，就玩个痛快。）

这一格式经常用于主张尽兴地做某个动作的场合。

5. 非……不…… / 非……才……

　　今天我非把你打败不可。（今天我一定要把你打败。）

　　他非让我喝了那杯酒才放我回家。（如果我不喝那杯酒，他不放我回家。）

这两个格式表示的都是"一定要这样做"的意思。

# 第二章 复句中的关联词

## 第一节 关联词的位置

### 一、连词的位置

在复句中连词的位置涉及以下几方面：

(1) 可以在复句中的哪一个分句(比如前一分句还是后一句)中出现。

(2) 在所处的分句中，与主语的位置是自由的还是固定的。

(3) 是否能够重复使用。

(4) 是否能与其他连词连用。

1. 联合复句中连词的位置

(1) 联合复句中连词在第一分句、第二分句等的位置

A. 联合复句中只能用于第一分句的连词有：

先、既然、不但、不仅、不光、别说、不但不、尚且、与其、宁愿、宁可、宁肯(当"宁愿"等三词和"也"相呼应时)

B. 联合复句中只能用于第二分句的连词有：

接着、然后、而且、并、并且、况且、何况、于是、从而、进而、宁愿、宁可(当"与其"和"宁愿"、"宁可"前后呼应时)

C. 联合复句中可用于第一、第二分句并可以重复使用的连词有：

或、或者、要么、或是

D. 联合复句中常用于第二分句并可以重复使用的连词有：

还是

(2) 联合复句中连词与主语的位置

A. 既可用在分句主语前，又可用于主语后的连词有：

既然

B. 只能用在分句主语后的连词有：

既、不但不、尚且

C. 只能用在分句主语前的连词有：

然后、于是、况且、何况

D. 在分句中，根据前后主语的相同与否有不同位置的连词有：

不但、不仅、不光、别说、与其、宁愿、宁可、宁肯

D类连词在分句中的位置取决于前后分句的主语是否一致。当前后分句的主语相同(第二个分句的主语多承前省略)时，这类连词一般放在前一分句主语的后面。前后分句主语不同，这类连词一般放在前一分句主语的前面。如：

他不但聪明，而且长得也帅。

这个会场不仅干净,还很宽敞。

前面出了交通事故,不但汽车开不过去,自行车也过不去。

这里不仅风景美,交通也方便。

这样难的题目,别说你不会做,连老师也做不出来。

我与其去电影院看电影,宁可在家看电视。

与其他来帮我,我宁愿一个人干。

2. 偏正复句中连词的位置

(1) 偏正复句中只能用于偏句的连词有:

A. 无论、要不是、就是、就算、只有、由于、之所以

B. 虽然、尽管、不管、如果、要是、假如、假若、除非、哪怕、只要、因为

C. 不论、即使、即便

A 类连词所连接的偏句一般只出现在第一分句中。B 类连词所连接的偏句多以第一分句的形式出现,有时也可以第二分句的形式出现,对前面的正句作补充说明。如:

他不想跟你比,虽然他不怕跟你比。

我觉得她太幼稚,尽管她还比我大两岁。

这个工作你一定要坚持干下去,不管有多难。

他现在应该到北京了,如果火车没有晚点的话。

你一定能赢的,只要你努力。

C 类的连词很少用于后一分句,即使用也往往有一定的限制与要求,常对所连接分句的结构或语义有一定要求。如与"不管"意义相近的"不论"用于后一分句时,要求连接的是并列形式或肯定与否定连用的形式:

我一定要跟他结婚,不论你们同意还是不同意。

作为一个领导,应该虚心听取群众的意见,不论有没有道理。

每一个国家的主权都应该受到尊重,不论是大国还是小国,也不论是强国还是弱国。

像下面的"不论"连接的分句因为不是上述形式,就只能放在前面:

不论你怎么劝,他就是不听。(? 他就是不听,不论你怎么劝。)

不论多么难的工作,他都能做得很好。(＊他都能做得很好,不论多么难的事情。)

"即使、即便"在表示假设让步时,一般出现在前一分句。除非是像下面这样表示对主观评论、结论的不容置疑的复句中,"即使"往往连接的是否定句:

将来总有人会为他打抱不平的,即使不是我。

你应该好好反省一下,即使没有人说你。

如果复句是对某个实际情况加以说明的,一般不用上面的语序。如:

这里冬天很少下雪,即使偶尔下一场雪,也下不大。

我们俩是多年的好朋友,即使吵架,谁也不往心里去。

"即使"(即便)经常用于表示主观意志的不可改变。当"即使"连接的是一般假设或者带夸张意义的假设句(不可能实现的),"即使"(即便)一般出现在前一分句。如:

即使生活再苦,她也要送孩子上学。

别说下雨,即使下刀子我也要去。

当"即使"(即便)句表示的是具体的、可能实现的极端情况,就可以放在后一分句作补充。

到了山东,泰山是不可不爬的,即使只有我一个人。

(2) 偏正复句中只能用于正句(多以第二分句的形式出现)的连词有:

　　　　但是、可是、不过、然而、甚至、所以、因此、以致、否则、要不然、以免、以便、省得、免得

(3) 偏正复句中连词与主语的位置:

A. 既可用在分句主语前,又可用于主语后的连词有:

　　　　虽然、尽管、如果、要是、假如、假若、即使、即便、就是、就算、因为、只要、由于

B. 只能用在分句主语后的连词有:

　　　　固然、之所以

C. 只能用在分句主语前的连词有:

　　　　但是、可是、那么、然而、所以、因此、省得、以免、以便

D. 在分句中,根据前后主语的相同与否所处位置不同的连词有:

　　　　不管、不论、无论、除非、哪怕、要不是、只有

　　D类连词的位置往往取决于分句的主语。一般来说,复句前后主语相同、第二个分句的主语承前省略时,连词一般放在前一分句主语的后面。当复句前后主语不同,连词一般放在前一分句的主语的前面。如:

　　　　她不管穿什么衣服都显得很漂亮。

　　　　不管别人怎么看,我反正要辞职。

　　　　他的记性特别好,哪怕你只跟他说过一句话,他都能记得你。

　　　　这孩子哪怕一个人在家,都不害怕。

　　　　我只有到星期天,才能好好休息一下。

　　　　只有你说他,他才听。

## 二、关联副词的位置

　　关联副词一般在复句的正句(后一分句)中起关联作用,这类关联副词的位置是固定的,必须要放在主语或表示主要意思的小句主语的后面(见下面例句中的黑体字)。如:

　　　　大家说过他多少次,可是他**却**一点儿也不改。

　　　　他即使不说话,我**也**能猜出他在想什么。

　　　　他家离学校最远,没想到他**反而**第一个到。

　　　　无论去哪儿,这个孩子**都**跟着我。

# 第二节　关联词的辨析

## 一、用法相近或构形相近的连词的辨析

　　1. 相同类型的复句可以用的连词有好几个。这些近义连词,有的可以互换,有的则在语法、语义或语用上有一些细微的差别。

　　(1) “即使”、“哪怕”都用于让步复句的偏句,“哪怕”比起“即使”来,用于后一分句补充说明的频率要高些。“不管”、“不论”、“无论”都可用于无条件句,从用于后一分句补充说明的频率上看,“不管”的频率比“不论”和“无论”要高些。

　　(2) “不过”与“但是”、“可是”都可用于转折复句的第二分句,但“不过”的语气比“但是”、“可是”要轻。“不过”常用于充分肯定某个事实或观点后的婉转的转折。如:

　　　　这件衣服式样和颜色确实不错,不过价格贵了点。

　　　　你说得很有道理,不过,我总觉得还是谨慎一点儿的好。

　　像上述两例不宜换成"但是"或"可是"。

　　2. 下面的连词有共同的语素,形近,学生容易混淆(详见下第四章第一节3)。

　　(1)"尽管"与"不管"的辨析

　　"尽管"用于转折复句的偏句,表示一种事实,后面只能是单一的谓语的肯定式或否定式。"不管"用于无条件复句的偏句,表示一种假设。后面要用表示任指的疑问代词或谓语的"肯定+否定"式。试比较:

　　　　尽管你**不想去**,但我认为你还是应该去。

　　　　不管你**想不想去**,你都得去。

　　　　尽管**大家都这么说**,可我就是不相信。

　　　　不管**大家怎么说**,我都不相信。

　　从上面的例句可知,后一分句与连词相呼应的副词也不一样。

　　(2)"而且"与"而"的辨析

　　"而且"常用于递进复句,表示后者在前者的基础上更进一步(详见第一章第一节三下)。"而"在连接分句时,往往是连接意义上有对比或转折关系的分句。如:

　　　　现在这里是冰天雪地,而在我的家乡却正是春暖花开的季节。

　　　　大家都很关心他,而他却无动于衷。

## 二、关联副词的辨析

　　同一类复句的正句使用的关联副词不止一个,不同的关联副词由于基本意义的不同,在起关联作用时,也是有细微差异的。

　　1. 复句中的"也"和"还"

　　(1)在递进复句中,有时用"也",有时用"还"。当主语是同一个,表示类似的动作并列或添加时,两个副词可以出现在同一复句中。如:

　　　　他不仅会画画儿,也(还)会写诗。

　　但当复句表示的是不同的主语并列,就只能用"也"不能用"还"。如:

　　　　这个电影不仅孩子喜欢,大人也喜欢。

　　　　这个地方不仅风景好,空气也好。

　　但当正句表示的动作或状态明显较偏句加重加深时,即表示进一步添加时,就只能用"还"而不能用"也"了。如:

　　　　他不仅会画画,还得过奖呢!

　　　　我劝他不要跟别人打架,他不但不听,还跟我大吵了一架。

　　以上例句说明,"也"主要表示并列(主语并列或谓语并列),不能表示添加;"还"不能表示主语的并列,只能表示动作的添加,因而"还"的补充语气比"也"要重。

　　(2)转折复句的正句,除了常用"但是"、"可是"、"却"等关联词外,有时还用"也"或"还",这两个副词在关联中各有各的用处,不能互相替换。如:

　　　　我虽然不是北京人,但对北京也很有感情。(用"也"表示与"北京人"类比)

　　　　尽管打工挣的钱不多,但是也能补贴一些家用。(用"也"与"挣钱多的"类比)

　　　　虽然他的专业是中国文学,但是对中国文学的了解还很不够。("还"表示程度尚未

达到某一标准）

尽管风已经小多了，但是雨还在下个不停。（"还"表示说话前发生的动作持续不变）

2. 复句中的"也"和"都"

"都"和"也"常用于无条件复句。"也"常用于让步复句和转折复句，"都"有时偶尔也出现在这类复句中。两个副词不同点是："都"要求的是"总量（universal quantity）"（或"全量"），"也"则要求的是最小量（minimum quantity）（杨凯荣，2000）。在否定句中，这种区别因为否定（动作量为零）而被掩盖了（详见第二编第七章第二节四3）。因此，当无条件复句的正句是否定句时，用"也"和"都"都可以。如：

不管我怎么敲门，他也（都）不开。

无论我怎么跟你道歉，她都（也）不肯原谅我。

当无条件句表示的动作量比较模糊的时候，用"都"和"也"都可以，但是语义有所不同。

不管你有多忙，家里的事情都该关心关心。（用"都"，要求什么都关心）

不管你有多忙，家里的事情也该关心关心。（用"也"只要求最低量，稍微关心一下就可以了，语气较"都"婉转）

当无条件复句的正句是肯定句，复句表示的动作的量明确是指总量（复数）时，一般用"都"而不用"也"。如：

在春天，不论是晴是雨，是月夜是黑夜，白马湖都（﹡也）好。

不管大家提出什么样的建议，他都（﹡也）反对。

无论我到哪儿，都（﹡也）能遇到好人。

"都"和"也"常用于"连……也/都"结构中，表示一种极端的情况。因此，当让步复句是表示极端情况时，这两个副词是可以通用的（括号外的副词更多用）。如：

爆炸声即使几十里外都（也）能听见。

即使你得了冠军，也（都）不能骄傲。

哪怕一夜不睡，我也（都）得把那篇文章赶出来。

我的伯父是个慢性子，即使天塌下来，他也（都）不会着急。

孩子即使有一点点进步，也（都）会让父母高兴半天的。

在人最困难的时候，哪怕是一句鼓励的话，也（都）能起很大作用。

"也"的基本意义是类比，所以常表示并列，"都"的基本意义是表示总括。所以当从复句的上下文可以看出有"总括"意义时用"都"，有并列意义时，用"也"。如：

这些人虽然我不太认识，可是我哥哥都认识他们。（"都"表示总括）

虽然他挨了批评，可我们倒都挺同情他的。（同上）

这事咱们几个人定不下来，就是拿到会上讨论，也定不下来。（"也"表示并列）

你喜欢一个人住就一个人住。要是你想跟我一起住也可以。（同上）

下面的复句都隐含着"并列"的内容。一般用"也"而不用"都"。

虽然家里条件不太好，但也该让孩子生活得好一些。（与"家里条件好"并列）

虽然工作累点儿，但也不该发脾气啊！（与"工作不累"并列）

尽管我知道他是无心的，但我也不能原谅他。（与"有心"的并列）

下面复句中的"也"主要表示委婉的语气，也不能换作"都"。

如果没有大家的帮助，这件事也办不成。

要是你一定要这么做，我也没办法。

# 第三章　复句中成分的省略

汉语中省略现象大多出现在复句中。外国学生在省略方面的偏误也大多出现在复句中。因此,有必要讨论一下复句中的省略问题[①]。

关于复句的省略实际上包括两个方面:

1. 在什么场合,汉语的某些成分不能省略;

2. 在什么场合,汉语的某些成分可以或应该省略。

汉语的省略现象比英语多,但比日语和韩语少。总的来说,汉语省略必须遵守以下三个原则:

第一,语义的明确性,即省略后不能语义不明(见下一、1、2)或有歧义(见下一、5)。在使用复句表达时,特别要明确施事、受事或叙事是谁。

第二,在叙述的场合(不是对话场合),谓语应该保持完整性(见下一、4)。

第三,注意复句前后叙述的认知顺序(详见下一、3)。

## 第一节　复句中某些成分不可省略的规则

1. 如果复句是叙述某个事物或人的变化、某个动作或某个事件的实现或发生时,两个分句中必须要有一个主语(不能一个主语也没有)。下面是学生的偏误:

　　*为了买一双合适的鞋,把百货店团团转了整整三次。

　　改:为了买一双合适的鞋,我围着百货商店整整转了三圈。

　　*现在从日本带来的钱,都花完了,要给家里打电话。

　　改:现在从日本带来的钱,都花完了,我要给家里打电话了。

　　*住在外国的话,对生活的感受很新鲜。

　　改:你要是住在外国的话,常常会有新鲜的生活感受。

2. 当复句的前后分句主语不是同一个,那么后一分句的主语一般不能省略,不管主语是动作者(施事)还是被叙述者(叙事)。下面是学生的偏误:

　　*你说得太快,简直一句话也没听清楚。

　　改:你说得太快,我简直一句话也没听清楚。

　　*我在外边喊你,居然没出来。

　　改:我在外边喊你,你居然没出来。

3. 复句的分句说的是同一主语的情况,前一分句都是表示结论、决定的,后一分句是对前一分句的结论、决定的补充说明或解释,这样的两个分句的主语都不能省略。如:

　　你随时可以来我家,只要你愿意。

―――――――――

[①]　关于复句中的省略部分主要根据周国鹏(2003)的论文改写而成。

我得回去,我太想家了。(前结论——后补充、解释)

他不能没有工作,他要供三个孩子上学。(同上)

他们将继续跟公司谈判,他们对现在的谈判结果不满意。(同上)

我没注意,我忙得顾不上看别人。(同上)

上述的叙述顺序是与一般人们的认知顺序(由因及果、由原因到结论)相反的。所以,两个分句的主语都不可缺少。如果我们把复句变成前原因后结论的关系以后,后一分句的主语一般可以也应该省略。如:

我太想家了,得回去一趟。

他要供三个孩子上学,不能没有工作。

他们对现在的谈判结果不满意,将继续跟公司谈判。

我忙得顾不上看别人,没注意。

下面是学生的偏误:

＊他临时有事,他恐怕不能来了。(前因后果,后一句主语可以省略)

改:他临时有事,恐怕不能来了。

4. 复句的前后分句中的谓语动词或助动词即使相同,也不能省略。下面是学生的偏误:

＊我们不但要努力学习,而且善于交际。

改:我们不但要努力学习,而且要善于交际。

5. 当复句的后一分句是兼语句,带兼语的动词是"请、叫、让",兼语在前一分句中已出现过,则后一分句中的兼语可以承前省。如:

大家别走,一会儿领导请吃饭。

咱们回家吧,爸爸让早点儿回去呢!

各村书记村长都来了,老郭先不开会,都叫骑车子去各村检查。

如果后一分句的兼语句中的动词不是这三个动词,则后一分句的兼语不可以省略。下面是学生的偏误:

＊孙悟空几次揭穿妖怪的诡计,但唐僧硬不许打妖怪。

改:孙悟空几次揭穿了妖怪的诡计,但唐僧硬是不许孙悟空打妖怪。

＊他马上期末考试,你千万别耽误学习。

改:他马上期末考试,你千万别耽误他学习。

# 第二节　复句中某些成分可省略的规则

## 一、主语省略的规则

当复句的前后分句是按照一般事物发展的时间顺序或人的认知顺序进行叙述时,相同的主语可以省去其中的一个。如:

他不太聪明,但是非常刻苦。

这孩子才十岁,却很懂事。

1. 复句中有关联词语时,主语的省略规则

(1) 有关联词语的联合复句中,主语一般在前一分句出现,后一分句主语承前省。如:

妈妈一边唱歌,一边做家务。

他不但会说英语,而且会说法语。

选择复句的情况有点特殊:取舍未定的选择复句,如"不是……就是"、"要么……要么"、"或者……或者"等,主语一般放在前一分句;取舍已定的选择复句,如"宁可……也不"、"与其……不如"等,主语在前一分句和后一分句皆可。如:

我或者明天去北京,或者后天去北京。

她宁可每天步行去上班,也不愿坐公共汽车。

与其挤公共汽车,咱们还不如打的去呢。

两个分句的同一主语如果都在关联词语的后面,后一分句的主语一般不省。主语如在关联词前,后一分句的主语常常省。如:

要么你去参加比赛,要么你退出球队。

你要么去参加比赛,要么退出球队。

(2) 在有关联词语的偏正复句中,前后为同一主语的,均可省去一个主语,但主语出现在哪一句也有一定规则。

A. 如果前后都有关联词语,则主语在前一分句或后一分句皆可。如:

我虽然喜欢踢足球,可是没想过要当运动员。

虽然喜欢踢足球,可是我没想过要当运动员。

只要你肯努力,就一定能学好。

只要肯努力,你就一定能学好。

由于他在路上遇到了麻烦,所以来晚了。

由于在路上遇到了麻烦,所以他来晚了。

B. 如果关联词语只在其中的一个分句出现,主语常出现在没有关联词语的分句中。如:

我们是老朋友,因此常常互相帮助。

我肯定能成功,如果有公司的资助。

熊的视力很差,但是听觉和嗅觉特别灵敏。

我起得很早,以便赶上头班车。

为了赶上头班车,我起得很早。

因为忙,他常常忘了吃饭。

上述有主语的分句,要是没有了主语,句子的语义就不完整或语义不明。如果不存在语义不明情况的话,主语也可出现在有关联词语的那一分句。如:

觉得一个人待在家里没意思,所以他去了电影院。

能得到大家的支持,我就有信心了。

看到别的同学往外走,于是我们也收拾书包离开了教室。

在会场坐了大半天,可是他一句话也没说。

现在早就不再自己织布做衣服穿了,然而他们还保留着织布机。

2. 复句中没有关联词语时主语省略的规则

如果前后分句是顺承关系,两个分句主语相同,因前一分句的谓语性质不同,省略规则也就不同。

A. 当前一分句表示某种状态,后一分句是并列的状态或对状态的补充说明;前一分句是某一动作,后一分句是进一步的发展;前一句是原因,后一分句是结论,在这三种情况下,

主语一般在前一分句出现,后一分句主语省略。如:

　　他们学习认真,工作努力。(相似状态的并列)

　　她一直笑呵呵地聊,从来不大笑。(对前一分句状态的补充)

　　我们那儿夏天很热,常常有 38 度以上的高温天气。(同上)

　　孩子们都下了车,跑向海边。(后一分句动作是前一分句动作的发展)

　　我不会做生意,不想开公司。(前原因后结论)

　　孩子们又拉又吐,一定是食物中毒了。(同上)

　　B. 当前一分句表示的是某个具体的动作,后一分句表示该动作引起的结果时,主语一般出现在表示结果的后一分句句首。如:

　　修完自行车,我弄了一手油。

　　展望新世纪,我们充满无限的希望。

　　艰难地走到家,我发现已近午夜了。

　　穿上新衣服,她显得更加漂亮了。

　　需要说明的是,这类复句都具有动作与结果先后承接的特点。前一分句都是动态句,因为具体动作的发生,才产生了后一分句所表示的结果。

## 二、宾语省略的规则

　　当复句的前一分句是存现句或后一分句是状态句,后一分句的主语是前一分句的宾语时,可承前面宾语省略。如:

　　办公室里走出一个工作人员,交给我一张表。

　　村里来了一支演出队,给我们演了几场戏。

　　山上长着很多松树,郁郁葱葱的。

　　她回头希望再看见那条小狗,可是不在了。

　　我拿起那盒牛奶闻了闻,已经酸了。

　　前两例复句的前一分句都是存现句,前一分句的宾语,不仅是后一分句的施事,实际上也是前一分句动作的施事,即前后施事一致。后三例的后一分句都是表示状态的句子,后一分句与前一分句所叙述、描述的是同一事物,即前后叙事一致。

　　当前后分句施事不同时,即使前一分句的宾语是后一分句的主语,后一分句的主语也不能省略(另参见上第一节 2)。如:

　　＊我去找他,在睡觉。

　　改:我去找他,他在睡觉。

　　＊她三岁就死了父母,奶奶惯坏了她,所以独立生活的能力极差。

　　改:她三岁就死了父母,奶奶把她惯坏了,所以她独立生活的能力极差。

# 第四章 复句方面常见的偏误与教学建议

## 第一节 常见偏误

1. 缺漏

(1) 缺少主语

＊外边雨下得很大,只好一直在家。

改:外边雨下得很大,我只好一直待在家里。

＊看电影的时候,我就坐在他旁边,竟不知道。

改:看电影的时候,我就坐在他旁边,他竟不知道。

＊我们都喜欢爬山,而却喜欢听音乐。

改:我们都喜欢爬山,而他却喜欢听音乐。

分析:这些偏误均出自日本和韩国的学生。因为在日语和韩语中,第一人称是常常可以被省略的,其他人称省略的现象也比汉语多。但在汉语中,除了对话场合和表示自然变化的句子外,在叙述的场合,句子一般要有主语。当句子的施事主语已经转换,一般是不能省略的。

(2) 后一分句主语误承前一句宾语省

＊她好半天骂我,气死了。

改:她骂了我好半天,我气死了。

＊我来中国以前不太了解中国,我知道的只是日本旁边的大陆……

改:我来中国以前不太了解中国,我知道的中国只是日本旁边的大陆……

(3) 缺少定语

＊确实迎春饭店的菜好吃,不过服务态度很不好,所以我不愿意在那儿吃东西。

改:迎春饭店的菜确实好吃,不过他们的服务态度很不好,所以我不愿意在那儿吃东西。

(4) 缺少兼语

＊他大学毕业后,领导又派去国外深造。

改:他大学毕业后,领导又派他去国外深造。

＊朋友打来电话,要去他家玩。

改:朋友打来电话,要我去他家玩。

(5) 缺少连词

＊虽然很少有人跟她说过话,她的父母亲的同事说她什么都好,漂亮、苗条,就是还没有结婚。

改:虽然很少有人跟她说过话,但她的父母和同事说她什么都好,漂亮、苗条,就是还没有结婚。

　　*人们都要考虑环境,那就会解决。

　　改:只要人们都认真考虑保护环境的问题,那很多问题就会解决。

　　*我想相信缘分。世界上有那么多的男人,还是我和丈夫结婚了,是因为我们有缘分。

　　改:我相信缘分。世界上有那么多的男人,可我还是跟我丈夫结婚了,这说明我们有缘分。

　　*我走以后,你要注意安全,发生了任何事情都立刻通知我。

　　改:我走以后,你要注意安全,不管发生任何事情都立刻通知我。

(6) 缺少关联副词

　　*谁不愿意,谁不用参加。

　　改:谁不愿意,谁就不用参加。

　　*学习的道路上遇到什么困难,你要坚持学习下去!

　　改:在学习的道路上无论遇到什么困难,你都要坚持学习下去!

　　*他明白,只有坚持学下去,对得起父亲母亲。

　　改:他明白,只有坚持学下去,才对得起父母。

　　*我要是不努力的话,我不可以去上大学。

　　改:我要是不努力的话,就考不上大学。

　　*如果十分钟以后他不来,我回家吧。

　　改:如果十分钟以后他不来,我就回家。

　　*尽管他不愿意,但是我陪他去医院。

　　改:尽管他不愿意,但是我还是陪他去了医院。

　　*尽管丰收了,农民节约粮食。

　　改₁:尽管丰收了,农民还是很节约粮食的。

　　改₂:尽管丰收了,农民也要节约粮食。

(7) 缺少连词与副词

　　*无论画什么画,努力画的画很不错。

　　改:无论画什么画,只要努力地画,就能画好。

　　*他的心里很沮丧,可是勉强笑一笑。

　　改:他尽管心里很沮丧,可还是笑了笑。

　　*尽管一出事,她能就对付,平常她却是个懒虫。

　　改:尽管一出事,她就能对付,可平常她却是个懒虫。

　　*你们不要吵架,大家团结起来力量大。

　　改:你们不要吵架,大家只有团结起来才力量大。

　　*如果跟不太熟悉的人一起吃饭时,有时有很多客气,说话不顺利。但是有酒,情况不一样。互相劝酒是个开口的好机会。

　　改:如果跟不太熟悉的人一起吃饭时,有时太客气,不便讲话。但是要是有了酒,情况就不一样了。互相劝酒是为人们开口说话提供了好机会。

(8) 缺少分句

　　*我六点约朋友否则就会迟到了。

　　改:我六点约了朋友,现在就得走,否则就要迟到了。

（9）在分句语义衔接方面缺少关联词以外的词语

A．缺少动词

＊我们登上了长城，于是我们就欣赏伟大的工程了。

改：我们登上了长城，于是就开始欣赏起这一伟大工程来。

＊不管什么地方，他们总得一起走。

改：不管去什么地方，他们总是一起行动。

B．缺少助动词等

＊你只要学习下去，就越来越明白了，不要紧。

改：你只要继续学下去，就会越来越明白的，不要着急。

＊他不会跳舞，要是你请他跳舞，他感到为难。

改：他不会跳舞，要是你请他跳舞，会让他感到很为难的。

＊你来中国旅行，如果不会说汉语，处处感受到不方便。

改：你来中国旅行，如果不会说汉语，会处处感到不方便的。

C．缺少副词

＊他写的大字比较好看，不过他跟书法家学书法短短的时间。

改：他写的大字比较好看，不过他跟书法家学书法只学了很短的时间。

＊既然谁也不赞成，他被迫取消了这个计划。

改：既然谁都不赞成，他只好被迫取消了这个计划。

＊农药能控制作物病虫害，但是能污染我们的身体。

改：农药能控制作物病虫害，但是却会污染我们的环境。

2．误加

（1）误加主语

＊我在一家小吃店里想点菜时，我想起来了竟然我没带着钱包。

改：我在一家小吃店里点菜时，突然发现钱包忘带了。

＊我的病是没有完全好，可是我无论如何我也要出去。

改：我的病是没有完全好，可是无论如何我也要出去一趟。

（2）误加连词

＊由于采用了新的厨师，从而那饭店的顾客越来越多。

改：由于聘用了新的厨师，那饭店的顾客越来越多了。

（3）连词与介词叠加有误

＊很多同学经常出去旅游，因为为了他们要了解中国。

改₁：很多同学经常出去旅游，因为他们想要更多地了解中国。

改₂：很多同学为了要了解中国，经常出去旅游。

改₃：很多同学经常出去旅游，是为了要更多地了解中国。

分析：上面的这个偏误说明，"因为"和"为了"不能连用。"因为"可以用于后一分句补充说明理由。而表示目的的"为了"在带小句或谓词性短语时，一般应出现在前一分句，只有用"是＋为了"才可以带这类成分放在后一分句起补充说明作用。

3．误用

（1）与形近的连词用法混淆

＊她平时很懒，任何事情也不肯做。从此很多人认为她很笨，其实她既聪明，又能干。

改：她平时很懒，任何事情也不肯做。因此很多人认为她很笨，其实她既聪明，又能干。

＊有困难的时候，他帮助别人，从而大家都喜爱他。

改₁：他喜欢帮助别人，因而大家都很喜欢他。

改₂：他喜欢帮助别人，从而受到大家的喜爱。

分析："从而"后面不能出现主语（详见第二编第九章第二节），"因而"可以。

＊下了这么大雨，我想是不是回家。我决定了，既然这样，我想等他。

改：雨下得这么大，我想是不是回家呢。后来，我决定，虽然在下雨，但还得在这儿等他。

＊他已经大学毕业了，而找到了工作。

改：他已经大学毕业了，而且找到了工作。

＊我不穿那件衣服是因为我不喜欢那件衣服而是那件是长袖的，现在已经夏天了，不合时宜。

改：我不穿那件衣服是因为我不喜欢那件衣服，而且又是长袖的，现在已经是夏天了，穿着太热了。

＊你不要怪他。他不是不愿意去，就是生病。

改：你不要怪他。他不是不愿意去，而是生病了。

＊尽管出了什么事，他不焦急。

改：不管出什么事，他都不着急。

分析：上面的偏误都是因连词本身形似而混淆。

＊吃早饭后，看着镜子打扮的高高兴兴，她不是为了上班，而是因为和她男朋友大卫有特别的约会。

改：吃完早饭后，她就对着镜子高高兴兴地打扮起来，她不是为了上班，而是为了和她男朋友大卫见面。

＊为了工作忙，他常常忘了吃饭。

改：因为工作忙，他常常忘了吃饭。

分析：不少国家的学生常会混淆"因为"和"为了"的用法。一方面可能是两个词都有"为"这个语素而形似。另一方面，"为了"有时也可以表示原因（但一般后面多接代词、名词或名词性短语，如："为了你，我挨了老师一顿批评。"）。还有一原因是，在有些学生的母语中，这两个词是以同一词语对译的，如日语与韩语。

（2）因不明连词对所连接分句的语义要求而致误

＊现在他生活得轻松、愉快，于是他才能专心做出作品来。

改：现在他生活得轻松、愉快，所以他才能专心创造出好作品来。

＊下雨了。她出门时没带来雨伞，于是她正在需要一把雨伞。

改：下雨了。她因为出门时没带雨伞，所以她现在正需要一把雨伞。

分析："于是"要求前后句是动态发展的关系。（详见第二编第九章第二节）

＊即使你去哪里，我也要去哪里。

改：只要你去哪里，我也去哪里。

＊任你不允许他去参加今天的晚会，他也要去。

改₁：即使你不允许他去参加今天的晚会，他也要去。

改₂:今天的晚会不管你让不让他参加,他都要去。

分析:连词"任"尽管意义与"不论、无论、不管"差不多,但它只能带疑问代词与"也"呼应,不能像这些连词那样带"肯定＋否定"式短语。

*我今天起得太晚了,可是尽快打扮了。

改:我今天起得太晚了,所以很快地打扮了一下。

分析:这一偏误前后分句是因果关系,而不是转折关系。所以不该用"可是"。

*尽管我还以为昨天的考试做得好,可是成绩却不好。

改:我以为我昨天考得不错,可实际的成绩并不好。

分析:"尽管"所连接的分句应是表示事实的句子,而不能是非事实的、表示臆测的句子。

*无论大家都玩,他都非常认真。

改:尽管大家都在玩,他却在认真看书。

*哪怕他有一点儿进步,还不会说汉语。

改:尽管他现在的汉语学习有了一点儿进步,但还不会说。

分析:这两个偏误的前一分句都是表示一个事实,后面的内容有转折义,都应用"尽管"。

*这个地方虽不大,所以各种风景都有一点儿。

改₁:这个地方虽不大,但各种风景都能看到一点儿。

改₂:因为这里有山有水有树,所以各种风景都能看到一点儿。

分析:"所以"连接的是因果关系的复句,因此要求前面的分句是表示原因的。

*哪怕每天去上课,靠自己努力也能学好。

改:哪怕每天不去上课,靠自学也能学好。

分析:"哪怕"所连接的让步与结果句的关系,应该是违反或打破常规的,而不是相反。"每天去上课"加上"自己努力"按照常规肯定能学好。因此"哪怕"句改为否定句。

*他工作中虽然有很多错误,但是什么人都看不起他。

改₁:他工作中虽然有很多错误,但是并没有人看不起他。

改₂:他因为工作总出错,所以什么人都看不起他。

分析:"虽然"连接的是前后意义有转折的分句,即前后分句在意义推导上应与人们一般的推理、事物发展的顺序相反。但原偏误后一分句所表示的是符合人们常规推理的。因此如保留"虽然",就改成改₁。如保留原后一分句的意思,就应改成改₂。

*开始写大字的时候,我觉得很难,可是我并不喜欢书法。

改:开始写大字的时候,我觉得很难,可是练习了一段落时间后就觉得不难了。

*这件衣服虽然很贵,但是并没不方便。

改:这件衣服虽然很便宜,但是质量还不错。

*你来中国旅行,如果不会说汉语,要处处帮助别人。

改:你来中国旅行,如果不会说汉语,就会处处需要别人的帮助。

分析:这一偏误后一分句的语义表达正好与前面假设条件得出的结论相反。

*这个商品不好卖,与其说是质量太差,还不如说式样也不怎么好。

改:这个商品不好卖,与其说是式样不好,还不如说是因为质量太差。

分析:"与其说……还不如说……"是说话人取后一种说法,因此后一种说法在语义方面应该比前一种说法重。

*与其写信,倒不如面对说。

改:与其写信,还不如当面跟他说。

*"要是她让我等多久我都不怪他。"小林想。

改₁:"无论她让我等多久我都不怪他。"小林想。

改₂:"要是她让我等很久我也不会怪他。"小林想。

分析:"要是"后不能带"多久"这类短语,"无论"则可以。

*我已经决定好了,虽然结果不好也决不后悔。

改:我已经下定决心,即使结果不好也决不后悔。

(3)连词与形近的副词用法混淆

*不要找借口,只对我道歉就好了。

改:不要找借口,只要对我道个歉就行了。

(4)与功用相近的关联副词用法混淆

*只要努力我们的目标才能实现。

改:只要努力我们的目标就能实现。

*他学习进步很快是因为自己的努力又老师的帮助。

改:他学习进步很快,是因为自己的努力还有老师的帮助。

分析:"又"和"还"这两个副词都可用于并列复句,表示几个不同内容的并列。"又"一般只用于连接并列的谓语(动词或形容词)。如要连接添加项,应用"还"。

*哪怕再累,我还参加。

改:哪怕再累,我也要参加。

分析:"也"常与"哪怕"前后呼应使用,表示的是在前一分句表示的假设条件下,最终结果或结论与不是这样的条件下产生的结果或结论是相同的。"还"在与"哪怕"呼应使用时,着重强调持续以前的状态不变。如:

哪怕没有人支持我,我还要继续做下去。

上面的偏误没有强调"持续以前的状态不变"这类意义,因而不能用"还"。

*这次比赛不但我们参加,他们还参加。

改:这次比赛不但我们参加,他们也参加。

分析:"还"只能表示同一主语不同情况的添加,不能用于不同主语的相同情况的并列。

(5)衔接分句时态有误

*这种地毯又漂亮又便宜,于是我想去商店看一看。

改:听说商店的地毯又漂亮又便宜,于是我决定去商店看一看。

分析:"于是"连接的分句一般是表示已然的动作的(详见第二编第九章第二节一)。

4.错序

(1)连词位置有误

*不但在星海游泳馆年轻人游泳,甚至老人也好好地游泳。

改:在星海游泳馆游泳的不但有年轻人,而且也有老人,他们游泳游得很认真。

*不但他学过中文,而且学过三年。(李晓琪例,下简称李)

改:他不但学过中文,而且学过三年。

*我们不但不知道,他们也不知道。(李)

改:不但我们不知道,他们也不知道。

(2)关联副词的位置有误

＊他是北京人，却现在住在上海。

改：他是北京人，现在却住在上海。

＊他的话虽然不多，但是却他的性格很开朗。

改：他的话虽然不多，但是他的性格却很开朗。

＊我赞成他的意见，反而他的女朋友不赞成。

改：我赞成他的意见，他的女朋友反而不赞成。

＊一看她那可爱的脸盘，就我禁不住微微地笑起来。

改：一看她那可爱的脸盘，我就忍不住笑了起来。

＊他喝牛奶，时不时肚子咕噜咕噜地响。

改：他喝了牛奶，肚子就会时不时咕咕作响。

＊他约会常常迟到，尽管我给他打电话，还是他每次迟到。

改：他约会常常迟到，尽管我事先给他打电话，他每次还是迟到。

＊你只要来这里工作，就你的生活被安定下来了。

改：你只要来这里工作，你的生活就能安定下来了。

（3）分句位置有误

＊很多同学经常学习到深夜，为了他们要学好文化知识。

改：很多同学为了学好文化知识，经常学习到深夜。

5. 杂糅

＊她迟了五分钟，可也毕竟迟到了，而且已经不是一两次了。

改：她迟了五分钟，可毕竟还是迟到了，而且已经不是第一次了。

＊她哪怕很忙，每天认真学习，仔细研究了文法问题。

改：她哪怕再忙，每天都认真学习，仔细研究语法问题。

＊哪怕也忙，我一定赶出来。

改：哪怕再忙，这篇文章我也一定要赶出来。

＊我是笨蛋，不管想骗人，我骗不了人。

改：我很笨，就是想骗人，也骗不了人。

＊不管你的错误造成了很大的损失，我们不能负责。

改：这是因为你的错误造成的损失，我们不能负责。

＊这本书既在苏州买不到，又现在在打八折，同学们都说值得买。

改：这本书在苏州买不到，现在又在打八折，同学们都说值得买。

＊只要被人教训一顿，要好好儿考虑一下。

改：如果被人教训了一顿，就要好好儿考虑一下了。

＊我觉得这次旅行对他们也，对我也很深刻了印象。

改：我觉得这次旅行不仅给他们，也给我留下了很深刻的印象。

＊大家都说他的字体好看，并不他书法家。

改：大家都说他的字体好看，但他并不是书法家。

＊孩子在学校里固然学习重要，但跟他的同学们一起玩儿也是对养成社会生活重要的。

改：孩子在学校里的学习固然重要，但跟他的同学们一起玩儿也能培养他的社会生活能力。

　　*他不仅带来了花生、瓜子和红枣,并且包子里的钱全掏了。

　　改:他不仅带来了花生、瓜子和红枣,并且把钱包里的钱全掏出来请我们吃饭。

　　*无论有没有商店的老板,他都非常认真。

　　改:无论老板在不在,他工作都非常认真。

　　*他不但很认真工作并且为了穷人服务。

　　改:他为了穷人努力地工作着。

　　*明天六点开始打太极拳,否则五点起床一定不迟。

　　改:明天六点开始打太极拳,五点就得起床,否则会迟到的。

　　*这种地毯又漂亮又便宜,于是我就买了,为了给我的妈妈。

　　改:听说这种地毯又漂亮又便宜,于是我就买了一块,打算送给妈妈。

　　*尽管我分明说过你没有关心,可你凭什么追求我呢?

　　改₁:你既然从不关心我,为什么追求我呢?

　　改₂:尽管我对他说过我一点也不喜欢他,可他还拼命追求我。

　　*这件衣服虽然很贵,并不他合适。

　　改:这件衣服虽然很好看,可并不适合他。

　　*许多外国留学生不仅喜欢吃中国菜,并且不会用筷子。

　　改:许多外国留学生不仅喜欢吃中国菜,并且学会了用筷子。

　　*不管老师问他任何问题,他就会从容的回答。

　　改:不管老师问他什么问题,他都能从容地回答。

　　*大卫认为,她无论怎么样子,她还是最漂亮、最可爱。

　　改:大卫觉得,不管怎么样,她都是最漂亮、最可爱的女孩。

　　*尽管跟他谈了半天,也还是意见不通。

　　改:尽管跟他谈了半天,还是谈不通。

　　*别说李老师提出的考试很难,即使不睡觉,我也得考上。

　　改:别说李老师出的这么难的题目,即使不难的题目,我也做不出。

　　*否则你不给我打个电话,我就忘记了。

　　改₁:如果你不打电话提醒我,我就忘记了。

　　改₂:幸亏你打电话提醒我,否则我就忘记了。

　　分析:"否则"要用于结果句前,而不能用于条件句前。

　　*哪怕不去别的地方,我们想去长城。

　　改:哪怕不去别的地方,我们也要去长城。

　　*哪怕我们在北京只住三天,一定去游览长城。

　　改:哪怕我们在北京只住三天,也一定要去游览长城。

　　分析:使用"哪怕"的让步句在表示说话者的决心时,一般是很坚决的,因此,句中的助动词应当用"要"而不用"想",而且谓语动词常受"一定"等词的修饰。

　　*而且天气预报说"今天天气晴,温度23度"。他们觉得如果出去的话很方便是因为又不热不冷所以他们决定出去玩儿。

　　改:而且天气预报说:"今天晴,最高气温23度"。天气不热不冷,他们觉得如果出去玩的话是很舒服的,于是他们决定出去玩。

　　分析:原偏误将"是因为"和"因为"的用法混淆了。"因为"后可以接"所以",而"是因为"

则不能。将"天气不冷也不热"移至当中,前后连接比较顺当。从想法变为行动这一点看,用"于是"较"所以"更好些。

# 第二节　教学建议

复句的教学跨度很大。从初级阶段、中级阶段至高级阶段,都有复句教学的内容。从上面的第四章看,学生在复句方面的问题还是很多的。针对上述偏误,我们认为复句教学应该注意以下几点:

1. 复句教学要让学生在一开始就明确某个复句所表示的意义,前后分句之间的语义衔接和相互的制约,包括因复句前一分句的意义,影响到后一分句必须要出现的相关的成分等,都应向学生强调。如假设复句、条件复句在表示估计的时候,后一分句常要有"会"、"能"等助动词。(参见本编第四章第一节1 缺漏)

2. 学习每一个复句,凡是有成组的关联词的,就要让学生成组地加以记忆。不要只记前一分句的连词,而忽略后面与之呼应的连词和副词,因为学生遗漏的往往是后面相关的词语。多让学生做一些填写关联词的练习加深记忆。可充分利用学生在关联词方面的偏误,用讨论的方式加以纠正。

3. 到了中级阶段,学生常会将一些形近或用法相近的关联词(连词或副词)混淆起来(参见本编第四章第一节3)。因而在这一阶段,对这类容易混淆的关联词进行辨析是十分必要的。中级汉语教材中应有举例说明其差异的内容,最好配上练习加以巩固。

4. 复句中的省略规则,过去只讲一些比较笼统的省略规则,而不讲不可省略的规则,因而学生出现的问题很多。建议按照本编第三章的规则全面地向学生说明汉语的省略规则,并且结合学生的偏误加以强调。

5. 关于紧缩复句,因为省略了关联词,对外国学生来说,在理解上有时会产生一些困难。这一语法点,尽管被列为高级语法点,但是实际上,在中级阶段,学生就可能接触到,特别是口语教材中,因为很多惯用结构和俗语词中使用紧缩复句的比较多,如"不见不散"、"不到黄河不死心","不撞南墙不回头"等,在遇到这类用法时,可以用补足关联词的方法加以说明和解释。

**参考文献**

李晓琪(1991) 现代汉语复句中关联词的位置,《语言教学与研究》第2期。

李晓琪(1995) 中介语与汉语虚词教学,《世界汉语教学》第4期。

李晓琪(1998) 论对外汉语虚词教学,《世界汉语教学》第4期。

廖秋忠(1992)《廖秋忠文集》,北京语言学院出版社。

刘月华(2001)《实用现代汉语语法》(增订本),商务印书馆。

吕叔湘(1982)《中国文法要略》,商务印书馆。

罗青松(2002)《对外汉语写作教学研究》,中国社会科学出版社。

邢福义(2001)《汉语复句研究》,商务印书馆。

张　斌(2002)《新编现代汉语》,复旦大学出版社。

郑庆君(2003)《汉语话语研究新探》,湖南教育出版社。

周国鹃(2003) 复句省略初探——基于中级汉语水平留学生的复句衔接偏误分析,日本《中国文化论丛》第12号。

# 参考文献

R. M. 加涅　皮连生、王映学、郑葳等译（1997）《学习的条件和教学论》，华东师范大学出版社。

陈阿宝（1999）从对外汉语教学看汉字字形规范，《语文建设》第2期。

陈昌来（2002）《介词与介引功能》，安徽教育出版社。

陈　平（1987）释汉语中与名词性成分相关的四组概念，《中国语文》第2期。

陈　平（1988）论现代汉语时间系统的三元结构，《中国语文》第6期。

陈贤纯（1999）我们能够把汉语教得更好——对外汉语教学中级阶段总体设计改革构思，《语言文化教学研究集刊》（三），华语教学出版社。

陈　灼主编（1996）《桥梁——实用汉语中级教程》，北京语言文化大学出版社。

崔希亮（2001）《语言理解与认知》，北京语言文化大学出版社。

崔永华、陈小荷（2000）影响非汉字圈汉语学习者学习因素的分析，赵丽明、黄国营《汉字的应用与传播》，华语教学出版社。

大河内康宪（1997）重叠形式と比況性連合構造，《中国語の諸相》，白帝社。

戴耀晶（1998）现代汉语动作类二价动词探索，《中国语文》第1期。

戴耀晶（2000）试论现代汉语的否定范畴，《语言教学与研究》第3期。

范开泰（1990）省略、隐含、暗示，《语言教学与研究》第2期。

方　立（1997）《数理语言学》，北京语言文化大学出版社。

方　立（2000）《逻辑语义学》，北京语言文化大学出版社。

房玉清（1991）《实用汉语语法》，北京语言学院出版社。

费锦昌（1999）对外汉字的教学特点及对策，吕必松主编《汉字与汉字教学研究论文选》，北京大学出版社。

费荣昌（1996）谈汉字研究中的统计方法，《语言文字应用》第2期。

傅永和（1989）汉字结构及其构成成分的统计及分析，陈原主编《现代汉语定量分析》，上海教育出版社。

韩容洙（1998）对韩汉语教学中的介词教学，《汉语学习》第6期。

何　杰（2000）《现代汉语量词研究》，民族出版社。

胡明扬（1981）北京话的语气助词和叹词，《中国语文》第1期。

胡裕树（1994）汉语语法研究的回顾与展望，《复旦大学学报》第5期。

黄伯荣、廖旭东（2000）《现代汉语》（增订版），高等教育出版社。

黄　立、钱旭菁（1999）日本留学生汉语副词"也"偏误分析，《汉外语言对比与偏误分析论文集》，北京大学出版社。

黄南松（1997）省略和语篇，《语文研究》第1期。

李大遂（1999）从汉语的两个特点谈必须切实重视汉字教学，吕必松主编《汉字与汉字教学研究论文选》,北京大学出版社。

李德津、程美珍(1988)《外国人实用汉语语法》,华语教学出版社。

李晓琪(2002)母语为英语者习得"再、又"的考察,《世界汉语教学》第 2 期。

李晓琪(2003)母语为英语者"再、又"习得过程的认知心理分析,赵金铭主编、崔希亮、张旺熹副主编《对外汉语研究的跨学科探索》,北京语言大学出版社。

李艳惠、陆丙甫(2000)数目短语,《中国语文》第 4 期。

李英哲、郑良伟、贺上贤、侯炎尧编著,熊文华译(1990)《实用汉语参考语法》,北京语言学院出版社。

刘丹青、徐烈炯(1998)《话题的结构与功能》,上海教育出版社。

刘丹青、徐烈炯(1998)焦点与背景、话题及汉语"连"字句,《中国语文》第 4 期。

刘颂浩(2003)论"把"字句运用中的回避现象及"把"字句的难点,《语言教学与研究》第 2 期。

鲁健骥(1999)《对外汉语教学思考集》,北京语言文化大学出版社。

陆俭明(1980)关于汉语虚词教学,《语言教学与研究》第 4 期。

陆俭明(1980)汉语口语句法里的易位现象,《中国语文》第 1 期。

陆俭明(1983)现代汉语中数量词的作用,《语法研究和探索》(一),北京大学出版社。

陆俭明(1986)周遍性主语句及其他,《中国语文》第 3 期。

陆俭明(1998)对外汉语教学中经常要思考的问题,《语言文字应用》第 4 期。

陆俭明(2000)"对外汉语教学"中的语法教学,《语言教学与研究》第 3 期。

陆俭明(2001)跨入新世纪后我国汉语应用研究的三个方面,《中国语文》第 1 期。

陆俭明(2003)《现代汉语语法研究教程》,北京大学出版社。

吕叔湘(1979)《汉语语法分析问题》,商务印书馆。

吕叔湘(1942)《中国文法要略》,商务印书馆。

吕叔湘(1991)理论研究和用法研究,《语法研究和探索》(六),中国语文杂志社。

马贝加(2002)《近代汉语介词》,中华书局。

裘锡圭(1996)《文字学概要》,商务印书馆。

邵敬敏(1993)量词的语义分析及其与名词的双向选择,《中国语文》第 3 期。

邵敬敏(1996)动量词的语义分析及其与动词的选择关系,《中国语文》第 2 期。

沈家煊(1999)"在"字句和"给"字句,《中国语文》第 2 期。

沈开木(1996)《现代汉语话语语言学》,商务印书馆。

盛  林(2003)现代汉语的量词短语与量词式结构,《世界汉语教学》第 2 期。

石定果(1993)会意汉字内部结构的复合程序,《世界汉语教学》第 4 期。

石定果(1996)汉字研究与对外汉语教学,《第五届国际汉语教学讨论会文选》,北京大学出版社。

石定果、万业馨(1999)有关汉字教学的调查报告,吕必松主编《汉字与汉字教学研究论文选》,北京大学出版社。

石毓智、李讷(1998)汉语发展史上结构助词的兴替,《中国社会科学》第 6 期。

石毓智(2000)《语法的认知语义基础》,江西教育出版社。

苏培成(1994)《现代汉字学纲要》,北京大学出版社。

苏培成(1995)现代汉字部件切分,《语言文字应用》第 3 期。

索绪尔（1982）《普通语言学教程》，高名凯译，商务印书馆。

索振羽（2000）《语用学教程》，北京大学出版社。

万业馨（1997）略论形声字与汉字表意性，崔永华主编《词汇文字研究与对外汉语教学》，北京语言文化大学出版社。

王碧霞、李 宁、种国胜、徐 叶（1994）从留学生识记汉字的心理过程看汉字教学，《语言教学与研究》第 3 期。

王 还主编（1992）《汉英虚词词典》，华语教学出版社。

王燕燕（1997）菲律宾华裔学生汉语语音的调查与分析，《世界汉语教学》第 3 期。

吴福祥（1998）重谈"动＋了＋宾"格式的来源和完成体助词"了"的产生，《中国语文》第 6 期。

吴宗济（1982）普通话语句中的声调变化，《中国语文》第 6 期。

武瑷华（2001）俄语语用学的基本问题，《当代语言学》第 3 期。

萧国政（2000）现代汉语句末"了"意义的析离，陆俭明主编《面临新世纪挑战的现代汉语语法研究》，山东教育出版社。

邢福义（1986）复句问题论说，《语法问题探讨集》，湖北教育出版社。

邢福义（1987）复句的分类，《句型和动词》，语文出版社。

杨淑璋（1985）关于"还"和"再"的区别，《语言教学与研究》第 3 期。

殷志平（1995）"比……还……"的两种功能，《中国语文》第 2 期。

袁毓林（1991）祈使句式和动词的类，《中国语文》第 1 期。

袁毓林（1994）一价名词的认知研究，《中国语文》第 4 期。

袁毓林（1995a）词类范畴的家族相似性，《中国社会科学》第 1 期。

袁毓林（1995b）谓词隐含及其句法后果——"的"字结构的称代规则和"的"的语法、语义功能，《中国语文》第 4 期。

袁毓林（1996）话题化及相关的语法过程，《中国语文》第 4 期。

詹开第（1983）"把"字句谓语中动作的指向，《中国语文》第 2 期。

张伯江、方 梅（1996）《汉语功能语法研究》，江西教育出版社。

张伯江（1999）现代汉语的双及物结构式，《中国语文》第 3 期。

张静贤（1988）现代汉字笔形论，《第二届国际汉语教学讨论会论文选》，北京语言学院出版社。

张起旺（1999）日本学生汉语介词偏误分析，张起旺主编《汉外语言对比偏误分析论文集》，北京大学出版社。

张天光等（1995）汉字构成的字元析法，《语言文字应用》第 3 期。

张国宪（1998）现代汉语形容词的体及形态化历程，《中国语文》第 6 期。

张希峰（1995）分化字的类型研究，《语言教学与研究》第 1 期。

张谊生（2002）《助词与相关格式》，安徽教育出版社。

赵金铭（1994）教外国人汉语语法的一些原则问题，《语言教学与研究》第 2 期。

赵金铭（1997）对外汉语教材创新论略，《世界汉语教学》第 2 期。

赵金铭主编、孟子敏副主编（1997）《语音研究与对外汉语教学》，北京语言文化大学出版社。

赵 雷（2002）谈谈中高级阶段的汉字教学，《语言文字应用》（对外汉语教学与研究专辑）。

赵世开、沈家煊（1984）汉语"了"字跟英语相应的说法,《语言研究》第 1 期。

周小兵（1995）论现代汉语的程度副词,《中国语文》第 2 期。

周有光（1992）《中国语文纵横谈》,人民教育出版社。

朱　川（1997）《外国学生汉语语音学习对策》,语文出版社。

左思民（1999）现代汉语中"体"的研究——兼及体研究的类型学意义,《语文研究》第 1 期。

# 术语及重点词索引

词语后的数字为"编/章/节"(一/(一)等为节下层级)

# 后　记

2005 年 7 月下旬，值第八届国际汉语教学学术讨论会在北京召开之际，我把本书一校的修改稿交给了北京大学出版社的沈岚编辑，同时又收到了刚出版的徐子亮老师的赠书——《实用对外汉语教学法》。徐老师是快手，她的书稿的完成是我们三人中最早的。这与她和吴仁甫先生多年来在这方面的积累有很大的关系。

这本《实用对外汉语教学语法》的完成应该说还是比较艰难的，从 2003 年 1 月立项动笔起到现在已过了两年半的时间。为了做到真正能像我们在丛书前言中所说的为广大对外汉语教师，特别是教学新手提供较为实用、详细的参考，我希望书中不仅应有自己的心得，更重要的是能将现代汉语学界和对外汉语教学界对教学有直接指导意义的新的研究成果尽量地吸收进来，使对外汉语的语法教学更加丰富与完善，因此，很多章节在写作中，一直在不断地参考新的文献，增删修改。尽管如此，最后的成稿还是有很多不尽如人意的地方。如果有些重要的研究成果引述不周或未曾引用，均为本人能力水平所限，欢迎批评指正。

本书原来的书名是《基础汉语教学》，因此第一编中有专门讨论语音和汉字教学的内容。为了三本书命名方式的统一，现改为《实用对外汉语教学语法》，这样，第一编语音和汉字教学的内容似乎与本书的书名不太符合。考虑到教授初级汉语的教师肯定需要这方面的参考，为了减少教师另找参考的翻检之劳，故原来内容仍保持不变。原稿语音部分比较简单，后根据出版社审稿专家的建议，又作了一些补充。

本书的编写和出版得到了国家汉办有关领导长期不断的关心和支持，同时也得到赵金铭先生的热情鼓励以及北京大学出版社前郭力主任、现沈浦娜主任和沈岚编辑等的大力帮助，欧慧英编辑为本书作了认真的校对，并提出不少有益的建议，在此一并表示诚挚的谢意。

作者
2005 年 9 月 28 日